AUFKLÄRUNG

Interdisziplinäres Jahrbuch
zur Erforschung des 18. Jahrhunderts
und seiner Wirkungsgeschichte

Herausgegeben von
Lothar Kreimendahl, Martin Mulsow
und Friedrich Vollhardt

Redaktion:
Marianne Willems

Band 26 · Jg. 2014

Thema:

GELEHRTENREPUBLIK

Herausgegeben von
Marian Füssel und Martin Mulsow

FELIX MEINER VERLAG

ISSN 0178-7128

Aufklärung. Interdisziplinäres Jahrbuch für die Erforschung des 18. Jahrhunderts und seiner Wirkungsgeschichte. – Herausgegeben von Lothar Kreimendahl, Martin Mulsow und Friedrich Vollhardt. – Redaktion: Dr. Marianne Willems, Ludwig-Maximilians-Universität München, Institut für deutsche Philologie, Schellingstraße 3, 80799 München, E-mail: aufklaerung@lrz.uni-muenchen.de.

 Druck und Bindung: Druckhaus Beltz, Bad Langensalza. Printed in Germany. *www.meiner.de/aufklaerung*

INHALT

Aufklärung 26 · © Felix Meiner Verlag 2014 · ISSN 0178-7128

KURZBIOGRAPHIE

DISKUSSION

EINLEITUNG

Der Begriff und das Konzept der *Gelehrtenrepublik*, der *respublica litteraria*, *république des lettres* oder *republic of letters* ist in der Erforschung vormoderner Wissenskulturen fast zu einem Synonym für die frühneuzeitliche Gelehrtenkultur und „die Öffentlichkeit der ständischen Gesellschaft" allgemein geworden[1] – eine heuristische Unbestimmtheit, die die analytische Leistungskraft des Konzepts merklich beschädigt hat.[2] Dennoch mangelt es nicht an Definitionsversuchen. Als kleinster gemeinsamer Nenner der europäischen Gelehrtenrepublik der Frühen Neuzeit werden in der einschlägigen Handbuchliteratur sowohl „die Idee einer Vereinigung aller Gelehrten" als auch „das Gefüge öffentlicher gelehrter Schriftlichkeit" verstanden.[3] Sind es in der ersten Definition die gelehrten Akteure selbst, die die Republik ausmachen, sind es in der zweiten Definition eher die „Produktionsweisen" und Erzeugnisse der Gelehrsamkeit. Eine weitere Unterscheidung, der bereits der Charakter eines „argumentativen Wandertopos" attestiert wurde, ist die zwischen „Realität" und „Ideal" der Gelehrtenrepublik.[4] Die Gelehrtenrepublik sei als virtueller Kommunikationsraum ebenso real gewesen wie in verschiedenen utopischen Verfassungsentwürfen als „Wunschbild" entworfen worden.[5] In Anschluß an den Nationalismusforscher Benedict Ander-

[1] Wilhelm Kühlmann, Gelehrtenrepublik und Fürstenstaat. Entwicklung und Kritik des deutschen Späthumanismus in der Literatur des Barockzeitalters, Tübingen 1982 (Studien und Texte zur Sozialgeschichte der Literatur, 3); Sebastian Neumeister, Conrad Wiedemann (Hg.), Res publica litteraria. Die Institution der Gelehrsamkeit in der frühen Neuzeit, 2 Bde., Wiesbaden 1987; zur Gleichsetzung von Gelehrtenrepublik und Öffentlichkeit vgl. Heinrich Bosse, Die gelehrte Republik, in: Hans-Wolf Jäger (Hg.), Öffentlichkeit im 18. Jahrhundert, Göttingen 1997 (Das achtzehnte Jahrhundert: Supplementa, 4), 51–76.

[2] Herbert Jaumann, ‚Respublica literaria' als politische Metapher. Die Bedeutung der ‚Res Publica' in Europa vom Humanismus zum 18. Jahrhundert, in: Marc Fumaroli (Hg.), Les premiers siècles de la République européenne des Lettres, Paris 2005, 73–88.

[3] Wolfgang Knispel, Art. „Gelehrtenrepublik", in: Joachim Ritter (Hg.), Historisches Wörterbuch der Philosophie, Bd. 3, Basel 1974, 226–232; Martin Gierl, Art. „Gelehrtenrepublik", in: Friedrich Jaeger (Hg.), Enzyklopädie der Neuzeit, Bd. 4, Stuttgart 2006, 389–392.

[4] Caspar Hirschi, Piraten der Gelehrtenrepublik. Die Norm des sachlichen Streitens und ihre polemische Funktion, in: Kai Bremer, Carlos Spoerhase (Hg.), Gelehrte Polemik. Intellektuelle Konfliktverschärfungen um 1700, Frankfurt am Main 2011 (= Themenheft der Zeitsprünge 15, Heft 2/3), 176–213, hier 184; Lorraine Daston, The ideal and reality of the Republic of Letters in the enlightenment, in: Science in context 4 (1991), 367–386.

[5] Hans Bots, Die respublica litteraria. Wunschbild der europäischen Gelehrtenwelt, in: Jean Pierre Schobinger (Hg.), Grundriss der Geschichte der Philosophie, Bd.1/1: Die Philosophie des 17. Jahrhunderts, Basel 1998, 31–48.

Aufklärung 26 · © Felix Meiner Verlag 2014 · ISSN 0178-7128

son spricht man inzwischen auch gern von einer „Imagined Community".[6] Entsprechend teilen sich dann auch große Teile der Forschung in zwei Lager: einerseits eine Kommunikations- und Mediengeschichte der Gelehrtenrepublik, andererseits eine Geschichte der historischen Semantik der Gelehrtenrepublik und ihrer zahlreichen Verfassungsdebatten.[7] Zudem existiert eine Vielzahl von Arbeiten, in denen weder das eine noch das andere betrieben wird, sondern der Begriff synonym mit Gelehrten- oder Wissenskultur Verwendung findet.

Der Begriff der „Respublica litteraria" trat historisch schon früh, nach heutigem Forschungskonsens erstmals am 6. Juli 1417 in der Korrespondenz zwischen Francesco Barbaro und Poggio Braccioloni auf, später wurde er u. a. auch von Erasmus von Rotterdam verwendet.[8] Doch kann für das 15. und 16. Jahrhundert noch kein konstanter Begriffsgebrauch festgestellt werden, die bekannten Zeugnisse sind ebenso selten wie verstreut. Erst mit dem 17. Jahrhundert läßt sich eine begriffsgeschichtliche Verdichtungsphase beobachten, die dem Begriff bis heute Konjunktur beschert. Maßgeblich beeinflußt wurde der Begriff durch die *República literaria* des Spaniers Diego de Saavedra Fajardo (1584–1648).[9]

Bisherige Periodisierungsdiskussionen zur Frage, *wann* die Gelehrtenrepublik existierte, sind kaum zu einem eindeutigen Ergebnis gelangt. Publikationen von Autoren, in denen die Gelehrtenrepublik um 1750 scheinbar ein Ende findet, stehen solchen gegenüber, die wie etwa Dena Goodman oder Daniel Roche gerade das 18. Jahrhundert als das Jahrhundert der Gelehrtenrepublik thematisieren.[10]

[6] Benedict Anderson, Imagined communities. Reflections on the origin and spread of nationalism, London 1983; vgl. etwa Robert Mayhew, British Geography's Republic of Letters. Mapping an Imagined Community, 1600–1800, in: Journal of the History of Ideas 65/2 (2004), 251–276.

[7] Vgl. zur historischen Semantik Françoise Waquet, Qu'est-ce que la République des Lettres? Essai de sémantique historique, in: Bibliothèque de l'école des chartes 147 (1989), 473–502; Herbert Jaumann, Das Projekt des Universalismus. Zum Konzept der Respublica litteraria in der frühen Neuzeit, in: Peter-Eckhard Knabe, Johannes Thiele (Hg.), Über Texte. Festschrift Karl-Ludwig Selig, Tübingen 1997, 149–163.

[8] Marc Fumaroli, The Republic of Letters, in: Diogenes 143 (1988), 129–152; Hirschi, Piraten (wie Anm. 4), 184–186; Peter Burke, Erasmus und die Gelehrtenrepublik, in: P. B., Kultureller Austausch, Frankfurt am Main 2000, 74–101; Hanan Yoran, Between utopia and dystopia. Erasmus, Thomas More, and the humanist Republic of Letters, Lanham, Md. u. a. 2010.

[9] Diego de Saavedra Fajardo, República literaria, hg. von Jorge Garcia López, Barcelona 2006; zur Rezeption vgl. John Dowling, Saavedra Fajardo's República literaria. The Bibliographical History of a Little Masterpiece. Part I-III, in: Hispanófila 67 (1979), 7–38, 68 (1980), 11–27, 69 (1980), 27–44; Hirschi, Piraten (wie Anm. 4), 187–193.

[10] Hans Bots, Françoise Waquet (Hg.), Commercium litterarium. La communication dans la République des Lettres/Forms of communication in the Republic of Letters 1600–1750, Amsterdam, Maarsen 1994 (Études de l'Institut Pierre Bayle, Nimègue 25); Anne Goldgar, Impolite learning: Conduct and community in the Republic of Letters 1680–1750, New Haven, London 1995; Dena Goodman, The Republic of Letters. A Cultural History of the French Enlightenment,

Auch noch für die Zeit der Weimarer Klassik ist das Konzept mittlerweile fruchtbar gemacht worden.[11] In jüngerer Zeit hat der Begriff der *scientific community* die Evidenz des Gelehrtenrepublik-Konzeptes wieder befördert und auch Begriffsschöpfungen wie die „république des sciences" gezeitigt, die allerdings auch schon bei Fichte als „Republik der Wissenschaften" anzutreffen war.[12]

I. Verfassungsdiskussionen

Aufschlußreich für die soziale Semantik der Gelehrtenrepublik sind die verschiedenen Verfassungsdiskussionen über die Frage der *forma regiminis*, auf die Herbert Jaumann 1987 erstmals systematisch aufmerksam gemacht hat.[13] So bekennt der anonyme Autor im 1. Stück eines 1737 in Nürnberg erschienenen gelehrten Journals, daß „die Frage, de forma Reipubl. Literariae noch strittig ist, und biß dato noch nicht ausgemacht, ob sie Democratisch, Aristocratisch oder Monarchisch seyn soll".[14] Für den Berliner Friedrich Nicolai hingegen ist die Frage 1769 klar: „Die gelehrte Republic ist eine vollkommene Demokratie".[15] Manche Autoren wie etwa Christian Löber betrachten die Gelehrtenrepublik hingegen als „unpolitische" Vergesellschaftungsform innerhalb und damit gleichzeitig jenseits territorialer Herrschaft: „Es hätte aber die gelehrte Gesellschaft kein eigenes Regiment, sondern ein jeder Gelehrter wäre der Regierung derjenigen Republic unterworfen, worunter er lebete."[16] Folgt man der Lesart des Soziologen Rudolf Stichweh, in der die Semantik der Gelehrtenrepublik einen funktionalen Vorläufer des „Wissenschaftssystems der modernen Gesellschaft" darstellt, auch wenn dies nicht als direkte Kontinuität gedeutet wird, lebte der Gelehrte von territorialer

Ithaca, New York 1994; Daniel Roche, Les républicains des lettres. Gens de culture et Lumières au XVIIIe siècle, Paris 1988.

11 Michael Knoche, Lea Ritter-Santini (Hg.), Die europäische République des lettres in der Zeit der Weimarer Klassik, Göttingen 2007.

12 Irène Passeron, Siegfried Bodenmann, René Sigrist (Hg.), La république des sciences, Paris 2008 (Themenheft von Dix-huitième siècle, 40); Johann Gottlieb Fichte, Annalen des philosophischen Tons [1797], in: J. G. F. Gesamtausgabe, hg. von Reinhard Lauth u. a., Stuttgart-Bad Cannstatt 1962 ff., Reihe I, Bd. 4, 293–321, 295.

13 Herbert Jaumann, Ratio clausa. Die Trennung von Erkenntnis und Kommunikation in gelehrten Abhandlungen zur Respublica literaria um 1700 und der europäische Kontext, in: Neumeister, Wiedemann, Res publica litteraria, Bd. 2 (wie Anm. 1), 409–429.

14 Deutsche REPUBLIC der Gelehrten, 1. Stück, Nürnberg 1737, zitiert nach Jaumann, Ratio clausa (wie Anm. 13), 409.

15 Friedrich Nicolai, Rez. Über den ‚Antikritikus', in: Allgemeine Deutsche Bibliothek 10/2 (1769), 103.

16 Johann Erhard Kappen, Versuch einiger Anmerkungen über Saavedra gelehrte Republic, in: J. E. K. (Hg.), Diego de Saavedra Fajardo, Die Gelehrte Republic, Leipzig 1748, 201–280, hier 205.

Herrschaft ungebunden.[17] Im Kern bedeutet dies eine Art Autonomiepostulat eines Funktionssystems in dem Sinne, daß sich die Kommunikation innerhalb des Systems tendenziell gegenüber Einflüssen aus anderen Systemen wie etwa der Religion, der Politik oder der Wirtschaft emanzipiert. Ein Prozess, den man jedoch nicht als gegeben voraussetzen, sondern als empirisch zu überprüfende Arbeitshypothese verwenden sollte. Mit den ‚realen' politischen Gemeinwesen der Frühen Neuzeit fand die Gelehrtenrepublik eine strukturelle Gemeinsamkeit u. a. in ihrer Bellizität.[18] Anders als idealiter vorgesehen, fanden sich die Bewohner der Gelehrtenrepublik einem Hobbesschen „Krieg aller gegen alle" oft näher als dem Kantschen Zustand eines „ewigen Friedens": eine Tatsache, die stets mit bedacht werden sollte, wenn es zu vorschnellen Identifikationen von moderner und vormoderner Wissenschaftskultur kommt.[19] Exemplarisch für die zum Teil martialische Diktion, mit der einige Autoren die Gelehrtenrepublik „rein" zu halten suchten, ist etwa der Aufruf an eine gelehrte Polizeiarbeit bei Albrecht Hummel im Jahr 1802:

> Nirgendwo aber ist der Satz: leben und leben lassen, schädlicher als in der Gelehrten-Republik. Hätten die denkenden Köpfe in der Gelehrten-Republik von jeher mehr, besser und strenger die literarische Justiz administrirt, so würde unsere Gelehrten-Republik jetzt nicht mit einem solchen Troß von Schwätzern und Schmierern angefüllt seyn. Jeder denkende Kopf ist als solcher schon von selbst ein Polizeybeamter der Gelehrten-Republik; wenn nun ein solcher Polizeybeamter aus bloßer Herzensgüte, oder aus andern Gründen Contrebande, Schurken und Betrüger u.s.w. in den Staat einläßt, so wird er doch selbst am Staat zum Verräther und Schurken. [...] In der Gelehrtenwelt muß jeder Stümper sogleich annihilirt werden.[20]

Schließlich gilt es, in Analogie zum politischen Körper der Frühen Neuzeit die Überlegungen der Zeitgenossen ernstzunehmen, ob die „*Forma*" der „Republique derer Gelehrten" nicht „vielmehr gar einer *Monstrose*, oder *Irregulari*" gleich sei.[21]

[17] Rudolf Stichweh, Der frühmoderne Staat und die europäische Universität. Zur Interaktion von Politik und Erziehungssystem im Prozeß ihrer Ausdifferenzierung (16.–18. Jahrhundert), Frankfurt am Main 1991, 113–124, hier 123.

[18] Marian Füssel, Die Gelehrtenrepublik im Kriegszustand. Zur bellizitären Metaphorik in gelehrten Streitkulturen der Frühen Neuzeit, in: Bremer, Spoerhase, Gelehrte Polemik (wie Anm. 4), 158–175.

[19] Hirschi, Piraten (wie Anm. 4), 178–180.

[20] Albrecht Hummel, Über den gegenwärtigen Zustand der Gelehrtenrepublik und der akademischen Lehranstalten, Berlin 1802, Vorrede, 8–10.

[21] Nicolaus Hieronymus Gundling, Vollständige Historie der Gelahrheit, hg. von Johann Erhard Kapp und Christian Friedrich Hempel, Bd. 1, Frankfurt, Leipzig 1734, 2 mit Anm. (a).

II. Akteure, Beziehungen und die Praxis der Kommunikation

Innerhalb einer Kommunikationsgeschichte frühneuzeitlicher Gelehrtenkulturen spielt die Gelehrtenrepublik als heuristische Folie seit langem eine zentrale Rolle.[22] So widmen sich zahlreiche Studien einzelnen Bürgern der Gelehrtenrepublik und versuchen, bestimmte Kommunikationspraktiken oder Netzwerke zu rekonstruieren.[23] Gerade die vordergründige anachronistische Deckungsgleichheit des Netzwerksbegriffs mit dem der Gelehrtenrepublik ist inzwischen jedoch auch zu einem der größten Hindernisse geworden. Nicht jeder Briefwechsel ist gleich Teil eines Netzwerkes, und auch die Zeitgenossen selbst begriffen sich trotz hoher Verbreitung netzaffiner Denk- und Darstellungsmuster nicht notwendig als Teil eines Netzes.[24] ‚Gelehrtenrepublik' und ‚Netzwerk' sind aus dieser Warte zudem beide emphatisch positiv besetzt, was sie als heuristische Instrumente nicht gerade geeigneter macht.

Weiterführender ist die Historisierung einzelner Praktiken und Medien der gelehrten Kommunikation wie etwa das Reisen, das Führen von Stammbüchern oder das Postwesen.[25] Auch Zeitschriften wie etwa Friedrich Nicolais Allgemeine

[22] Bots, Waquet, Commercium litterarium (wie Anm. 10); Ulrich Johannes Schneider (Hg.), Kultur der Kommunikation. Die europäische Gelehrtenrepublik im Zeitalter von Leibniz und Lessing, Wiesbaden 2005 (Wolfenbütteler Forschungen, 109); Jürgen Fohrmann (Hg.), Gelehrte Kommunikation. Wissenschaft und Medium zwischen dem 16. und 20. Jahrhundert, Wien u. a. 2005; Klaus-Dieter Herbst, Stefan Kratochwil (Hg.), Kommunikation in der Frühen Neuzeit, Frankfurt am Main u. a. 2009.

[23] Vgl. in Auswahl Laurence W. B. Brockliss, Calvet's web. Enlightenment and the republic of letters in eighteenth-century France, Oxford u. a. 2002; Axel E. Walter, Späthumanismus und Konfessionspolitik. Die europäische Gelehrtenrepublik um 1600 im Spiegel der Korrespondenzen Georg Michael Lingelsheims, Tübingen 2004; Saskia Stegeman, Patronage and Services in the Republic of Letters. The Network of Theodorus Janssonius van Almeloveen (1657–1712), Amsterdam, Utrecht 2005; Lothar Krempel u. a., Die „Europäische Gelehrtenrepublik" des 18. Jahrhunderts: Eine netzwerkanalytische Rekonstruktion des Netzes wissenschaftlicher Korrespondenznetzwerke, in: Karl-Siegbert Rehberg (Hg.), Die Natur der Gesellschaft. Verhandlungen des 33. Kongresses der Deutschen Gesellschaft für Soziologie in Kassel 2006, 2 Teilbde. und eine CD-Rom, Frankfurt am Main 2008; 3371–3378; Ruth Kohlndorfer-Fries, Diplomatie und Gelehrtenrepublik. Die Kontakte des französischen Gesandten Jacques Bongars (1554–1612), Tübingen 2009; Andreas Pietsch, Isaac La Peyrère: Bibelkritik, Philosemitismus und Patronage in der Gelehrtenrepublik des 17. Jahrhunderts, Berlin 2012.

[24] Vgl. Stefan Laube, Tückische Transparenz. Überlegungen vor und hinter dem Netz, in: Zeitschrift für Ideengeschichte 7/4 (2013), 19–40; Erdmut Jost, Daniel Fulda (Hg.), Briefwechsel zur Netzwerkbildung in der Aufklärung, Halle (Saale) 2012.

[25] Hans Erich Bödeker, ‚Sehen, hören, sammeln und schreiben'. Gelehrte Reisen im Kommunikationssystem der Gelehrtenrepublik, in: Paedagogica Historica 38 (2002), 505–532; Michael Kempe, Gelehrte Korrespondenzen. Frühneuzeitliche Wissenschaftskultur im Medium postalischer Kommunikation, in: Fabio Crivellari u. a. (Hg.), Die Medien der Geschichte, Konstanz 2004 (Hi-

Deutsche Bibliothek sind als Medien der „Integration" der Gelehrtenrepublik inzwischen wiederholt thematisiert worden.[26] Ausgehend von der Analyse von Korrespondenzen oder Zitierweisen hat man diverse Versuche unternommen, die Gelehrtenrepublik in ihrer räumlichen Ausdehnung zu kartographieren.[27] Hinsichtlich der Akteure der Gelehrtenrepublik haben verschiedene Studien auf die Rollendoppelung von Gelehrten und Diplomaten bzw. der Korrespondenzen zwischen Gelehrtenkultur und Diplomatiegeschichte hingewiesen.[28] Eine gewisse Skepsis gegenüber bestimmten Verwendungsweisen des Netzwerkbegriffs bedeutet allerdings nicht, daß es nicht lohnen würde, über Alternativen nachzudenken, um Formationen der Gelehrtenkultur sichtbar zu machen, die über einzelne Individuen hinausweisen. Anregungen gehen hier etwa von Ludwik Flecks Begriff des Denkkollektivs, dem des wissenschaftlichen Feldes bei Pierre Bourdieu, der Konstellationsforschung in Anlehnung an Dieter Henrich oder in jüngerer Zeit von den Konzepten der Akteur-Netzwerke und „settings" der actor-network-theory (ANT) aus.[29] Allen diesen Ansätzen gemeinsam ist die Grundannahme, daß Verbünde von Akteuren, und das schließt in der ANT auch nichtmenschliche „Aktanten" wie etwa Sammlungsobjekte (z. B. Bibliotheken) oder technische Infrastrukturen mit ein, Formen von Sinn und Bedeutung produzieren, die sich erst aus der Relation heraus konstituieren. Die Gelehrtenrepublik ist aus dieser Perspektive zunächst einmal nichts anderes als die Selbstbeschreibungssemantik ei-

storische Kulturwissenschaft, 4), 407–429; Gerd van den Heuvel, Leibniz im Netz. Die frühneuzeitliche Post als Kommunikationsmedium der Gelehrtenrepublik um 1700, Hameln 2009.

[26] Ute Schneider, Friedrich Nicolais Allgemeine Deutsche Bibliothek als Integrationsmedium der Gelehrtenrepublik, Wiesbaden 1995.

[27] Vgl. Marteen Ultee, The Republic of Letters: Learned Correspondence 1680–1720, in: Seventeenth Century 2 (1987), 95–112; Mayhew, British Geography's Republic of Letters (wie Anm. 6); Anthony Grafton, A Sketch Map of a Lost Continent. The Republic of Letters, in: A. G., Worlds Made by Words: Scholarship and Community in the Modern West, Cambridge, Mass. 2009, 9–34. Einen guten Überblick über zentrale Korrespondenzkorpora gibt Christiane Berkvens-Stevelinck (Hg.), Les grands intermédiaires culturels de la République des Lettres. Études de réseaux de correspondances du XVIe au XVIIIe siècles, Paris 2005 (Les dix-huitièmes siècles, 91).

[28] Sven Externbrink, Humanismus, Gelehrtenrepublik und Diplomatie. Überlegungen zu ihren Beziehungen in der Frühen Neuzeit, in: Hillard von Thiessen, Christian Windler (Hg.), Akteure der Außenbeziehungen. Netzwerke und Interkulturalität im historischen Wandel, Köln, Weimar, Wien 2010, 133–149.

[29] Ludwik Fleck, Entstehung und Entwicklung einer wissenschaftlichen Tatsache. Einführung in die Lehre vom Denkstil und Denkkollektiv. Mit einer Einleitung herausgegeben von Lothar Schäfer und Thomas Schnelle, Frankfurt am Main [4]1999; Marian Füssel, Ingo Trüter, Das gelehrte Feld der Vormoderne. Möglichkeiten und Grenzen von Feldanalysen in der Geschichtswissenschaft, in: Stefan Bernhard, Christian Schmidt-Wellenburg (Hg.), Feldanalyse als Forschungsprogramm, 2 Bde., Bd. 1: Der programmatische Kern, Wiesbaden 2012, 321–344; Martin Mulsow, Marcello Stamm (Hg.), Konstellationsforschung, Frankfurt am Main 2005; Andréa Belliger; David J. Krieger (Hg.), ANThology. Ein einführendes Handbuch zur Akteur-Netzwerk-Theorie, Bielefeld 2006.

ner relationalen Ordnung der Gelehrsamkeit. Wie diese Ordnung jeweils konkret beschaffen war, muß sich dann erst empirisch herausstellen.

III. Normen und Grenzen

Dem grenzüberschreitend, universalistisch und egalitär gedachten Modell der Gelehrtenrepublik standen verschiedene Faktoren der Spaltung, Ausgrenzung und Separation gegenüber, die sowohl formelle wie informelle „Grenzarbeit" leisteten.[30] Zu den großen Grenzmarkierungen zählten zunächst Religion und Konfession, die nicht nur katholische von protestantischen Gelehrten unterscheiden, sondern auch christliche und jüdische Gelehrte separieren oder innerhalb des Protestantismus Orthodoxie und „Sektierer" trennen konnten.[31] Die Frage der Toleranz stellte sich damit gerade in der Gelehrtenrepublik als besonders prekär dar.[32] Katholische Orden, allen voran die Jesuiten, besaßen schon intern ein ausgedehntes Kommunikationssystem, das sie zu einer Art Gelehrtenrepublik in der Gelehrtenrepublik machte.[33] Seit der Mitte des 18. Jahrhunderts traten nationale Differenzen hinzu, die zu Dissoziationsprozessen der Gelehrtenrepublik führten.[34] Quasi ex negativo macht dies 1747 Lessings „junger Gelehrter" deutlich: „Ich rede von der Republik der Gelehrten. Was geht uns Gelehrten Sachsen, was Deutschland, was Europa an? Ein Gelehrter, wie ich bin, ist für die ganze Welt, er ist ein Kosmopolit."[35] Es nimmt wenig Wunder, daß das 19. Jahrhundert als das Zeitalter des Nationalismus keine Hochphase der Selbstbeschreibungsformel der Gelehrtenre-

[30] Zum Begriff des „boundary-work" vgl. Thomas F. Gieryn, Boundary-Work and the Demarcation of Science from Non-Science: Strains and Interests in Professional Ideologies of Scientists, in: American Sociological Review 48/6 (1983), 781–795; ders., Cultural boundaries of science. Credibility on the line, Chicago, Ill. u. a. 1999.

[31] Herbert Jaumann (Hg.), Die europäische Gelehrtenrepublik im Zeitalter des Konfessionalismus. The european republic of letters in the Age of Confessionalism, Wiesbaden 2001 (Wolfenbütteler Forschungen, 96); ders., Gibt es eine katholische Respublica litteraria? Zum problematischen Konzept der Gelehrtenrepublik in der Frühen Neuzeit, in: H. J. (Hg.), Kaspar Schoppe (1576–1649). Philologe im Dienste der Gegenreformation, Frankfurt am Main 1998, 361–379.

[32] Jan Schillings, Toleranz und die Gelehrtenrepublik zwischen 1675 und 1750, in: Renate Loos, Horst Lademacher, Simon Groenveld (Hg.), Ablehnung – Duldung – Anerkennung. Toleranz in den Niederlanden und in Deutschland. Ein historischer und aktueller Vergleich, Münster 2004, 254–272.

[33] Mordechai Feingold (Hg.), Jesuit science and the Republic of Letters, Cambridge, Mass. u. a. 2003.

[34] Vgl. zur deutschen Situation Kasper Risberg Eskildsen, How Germany left the republic of letters, in: Journal of the history of ideas 65 (2004), 421–432.

[35] Gotthold Ephraim Lessing, Der junge Gelehrte, in: Sämtliche Schriften, hg. von Karl Lachmann, 3. Aufl., Stuttgart 1886–1924, Bd.1, 318.

publik darstellte.[36] Jenseits dieser groben Differenzkategorien, zu denen auch die Frage des Geschlechts zu zählen ist – war die Gelehrtenrepublik trotz mancher Ausnahmen doch ein primär männliches Gemeinwesen –, existierte auch eine Vielzahl „feiner Unterschiede", die Inklusion und Exklusion regulierten.[37] Inzwischen haben daher eine ganze Reihe von Studien die Gelehrtenrepublik als „Königreich der Sitten" und *Unanständige Gelehrtenrepublik* thematisiert und dabei die Mechanismen einer „moralischen Ökonomie" der Gelehrsamkeit herausgearbeitet.[38] Vor allem in lateinischen Dissertationen des deutschsprachigen und zum Teil auch skandinavischen protestantischen Universitätsraumes entwickelte sich ein reger Diskurs der Gelehrtenkritik, der immer auch explizit die Gepflogenheiten innerhalb der *respublica litteraria* dokumentierte und kommentierte.[39]

Betrachtet man einmal die Diskussionen um historiographische Zugänge zur Politik des gelehrten Gemeinwesens im Vergleich zu den Entwicklungen der allgemeinen Politik- und Verfassungsgeschichte der Frühen Neuzeit, so fallen einige bemerkenswerte Parallelen auf. Die Geschichte des Heiligen Römischen Reiches Deutscher Nation etwa wurde über lange Teile des 20. Jahrhunderts vor allem als Verfassungsgeschichte geschrieben, die stark an normativen Texten und großen Herrscherpersönlichkeiten orientiert war.[40] Es folgten später stärker ereignisgeschichtliche, dann sozial- und institutionengeschichtliche und zuletzt kulturhistorische Zugänge. Die Erforschung der Gelehrtenrepublik kennt die gleichen Zugänge und weist zahlreiche Parallelen in der Paradigmenfolge auf. Die Analyse normativer Texte zur Verfassung der Gelehrtenrepublik und deren historische Semantik wird begleitet von biographischen Zugängen zu einzelnen prominenten Bürgern der Gelehrtenrepublik, später auch sozialgeschichtlich geerdet durch

[36] Stichweh, Staat (wie Anm. 17), 123.

[37] Zur Geschlechtergeschichte der Gelehrtenrepublik vgl. Elizabeth Heckendorn Cook, Epistolary bodies. Gender and genre in the eighteenth-century republic of letters, Stanford, Calif. 1996; Susan Dalton, Engendering the republic of letters. Reconnecting public and private spheres in eighteenth-century Europe, Montreal u. a. 2003.

[38] Goldgar, Impolite learning (wie Anm. 10), vgl. dazu Daniel Roche, Republique des lettres ou royaume des mœurs: la sociabilite vue d'ailleurs, in: Revue d'Histoire Moderne et Contemporaine 43/2 (1996), 293–306; Martin Mulsow, Die unanständige Gelehrtenrepublik. Wissen, Libertinage und Kommunikation in der Frühen Neuzeit, Stuttgart, Weimar 2007; Marian Füssel, Die symbolischen Grenzen der Gelehrtenrepublik. Gelehrter Habitus und moralische Ökonomie des Wissens im 18. Jahrhundert, in: Martin Mulsow, Frank Rexroth (Hg.), Was als wissenschaftlich gelten darf. Praktiken der Grenzziehung in Gelehrtenmilieus der Vormoderne, Frankfurt am Main, New York 2014, 413–437.

[39] Pascale Hummel, Moeurs érudites. Étude sur la micrologie littéraire (Allemagne, XVI-XVIII siècles), Genève 2002; Sari Kivistö, The Vices of Learning. Morality and Knowledge at Early Modern Universities, Leiden, Boston 2014; zur Gelehrtenrepublik in der Satire vgl. ferner Alexander Košenina, Der Gelehrte Narr. Gelehrtensatire seit der Aufklärung, Göttingen 2003, 297–323.

[40] Vgl. zur Forschungsgeschichte jetzt den Überblick von Gabriele Haug-Moritz (Hg.), Verfassungsgeschichte des Alten Reiches, Stuttgart 2014 (Basistexte Frühe Neuzeit, 1).

Netzwerkanalysen und Patronageforschung, und schließlich waren es die Fragen von Ritual, Etikette und moralischer Ökonomie der Gelehrtenrepublik, die diskutiert wurden. Vor dem Hintergrund der allgemeinen fachlichen Entwicklung der Geschichtswissenschaften, aber auch der Literaturwissenschaften, der Rechts- und Philosophiegeschichte im Zeichen der sozialhistorischen Wende der 1960er bis 1980er Jahre und der kulturwissenschaftlichen Wenden der 1980er bis 2010er Jahre ist diese Parallelität auch wenig verwunderlich. Ein Punkt, den es in dieser Entwicklung jedoch hervorzuheben gilt, ist, daß es nicht einfach nur um unterschiedliche Methoden geht, die sich eventuell gar als komplementär erweisen können, sondern auch um unterschiedliche Wege der Historisierung und historiographischen Aneignung. Stellt man die folgenden beiden Zugänge der Reichsgeschichte einmal gegeneinander und fragt, ob das Alte Reich ein „auf säkularen Werten und Handlungsmustern basierendes föderatives Nationskonzept, das allgemein akzeptierbare Werte wie Freiheit, Eintracht und Friede mit speziellen Tugenden, der deutschen Sprache und der als Inklusions- und Exklusionskriterium genutzten Bereitschaft zur Abwehr aller Angriffe" verkörperte, oder vielmehr „als etwas Andersartiges, nicht von selbst Verständliches" begriffen werden sollte, so zeigt sich rasch, daß sich diese Gegenüberstellung fast eins zu eins auch auf die Erforschung der frühmodernen Gelehrtenrepublik übertragen ließe.[41] Gerade die moderne Wissenschaftsgeschichte hat es sich ja in weiten Teilen zur Aufgabe gemacht, mit den „Rationalitätsmythen" ihrer Zunft ebenso aufzuräumen, wie es die „Kulturgeschichte des Politischen" propagiert.[42]

Ausgehend von begriffsgeschichtlichen Befunden zu frühen Erwähnungen einer *Respublica litteraria* plädiert Herbert Jaumann im vorliegenden Band für eine radikale Historisierung des Konzeptes der Gelehrtenrepublik. Indem Jaumann den „partikularen Projektcharakter des gelehrten Universalismus" herausarbeitet, gelingt es ihm, den stets latenten „projektiven Anachronismus" sichtbar zu machen, der den Bezug auf die Gelehrtenrepublik in der gegenwärtigen Wissenschaftssprache vielleicht zu attraktiv macht. Jaumanns Beitrag ist damit charakteristisch für den insgesamt eher kritischen bis dekonstruktiven Zugang der hier versammelten Beiträge, welche die heuristische Leistungskraft des Konzepts Gelehrtenrepublik zunächst einmal auf den Prüfstand stellen. Nicht der historischen Semantik der Gelehrtenrepublik, sondern ihrer praxeologischen Dimension widmet sich

[41] Das erste Zitat von Georg Schmidt, Das frühneuzeitliche Reich – komplementärer Staat und föderative Nation, in: Historische Zeitschrift 273 (2001), 371–399, hier 392, das zweite Zitat entstammt Barbara Stollberg-Rilinger, Des Kaisers alte Kleider. Verfassungsgeschichte und Symbolsprache des Alten Reiches, München 2008, 16.

[42] Zu den politischen „Rationalitätsmythen" vgl. Stollberg-Rilinger, Verfassungsgeschichte (wie Anm. 41), ebd.

Martin Gierl in seiner Untersuchung der Abhandlungen der Göttinger Akademie im 18. Jahrhundert. Aus der institutionellen Logik dieses Periodikums arbeitet er die „harte Realität“ der Gelehrtenrepublik als eine unerbittliche „Ökonomie der Wissensproduktion“ heraus. Einen anderen Weg durch die Medienwirklichkeit der Gelehrtenrepublik wählt Flemming Schock mit einer exemplarischen Untersuchung zur Debatte über den Blitzableiter in gelehrten Journalen des 18. Jahrhunderts. Auf breiter Materialbasis gelingt Schock eine gewisse Relativierung der Ausmaße der Blitz- und Elektrizitätsdiskussion, die gleichzeitig zu einer Art „tracer“ für die inneren Zustände der Gelehrtenrepublik wird, in diesem Fall verstanden als eine Publikationsgemeinschaft. Auch die nordamerikanischen Kolonien erweisen sich über die Forschungen, Experimente und Publikationen Benjamin Franklins als Teil einer Europa überragenden atlantischen Gelehrtenrepublik, jedoch nicht ohne europäisches Ressentiment gegenüber Erkenntnissen aus der ‚Peripherie‘.[43] Zu den Praktiken, welche die Gelehrtenrepublik im Sinne einer Kommunikationsgemeinschaft zusammenhielten, zählte ohne Zweifel die Patronage. So rekonstruiert Sebastian Kühn am Beispiel von Samuel Sorbière, der sich einer expliziten „Anthropométrie“ der Gelehrtenrepublik verschrieben hatte, den Zusammenhang zwischen gelehrtem und höfischem Feld. Nicht Gleichheit war Sorbières Ideal der Gelehrtenrepublik, sondern hierarchische Unterordnung. Gleich in zweifacher Hinsicht eine Grenze der Gelehrtenrepublik nimmt Thomas Wallnig anhand der Korrespondenz der Brüder Bernhard und Hieronymus Pez in den Blick. Als österreichische Benediktiner verwendeten sie in ihrer Korrespondenz den Begriff der „res publica litteraria“ einerseits in Abgrenzung zu „‚ungelehrten‘ Formen von religiösem Leben“ wie andererseits zu „‚unreligiösen‘ Formen von Gelehrsamkeit“. Die semantischen Befunde variieren je nach Kontext und zeigen sowohl die Existenz einer innerkatholischen Selbstbeschreibungsformel „Gelehrtenrepublik“ auf als auch deren „Brückenfunktion“ für einen interkonfessionellen Austausch. Einem Orden der anderen Art sind die Beiträge von Martin Mulsow und Markus Meumann zur Verschränkung des Illuminatenordens mit der Gelehrtenrepublik gewidmet. Mulsow nimmt den Gothaer Zirkel des Ordens in den Blick und untersucht die Praktiken der internen Debattenkultur, die durch Verlesen und Diskutieren von Aufsätzen strukturiert waren. Während bei ihm mit Schack Hermann Ewald eine Person im Mittelpunkt steht, ist es bei Markus Meumann eine Thematik: die Frage nach der Vermeidung von Kindestötungen und der angemessenen Bestrafung von Kindsmör-

[43] Vgl. Gilman M. Ostrander, Republic of letters. The American Intellectual Community, 1776–1865, Madison, Wis. 1999; Michael Warner, The Letters of the Republic. Publication and the Public Sphere in Eighteenth-Century America, Cambridge, Mass. 1990; vgl. auch Anthony Grafton, The Republic of Letters in the American Colonies: Francis Daniel Pastorius makes a Notebook, in: American Historical Review 117 (2012), 1–39.

derinnen. Das Problem war 1780 in der sogenannten Mannheimer Kindmordpreisfrage öffentlich annonciert worden, und der illuminatische Beitrag, den Meumann untersucht, ist ein später, interner Reflex auf diese Frage. Es zeigt sich, daß der „Arkanraum“ der Illuminaten über viele Bande mit der allgemeinen Gelehrtenrepublik verbunden gewesen ist: Anregungen von „außen“ wurden aufgenommen, interne Beiträge gelangten, leicht modifiziert, in die öffentliche Debatte. Zwei weitere Beiträge widmen sich explizit der Problematik von „Verfahren“ in der frühmodernen Gelehrtenkultur, einem für die Politik- und Verfassungsgeschichte der frühen Neuzeit in jüngerer Zeit intensiv, für die Gelehrtengeschichte hingegen bislang kaum diskutierten Feld.[44] So geht Hanspeter Marti dem „Ernennungsprozedere“ einer Rhetorikprofessur an der Basler „Familienuniversität“ in der Mitte des 18. Jahrhunderts nach und analysiert exemplarisch die komplexe Verschränkung einer Übungs-Disputation mit mehrstufigen Wahl- und Losentscheidungen. Marti zeigt, wie angesichts einer lokalen Gelehrtenkultur, die nur sehr bedingt allein der Wahrheit verpflichtet und egalitär strukturiert war, die Kontingenz des Verfahrens zur Legitimation der Selbstergänzung der Basler „Gelehrtenrepublik“ beitragen konnte. Caspar Hirschi bemüht sich am Beispiel Jean-Baptiste Colberts um eine Rehabilitierung modernisierungstheoretischer Ansätze in der Frühneuzeitforschung. Über eine Rekonstruktion der Verfahrenssoziologie Niklas Luhmanns gelangt Hirschi zu weitreichenden Thesen zur Wirkung der Reformpolitik Colberts, aus der er nicht weniger als eine der Grundlagen der französischen Aufklärung ableitet. Auch bei Hirschi relativiert sich die Wirkmächtigkeit der Gelehrtenrepublik, jedoch nicht wie bei Marti im Abgleich mit ihren eigenen Idealen, sondern über die mittlerweile ungewohnte Volte einer ‚Aufklärung‘ von oben. Olaf Simons diskutiert schließlich aus literaturhistorischer Perspektive Übergänge der Gelehrtenrepublik hin zu einem „Literaturstaat“: ein vielschichtiger Transformationsprozeß, der nicht nur die Literatur als eigenständigen Gegenstandsbereich überhaupt erst konstituierte, sondern auf die medialen, politischen und institutionellen Kontexte eines nicht linearen Wandels verweist.

Ein Ende der Gelehrtenrepublik ist in einer Forschungstradition, welche die Gelehrtenrepublik entweder als historische Vorstufe des modernen Wissenschaftssystems begreift oder schlicht von einer strukturellen Kontinuität ausgeht, bislang kaum in den Blick geraten. Vielleicht hat es ein solches Ende auch nie ge-

[44] Vgl. Barbara Stollberg-Rilinger (Hg.), Vormoderne politische Verfahren, Berlin 2001; dies., André Krischer (Hg.), Herstellung und Darstellung von Entscheidungen. Verfahren, Verwalten und Verhandeln in der Vormoderne, Berlin 2010. Zur Anwendung dieses Ansatzes auf die Universitätsgeschichte vgl. exemplarisch Marian Füssel, Zeremoniell und Verfahren. Zur Wahl und Einsetzung des Rektors an der frühneuzeitlichen Universität, in: Daniela Siebe (Hg.), „Orte der Gelahrtheit“. Personen, Prozesse und Reformen an protestantischen Universitäten des Alten Reiches, Stuttgart 2008 (Contubernium, 66), 119–142.

geben. Doch auch hier hilft möglicherweise der Blick auf die jüngere Staats- und Politikgeschichte, die angesichts der „postnationalen Konstellation" (J. Habermas) die heuristische Leistungsfähigkeit rationalisierungstheoretischer Modelle bei der Analyse vormoderner Gesellschaften hinterfragt.

Marian Füssel

ABHANDLUNGEN

HERBERT JAUMANN

Respublica litteraria: Partei mit einem Programm der Parteilosigkeit

Gegen das anachronistische Mißverständnis eines mehrdeutigen Konzepts der Frühen Neuzeit

Erinnert sich noch jemand an den Streit um die Untersuchung des nordamerikanischen Historikers Daniel Goldhagen? Das Buch über die antisemitische Botmäßigkeit der Deutschen (*Hitlers willige Vollstrecker:* zuerst englisch 1996 und im gleichen Jahr deutsch), das damals wahrscheinlich kaum jemand vollständig gelesen hat, hielt das Medientheater monatelang in Atem, und gegen Ende folgte ein juristisches Nachspiel, dessen Ausgang auch der gewöhnliche Zeitungsleser schon nicht mehr erfuhr. Goldhagen verklagte nämlich 1997 eine deutsch-kanadische Historikerin, die, so wie danach auch der New Yorker Politologe Norman Finkelstein, Anfang 1997 in einem Artikel in der Cambridger Zeitschrift *The Historical Journal* sein Buch kritisiert hatte,[1] wegen Verleumdung.[2] Und wie reagiert die Presse, in diesem Fall der Hamburger *Spiegel?* Er hält Goldhagens Klage nicht etwa für einen legitimen (oder auch illegitimen) Akt der Selbstverteidigung. Er hält sie für das Ende von nicht mehr und nicht weniger als der „Gelehrtenrepublik“! Das heißt: Etwas, das vor allem nur als historisch überlieferte Metapher existiert – das also zur (Selbst)Beschreibung realer Verhältnisse dient, jedoch nicht als Name für diese selbst –, soll demnach in der Realität, etwa als wirkliche Institution, zerstört worden sein. Die ganze Institution ein für alle Mal? Oder nur deren deutscher Zweig, die deutsche Ausgabe davon? Und auch diese nur in diesem besonderen Fall? Viele, noch vermehrbare Fragen, die aber beim Hantieren mit diesem Begriff im Grunde sehr alt sind und immer viel zu selten aufgeworfen wurden.

[1] Ruth Bettina Birn in: The Historical Journal 40 (1997), H. 1 (march), 195–215.

[2] Zu dem Streit vgl. Norman G. Finkelstein, Ruth Bettina Birn, Eine Nation auf dem Prüfstand. Die Goldhagen-These und die historische Wahrheit. Einleitung von Hans Mommsen, Hildesheim 1998, sowie Martin Sabrow, Ralph Jessen und Klaus Große Kracht (Hg.), Zeitgeschichte als Streitgeschichte. Große Kontroversen seit 1945, München 2003.

Aufklärung 26 · © Felix Meiner Verlag 2014 · ISSN 0178-7128

Der Ausdruck *Gelehrtenrepublik* stammt in seiner lateinischen Version aus der Tiefe des italienischen 15. Jahrhunderts, der großen Zeit des Humanismus in Italien – die deutsche Version besitzt eine sehr viel geringere Bedeutung als die historischen Bezeichnungen im transnationalen Gebrauch, die der Sache auch einzig angemessen waren: *Respublica litteraria* und davon direkt abgeleitet *République des Lettres* und allenfalls *Republic of Letters.* Wenn man vom heutigen Begriffsverständnis und den vorausliegenden Konzepten der Frühen Neuzeit reden will, ist es daher nützlich, sich immer wieder der namens- und begriffsgeschichtlichen Anfänge zu vergewissern, die, wie gesagt, in der Glanzzeit des Renaissancehumanismus in Italien liegen.

Der von Marc Fumaroli an wenig entlegener Stelle aufgegriffene Erstbeleg aus dem Jahr 1417[3] macht den Eindruck eines Zufallsfundes. Die eher beiläufige Wendung in dem auf den 6. Juli 1417 datierten enthusiastischen Brief des jungen Francesco Barbaro (1390–1454), den dieser aus Venedig an Poggio Bracciolini nach Konstanz schickt, um ihn für seine eben bekannt gewordenen Manuskriptfunde in deutschen und französischen Klosterbibliotheken, wie u. a. in Cluny und Sankt Gallen,[4] zu rühmen, besitzt offensichtlich keinerlei terminologischen Charakter: Wer könnte so böswillig sein zu glauben, schreibt der Schüler von Guarino da Verona an den bewunderten Freund aus Florenz, ich würde euch, d. h. Poggio und seinem Gefährten Bartolomeo da Montepulciano, zu viel Ehre antun. „Quos autem orno? Eos nempe, qui huic litterariae Reip.[ublicae] plurima adjumenta, atque ornamenta contulerunt.“ (Wen will ich eigentlich ehren? Diejenigen sind es doch, die diese öffentliche Gemeinschaft der Gelehrten mit den meisten Mitteln für ihre ruhmreichen Leistungen ausgestattet haben). Und nur mit Schande seien

[3] Marc Fumaroli hat die bekannten frühen Belege in einem offenbar zu wenig benutzten Beitrag zusammengestellt und in ihren Kontexten kommentiert: La République des Lettres redécouverte, in: Marta Fattori (Hg.), Il vocabolario della République des Lettres. Terminologia filosofica e storia della filosofia. Problemi di metodo. Atti del convegno intern. in memoriam di Paul Dibon, Napoli 1996, Druck Firenze 1997 (Lessico intellettuale europeo, 70), 41–56. Dazu vgl. auch Emanuele Cutinelli-Rendina: République des Lettres et républicanisme politique entre Florence et Venise: la correspondance de Donato Giannotti avec Pietro Vettori, in: Marc Fumaroli (Hg.), Les premiers siècles de la République des Lettres. Actes du colloque Paris 2001, Paris 2005, 135–151, und darin auch Herbert Jaumann, *Respublica Literaria* als politische Metapher. Die Bedeutung der *Res Publica* in Europa vom Humanismus zum XVIII. Jahrhundert (mit résumé en français), ebda., 69–88.

[4] Gianfrancesco Poggio (1380–1459) war als Sekretär des Papstes Johannes XXIII. zum Konzil nach Konstanz gereist, war ohne Beschäftigung, nachdem Johannes dort im Mai 1415 als Gegenpapst für abgesetzt erklärt worden war, und bereiste daraufhin verschiedene Bibliotheken in der näheren und weiteren Umgebung, wo er Manuskripte mit Texten u. a. von Cicero, Quintilian, Lukrez und Plautus auffand und kopierte, die unter den humanistischen Genossen in Italien als verschollen galten. Vgl. aktuell zum Thema Dieter Mertens, Das Konzil und der Humanismus. Handschriftensuche und die Präsenz der Italiener, in: Karl-Heinz Braun u. a. (Hg.), Das Konstanzer Konzil, 1414–1418. Weltereignis des Mittelalters. Essays. Große Landesausstellung Baden-Württemberg 2014, Darmstadt 2013, 33–38.

jene Deutschen zu nennen, die die hochberühmten Autoren, deren Gedächtnis für alle am Leben zu erhalten ihre Pflicht gewesen wäre, dauerhaft lebendig begraben haben.[5] Weder ist erkennbar, daß der Schreiber mit der Wendung von der *litteraria Respublica* eine neue Formel verwenden, noch, daß er auf eine etwa schon geprägte und als solche bekannte zurückgreifen möchte, und man darf deshalb schließen, daß es kein Wunder wäre, wenn sich auch noch ältere Belege finden lassen. Percy Gothein hat den Brief, der ein exemplarischer Text für die enkomiastische Rhetorik des klassisch-humanistischen Quattrocento ist, in seiner großen Studie über Francesco Barbaro von 1932, der noch immer einzigen Monographie von Gewicht über den venezianischen Humanisten und seine Welt, ausführlich paraphrasiert und stellenweise übersetzt. Gothein ist zwar nicht die Stelle über die „litteraria Respublica" aufgefallen, dafür aber der Ausdruck „amplissimi in *litterario Senatu* [Hervorh. HJ], & in aede Musarum", den er mit „die Ansehnlichsten im geistigen Senat und im Hause der Musen" wiedergibt; gemeint sind die gebildeten antik-römischen Vorfahren des Autors und seinesgleichen, die ihren Kriegshelden Triumphzüge veranstaltet haben, und zu Ähnlichem fühle auch er, Barbaro, sich berechtigt aus Anlaß der Großtaten des humanistischen Manuskriptenretters Poggio.[6] Es begegnet also in diesem Brief die Staatsmetapher für die „geistige" (Gothein) Gemeinschaft der Gelehrten an zwei Stellen, einmal mit Bezug auf die ge-

[5] Die Passage lautet im Zusammenhang: ‚Ignominia etiam notandi sunt illi Germani, qui clarissimos Viros, quorum vita ad omnem memoriam sibi commendata esse debuit, quantum in se fuit, vivos diuturno tempore sepultos tenuerunt. Quod si imprudenter factum est, quid negligentius? Si ex sententia, quid crudelius? An quisquam ita invidus eris, ut vos nimium exornari a me censeat? Quos autem orno? Eos nempe, qui huic litterariae Reip. plurima adjumenta, atque ornamenta contulerunt." Zit. nach: Francisci Barbari et aliorum ad ipsum Epistolae, nunc primum editae ex duplici Ms. Cod. Brixiano, & Vaticano uno, Brixen: Johannes-Maria Rizzardi 1743, Epistola I, vom 6. Juli 1417: Franscisci Barbari Veneti ad Poggium Secretarium Apostolicum pro inventis Codicibus collaudatio, & ad rimandos ceteros exhortatio, 1–8, hier 4 f.

[6] Percy Gothein, Francesco Barbaro. Früh-Humanismus und Staatskunst in Venedig, Berlin 1932, 116–118, hier 118; in der Ausgabe der Barbaro-Briefe (wie Anm. 5) befindet sich die zuletzt genannte Stelle auf S. 3. – Das Buch enthält die Druckfassung der Schrift, mit der Gotheins Habilitationsversuch kurz nach 1930 bei Leo Spitzer in Köln gescheitert ist (wie Walter Benjamins Versuch mit seiner Trauerspiel-Abhandlung in Frankfurt am Main ein paar Jahre zuvor). Percy Gothein (1896–1944), der Sohn des Heidelberger Gelehrten Eberhard Gothein, seit 1910 als „schöner Knabe" bewunderter Novize des Georgekreises, lebte später vor allem in Italien, gehörte zum Widerstand gegen NS-Deutschland, wurde 1944 in Holland verhaftet und als politischer Häftling im KZ Neuengamme ermordet. Er steht in besonderer Weise für die in diesem Kreis lebendige Parole vom „geheimen Deutschland", das er, ähnlich wie George selbst und andere Historiker des Kreises (Ernst Kantorowicz, Friedrich Gundolf) mit dem Renaissancehumanismus in Verbindung brachte. So läßt sich meines Erachtens auch seine (sonst unübliche) Übersetzung von „litterarius" als „geistig" (statt ‚gelehrt') interpretieren. In der sonst gut orientierenden Darstellung von Ulrich Raulff, Kreis ohne Meister. Stefan Georges Nachleben, München 2009, werden die Konturen von Gotheins Gestalt leider nicht hinreichend deutlich (vgl. bes. 188 f.).

genwärtige „Respublica" und zwei Seiten vorher auch mit Bezug auf den antiken römischen Senat, der zudem in einen direkten Zusammenhang mit dem „Haus der Musen" gebracht wird.

Fumaroli hat in seiner Studie von 1997 die weiteren frühen Belege zusammengestellt: Angelo Decembrios Titel *Politia literaria* (von griech. *politeia* und lat. *polire/politus*) von 1540, entstanden aber schon um 1450; dann *Respublica litterarum* und Varianten davon beim Drucker-Philologen Aldus Manutius, die bekannten Stellen einschließlich verschiedener Umschreibungen bei Erasmus (bei ihm auch *civitas* für *respublica*), nachdem dieser sich, wie Fumaroli eigens betont, 1508 in der Offizin von Aldus in Venedig aufgehalten hatte,[7] ebenso Belege bei Vives, Jacques-Auguste de Thou und Traiano Boccalini bis zu Pierre Bayle u. a. Was in der Forschung hingegen noch immer, auch bei Fumaroli, fehlt, ist eine Vorstellung von dem Prozeß, in dem aus einer beiläufig-improvisierten Wortkombination, wie man sie bislang zum erstenmal in dem Brief von Francesco Barbaro vom Juli 1417 finden konnte, eine geprägte Formel wird; der Name für ein Konzept, für eine begriffliche Größe also, die dann reproduziert, durch annähernd synonyme Umschreibungen paraphrasiert, variiert usw. werden kann und wird. Was ich meine, ist also der semasiologische Weg zum Ausbau von *Respublica litteraria* zu einer Staatsmetaphorik, als die sie dann im 17. und 18. Jahrhundert bekannt und in Gebrauch ist.[8]

Heute ist der Begriff noch wohl bekannt als eine Vokabel des allgemeinen west-, d. h. latein-europäischen Bildungsvokabulars oder dessen, was davon übrig ist, und mir scheint, daß gerade dieser Ausdruck in den letzten Jahrzehnten sogar immer häufiger begegnet. Gelungene Tagungen oder Forschungsaufenthalte an Orten mit einer alten Bibliothek, wie in Deutschland Wolfenbüttel, Göttingen

[7] Fumaroli, La République des Lettres redécouverte (wie Anm. 3), 45 ff. – Fritz Schalk wollte Erasmus für den Autor der Erstbelege (in der Frühschrift *Antibarbari*, entstanden ca. 1494, gedruckt 1520) und vor allem des neuen Begriffs von der Republik der Gelehrten halten: vgl. Schalk, Von Erasmus' *Res publica literaria* zur Gelehrtenrepublik der Aufklärung, in: F. S., Studien zur französischen Aufklärung, Frankfurt am Main 1977, 143–163. Die in dieser „Pionierarbeit" (Fumaroli) vertretene Meinung war lange die einzig maßgebliche, und dabei fällt auf, daß die ebenfalls um 1500 kursierende Bezeichnung des deutschen Universalhumanisten Konrad Celtis, *sodalitas literaria*, meist wenig Beachtung findet, auch in den sorgfältigen Belegsammlungen bei Fumaroli kommt sie nicht vor (Germanica non leguntur?). Auch noch in der sonst instruktiven Studieneinführung der Oldenbourg-Reihe von Notker Hammerstein, Bildung und Wissenschaft vom 15. bis zum 17. Jahrhundert, München 2003 (Enzyklopädie deutscher Geschichte, 64), ist *respublica litteraria* stets „ein erasmisches Ideal" tout court (43 u. ö.), Celtis' *sodalitates* finden die übliche Erwähnung (13), werden dann aber nicht auf das Thema der *respublica litteraria* bezogen.

[8] Dazu vgl. im einzelnen Herbert Jaumann, *Ratio clausa.* Die Trennung von Erkenntnis und Kommunikation in gelehrten Abhandlungen zur *Respublica literaria* um 1700 und der europäische Kontext, in: Sebastian Neumeister, Conrad Wiedemann (Hg.), Res Publica Litteraria, Wiesbaden 1987, 409–429.

oder München, Weimar oder Halle, und die Berichterstattung darüber werden gerne damit in Verbindung gebracht, nicht ohne das selbstzufriedene Blinzeln des jeweiligen Bibliotheksfunktionärs, und an die Universität in der heutigen Gestalt denkt man dabei wohl zuletzt.[9] „Respublica litteraria“, „République des Lettres“ – das verströmt den leicht snobistischen Charme einer nostalgischen Idee des alten Wahren und zugleich utopisch Unerreichten, von etwas, das jedoch vermeintlich noch immer den Maßstab setzt. Erst wenn man sich an die im Gange befindliche Ausradierung der Alten Sprachen aus den Bildungsanstalten erinnert – von der des Latein spricht man noch, weil die Abschaffung nicht so rasch gelingen will, das Griechische wird schon gar nicht mehr erwähnt –, wird der Zynismus deutlich, von dem das Hantieren mit solchen Stichworten aus einer sich immer weiter entfernenden Vergangenheit erfüllt ist. Man gibt vor, sich mit einem historischen Konzept zu identifizieren, das schon im 19. Jahrhundert nicht mehr verstanden wurde und das die Assoziierung einer vagen Idee von intellektueller Egalität und Denkfreiheit beim gemeinschaftlichen Streben nach der Wahrheit gestattet, – und am nächsten Tag gründet man in einer Villa am Stadtrand eine Privatuniversität für Studien zur Optimierung der Arbeitsplatzvernichtung.

Wie jeder Anachronismus blockiert und beschädigt auch dieser die Bemühung um ein angemessenes Verständnis des betreffenden historischen Konzepts. Man läßt sich das Fehlverständnis ungern ausreden, weil es den Selbstwert zu stützen scheint und daher mit angenehmen Gefühlen begleitet ist, und die mißverstandene historische Semantik wird zur Legitimation bzw. besitzerstolzen Ornamentierung gegenwärtiger Ziele benutzt, die damit gar nichts zu tun haben. D. h., man genießt den Eindruck, es gibt noch genügend Leute, die sich weismachen lassen, es handle sich um ein nach wie vor gültiges Werkkonzept. Aber daß Geschichte mißverstanden wird, ist der globalisierten Elite egal, der denkwürdige Satz von Henry Ford aus den Gründerjahren des amerikanischen Kapitalismus, „history is bunk“ (Geschichte ist Quatsch),[10] scheint erst heute zum Credo auch der europäischen Eliten zu werden, die offenbar alles dafür tun, um mit der Kulturzerstörung des ‚Sozialismus‘ gleichzuziehen. Von ‚Kritik‘ will man ohnehin am liebsten gar nichts mehr hören, der Relativismus schließt Freundschaft mit dem historischen Agnostizismus, für den sich vermeintlich anspruchsvollere Gemüter notfalls auch auf Schlagworte aus der Klischee-Küche der ‚Dekonstruktion‘ berufen können. Doch

[9] Dazu jetzt treffend der vierteilige Essay von Jürgen Paul Schwindt, Die Mitmacher. Zur Pathogenese der neuen deutschen Universität, in: Tumult. Vierteljahresschrift für Konsensstörung, Hefte Frühjahr–Winter 2014.

[10] Henry Ford: „History is more or less bunk. It's tradition. We don't want tradition. We want to live in the present, and the only history that is worth a tinker's damn is the history that we make today.“ Überliefert als Zitat aus einem Interview in: Chicago Tribune, 25. Mai 1916. Dabei ist mit history hier gewiß nicht historische Kritik gemeint, sondern höchstens so etwas wie ein (unnötiger, schädlicher) ‚Blick zurück‘.

selbst damit nicht genug. Der Mißgriff bei Modellen aus der Geschichte spiegelt nur das Mißverständnis gegenüber heutigen Verhältnissen selbst, in diesem Fall also dessen, was die Organisation von Wissenschaft heute angeht. Und spätestens das kann niemandem egal sein, eigentlich auch dem Verächter der Historie nicht.

Ein Weg aus dem Dilemma ist für Leute, die es trotzdem nicht lassen können, allemal die Rekonstruktion des historischen Begriffsgebrauchs, zumal unter dem Aspekt der Differenzen der historischen Semantik, die dabei deutlich werden. Das Ziel ist in diesem Fall eine These über die dominante Semantik, die sich schon um 1500 ankündigte, also über den ursprünglichen Begriffsumfang sowie vor allem über die Differenz von universalistischer Selbstbeschreibung und realer Partikularität des Konzepts.

1. Als ein erstes Beispiel mag eine Äußerung von Gabriel Naudé dienen, einem Philologen und Kritiker des frühen 17. Jahrhunderts, aus der Vorrede zu einer lateinischen Streitschrift von 1651, einem der zahlreichen Gutachten, mit denen Naudé im Auftrag Richelieus und der römischen Kurie den philologischen Nachweis erbringen sollte (und, soweit möglich, auch erbrachte), daß Thomas von Kempen der wahre und einzige Verfasser des Erbauungs-Bestsellers *De Imitatione Christi* aus dem frühen 15. Jahrhundert gewesen sei.[11] Naudé war nach vielen Jahren als Sekretär des Kardinals Barberini in Rom um 1650 Bibliothekar von Jules Mazarin in Paris. Der Streit um die Autorschaft der *Imitatio Christi* hatte hitzige Polemiken entfacht und jahrelang in Gang gehalten, besonders zwischen katholischen Orden, die jeweils eigene Kandidaten ins Feld führten gegen jenen Thomas Hemerken von Kempen am Niederrhein, dem von Rom und den Jesuiten zumal gegen die Benediktiner favorisierten Augustinermönch im Kloster Agnetenberg bei Zwolle, einem der Zentren der niederländischen *Devotio moderna*-Bewegung. Naudés Rolle als philologisch-theologischer Sachverständiger der Kurie wäre eine höchst interessante Fallstudie wert, weil daran gezeigt werden könnte, wie einer der angesehensten Autoren der späthumanistischen *Respublica litteraria*, die in Paris, Leiden und Amsterdam ihre Zentren hat, inmitten konfessioneller Aufgeregtheiten im Auftrag einer der Parteien, nämlich Richelieus im Einvernehmen mit der Kurie, eine spezifische Aufgabe erledigt, die nach Maßgabe der ‚philologischen Rationalität' in der Nachfolge von Lorenzo Valla und Erasmus dennoch ‚überparteiliche' Objektivität beansprucht.[12] Aber ob es so etwas

[11] Vgl. Herbert Jaumann, Art. „Thomas von Kempen" in: H. J., Handbuch Gelehrtenkultur der Frühen Neuzeit, Bd. 1: Bio-bibliographisches Repertorium, Berlin 2004, 651 f.

[12] Etwas davon findet man in der Studie von Jean-Pierre Cavaillé, „Une chose bien remarquable et importante à la République des Lettres". Gabriel Naudé et l'attribution frauduleuse de l'„Imitation du Jésus-Christ" à Jean Gersen, in: Armelle Lefebvre (Hg.), Comparaisons, raisons, raisons d'État. Les Politiques de la république des lettres au tournant du XVIIe siècle, München 2010 (Ateliers des Deutschen Historischen Instituts Paris, 6), 152–177; vgl. die Rezension des Bandes von Herbert Jaumann in: sehepunkte 11 (2011), Nr. 11 [15.11.2011].

wie Überparteilichkeit und Objektivität gab bzw. überhaupt geben konnte und im modernen Verständnis geben sollte, gehört zu den Schlüsselproblemen im Verständnis der Gelehrtenrepublik in der frühen Neuzeit. Und nicht zuletzt an dieser Frage entscheidet sich auch die Tauglichkeit des Konzepts für die Anwendung auf moderne Ideale der Wissenschaftskommunikation.

Aber zurück zu der Stelle in der Vorrede von Naudé, die ich als Beispiel zitieren wollte. Die beiden Gegner, Patres aus dem Benediktinerorden der Congrégation de Saint-Maur in Saint-Germain-des-Près, seien, schreibt Naudé, nach Ausweis ihrer Bücher eigentlich keine Gegner; es seien vollkommen beschränkte Leute, Narren (plane fatui), ohne jeden Namen und jedes Ansehen in der Gelehrtenrepublik („nullius in Republica literaria famae auctoritatisve") und deshalb keiner Beachtung wert.[13] Naudés Äußerung enthält also klare Hinweise auf die Grenzen des Begriffsumfangs. Sie werden durch „fama" und „auctoritas" markiert, welche ihrerseits durch die Qualität der gelehrten Schriften begründet sein müssen. Das Kriterium ist also, vorläufig formuliert, eine qualifizierte Teilnahme an gelehrter Kommunikation, nach Maßgabe der sachlichen Kriterien des betreffenden Standpunktes.

2. Ein zweites Beispiel läßt in dieser Frage des Begriffsumfangs noch erheblich klarer sehen. Es handelt sich um eine Anekdote im Artikel „Scioppius" in Pierre Bayles *Dictionaire historique et critique*, das 1697 zu erscheinen begann. Dort lesen wir in Anmerkung P (ich zitiere nach Gottscheds Übersetzung des *DHC* ins Deutsch des Jahres 1744),[14] Schoppe habe einmal „einen großen Windbeutel in der Republik der Gelehrten", der ihm besonders „übel begegnet" sei, statt einer seiner gefürchteten Polemiken eine Verleumdungsklage angedroht. Bayle hat diese Geschichte der *Pinacotheca* von Janus Nicius Erythraeus (d. i. Giovanni Vittorio Rossi) entnommen, einer anekdotenreichen Biographiensammlung aus dem mittleren 17. Jahrhundert, und der berichtete Zusammenstoß zwischen Schoppe und Zoilus Ardelius (auch ein Pseudonym) ereignete sich im ersten Drittel des 17. Jahrhunderts. Doch die Bedeutung der Anekdote für unsere Frage liegt in dem

[13] Zit. nach Gabriel Naudé, Causae Kempensis coniectio pro curia Romana, Paris: Cramoisy 1651, Leservorrede (unpagin.), fol. Aiijv, und vgl. ders., Velitatio prima Kempensis adversus Ioannem de Launoy Constantiensem, Paris: Martin 1651. Vgl. eine größere Arbeit über Naudé von Herbert Jaumann, Wahres Wissen für die *République des lettres.* Gabriel Naudé als Methodologe der historischen Kritik: zur *Apologie pour tous les grands personnages* (1625), in: Michael Multhammer (Hg.), Verteidigung als Angriff. Apologie und Vindicatio als Möglichkeiten der Positionierung im gelehrten Diskurs, Berlin [in Vorber. für 2015].

[14] Nach Gottscheds Gesamtübersetzung gibt es bis heute in Deutschland nur Auswahlübersetzungen wie die von Ludwig Suhl, Peter Bayle historisch-kritisches Wörterbuch, im Auszuge neu geordnet und übersezt. Erster Theil für Theologen [mehr nicht ersch.], Lübeck 1779. Zum Thema vgl. Irène Dingel, La traduction du *Dictionaire historique et critique* de Pierre Bayle en allemand et sa réception en Allemagne, in: Hans Bots (Hg.), Critique, savoir et érudition à la veille des Lumières, Amsterdam 1998, 109–123.

Kommentar, zu dem Bayle sich anschließend veranlaßt sieht: Eben die Wahl juristischer Mittel anstelle des gelehrten „Kampfes“ (also von Kritik und Polemik) war sein Unglück, meint Bayle (frappierend ähnlich dem SPIEGEL-Autor von 1997). „Eigentlich zu reden, hat Zoilus Ardelius über ihn triumphiert; denn sobald ein Gelehrter bei seiner Streitigkeit zur Obrigkeit, zu den Gerichtsbedienten und Anwälten Zuflucht nimmt, so ist es ein Merkmal, daß er seiner Feder und seiner Wissenschaft nicht traue. Er verändert den Zustand der Streitfrage, er flieht den Kampf, und getrauet sich nicht, es mit seinem Gegner aufzunehmen“.[15]

Bayles Argument zielt auf die Normen der Kommunikation, der spezifischen ‚Ethik‘ der *République des Lettres*, deren Angehörige sich auf die Auseinandersetzung nach Maßgabe des universellen Vernunftprinzips verpflichten, das die freie Selbstäußerung beansprucht. Was das bedeutet, hat Bayle selbst mit Hilfe des älteren Konzepts der *libertas philosophandi* von Spinoza in klassisch gewordene Formeln gebracht. Die wichtigsten Aussagen darüber findet man in der Vorrede zum ersten Jahrgang seines Rotterdamer Journals *Nouvelles de la République des Lettres* (März 1684), wo die konsequente Überparteilichkeit der Kritik, einschließlich auch des Verzichts auf Satire und Polemik, postuliert wird, so konsequent, daß selbst die Schrift eines Mönchs, wie es in trockener Ironie heißt, Anspruch auf ein gerechtes Urteil habe; denn: „es handelt sich hier keineswegs um Religion, sondern um Wissenschaft: Deshalb müssen alle Begrenzungen fallen, die die Menschen in verschiedene Parteien einteilen; man muß allein davon ausgehen, was sie alle gemeinsam haben, und das ist der Rang eines Edelmannes in der Republik der Gelehrten. In diesem Sinne sind alle Gelehrten als Brüder zu betrachten, alle zusammen aus gleich gutem Hause. Und so müssen sie sprechen: Wir sind alle gleich; wir sind alle verwandt als Kinder Apolls“ (nous sommes tous égaux, nous sommes tous parents comme des enfants d'Apollon). Sobald aber einer dieser Musensöhne, der „Kinder Apolls“, bei der staatlichen Obrigkeit „Zuflucht nimmt,“ unterstellt er sich damit selbst dem partikularen Interessenprinzip der Macht, das weder rein noch frei ist noch mit Apoll etwas zu tun hat; denn sein Interesse ist nicht das der *liberté de penser*. Er tritt damit sozusagen aus der *République des Lettres* aus. An dieser Stelle des von Bayle formulierten Konzepts der Gelehrtenrepublik wird besonders deutlich, daß es sich dabei der Sache nach um Wahrheits-Kommunikation handelt, mit hochnormierten Methoden und Zielsetzungen. Wer diese Normen verletzt, scheidet aus der Kommunikation aus.

Deutlich ist bei Bayle an dieser Stelle noch etwas anderes, auch im Unterschied zu Konzepten von Zeitgenossen wie Adrien Baillet in Frankreich oder Leibniz in

[15] Pierre Bayle, Historisches und critisches Wörterbuch, nach der neuesten Aufl. von 1740 ins Deutsche übersetzt; auch mit einer Vorrede und verschiedenen Anm. versehen von Johann Christoph Gottsched, 4 Bde., Leipzig 1741–1744 (Reprint Hildesheim 1997, 2. Aufl.), Bd. 4 (O-Z), 184.

Deutschland: Ich meine einen gewissermaßen *geistlichen Subtext* aus der Frömmigkeitspraxis, wie er sich etwa am Schluß der zitierten Passage bemerkbar macht, in einer Wendung, die wie ein „oremus", ein „Und so lasset uns beten!" klingt, nur daß die Gemeinde jetzt die säkulare Gemeinschaft der *savants* darstellt, die in ihrer *liberté de penser* allein auf die vernünftige Erkenntnis der Wahrheit, auf science critique verpflichtet sein sollen. Mit den Assonanzen an kirchliche Frömmigkeit läßt Bayle eine semantische Komponente der *République des Lettres* durchscheinen, die sein Konzept in der fortgeschrittenen frühen Neuzeit um 1700 mit der ältesten Epoche dieser Redeweise und Idee bei Erasmus, Vives, Morus und Budé in Verbindung hält, den Analogien zur zerbrochenen *Respublica Christiana* und den engen Parallelen von *studium* und *sacerdotium*, von Gelehrten- und Klerikerrolle. Was bei Bayle allerdings konsequent ausfällt, ist die ehemals dritte der engen Parallelen: diejenige mit dem Adel, die in dem geläufigen Konzept von der *nobilitas litteraria*, dem ‚Adel der Feder' (im Gegensatz bzw. auch in Entsprechung zu dem der ‚Geburt' bzw. des ‚Schwertes' und des ‚Amtes': noblesse d'épée, noblesse de robe) zum Ausdruck kam.

Ich glaube, anhand dieser beiden Beispiele sind Umfang und Grenzen, also die Partikularität des Konzepts in ersten Ansätzen deutlich geworden. Sie haben zu tun mit den Normen für einen wenn nicht idealen, so doch durch besondere Qualität abgrenzbaren, nach innen autonomen Austausch. Gemeint ist mithin keinesfalls alle Kommunikation und noch weniger Gelehrtenkultur überhaupt.

Im Prinzip schon bei den Humanisten, noch viel erbitterter aber im Zeitalter des Konfessionalismus im 16. und 17. Jahrhundert ist die Idee der Gelehrtenrepublik immer weiter zwischen die Fronten geraten, und mehr und mehr auch *an* die verschiedenen Fronten des Kampfes zwischen den Konfessionen und innerhalb der Konfessionen und den mit diesen jeweils verbündeten politischen Machtzentren. Allerdings, die humanistische Bewegung existiert immer schon unter Krisenbedingungen. Sie antwortet auf die Krise der *Respublica christiana*, deren Aufspaltungen ja nicht erst seit Luther und der Regierung Karls V. aufgetreten sind, und sie vertieft die Krise auch selbst noch durch ihre vehemente Kritik an überkommenen Werten und Institutionen. So ist der universelle Anspruch der humanistischen *Respublica litteraria* weder ein utopischer Traum noch die bloße Überparteilichkeit europäisch gesinnter Geistesaristokraten oder gar liberaler ‚Intellektueller' oder Protointellektueller. Inmitten der sich vertiefenden Spaltungen, der Pluralisierung der Werte und der Loyalitäten im geistlichen und politischen Bereich, von der die Dynamik der Frühen Neuzeit eigentlich ausgeht, ist die Republik der Gelehrten *selbst Partei* – wenn auch, zumal in späterer und noch heutiger Wahrnehmung, nicht selten *mit einem Programm der Parteilosigkeit bzw. Überparteilichkeit.*

Um 1600 und im 17. Jahrhundert zielt die herrschende Meinung über die *Respublica litteraria* im Grunde auf die Gegenüberstellung von politisch-staatlicher und kirchlicher bzw. konfessioneller Macht und Loyalitätsanforderung auf der einen Seite und einem mehr oder weniger überparteilichen Geist der freien Studien auf der anderen Seite. In diesem Verständnis wird dem friedlichen Austausch über Wissen und wissenschaftliche Erkenntnis in einem europäischen Horizont, einem Austausch, der weitgehend ohne konfessionelle Vorurteile und Konflikte auskommt, weil er ethische Normen und Glaubensinhalte auch aus- oder einzuklammern versteht, eine Machtsphäre konfrontiert, in der mehrere dogmatisch behauptete, absolute Wahrheitsansprüche einander im Wege stehen und schließlich halb Europa in den Dreißigjährigen Krieg hineinreißen. Diese hier bewußt sehr scharf akzentuierte Entgegensetzung hat scheinbar die historische Wahrheit für sich; denn sie charakterisiert die Selbstbeschreibung der Gelehrtenrepublik einigermaßen korrekt. Und diese Dichotomie – geistige Toleranz hier, Fanatismus der Macht und des Dogmas dort – ist uns deshalb so geläufig, weil sie, in Abwandlungen weiterbearbeitet durch die Aufklärung bzw. dann durch das (auch projektive) Bild davon in der neueren Aufklärungsforschung besonders in Deutschland,[16] zu den überzeugendsten Schemata zu gehören scheint, die aus der frühesten Neuzeit bis heute lebendig geblieben sind. Bayles Formeln dafür wurden zitiert, wenngleich doch nur gewissermaßen die Hälfte davon. Denn das Postulat unparteilicher Rationalität hat zwei Seiten. Die andere Hälfte finden wir nicht in den *Nouvelles de la République des Lettres*, sondern fast anderthalb Jahrzehnte später im *Dictionaire*, wo es, wiederum mit deutlichen Anspielungen auf die Bibel, im Artikel „Catius" (Anmerkung D) heißt, „Diese Republik ist ein ungemein freier Staat. Man erkennt in ihm nur die Herrschaft der Wahrheit und der Vernunft an, und unter deren Schutz führt man auf unschuldige Weise Krieg gegen wen auch immer. In ihm müssen Freunde vor ihren Freunden, Väter vor ihren Kindern und Schwiegerväter vor ihren Schwiegersöhnen auf der Hut sein. [...] Jeder ist darin zugleich Herrscher und der Gerichtsbarkeit eines jeden unterworfen. Die Gesetze der Gesellschaft haben die Unabhängigkeit des Naturzustandes in Bezug auf Irrtum und Unwissenheit nicht beeinträchtigt", heißt es 15 Jahre vor Rousseaus Zweitem Discours.[17]

[16] In Deutschland gab es hier bekanntlich einen besonders starken Innovationsbedarf, wenn man das heute in seinen Einzelzügen viel zu selten bewußt gemachte negative Bild von der Aufklärung bedenkt, das weit zurückreicht und keineswegs erst im NS-Staat und den Schriften seiner Handlanger unter den Historikern, besonders den Literarhistorikern, propagiert wurde (die Rede vom „Aufkläricht" usw.). Der Innovationsbedarf hat seither auch zu seltsam verdrehten Gegenkonstruktionen geführt.

[17] Bayle, Dictionaire (Ausgabe 1740). Hier zit. nach: Historisches und kritisches Wörterbuch. Eine Auswahl. Übersetzt und hg. von Günter Gawlick und Lothar Kreimendahl, Hamburg 2003, 21. Diese Übersetzung ist seit Gottscheds Gesamtübersetzung die jüngste Übersetzung ausgewählter Artikel des *Dictionaire*, die 2006 mit einem zweiten Auswahlband. fortgesetzt wurde. Leider ist vor allem die Auswahl der Artikel problematisch, zu unserem Thema z. B. ist nur der Art. „Catius"

Dieser Universalismus der Vernunft, der mit Berufung auf nicht weniger als den Naturzustand gegen die neuzeitliche Pluralisierung gesetzt wird, offenbart durchaus auch seine andere Seite, wie man heute mit etwas geschärfter Wahrnehmung feststellen muß: Die Abweichung, also der Gegner der unparteilichen Kritik und raison muß, wenn nicht ‚zur Vernunft' gebracht, so doch ebenso unnachsichtig und konsequent bekämpft werden, wie andererseits die Gleichheit aller, ohne Ansehung von Geburt und Stand, vor der Instanz der objektiven Vernunft und Wahrheit konsequent und mit jener bekannten geschichtsphilosophischen Arroganz postuliert wird, die ihre historische Niederlage inzwischen erlebt hat.

So ist das in der europäischen Neuzeit: Mit der Anhebung des Niveaus der Glücks- und Identitätsversprechen (Vernunftautonomie, Freiheit-Gleichheit-Brüderlichkeit, Reich der Freiheit, klassenlose Gesellschaft) scheint das Ausmaß der Katastrophe, die im Falle des Scheiterns dieser in schwindelnde Höhen hinaufgeschraubten Ansprüche angeblich droht, immer mit anzuwachsen. Bei Bayle ist die Logik dieses Prozesses schon weit vorangetrieben in Richtung ‚Aufklärung'. Doch auch die Spuren des in die vermittelnde, überparteiliche Gelehrtenrolle der Großmeister der frühneuzeitlichen *République des lettres* eingelassenen spezifischen, partikularen Standorts lassen sich unschwer erkennbar machen. Dafür nur ein paar Beispiele.

Joseph Scaliger steht ziemlich eindeutig, wenn auch in gedruckten Äußerungen zu Lebzeiten eher zurückhaltend bis ängstlich, auf der Seite der Hugenotten in Frankreich und der niederländischen Reformierten, denen es gelingt, ihn – wenn auch widerstrebend und z. B. durch weitgehende Konzessionen wie den Verzicht auf eine Lehrverpflichtung – nach Leiden zu berufen. Philippe de Mornays *De la vérité de la religion chrétienne* (zuerst 1581) ist ausdrücklich „gegen die Atheisten, die Epikuräer, die Heiden, die Juden, die Mohammedaner und die übrigen Ungläubigen" gerichtet; die lateinische Version der Schrift für die internationale Gelehrtenrepublik erschien 1632 in Herborn, der führenden reformierten Hochschule in Deutschland. Marin Mersenne, Minoritenpater in Paris, der der ‚Sekretär der europäischen Gelehrtenrepublik' genannt wurde, der Galilei unterstützt und übersetzt hat, der Jugendfreund und Briefpartner von Descartes, wendet sich in seinen ersten Publikationen ausdrücklich und entschieden gegen die „Gottlosigkeit" der „Deisten, Atheisten und Libertiner dieser Zeit" (*L'impiété des Déistes, Athées, & Libertins de ce temps*, 1624). Mersenne zieht in diesem seinem zweiten Buch auf mehr als 800 Seiten mit scharfer Polemik gegen alle Doktrinen und Theorien zu Felde, in denen er Theologie- und Wissenschaftsfeindliches zu entdecken glaubt, so als müßte er das Terrain erst säubern, ehe er mit eigenen, von

darunter (aber dieser immerhin, wenn auch gekürzt). Vgl. die Rezensionen beider Bände von Herbert Jaumann in: Das achtzehnte Jahrhundert 28/2 (2004), 304–306, und ebda. 32/1 (2008), 148 f.

heute aus gesehen nicht weniger riskanten Theorien an die Öffentlichkeit trat. Die umfangreiche Streitschrift von 1624 ist als Dialog in 26 Kapiteln konzipiert, zwischen einem orthodoxen Theologen, der wohl im Einklang mit dem Verfasser spricht, und einem ‚Deisten'. Das Modell für den Dialog ist gewiß kein humanistisch-epikureisches Gespräch im locus amoenus eines schattigen Gartens am Nachmittag wie in italienischen Renaissancedialogen, an denen meist auch Frauen teilnehmen, oder in der *Utopia* des Thomas Morus. Es ist vielmehr das pastorale Bekehrungsgespräch des Beichtvaters mit einem reuigen Sünder, d. h. mit einer bedrohten, aber noch nicht verlorenen Seele. Am Ende stehen Buße, Reue und Vergebung. Der Sünder ist ein Verführter, schuld an seinem sündhaften Irrtum sind die Verführer. Es handelt sich dabei natürlich keineswegs – weder bei der Sünde noch bei der Reue – um eine rationale Entscheidung, die mit Argumenten vorbereitet und begründet werden müßte. Vielmehr verlangt es den Sünder danach, eines Besseren belehrt zu werden, um wieder auf den einzig rechten Weg zurückzufinden.

So könnte man fortfahren über die etwas komplizierteren Fälle des Justus Lipsius und Hugo Grotius, über die *libertins* wie La Mothe Le Vayer, Gassendi und Guy Patin, Gabriel Naudé, die Brüder Dupuy und Pierre und François Pithou, über Claude Saumaise, Isaac Casaubon, Gerard Johannes und Isaac Vossius, Jean Le Clerc usw. Daß hier immer wieder von den ganz großen Autoren des niederländischen und französischen Späthumanismus die Rede ist, liegt an deren herausragender, exemplarischer Bedeutung, der im deutschsprachigen Raum in dieser Zeit vor und während des Großen Krieges und unter der Bleischwere der lutherischen Orthodoxie einfach nur ganz wenige an die Seite gestellt werden können, allenfalls Bernegger in Straßburg oder Conring in Helmstedt, Jakob Thomasius in Leipzig und seine Söhne Christian und Gottfried, und natürlich Leibniz, der sich zumindest aus dem Universitätsmilieu in Deutschland immer herausgehalten hat.[18] Noch mehr liegt es an der späteren Optik der Forschung; die Epistolare, um nur davon zu reden, der Franzosen und Niederländer, zum Teil auch der britischen Partner (man denke an den Oldenbourg-Briefwechsel oder die Schätze der ‚Hartlib papers'), sind durch die heimische Forschung einfach weitaus besser ausgewertet als die ihrer Kollegen in Deutschland.

Worauf ich also hinauswill, ist etwas sehr Simples: nämlich die Unterscheidung zwischen einer Selbstbeschreibung der gelehrten Kommunikationsverhältnisse mit Hilfe des metaphorischen Konzeptes der *Respublica litteraria* als eines überparteilich-universalistischen Standortes und dem faktischen, durch Fremd-

[18] Zu ihnen allen vgl. die Artikel in Jaumann, Handbuch Gelehrtenkultur (wie Anm. 11). Hinzuweisen ist auch auf einen neuen, sehr ergiebigen Band wiederum der außerdeutschen Forschung: Eric Jorink, Dirk van Miert (Hg.), Isaac Vossius (1618–1689) between Science und Scholarship, Leiden 2012 (Brill's Studies in Intellectual History, 214).

beschreibung, u. a. aus heutiger distanzierter Sicht, feststellbaren Standort gerade auch dieses Konzepts, dessen Universalismus, wie jeder Universalismus, suggeriert, es gäbe keinen Standpunkt der Beobachtung von außen, mithin keine Möglichkeit der Relativierung seiner Geltung. Gerade auch Konrad Gessners *Bibliotheca universalis*, als Modell genommen, ist ‚universell' von einem bestimmten Standort aus – d. h. von außen betrachtet ist sie gar nicht universell. Es geht also um einen Standort, der gerne als Standortenthaltung beschrieben (und vorschnell, kurzsichtig gerühmt) wird. Der bis zur Unerträglichkeit abgenutzte Projekt-Begriff, der das Partikulare wie selbstverständlich mitbringt, wäre hier einmal wirklich fruchtbar. Es kann heute nicht mehr darum gehen, die alte Antithese ‚freier universeller Geist' vs. ‚partikulare, die Freiheit bedrohende Macht' immer wieder zu reproduzieren und sich dabei identifikatorisch ausgerechnet an eine vergangene Gelehrtenkultur anzuschließen. Der ‚Geist' bezieht ebenso Position wie die ‚Macht' – man möchte es hoffen. Es bleibt ihm auch gar nichts anderes übrig, auch er ist in seiner Weltsicht und Interessenperspektive partikular wie die Macht, und es gibt (hoffentlich) auch eine ‚Macht des Geistes'. Nur daß sein Selbstkonzept in schöner Naivität sozusagen gerne hinter diese Einsicht zurückfällt – nicht selten ermuntert durch anachronistische Aktualisierungen. Dieses Konzept des Geistes von sich selbst befindet sich dann nicht auf dem Niveau seines faktischen Standortes und wähnt sich mit Vorliebe, und nicht nur moralisch, über allen Machtpositionen.

Aber das soll nicht falsch verstanden werden. Der partikulare Projektcharakter auch des gelehrten Universalismus soll nicht etwa ‚entlarvt' werden. Es geht nicht um richtig oder falsch, sondern um das analytische Auseinanderhalten von Bedeutungsebenen und um die Aufforderung zum Verzicht auf die so fragwürdigen Vorteile des projektiven Anachronismus. Es sollte also hier gegen die Gewohnheit argumentiert werden, die universalistische Selbstbeschreibung eines Konzepts wie der Gelehrtenrepublik beim Nennwert zu nehmen, sich damit heute noch zu identifizieren und nach dem spezifischen historischen Ort auch dieses Projekts in der gelehrtengeschichtlichen Vergangenheit nicht mehr zu fragen.

Für die Forschung zur Gelehrtenrepublik bedeutet das auch, daß man dringend nach weiteren, nach *andersartigen, evtl. auch alternativen (und ebenso partikularen) Konzepten* der Selbstbeschreibung der Kommunikationsverhältnisse suchen sollte, die vielleicht nur schwach artikuliert wurden und gegen den Siegeszug der staatsmetaphorischen *Respublica litteraria* keine Chance hatten. Man scheint daran bislang nicht gedacht zu haben, deshalb läßt sich nicht einmal ein mögliches Beispiel anführen.

Verständnis und Gebrauch des Begriffs der Gelehrtenrepublik *leiden hierzulande unter verschiedenen Miß- und Fehlverständnissen. Der Begriff und sein semantisches Umfeld stehen im wesentlichen im Dienst anachronistischer Rückprojektionen vom ‚Gelehrten' im heutigen Verständnis, vom ‚Wissenschaftler' und von ‚Wissenschaft', und damit auch von ‚Wissenschaftsgeschichte', seit dem späten 18. Jahrhundert, die mit der historischen Alterität der Gelehrtenkultur des Humanismus und der Frühen Neuzeit, in der das Konzept der* Respublica litteraria *entstanden ist, wenig gemein haben. Für die Mißverständnisse ist zentral, daß (1) der metaphorische Charakter der Rede von ‚Staat' und ‚Republik' für die (Selbst)Beschreibung der* Kommunikation unter Gelehrten *in der Forschung nicht immer konsequent beachtet wird und daß (2) die Partikularität und (3) die Normativität von* Respublica litteraria *(trotz universalistischer und egalistischer Selbstbeschreibungen) notorisch unterschätzt werden. Das universalistische und gewissermaßen ‚idealistische' Mißverständnis hat vor allem die forschungspraktische Folge gezeitigt, daß bis heute nach anderen, ebenso partikularen Konzepten, die im historischen Prozeß seither verschüttet wurden oder verloren gingen, nicht einmal gesucht worden ist.*

Understanding and use of the term Gelehrtenrepublik/Republic of Letters *in Germany suffer from a variety of erroneous and misleading conceptions and interpretations. The concept and its semantic field since the late 18th century are basically serving the function of anachronistic projections of modern terms like ‚scholars' in the actual sense, ‚scientists' and ‚science', and of the ‚history of science', too, which all have very little in common with the essentially different scholarly culture of Renaissance humanism and the Early modern age where the term* Respublica litteraria *originates from. Notoriously underestimating (1) the essentially metaphorical meaning of words like ‚state' or ‚republic' for the self-characterization of* communication among scholars, *(2) the actually particular and (3) the actually normativistic nature of* Respublica litteraria *(notwithstanding its universalistic or egalitarian self-descriptions) are the central part of those misconceptions. The as it were ‚idealistic' misunderstanding of the concept as universalistic in the practice of historical research resulted in the consequence that until today nobody has even looked for different concepts, as particular as the dominant one, which might since have been submerged or lost.*

Prof. em. Dr. Herbert Jaumann, Am Sonnenschein 1a, 92431 Neunburg, E-Mail: hjaumann@t-online.de

Martin Gierl

Commentarii und Commentationes – Wissenschaft verhandeln im 18. Jahrhundert

Wir nutzen die Gelehrtenrepublik als praktische Metapher, wenn wir von Aufklärung, Öffentlichkeit, Diskurs, wenn wir von Netzen und Medien, Konversation und Kommunikation in der Frühen Neuzeit reden. Der Begriff, der im 18. Jahrhundert schon längst Schlagwort geworden war, verbleibt so, und nicht zu Unrecht, vage Sphäre und Bild.[1] Denn hinter der Respublica literaria haben ja nun eine Reihe von Einrichtungen – Universitäten, Bibliotheken, Akademien, das Publikationswesen und der Bildungsbetrieb – gestanden, aber eben keine gesetzgebende Instanz. Dennoch war die Gelehrtenrepublik, den Zeitgenossen Verpflichtungen und Entfaltungsspielräume setzend, harte, das Leben bestimmende Realität: die moralische und praxeologische, aber auch finanzielle und zeitrasternde Ökonomie der Wissensproduktion. Damit sind nicht wiederum metaphorische oder theoretische Konzepte im Blick, sondern das Ineinandergreifen von Wissensentwicklung, Praxis, Institutionen und Institutionalisierungen. Es läßt sich an allen Elementen der Gelehrtenrepublik verfolgen: an den Gelehrtenbiographien, dem Medienwandel, aber auch an der Entwicklung und Differenzierung des wissenschaftlichen Texts und der Ideen. Akademieabhandlungen sind ein besonders gutes Beispiel dafür. Sie waren Aushängeschild, Protokoll und Wissenschaftsbeitrag der Wissenschaftsgesellschaften.[2] Sie machten Kommunikationsgeschehen,

[1] Vgl. Hans Bots, Françoise Waquet (Hg.), La République des Lettres, Paris 1997; Peter Burke, A Social History of Knowledge from Gutenberg to Diderot, Cambridge 2000; Irène Passeron, Siegfrid Bodemann, René Sigirist (Hg.), La République des Sciences (Dix-huitième siècle 40), Paris 2008.

[2] Vgl. McClellan, James E., Les Mémoires de l'Académie Royale des Sciences, 1699–1790: Bilan public et processus privé, in: Eric Brian, Christiane Demeulenaere-Douyère (Hg.), Règlement, usages et science dans la France de l'absolutisme, London 2002, 453–468; Dwight Atkinson, Scientific Discourse in Sociohistorical Context. The Philosophical Transactions of the Royal Society of London, 1675–1975. Mahwah 1999; allgemein: Jeanne Peiffer, Maria Conforti, Patrizia Delpiano (Hg.), Les Journaux savants dans l'Europe moderne. Communications et construction des savoirs / Scholarly Journals in Early Moderne Europe. Communication and the Construction of Knowledge (Archives internationales d'histoire des sciences 63), Turnhout 2013, darin: Ingemar

Aufklärung 26 · © Felix Meiner Verlag 2014 · ISSN 0178-7128

Arbeit und Autoritätsanspruch zum konkreten Text. Als Periodika realisierten sie ein in ihrer Art zeittypisches Format, das wie alle Medienformate Kommunikationsfunktionen besetzte und so alle anderen Vertreter der Gattung Periodika wie die Steine eines Kaleidoskops zur Reaktion und Akkommodation brachte. Als Produkt auf dem Markt waren sie Ware und Investition, was die Ressourcen und das Profil ihrer Verleger bestimmte und diese notwendig dazu brachte, die Materialität und somit Verteilung der textgewordenen, in Wissensgesellschaften sozialisierten Wissensproduktion via Auflagenhöhe, Druckbild und Vertrieb den Markt- und Produktionsbedingungen anzupassen. Für die Beiträger waren sie Teil ihrer gelehrten Persona und ihrer Zeitökonomie. Die Notwendigkeit und Chance, zu den Akademieabhandlungen zu liefern, bedeutete für die Autoren, sich auf den Themenhorizont der jeweiligen Wissensgesellschaft einzulassen und die notwendige Arbeit mit ihrem sonstigen Arbeitsprogramm zu synchronisieren. Es bedeutete auch, die gängige Sprachform der Akademiebeiträge zu sprechen und sich den gängigen Argumentationsweisen anzupassen. Wissen und Wissenschaft bestehen inhaltlich und formal in spezifisch praktizierter Informationsorganisation. Es handelt sich nicht nur um Denken, Denker und Diskurs. Sondern um Denken, Akteure und Diskurs, die mit den Bedingungen ihrer Möglichkeiten interagieren. Die Gelehrtenrepublik transformierte Mündlichkeit in Schriftlichkeit, Diskurs in Medien und Institutionen, das Soziale so in Text, Text in Ware, Denken in Praxis, Strukturen in Ereignis, Text zurück in Kommunikation und Institution und Kommunikation, Medien und Institutionen in Frage- und Interessenshorizonte und in bestimmte Arten, sich auszudrücken und zu argumentieren. Im Folgenden wird es um die Akademieabhandlungen der Göttinger Gesellschaft der Wissenschaften gehen, ihre Bedeutung für die Akademie und die Göttinger Universität, für ihre Verleger, als Wissenschaftsforum und, am Beispiel Samuel Christian Hollmanns und Georg Christoph Lichtenbergs, um die Bedeutung des Periodikums für den Gelehrsamkeitsalltag vor Ort.

Die *Commentarii Societatis Regiae Scientiarum Gottingensis* erschienen zunächst in vier Jahresbänden von 1752 an. Dann war Krieg und die 1751 gegründete Göttinger Gesellschaft der Wissenschaften in der Krise.[3] Erst 1771 folgten die *Novi Commentarii Societatis Regiae Scientiarum Gottingensis*, acht Bände bis 1778, die wie schon die *Commentarii* die Vorlesungen und das Jahresgeschehen der Göttinger Wissenschaftssozietät, nun von 1769/70 bis 1777, abbildeten. Die

Oscarsson, Hyperborean Transactions. A Survey of Swedish Learned Periodicals in the 18th Century, in: ebd., 97–120; Olga Valkova, Les avant-propos des journaux savants et littéraires russes au XVIIIe siècle: étude d'un genre, in: ebd., 121–143; Jens Häseler, Journaux savants et l'Académie de Berlin: deux acteurs sur le marché de l'information scientifique en Prusse, in: ebd., 199–214.

[3] Vgl. Ferdinand Frensdorff, Eine Krisis in der Königlichen Gesellschaft der Wissenschaften zu Göttingen, in: Nachrichten von der Königl. Gesellschaft der Wissenschaften und der Georg-Augusts-Universität zu Göttingen 3 (1892), 53–104.

Akademie war nach ihrer Reform Ende der 1760er Jahre wieder im Takt. 1778 setzte man die Akademieberichterstattung, die Göttinger Forschungsdokumentation war, fort, zuerst jährlich, bald zweijährlich. 1804 erschienen die *Commentationes* des Akademiebetriebs der Jahre 1800 bis 1803, 1808 die Jahre 1804 bis 1808. 1807 war Göttingen westfälisch geworden – eine politische schwierige Zeit.[4] Commentarii und Commentationes: Die Akademie lieferte Kommentare – Notizen, Abrisse, auch im Sinn von Memoiren und Denkwürdigkeiten, Betrachtungen, allgemein Abhandlungen, so könnte man übersetzen. Das war ein wesentlicher Zweck von Wissenschaftsgesellschaften und typisch. „Transactions", „Akten", „Memoires" oder eben „Commentarii" respektive „Commentationes" hatten die Akademien ihre Jahrbücher genannt.[5] Man betonte Bedeutung. Und man betonte Praxis, zu Recht. Die Kommentare waren im Wortfeld zwischen Handlung, Protokoll, Observation, dem vollständig Abgehandelten, tief Betrachteten, der neuen Denkwürdigkeit, aber auch der Notiz vom eigenen Anspruch wie von den Erwartungen der Öffentlichkeit her letztendlich dem denkwürdig Neuen verpflichtet: Man offerierte Meisterschaft. Das heißt: man übersetzte die in Sozietäten sozialisierte Meisterschaft in Text. „Virtuosi" hatte man sich im Umkreis der Royal Society genannt und im aggressiv werbenden Selbstbild das Neue, Nützliche, Sachbezogene, den Vervollkommnungs- und Verbesserungscharakter der neuen philosophischen Praktiker betont.[6]

Ein Kommentar, schrieb Foucault, habe „nur die Aufgabe, das schließlich zu sagen, was dort schon verschwiegen artikuliert war".[7] Das „Dort" waren für die Akademiegefährten in Göttingen und Andernorts die schon vorliegenden Texte und das Buch der Natur. „Der Kommentar bannt den Zufall des Diskurses",

[4] Commentarii Societatis Regiae Scientiarum Gottingensis (1–4 1751 [1752]-1754 [1755], 5. Band erarbeitet, aber nicht erschienen); Novi Commentarii Societatis Regiae Scientiarum Gottingensis (1–8 1769/70 [1771]-1777 [1778]), Commentationes Societati Regiae Scientiarum Gottingensis Recentiores (1–2 1758/62, 1763/65 und 1768, 1. N.F. 1–16 1778 [1779]-1804/08 [1808], 2. N.F. 1–3 1809–1815, 2. N.F., 4 1816–1818 [1820]-8 1832–37 [1841]). Alle Bände sind mittlerweile gut online zugänglich über PURL: http://resolver.sub.uni-goettingen.de/purl?PPN 352829796 sowie PURL: http://resolver.sub.uni-goettingen.de/purl?PPN35283028X.

[5] Z.B. Mémoires de mathématique et de physique tirés des registres de l'Académie Royale des Sciences, Paris 1692–1771; Histoire de l'Académie Royale des Inscriptions et Belles Lettres, depuis son Etablissement jusqu'à présent: avec les Mémoires de Littérature tirez des Regitres de cette Académie, Paris 1719–1843; Mémoires de la Société Royale des Sciences et Belles-Lettres de Nancy, Nancy 1754–1759; Philosophical Transactions of the Royal Society, London 1665 ff.; Philosophical transactions: hoc est Acta philosophica in Latinum versa, Frankfurt am Main 1671; Memoirs of the Royal Society: Being a new abridgment of the Philosophical transactions, London 1738–1741; Acta Societatis Iablonovianae nova, Leipzig 1772–1845; Commentarii Academiae Scientiarum Imperialis Petropolitanae, Petersburg 1728–1751.

[6] Vgl. Craig Ashley Hanson, The English Virtuoso. Art, medicine and antiquarianim in the age of empiricism, Chicago 2009.

[7] Michel Foucault, Die Ordnung des Diskurses, Frankfurt am Main 1991, 19.

fuhr Foucault fort. „Die offene Vielfalt und das Wagnis des Zufalls" des Diskurses werden auf „die Zahl, die Form, die Maske, die Umstände" der Kommentare beschränkt.[8] Foucault sprach von „Verknappung", „Ordnung", „Kontrolle" und vom Ereignischarakter, wenn er vom Diskurs sprach.[9] Inhalte und Sinn werden nicht einfach geschaffen. Sie werden nicht einfach erdacht. Sie setzen auch nicht Erdachtes fort. Sie setzen Geäußertes fort. Sie entstehen in Reaktion auf gegebenen Sinn, seine Inhalte und die Vorlagen, ihn abzuhandeln. Sie werden erhandelt. Die Respublica literaria transferierte das Erhandeln systematisch in Text. Aus sozial, kulturell und institutionell verorteten Umständen, Kommunikationspraktiken und Medienkonventionen ging kontrolliert, im Zugriff generalisiert, in der Produktion getaktet Wissen hervor. Aus der Kenntnis von Dingen, die ein Können implizierte oder wenigstens antizipierte, wurde die nicht nur von den Sachen, sondern zunächst schon von ihren sozial geordneten und institutionalisierten Kommunikationsverfahren her methodisch betriebene Wissensschöpfung. Aus der alten Gelehrsamkeit ist im 18. Jahrhundert begrifflich wie sachlich die neue Wissenschaft erhandelt worden. Ohne mehr den Gesamtzusammenhang der Wissenschaft, kontrollierte Praxis zu sein, explizit im Auge zu haben, hat man in Göttingen die deutsche Fortsetzung der Commentationes im 19. Jahrhundert treffend „Abhandlungen" genannt.[10]

I.

Weil es die Göttinger Universität gibt, gibt es die Akademie und wegen der Akademie die Sozietätsabhandlungen. Die Planung davon, das Wechselspiel zwischen allgemeinen Vorschlägen dazu, den Entwürfen, Stellungnahmen, Gutachten und dem Schielen auf Vorbild- und Nachbarschaftsinstitutionen dabei, die eigenen Verhältnisse im Blick, ist gut dokumentiert.[11] Schon im Brain- Storming zur Gründungsphase der Universität hieß es, die Universität könnte durch eine Akademie „in besseren Stand, als die Hällische gewesen ist, gebracht werden".[12]

[8] Ebd., 20.

[9] Ebd.

[10] Wie man schon im 18. Jahrhundert die Commentarii, Acta und Transactions der Wissenschaftsakademien ins Deutsche übersetzte. Die Commentationes wurden als Abhandlungen der Königlichen Gesellschaft der Wissenschaften zu Göttingen, Berlin 1843 ff., fortgesetzt.

[11] Vgl. in Bezug auf die Akademie Johannes Joachim, Die Anfänge der Königlichen Sozietät der Wissenschaften zu Göttingen, Berlin 1936; Rudolf Smend, „Ein Academiste muß erfinden". Haller und die Königliche Societät der Wissenschaften, in: Norbert Elsner, Nicolaas A. Rupke (Hg.), Albrecht von Haller im Göttingen der Aufklärung, Göttingen 2009, 143–166; Werner Lehfeldt, Albrecht von Haller und die Decouverten, in: Christian Starck, Kurt Schönhammer (Hg,), Die Geschichte der Akademie der Wissenschaften zu Göttingen, Teil 1, Berlin 2013, 27–52.

[12] Johann Jakob Schmauss, Gutachten 7. 10. 1733, zit. nach Joachim, Anfänge (wie Anm. 11), 2.

1734, im ersten Arbeitsjahr der Universität, brachte man die vierteljährlich erscheinenden *Parerga sive Accessiones ad omnis generis eruditionem* auf die Bahn. Die für sie verantwortlich zeichnende „Societas parergica" Göttinger Professoren sollte Neues zur Historie, den Altertümern, der Mechanik, Mathematik und Physik liefern und so die Leistungsfähigkeit der Universität dokumentieren. Von hier aus sei es nur ein Schritt zur Gründung einer Wissenschaftsgesellschaft gewesen.[13] Das vielleicht nicht – Professorenkooperation als Herausgebergremien gelehrter Journale wie im Fall der Leipziger *Acta eruditorum* waren gängig[14] –, aber die *Parerga* belegen den Bedarf, Wissenschaftskompetenz in Text- und Medienform zu bringen, um institutionelle Leistungsfähigkeit zu demonstrieren. Und von derartigen Professorenjournalen auf die Idee einer Professorenakademie zu kommen, lag tatsächlich nah. Johann Lorenz Mosheim, der die Dogmatik historisierende Theologe und einzige Universitätskanzler, brachte 1735 das anfängliche Brain-Storming in nun schon detaillierte Form. Wolle man es „denen übrigen hohen Schulen zuvorthu[n]", brauche man eine „Societät der Wissenschaften".[15] Diese solle im Haus des aus dem Kreis der Professoren gewählten Präsidenten zusammenkommen, Arbeiten verlesen und diese dann in „Acta eruditorum ex omni scientiarum genere" publizieren.[16] Darüber hinaus solle die Gesellschaft eine Gelehrte Zeitung, also ein allgemeines Literaturanzeige- und Rezensionsjournal betreiben.[17] „Ein Professor hat ein zweifaches Amt", begründete Mosheim das Konzept eines ‚Universität-Akademie-Wissenschaftsjournal-Rezensions-Apparats', der, als er in der Jahrhundertmitte zusammen mit der öffentlichen, forschungsorientierten Bibliothek verwirklicht wurde, die Göttinger Potenz in den Netzwerken der Aufklärung schuf: Ein Professor „soll einmahl die Jugend unterrichten. Er soll hernach die Wissenschafft, zu der er beruffen, immer vollkommener, deutlicher, leichter, machen, und folglich sich selber und der Academie Ehre, Ruhm und Ansehen erwerben".[18] Bemerkenswert ist: a) das Konzept der Forschung und Lehre lag 1735 bereits in Grundzügen vor. b) Es geht nicht aus epistemologischen Debatten hervor. Mosheim sieht auf die gelehrten Institu-

[13] So Joachim, Anfänge (wie Anm. 11), 13.

[14] Vgl. Augustinus Hubertus Laeven, The „Acta Eruditorum" under the Editorship of Otto Mencke. The History of an International Learned Journal Between 1682 and 1707, Amsterdam 1990.

[15] Johann Lorenz Mosheim, Schreiben an Gerlach Adolph von Münchhausen, 7.2.1735, zit. nach Joachim, Anfänge (wie Anm. 11), 6; vgl. zu Mosheim Martin Mulsow (Hg.), Johann Lorenz Mosheim (1693–1755). Theologie im Spannungsfeld von Philosophie, Philologie und Geschichte, Wiesbaden 1997.

[16] Mosheim in einem Akademieentwurf, 30.3.1735, zit. nach Joachim, Anfänge (wie Anm. 11), 7.

[17] Vgl. ebd., 8.

[18] Mosheim zit. nach Joachim, Anfänge (wie Anm. 11), 5.

tionen, die es gibt, und baut sie, gängigen Erwartungen folgend, im Sinn Göttingens zusammen. c) Mosheim fokussiert noch auf „Lehre und Wissenschaftsfortschritt“ statt in der Stellung und Abfolge umgekehrt auf „Forschung und Lehre“, ohne dabei zu theoretisieren oder zu idealisieren. Gelungene progressive Wissensorganisation macht für ihn nur zusammen mit dem sozialen und kulturellen Kapital der Universität und ihrer Lehrer Sinn.

Die Stellungnahmen zu Mosheims Akademieidee aus dem Umkreis des Universitätskurators und späteren hannoverschen Premierministers Münchhausen waren heftig: Eine Wissenschaftsakademie komme prinzipiell erst in Frage, wenn die Universität vollständig mit Lehrern ausgestattet sei und erfolgreich arbeite. In diesem Fall würden die Professoren aber ohnehin für Fachfortschritt sorgen und ihre Ergebnisse veröffentlichen. Dann brauche man eine zusätzliche Akademie – ohnehin nur eine italienische Mode – nicht mehr. Das Argument leuchtete ein, und so haben die Pläne, mit Akademie und Akademieabhandlungen eine Göttinger Wissenschaftsplattform zu schaffen, zunächst 15 Jahre auf Eis gelegen. Die Ablehnung von Mosheims Vorschlägen war – das ist interessant – 1735 nicht fortschrittsignorant, sondern im Gegenteil „nüchtern“, „praktisch“ gedacht und sachgemäß.[19]

Der aus Halle kommende, Wolff verpflichtete Philosophielehrer und Theologe Andreas Weber holte sie 1750, als er in Göttingen einen Lehrstuhl für Philosophie bekommt, wieder hervor. Er habe sich derart bei Mosheim eingeführt, vermutet Johannes Joachim.[20] Samuel Christian Hollmann, der 1734 die erste Göttinger Vorlesung in einer umgebauten Scheune hielt und zu den Gründungsmitgliedern der Akademie zählt, deutet in seiner Chronik der Göttinger Universität eine Verbindung zu Haller an. Webers ins weitere Detail ausformulierter Mosheim-Plan sei bei Haller auf – gerade auch institutionell – vorbereiteten Boden gefallen. Hollmanns Darstellung ist, wie subjektiv auch immer, die lebendigste Darstellung, die wir von der Akademiegründung haben:

> Da die allhier errichtete Societät der Wissensch. mit den noch diese Stunde fortgesezten Gelehrten Zeitungen in einer genauen Verbindung stehet, Haller aber an dieser letztern [...] die Direction selbst davon übernommen, so kann man auf eine gewisse Art wohl sagen, daß eben diese Gelehrte Zeitung, als die Mutter der Societät mit Recht könne angesehen werden. Wer *Haller's* unermüdete Arbeitsamkeit, unerschöpfliches Gedächtniß, reife Beurtheilungs-Kraft u. ausgebreitete Kenntniß fast in allen Fächern der Gelehrsamkeit, dabey aber auch ganz unersättlichen Ruhm u. Ehrbegierde kennt, der wird leicht begreifen, wie angenehm ihm der Einfall eines seiner Collegen müsse gewesen seyn, eine Gesellschaft gelehrter Männer allhier zusammen zu bringen, die bey ihren Zusammenkünften mit allerhand gelehrten Nachrichten, neuen Erfindungen u. Entdeckungen, u. d. m. sich unterhielten u. ihre Gedanken darüber einander er-

[19] Joachim, Anfänge (wie Anm. 11), 10.
[20] Vgl. ebd., 23; zu Webers Vorschlag ebd., 14–22.

öffnen könnten: welches denn in seinem, am horto botanico liegenden Hause, am besten geschehen, Er auch zugleich die Direction davon am besten übernehmen könnte. Dieser Einfall ward von einem, von Halle kurz vorher allhier angekommenen Professor deswegen mit bestärcket, weil er einen Bruder daselbst zurückgelassen hatte, der schon philosophische Collegia als Magister daselbst hielte, u. der gleichsam einen Sekretär bey einer solchen Gesellschaft abgeben könnte, der sich auch eine Ehre daraus machen würde solche Stelle zu übernehmen. Dieses an sich sonderbaren Einfalls wuste nun *Haller* (der nun schon ein Herr von *Haller* geworden war) sich fürtreflich zu bedienen u. hat daher nicht angestanden höhern Orts (wo man gern alles, was ad majorem Dei gloriam dienen könnte, annahm) davon Eröfnung zu thun, u. mit seinem Beyfall zu begleiten.[21]

Webers Bruder Christian lehrte in Halle, war mit einer Reihe von Dissertationen gerade zwischen 1750 und 1752 aktiv, wurde Extraordinarius und war dort von 1756 bis zu seinem Tod 1762 Ordinarius der Philosophie.[22] So wie es für Mosheim selbstverständlich war, die Verknüpfung von Forschung und Lehre mit den allgemeinen Interessen der Professoren und der Institution zusammenzubringen, war es für Hollmann selbstverständlich, die Gründung der Akademie als Zusammenspiel individueller Interessen auf dem Boden institutioneller Vorgaben zu schildern. Der Botanische Garten (samt Anatomie), die *Göttingischen gelehrten Anzeigen* als angesehenes Rezensionsblatt und mit Haller ein exzeptioneller Gelehrter mit höchster internationaler Reputation, der Garten, Anatomie und Journal leitete, waren nun, 1750, schon da. 1750 richtete man des weiteren ein Observatorium ein. Mit dem Botanischen Garten, der Anatomie und dem Observatorium waren ein Standardsatz, Akademien begründender aber auch moderne Universitäten auszeichnender Wissenschaftseinrichtungen gegeben. In Berlin etwa hatten sie zur Akademie gehört. Die Universität Leiden hatte schon im 16. Jahrhundert einen Botanischen Garten und ein Anatomisches Theater, seit 1633 eine Sternwarte besessen. 1741 gründete Celsius in Uppsala das Observatorum, 1753 richtete man die Sternwarte an der Universität Wien ein. Schon die grob exemplari-

[21] Samuel Christian Hollmann, Chronik der Georg-Augustus-Universität zu Göttingen, Manuscript, SUB Göttingen, Cod. Ms. 4 Hist. lit. 32, fol. 44v; zur Geschichte des Texts und seiner Teildrucke Ulrich Joost, „Dieser unermüdete Geist …“. Samuel Christian Hollmanns Erinnerungen an Haller. Aus seiner „Chronik der Georg-Augustus-Universität“, in: Norbert Elsner, Nicolaas A. Rupke (Hg.), Albrecht von Haller im Göttingen der Aufklärung, Göttingen 2009, 107–142, hier 107, 110; Abdruck der Passage, ebd., 126. Zu Haller und den GGA vgl. Anne Saada, La contribution de Albrecht von Haller aux Göttingische Anzeigen von gelehrten Sachen: Les archives comptables, in: Jeanne Peiffer, Maria Conforti, Patrizia Delpiano (Hg.), Les Journaux savants dans l'Europe moderne. Communications et construction des savoirs / Scholarly Journals in Early moderne Europe. Communication and the Construction of Knowledge (Archives internationales d'histoire des sciences 63), Turnhout 2013, 61–79.

[22] Vgl. Regina Meyer, Die Kantsche Philosophie im Lehrbetrieb der Universität Halle am Ende des 18. Jahrhunderts, in: Erich Donnert (Hg.), Europa in der Frühen Neuzeit. Festschrift für Günter Mühlpfordt, Bd. 6: Mittel-, Nord- und Osteuropa, Köln 2002, 237–288, hier 243.

schen Spiegelstriche zeigen: Die Wissenschaftsinstitutionen hatten sich Schritt für Schritt und im 18. Jahrhundert beschleunigt und systematisch verbreitet. In Uppsala hatte man bereits 1710 eine 1728 mit königlicher Charter zur *Societas regia literaria et scientarium* gewordene Wissenschaftsgesellschaft gegründet.[23] Die Russische Akademie entstand 1724. Ab 1728 gab sie, wie dann die Göttinger Gesellschaft Commentarii, die *Commentarii Academiae Scientiarum Imperialis Petropolitanae*, heraus.[24] Eine Liste führt für das 17 Jahrhundert 43 Gründungen von Gelehrtengesellschaften an, 37 in den ersten vierzig Jahren des 18. Jahrhunderts und dann bereits 42 von 1740 bis 1759.[25] Bereits 1735 lag die Idee einer Wissenschaftsgesellschaft nicht einfach nur in der Luft: Die Realisierungsbeispiele und Teile davon lagen konkret vor, belegten Chancen und Erfolg, erzeugten Nachahmungsdruck und warteten darauf vor Ort zu einen ortsspezifischen Konzept, das Partizipation im Netzwerk zuließ, zusammengesetzt zu werden. 1750 konnte nicht mehr, wie vielleicht 1735 gerade noch, in Bezug auf die Wissenschaftssozietäten von einer italienischen Mode die Rede sein.[26] Was sich bis 1750 in Göttingen entwickelt hatte, war nicht der Sozietätsplan, sondern die institutionellen und personalen Bedingungen für eine Akademiegründung.[27] Das Wachstum der Wissenschaftseinrichtung brachte die Pläne hervor – nicht umgekehrt – und diktierte diese geradezu bis hinein in die den lokalen Verhältnissen angepaßten Details: Die Gesellschaft sollte Weber zufolge aus wenigen, den Rahmen wahrenden, durch Veröffentlichungen ausgewiesenen, angesichts ihrer Arbeitsbelastung finanziell entschädigten Professoren bestehen; dem umfassenden Lehrprofil der Universität entsprechend sollte der Sozietät ein Theologe, Mediziner, Jurist, Weltweiser, Naturhistoriker und Mathematiker, Historiker und Philologen angehören.[28] Webers Akademievorschlag wurde vom Celler Oberappellationsrat Günther von Bünau begutachtet und dann Haller zur konkreten weiteren Ausarbeitung übertragen. Bünau strich Webers Abbildung der Lehrfelder und setzte stattdessen, internationalen Vorbildern folgend, vier Klassen, eine physikalische, mathematische, historische und politische, und stattete diese mit je einem oder zwei besol-

[23] Vgl. zu Uppsala Sten Lindroth, A History of Uppsala University (1477–1977), Stockholm 1976.

[24] Vgl. Valkova, Les avant-propos (wie Anm. 2), 122–129.

[25] Vgl. http://www.scholarly-societies.org/ Besucht 1. 10. 2014.

[26] Vgl. Klaus Garber (Hg.): Europäische Sozietätsbewegung und demokratische Tradition. Die europäischen Akademien der Frühen Neuzeit zwischen Frührenaissance und Spätaufklärung, 2 Bde., Berlin 1996.

[27] Vgl. allgemein: Ulrich Hunger, Die Georgia Augusta als hannoversche Landesuniversität. Von ihrer Gründung bis zum Ende des Königreichs, in: Ernst Böhme, Rudolf Vierhaus (Hg.), Göttingen. Geschichte einer Universitätsstadt. Bd. 2: Vom Dreißigjährigen Krieg bis zum Anschluss an Preußen – Der Wiederaufstieg als Universitätsstadt (1648–1866), Göttingen 2002, 139–213.

[28] Vgl. Joachim, Anfänge (wie Anm. 11), 19 f.

deten Mitgliedern aus. Man wollte keine ‚Universität in der Universität' stattdessen die Förderung „bauchbarer Wissenschaften".[29] Haller spezifizierte hier weiter: man solle sich auf Fächer, die zu Erfindungen fähig seien, d. h. auf die Mathematik, die empirisch-deskriptiv orientierten Natur- und Gesellschaftsfächer ohne die normative Theologie und Jurisprudenz beschränken.[30] Letztendlich sind es dann, dem sehr beschränkten Budget geschuldet, drei Klassen, eine physikalische, mathematische und eine auch die Philologie umfassende historische, mit je nur einem dotierten ordentlichen Mitglied, die Haller vorschlagen wird und die realisiert werden konnten.[31]

Der Wunsch, Wissenschaftsabhandlungen der Professoren als Ausweis der Leistungsfähigkeit der Universität zu publizieren, hatte am Anfang der Akademiepläne gestanden. Er blieb und er blieb zentral. Weber führte als praktisches Ziel der Sozietät aus: Jährlich habe ein Band von „auserlesenen Abhandlungen der Gesellschaft in Druck [zu] erscheinen [...]. Göttingen würde dadurch sehr berühmt, und der Verleger dabey gewiß reich werden" – das Projekt könne sich damit auch als Initialzündung für den unbefriedigend entwickelten Göttinger Buchhandel erweisen.[32] Bei Haller heißt es dann: Es gebe zweierlei Akademien, die einen zum Lehren, nahezu perfekt in Göttingen realisiert, „die andern zum Erfinden".[33] Letztere würden nun überall in Europa errichtet. Sie „sind die Quellen, wo die lehrenden Academien schöpfen können, die zum Erfinden keine Zeit behalten".[34] Haller fährt fort:

> Die Verpflichtung, jährlich oder noch öfters eine Ausarbeitung zu liefern, die der Ehre der sämtlichen Gesellschafft angemessen, und den Ruhm deß Mitglieds mit dem Ruhme deß Ganzen zugleich auszubreiten tüchtig sey, hat sich eine der besten Springfedern zu sein befunden, mit welchen die Menschlichen Triebe zur Erweiterung deß Reiches der Wissenschafften angestrengt werden können.

Es folgt der zu Recht meistzitierte Satz der Göttinger Akademiegeschichte:

> Ein bloßer Lehrer kann mit elementalischen Wissenschafften und einem guten Vortrage die Liebe der Jugend erwerben und sich selbst zufrieden stellen. Ein Academiste muß erfinden und verbessern oder seine Blöße unvermeidlich verrathen.[35]

[29] Günther von Bünau zit. nach Joachim, Anfänge (wie Anm. 11), 25.

[30] Vgl. Albrecht von Haller, Algemeiner Plan der Kön. Gesellschaft der Wissenschaften in Göttingen, Archiv der Akademie der Wissenschaften zu Göttingen, Stat. 1.2, Fasc. 16, fol. 3; vgl. Smend, Haller (wie Anm. 11), 153.

[31] Vgl. Joachim, Anfänge (wie Anm. 11), 54 f.

[32] Andreas Weber zit. nach Joachim, Anfänge (wie Anm. 11), 17.

[33] Haller, Algemeiner Plan, fol. 1; vgl. Lehfeldt, Haller (wie Anm. 11), 30; Smend, Haller (wie Anm. 11), 150.

[34] Haller, Algemeiner Plan, fol. 2, vgl. Lehfeldt, Haller (wie Anm. 11), 30.

[35] Ebd.; Hallers „Allgemeiner Plan" in der textnahen Paraphrasierung bei Joachim, Anfänge (wie Anm. 11), hier 53, vgl. Lehfeldt, Haller (wie Anm. 11), 32; Smend, Haller (wie Anm. 11), 149; „Ein

Hallers Akademiebegründung, die nun schon auf Forschung und Lehre, in dieser Reihenfolge, hinausläuft, ist bemerkenswert. Bemerkenswert ist auch, welch zentrale Rolle die Akademieabhandlungen als zentraler Transmissionsriemen der Entdeckungen zwischen der noch institutionell zweigeteilten statt in der Person eines Professors vereinigten Forschung und Lehre spielen. Die „Geschäfte der ganzen Gesellschaft" bestanden nach Haller, 1. in den Versammlungen und 2. in den Abhandlungen.[36] Die „Pflichten der besoldeten Mitglieder", sie sollten 60 Rthr. Honorar erhalten, seien „etwa 10 Druckbogen zu liefern" und

> Abhandlungen mit aller äußerlichen Sorgfalt und in einer Vollkommenheit abzufassen, wie es der eigene Ruhm und die Ehre der Gesellschaft verlangen; die Arbeiten müssen, um Druckfehler zu vermeiden, sauber geschrieben sein, und es ist nützlich, sie vor dem Druck einige Monate liegen zu lassen. [...] Der Physikus insbesondere liefert meteorologische, der Astronomikus Himmelsbeobachtungen.[37]

Das ursprüngliche Anliegen, gelehrte Abhandlungen zu publizieren, um das wissenschaftliche Profil der Universität und ihrer Lehrenden zu dokumentieren, war also nun mit Überlegungen zu Forschung und Lehre, mit der Errichtung einer Sozietät und damit eines zeitgemäß angemessenen Rahmens, mit der inhaltlichen und dann fachlichen Spezifizierung auf Nutzen stiftende Erörterungen erfindungsorientierter, d. h. empirisch deskriptiver und nicht normativer Wissensgebiete, des weiteren mit der Spezifizierung von Mitarbeitern, mit formalen wie inhaltlichen Anweisungen zur wissenschaftlichen Publikationsarbeit, nicht zuletzt auch mit Ansätzen einer Umsetzung von Wissenschaftsarbeit in Geld, d. h. auch mit Anweisungen zum Zeitmanagement und der praktischen kooperativen Realisierung der Wissenskonstitution, zum fertig konzipierten Wissenschaftsorgan geworden.

In seiner Sozietätseinweihungsrede über den Nutzen von Wissenschaftsakademien, die den ersten Band der *Commentarii* nach der Vorstellung der Gesellschaftsmitglieder eröffnet, überführte Haller die Idee einer durch Akademien erweiterten Universität zum rhetorisch und argumentativ elaborierten Wissenschaftskonzept.[38] Die Zusammenkünfte der Akademiemitglieder und die hieraus resultierenden Abhandlungen machten den Kern der Akademien aus. Es werde damit nicht weniger als ein neuartiges auf das Neue ausgerichtetes, sich auf spe-

Academiste muss erfinden". Kleine Geschichte der Ursprünge und Anfänge der Akademien [Ausstellungskatalog], hg. von der Akademie der Wissenschaften zu Göttingen, Göttingen 2012.

[36] Haller, Allgemeiner Plan, zit. nach Joachim, Anfänge (wie Anm. 11), 56.

[37] Ebd., 58.

[38] Alberti v. Haller Oratio dicta cum die natali Georgii II. Societas Regia Scientiarum primum publice conveniret, in: Commentarii Societatis Regiae Scientiarum Gottingensis, Tomus I. ad Annum 1751, Göttingen 1752, XXXVII-LV; deutsche Übersetzung: Albrecht von Haller, Über den Nutzen wissenschaftlicher Gesellschaften und Akademien. 1751, in: Wilhelm Ebel (Hg.), Göttinger Universitätsreden aus zwei Jahrhunderten (1737–1934), Göttingen 1978, 44–54.

zialisierte Kenntnis stützendes, von gemeinschaftlicher Konkurrenz getriebenes und kontrolliertes wissenschaftliches Arbeiten erreicht.

Dieses nun ist der Grund für die Gründung von Gesellschaften, die ohne das Ziel des Lehrens einzig zum Erfinden geschaffen worden sind. Es sind nämlich Versammlungen der Gelehrten eingerichtet worden, auf denen jedes Mitglied die Dinge vorschlagen kann, die ihm neu und bedeutsamer vorkommen, als es die oben beschriebenen schienen [ein eingeführter Lehrkanon, M.G.]. Sie sehen, meine Zuhörer, für Ihre Einsicht, das Ziel des Gesetzgebers:

Die Mitglieder gewöhnen sich daran, nicht den Schülern, sondern Ebenbürtigen zu gefallen, und die zu belehren, die selbst lehren. Auf diese Weise wird der Wetteifer entfacht, der nicht duldet, daß etwas mittelmäßig gemacht wird, und außerdem werden die Kräfte des Verstandes angestachelt, und die Ausdauer beim Experimentieren wächst, damit irgendetwas hervorgebracht wird, was den Beifall der Gelehrten verdient. Leicht nämlich sehen Sie, wieweit die Vorlesung auf der Akademie Paris vom erklärenden Vorlesen in der Menge der Studierenden abweicht.

Alle diese Anheizungsmittel zum Arbeiten sind aber auch wirksamer geworden, als man aufgefordert wurde, seine Kommentare, die man in der Gesellschaft vorgetragen hatte, abzuliefern und in Volumen zusammengefaßt herauszugeben, damit sich die einzelnen Mitglieder anstachelten, und auch nicht einer von ihnen die Schande über sich ergehen lassen will, zwischen den Kollegen als der Letzte zu erscheinen, und damit er als denselben strengen Richter den gebildeten Kreis hat, der nicht untätig ist, und den er hochachtet, und wo er den Augen und Ohren gewogen ist, ein Auditorium von Schülern, in dem er untadelhaft herrscht.

Dasselbe Mitglied nimmt sich nun nicht die gesamte Wissenschaft und trägt auch kein Kompendium oder die Flagge gewissermaßen eines wüsten Reiches vor, von dessen urbes er in einem geringen Umfang nur sehr wenige, von dessen oppida er überhaupt keine erzwingen kann, sondern er wählt sich jetzt einen kleinen Machtbereich, dessen Berge und Flüsse, Städte und Dörfer und beinahe auch die einzelnen Häuser er darstellen kann. So sehen Sie den großen Nutzen solcher Kollegien, wie wir sie nun eröffnen. Ich bin verpflichtet, meine Zuhörer, nicht die ganze Anatomie – um in meinem Beispiel zu bleiben -, sondern irgendein kleines Stückchen der Anatomie jährlich vorzutragen, das ich mir ausgesucht habe, um mich mit besonderer Sorgfalt in leeren Stunden allein damit, nachdem die übrigen beiseite gelegt worden sind, zu beschäftigen, es durchforschen und nach allen Seiten hin- und herzuwenden. Und daher verlangt auch die Sorge um den Ruf, daß wir die Dinge mit sehr großem Kostenaufwand ausführen, und die Natur der Sache selbst erlaubt es, daß wir das durchführen können.[39]

II.

Mit den Kosten hatte Haller nicht zuletzt auch die Druckkosten der *Commentarii* im Sinn. Die Präsentation von Wissenschaft als Repräsentation der Universität erforderte eine repräsentative Gestalt. Die Akademieabhandlungen wurden nach-

[39] Haller, Nutzen (wie Anm. 38), 50 f.; Haller, Oratio (wie Anm. 38), XLVIII-LI.

einander von Anna Vandenhoeck, Elia Luzac und Johann Christian Dieterich verlegt.[40] Die Verlagsreihe spiegelt die Entwicklung des Göttinger Buchhandels und mit ihm, wie schon die Einrichtung der Akademie und die Konzeptualisierung der Akademieabhandlungen, die Entfaltung aufklärerischer Textproduktion und Distribution über die Stadtgrenzen hinaus. Anna Vandenhoeck, die Witwe des 1750 verstorbenen Göttinger Universitätsbuchdruckers und –händlers Abraham Vandenhoeck, hatte 1751 den Verlag der *Commentarii* übernommen, gab ihn aber schon mit dem zweiten Band wieder auf: Man stritt sich über die Kosten der Kupferstiche – insbesondere der Pflanzen- und Anatomieabbildungen, die der Universitäts- und Akademiekupferstecher Joel Paul Kaltenhofer in bestechender Plastizität und Detailliertheit geliefert hatte.[41] Gerade die über den bloßen Text hinausgehenden Abbildungen, die die Göttinger wissenschaftlichen Leistungen faßbar machten und augenscheinlich direkt demonstrierten, überschritten – wollte und konnte die Universitätsverwaltung nicht mehr Zuschüsse gewähren – die Leistungsfähigkeit des in den ersten zwanzig Universitätsjahren eher schlecht als recht florierenden Verlags. Die Verlagssituation in Göttingen war insgesamt derart unbefriedigend, daß sie hochfliegende Projektideen provozierte: In einem Konzeptpapier der Universität von 1751 wurde angesichts des Anliegens, die internationale gelehrte Literatur umgehend und umfassend in Göttingen zur Verfügung zu haben und mit der Göttinger Wissenschaftsproduktion international präsent zu sein, für eine Europäische Buchhandelsgesellschaft plädiert, die analog zu den Seehandelskompanien auf Basis von 250 Aktieneignern 100.000 Taler Kapital einsammeln und damit den Buchhandel europaweit optimieren sollte – statt wie im Fall deutscher Buchhändler nur auf den Messen in Leipzig und Frankfurt präsent zu sein.[42] Dies war utopisch. Was jedoch gelang war, mit dem Leidener Buchhändler Elia Luzac einen Verleger von internationalem Format 1753 nach Göttingen zu bringen.[43] Luzac entstammte einer bedeutenden hugenottischen Verlegerfamilie in Leiden, die dort eine der wichtigsten europäischen Zeitungen, die *Gazette de Leyde* (1680–1811) betreute. Eines der ersten Verlagswerke Luzacs war La Mettries *L'Homme Machine* (1747). Im Jahr nach der Veröffentlichung kommentierte er es selbst mit einem Traktat *L'Homme plus que Machine.* Luzac war nicht nur Verleger, sondern zugleich Aufklärungsautor, der unter anderem zu Montesquieu und Rousseau veröffentlichte. In Göttingen wurde Luzac

[40] Vgl. Wilhelm Ruprecht, Väter und Söhne. Zwei Jahrhunderte in einer deutschen Universitätsstadt, Göttingen 1935; Rietje van Vliet, Elie Luzac (1721–1796), Leiden 2005; Elisabeth Willnat, Johann Christian Dieterich. Ein Verlagsbuchhändler und Drucker in der Zeit der Aufklärung, Frankfurt am Main 1993.

[41] Der erste Band der Commentarii war mit 12 Kupferstichen (9 davon zur Botanik), der zweite Band mit 13 (sieben davon zu Botanik) ausgestattet.

[42] Vgl. Ruprecht, Väter (wie Anm. 40), 61–70.

[43] Vgl. Vliet, Luzac (wie Anm. 40), 127–176.

mit umfangreichen Privilegien ausgestattet. Er sollte einen internationalen Buchladen einrichten, erhielt Postfreiheit, eine Anschubfinanzierung von 6.000 Talern sowie das Universitätsschrifttum übertragen und wurde zum Obercommissarius ernannt. Im Gegenzug hatte er die drei nächsten Bände der *Commentarii* auf seine Kosten zu produzieren, der Sozietät 32 Freiexemplare zu liefern und einen Dukaten pro Bogen Honorar zu zahlen.[44] Anna Vandenhoeck beschwerte sich über den ihr Geschäft gefährdenden Konkurrenten. Münchhausen antwortete ihr, daß ihre Weigerung, die *Commentarii* fortzusetzen, „die Etablierung einer neuen Buchhandlung selbst veranlasset habe".[45] Die Idee, mit Luzac dem Göttinger Buchhandel und den *Commentarii* zu helfen, scheiterte jedoch. Es kam nicht zu einer internationalen Buchhandlung in Göttingen. Luzac klagte in puncto *Commentarii* über die schleppende Ablieferung von Abhandlungen. Von Sozietätsseite warf man Luzac vor, die „ganze Angelegenheit zu holländisch, zu kaufmännisch behandelt zu haben".[46] Bereits 1756 verließ Luzac Göttingen, ohne den bereits in Teilen gedruckten fünften Band der *Commentarii* fertiggestellt zu haben.[47] Der folgende Rechtsstreit zog sich bis in die 1760er Jahre hin. Die Akademie habe sich zu viel von ihm erwartet, hieß es von Seiten Luzacs. Er habe Vandenhoeck für die *Commentarii* 1.200 Taler zahlen müssen. Die folgenden Bände hätten ihn 2.000 Taler gekostet.[48] Mitte des Jahrhunderts hätten holländische Buchhändler, so vermutet Maria van Vliet in ihrer Monographie zu Luzac, aufgehört unverzichtbare Netzwerkbrücken derjenigen deutschen Gelehrtenzentren zu sein, die Teilhabe am internationalen literarischen Austausch wollten.[49] Der innerdeutsche Buchhandel sei erstarkt, in der Produktion und Finanzierung selbsttragend geworden, weg vom vormaligen, den Umständen geschuldeten Changieren, das heißt gegenseitigem, den Buchtransfer national beschränkenden Tauschen der Bücher auf den Messen, zu modernen Wirtschaftsbetrieben, die Zugang zum internationalen Buchmarkt besaßen und gewährten. Ein derartiger Buchhändler, Johann Christian Dieterich, hat die Herausgabe der *Commentarii* übernommen. Nicht sofort, sondern nach dem Siebenjährigen Krieg, der Krise und Reform der Akademie 1770 als neue Serie, den *Novi Commentarii.* Webers 1750 grob optimistische, planerisch direkt gedachte Prognose, daß die Akademieabhandlungen ihren Verleger reich machen und den Göttinger Buchhandel auf die Beine bringen würden, verwirklichte sich im 1770 erreichten institutionellen Setting nun in gewissem Maß tatsächlich, aber in – wie es für Systeme und deren zusammenwirkende Öko-

[44] Vgl. Ruprecht, Väter (wie Anm. 40), 72.
[45] Gerlach Adolph von Münchhausen, zit. nach ebd.
[46] Zitat nach Frensdorff, Krisis (wie Anm. 3), 62.
[47] Er wäre 1756 mit den Akademieabhandlungen von 1755 erschienen.
[48] Vgl. Ruprecht, Väter (wie Anm. 40), 72.
[49] Vgl. Vliet, Luzac (wie Anm. 40), 177–218.

nomien typisch ist – sublimer Art. Nachdem die Jahrbücher der Akademie zuvor gerade das Gegenteil von Webers Erwartungen hervorgerufen hatten: nahe- bzw. geradezu das Scheitern von Vandenhoeck und Luzac, wurden die *Novi Commentarii* ein Grundstein für Dieterichs Erfolg und Aufstieg zu einem renommierten Aufklärungsverlag. Voraussetzung dafür war Zweierlei: Die bereits vorliegende solide Einführung Dieterichs auf dem deutschen Markt mit populären Produkten über alte enge Gelehrsamkeitsgrenzen hinaus. Und daß er die neuen *Commentarii* nicht mehr im Sinn der alten Privilegienwirtschaft, sondern im Sinn des neuen kapitalisierten Wirtschaftens als Vernetzungsinstrument von Interessen, d. h. institutionalisiertes soziales Kapital benutzte. Als Dieterich den Verlag der Akademieabhandlung übernehmen sollte, war die Sozietät zunächst in Teilen skeptisch gewesen. „Unser Dieterichs ist zu allem bereit. Allein er hat zu viel Französisches, deutsch Windiges, an sich. Dazu wagt er in manchen Stücken gleich anfangs zu viel, so daß kluge Leute [...] keine lange Dauer prophezeien", schrieb der Akademiesekretär Johann Philipp Murray 1769 an Haller.[50] Andere Mitglieder hoben hingegen positiv den Verlag von Lichtenbergs *Göttinger Musenalmanach* hervor, den Dieterich Anfang 1770 erfolgreich auf den Markt gebracht hatten.[51] Zu den Verlagsprodukten Dieterichs der 1760er Jahre zählten der *Almanach de Gotha*, ein *Dictionnaire iconologique* und Reisebeschreibungen. Sein Sortiment hatte sich in den letzten Jahren dieses Jahrzehnts mehr und mehr periodischer Literatur zugewandt.[52] Insgesamt 32 Zeitschriften wurden von Dieterich veröffentlicht, 13 davon Rezensions- und Buchankündigungsorgane: Dieterichs Verlag bediente und spiegelt die deutsche Leseaufklärungsgesellschaft der Zeit.[53]

Bei den Verhandlungen um den Verlag der *Commentarii* hatte Dieterich, ganz nach altem Muster, Unterstützung und Privilegien gefordert. Münchhausen hat sie ihm nicht gewährt:

> Der Gewinnst eines Buchhändlers kann bei allen Verlagswerken unmöglich von gleichem Belange und von gleicher Gewisheit seyn. Er muß auch, in Betracht der vielen außerordentlichen Unterstützungen für die Ehre der Universität etwas thun, und lieber in Unternehmung anderer Sachen, desto behutsamer seyn. Bei dem Gebauerschen Corpore iuris hat er die Beihülfe des zinsfreien Geldvorschußes, so daß sein risico auch desto geringer wird.[54]

Das römische Zivilrecht, für dessen Drucklegung Dieterich ebenfalls 1770 den Auftrag erhielt, war als juristisches Grundlagenbuch ebenso wichtig für die Uni-

[50] Johann Philipp Murray, Schreiben an Albrecht von Haller, 26. 8. 1769, zit. nach Willnat, Dieterich (wie Anm. 40), 54 f.

[51] Vgl. Frensdorff, Krisis (wie Anm. 3), 98.

[52] Vgl. Willnat, Dieterich (wie Anm. 40), 225, Tab. 3.

[53] Vgl. ebd., 53.

[54] Gerlach Adolph von Münchausen, Schreiben an die Universität, 17. 2. 1770, zit. nach Willnat, Dieterich (wie Anm. 40), 55.

versität, wie für den Verleger. Sie wurde vorfinanziert. Bei den *Commentarii* wurde auf Loyalität und institutionelle Bindung verwiesen. Dieterich ging zu seinem großen Vorteil darauf ein, setzte den Loyalitätslink in strategischen Unternehmensausbau und diesen in Gewinn um. Statt der Zuschüsse erbat er sich, im Fall des Ablebens des Eigentümers des von ihm bewohnten Hauses, ihm beim Kauf behilflich zu sein. Am Ende seines Lebens wird dies Haus wie ein weiteres, beide zu den Prunkstücken der Göttinger Innenstadt gehörend, mit 8.000 Talern in Dieterichs Testament taxiert, neben der Druckerei (4.000 Taler) und dem Verlag (20.000 Taler) zu den vier Hauptteilen des Dieterichschen Vermögens gehören.[55] 40.000 Taler haben im 18. Jahrhundert einen erheblichen Wohlstand bedeutet. Zur loyalitätsgegründeten Unternehmenspolitik, die Dieterich groß werden ließ, gehört die Einrichtung einer Druckerei 1770 im Zusammenhang mit dem Verlag von Universitäts- und Akademieschrifttum. Um sie kontinuierlich auszulasten, brauchte er Universitätsschrifttum. Dieterich hat hierfür gerade kein Monopol mehr erhalten, war aber entsprechend weniger gebunden und bekam Göttinger Dissertationen, Programmschriften, Vorlesungen und anderes in umfangreichem Maß zum Druck. 1777 erhielt er den Auftrag, die *Göttingischen gelehrten Anzeigen* zu produzieren.[56] Insgesamt wurden von ihm 691 Universitätsschriften hergestellt.[57] Im Einzelnen sah der Vertrag, den Universität und Akademie mit Dieterich in puncto der Akademieabhandlungen unter deutlicher Berücksichtigung der bisherigen Erfahrungen mit den alten *Commentarii* schlossen, folgendermaßen aus: Die Auflagenhöhe blieb Dieterich überlassen – sie hat zunächst 1.250, ab dem vierten Band 1.050, ab dem achten Band 850 Exemplare betragen. Dieterich übernahm die Kosten für die Korrektur, den Druck, die Erstellung der Kupferstiche – außer bei botanischen und anatomischen. Die Sozietät erhielt 50 Freiexemplare und 50 Rthl. Honorar pro Band. Damit waren alle Ansprüche der Akademie abgegolten.[58] Das Akademieabhandlungsproblem war damit zunächst zufriedenstellend gelöst. Georg Friedrich Brandes, der die Universitätsbelange nach Münchhausens Tod in Hannover verwaltete, schrieb nach dem zweiten Band der *Novi Commentarii* 1772:

> Der Inhalt ist allerdings auch diesmal zweckmäßig, auch der Druck untadelig, wenn schon die Kupfer noch nicht alle Vollkommenheit haben, die wir ihnen hätten verschaffen können. Insonderheit aber freuet mich die Promptitude, womit anietzt die Sachen gehen, da es gewis bei einem solchen Institute sehr darauf ankomt, und auswärtig daraus gemeiniglich auf deßen Achtung und innern Werth geschlossen wird.[59]

[55] Vgl. Dieterichs Testament bei Willnat, Dieterich (wie Anm. 40), 235.

[56] Vgl. ebd., 71.

[57] Im Detail ebd., 228, Tab. 9.

[58] Vgl. ebd., 55 f., Abdruck des Vertrags ebd., 232 f.

[59] Georg Friedrich Brandes, Schreiben an Christian Gottlob Heyne, 13. 7. 1772, zit. nach Willnat, Dieterich (wie Anm. 40), 56.

Finanziell blieben die *Commentarii* jedoch ein Problem. Ihr Inhalt sei, was die einzelne Abhandlung anbelangt, zu spezialisiert, was das Wissenschaftsspektrum von Akademien anbelangt, hingegen zu wenig spezialisiert. Akademiejahrbücher seien „eigentlich nur für wenige Gelehrte überhaupt in Petersburg, Berlin, Stockholm, München, Mannheim" und würden „fast überall [...] mit merklichem Zuschuß gedruckt".[60] Andererseits gilt am Ende des 18. Jahrhunderts für die Wissenschaftsakademien und nicht nur die Göttinger Sozietät immer noch: „Die Unterbleibung des Abdrucks der Vorlesungen würde den Untergang der Sozietät sonst unausbleiblich nach sich ziehen, da die Commentarii den Beweiß ihres Daseyns und das Zeichen ihres Lebens enthalten".[61] So Heyne 1778. Die Wissenschaftsakademien sind noch nicht Wissenschaftsverwaltung und –repräsentation geworden. Sie existieren noch deshalb, weil sie Wissenschaft verhandeln und kommunizieren. Im Ideal ist die Respublica literaria also weiterhin präsent, auch wenn der Zug zur Etablierung von Fachdisziplinen 1780 schon Fahrt aufnahm.[62] Um den Fortbestand der Jahrbücher zu sichern, verzichtete die Akademie auf die 50 Rthl. Honorar und stellte es Dieterich anheim, den historisch-philologischen Teil der Abhandlungen vom physikalisch-mathematischen zu trennen und separat zu verkaufen.[63] Die Entwicklung hin zur unentgeltlichen Veröffentlichung wissenschaftlicher Aufsätze, aber auch die Trennung zwischen Natur- und Kulturwissenschaften war, wie hier in Göttingen im Zusammenhang mit den *Commentarii*, nicht nur Diskurs-, sondern auch Buchmarktgeschehen.

III.

Die Gelehrtenrepublik umfaßt als Wissensproduktion die zeitgenössische Wissenschaft. Sie ist letztlich Praxis. Von den Partizipienten aus gesehen, ist das, was sie tun, das, was sie sind und was sie werden, und damit das, was sie macht und ausmacht. Die Sozietät und ihre *Commentarii* sind als Gelehrtenrepublik, d. h. Wissenschaft, in Aktion von zwei der zentral mit ihnen verbundenen Akteuren exzeptionell plastisch dokumentiert: in Hollmanns *Geschichte der Univer-*

[60] Christian Gottlob Heyne, Schreiben an das Universitätskuratorium, 20.8.1778, zit. nach Willnat, Dieterich (wie Anm. 40), 56 f.

[61] Ebd., zit. nach Willnat, Dieterich (wie Anm. 40), 57.

[62] Vgl. Martin Gierl, Kommunikation, Institution und Fach: Die „Allgemeine historische Bibliothek" und das „Historische Journal" Johann Christoph Gatterers und die Entwicklung von Fachzeitschriften in der Geschichtswissenschaft, in: Steffen Hölscher, Sune Schlitte (Hg.), Kommunikation im Zeitalter der Personalunion, Göttingen 2014, 151 – 177.

[63] Vgl. Willnat, Dieterich (wie Anm. 40), 57.

sität und in den Briefen Lichtenbergs, die beide Wissenschaftsgeschehen direkt, das heißt biographisch überliefern.[64]

Hollmann wollte, im hohen Alter von Kollegen gedrängt, sein Erleben der Universität beschreiben. Das 50jährige Universitätsjubiläum stand an. 1787, im Todesjahr Hollmanns, erschienen dann nur die ersten, bis 1737 reichenden Bögen seiner Auto- und Institutionsbiographie *Die Georg-August-Universität zu Göttingen, in der Wiege Ihrer blühenden Jugend, und reifferem Alter. Mit unpartheiischer Feder entworfen von Einem Ihrer Ersten, und nun allein noch übrigem, Academischem Lehrer.* 1837, zur Hundertjahrfeier, wurde der Bibliothek eine Abschrift des Manuskripts geschenkt. Zur Hundertfünfzigjahrfeier ist ein weiterer Teilabdruck erfolgt. Zur Zweihundertjahrfeier wurden die Teile, die die Akademie betreffen, von Joachim in seinem Bändchen zur Akademiegründung als Anhang publiziert. Zum 300. Geburtstag Hallers folgten die Teile mit Hallerbezug. Im Rahmen jahrestäglicher Erinnerungskultur kann das ansonsten nebensächlich anhängend Anekdotische zum Träger institutioneller Verlebendigung werden.[65] Dies ist aber nur ein Grund, der die Rezeptionsgeschichte des Texts verursachte. Hollmanns Universitätsgeschichte ist mehr eigene als Universitätsgeschichte und dabei skandalös offen und subjektiv direkt. Was Hollmann zur Akademieeinrichtung schrieb, ist die Geschichte – sagen wir es plastisch – wie er von Haller und dem Universitätsmanagement in Hannover über den Tisch gezogen wurde. Die Passage atmet, mehr als dreißig Jahre später geschrieben, immer noch Hollmanns ganze Wut. Zentral in unserem Zusammenhang ist: Hollmann wurde in den zeitgenössischen Bahnen, die Errichtung der Sozietät zu kommunizieren, nolens volens in die Akademie gepreßt, hat sich für sie dann, statutengemäß, um neue „Erfindungen“, Akademievorträge und deren opulente Veröffentlichung in den *Commentarii* gekümmert. Es entstanden umfangreiche Arbeiten zur Meteorologie und deren Meßverfahren, zur Erdgeschichte, Paläontologie, die Hollmann, das ist eine der Pointen dabei, in heutiger Rückschau noch mehr als aus Perspektive des 18. Jahrhunderts zu einem Beiträger moderner Geologie werden ließen.[66] Die Prozedere der Göttinger Gelehrtenrepublik haben Hollmann

[64] Hollmann, Chronik (wie Anm. 21); Georg Christoph Lichtenberg, Briefwechsel, 4 Bde., hg. von Ulrich Joost, Albrecht Schöne, München 1983–2004.

[65] Vgl. Joost, „Geist“ (wie Anm. 21), 110 f.

[66] Samuel Christian Hollmann, De exiguo, qui adhuc appareat, observationum meteorologicarum usu, in: Commentarii Societatis Regiae Scientiarum Gottingensis, Tomus I. ad Annum 1751, Göttingen 1752, 41–66; ders., De Mercurii in barometris diversis, eodem tempore, eodemque in loco diversa altitudine, in: ebd., 227–244; ders., Ossium fossilium insolitae magnitudinis in praefectura Herzbergensi, in: Commentarii Societatis Regiae Scientiarum Gottingensis, Tomus II. ad Annum 1752, Göttingen 1753, 215–280; ders., Observationum meteorologicarum, in: Commentarii Societatis Regiae Scientiarum Gottingensis, Tomus III. ad Annum 1753, Göttingen 1754, 1–66; ders., De corporum marinorum aliorumque peregrinorum in terra continente origine, in: ebd.,

vom traditionellen Philosophen vormaliger Gelehrsamkeit, der Logik, Moral, Metaphysik, Naturrecht und Naturtheologie lehrte, unter Protest zu dem ordentlichen Mitglied der physikalischen Klasse gemacht, der erwartungs-, statuten- und honorargerecht Naturforschung betrieb und organisierte und derart nolens volens Naturwissenschaftler geworden ist. Die Erzählung der Vorgänge nimmt nicht weniger als fünf der 142 Manuskriptseiten ein. „Von der geheimen Correspondenz, die darüber geführet worden", setzte Hollmann die open zitierte Passage zum Akademieplan fort,

> hatte der Verf. aber nichts erfahren bis *Haller* zu ihm schickte u. ihn ersuchen ließ, weil er krank wäre, u. nicht ausgehen könnte dem Verfasser er aber etwas wichtiges zu entdecken hätte, er doch zu ihm kommen u. ihn besuchen möchte. Da dieses geschah, wurde Anfangs in Gegenwart der Frau von Hause, von ganz indifferenten Dingen gesprochen; so bald diese aber sich entfernt hatte, hob Hr v. *Haller* seinen Spruch an, daß er von einer Sache ihm eine Nachricht zu ertheilen hätte, die ihn selbst mit interessirte, u. die er daher glaubte, daß sie ihm nicht anders, als sehr angenehm zu hören seyn würde. Man hätte nämlich vor, u. es sey fast so gut als beschlossen, daß eine gelehrte Societät allhier errichtet werden sollte, die aus 3 Klassen bestünde; einer physischen, mathematischen u. historisch-philologischen, u. daß die Mitglieder dazu schon ernannt wären, unter welchen der Verfasser auch mit wäre, dem die erste Klasse zugetheilet worden u. daß er hoffte, daß es ihm sehr angenehm seyn würde die Versicherung davon aus seinem Munde selbst zu vernehmen. Der Zusaz war, daß man am ersten Sonnabend jeden Monaths bey ihm Nachmittags in seinem Hause zusammen kommen, daß man von gelehrten Sachen sich mit einander unterreden, daß man auch gelehrte Abhandlungen darinn vorlesen u. solche dem Druck hernach übergeben würde, u.w.d.m. war. Daß der Verf., dem von allem diesem vorher nichts wissend war, in nicht geringe Verwunderung, u. weil es ihn so nahe mit betraf in eine Art von Bestürzung durch diese so unvermuthete Eröffnung gerathen, wird man leicht gedencken, aber auch die Entschließung vielleicht wissen wollen, die er dabey genommen.
>
> Sobald er sich also dabey etwas erhohlet, u. seine Bewunderung über die hohen Orts schon gefaßte Entschließung zu erkennen gegeben, konnte er sich nicht entbrechen, einen Mangel seines Beyfalls darüber mercken zu lassen, u. daß er sich nicht im Stande befände, die ihm vorschwebende wichtigen Gründe dagegen sogleich zu entwickeln. Er behielte sich also für solches, so bald er könnte, schriftlich zu thun u. solche seinem Urtheil zu unterwerfen.

285–374; ders., Succincta attractionis historia, in: Commentarii Societatis Regiae Scientiarum Gottingensis, Tomus IV. ad Annum 1754, Göttingen 1755, 271–300; zu Hollmann als Geologen Firouz Vladi, Die Nashornfunde zu Duna (NSG Hainholz) vom Jahr 1751 – und ihre Bedeutung für „die physische Geschichte unseres Planeten", in: Heimatblätter für den südwestlichen Harzrand 35 (1979), 39–54 [Der Text ist im Netz gut erhältlich]. Zu Hollmann als Physiker vgl. Friedrich Hund, Hollmann und die Anfänge der Physik in Göttingen, in: Norbert Kamp, Hermann Wellenreuther (Hg.), 250 Jahre Vorlesungen an der Georgia Augusta 1734–1984, Göttingen 1985, 64–71. Zum schwierigen Stand Hollmanns bei Kästner als Physiker vgl. Ulrich Joost, Göttinger Gelehrtengezänk. Zur inneren Verfassung der Gelehrtenrepublik, dargestellt am Beispiel von Professorenstreitigkeiten im 18. Jahrhundert, in: Göttinger Jahrbuch 34 (1986), 45–59.

So unerwartet dem Hrn. v. *Haller* diese Antwort zu seyn schien, so konnte er von dem Verf. diesesmahl doch keine andere Entschließung durch alle seine dagegen gemachte Vorstellungen erzwingen, u. wir schieden daher etwas misvergnügt von einander.[67]

Am folgenden Tag, am 20. Januar 1751, schrieb Hollmann Haller, „daß er die Anzahl der angegebenen Mitglieder für zu schwach fände, da der Abgang von einer einzigen Person dem ganzen Werck einen tödlichen Stoß geben könnte", und daß er „noch so viele eigene Arbeiten auszuführen habe, daß er in keine neue Verbindlichkeiten, deren Wirkung er nicht vorherzusehen im Stande wäre, sich einlassen könnte; andere Gründe, die er damit noch zurückhielte, zu geschweigen".[68] Haller antwortete sofort und erhöht den sozialen Druck:

Ew. – haben mich mit dem heutigen empfindlich betrübet. Sollte es nicht möglich seyn, daß dieselben ein viertelstündchen abbrächen u. die Antworten anhörten, die ich mündlich über die angeführten Gründe zu geben hätte. Der Hr. *G.(essner)* [das ordentliche Mitglied der historischen Klasse] hat seine Stelle auch angenommen, u. alles wäre richtig, wenn sich Ew. gewinnen ließen.[69]

Hollmann hat daraufhin seine Gründe, der Akademie nicht beizutreten, nochmals schriftlich formuliert, dies Haller vorgelesen und erklärt, „daß es bey dieser seiner unwandelbaren Entschließlung" bleibe.[70] Der Entschluß hatte nur sehr kurzen Bestand:

Weil hierauf aber zulezt erwiesen wurde daß auf diese Weise aus dem ganzen Wercke nichts werden könnte, u. daß der Verf. die gröste Ungnade eines hohen Ministers sich zuziehen würde […], so gewann die Sache nunmehro freylich ein anderes Ansehen u. der Verf. sahe sich nun genöthiget, eine andere Stellung anzunehmen.[71]

Er trete bei, wenn die Sozietät zunächst, testweise sozusagen, als Privatgesellschaft operiere. Kurze Zeit später erhielt Hollmann den Jahresband der *Göttingischen gelehrten Anzeigen* von 1750 mit einer auf den 2. Januar 1751 datierten Vorrede Hallers und ist empört. Ostern 1751, hieß es da, werde

eine Gesellschaft hiesiger Gelehrten näher zusammen treten, und theils in monatlichen Versammlungen, theils in auszuarbeitenden und jährlich an den Tag zu gebenden Abhandlungen, in der Naturlehre, der Mathematic, der Geschichte und den schönen Wissenschafften, ihre Bemühungen zur Aufnahme dieser edlen Künste vereinigen. […] Die Königliche Regierung wird diese Gesellschaft auf eine besondere Art schützen und belohnen.[72]

67 Hollmann, Chronik, fol. 44v–45v; bei Joost, „Geist" (wie Anm. 21), 126 f.

68 Hollmann, Chronik, fol. 46r; bei Joost, „Geist" (wie Anm. 21), 127 f.

69 Hollmann, Chronik, fol. 46r; bei Joost, „Geist" (wie Anm. 21), 128.

70 Hollmann, Chronik, fol. 47r; bei Joost, „Geist" (wie Anm. 21), 129.

71 Ebd.

72 [Albrecht v. Haller], Vorrede zum 1750. Jahr, in: GGA (1750), o.p.; der endgültige „Allgemeine Plan" Hallers zur Akademie stammt vom 20. Januar 1751, vgl. Haller, Algemeiner Plan (wie Anm. 30), fol. 1.

Die Errichtung der Gesellschaft war in den Augen Hollmanns ein abgekartetes Spiel und er in doppelter Weise gefangen:

> Kaum war dieses aus der Göttingischen Zeitung bekannt geworden, so machte es, als das erste u. einzige in sr. Art, in ganz Teutschland ein grosses Aufsehen u. jedermann war begierig die ersten bey der Societät gehaltenen Vorlesungen zu sehen.[73]

Es gab für Hollmann nur mehr ein Vor, kein Zurück. „Weil dem Verf. aber in den Statuten selbst aufgegeben war observationes meteorologicas der Societät mitzutheilen, so gab solches nicht allein zu der obgedachten Abhandlung De exiguo, qui adhuc appareat, observationum meteorologicarum usu, Anlaß", sondern auch zu Versuchen, Barometer als meteorologische Hauptinstrumente zu verbessern.[74] Wissenschaft entstand aus Verknappung, Ordnung und Kontrolle der Zeit. Die für Hollmann zur Verpflichtung gewordene Sozietät und ihre *Commentarii* boten ein Mittel und ein Schema dafür und konkrete Handlungsanweisungen, Arbeitszeit in Wissenschaft zu transferieren: Erfindungen machen, sie in der Gesellschaft vorzutragen, die Vorträge zu publizieren war die im Sinn der Sozietät und ihrer Abhandlungen ausbuchstabierte Wissenschaft.

In Lichtenbergs Briefen läßt sich die umfängliche Funktion der *Commentarii* gut studieren, gelehrte Praxis und mit ihr die Respublica literaria zu definieren. Die Akademiejahrbücher tauchen in fünf Rollen auf:

1. In ihrer generellen Rolle, Gegenstand der Gelehrtenrepublik auch jenseits ihrer eigentlichen Funktion eines Wissensmediums zu sein, wurden sie als Maßstab in verschiedenen Belangen benutzt. Ein zu druckendes Buch solle etwas größer als die *Commentarii* gesetzt werden, schrieb Lichtenberg beispielsweise 1773 an Dieterich. In Bezug auf die Sozietät fungierte die Reputation der *Commentarii* als eine Art Indikator für die Wertschätzung der Akademie. Im August 1777 informierte Lichtenberg Jean André Deluc, einen der führenden Geologen der Zeit, bezüglich der von Luzac verursachten *Commentarii*-Krise entsprechend weitläufig:

> Mr Hollmann has in his satyrical humor, *as he owned to me*, exaggerated a little the misfortunes, which befel our commentaries. The Thruth is: „They were sequesterd together with the whole stock trade of Mr Luzac (the person they were printed for) from 1756 till October 1774, when they were sold very cheap (it is true) but bought only by booksellers", so that not one copy got among the iron mongers and grocers [...]. Now I believe they are sold regularly for the same price as before the sequestration viz 3 Dollars [...]". All this, between You and me, is owing to that Translator of the Bible [...], who was then director [...] of the society.[75]

[73] Hollmann, Chronik, fol. 48r, bei Joost, „Geist" (wie Anm. 21), 131.

[74] Hollmann, Chronik, fol. 49r; Joost, „Geist" (wie Anm. 21), 132.

[75] Georg Christoph Lichtenberg, Schreiben an Jean André Deluc, 25.8.1777, Lichtenberg, Briefwechsel, Bd. 1, B. 402, 726 f.

Für Lichtenberg war die Sache wichtig genug, zu unterstreichen, daß es sich bei seiner Darstellung um die persönliche Richtigstellung Hollmanns handelte. Offenkundig waren die *Commentarii* eine Ressource persönlicher Geltung dabei. ‚Im Vertrauen gesagt': nach Maß der Beteiligung und der Bedeutung dessen, woran man beteiligt war, war Insider-Wissen gefragt und ließ sich entsprechend nutzen. Dies erforderte auch, sich persönlich mit der Sache zu identifizieren resp. sich zu distanzieren – eine unerschöpfliche Quelle für die Lichtenbergschen Bonmots. Als nach einem Gewitter Gerüchte aufkamen, der Lagerbestand der *Commentarii* sei verbrannt, schrieb er: „Ich sagte gleich zu Dieterich […], sei Du ruhig wegen der Commentarien, die sind zum vermodern bestimmt, und werden nicht verbrennen".[76]

2. Die *Commentarii* waren ein materieller Gegenstand, den es materialiter zu organisieren und zu verwalten galt und über den sich derart in der Gelehrtenrepublik Verbindungen knüpften. Verschiedentlich wurde Lichtenberg gebeten, Briefpartnern Bände der Akademieabhandlungen zu besorgen.[77] Weil Lichtenberg im Haus des befreundeten Dieterich wohnte, wandte sich Michaelis an ihn, ihm heimlich zwei im Druck befindliche Kupferstiche der *Commentarii* für eine Rezension wenigstens 48 Stunden zukommen zu lassen – dem Verleger brauche man damit nicht kommen.[78] Lichtenberg erhielt und betreute Manuskripte auswärtiger Beiträger, kümmerte sich um deren und um die eigenen Kupferstiche und freute sich, als die Akademie ihm die Kosten dafür erstattete.[79]

3. waren die *Commentarii* ein wissenschaftlicher Gegenstand, der als Ort für Wissenschaftsdiskussion Argumente archivierte und protokollierte. Sie erhielten in der Zeitschrift ihre Adresse, bekamen mit Jahrgang, Band und Seite Datum und Ort. Entsprechend tauchen die *Commentarii* als Referenzpunkte wissenschaftlicher Debatten in den Lichtenbergbriefwechseln auf: ‚In den Commentarii X im Aufsatz Y auf Seite Z werde gesagt …'.[80] Die *Commentarii* waren zu lesen, zu

[76] Georg Christoph Lichtenberg, Schreiben an Georg Heinrich Hollenberg, Ende September 1781, Lichtenberg, Briefwechsel, Bd. 2, B. 857, 257.

[77] Vgl. z. B. Georg Simon Klügel, Schreiben an Georg Christoph Lichtenberg, 18. 5. 1792, Lichtenberg, Briefwechsel, Bd. 3, B. 2093, 1112.

[78] Vgl. Johann David Michaelis, Schreiben an Georg Christoph Lichtenberg, 2. 6. 1781, Lichtenberg, Briefwechsel, Bd. 2, B. 824, 223.

[79] Vgl. Georg Christoph Lichtenberg, Schreiben an Johann Andreas Schernhagen, 5. 5. 1778, Lichtenberg, Briefwechsel, Bd. 1, B. 477, 825; Georg Christoph Lichtenberg, Schreiben an Johann Andreas Schernhagen, 13. 8. 1778, Lichtenberg, Briefwechsel, Bd. 1, B. 515, 868; Georg Christoph Lichtenberg, Schreiben an Christian Gottlob Heyne, 9. 3. 1780, Lichtenberg, Briefwechsel, Bd. 2, B. 677, 40; Georg Christoph Lichtenberg, Schreiben an Christian Gottlob Heyne, 12. 3. 1780, Lichtenberg, Briefwechsel, Bd. 2, B. 680, 43.

[80] Vgl. z. B. Georg Christoph Lichtenberg, Schreiben an Johann Andreas Schernhagen, 4. 9. 1777, Lichtenberg, Briefwechsel, Bd. 1, B. 405, 735; Georg Christoph Lichtenberg, Schreiben an Heinrich Wilhelm von Gerstenberg, 19. 6. 1780, Lichtenberg, Briefwechsel, Bd. 2, B. 712, 76;

rezipieren, zur Kenntnis zu nehmen: nach Interesse, Nähe zu den in ihnen verhandelten Themen und verpflichtungsgemäß. Lichtenberg hatte als Göttinger, Beiträger und Akademiemitglied zu wissen, was in ihnen stand.

4. waren die *Commentarii* praktischer Gegenstand wissenschaftspolitischer Diskussion. So wie die *Commentarii* ein Zentrum der Akademieplanung gebildet hatten, bildeten sie ein Zentrum der Pläne, die Sozietät zu reformieren. Ausgehend von Überlegungen, ob die hervorgehobene Position dreier bescheiden dotierter ordentlicher Mitglieder beibehalten, nicht vielmehr der Mitgliederkreis vergrößert werden solle, antwortet Lichtenberg auf eine entsprechende Mitgliederbefragung Heynes 1783: Bewährtes sei nicht zu ändern, das, was mit der Zeit hinderlich und schädlich geworden sei, hingegen schon.

> Dazu rechne ich die zu geringe Anzahl der Mitglieder von welcher der Fortgang der Commentarien abhängt. Je länger eine Gesellschaft dauert, desto gewisser ist es daß endlich einmal Mitglieder kommen werden, die theils durch überhäufte Geschäfte, ZE. solche die Reisen erfordern, theils durch Kräncklichkeit und theils auch durch die Unmöglichkeit alle Jahre eine Erfindung zu machen keine Abhandlung liefern können. Die Mitglieder zu *verpflichten* alle Jahre etwas zu liefern ist doch gewiß seltsam wo nicht gar unbillig. Mich dünckt man sezt den Schreiber der Commentationen mit dem Setzer derselben in eine Classe, wenn man ihn *so* einspannt. Nichts zu liefern, weil man frey ist, bringt freylich keine Ehre, aber aus Zwang etwas zu liefern was vielleicht dem Verfasser selbst nicht einmal gefällt, kan Schande bringen. Und weil das Ausbleiben keine Ehre bringt, so wird sich jedes Mitglied ohnehin bemühen, so viel es die Umstände verstatten, der Welt zu zeigen, daß auch Es ein arbeitendes Mitglied sey, [...][81]

Um den Fortbestand der Akademieabhandlungen zu sichern, seien die Anzahl der Akademiemitglieder zu erhöhen und verstärkt eingesandte Abhandlungen aufzunehmen. Lichtenberg verwies ausdrücklich auf das Erfolgsmodell der *Royal Society* und ihrer *Philosophical Transactions* dabei.[82] Die Diskussion in der Akademie setzte sich fort. Heyne schickte ein weiteres Zirkular: Er fragte nochmals nach der Mitgliederzahl und: „Sollen die Vorlesungen auf dem ietzigen Fuß bleiben so daß sich jeder *jährlich zu einer* oder *alle zwey Jahre zu einer* anheischig macht? Oder soll *gar keine bestimmte Einrichtung* seyn?“[83]
Lichtenberg antwortete:

> Wenn jedes Mitglied alsdann etwas vorließt, wenn es etwas vorzulesen hat, woran der gelehrten Welt im Ernste etwas gelegen seyn kan, so wird doch wohl die Gefahr einmal

Johann Albert Heinrich Reimarus, Schreiben an Georg Christoph Lichtenberg, 15.7.1780, Lichtenberg, Briefwechsel, Bd. 2, B. 724, 93.

[81] Georg Christoph Lichtenberg, Schreiben an die Göttinger Sozietät der Wissenschaften, 21?/23.10.1783, Lichtenberg, Briefwechsel, Bd. 2, B. 1167, 728.

[82] Vgl. ebd., 729.

[83] Christian Gottlob Heyne, Sozietätszirkular an Georg Christoph Lichtenberg, 24.10.1783, Lichtenberg, Briefwechsel, Bd. 2, B. 1169, 730.

im Monat keine Vorlesung zu hören, bey mehrern Mitgliedern, geringer als bey wenigern.

Und weiter:

Ich werde vorlesen, so bald ich etwas vorzulesen habe, das ist alles, was ich jetzt versprechen kann. Ich werde nicht müßig seyn, und bin auch bisher nicht müßig gewesen, sondern suche mich so bald es die Umstände nur verstatten meiner Schuld zu entledigen.[84]

Horror vacui: Für die Wissenschaftsgesellschaft ist Leerlauf verheerend. Ausgefallene Vorlesungen belegen Probleme, deuten auf Verfall, zeigen zumindest die Schwäche statt Stärke der betriebenen Wissensproduktion. Wissenschaft ist derart vor jedem Inhalt eine Frage des gesicherten, geradezu naturalisierten Takts, im doppelten Sinn. Publish or perish: für Lichtenberg ist dies schon eine Selbstverständlichkeit. Die Frage ist nur, wie es eingerichtet sein soll und wie man gelehrte Anständigkeit im Rahmen einer gelehrten Moral economy mit dem Horror vacui der Institution verbindet: als Planleistung der Gelehrten oder als freie Konkurrenz, die den Bedarf der Institution via Anzahl der Konkurrenten sichert.

5. schließlich waren die *Commentarii* für Lichtenberg ein persönlich praktisches Arbeits- und Verpflichtungsfeld, was sie zum wissenschaftspolitischen Gegenstand machte, Lichtenberg vor allem aber zunächst vor die Aufgabe stellte, die mit den *Commentarii* verbundenen Erwartungen und Verpflichtungen zu erfüllen. Sie brechen in seine Zeitökonomie ein, gefährden sie. Zu den Elektrizitätsversuchen im Zusammenhang seiner Akademievorlesung 1778 berichtete er:

Auf diese Art habe ich noch [nie] einen Brief versäumt; ich habe die Zeit förmlich – verschlafen. Ich stund meiner Vorlesung wegen am Donnerstag sehr früh auf, schrieb und experimentirte. Etwas vor 4 Uhr, weil ich einige Stunden durch Schnupfen der Zuhörer frey bekommen hätte, wollte ich ein wenig auf dem Canapee ruhen und erwachte um halb sechs.[85]

Aus den Versuchen mit seinem Elektrophor und den Akademievorlesungen darüber sind zwei Abhandlungen in den *Commentarii* zu den resultierenden sternförmigen Figuren, den Lichtenberg Figuren, hervorgegangen, die das ausmachen, was heute noch vom Physiker Lichtenberg bekannt geblieben ist.[86] Der Zeitdruck

[84] Georg Christoph Lichtenberg, Schreiben an die Göttinger Sozietät der Wissenschaften, 3. 11. 1783, Lichtenberg, Briefwechsel, Bd. 2, B. 1131, 745.

[85] Georg Christoph Lichtenberg, Schreiben an Johann Andreas Schernhagen, 23. 2. 1778, Lichtenberg, Briefwechsel, Bd. 1, B. 450, 793.

[86] Vgl. Georg Christoph Lichtenberg, De nova methodo ac naturam motum fluidi electrici investigandi commentatio prior, in: Novi Commentarii Societatis Regiae Scientiarum Gottingensis, Tomus VIII. ad Annum 1777, Göttingen 1787, 168–180; ders., Commentatio posterior super nova methodo ac naturam motum fluidi electrici investigandi, in: Commentationes Societati Regiae Scientiarum Goettingensis Recentiores, per annum 1778, vol. 1, Göttingen 1779, 65–79; zu den

blieb. Nachdem er seine Akademievorlesung 1780 schon mehrfach verschoben hatte, schrieb Lichtenberg an Heyne: „Ew. Wohlgebohren will ich den Tag der Vorlesung wissen lassen es wird entweder der 26 Februar oder der 4te März seyn und kein andrer Tag“.[87] Bei den kurzen Tagen sei es schwer gewesen, die vorgehabten Versuche durchzuführen. Am 9. März bittet er Heyne „nach so vielen Entschuldigungen wegen meiner Vorlesung, die als baare Ausweichungen angesehen werden könnten“, um acht Tage weiteren Aufschub: der Druck könne ohnehin erst danach beginnen, er habe ein Geschwür am Finger und müsse erst noch eine Abhandlung d'Alemberts lesen, die er eben erst erhalten habe.[88] Ende März schrieb Heyne an Kästner:

> Wir wollen die Woche zusehen, ob Hr. Lichtenberg sich mit seiner Vorlesung melden wird. Thut er es nicht, so will ich ihn heut über acht Tage aufs Neue beschicken, u. hat er dann noch nichts in Bereitschafft, so wird Ihre Vorlesung unsere Ehre retten.[89]

Um den 10. April heißt es dann definitiv von Seiten Lichtenbergs:

> Ich werde künfftigen Sonnabend in Königlicher Societät vorlesen, und lege Ew. Wohlgebohren hier den Einladungs Zettul bey [...]. Allein ich muß mir [...] die Erlaubniß ausbitten, daß sie nicht in diesen Band der Commentarien eingerückt wird. Es ist die dritte Abhandlung, die ich angefangen habe und ob diese gleich göstentheils fertig und auch davon schon gesezt ist, so finde ich mich doch jetzt gantz ausser Stand, ihr in der mir noch übrigen Zeit, die Vollständigkeit zu geben, die ich wünschte.[90]

Statt dessen kündigte Lichtenberg an, im Sommer über Magneten vorzutragen. Eine dritte Abhandlung Lichtenbergs *De nova methodo naturam ac motum fluidi electrici investigandi* ist nicht erschienen, wie auch sonst keine weitere in den Akademieabhandlungen und auch die Vorlesung zum Magnetismus hielt Lichtenberg nicht. Im Akademievortrag am 15. April las er über Wahrscheinlichkeit beim Glücksspiel.[91]

Während die Arbeitsverhältnisse in Göttingen Hollmann dazu drängten, naturwissenschaftlich zu arbeiten, brachten sie Lichtenberg ein Stück weit dazu, eher Epigrammatiker als ausschließlich Physiker zu werden.

Heyne gab nicht auf. Im September 1792 schrieb Kästner Lichtenberg:

Lichtenberg-Figuren Dag Nikolaus Hasse (Hg.), Georg Christoph Lichtenberg, Observationes. Die lateinischen Schriften, Göttingen 1997, Nachwort, 228–236.

[87] Georg Christoph Lichtenberg, Schreiben an Christian Gottlob Heyne, 14.2.1780, Lichtenberg, Briefwechsel, Bd. 2, B. 672, 29.

[88] Georg Christoph Lichtenberg, Schreiben an Christian Gottlob Heyne, 9.3.1780, Lichtenberg, Briefwechsel, Bd. 2, B. 677, 40; vgl. Brief 678, ebd.

[89] Vgl. Christian Gottlob Heyne, Schreiben an Abraham Gotthelf Kästner, Ende März 1780, Lichtenberg, Briefwechsel, Bd. 2, Kommentar zu B. 672, 30.

[90] Georg Christoph Lichtenberg, an Christian Gottlob Heyne, ca. 10.4.1780, Lichtenberg, Briefwechsel, Bd. 2, B. 683, 46.

[91] Vgl. Lichtenberg, Briefwechsel, Bd. 2, Kommentar zu B. 672, 30.

Hofr. Heyne wünscht ohne Zweifel nur deßwegen eine Abhandlung von Ihnen, weil sie unsren Commentationen eine ausnehmende Zierde geben würde. So was läßt sich nur nicht erzwingen, und so muß Ihnen Zeit gelassen werden, welches ich dem Herrn H. H. melden will. Könnten Sie nicht bey einigen ruhigen Stunden nur etwa [einen] Entwurf und allenfalls einen Anfang Ihrer Gedanken aufsetzen so würde man sich auf einige Zeit mit dem Anfange der Hoffnung befriedigen. Auch glaube ich wenn Sie geistlicher Weise erschienen würde Ihre leibliche Gegenwart wenn Ihnen solche beschwerlich fiele nicht so streng erfordert werden, es sind ja Abhandlungen vom Herrn v. Haller u. a. auswärtigen Mitgliedern vorgelegt worden. Freylich aber würde man lieber sehn wenn Sie etwa über Schwierigkeiten bey einer neuen Untersuchung Auskunft geben könnten. Ich denke also, Sie haben nicht zu befürchten, was Conrad Arnold Schmidten in Leipzig wiederfuhr; der hatte etwas für die bremischen Beyträge versprochen, und weil er damit zögerte schickte Rabener, der als Steuerrevisor, immer Stadtsoldaten zur Execution unter seinem Commando hatte, ihm einen über den Hals, mit Befehl nicht eher von der Stube zu gehen, bis ihm Schmidt was mitgegeben hätte.[92]

IV.

Die Finanzierung der *Commentarii* und ihrer Nachfolger war durchgehend ein Problem. Ihr Absatz stockte. Bereits Hollmann beklagte, daß die „wenige Leser interessirenden Kräuter-Kupfer“ das Organ so teuer machten, daß „es niemand kaufe“, und die Akademieabhandlungen „nur zur Verzierung grosser Bibliotheken“ dienten.[93] Deluc habe sie 1770 selbst in London nur in der Königlichen Bibliothek finden können. Inhaltlich böten sie, anders als ihr Anspruch, nicht immer neue Entdeckungen. Auch Lichtenberg sagte dies.[94] Und der „Fight“ um deutschsprachige, auch englische, französische und italienische Abhandlungen seit Ende des 18. Jahrhunderts füllt Mappen des Akademiearchivs.[95] Schon zuvor hatte es Versuche gegeben, regelmäßig deutschsprachige Akademieschriften – nicht zuletzt eingesandte Texte – erscheinen zu lassen.[96] Anderseits haben nicht nur Lichtenberg und Hollmann ihre zentralen Wissenschaftsleistungen hier publiziert: Mayer veröffentlichte seine Mondtabellen, die ihm den Längengradpreis der englischen Admiralität einbrachten, in den *Commentarii*, Haller seine Abhandlungen

92 Abraham Gotthelf Kästner, Schreiben an Georg Christoph Lichtenberg, 10.9.1792, Lichtenberg, Briefwechsel, Bd. 3, B. 2139, 1148.

93 Hollmann, Chronik (wie Anm. 21), fol. 49r.

94 Vgl. ebd.; Georg Christoph Lichtenberg, Schreiben an Johann Andreas Schernhagen, 18.5. 1778, Lichtenberg, Briefwechsel, Bd. 2, B. 482, 430.

95 Vgl. Abraham Gotthelf Kästner, Zirkular der Göttinger Sozietät der Wissenschaften, 1.10. 1796, Lichtenberg, Briefwechsel, Bd. 3, B. 2684, 633; Archiv der Akademie der Wissenschaften zu Göttingen, scient. 6.1–2.

96 Deutsche Schriften von der Königl. Societät der Wissenschaften zu Göttingen herausgegeben. Erster Band. Göttingen und Gotha, bey Johann Christian Dietrich, 1771. Mehr nicht erschienen.

über die Irritabilität und Sensibilität des Körpers.[97] Die beteiligten Göttinger Professoren dokumentierten, was sie Neues erfunden hatten in ihrem Fach oder was ihnen als Neues durchzugehen schien. Statt einer Erfolgsgeschichte bietet das Akademieorgan ein Protokoll der Wissenschaftsentwicklung im 18. und frühen 19. Jahrhundert. Unter den 73 Autoren der *Commentarii* und *Commentationes* stehen die Direktoren der in Göttingen systematisch errichteten Wissenschaftseinrichtungen mit jeweils mehreren Beiträgen an vorderster Stelle: Heyne, Michaelis, Gesner (Akademie, Bibliothek, *Göttingische gelehrte Anzeigen*, Philologisches Seminar), Mayer, Kästner, Gauß (Observatorium), Haller, Zinn, Murray (Botanischer Garten), Haller, Zinn, Wrisberg (Anatomie), Röderer, Osiander (Accouchierhaus), Richter, Himly (Hospital), Blumenbach (Akademisches Museum), Gmelin (Chemisches Labor), Gatterer (Institut der historischen Wissenschaften).[98] Das Wissenschaftsprotokoll Akademieabhandlungen ist rund 16.000 Seiten stark und umfaßt 567 Aufsätze in 39 Bänden. Es ist hier nicht zu entziffern. Bereits die Lektüre der ersten Bände der *Commentarii* und der Arbeiten Hallers, Hollmanns und Lichtenbergs zeigt jedoch, wie das Forum der Akademieabhandlungen – ausbuchstabiert müßte man sagen: die Zeit-, Arbeits- und Verpflichtungsökonomie der Sozietät, ihrer Versammlungen, Vorlesungen und deren Umsetzung in Text – Sprachformen, das Aufnehmen von Fragen und die Argumentationsgestaltung prägte. Zeigen läßt sich, wie die Transformation von Zeit in Arbeit, weiter in das soziale Geschehen des Vortrags, dort in den mündlichen Körper des verhandelten Gegenstands und von da aus in den schriftlich formulierten Akademiebeitrag mündete: wie aus dem strukturierten Handeln – aus der kontrollierten Verknappung und Ordnung der Arbeit und Zeit und ihrem Ereignischarakter – in der Gelehrtenrepublik Abhandlungen wurden, kurz, wie die Göttinger Akademieprofessoren Wissenschaft als Commentarii betrieben und mit dieser Protoform des wissenschaftlichen Aufsatzes und des wissenschaftlichen Autoren den Ausgangspunkt für weitere Entwicklungen legten.

[97] Vgl. zu Haller Hubert Steinke, Irritating Experiments: Haller's Concept and the European Controversy on Irritability and Sensibility, 1750–90, Amsterdam 2005; ders., Anatomie und Physiologie, in: ders., Urs Boschung, Wolfgang Proß (Hg.), Albrecht von Haller. Leben – Werk – Epoche, Göttingen 2008, 226–254, hier 241 f. (Abbildungen 230–237); vgl. zu Tobias Mayer Steven Adriaan Wepster, Between Theory and Observations. Tobias Mayer's Explorations of Lunar Motion 1751–1755, Diss. Utrecht 2007; Eric Gray Forbes, Tobias Mayer (1723–1762). Pionier der Naturwissenschaften der deutschen Aufklärungszeit, Marbach 1993. Zu Hallers und Mayers Beträgen in den Commentarii vgl. Lehfeldt, Haller (wie Anm. 11), 32–43.

[98] Vgl. Achim Link, Die Veröffentlichungen der Akademie der Wissenschaften zu Göttingen 1751–2001. Bibliographie mit Schlagwort-Katalog, Göttingen 2001.

Der erste Band der *Commentarii* zum Sozietätsjahr 1751 umfaßt zunächst 88 Seiten Akademievorstellung und dann 17 Abhandlungen auf 387 Seiten.[99] Die Abhandlungen stammen von Haller (drei), Gesner, dem ordentlichen Mitglied der historischen Klasse, (zwei), Hollmann (zwei), Segner, dem ordentlichen Mitglied der mathemischen Klasse, (zwei), Michaelis, Sekretär der Akademie, (zwei), Kästner (zwei), Tobias Mayer (zwei) und von Johann August Ernesti, dem Rektor der Leipziger Thomasschule (ein Amt, das zuvor Gesner innegehabt hatte), der mit zwei kürzeren Sacherläuterungen zum römischen und griechischen Heerwesen den historisch-philologischen Teil verstärkte.[100] Die *Commentarii* versammelten also die Göttinger Wissenschaftsprominenz und Universitätsleitung der Zeit in Vollständigkeit – mit Ausnahme Pütters, dem Haller die Mitgliedschaft angeboten, der aber als Jurist abgelehnt hatte.[101]

Die einleitenden 88 Seiten waren keineswegs bloße, schier endlose Widmungsrhetorik. Sie vollziehen vielmehr in ihrer Schilderung der Gründung, der Listung der Mitglieder (nach Rang und Namen groß in die Seite gesetzt mit den Ämtern darunter), den Statuten (kursiv), der Eröffnungsrede Hallers, dann der Übersicht, was in den einzelnen Klassen von den einzelnen Mitgliedern vorgetragen worden war, sowie den gestellten Preisfragen den offiziellen Gründungsakt der Gesellschaft inhaltlich und visuell nach. „GEORGIO SECUNDO" seitendominierend groß in Zeile 1, dem Gründer der Georgia August und seiner Wissenschaftsgesellschaft die „SOCIETAS REGIA SCIENTIARUM GOTTINGENSIS" – ein Drittel so groß nach und über mehreren Leerzeilen mittig in die Seite gesetzt: Zuvorderst sieht man die Akademie in Ehrerbietung und gebührendem Abstand vor dem Landesherrn stehen.[102] „Primum haec societas convenit fausto GEORGII die, qui XXIII Aprilis est, sed privatim & in aedibus Illustris Praesidis, lucem orbis eruditi non fugiens quidem, nec tamen eam expetens, donec aliquid ea luce dignum commentata esset":[103] Passend zum Namenstag Georgs, sei man zunächst privat beim Präsidenten zusammengekommen, ohne nach gelehrter Öffentlichkeit zu streben, solange noch nichts öffentlichkeitswürdig abgehandelt worden sei. So leitete man den Tätigkeitsbericht ein.

Die erste Ausarbeitung stammt von Haller und untersucht Sexualität: Gibt es Hermaphroditen? Segner beschäftigte sich mit der Verbesserung des Mikrometers – der zentralen Vorrichtung, um Teleskope zu justieren. Hollmann erörterte

[99] Vgl. Commentarii Societatis Regiae Scientiarum Gottingensis, Tomus I. ad Annum 1751, Göttingen 1752.

[100] Vgl. ebd., Index [nach LXXXVIII].

[101] Vgl. Johann David Pütter, Selbstbiographie, zur dankbaren Jubelfeier seiner 50jährigen Professorsstelle zu Göttingen, Bd. 1, Göttingen 1798, 259.

[102] Commentarii Societatis Regiae Scientiarum Gottingensis, Tomus I. ad Annum 1751, Göttingen 1752, I.

[103] Ebd., XXIX.

den noch bescheidenen Nutzen der Meteorologie. Gesner stellte in der vierten Abhandlung Heraklits und Hippokrates' Beseelungskonzepte, d.h. Vorstellungen über das Belebte in der Natur vor. Michaelis untersuchte Herkunft und Gestalt der Cherubim, die in der Bibel nach der Menschen Sündenfall das Paradies bewachen. Kästner referierte über Abweichungen bei Linsen und eine arithmetische Reihe in der Zahlentheorie. Haller stellte mit zehn Kupfern Pflanzen aus dem Botanischen Garten vor. Hollmann erörterte Meßprobleme mit Barometern. In der zehnten Abhandlung diskutiert Gesner, ob in Ägypten die sieben griechischen Vokale genutzt worden seien, um Jehova zu verehren, und dies Aufschluß über die sieben Geister der Offenbarung biete. Es folgen Anmerkungen Hallers zum Ursprung des Herzschlags. Auch Michaelis wendet sich dem Jehova-Kult in Ägypten zu. Es folgen Segners Berechnungen von Wassertropfen, Mayers Breitenbestimmung Nürnbergs sowie Sonnen- und Mondfinsternis-Beobachtungen. Die Commentarii reichen, wie der Begriff nahelegt, zwischen vier und 90 Seiten stark, von Notizen bis zu umfassenden Abhandlungen, von den Beobachtungsreihen Mayers und Hollmanns, den botanischen und anatomischen Beschreibungen Hallers bis hin zur kommentierten griechisch-lateinischen Wiedergabe eines Teils von Hippokrates *De Diaeta* durch Gesner.[104] Bei aller Diversität: Den Abhandlungen ist die Verpflichtung auf ‚neue Erfindungen' eingeschrieben – die Göttinger Akademiker wandten sich Grundsätzlichem zu: Haller und Gesner fragten mit Sexualität, Herzschlag und antiken Seelenvorstellungen nach dem Leben. Die erste Preisfrage lautete: „de ortu ovi feminini veri".[105] Segner, Kästner und Hollmann nahmen zentrale Wissenschaftsinstrumente aufs Korn. Gesner und Michaelis suchten nach dem Ursprung der Religion. Der Wille, Entstehung, Herkunft und Ursprung der Dinge zu klären, und der Versuch, die Phänomene präziser zu fassen zu bekommen, spielen für die Göttinger Wissenschaft um 1750 eine tragende Rolle.

Der mangelnde Absatz der *Commentarii* und ihr Gelehrtenlatein vermitteln – zumal heute – ein schiefes Bild. Es handelte sich bei den Akademieabhandlungen nicht um ein altbackenes Gelehrtenorgan, sondern um eine Wissenschaftsplattform, die zeitgemäßen Symbol- und internationalen Sprachanforderungen genügte, und die dabei eine Art Flaggschiff der sozietären Selbstdarstellung war, dessen Schwachpunkte Latein und das nur jährliche Erscheinen man umgehend durch Berichterstattung zu den Abhandlungen in anderen Medien konterte. Im *Hamburgischen Magazin, oder gesammlete Schriften, zum Unterricht und Vergnügen*, das Kästner herausgab, wurden, zunächst von Kästner selbst, und dann anonym zwan-

[104] Johann Matthias Gesner (Hg.), Hippocrates, De Diaeta I, 4 seqq. [Charterio C. III.], in: ebd., 109–132.

[105] Commentarii Societatis Regiae Scientiarum Gottingensis, Tomus I. ad Annum 1751, Göttingen 1752, LVI.

zigseitige Inhaltsauszüge der *Commentarii* geliefert.[106] Des weiteren bot man Übersetzungen besonders interessanter Abhandlungen, so Hollmanns *Abhandlung von dem Ursprunge der See- und anderer fremden Körper, die sich nun auf dem festen Lande finden*, Withofs *Anatomie des menschlichen Haares* und Hallers *Von den empfindlichen und reizbaren Theilen des menschlichen Körpers.*[107] 1752 ging man dazu über, zeitnah ausführliche Berichte von den Akademieversammlungen und den dort gehaltenen Vorlesungen – nicht zuletzt durch die Vorlesenden selbst – in den *Göttingischen gelehrten Anzeigen* einzurücken.[108]

> Am 8ten dieses Monats las der Hr. Prof. Hollmann der königlichen Societät der Wissenschaften eine Abhandlung von den grossen und ungeheuren Knochen vor, die man im vorigen Jahre in dem Amte Hertzberg aus Mergel-Erde ausgegraben hat, welche die Aufmercksamkeit der Natur-Forscher verdienet,

berichtete die Zeitschrift am 24. Januar 1752.[109] Der Hertzberger Oberamtmann Nanne habe die Knochen an Hollmann gesandt und dieser hätte sie schon am 8. Mai 1751 der Gesellschaft vorgelegt. Man habe sie für Elefantenknochen gehalten. Aber wie sollten sie in den Harz gekommen sein? Bemerkenswert sei auch, daß ähnliche Knochen nicht weit von der Fundstelle bereits 1749 gefunden worden waren. Man spekuliert: „Ist es ein Werck und Denckzeichen der allgemeinen Sündfluth […]?“[110] Hollmann begann, die Sache zu untersuchen. Er vergleicht die Knochen mit Angaben zu einem Elefantengerippe in den *Philosophical Transactions.* Er sieht, die Knochen sind ebenso stark, aber kürzer. „Die Be-

[106] Abraham Gotthelf Kästner, Commentarii Societatis Regiae Scientiarum Goettingensis Tomus I. ad ann. 1751, Rezension in: Hamburgisches Magazin, oder gesammlete Schriften, zum Unterricht und Vergnügen 10 (1752), 19–41; Rezensionen der folgenden Jahrgänge der Commentarii: Hamburgisches Magazin, oder gesammlete Schriften, zum Unterricht und Vergnügen 13 (1754) 310–333, 14 (1755), 532–560, 18 (1757), 451–488; zu Kästner und dem Hamburgischen Magazin vgl. Rainer Baasner, Abraham Gotthelf Kästner, Aufklärer (1719–1800), Tübingen 1991, 88–90.

[107] Samuel Christian Hollmann, Abhandlung von dem Ursprunge der See- und anderer fremden Körper, die sich nun auf dem festen Lande finden, in: Hamburgisches Magazin, oder gesammlete Schriften, zum Unterricht und Vergnügen, 14 3 (1755), 227–290; Albrecht von Haller, Von den empfindlichen und reizbaren Theilen des menschlichen Körpers, in: Hamburgisches Magazin, oder gesammlete Schriften, zum Unterricht und Vergnügen, 13 (1754), 227–259; ders., Von den empfindlichen und reizbaren Theilen des menschlichen Körpers, zweiter Abschnitt, in: ebd., 402–441; Johann Philipp Lorenz Withof, Anatomie des menschlichen Haares. Aus dem II B. der Comment. Gotting., in: ebd., 171–194.

[108] Vgl. GGA (1752), 67; vgl. Martin Gierl, The ‚Gelehrte Zeitung‘: the Presentation of Knowledge, the Representation of Goettingen University, and the Praxis of Self-Reviews in the Göttingische gelehrte Anzeigen, in: Jeanne Peiffer, Maria Conforti, Patrizia Delpiano (Hg.), Les Journaux savants dans l’Europe moderne. Communications et construction des savoirs / Scholarly Journals in Early moderne Europe. Communication and the Construction of Knowledge (Archives internationales d’histoire des sciences 63), Turnhout 2013, 321–342.

[109] GGA (1752), 65.

[110] Ebd., 66

rechnungen selbst [...] können künftig in dem Jahrbuche der Gesellschaft von einem jeden gelesen werden".[111] Hollmann spekuliert, die Knochen könnten von einem Rhinozeros stammen, so einem, wie es „auf seinen Europäischen Reisen" auch in Göttingen vorgeführt worden war.[112]

Soweit der GGA-Bericht. Hollmann beschrieb die Knochen wie angekündigt im zweiten Band der *Commentarii.* Man bildete sie dort auf drei Kupfertafeln ab.[113] Wie die Nashörner in den Harz gekommen seien, und ob sie dort gelebt haben könnten, werde er sich vielleicht in einer weiteren Abhandlung zuwenden. Die Frage eines Fauna-Wechsels stand im Raum.[114] Im folgenden Jahr erörterte er umfänglich auf 90 Seiten *De corporum marinorum, aliorumque peregrinorum, in terra continente origine.*[115] Er erweiterte die Frage hier um die massenhaft vorliegenden versteinerten Muscheln und andere Meeresschalentiere. Hollmann zog Klassikerzitate von Aristoteles bis Ovid heran. Aber er stützte sich nicht nur auf Zeugentradition. Ausgiebig diskutierte er Anton Moro, der einige Jahre zuvor mit seinem Plutonismus (der Vorstellung, daß die Überreste fremder Tierwelten durch die vulkanische Anhebung des Landes entstanden waren) an die Öffentlichkeit getreten war und der damit einen Ausgangspunkt der Plutonismus-Neptunismus-Debatte gebildet hatte, die, gegen Ende des Jahrhunderts immer lauter werdend, maßgeblich den Weg zur Verwissenschaftlichung der Geologie wies.[116] Hollmann war Neptunist: Moros Idee, die Land- und Gebirgsbildung habe sich in nur 3000 Jahren vollzogen, sei unglaubwürdig (Erdalterfragen haben später nicht unwesentlich zur Historisierung des Geschichtsbewusstseins qua zeitlicher Entgrenzung beigetragen).[117] Zwar könnten die Versteinerungen schon aufgrund ihrer Massenhaftigkeit und häufigen Verklumpung nicht auf die Sintflut zurückgeführt werden – das war Hollmanns erster zentraler Punkt – sie seien aber nicht durch Vulkane, sondern durch das Einstürzen des gewölbeartigen Untergrunds dort, wo heute das frühere Meer hin abgeflossen sei, entstanden. Dies habe nicht nur das heutige Land hervorgebracht, sondern auch die Erdachse und mit ihr den Äquator verschoben, was die Funde heute weit südlicher lebender Tier

[111] Ebd.

[112] Ebd.

[113] Vgl. Hollmann, Ossium (wie Anm. 66), nach 280.

[114] Vgl. ebd., 272; zu Hollmanns Beschreibung von Wollhaarnashörnern vgl. mit weiterführenden Details zu den Knochenfunden Firouz Vladi, Die Nashornfunde zu Duna (NSG Hainholz) vom Jahr 1751 – und ihre Bedeutung für „die physische Geschichte unseres Planeten", in: Heimatblätter für den südwestlichen Harzrand 35 (1979), 39–54 (der Text ist im Netz gut erhältlich).

[115] Vgl. Hollmann, De corporum (wie Anm. 66).

[116] Vgl. ebd., 349–354; zur Neptunismus-Plutonismus-Debatte vgl. Michael Kempe, Wissenschaft, Theologie, Aufklärung. Johann Jakob Scheuchzer (1672–1733) und die Sintfluttheorie, Epfendorf 2003, 136–149.

[117] Vgl. Hollmann, De corporum (wie Anm. 66), 354.

bei uns erkläre. Das ist Hollmanns Spekulation. Sie endet im Weltall: Könnte nicht der Ring des Saturn auf eine ähnliche, rotationsbedingte Landtrifft verweisen?[118]

Hollmanns Rhinozeros-, Muschel-, Sintflut- und Geologie-Diskussion scheint mir exemplarisch für die *Commentarii*, das Umsetzen von Wissensorganisation in Text und damit das Erhandeln von Wissen und Wissenschaft im Rahmen der aufklärerischen Gelehrtenrepublik zu sein. Die Akademie begründete für ihre Mitglieder – das heißt die Universitätselite und später systematisch die Institutsdirektoren – die Notwendigkeit und ein Forum geregelten Sprechens, das sie mit Vorlesungen zu füllen hatten. In der Akademie setzte sich so ein spezifisches Segment dessen, was von allen Dingen ausgewählt an wissenschaftlichen Gegenständen an die Respublica literaria herangetragen wurde, über die Mitglieder vermittelt oder durch sie direkt um in eine wissenschaftliche Erörterung. Diese wurde in den *Commentarii* – ganz dem lateinischen Wortsinn entsprechend – als erzählend erläuterndes Gegenstandsprotokoll Text. Die Akademie und ihr Organ wurden dabei Elemente der zeitgenössischen Ereigniskette, Wissenschaft zu produzieren. Sie hatten Anteil an deren Produktionsverfahren und produzierten sie mit. Weil es die Universität, Akademie und Hollmann gab, wanderten die Nashornknochen von den Bauern weiter zum Amtmann weiter zu Hollmann weiter vor die Akademie, wurden vermessen, dann mit Daten, weil es schon die *Royal Society* und in ihrem Zuge die *Philosophical Transactions* gab, verglichen, und von da aus zu mutmaßlichen Rhinozerosknochen erklärt. Sie wanderten in eine Abhandlung und Kupferstiche und wurden schließlich zum Ausgangspunkt weitreichender geologischer Überlegungen gemacht. Weil es die einzelnen Instanzen historisch spezifisch gab, wurden Informationen und Gegenstände spezifisch behandelt und weiter behandelt. Womit ich schließen möchte ist: Weder die Rhetorik noch die Argumentationsstruktur der Texte ist unabhängig von den Produktionsverfahren, zeitgenössisch Wissen zu generieren, und von der institutionsgenerierten Struktur der Produktionselemente. In diesem Sinn ist ein Text nicht in erster Linie Diskurs oder andersherum ein Diskurs nicht in erster Linie Text. Dies ist eine weitläufige These und nicht im Vorübergehen zu entfalten. Die Sache selbst – daß es sich bei den Texten um Vorstellungen (d. h. auch Performances) als Elemente wissensgenerierender Ereignisketten handelt – läßt sich aber demonstrieren, wie das Naturwissenschaftler in etwa tun, die ihre Phänomene zunächst mit Daten, Bildern, Aufzeichnungen welcher Art immer, wo nicht mit materiellen Proben der Sache selbst belegen, indem man die Knochen also auf den Tisch legt. Man hat es bei den erzählend sachverhandelnden Gegenstandsprotokollen der *Commentarii* offenkundig mit einer Art kleiner Reiseberichte zu tun, die, jeweils mit dem Vokabular, den Bildern und der Kameraführung bestückt, die dem Vortragenden seinem Da-

[118] Vgl. ebd., 367.

fürhalten nach der Sozietätsvorstellung wie der Gegenstandsbeschreibung passend erschienen, ihr Thema be- und dabei zugleich eigene Arbeit verhandeln zum weiteren Gebrauch:

Hollmann entfaltete die Erdgeschichte so:

> Da ich vor neunzehn Jahren zum ersten male aus Obersachsen in diese Gegenden gekommen, so wurde ich in nicht geringe Verwunderung gesetzet, wie dieses bey neuen und ungewöhnlichen Dingen allezeit zu geschehen pflegt, da ich sah, daß in allen Steinen, die man überall findet, aus welchen sowohl alte als neue Gebäude aufgebauet, und mit welchen auch die Straßen der Stadt gepflastert sind, eine so große Menge von Muscheln und Schnecken stecke, und da ich so viele so genannte Ammonshörner, sowol besonders, als in großen Steinen, eingesenkt fand [...]. Da ich mir nun also so viele Jahre durch so viel von dergleichen Dingen angeschaffet hatte, als meine Begierde befriedigen und hinlänglich seyn konnte, andere zu unterweisen, und selbige von der wahren Natur und Beschaffenheit dieser Körper zu überzeugen, und also meine Begierde fast erloschen war, indem bey diesen Dingen weder Maaß noch Ende ist: so sind die ungewöhnlich großen Knochen, deren Beschreibung der vorige Theil unserer Abhandlungen enthält, mir zu Handen gekommen, die sowohl Sie, meine Herren, als auch mich selbst, und noch viele andere Personen, die dieselben gesehen, in die größte Verwunderung gesetzet, welche doch nachdem nicht wenig vermehret wurde, da mir erstlich durch eine wahrscheinliche Muthmaßung, und nachdem durch Gründe und fast untrügliche Kennzeichen, der wahre Ursprung und Beschaffenheit derselben bekannt wurden. Da nun noch die besondere Beschaffenheit und Gestalt des Ortes, wo sie gefunden worden, hierzu kam: so wurde der Gedanke, den ich schon vorher oft gehabt hatte, wieder durch alle diese Umstände aufs neue bey mir rege, mit mehrerm Fleiße zu untersuchen, wie diese und andere dergleichen fremde Körper, die größtentheils in dem Meere sonst gefunden worden, auf das feste Land gekommen seyn.[119]

Gegend, Stadt, Straßen, Häuser, Verwunderung, Fleiß, Begierde, Mutmaßung: Hollmann geht langsam – durch Göttingen und seine Empfindungszustände hindurch – auf den Gegenstand zu, dessen Abhandlung sich mit dem systematischen Zurate-Ziehen der Sachpositionen von Aristoteles bis Moro in die kontrollierte Ordnung des gelehrten Meinungsbilds verknappt, bevor sie sich mit Hollmanns Erklärung zum erdverrückenden Neptunismus wieder spekulativ weitet und von da aus mit Überlegungen zum Saturn in ein aus Spekulation geschöpftes Assoziieren gerät, das Hollmann, nachdem er es doch offenkundig hat sagen wollen, zugleich sofort wieder zurückziehen will.

> Damit wir uns aber nicht durch die allzu große Liebe der angenommenen Sätze, die der Naturlehre schon genug Schaden gebracht, dahin reißen lassen, so wollen wir nicht aus ungewissen Dingen andere noch ungewissere Dinge herleiten. Wir wollen uns eben dieser Ursache willen, und um allen Verdruß zu vermeiden, nicht in diese noch ungewissere Frage einlassen [...].[120]

[119] Hollmann, Abhandlung (wie Anm. 107), 227 f.; d.i. ders., De corporum (wie Anm. 66), 285 f.

[120] Hollmann, Abhandlung (wie Anm. 107), 284; d.i. ders., De corporum (wie Anm. 66), 368.

Haller schilderte das Empfinden im Reich der Nerven so:

Erstlich, so ist der Nerve, vor welchem alle Empfindung zur Seele gebracht wird, selbst von aller Reizbarkeit entfernet. Dieses scheint zwar wunderbar zu seyn, indessen aber ist dieses so gewiß als wunderbar. Wenn man einen Nerven reizt, so bekommen die Muskeln, in welche Zweige von diesen Nerven gehen, in der That ein krampfhaftes Zucken; und ich weiß kein einziges gegenseitiges Exempel. Denn ich habe so wohl das Zwerchfell, als die Muskeln des Unterleibes (bey einer Ratte,) und den vordern und hintern Schenkel vornehmlich bey dem Frosche, öfters auf eben die Art, da der Nerve gereizt wurde, krampfhaftes Zucken leiden sehen. Man sehe hiervon die hiermit übereinkommenden Versuche des Schwammerdam. Ich habe bey dieser Beobachtung, so wohl als George Christian Oeder, gefunden, daß, wenn der Nerve gereizt wird, keine andern Muskeln zittern oder zucken, als diejenigen, welche von diesem Nerven Aeste bekommen.

Ich habe auch beständig gesehen, daß der mit dem Messer gereizte Nerve ein Zucken in dem Muskel macht, nicht anders, als wenn er von einem Gifte gereizet worden.[121]

Man beobachtet, sieht, observiert, tastet sich vor, verweist auf die, die schon da gewesen sind. Withof berichtet vom Haar:

Die Oerter, wo die Haare eine sonderliche Dicke, Länge und Dichtigkeit bekommen, sind die ganze obere und hintere Gegend des Hirnschädels; ferner der Nacken, die Schläfe, der Eingang des Gehörganges, auch die Augenbraunen, die beyden Augenlieder; bey den Mannspersonen die obere und untere Lippe, und das Kinn, weswegen auch das ganze Gesicht, indem sie bis an die Stirn hinauf steigen, mit einem haarigten Kreise umgeben ist. […]

Die Haare , welche außer diesen Oertern auf der Haut wachsen, sind seltener, weicher und kürzer; auch nicht bey allen beständig an einerley Oertern. […]

Allenthalben aber, wo die Haare entweder der Natur gemäß äußerlich auf dem Körper, oder widernatürlicherweise in den innern Theilen wachsen, befindet sich eine für sie sehr geschickte ölichte Mutter, und zähe Materie. Daher sind an keinem Orte mehrere und längere Haare, als auf dem Kopfe, in der Achselhöhle, an der Schaam und Oeffnung des Mastdarms: denn diese Gegenden sind mit den meisten Fetthöhlchen versehen. Wo hingegen diese Höhlchen (folliculi) nicht vorhanden sind, da sind auch keine Haare. Daher entspringen die meisten Haare aus dem Fette; die kleine Wolle aber aus dem Körper der Haut selbst.[122]

Ölige Gebärmutter, Fetthöhlchen und Wolle: Die Beschreibungen suchen nach Bildern, Assoziationen. Sie behelfen sich mit Analogie, sind damit Fehlschlüssen

121 Haller, Von […] Theilen, 2. Abschnitt, 402 f.; d.i. ders., De partibus corporis humani sensibilibus et irritabilibus, in: Commentarii Societatis Regiae Scientiarum Gottingensis, Tomus II. ad Annum 1752, Göttingen 1753, 114–158, hier 134.

122 Withof, Anatomie, 172–174; d.i. ders., Anatome pili humani, in: Commentarii Societatis Regiae Scientiarum Gottingensis, Tomus II. ad Annum 1752, Göttingen 1753, 368–382, hier 368–370.

offen – aber, weil sie die Dinge so benennen können, auch offen für die Kette fortgesetzter Korrektur und präzisierender Kritik.

Aufsehen erregend erfolgreich sind die Exkursionen in das jeweilige Themengebiet dann, wenn die Phänomene zu sprechen beginnen und den Weg weisen zu neuem Terrain. Der Reisebericht wird zur Robinsonade, in der es dem Reisenden gelingt, ein neues Stück Land planhaft in Besitz zu nehmen. Zu seiner *Neuen Methode, die Natur und Bewegung der elektrischen Materie zu erforschen*, schrieb Lichtenberg:

> Alle Figuren, von denen ich bislang gesprochen habe, hatte der Zufall irgendwie auf dem Elektrophor erzeugt, und die Art ihrer Erzeugung war mir wenigstens bis dahin gänzlich unbekannt geblieben. Denn ich hob [nur] den Schild, streute Harzstaub auf die Grundfläche, und was an Sternchen zum Vorschein kam, verdankte ich lediglich dem Glück, das seine Gaben schon mit sparsamer Hand zu spenden begann. Denn da ich sah, daß die Kraft des Elektrophors durch den aufgestreuten Staub und die Figuren selbst nicht wenig vermindert wurde, mußte ich ihn öfters abwischen und mit neuer Elektrisierung stärken, wodurch zugleich die Figuren sozusagen in ihren Wurzeln zerstört wurden. Dieser notdürftigen Methode und dieses Spiels mit Versuchen wurde ich müde, und das Vergnügen schwand, das mir das Betrachten der neuartigen Erscheinung gemacht hatte; ich begann daher, über die schon gemachten Versuche sorgfältiger nachzudenken und die vorliegenden genauer zu betrachten. Da erinnerte ich mich des starken Knisterns an jener Stelle des Elektrophors, die nach dem Aufstreuen von Staub die meisten Sternchen aufwies, wodurch es wahrscheinlich wurde, daß die Figuren entweder durch den Übergang der Materie des positiv elektrischen Schildes durch das Harz der Grundfläche in die untere Verkleidung oder zumindest durch ihr Einströmen in die Oberfläche entstanden waren. Hiervon wurde ich bald durch die leuchtenden Büschel überzeugt, die in nächtlich vorgenommenen Versuchen aus dem Schild auf die Grundfläche herabfuhren und deren Projektionen, wie ich dann endlich sah, diese Sternchen waren.
>
> Ich fand auch, daß die Elektrizität der Grundfläche an dieser Stelle positiv, und ein daraufgelegter kleinerer Schild nach dem Abheben negativ elektrisch war. So sah ich mir wieder ein neues und reichlich weites Feld von Versuchen eröffnet, und dies gab mir neuen Mut.[123]

Wissen und Wissenschaft bestehen inhaltlich und formal in spezifisch praktizierter Informationsorganisation. An den Jahresberichten der Wissenschaftsakademien läßt sich exemplarisch zeigen, wie Wissenschaft erhandelt wurde. In Göttingen hat man die Jahresberichte „Commentarii", später „Commentationes" genannt. Der Aufsatz verfolgt, wie sich diese Jahrbücher samt der Akademie aus der Notwendigkeit heraus entwickelten, die wissenschaftliche Potenz der Universität respektive ihrer Professoren zu demonstrieren, und zeigt, wie die Einrichtung und der Erfolg der Abhandlungen zugleich vom Göttinger Verlagswesen abhängig waren. Er analysiert, welchen Gebrauch die Autoren von den „Commentarii" und „Commentationes" machten, welche Rolle sie in ihrer Zeitökonomie, als Wissenschaftsreferenz und Organisationsaufgabe spielten. Schließlich be-

[123] Lichtenberg, De nova methodo, Original und Übersetzung bei Hasse, Lichtenberg (wie Anm. 85), 152–155.

trachtet der Aufsatz, wie in dem Periodikum Wissenschaft abgehandelt wurde. Wissenschaftlicher Universitätsbetrieb wurde qua Akademievortrag in mündliche Beschreibung und in den Jahrbüchern dann in schriftlichen Text transferiert. Die Genese der neuen, Lehre und Forschung verbindenden Universität ist im 18. Jahrhundert im Wechselspiel von wissenschaftlichem Institutionenausbau, literarischem Markt und gelehrter Arbeits- und Kommunikationsorganisation erfolgt.

Formally as well as in regard of contents, knowledge and science rest upon organization of information. The yearbooks of the Academies of Sciences are a good example to show how Science came about by dealing with the circumstances within the academic environment. In Göttingen, the yearbooks have been titled „Commentarii", later „Commentationes". My paper scrutinizes how these yearbooks emerged from the necessity to proof the scientific potential of the University and how the founding of the Academy was based upon the desire to get a medium for the presentation of the Professor's work. The article shows how the format and design as well as the success of the yearbooks depended upon the status quo of the Göttingen printers and publishers. It analyses the authors' usage of the yearbooks: the role their duty to deliver articles played for their attempt to get the workload done and to fit it into their schedule, their efforts to organize the periodical, the use of the yearbooks as scientific reference. Finally, the article observes how science was presented in the yearbooks. Scientific work done at the University was transformed into oral descriptions in form of the presentations during the Academy's meetings. In a second step, these descriptions became written texts in the yearbooks. The interdependencies between the expansion of the institutional features of the university and the development of the literary market with the ways the University teachers organized their work and communication brought about the new, research and teaching combining university during the 18th century.

PD Dr. Martin Gierl, Lichtenberg-Kolleg, Universität Göttingen, Geismar Landstraße 11, 37083 Göttingen, E-Mail: mgierl1@gwdg.de

FLEMMING SCHOCK

Donnerstrahl und Eisenstangen

Die Debatte über den Blitzableiter in den Journalen der Gelehrtenrepublik

I. Elektrische Moden und periodische Medien

Die zweite Hälfte des 18. Jahrhunderts war „das goldene Zeitalter der Elektrizität“.[1] So überspannt diese Epochenbezeichnung zunächst klingen mag, sie entspricht ziemlich genau der zeitgenössischen Selbstwahrnehmung. In Polen „electrisirt [man] so gut als in Deutschland“,[2] heißt es in einer gelehrten Zeitschrift zur Jahrhundertmitte. In der jüngeren Forschung hat vor allem Oliver Hochadel eindrucksvoll gezeigt, wie die Elektrizität zur „öffentlichen Wissenschaft[3] par excellence aufrückte, weit über den ‚inner circle‘ der Gelehrtenrepublik hinaus. Kein anderes Thema war ähnlich publikumsaffin und zog die Grenzen von experimenteller Wissenschaft und Populärkultur vergleichbar fließend. Das seit den frühen 1740er Jahren grassierende ‚Elektrizitätsfieber‘ speiste sich in der scientific community einerseits aus der Förderung des Themas an den wissenschaftlichen Akademien (zunächst der Royal Society),[4] andererseits vor allem aus der weitere Schichten erreichenden Vermarktung und medialen Präsenz der zunehmend stabilen Technik: seitdem Francis Hauksbee (1666–1713) zu Beginn des Jahrhunderts die erste ‚Elektrisiermaschine‘ entworfen hatte,[5] war das manuelle

[1] Friedrich Steinle, Art. „Elektrizität“, in: Friedrich Jäger (Hg.), Enzyklopädie der Neuzeit, Bd. 3, Stuttgart 2006, 183–192, hier 185; ebenso: Michael B. Schiffer, Draw the Lightning down. Benjamin Franklin and Electrical Technology in the Age of Enlightenment, Berkeley 2003, 1.

[2] Lorenz Mizlers Warschauer Bibliothek: oder gründliche Nachrichten von verschiedenen Büchern und Schrifften […] Worinnen zugleich von dem dermaligen Zustand der Gelehrsamkeit in Pohlen zuverlässige Nachricht gegeben wird, Bd. 1, Leipzig 1753, 79.

[3] Oliver Hochadel. Öffentliche Wissenschaft. Elektrizität in der Aufklärung, Göttingen 2003.

[4] Patricia Fara, An Entertainment for Angels: Electricity in the Enlightenment, Cambridge 2002, 20.

[5] Dazu eingehend: J.L. Heilbron, Electricity in the 17th and 18th Centuries. A Study of Early Modern Physics, Berkeley, London 1979, 229 ff.; zur weiteren technischen Entwicklung: Heiko

Erzeugen von Reibungselektrizität mittels einer rotierenden Glaskugel möglich, „[...] welche die Wirkungen der Electricität zur Bewunderung verstärket".[6] Exakt diese mirakulösen Potentiale machten Elektrisiermaschinen auch für ambitionierte Dilettanten attraktiv und in der Folge fanden die Instrumente bis in die Salons schnelle Verbreitung.[7] Wissenschaft und geselliger Zeitvertreib waren in diesem Klima oft unkenntlich verwoben, was allerdings auch kulturkritische Äußerungen auf den Plan rief. So blickt Lampert Hinrich Röhl (1724–1790), Mathematiker und späterer Rektor der Universität Greifswald, im Universitätsperiodikum *Neue Critischen Nachrichten* (1765–1774) im Jahr 1766 wie folgt zurück:

> Das halbe naturkundige Deutschland rieb Glas [nutzte die Elektrisiermaschine, F.S.] und freuete sich, wenn es einen elektrischen Funken gesehen hatte. Aber es sahe auch nichts mehr, als diese Funken, weil es nichts mehr suchte; und es suchte nichts mehr, weil es nicht glaubte, daß ausser diesen Funken etwas gesehen werden konnte. Die electrischen Maschinen wurden endlich so sehr in Mode, wie die Zauberlaternen [Laterna Magica, F.S.], und beynahe zu einerley Absicht gebraucht.[8]

Doch auch die ‚eigentlichen' Gelehrten waren nicht vor dem Verdacht gefeit, sich in ihren „elektrischen Versuchen" schlicht zu verlieren. Schon 1752 bemerkt der Journalist Christlob Mylius (1722–1754), ein Schützling Albrecht von Hallers (1708–1777), ausgerechnet im Monatsblatt mit dem sprechenden Titel *Physikalische Belustigungen* (1751–1757) dazu Folgendes: „Die elektrischen Versuche wurden anfangs von vielen nur als gelehrte Spielwerke angesehen. Viele Gelehrte spielten auch wirklich mit der Elektricität, und sie thun es auch noch".[9] Sowohl

Weber, Die Elektrisiermaschinen im 18. Jahrhundert (Ernst-Haeckel-Haus-Studien, 7), Berlin 2011; sowie: Hochadel, Öffentliche Wissenschaft (wie Anm. 3), 73 ff.; zum kulturellen Aspekt: Fritz Fraunberger, Elektrische Spielereien im Barock und Rokoko (Deutsches Museum. Abhandlungen und Berichte, 35), München 1967.

[6] So in einer Rezension von Johann Heinrich Wincklers (1703–1770) 1744 erschienener Abhandlung *Gedancken von der Electricität* im einflußreichen Gelehrtenjournal *Neue Zeitungen von gelehrten Sachen* (Leipzig 1744, Nr. 77, 690). Winckler, Leipziger Universitätsrektor und einer der deutschen Elektrizitätspioniere, hatte Hauksbees frühen elektrostatischen Generator durch die Entwicklung eines Tretmechanismus erheblich verbessert – die Rotation des elektrisierten Glases erhöhte sich und damit auch die erzeugte Spannung. Zur zentralen Bedeutung Leipzigs in der Technikgeschichte der Elektrizität siehe: Oliver Hochadel, Im Hörsaal, an der Pleiße und vor dem Peterstor: Elektrizität im Leipzig der Aufklärung, in: Detlef Döring, Cecilie Hollberg (Hg.), Erleuchtung der Welt. Sachsen und der Beginn der modernen Wissenschaft (= 600 Jahre Universität Leipzig; Jubiläumsausstellung im Stadtgeschichtlichen Museum Leipzig), Dresden 2009, 256–263; Hochadel, Öffentliche Wissenschaft (wie Anm. 3), 44 ff.

[7] Dazu: Simon Schaffer, Natural Philosophy and Public Spectacle in Eighteenth Century, in: History of Science 21 (1983), 1–43.

[8] Lampert Hinrich Röhl, Rez. von Johann Friedrich Hartmanns *Anmerkungen über die nöthige Achtsamkeit bey Erforschung der Gewitter-Electricität* (Hannover 1764), in: *Neue Critische Nachrichten* (1766), 154.

[9] Christlob Mylius, in: Physikalische Belustigungen (1752), 458.

Röhls scharfes Verdikt oberflächlicher Unterhaltungslust als auch der Kommentar von Mylius wurden als Präliminarien zu Buchbesprechungen in Zeitschriften gedruckt. Tatsächlich war die mediale Erfolgsgeschichte der periodischen Publizistik im 18. Jahrhundert eng mit der Durchsetzung der Elektrizität verwoben: Denn einerseits machte das kommunikative Gefüge von Zeitungen und Zeitschriften in aberhunderten Artikeln einen öffentlichen Elektrizitätsdiskurs überhaupt erst möglich;[10] andererseits wurden in denselben Periodika jedoch auch die vermeintlich trivialen Auswüchse des elektrischen Zeitgeistes reklamiert.

Kaum als ‚gelehrte Spielerei' belächelt wurde hingegen der Blitzableiter. Als „Speerspitze der technologischen Entwicklung der Elektrizitätslehre"[11] symbolisiert Benjamin Franklins (1706–1790) Erfindung wie keine zweite den geradezu prometheischen[12] Triumph aufklärerischer Wissenspraxis über eine religiös verhangene Weltsicht:[13] Erst das Erkennen der atmosphärischen Elektrizität habe die ‚Zähmung' der schicksalhaften Naturgewalt des Blitzes ermöglicht. Auch wenn die Realität komplexer war als dieses teleologische Säkularisierungsmodell,[14] bestand bei vielen Zeitgenossen kein Zweifel über die epochale Qualität von Franklins Erfindung. Georg Christoph Lichtenberg (1742–1799) zählte den „Furchtableiter"[15] zu den größten Errungenschaften seiner Zeit und selbst katholische Jour-

10 Vgl. Hochadel, Öffentliche Wissenschaft (wie Anm. 3), 55.

11 Oliver Hochadel, Die Fußtruppen der Aufklärung. Umherziehende Elektrisierer im 18. Jahrhundert, in: Ulrich Johannes Schneider (Hg.), Kulturen des Wissens im 18. Jahrhundert, Berlin 2008, 333.

12 Der gängige Franklin-Prometheus-Vergleich fand bereits in den 1770er Jahren Verbreitung: „Newton […] has discovered the laws of optics, and Descartes, of dioptrics. A great and magnificient discovery was reserved for these times – and this is electricity, the terrible effects of which have placed mankind on an equality with the gods of antiquity; for Franklin, like another Prometheus, has acquired the art of stealing celestical fire, and rendering it ductile to his laws", so der Franzose Chevalier de Chatelleux in *De la felicité publique*, übersetzt nach: The Private Life of Benjamin Franklin, 1793, 185. Ein noch früherer Beleg findet sich 1753 in der Hamburger Rezensionszeitschrift *Freye Urtheile und Nachrichten zum Aufnehmen der Wissenschaften und Historie überhaupt* Bd. 10 (1753), 358: „Ein neuer Prometheus bestiehlt den Himmel wieder, zieht Blitz und Strahl herab, und führt den Donner nieder". Zur Rezeption und Entwicklung dieses Motivs vgl. auch: Reiner Wild, Prometheus – Franklin. Die Gestalt Benjamin Franklins in der deutschen Literatur, in: Amerikastudien/American Studies 23 (1978), 30–39.

13 Exemplarisch für diese Sicht: Engelhard Weigl, Instrumente der Neuzeit. Die Entdeckung der modernen Wirklichkeit, Stuttgart 1990, 175–200.

14 Die jüngere Forschung ist bemüht, die einseitige Heroisierung Franklins aufzuheben und seine Bedeutung als einer der ‚Gründerväter' der Elektrizität aus den wissenschaftlichen Prämissen und gelehrten Netzwerken seiner Zeit heraus zu erklären. Vgl. dazu etwa: Schiffer, Draw the Lightning Down (wie Anm. 1), 2 ff.; kritisch auch: Christa Möhring, Eine Geschichte des Blitzableiters. Die Ableitung des Blitzes und die Neuordnung des Wissens um 1800, Diss. Weimar 2005, 5.

15 So 1794 in einem Brief an Johann Albert Heinrich Reimarus (1729–1814). Volker Schlümmer, Georg Christoph Lichtenbergs Konzept aufgeklärter Kultur (Epistemata: Reihe Literaturwissenschaft, 298), Würzburg 2000, 162.

nale wie die *Litteratur des katholischen Deutschlands* (1786) brachten Elogen über den „Weltrevolutionsmacher“[16] Franklin:[17] „Die Erfindung ist gemacht, sie wird täglich vervollkommnet“.[18] Der frühe Enthusiasmus rührte vor allem daher, daß der Blitzableiter – anders als Elektrisiermaschinen – erstmals Antwort auf die heikle Frage der praktischen Anwendung elektrischer Erfindungen gab: Durch die neuartigen Eisenstangen war „[…] die stets postulierte Nützlichkeit des experimentellen Studiums der Natur […] geradezu idealtypisch eingelöst […]“.[19] Und dennoch gab es Vorbehalte, die besonders im deutschsprachigen Raum erst zu einer verspäteten Durchsetzung der neuen Technologie führten – der erste Blitzableiter wurde 1770 auf dem Jacobi-Turm in Hamburg errichtet.[20]

Im Folgenden wird versucht, die zentralen Linien dieser Debatte um den Blitzableiter in den Zeitschriften des 18. Jahrhunderts chronologisch zu rekonstruieren.[21] Das heißt, es geht um die Medien- und Wahrnehmungsgeschichte einer symbolträchtigen Technologie und weniger um den Blitzableiter als Teil einer Disziplinengeschichte ‚neuzeitlicher‘ Physik. Oliver Hochadel hat in seinen Arbeiten zur deutschen Elektrizitätsdebatte die Bedeutung der Tagespresse und Periodika für den historischen Erfolg des Blitzableiters bereits belegt.[22] Die Befunde sollen unter Auswertung der Forschungsdatenbank des Göttinger Akademieprojektes *Gelehrte Journale und Zeitungen als Netzwerke des Wissens im Zeitalter*

[16] Rez. von Joseph Webers *Unterricht von den Verwahrungsmitteln gegen die Gewitter für den Landmann* (Salzburg 1784), in: Litteratur des katholischen Deutschlands (1786), 544.

[17] Zur katholischen Aufklärungspublizistik siehe jetzt: Claire Gantet, Maja Eilhammer, Die Toleranz in einigen katholischen Zeitschriften der Spätaufklärung, in: Claire Gantet, Flemming Schock (Hg.), Zeitschriften, Journalismus und gelehrte Kommunikation (Presse und Geschichte, 81), Bremen 2014, 234–258.

[18] Ebd.

[19] Oliver Hochadel, Art. „Blitzableiter“, in: Friedrich Jäger (Hg.), Enzyklopädie der Neuzeit, Bd. 2, Stuttgart 2005, 301–304, hier 302.

[20] Dazu jüngst: Bernd Hamacher, Der Streit um die himmlische Herrschaft. Der erste deutsche Blitzableiter in Hamburg 1770, in: Johann Anselm Steiger, Sandra Richter (Hg.), Hamburg. Eine Metropolregion zwischen Früher Neuzeit und Aufklärung (Metropolis. Texte und Studien zu Zentren der Kultur in der europäischen Neuzeit), Berlin 2012, 337–348.

[21] Vgl. dazu das von Alois Kernbauer formulierte Desiderat: „Wie die Verbreitung im Falle des Blitzableiters vonstatten ging und wie sie angesichts der gängigen Vorstellungen über den Blitz aufgenommen wurde, d. h. die Rezeption eines der sichtbarsten Errungenschaften aufklärerischen Denkens ist nicht umfassend erforscht, zumal die Vorstellung von Blitz und Donner den Menschen seit jeher bewegte“. Alois Kernbauer, Die Elektrizität: Faszination eines neuen Phänomens, in: Franz M. Eybl, Harald Heppner, Alois Kernbauer (Hg.), Elementare Gewalt. Kulturelle Bewältigung: Aspekte der Naturkatastrophe im 18. Jahrhundert (Jahrbuch der österreichischen Gesellschaft zur Erforschung des 18. Jahrhunderts, 14–15), Wien 2000, 119–134, hier 119.

[22] Für die frühe englische Diskussion siehe jüngst Christa Möhring, Notizen zu einer Geschichte des Blitzableiters: Der Diskurs um die franklinschen Spitzen in England in den 1760er und 1770er Jahren, in: Bernd Hermann (Hg.), Beiträge zum Göttinger umwelthistorischen Kolloquium 2010–2011, Göttingen 2011, 253–272

der Aufklärung[23] hier jedoch erstmals auf eine breitere Grundlage gestellt werden. Das Langzeitprojekt macht die Inhalte von insgesamt 128 deutschsprachigen ‚gelehrten Blättern' (ca. 850.000 Seiten) aus dem Zeitraum von 1688–1800 komfortabel verfügbar:[24] Neben Rezensionen, Buch- und Projektankündigungen wird eine Fülle an biographischen Kleinstmeldungen, Akademie- und Universitätsmeldungen recherchierbar gemacht – im Ganzen eine Materialbasis, die den Wissenschaftsbetrieb und die Gelehrtenrepublik als vernetzte Medienrepublik[25] in Breite und Tiefe neu abbildet: Zudem wird sie das immer wieder versicherte, selten jedoch belegte Gewicht der Zeitschrift als „Schlüsselmedium"[26] aufklärerischer Wissenskommunikation an den Quellen überprüfbar machen.

Mit Blick auf den hier zu skizzierenden Querschnitt durch die Aufklärungsperiodika ist jedoch zu betonen, daß die Medien- und Gattungsgrenzen im 18. Jahrhundert noch ebenso wenig klar umrissen waren wie die Gelehrtenrepublik selbst.[27] Auch die Figur des ‚professionellen' Naturforschers grenzt sich in dieser Zeit erst allmählich von ambitionierten Laien ab.[28] Die gern gepflegte Binäropposition von ‚gelehrten' und ‚populären' Diskursformen der Wissensgeschichte ist vor diesem Hintergrund kaum zielführend – und entspricht auch nicht dem Medienverständnis der Zeit. ‚Halb-gelehrte' und ‚gelehrte' Teilöffentlichkeiten waren spätestens mit dem Bedeutungsverlust des Lateinischen auch in Deutschland keine isolierten Kommunikationsräume mehr: ‚Gelehrte' Periodika konnten und wollten immer auch ein weiteres Publikum adressieren, während ‚Publikumszeitschriften' sich auch wissenschaftlichen Problemen widmeten. In der wechselseitigen Dynamik eines solchen Medienverbundes relativiert sich die Frage nach ‚ge-

[23] http://gelehrte-journale.adw-goe.de/startseite/. Das Projekt wurde initiiert von Thomas Habel und stützt sich u. a. auf dessen wesentliche Vorarbeiten zu den gelehrten Rezensionszeitschriften der Epoche; siehe dazu: Thomas Habel, Gelehrte Journale und Zeitungen der Aufklärung. Zur Entstehung, Entwicklung und Erschließung deutschsprachiger Rezensionszeitschriften des 18. Jahrhunderts (Presse und Geschichte, 17), Bremen 2007.

[24] Die Digitalisierung der Zeitschriften wird durch ein strukturiertes und analytisches Register maßgeblich ergänzt: Das gesamte Korpus ist über Schlagworte (geographisch, personell, sachlich) durchsuchbar.

[25] Zur strukturellen Veränderung der respublica litteraria durch den Siegeszug der Zeitschriften vgl. etwa Martin Gierl, Korrespondenzen, Disputationen, Zeitschriften. Wissensorganisation und die Entwicklung der gelehrten Medienrepublik zwischen 1670 und 1730, in: Richard van Dülmen, Sina Rauschenbach (Hg.), Macht des Wissens. Die Entstehung der modernen Wissensgesellschaft, Köln u. a. 2004, 417–438.

[26] Klassisch z. B. Werner Faulstich, Die bürgerliche Mediengesellschaft (1700–1830) (Die Geschichte der Medien, 4), Göttingen 2002, 225.

[27] Zur typologischen Ausdifferenzierung der Presselandschaft im 18. Jahrhundert vgl. im Überblick exemplarisch: Iwan-Michelangelo D'Aprile, Winfried Siebers, Das 18. Jahrhundert. Zeitalter der Aufklärung, Berlin 2008, 192 f.

[28] Vgl. Hochadel, Öffentliche Wissenschaft (wie Anm. 3), 12.

lehrtem' Zentrum und ,nicht-gelehrter' Peripherie[29] deutlich. Auf pointierte Weise zeigt sich das im transatlantischen Gewicht der Zeitschriften für die Elektrizitätsgeschichte: Benjamin Franklin erfuhr von der Verbesserung der Elektrisiermaschine durch Leipziger Professoren um die Mitte der 1740er Jahre über einen Artikel Albrecht von Hallers in der Amsterdamer *Bibliothèque raisonnée des ouvrages des savans de l'Europe* (1728–1753) – allerdings erst in einer englischen Übersetzung des Beitrags im äußerst beliebten *Gentleman's Magazine* (1731–1909). Die Lektüre soll Franklin dann zu eigenen Forschungen animiert haben.[30] Da gattungsmediale Grenzen in der deutschsprachigen Debatte um den Blitzableiter keine Rolle spielten,[31] bezieht die hier ausgewertete Quellengrundlage neben dem aktuellen Akademieprojekt auch die Materialbasis zweier älterer Unternehmen mit ein, die ebenfalls über die Datenbank der *Gelehrten Journale* recherchierbar sind: den *Index deutschsprachiger Zeitschriften* (1750–1815) mit den Inhalten von insgesamt 195 ,Publikumszeitschriften' sowie den *Index deutschsprachiger Rezensionszeitschriften (1700–1784)*, der mehr als 75000 Rezensionen aus 65 Periodika erschlossen hat. Rein quantitativ stützt sich die Querschnittaufnahme damit auf ein Spektrum von mehreren hundert Periodika[32] – obwohl zu zeigen ist, daß sich die mediale Debatte um den Blitzableiter letztlich nur in einer überschaubaren Teilmenge von Zeitschriften entwickelte.

II. Benjamin Franklins Erfindung

Noch zur Mitte des 18. Jahrhunderts dachte kaum ein Naturphilosoph bei der Beobachtung von Unwettern an elektrische Phänomene. Die Theorie und experimentelle Verifikation der Gewitterelektrizität stellten die Erkenntnisse über die Natur des Blitzes auf eine völlig neue Grundlage. Vor dieser ,neuzeitlichen' Erklärung fußten die diskutierten Annahmen teils noch auf den Prämissen aristotelischer Naturphilosophie. Den überkommenen Wissensstand vor dem Erkennen

[29] Popularisierungsmodelle gehen überwiegend von einer hierarchischen Wissensdiffusion von gelehrten Produzenten zu einer weitgehend ,nichtwissenschaftlichen' Öffentlichkeit aus; vgl. Ute Schneider, Popularisierung gelehrter Wissensbestände. Einführung, in: Schneider (Hg.), Kulturen des Wissens (wie Anm. 11), 325–327; hier auch weitere Literatur.

[30] Hochadel, im Hörsaal (wie Anm. 6), 259; vgl. auch Heilbron, Electricity (wie Anm. 5), 325.

[31] Vgl. auch Möhring, Eine Geschichte des Blitzableiters (wie Anm. 5), 6: „Die umfangreiche Quellenlage verweist [...] darauf, daß der Blitzableiter Gegenstand nicht nur gelehrter Diskurse war".

[32] Definitiv ausgenommen wird hier der Medientypus Zeitung. Oliver Hochadel und andere haben gezeigt, daß auch die Tagespresse des 18. Jahrhunderts das Elektrizitätsthema begierig aufgriff.

atmosphärischer Elektrizität resümierte Zedlers *Universal-Lexicon* (1732–1754) noch 1733: Hier galt der nicht zuletzt furchteinflößende Blitz als ein

> [...] Feuer, welches man mit einer sonderbaren Gewalt von dem Himmel herabschüssen siehet, und dessen sonderbare Würckung in Zernichtung und Anzündung derer Dinge auf Erden wahrnimmt. [...] So viel Mühe als sich die Naturkündiger in Untersuchung dieser Sache gegeben haben, so wenig hat man doch von derselben Gewißheit.[33]

Diese Ratlosigkeit spiegelt sich auch in den Zeitschriftenbeiträgen der ersten Jahrhunderthälfte, so etwa 1725 in einem der frühesten Artikel in den Leipziger *Neuen Zeitungen von gelehrten Sachen* (1715–1784). Es handelt sich um die gekürzte Übersetzung einer Rezension von Georg Friedrich Richters (1691–1742) noch auf Latein verfaßtem Traktat *De Natalibus Fulminum* (Leipzig 1725), der nur zwei Monate zuvor in den wichtigen *Acta Eruditorum* (1682–1782) erschienen war, Leipzig ältestem Rezensions- und Gelehrtenjournal.[34] Die traditionell aristotelische Deutung des Blitzes als Entzündung schwefeliger Gase[35] tritt hier quasi in nur invertierter Richtung auf. Dennoch lobt der ungenannte Rezensent:

> Die Meynung, welche der in Physicalischen und Mathematischen Sachen sehr geübte Herr Autor in dieser Schrifft vertheydiget, ist neu, sehr curiös und einer gelehrten Untersuchung würdig. Es hat bißher iedermann geglaubet, der Blitz falle von oben herab; allein der Herr Autor wiederlegt solches gäntzlich und zeigt, daß derselbe unten an der Erde entstehe und in die Höhe fahre, indem sich die schwefelichen, salpetrischen und alaunichten Teilchen, welche aus der Erde in die Höhe steigen, entzünden.[36]

Wenigstens so hartnäckig wie die Autorität aristotelischer Naturphilosophie war das theozentrische Verständnis des Blitzes – in der jahrhundertealten Prodigien- und Vorzeichenkultur galt der Blitz als das vielleicht klassischste „Strafinstrument Gottes".[37] Seit den 1740er Jahren gaben sich einschlägige Publikationen allerdings Mühe, das überkommene Bild des strafenden Gottes in einer nurmehr erbaulichen wie natürlichen ‚Theologie des Donners' abzumildern: So finden sich 1745/46 in den *Göttinger Anzeigen von gelehrten Sachen* (1737-heute) und den Zürichern *Freymüthigen Nachrichten* (1744–1763) Rezensionen der *Bronto-Theologie* (Leipzig 1745) des Greifswalder Theologen Peter Ahlwardt (1710–1791) mit dem sprechenden Untertitel: *Vernünftige und Theologische Betrach-*

[33] Art. „Blitz", in: Johann Heinrich Zedler, Grosses vollständiges Universa-Lexicon Aller Wissenschafften und Künste, Bd. 4, Leipzig 1733, 166–173, hier 166.

[34] Die Inhalte der *Acta* hat das ältere Projekt *Repertorium deutscher wissenschaftlicher Periodika des 18. Jahrhunderts* strukturell erfaßt (http://www.izwtalt.uni-wuppertal.de/repertorium/MS/Main.html).

[35] Vgl. Möhring, Geschichte des Blitzableiters (wie Anm. 5), 21.

[36] Neue Zeitungen von gelehrten Sachen (1725), St. 43, 423.

[37] Hochadel, Art. „Blitzableiter" (wie Anm. 19), 303.

tungn über den Blitz und Donner, wodurch der Mensch zur wahren Erkenntniss Gottes [...] *geführet werden kan.* Der Rezensent der *Freymüthigen Nachrichten* lobt „die innere Güte“ eines „lehrreiche[n] Buch[s]“.[38] Aber auch Ahlwardt, selbst durch das Erlebnis eines starken Gewitters zu seinem Traktat angespornt,[39] kommt ungeachtet der physikotheologischen ‚Entladung‘ des Blitzes als Mittel zur Gotteserkenntnis letztlich nicht ohne die aristotelische Erklärung entzündeter Schwefeldämpfe aus.[40]

Nur wenige Jahre nach diesen Artikeln wurde der tradierte Wissensstand gänzlich umgestürzt. Zwar hatten die Elektrizitätspioniere Johann August Winkler (1703–1770) und Stephen Gray (1666–1736) schon vor Benjamin Franklin den Gedanken geäußert, daß Blitze Formen elektrischer Ladungen seien, sie hatten jedoch nicht zur empirischen Überprüfung der Theorie aufgefordert.[41] Dieses leistete erst Franklin in seinen 1751 veröffentlichten ‚elektrischen Briefen‘ (*Experiments and observations on Electricity*, London 1751). Hier formulierte er zunächst seine „[...] beiden genuin neuen Einsichten“:[42] Erstens, daß spitze Metallstangen über größere Entfernungen hinweg Elektrizität entladen können [auch wenn schon länger bekannt war, daß spitze Objekte elektrische Materie zu „verströmen“ scheinen];[43] und zweitens, daß eine Erdung dieser Metallstangen Gebäude vor Blitzeinschlägen bewahren könne.[44] Franklin dachte daran, Blitze mittels dieser Stangen aus den Wolken zu ‚ziehen‘ – ein Vorschlag, der jedoch zuerst nicht von ihm selbst, sondern von seinem französischen Übersetzer Thomas-François Dalibard (1709–1778) durchgeführt wurde.[45] Dieser errichtete am 10. Mai 1752 in Marly, einem Dorf nördlich von Paris, eine dreizehn Meter hohe und gegen die Erde isolierte Eisenstange. Nach einem aufziehenden Gewitter gelang es erfolgreich aus dem unteren Teil der Eisenstange einige Funken zu ziehen und sie in einer Leidener Flasche (die früheste Form des Kondensators) zu speichern. Erst einen Monat später – und aufgrund der langen Kommunikationswege über den Atlantik noch in Unkenntnis der Vorgänge in Frankreich – soll Franklin sein berühmtes Drachenexperiment durchgeführt haben.[46] Der selbst konstruierte Blitzableiter bestand aus einem Drachen, in dessen Schnur er einen Metallfaden eingebunden und dessen Spitze mit einem Stück Metall versehen war. Nach Dalibard

[38] Freymüthige Nachrichten von neuen Büchern und andern zur Gelehrtheit gehörigen Sachen (1746), St. 10, 77.

[39] Ebd.

[40] Vgl. Möhring, Geschichte des Blitzableiters (wie Anm. 5), 21.

[41] Ebd., 31; Heilbron, Electricity (wie Anm. 5), 339.

[42] Hochadel, Art. „Blitzableiter“ (wie Anm. 19), 301 f.

[43] Möhring, Notizen zu einer Geschichte des Blitzableiters (wie Anm. 22), 256.

[44] Hochadel, Art. „Blitzableiter“ (wie Anm. 19), 301 f.

[45] Heilbron, Electricity (wie Anm. 5), 349 ff.

[46] So schon: Joseph Priestley, The history and present state of electricity, London [3]1775, 217.

gelang es damit auch Franklin, atmosphärische Elektrizität abzuleiten. Innerhalb kürzester Zeit wurde der Versuch dann in Europa mehrfach wiederholt. Etwa zeitgleich zu Franklin und offenbar unabhängig von diesem unternahm auch der französische Offizier Jacques de Romas (1713–1776) das Drachenexperiment. Später pochte Romas wiederholt darauf, das Experiment vor Franklin durchgeführt zu haben[47] – ein Prioritätskonflikt, der sich auch in der Rezeption des Blitzableiter-Themas in den Zeitschriften niederschlug. Noch weniger als Romas wollte Jean-Antoine Nollet (1700–1770) die Verdienste von Franklin anerkennen. Nollet galt zur Jahrhundertmitte weit über Frankreich hinaus als die wichtigste Figur auf dem Gebiet der experimentellen Elektrizitätsforschung. Seine Autorität machte er gegen Franklins eigene Theorie der Elektrizität geltend, besonders kritisierte er jedoch dessen Blitzableiter. Auch die deutschsprachigen Zeitschriften bilden diesen polemischen Gelehrtenstreit ab.

III. Der Blitzableiter in den Journalen

1. Erste Beiträge und Rezensionen

Die Debatte um Franklins Erfindung hinterließ keineswegs in allen Periodika Spuren. Artikel, Meldungen oder Rezension über den Blitzableiter oder ihn thematisierende Werke finden sich de facto in „nur“ rund 40 Journalen des 18. Jahrhunderts, von denen nur drei das höchste proportionale Gewicht zukommt: den immerhin auflagenstarken *Schlesischen Provinzblättern* (1785–1849) (21 Erwähnungen), gefolgt vom *Hannoverischen Magazin* (1763–1850) (19 Erwähnungen) und dem von Ludwig Christian Lichtenberg (1738–1812) herausgegebenen *Magazin für das Neueste aus der Physik und Naturgeschichte* (1781–1799) (16 Erwähnungen) – beachtlicherweise drei Monatsblätter, die erst viele Jahre nach Franklins *Experiments and Observations on Electricity* und dem Versuch von Marly erschienen. Auch wenn nicht von einer verspäteten Franklin-Rezeption in Deutschland gesprochen werden kann, läßt sich anhand dieser Zahlen doch ein vorsichtig relativierender Befund vorwegnehmen:[48] Anders, als in Anknüpfung an Hochadel von der Forschung wiederholt angeführt, gleicht die Diskussionsdichte über den Blitzableiter in den Zeitschriften kaum einem „medialen

[47] Heilbron, Electricity (wie Anm. 5), 351.

[48] Einzuräumen ist, daß die Querschnittsaufnahme auch eine Momentaufnahme des vorläufigen ‚Ist-Standes‘ repräsentiert: Die Arbeit des Göttinger Projektes ergänzt die Datenbank kontinuierlich und einige Periodika werden erst in den kommenden Jahren erschlossen. Wesentliche Verschiebungen sind allerdings nicht zu erwarten.

Trommelfeuer“[49] oder „regelrechten Propagandafeldzug“.[50] Die zeitgenössische Tagespresse zeichnete möglicherweise ein anderes Bild, das hier ausgewertete Zeitschriftenkorpus macht aus dem Blitzableiter jedoch ein relativ überschaubares ‚Medienereignis‘: In rund 150 Artikeln – überwiegend Rezensionen, gefolgt von kürzeren Nachrichten und Diskussionsbeiträgen – wird der Blitzableiter (und das Synonym „Wetterableiter“) thematisiert. Die Elektrizität allgemein behandeln dagegen weit über 500 Artikel. Quantitativ findet die ‚Modewissenschaft‘ des 18. Jahrhunderts damit zwar einen markanten Niederschlag, sie spielt aber gerade im Vergleich zu theologischen Diskursen eine immer noch deutlich untergeordnete Rolle.

In den 1730er und 1740er Jahren herrscht in den Periodika weitgehend Schweigen über Theorie und Deutung des Blitzes – und noch 1752 räumt das populäre *Hamburgische Magazin* (1747–1763) unter Berufung auf den Leipziger Mathematiker Abraham Gotthelf Kästner (1719–1800) ein, „[...] daß man bey der unbekannten Beschaffenheit des Blitzes zufrieden seyn müsse, die Sache überhaupt begreiflich gemacht zu haben“.[51] Über Kästner, der Schüler des Leipziger Elektrizitätspioniers Christian August Hausen (1693–1743) war,[52] kam im gleichen Jahr jedoch auch Bewegung in die mediale Franklin-Rezeption: Kästner war als Mitherausgeber neben dem *Hamburgischen Magazin* auch für die Berliner Zeitschrift *Physikalische Belustigungen* verantwortlich. In dieser findet sich nun zur Mitte des Jahres 1752 der überhaupt erste Artikel über das revolutionäre Neuverständnis des Blitzes und auch die erste Erwähnung des Blitzableiters – ein Jahr nach dem Druck von Franklins *Experiments and Observations* und einige Jahre vor deren ersten deutschen Übersetzung (1758). Der Impuls zur Popularisierung ging damit von der Peripherie der Gelehrtenrepublik aus, denn für den fast dreißig Seiten langen Artikel *Nachrichten und Gedanken von der Electricität des Donners*[53] zeichnete sich der bereits genannte Journalist Christlob Mylius verantwortlich. Während andere Zeitschrifen wie das *Gentleman's Magazine* teils utopische Szenarien für die praktische Zukunft der Elektrizität entwarfen,[54] bringt Mylius in den einführenden Überlegungen ihre zwei Hauptanwendungsgebiete auf den Punkt: Erstens sei der empirische Nutzen der Elektrizität „[...] in Heilung

[49] Reinhold Reith, Umweltgeschichte der Frühen Neuzeit (Enzyklopädie deutscher Geschichte, 89), München 2011, 89.

[50] Hochadel, Art. „Blitzableiter“ (wie Anm. 19), 302.

[51] Hamburgisches Magazin oder gesammelte Schriften, zum Unterricht und Vergnügen, als der Naturforschung und den angenehmen Wissenschaften überhaupt, Bd. 9, Hamburg 1752, 304.

[52] Vgl. Martin Schneider, Art. „Hausen, Christian August“, in: Sächsische Biografie, hg. vom Institut für Sächsische Geschichte und Volkskunde, bearb. von Martina Schattkowsky. (http://saebi.isgv.de/biografie/Christian_August_Hausen_(1693–1743).

[53] Physikalische Belustigungen (1752), 457–493.

[54] Vgl. Fara, An Entertainment for Angels (wie Anm. 4), 66.

vieler Krankheiten bereits durch fast unzählige Versuche augenscheinlich erwiesen";[55] zweitens ist Mylius zu einem frühen Zeitpunkt das historische Ausmaß von Franklins Theorie bereits bewußt:

> Ein anderer höchstwichtiger Nutzen der Electricität ist die Entdeckung der Ähnlichkeit derselben mit dem Donner und Blitz; eine Entdeckung, welche das itzige 1752te Jahr vor hundert anderen merkwürdig macht, und für deren Richtigkeit uns so viele in diesem Jahre glücklich angestellte Versuche die Gewähr leisten. Es ist ohnstreitig kein anderer, als der Herr Benjamin Franklin, zu Philadelphia in America, welcher vor 3. Jahren daselbst durch Schlüsse entdecket hat, was man im verwichenen Sommer in ganz Europa durrch unmittelbare Versuche wahr befunden.[56]

Mylius' Enthusiasmus liefert bereits Bausteine zur frühen Heroisierung eines geniehaften Vordenkers Franklin, dessen Annahmen von einem Großteil des gelehrten Europas sofort begeistert verifiziert worden seien. So ist es „[...] ein Vorzug großer Geister, die Geheimnisse der Natur durch Muthmaßungen zu errathen und Hypothesen zu machen, welche durch die Erfahrungen anderer zu Wahrheiten werden [...]".[57] Mylius deutet auch an, daß das mediale Echo weit über die scientific community hinausreichte. So sei die Gewitterelektrizität in „verschiedene Zeitungen [...] bekannt gemacht worden [...]"[58] und auch er selbst sei durch die Berichte französischer Zeitungen angeregt worden, „[...] diese wichtigen Versuche hier zu wiederholen".[59] Neben die Beglaubigung durch eigene Erfahrung tritt ein ergänzendes Protokoll jüngerer Blitzableiter-Experimente in ganz Europa,[60] angefangen mit Dalibards Erstversuch in Marly. Der Kern des Artikels paraphrasiert jedoch die revolutionären „electrischen Versuche".[61] Diese

> [...] lehren, daß scharf, wie Nadeln, zugespitzte metallene Körper die Elektricität in der Ferne allmählich an sich ziehen, und machen, daß sie keinen Funken und kein geräusch von sich geben kann. Er [Franklin, F.S.] glaubt also, wen man solche spitze Körper auf Häusern oder Schiffen aufrichtete, daß sie deselben vor dem Einschlagen des Donners verwahren würden. Es müßte aber von diesen an ein Drat bis in die Erde [...] reichen. Auf diese Art würde das elektrische Feuer sich aus oder noch weit entfernen Donnerwolke allmählich in die metallene Spitze ziehen und sich durch den Drat in die Erde [...] vertheilen, ehe diese Wolke so nahe an das Haus [...] heran käme, daß sie in selbiges einschlagen könnte. Und so würde die Entdeckung von ungemeinem Nutzen im gemeinen Leben seyn.[62]

[55] Physikalische Belustigungen (1752), 458.
[56] Ebd.
[57] Ebd.
[58] Ebd., 476.
[59] Ebd., 481.
[60] Ebd., 467–484.
[61] Ebd., 459.
[62] Ebd., 465.

Mylius ist sich der erschütternden Natur dieser Gedanken bewußt, wenn er einräumt: „Bei dem ersten Durchlesen wird man dessen Meynungen für verwegen, hernach aber für sinnreich, und endlich für wahrscheinlich halten“.[63]

Fast zeitgleich zum Erstkommentar von Mylius publizierte der nicht näher zu ermittelnde Johann Georg Krull im 56. Stück der *Hannoverischen Gelehrten Anzeigen* (1750–1754) die „elektrischen Erfahrungen“[64] eines ebenfalls selbst durchgeführten Blitzableiter-Experiments. Der Artikel ist in einem nüchternen Berichtston verfaßt und mit Blick auf die Franklin-Rezeption könnte der Abstand zu Mylius kaum größer sein: Namentlich wird der Amerikaner im gesamten Artikel nicht genannt. Historisch korrekt sieht Krull wesentliche Meriten stattdessen beim Leipziger Johann Heinrich Winkler. In der Einleitung des Artikels erscheint die experimentell erprobte Gewitterelektrizität eher als unaufgeregte Kollektividee denn als genialer Geistesblitz eines Einzelnen:

> Vorlängst sind einige Gelehrte der Meynung gewesen, daß die electrische Materie, mit der Materie des Donners und des Blitzes eine große Aehnlichkeit habe [...]. Der Herr Professor Winkler zu Leipzig hat in seiner gelehrten Abhandlung, von der electrischen Kraft des Wassers in gläsernen Gefässen, selbiges aus verschiedenen Gründen behauptet, und darin die Möglichkeit desjenigen erwiesen, was man ohnlängst zu Philadelphia in America, und noch neulich in Frankreich, durch angestellte Versuche in der Natur würklich befunden hat.[65]

Nach Mylius deutet jedoch auch Krull die Bedeutung der Presse für die Verbreitung des Themas an:

> Verschiedene öffentliche Nachrichten haben uns neulich belehret, daß eine auf einem ursprünglich electrischen Cörper [...] befestigte Stange zur Zeit eines Ungewitters eben denselben Schall, dasselbe Feuer und dieselbe Empfindung hervor gebracht, die man vermittelst der gewöhnlichen Electricität hervor zu bringen im Stande ist.[66]

Krull habe mit einem improvisierten Versuchsaufbau – als Blitzableiter nutzt er einen „[...] scharf zugespitzten Degen [...]“[67] – letztlich selbst die „völlige Gewisheit von dieser Erzählung“[68] erlangt. Die Wirksamkeit der Blitzableitung wurde also von beiden Autoren der Artikel in den *Physikalischen Belustigungen* und *Hannoverischen Gelehrten Anzeigen* experimentell bestätigt und mit der Hoffnung auf weitere nutzbare Erforschung verbunden. Dazu noch einmal Krull:

[63] Ebd., 466.

[64] Art. „Angestellte Versuche, zu Bestätigung der Meynung, daß die electrische Materie, mit der Materie des Donners und Blitzes eine grosse Aehnlichkeit habe“, in: Hannoverische Gelehrte Anzeigen (1752), St. 56, 721–728, hier 726.

[65] Ebd., 721.

[66] Ebd.

[67] Ebd., 723.

[68] Ebd.

> Wäre hiebey nicht gar zu wünschen, daß die Liebhaber der Natur durch mehrere Beobachtung weitere Entdeckungen in dieser Sache zu machen möchten […]? Der Nutze, der daraus entspringen würde, könnte die Mühe vielfältig belohnen.[69]

Die rein theoretische Seite der Blitzableiter-Rezeption zeigt sich in den Rezensionen einschlägiger Schriften, voran Franklins *Experiments and Observations.* Sechs Jahre vor der deutschen Übersetzung wurden sie schon 1752 von Dalibard ins Französische übertragen.[70] Neben dieser Übersetzungsleistung waren es vor allem Dalibards publikumswirksame elektrische Demonstrationen,[71] die ihn zu einer Schlüsselfigur für Franklins frühen Ruhm in Frankreich machten. Bereits Anfang November 1752 findet sich in den *Tübingischen Berichten von gelehrten Sachen* (1752–1763) die erste Besprechung der *Expériences.*[72] Der Rezensent ist von Franklins empirischem Wissensanspruch zunächst grundsätzlich eingenommen, denn dieser „[…] hat nicht nur die alten Sachen, welche wegen des bißherigen überhäuften Schreibens und Abschreibens fast eckelhaft worden sind, wieder aufgewärmet, sondern neue Entdeckungen gemacht".[73] Allerdings: Ungeachtet der Faszination für die Versuche des Amerikaners zweifelt der Rezensent die praktische Funktion der „eisernen Spitze" als Blitzschutz und auch die Gewitterelektrizität noch ausdrücklich an – und läßt die Masse der bereits zu diesem Zeitpunkt vorliegenden experimentellen Nachweise unerwähnt. Entscheiden könne letztlich nur das Urteilsvermögen des Lesers:

> Also müssen dann solche Spitzen die electrische Materie an sich ziehen; und daher könnte man vielleicht schließen, daß Häuser, Thurmspitzen, Schiffe, u.d.g. für den Einschlagen des Blitzes zu verwahren wären […]. Wir können dieser Vermuthung nicht ganz entgegen seyn; doch haben wir einige erheblich scheinende Zweifel dagegen, welche wir unsern geneigten Lesern zu eigener Beurteilung gänzlich überlassen. […] es ist noch eine unausgemachte Sache, ob der Blitze zu seinem Stoffe eine elektrische Materie habe, und sich nach dieser beurtheilen lasse.[74]

Mit mildem Spott zweifelt der Rezensent abschließend die kulturelle Durchschlagskraft des Blitzableiters an, wenn dieser in einer kuriosen Analogie mit Kaiser Tiberius (42 v. Chr.–37 n. Chr.) verglichen wird. Tiberius habe sich einer Legende von Plinius zufolge mittels seines Lorbeerkranzes vor Blitzeinschlägen zu

69 Ebd., 724.

70 Benjamin Franklin, Thomas-François Dalibard, Expériences et observations sur l'électricité faites à Philadelphie en Amérique: Traduites de l'anglois, Paris 1752.

71 Heilbron, Electricity (wie Anm. 5), 348; vgl. zeitgenössisch schon Joseph Priestley, Geschichte und gegenwärtiger Zustand der Elektrizität, nebst eigentümlichen Versuchen, übers. von Johann Georg Krünitz, Berlin 1772, 104.

72 Tübingische Berichte von gelehrten Sachen (1752), St. 76, 3. 11. 1752, 637–640.

73 Ebd., 637.

74 Ebd., 638 ff.

schützen versucht:[75] „Es ist folglich dieses Mittel, sich durch gespitzte Stangen für dem Blitze zu verwahren, so wenig allgemein, als dasjenige, dessen sich vormahls Kayser Tiberius bedient hat, eine Lorbeer-Crone aufzusetzen".[76]

Nach dieser eher skeptischen Rezension verblüfft, daß für die weitere Journaldebatte um den Blitzableiter die in Leipzig veröffentlichte deutsche Übersetzung der *Experiments and Observations* (*Benjamin Franklins Briefe von der Elektricität*) eine nur marginale Rolle spielt. Nach aktuellem Stand der Datenbank *Gelehrte Journale* gibt es keine Rezension der deutschen Ausgabe, allein 1761 publizierten die *Tübingischen Berichte* nach Besprechung der französischen Übersetzung einen zweiseitigen *Auszug aus Herrn Fränklins Nachricht von electrischen Versuchen*;[77] der Blitzableiter wird hier allerdings nicht erwähnt. Legen wenige Rezensionen zumindest den Verdacht auf eine verzögerte wissensgeschichtliche Rezeption nahe,[78] dann gilt dieser Befund auch für die Originalfassung. Erst die vierte Auflage der *Experiments and Observations* brachte es Ende 1769 (!) in den einflußreichen *Göttingischen Anzeigen von gelehrten Sachen* zu einer eigenen Besprechung – und dafür bedurfte es offensichtlich noch des äußeren Anstoßes vom Autor selbst: Franklin nahm während seiner Deutschlandreise 1766 an einer Sitzung der Akademie der Wissenschaften in Göttingen teil, der er seit kurzem bereits als auswärtiges Mitglied der mathematisch-naturwissenschaftlichen Klasse angehörte.[79] Immerhin war dem Forscher sein Ruhm vorausgeeilt – er berichtet von „Ehrungen, die ich dort erfuhr"[80] – und als „Geschenk"[81] überließ Franklin der

[75] Vgl. Birgit Bergmann, Der Kranz des Kaisers: Genese und Bedeutung einer römischen Insignie (Image & Context, 6), Berlin 2010, 116.

[76] Tübingische Berichte von gelehrten Sachen (1752), St. 76, 640.

[77] Ebd., (1761), St. 40, 606–608.

[78] Die angeblich schnelle und begeisterte Aufnahme der Schrift im deutschsprachigen Raum ist fester Bestandteil des Franklin-Mythos; vgl. etwa Jürgen Overhoff, Benjamin Franklin. Erfinder, Freigeist, Staatenlenker, Stuttgart 2006, 11: „1758 erschien dann eine deutsche Übersetzung seiner ‚Experiments and Observations on Electricity', die von dem an der Berliner Akademie der Wissenschaften tätigen Mathematiker Johann Carl Wilcke besorgt wurde. Dieses Buch trug in Deutschland maßgeblich zu Franklins schnell anwachsenden Ruhm als Wissenschaftler bei [...]". Diese Wertung ist allerdings schon zeitgenössisch. So bemerkt bereits Johan Carl Wilcke, der erste deutsche Übersetzer Franklins, im Vorwort der *Briefe von der Elektricität:* „Die Schrift selbst mag für sich reden. Der allgemeine Beyfall, und die große Aufmerksamkeit, womit dieselbe nicht nur in England, sondern durchgängig, von den größten Kennern der elektrischen Versuche aufgenommen worden, lobet dieselbe weit nachdrücklicher, als das mehrenteils verdächtige Lob eines Uebersetzers" (Des Herrn Benjamin Franklins Esq. Briefe von der Elektricität. Aus dem Engländischen übersetzet, nebst Anmerkungen von J.C. Wilcke, Leipzig 1758, Vorrede, 1r-2v).

[79] Marit Borcherding, Das Michaelishaus in Göttingen: Geschichte, Gelehrte, Gegenwart, Göttingen 2007, 32.

[80] Benjamin Franklin, Autobiographie. Mit einem Nachwort von Klaus Harpprecht, München ^{2}2010, 244.

Akademie ein Exemplar seines Buches. Der schon genannte Abraham Gotthelf Kästner – zu dieser Zeit bereits selbst Göttinger Professor – dankte es Franklin in den *Göttingischen Anzeigen* mit einer angemessen huldvollen Rezension. Allerdings erwähnt auch er den Blitzableiter nicht und schließt als Elektrizitätsenthusiast zudem noch überraschend, „[…] daß die elektrischen Entdeckungen, die Hr. Fr. zuerst berühmt gemacht haben, nicht sein größtes Verdienst sind".[82]

Allerdings ist die nur schwache Reaktion der gelehrten Blätter auf Franklins *Experiments* – zumindest in den 1750er Jahren – partiell durch eine dramatische Episode der Elektrizitätsgeschichte erklärbar, die ein breites Echo im gesamten Medienspektrum produzierte und die gesamte Blitzableiter-Debatte überlagerte.[83] So veröffentlichte selbst Franklin in der von ihm herausgegebenen Zeitung *Pennsylvania Gazette* einen Beitrag über den Tod von Georg Wilhelm Richmann (1711–1753).[84]

2. Der „electrische Martyrer"

Die frühen Zeitschriftenbeiträge über die Blitzableiter thematisieren noch nicht die Gefahren der experimentellen Erforschung von Gewitterelektrizität. Das änderte sich mit dem ersten Todesfall, der ein Fanal für die Skeptiker der neuen Technik bedeutete: Am 6. August 1753 starb der deutschbaltische Physiker Georg Wilhelm Richmann bei gewitterelektrischen Versuchen in seinem Haus bei Sankt Petersburg durch einen Blitzeinschlag. Richmann hatte nach Franklins Anregung eine Eisenstange auf dem Dach seines Hauses angebracht, ergänzt um einen von ihm selbst entwickelten „Electricitäts-Zeiger"[85] (heute: Elektrometer) zum Spannungs- und Ladungsnachweis der Atmosphäre. Seine Erfindung wurde dem Forscher zum Verhängnis, als er während eines Gewitters das Gerät ablesen wollte und ein tödlicher Blitz in die verbundene Eisenstange einschlug. Die sich schnell verbreitende Nachricht paralysierte die gelehrte Welt.[86] Allerdings wurde das tragische Schicksal Richmanns auch umgehend von Anhängern und Gegnern des Blitzableiters argumentativ instrumentalisiert. Exemplarisch zeigt sich das in

[81] „Hr. Fr. hat der Königl. Societät der Wiss. zu Göttingen als Mitglied damit ein Geschenk gemacht" (Abraham Gotthelf Kästner, Rezension von Experiments and Observations on Electricity, in: Göttingische Anzeigen von gelehrten Sachen (1769), St. 155, 1393–1396, hier 1393).

[82] Ebd., 1396.

[83] Umfassend dokumentierte Reaktionen bei: Paul Fleury Mottelay, Bibliographical History of Electricity and Magnetism chronologically arranged, London 1922, 204 f.

[84] Möhring, Geschichte des Blitzableiters (wie Anm. 5), 67.

[85] Tübingische Berichte von gelehrten Sachen (1753), 553.

[86] Bedingt durch die weitmaschigere Periodizität berichten die Journale erst später über den Vorfall, so die *Freyen Urtheile* aus Hamburg am 28. August 1753, 563: „Petersburg, den 8. August. Vorgestern Mittag um 12 Uhr ereignete sich allhier ein merkwürdiger, aber auch betrübter Vorfall".

einem Kommentar der *Jenaischen Zeitungen von gelehrten Sachen* (1749–1786) im November 1753. Den Kampf um die Deutungshoheit resümiert der Autor hier zunächst unbefangen:

> Der merkwürdige Tod des Seel. Prof. Richmanns zu Petersburg [...] hat sich der gelehrten Welt auf mehr als eine Art wegen der Folgen merkwürdig gemacht. Einige Gelehrte haben so steinerne Herzen, daß sie durch diesen Zufall nicht anders gerührt worden sind, also so, wie sie allemahl gerührt werden, so oft sie erfahren daß der Donner andre Mitbürger umgebracht. Aber derer mögen wohl die wenigsten seyn. Andre haben ihn ihres Bedauerens für unwürdig eachtet, weil sie ihn eher für einen physikalischen Wagehals, als für einen elektrischen Martyrer halten wollen. Er hätte nach ihrem Urtheil sollen von der elektrischen Maschine bleiben, als das Gewitter nahe war. [...] Noch andre bilden sich ein, die Gerichte Gottes hier mit Händen greifen zu können und lassen deswegen CasualPredigten auf ihn halten u.s.f. Da diese Urtheile so verschieden ausfallen, so ist es ohnmöglich, daß sie alle vernünftig seyn sollten.[87]

Richmanns Tod hatte für die schwelende theologische Kritik am Blitzableiter symbolisches Gewicht, zeigten sich hier doch die vermeintlich fatalen Konsequenzen menschlicher Hybris im Versuch, in die strafende Allgewalt Gottes einzugreifen.[88] Genau diesen Deutungsreflex verbittet sich der Autor der *Jenaischen Zeitungen* jedoch mit süffisanter Ironie, indem er aus einer „[...] kleinen aber gründlichen und lesenswürdigen Schrift"[89] des Danziger Gymnasialdirektors Michael Christoph Hanov (1695–1773) zitiert, eine Apologie Richmanns, die Hanov erst kurz zuvor veröffentlicht hatte.[90] Hanov zufolge dürfe der kurzzeitige Rückschlag durch Richmanns Tod nur in eine trotzige Fortsetzung praktischer Naturforschung münden, denn die

> [...] Naturforscher [würden] unrecht thun, wann sie dieses beklagens würdigen Exempels wegen, ihre Beobachtungen, die Elektrizität der Gewitter Wolken betreffen, aussetzen wollten. Er schreibt sehr gründlich: Wenn ein Prediger auf der Kanzel von einem Wetterstrahl getödet worden, welches kein allzuseltnes Ding ist [...] so fürchten sich deswegen die anderen Prediger nicht auf derselben Kanzel zu erscheinen.[91]

Diese ironische Spitze belegt die mangelnde Überzeugungskraft klassisch theologischer Deutungsangebote im Fall Richmann.[92] In den meisten Journalartikeln steht dann auch außer Frage, daß der tödliche Blitzschlag als natürliches Phänomen zu werten sei und daß der Blitzableiter zu dessen Erforschung wertvolle

[87] Jenaische Zeitungen von gelehrten Sachen (1753), 770.

[88] Vgl. Reith, Umweltgeschichte (wie Anm. 49), 88.

[89] Jenaische Zeitungen von gelehrten Sachen (1753), 770.

[90] Michael Christoph Hanov, Nachricht aus St. Petersburg vom 3ten Aug. von dem merkwürdigen und betrübten Todesfalle des Herrn Prof. Richmanns: mit physischen Bemerkungen über diese Begebenheit begleitet, Danzig, Leipzig 1753.

[91] Jenaische Zeitungen von gelehrten Sachen (1753), 771.

[92] Hochadel, Öffentliche Wissenschaft (wie Anm. 3), 151.

Dienste leistet. Viel eher interessierte die detaillierte empirische Rekonstruktion des Vorfalls, die genauen Umstände von Richmanns Tod und vor allem die rätselhafte Frage, wieso dessen Körper äußerlich weitgehend unversehrt geblieben war.[93] Auch spornte sein Schicksal andere Pioniere erst dazu an, sich der Funktion und Beschreibung von dessen „Electricitäts-Zeiger" zu widmen und Richmanns Arbeit fortzusetzen. So vermerkt die Rezension einer Wincklerschen Schrift in den *Göttingischen Anzeigen* Ende Dezember 1753:

> Der traurige Zufall, der in diesem Jahr Hrn. Richmann in Petersburg bey seinen electrischen Versuchen begegnet ist, hat dem Hrn. Prof. Joh. J. H. Winckler zu einer Schrift Anlaß gegeben, die De avertendi fulminis artificio ex doctrina electricitatis […] handelt. Noch niemand, so viel man weiß, hat des Hrn. Richmanns Electricitäts=Zeiger, der ihm, allem Ansehen nach, das Leben geraubt hat, so deutlich, als Hr. W. hier beschrieben.[94]

Neben aller Betroffenheit über die unterschätzten und potentiell letalen Forschungsrisiken machen die Periodika deutlich, daß das prominente Opfer als ‚sinnvoll' im Sinne der Sache erachtet wurde.[95] Die logische Heroisierung von Richmann und seinem *Martyrium Physicum*[96] begann früh und spätestens in den 1770er Jahren gehörte er zum verpflichtenden Personal einer noch jungen Disziplinengeschichte. Die Verklärung ging so weit, daß man Richmanns Ende – wenn auch mit leichter Ironie mit Blick auf die mediale Wirkung – für nachahmenswert erklärte. In der Rezension von Joseph Priestleys *Geschichte und gegenwärtiger Zustand der Electricität* (original 1769) in der Göttinger *Physikalisch-ökonomischen Bibliothek* (1770–1806) heißt es 1772 dazu:

> Richmanns Tod wird [in Priestleys Werk, F.S.] mit den bekannten Umständen erzählt. Priestley sagt: es ist nicht einem jeden Elektrisirer gegeben, auf eine so rühmliche Art zu sterben. Er nennet die Gesinnung des H. Bose [Georg Matthias Bose (1710–1761)][97] grosmüthig, der […] gesagt hat, daß er an dem elektrischen Schlage zu sterben wün-

93 So etwa in: Freye Urtheile und Nachrichten, Bd. 10 (1753), 563: „Von dem plötzlichen Hintritt des seeligen Herrn Professors Richman, der sich bisher durch seine über das Gewitter angestellten Beobachtungen berühmt gemacht hat, kann man nachfolgende Umstände melden"; weitere Belege auch in Möhring, Geschichte des Blitzableiters (wie Anm. 5), 70.

94 Göttingische Anzeigen von gelehrten Sachen (1753), St. 154, 1377–1378, hier 1377.

95 Vgl. Möhring, Geschichte des Blitzableiters (wie Anm. 5), 71.

96 Epigramma in Martyrium Physicum Viri Clarissimi Georg Wilhelm Richmanni, in: Freye Urtheile und Nachrichten, Bd. 11 (1754), 383–384.

97 Leipziger Mathematiker und Naturforscher, ab 1738 Professor an der Universität Wittenberg. Bose gehörte zu den Leipziger Elektrizitätspionieren und konnte u. a. die von Francis Hauksbee entwickelte Elektrisiermaschine verbessern und war durch effektvolle Vorführungen auch außerhalb der Universität an der Popularisierung elektrischer Phänomene maßgeblich beteiligt. Siehe Art. „Bose, Georg Matthias", in: Sächsische Biografie (http://saebi.isgv.de/biografie/Georg_Matthias_Bose_(1710–1761).

sche, damit der Bericht von seinem Tode einen Artikel in den Schriften der königl. Akademie abgeben möchte.[98]

3. Die weitere Debatte: Polemik, Prioritätenstreit und Skepsis

Neben der Episode um Richmann kristallisiert sich die Blitzableiter-Debatte in den Zeitschriften der 1750er Jahre vor allem in der Auseinandersetzung mit Benjamin Franklins härtestem Widersacher auf europäischem Boden heraus: Jean Antoine Nollet, erster französischer Professor für Experimentalphysik, ermöglichte erst den Aufstieg der Elektrizität zur populären Salonwissenschaft.[99] Sein Einfluß führte jedoch auch zu einer ähnlich verzögerten Einführung des Blitzableiters in Frankreich wie in Deutschland (1770er Jahre). Nollets *Lettres sur l'électricité*[100] (1753) erschienen nicht zufällig kaum ein Jahr nach der französischen Erstausgabe von Franklins *Experiments:* Deren Übersetzer Dalibard hatte Franklins Briefen einen Kurzabriß der noch jungen Elektrizitätsgeschichte vorangestellt, in dem er Nollet und seine wissenschaftlichen Verdienste ignorierte[101] – ein wohl dosierter Affront, der Nollets Replik und Polemik in Form der *Lettres* unmittelbar nach sich zog. Für die Vorrede der deutschen Übersetzung der *Experiments* (1758) gehörte das wenige Jahre später schon zur Rezeptionsgeschichte des Werks. So habe „[...] ein sehr berühmter und mit den elektrischen Versuchen sehr bekannter Naturforscher in Frankreich, der Herr Abt Nollet, dieser Schrift des Herrn Franklin eine so scharfe Critik entgegen gesetzt, als man in dessen Briefen von der Elektricität findet".[102] Noch früher bildete sich dieser medial organisierte Gelehrtenstreit zwischen Franklin und Nollet in den Rezensionen von Nollets *Lettres* ab. Wegen der engen Verbindung zu Franklins Schriften sind sie zugleich als Belege indirekter Franklin-Rezeption zu lesen.

Noch im Erscheinungsjahr 1753 liefern die Hamburger *Freyen Urtheile und Nachrichten* (1744–59) eine Besprechung des ersten Bandes der *Lettres.* Der Rezensent sitzt der Polemik Nollets auf, auch wenn er festhält, daß dessen „[...] Buch mehr als eine Vertheidigung seiner eigenen, denn als eine Kritik der Schrift

[98] Johann Beckmann, in: Physikalisch-ökonomische Bibliothek (1772), 511.

[99] Vgl. Steinle, Art. „Elektrizität" (wie Anm. 1), 186 f. Auch in Deutschland ist Nollet in der medialen Elektrizitätsdebatte schon vor der Erfindung des Blitzableiters präsent – so rezensieren die *Göttinger Anzeigen von gelehrten Sachen* in den 1740er Jahren sein mehrbändiges Lehrbuch *Leçons de physique expérimentale* (1745–1765); siehe etwa: Göttingische Zeitungen von gelehrten Sachen (1746), 10–11.

[100] Jean Antoine Nollet, Lettres sur l'électricité: dans lesquelles on examine les dernieres découvertes qui ont été faites sur cette matières, Paris 1753.

[101] Heilbron, Electricity (wie Anm. 5), 348.

[102] Des Herrn Benjamin Franklins Esq. Briefe von der Elektricität (wie Anm. 78), Vorrede, 3r.

des Hrn. Franklin anzusehen"[103] sei. Die Rezension legt zunächst nahe, daß Nollet nicht den Blitzableiter an sich in Frage stellen will. Stattdessen geht es um Geltungsbewußtsein, Fragen des Vorrangs und Frontenbildung gegenüber der „Philadelphischen Schule":[104] Da Nollet in der französischen Übersetzung der *Experiments* ungewürdigt übergangen wurde,[105] macht sich der Rezensent mit Nollet über die überzogene Heroisierung des Amerikaners lustig. In Rückgriff auf den Prometheus-Vergleich heißt es über Franklins Erfindung: „Was war auch wohl wunderbarer, als das Feuer vom Himmel in seiner Gewalt zu haben, ja es ihm gar mit Gewalt entwenden zu können".[106] Und weiter: „So viel sollte dazu noch ein einziger Mensch, ohne Beyhülffe der europäischen Naturforscher, und das in Philadelphia, auf einmal erfunden haben".[107] Der Spott relativiert die Meriten Franklins, indem dessen Abhängigkeit von europäischen Vorarbeiten unterstrichen wird. Im Ganzen zielt die Besprechung auf eine pauschale Parteinahme für Nollet, zumindest wird aber auch die Tragweite der Kontroverse betont. So sei der nur angedeutete Inhaltsauszug der *Lettres* an diesem Punkt zu verschmerzen, werden sich

> [...] die Leser aus dieser Anzeige und aus dem guten Vorurtheile, das der Name des Hn. Nollet mit Recht für sich hat, den Nutzen nehmen, daß sie das Buch sich selbst anschaffen, zumal, da die Materie unsern Zeiten so eigen, der Streit und dessen Entscheidung von großen Folgen, und der Vortrag des Hn. Abts, wie gewöhnlich, reizend und einnehmend ist.[108]

In der gleichen Zeitschrift findet sich acht Monate später eine längere und differenziertere Auseinandersetzung mit den *Lettres* von Nollet[109] – für Franklin allerdings mit keiner besseren Bilanz. Unkommentiert und ohne eigene Stellungnahme liefert diese zweite Rezension einen ausführlichen Einblick in Nollets Polemik gegen den Blitzableiter. Noch mehr als in der ersten Besprechung wird Nollets Versuch deutlich, den wissenschaftlichen Ruhm von Franklin zu unterminieren. So seien dessen Versuche mit den ‚Eisenstangen' alles andere als originell:

> Der vornehmste Inhalt [der *Lettres*, FS.] geht auf die Fränklinische Erfindung, den Donner durch eine aufrecht gehaltene Stange aus den Wolken herunter zu ziehen.

[103] Freye Urtheile und Nachrichten, Bd. 10 (1753), 358.
[104] Ebd.
[105] Der Rezensent stellt fest, daß Nollets erster Brief „[...] bloß eine Beschreibung dessen [ist], was der Abt in der Lehre von der Electricität gethan hat, weil man in der Geschichte der Electricität, die vor den Briefen des Hn. Franklin steht, des Hrn. Abts Namen nicht findet, ohngeachtet der Verfasser derselben von einer in Prag 1751 vertheidigten Thesis rühmlich urtheilet, die ganz und gar aus den Schriften des Hn. Abts genommen ist' (ebd.).
[106] Ebd.
[107] Ebd.
[108] Ebd., 360.
[109] Freye Urtheile und Nachrichten, Bd. 10 (1754), 97–101.

> [...] Herr Nollet gesteht hier, daß die Pariser viele Dinge in Fränklins Briefen für neu gehalten hätten, die doch schon lange zuvor in englischen, deutschen und französischen Büchern gestanden hätten.[110]

Nollet inszeniert einen Prioritätenstreit, der Franklin zwar nicht absprechen kann, „[...] unstreitig derjenige [gewesen zu sein, F.S.], der das Herabziehen, des Donners vermittelst einer spitzen Eisenstange vorgeschlagen hat [...]".[111] Viel entscheidender gegenüber dieser ‚nur' praktischen Demonstration der Gewitterelektrizität[112] sei jedoch, daß er, Nollet, schon 1748 in seinen *Leçons de physique expérimentale* die Analogie von Blitz, Donner und Elektrizität behauptet habe. Jenseits dieser grundsätzlichen Fragen referiert die Rezension jedoch auch Nollets physikalische Kritik des Blitzableiters: Der erste Einwand richtet sich gegen Franklins These, der Blitzableiter müsse aus einer zugespitzten Eisenstange bestehen, um die Elektrizität effektiv ableiten zu können – ein Punkt, den auch in den folgenden Jahrzehnten vehement umstritten blieb.[113] Es würde, wie der Rezensent in den *Freyen Urtheilen* anmerkt, nicht mit den empirischen Befunden von Nollet übereinstimmen, daß „[...] diese Körper die elektrische Kraft viel leichter annehmen und behalten, als wenn sie an den Enden rund oder viereckigt wären".[114] Entscheidender als dieses Detail ist jedoch der prinzipielle Zweifel an der Möglichkeit einer verläßlichen Ableitung des Gewitters. So sei es

> [...] nicht glaublich, daß die Blitzmaterie einer Gewitterwolke, die ganze Städte bedecken kann, sich in wenigen Minuten durch einen daumendicken Draht wegleiten lasse. [...] Wenn die aufgestellten metallenen spitzigen Stangen uns vor dem Donner sicher machen können, warum können denn dieses nicht auch die Kreuzen und Spitzen auf den Thürmen thun?[115]

[110] Ebd., 98.

[111] Ebd., 106.

[112] „Er (Nollet) erinnert den Hn. Fränklin, daß ein großer Teil der von ihm in Philadelphia gemachten Versuche zu gleicher Zeit, oder noch eher in Europa, von verschiedenen Naturkundigern sind gemacht worden; daß sie aber gleichwohl zu Bestätigung und Erläuterung der seinigen dienen" (ebd., 99).

[113] Ende 1779 rezensiert Georg Christoph Lichtenberg in den *Göttingischen Anzeigen von Gelehrten Sachen* Benjamin Wilsons (1721–1788) *An account of experiments made at the Pantheon, on the nature of conductors* (London 1778). Wilson gehörte zu Franklins härtesten Widersachern. Lichtenberg kommentiert: „Der Verfasser dieser Schrift [...] ist der berühmte Hr. Wilson, ein längst bekannter einfriger Bestreiter der spitzen Auffangungsstangen bey Gewitterableitern, denen er hier endlich den letzten Stoß zu versetzen sucht. Die Veranlassung zur Erneuerung des Streites [...] war der bekannte Vorfall, da ein zu dem Königl. Pulvermagazin zur Purfleet in Essex gehöriges Gebäude vom Blitz [...] beschädigt wurde, ob es gleich durch einen Auschuß der dortigen Königl. Societät fünf Jahre vorher mit einer spitzen Gewitterstange, und zwar wider Hrn. Wilsons ausdrücklichen Rath, der eine stumpfe empfohlen hatte, versehen worden war" (Göttingische Anzeigen von gelehrten Sachen [1779], St. 46, 721–728, hier 721 f.

[114] Freye Urtheile und Nachrichten, Bd. 11 (1754), 106 f.

[115] Ebd.

Der Rezensent sieht keinen Grund, diese Einwände seinerseits in Frage zu stellen und resümiert vielmehr mit einer weiteren Eloge auf Nollet. Denn „[…] überhaupt sind diese Briefe nicht nur angenehm zu lesen, sondern sie enthalten viele gründliche Beurtheilungen über verschiedene elektrische Wirkungen, daß die Liebhaber völlige Ursache haben werden, mit den Bemühungen des Hn. Abtes zufrieden zu seyn".[116] Es überrascht nicht, daß die *Freyen Urtheile* auch jenseits von Nollet nur von jenen Publikationen Notiz nehmen, die dem Blitzableiter grundsätzlich ablehnend gegenüber stehen: Noch 1756 wird ein Autor gelobt, der es für „[…] töricht [hält], den Donner mit eisernen Stangen, die man auf den Häusern errichtete, abzuleiten".[117]

Neben den *Freyen Urtheilen* lieferten auch die *Göttingischen Anzeigen* zwei Besprechungen von Nollets *Lettres*, die erste ebenfalls noch 1754.[118] Die Tonalität ist hier jedoch eine grundsätzlich andere: Statt den publizistischen Feldzug Nollets gegen Franklin einseitig zu unterstützen, enthält sich der Autor einer eigenen Stellungnahme und akzentuiert sachlich lediglich noch einmal den Kern des Streits: So seien die *Lettres*

> […] wieder den philadelphischen Buchdrucker und Quaker den Hrn. Franklin gerichtet, dessen berühmte Erfahrungen, über die elektrische Materie der Gewitter theils ihm selbst, theils seinen Anhängern in Frankreich zu verschiedenen Folgen Anlass gegeben haben, die der Hr. Abt für allzu frühzeitig ansieht, da er zumal glaubt, seien eigenen Säze seyen dadurch angegriffen.[119]

Der Blitzableiter wird nur flüchtig berührt, gleichwohl meldet auch der Rezensent vorsichtige Skepsis mit Blick auf dessen Praxistauglichkeit an, wenn er schließt: „Indessen lässt er [Nollet] den stolzen Gedanken fahren, daß man das Gewitter jemahls werde entwafnen können".[120]

Die zweite, wesentlich später veröffentlichte Rezension der *Lettres* stammt von niemand geringerem als Albrecht von Haller. Dieser verfaßte nicht nur Beiträge für ausländische Journale (*Bibliothèque raisonnée*), sondern auch zahllose Beiträge für die *Göttingischen Anzeigen*,[121] die er als Präsident der hiesigen Akademie seit 1747 leitend herausgab. Im Oktober 1762 besprach er den zweiten Teil der erweiterten Neuauflage der *Lettres* von 1760.[122] Auch ein Jahrzehnt nach Beginn

116 Ebd., 109

117 Rezension von: Charles Rabiqueau, Le spectacle du feu élémentaire ou cours d'électricité expérimentale (Paris 1753), in: Freye Urtheile und Nachrichten, Bd. 13 (1756), 593.

118 Göttingische Anzeigen von gelehrten Sachen (1754), St. 95, 820–822.

119 Ebd., 820.

120 Ebd., 822.

121 Vgl. dazu jüngst: Anne Saada, Albrecht von Haller's contribution to the „Göttingische Anzeigen von Gelehrten Sachen, in: André Holenstein (Hg.), Scholars in action: The practice of knowledge and the figure of the savant in the 18th century, Bd. 1, Leiden 2013, 319–337.

122 Göttingische Anzeigen von gelehrten Sachen (1762), St. 76, 665–669.

des Prestigekonflikts mit Franklin ist Haller der rigorose Geltungsdrang Nollets, des ‚eigentlichen' Pioniers der Elektrizität, eine Bemerkung wert. Allerdings zollt er Nollet auch Respekt: „Hr. N. ist ziemlich scharf, und nicht nur in seinen Beweisen genau, sondern gegen die Herren Dalibard [...] stechend. Er sieht sich als einen Veteran, der seit fünf und dreyssig Jahren Versuche gemacht hat, und seine Gegner als junge Soldaten an".[123] Dieses Selbstbild läßt Haller unkommentiert, auch geht er nicht auf Nollets Kritik des Blitzableiters ein, obwohl er Jahre später in der gleichen Zeitschrift mit Verweis auf den Tod Richmanns und die notwendige Erdung der Metallstangen Nollet einen „[...] unbegreiflichen Fehler [...]" anlastet.[124] Dennoch verteidigt Haller Franklins Verdienste mit Blick auf die umstrittene Frage, auf welcher Seite des Atlantiks das Drachenexperiment zum Nachweis der Gewitterlektrizität am frühesten erbracht wurde: So erfreue sich Nollet im

> [...] siebzehenden Briefe [...][mit] dem Hrn. Romas, daß dieser doch zuerst, und A. 1752 sich des fliegenden Drachens zu den electrischen Versuchen bedient habe, da des Hrn. Fränklins Briefn an Hrn. Watson erst vom Jenner 1753 seye. (Es kömmt aber hier auf die Menge der von Hrn. Fränklin und Hrn. Romas gemachten Versuche an, und da Fränklin viel mehrere und verschiedene vorgenommen hat, so können doch die seinigen älter seyn).[125]

Knapp 20 Jahre später erschien Haller diese pedantische Streitfrage gleichwohl nur mehr lächerlich und ermüdend. Ebenfalls in den *Göttingischen Anzeigen* spricht er von „[...] dem langweiligen Beweise, daß Romas vor dem Franklin, oder wenigstens ohne von ihm zu wissen, den fliegenden Drachen zum elektrischen Versuche zu gebrauchen erfunden habe".[126]

Zeigt die Nollet-Rezeption in den Journalen ein eher ambivalentes Bild, so gilt das auch für die weitere Blitzableiter-Debatte. Nach dem Enthusiasmus der frühen 1750er Jahre wurde die Diskussion dauerhaft vom Rückschlag durch Richmanns Ende überschattet – ein Großteil der Artikel der Folgejahrzehnte rekurriert

[123] Ebd., 665.

[124] In der 1772 verfaßten Rezension von Horace Bénédict de Saussures *Exposition abrégée des Conducteurs électriques* (Genf 1772) bemerkt Haller: „Richmann wurde getötet, weil er die electrische Materie sohl in sein Zimmer geleitet, ihr aber zur Erde keinen Weg geöfnet hatte, und Nollet hat den unbegreiflichen Fehler begangen, eben diese gefährliche Weise vorzuschlagen, die Richmanns Tod gewesen war" (Göttingische Anzeigen von gelehrten Sachen [1772], St. 95, 816).

[125] Göttingische Anzeigen von gelehrten Sachen (1762), St. 76, 669. Die von Johann Jakob Bodmer (1698–1783) herausgegebenen *Freymüthigen Nachrichten von Neuen Büchern* (Zürich 1744–1763) druckten 1763 ein fast wörtliches Plagiat dieser Rezension Hallers. Vgl. Freymüthige Nachrichten von Neuen Büchern, und andern zur Gelehrtheit gehörigen Sachen (1763), St. 25, 198–200.

[126] Albrecht von Haller, Rez. von Jacques de Romas *Mémoire sur les moyens de se garantir de la foudre dans les maisons; suivi d'une lettre sur l'invention du cerf-volant électrique* (Bordeaux 1776), in: Göttingische Anzeigen von gelehrten Sachen (1779), St. 17, 269–271, hier 270.

auf den Fall, meist, um für ein ohnehin bereits erhöhtes Gefahrenbewußtsein zu argumentieren. Die Sicherheitsvorkehrungen in der Elektrizitätsforschung im allgemeinen und besonders in der Anwendung des Blitzableiters stehen vermehrt im Fokus. So berichten die *Göttingischen Anzeigen* im April 1764 von einer Akademie-Sitzung, in der Abraham Gotthelf Kästner Abschnitte aus den noch ungedruckten *Anmerkungen über die nöthige Achtsamkeit bey Erforschung der Gewitter-Electricität* (Hannover 1764) Johann Friedrich Hartmanns vortrug.[127] Man werde die Gewitterelektrizität „[…] von Richmanns Tode […] schwerlich freysprechen können […]“,[128] heißt es und Versuche seien daher nur „[…] mit gehöriger Vorsicht anzustellen […]“.[129] Kästner selbst besprach dann zwei Jahre später das gedruckte Werk in Friedrich Nicolais (1733–1811) noch junger *Allgemeinen Deutschen Bibliothek*[130] (1765–1806) und hebt lobend besonders die „[…] sinnreiche Einrichtung […]“[131] und Verbesserungen des „Elektricitätszeigers“ durch Hartmann hervor. Eine längere zweite Besprechung des Werks findet sich noch im gleichen Jahr in den *Neuen critischen Nachrichten* aus Greifswald.[132] Der Rezensent – der eingangs zitierte Lampert Hinrich Röhl – unterstreicht noch einmal den verheerenden Einfluß von Richmanns Tod für die öffentliche Durchsetzung und Akzeptanz des Blitzableiters:

> Die Beobachtungen, welche mit der Gewitterstange macht wurden, waren sonderbar genug […]. Kaum waren diese Versuche bekannt gemacht, so sahe man aller Orten Gewitterstangen errichtet; und man kann wetten, daß jetzt auf allen Häusern dieselben als Zierde prangen würden, wenn die unglückliche Begebenheit mit dem sel. Prof. Richmann nicht erfolget wäre.[133]

Röhl streicht daher dankbar eine von Hartmann entwickelte Methode heraus, Blitzableiter-Experimente ohne größeres Risiko ausführen zu können: „Die ganze Vorsicht hiebey kommt darauf an, daß der Beobachter sich weit genug von seiner Maschine [dem Blitzableiter, F.S.] entfernt halte, daß er nicht befürchten dürfe, in die um selbige versammlete Atmosphäre zu gerathen […]“.[134]

Verunsicherung und Mißtrauen, aber auch Zustimmung gegenüber dem Blitzableiter spiegelten sich auch in Zeitschriften an der Peripherie der Gelehrtenrepu-

127 Göttingische Anzeigen von gelehrten Sachen (1764), St. 45, 361–362.

128 Ebd., 361.

129 Ebd.

130 Abraham Gotthelf Kästner, Rez. von Johann Friedrich Hartmanns *Anmerkungen über die nöthige Achtsamkeit bey Erforschung der Gewitter-Electricität* (Hannover 1764), in: Allgemeine deutsche Bibliothek (1766), 126–128.

131 Ebd., 128.

132 Lampert Hinricht Röhl, Rez. von *Anmerkungen über die nöthige Achtsamkeit bey Erforschung der Gewitter-Electricität*, in: Neue critische Nachrichten (1766) ,St. 20, 153–157 und 164–167.

133 Ebd., 166.

134 Ebd.

blik. So veröffentlichte das wöchentlich mehrmals erscheinende *Hannoverische Magazin* (1763–1850) seit 1769 mehrere Debattenbeiträge. Statt um Buchbesprechungen geht es hier ganz im Sinne praktischer Aufklärung um die kurzfristige Nutzanwendung des Blitzableiters. Ausgangspunkt waren umfassende Berichte über zerstörerische „Wetterstrahle“[135] im Raum Hannover. Als Reaktion darauf veröffentlichte Philipp Peter Guden[136] (1722–1794) einen „Vorschlag, die Gewitter in einer Gegend von einigen Meilen zu schwächen oder abzuleiten“.[137] Knapp 20 Jahre nach Franklins Erfindung muß hier deren historische Bedeutung erneut hervorgehoben werden, zugleich ist Guden jedoch vorsichtig:

> Eine der wichtigsten Erfindungen der Naturkündiger in diesem Jahrhundert, ist ohn Zweifel die Electricität, und dabey die Mittel welche sie dem menschlichen Geschlecht anweisen, um sich für den Donnerstrahl in Sicherheit zu setzen. Man versucht in Pennsylvanien durch ein geringes Mittel, nemlich durch eiserne Stangen ihn von den Häusern abzuleiten, und viele glaubwürdige Nachrichten von daher und aus England versichern es, daß sie mit gutem Erfolge [...] errichtet werden. Allein es sind dennoch bis jetzo nicht alle Zweifel über die Sicherheit dieses Mittels gäntzlich behoben.[138]

In diesem Punkt rekurriert Guden zunächst auf Nollet, einige Seiten später hält er diesem jedoch Erfahrungsdefizite vor. Denn „[d]eswegen will auch her Nollet behaupten, daß dergleichen Stangen viel bequemer wären, das Feuer des Donners auf uns zu ziehen, als uns dafür zu bewahren. [...] Nollet weiß seine Zweifel wieder die Würkungen der Gewitterstangen nur durch Muthmaßungen, und nicht durch gewisse Erfahrungen zu unterstützen“.[139] Guden traut lieber der eigenen Erfahrung, derzufolge aber „[...] die gehofften Würkungen der aufzustellenden Gewitterstangen noch zu Zeit einigermaßen zweifelhaft [sind], aber dennoch [ihr] Gebrauch nicht völlig verwerflich“.[140] Er schließt das aus der Beobachtung des betreffenden Blitzes, der den eisernen Zugdraht an der Außenwand eines Hauses nicht komplett durchlaufen, sondern mehrmals verlassen habe.[141] Kleinmütig räumt Guden daher ein, „[...] daß ich an dem Hause worin ich wohnte, nicht gern eine solche Stange aufstellen lassen möchte [...]“.[142] Für eine zukünftige Durchsetzung des Blitzableiters bleibt er dennoch behutsam optimistisch, auch

135 Etwa: Art. „Besondere Würkungen eines Blitzes“, in: Hannoverisches Magazin (1769), St. 49, 769–784.

136 Der Blitzschlag vom 31. 5. 1769 gab Guden noch Jahre später Anlaß zur Abhandlung *Von der Sicherheit wider die Donners-Strahlen* (Göttingen, Gotha 1774), die den Preis der Bayerischen Akademie der Wissenschaften gewann.

137 Hannoverisches Magazin (1769), St. 63, 993–1008.

138 Ebd., 993.

139 Ebd., 993, 998.

140 Ebd., 997.

141 Ebd., 995.

142 Ebd., 1000.

wenn erst weitere, vor allem europäische Experimente sichere Erkenntnisse bringen würden.[143]

Diese disparate Haltung brachte nur ein Monat später ein weiterer Artikel im *Hannoverischen Magazin* schon im Titel auf den Punkt: „Erfahrungen für und gegen die mögliche Ableitung des Blitzes".[144] Wie Guden beruft sich der anonyme Beiträger auf die Autorität eigener Erfahrung, wenn er die vermeintlich realitätsferne Euphorie einiger Gelehrter ins Lächerliche zieht:

> Ja einige Gelehrte sind in ihrer Muthmassung schon so weit gegangen, daß sie es für möglich gehalten einer Gewitterwolke alles Feuers durch solche Maschinen [Blitzableiter] abzuzapfen. Was muthmasset ein Gelehrter nicht? Die Erfahrung lehret allerdings, daß der Blitz, wenn er mit seinem Strahl einmal Eisen oder andres Metall berührt, demselben folge, und theils an, theils unmittelbar neben demselben mehrere Gewalt äußere.[145]

Der Autor zieht die zu diesem Zeitpunkt experimentell bereits lange bewiesene Gewitterelektrizität in Frage, indem er die Übereinstimmung von natürlicher und künstlicher Elektrizität weiter bezweifelt – seien es doch

> […] verschiedene wichtige Umstände, die bey dem Blitze und seiner Enstehung anders sind, als bey den electrischen Funken. […] Ich bin daher zweifelhaft, ob der electrische Funke […] mehr Aehnlichkeit oder Unähnlichkeit mit dem Blitze und dessen Entstehung habe.[146]

Wieso hätten etwa die Drachenexperimente wohl „electrisches Feuer"[147] nachweisen, nicht aber selbst Blitze erzeugen können? Ähnlich argwöhnisch gibt sich ein Artikel „Von Ableitung der Donnerstrahlen"[148] im März 1770. Dem Autor zufolge lasse sich „[…] nicht in Abrede stellen, daß viele wichtige Zweifel wider das System [von Franklin, F.S.] annoch obwalten".[149] Diese notorische Skepsis veranlaßte Johann Heinrich Lambert (1728–1777) in der Rezension von Horace Bénédict de Saussures (1740–1799) *Kurzer Anzeige von dem Nutzen der Strahlableiter* (Zürich 1772) noch 1775 zu folgendem Statement: „Bisher scheint es, eine jede Ableitung des Blitzes oder wenigstens die dabey gewählte oder versuchte Einrichtung müsse öffentlich bekannt gemacht und gegen Einwürfe gerettet werden".[150]

143 „In Europa sind annoch zu wenig Versuche mit diesen Stangen angestellet, als das man sich darauf völlig verlassen konnte, und diejenigen, welche uns ihren guten Erfolg versichern, sind aus der andern Welt" (ebd.).

144 Ebd., St. 75, 1185–1194.

145 Ebd., 1185 f.

146 Ebd., 1189, 1191.

147 Ebd., 1191.

148 Ebd. (1770), St. 21, 321–336.

149 Ebd., 321.

150 Allgemeine deutsche Bibliothek (1775), 159.

Seit den späten 1770er Jahren schalteten sich in die publizistische Debatte jedoch auch namhafte Gelehrte ein, die eine flächendeckende Einführung des Blitzableiters propagierten. Im Sinne einer breitenwirksamen Aufklärung setzten sie dabei bewußt auf popularisierende Periodika. Zu den prominentesten deutschen Vertretern gehörten die Brüder Ludwig Christian und Georg Christoph Lichtenberg (1742–1799). Letzterer soll allerdings erst 1778 von der Nützlichkeit von Franklins Erfindung überzeugt worden sein – nach einer Lektüre von Johann Reimarus (1729–1814) Traktat über *Die Ursache des Einschlagens vom Blitze* (Hamburg 1768).[151] Schon 1780 hat Lichtenberg dann – wie sein Bruder in Gotha – den überhaupt ersten Blitzableiter an seinem Göttinger Wohnhaus errichtet.[152] Ein Jahr zuvor veröffentlichte Georg Christoph im Göttinger *Taschen Calender* (1776–1800) eine Bestandsaufnahme der Debatte im Beitrag „Neueste Geschichte der Blitz-Ableiter".[153] „Es scheint ausgemacht:", so Lichtenberg hier in einleitender Überzeugung, „[...] der Mensch kann sich eben so kräftig vor dem Strahl einer Donnerwolke verwahren, als vor ihrem Regen, und kräftiger; denn einen guten Blitz-Ableiter anzulegen, erfordert nicht mehr Kunst und Arbeit als ein guter Regenschirm".[154] Lichtenberg bemängelt vor allem den pragmatischen Willen, ganze Städte mittels Blitzableitern vor den Gewittergefahren zu schützen.[155] Daneben greift er religiöse Fortschrittsblockaden in gewohnt beißender Weise an: Die erst wenige Jahre zurückliegende Montage eines Blitzableiters am Dom von Siena habe sich während eines Gewitters bereits bewährt,

> [...] indessen gab es doch unglaubige Murrköpfe darunter [den Sienesern, F.S.], die dagegen einferten, und sogar den Stangen, den Namen Ketzerstangen gaben. [...] In den Jahrbüchern der Stadt Siena wird sich einst folgender Artickel nicht übel ausnehmen: Am 18 April 1777 ward unsere hiesige Cathedral=Kirche durch eine Ketzerstange vor dem Blitz und seinen fürchterlichen Folgen geschützt.[156]

[151] Möhring, Geschichte des Blitzableiters (wie Anm. 5), 177.

[152] Ulfried Müller, Der Bau des Wetter-Ableiters auf der St. Osdag-Kirche in Neustadt-Mandelsloh 1782–1784, in: Lichtenberg-Jahrbuch, hg. im Auftrag der Lichtenberg-Gesellschaft, Saarbrücken 1995, 81–92, hier 85.

[153] Göttinger Taschen Calender für das Jahr 1779, Göttingen 1779, 37–44.

[154] Ebd., 37 ff. Dieser Bagatellisierung des notwendigen physikalischen Know-Hows widerspricht Lichtenberg gleichwohl an späterer Stelle im gleichen Blatt. 1785 heißt es im Göttinger *Taschen Calender*, „[...] daß bey Anlegung von Ableitern Männer zu gebrauchen, die nicht blos eine historische sondern eine gründliche philosophische Kenntniß von der ganzen Sache besitzen; diesen ja nicht in die Hände durch unzeitige Sparsamkeit zu binden und lieber die Ableiter ganz wegzulassen, als dabey zu knausern". Georg Christoph Lichtenberg, Art. „Neue Erfindungen, physikalische und andre Merkwürdigkeiten", in: Göttinger Taschen Calender (1795), 174–195, hier 194.

[155] Lichtenberg vergleicht den Blitzableiterschutz metaphorisch mit städtischer Fortfikationskunst: „Gantze Städte gegen die Belagerung der Donnerwetter [...] sicher zu stellen, würde ein leichtes seyn, wenn der Mensch nur den 100sten Theil von Sorgfalt und Geld auf diese Vestungswerke verwenden würde, die er auf andere verwendet [...]" (ebd., 38).

[156] Ebd., 39 ff.

Lichtenbergs älterer Bruder setzte sich wenig später über Rezensionen in Nikolais *Allgemeiner deutschen Bibliothek* für die Einführung des Blitzableiters ein. Zunächst besprach er 1782 Nikolaus Kirchhofs (1725–1800) *Beschreibung einer Zurüstung welche die […] Nützlichkeit der Blitzableiter sinnlich beweiset*[157] (Hamburg 1780). Schon 1781 war die Abhandlung von Abraham Gotthelf Kästner in den *Göttingischen Anzeigen* wohlwollend rezensiert worden.[158] Nikolai hatte zu Kirchhofs Werk nicht nur die Vorrede verfaßt, sondern diesen überhaupt erst zur Abfassung gebeten. Lichtenberg hebt dies anerkennend hervor und nimmt die weiterhin hartnäckigen Einwände gegen Franklins Erfindung zum Anlaß einer kritischen Betrachtung des Verhältnisses von Aufklärung, Theologie und Wissen:

> Jeder Einsichtsvolle wird gewiß dem Hrn. N.[ikolai, F.S.] für diese Veranlassung um so mehr Dank wissen, je beträchtlicher bey unsern aufgeklärten Zeiten noch immer die Anzahl so gar solcher Leute ist, die zwar keine geringen Kenntnisse zu besitzen glauben, und sich dennoch der allgemeinen Einführung einer so heilsamen Anstalt, als der Gebrauch der Blitzableiter ist, aus allen Kräften widersetzen, und von nichts geringeren als offenbaren Eingriffen in die Rechte Gottes und rasender Verwegenheit reden […].[159]

Ähnlich auch der Tenor der 1783 veröffentlichten Rezension von Johann Lorenz Böckmanns (1741–1802) Abhandlung *Über die Blitzableiter*[160] (Karlsruhe 1780), die auch in den *Strasburgischen gelehrten Nachrichten*[161] (1782–1785) und in dem – von Lichtenberg herausgegebenen – *Magazin für das Neueste aus der Physik und Naturgeschichte*[162] (1781–1799) positiv rezipiert wurde. In seiner euphorischen Besprechung knüpft Lichtenberg an die schon geäußerte theologische Kritik an. Wie viele andere Aufklärer auch verwahrt er sich scharf gegen eine reaktionäre Deutung des Blitzableiters als anmaßender Eingriff in das ‚Strafgericht' Gottes.[163] Mit Witz führt seine Polemik die theologische Argumentation ad absurdum:

157 Allgemeine deutsche Bibliothek (1782), 426–427.

158 „Alles zeigt sehr viel Scharfsinnigkeit in Erfindung der Vorrichtungen, physische Wahrheiten zu beweisen, an" (Göttingische Anzeigen von gelehrten Sachen [1781], St. 9, 143–144, hier 144).

159 Ebd., 426.

160 Allgemeine deutsche Bibliothek (1783), 224–226.

161 Strasburgische Gelehrte- und Kunstnachrichten (1782), 578–579, hier 579: „Diese Abhandlung, in dem gewöhnlich guten Styl des Hrn. Verf. geschrieben, macht ihm wirklich Ehre, und ist ein Beweis, daß unser Zeitalter in der zweiten Hälfte des 18ten Jahrhunderts immer mehr aufgeklärt werde".

162 Magazin für das Neueste aus der Physik und Naturgeschichte (1783), 201–202.

163 Hochadel, Art. „Blitzableiter" (wie Anm. 19), 303; Hochadel, Öffentliche Wissenschaft (wie Anm. 3), 151; aus der älteren Literatur: Ernst Benz, Theologie der Elektrizität. Zur Begegnung und Auseinandersetzung von Theologie und Naturwissenschaft im 17. und 18. Jahrhundert, Mainz 1971, 38.

> Verdient je ein Vorurtheil zum Besten der Gesellschaft von der Wurzel aus vertilgt zu werden, so ist es der wahnsinnige Gedanke, die von dem allgütigsten Schöpfer zum Nutzen und Erhaltung der Creaturen geordnete und durch die Kräfte der Natur bewirkte Erscheinung, das Donnerwetter, für Strafgericht, und alle Vorkehrungen gegen das damit zu Zeiten sich verbindende Übel, für Tollkühnheit und für die verwegenste und strafbare Eingriffe in die Rechte Gottes zu halten, ohne einmal sich einfallen zu lassen, daß man bey ganz ähnlichen Fällen völlig umgekehrt denkt. Wie oft werden nicht allgemeine Gebete angeordnet, um Regen vom Himmel zu erbitten [...].[164]

Wie virulet diese polemische Figur in der Debatte war, zeigt der ebenfalls 1783 gedruckte Beitrag „Von Wetterableiter und dem hierüber noch immer im Schwange gehenden Aberglauben" in den Leipzigern *Ephemeriden der Menschheit*[165] (1776–1786). Hier gibt die faktische Verbreitung des Blitzableiters – bedingt auch durch die Gewitterdichte des Sommers 1783[166] – dem Autor immerhin Anlaß zur Hoffnung:

> Seit einigen Jahren hat man angefangen, es nicht mehr für einen Eingriff in die Strafgerichte Gottes zu halten, wenn man durch Wetterableiter die Gefahr des Blitzes von Gebäuden abzuwenden sucht. Zu nachdrücklicher Vertilgung dieses und andern Aberglaubens haben die häufigen und schweren Gewitter dieses Jahrs nicht wenig beigetragen. Mehr als 600 neue Blitzableiter sind in diesen gefährlichen Sommermonathen errichtet worden, und der Vortheil davon hat sich, nach der Aussage eines einzigen Wetterbeobachters, an mehr als 30 Orten gezeigt.[167]

Daß der Blitzableiter in den letzten beiden Jahrzehnten des 18. Jahrhunderts doch noch zu einer Erfolgsgeschichte wurde, verdankt sich auch den einflußreichen Schriften des Artzes Johann Reimarus. Schon frühzeitig propagierte er Franklins Erfindung in Hamburg.[168] Seine Schriften *Vom Blitze* (Hamburg 1778) und *Neuere Bemerkungen vom Blitze* (1794) galten bald als einschlägig, letztere erklärte eine Rezension im *Magazin für das Neueste aus der Physik und Naturgeschichte* (1796) prompt zum „klassischen Werk".[169] Auch *Vom Blitze* zählte der Rezensent der *Allgemeinen Deutschen Bibliothek* 1779 zu den „wich-

[164] Allgemeine deutsche Bibliothek (1783), 224–226, hier 224.

[165] Ephemeriden der Menschheit oder Bibliothek der Sittenlehre, der Politik und der Gesetzgebung, 618–622.

[166] Vgl. Reith, Umweltgeschichte (wie Anm. 49), 88.

[167] Ebd., 618. Über eine breitflächige Durchsetzung des Blitzableiters in Bremen berichten auch die von August Ludwig Schlözer (1735–1809) herausgegebenen Göttinger *Stats-Anzeigen* (1782–1793) im Juni 1783: „Aber darüber werden Ewr. sich gewiß wundern, daß in Bremen, in einer ReichsStadt, die alte Vorurteile selten abbigen, und neue Moden, wenn sie gleich Nutzen stiften, nur sehr spät annehmen, daß hier die GewitterAbleiter so sehr häufig in den Gang kommen. Nicht blos an den KirchTürmen in der Stadt und den Vorstädten, und an den öffentlichen Gebäuden [...]; sondern sogar Privatpersonen suchen ihre Häuser und Fabriken damit zu sichern". Art. „Aus dem Bremeschen, 14 Jun. 1783", in: Stats-Anzeigen (1783), 506–508, hier 507.

[168] Hamacher, Der Streit um die himmlische Herrschaft (wie Anm. 20), 345.

[169] Magazin für das Neueste aus der Physik und Naturkunde (1796), 146–154, hier 146.

tigsten ihrer Art".[170] Das sonst nur spärlich illustrierte Rezensionsorgan druckte wenige Jahre später zudem ein Kupferportrait von Raimarus.[171] Dieser machte sich die Zeitschriften selbst intensiv zunutze und publizierte bis ins frühe 19. Jahrhundert in verschiedenen Blättern über diverse Themen, darunter etwa der volkswirtschaftliche Nutzen von Getreidemagazinen.[172] Artikel zum Blitzableiter verfaßte Raimarus wiederholt seit den späten 1770er Jahren und noch 1803 veröffentlichte er in der Hamburger Monatsschrift *Minerva* (1792–1858) eine „Rechtfertigung der Hamburgischen Blitzableiter"[173] – Zweifel an der Sicherheit der Vorrichtung hielten sich noch immer. Mit seinen originären Beiträgen (er schrieb keine Rezensionen) wurde Reimarus zu einem der praxisnahesten Befürworter des Blitzableiters und publizierte vor allem in Journalen, die ein weiteres Publikum adressierten. Nach einem ersten kürzeren Artikel im *Deutschen Museum*[174] (1776–1788) brachte er 1780 in der Berliner Wochenschrift *Neueste Mannigfaltigkeiten* 1782 einen längeren Artikel mit „Vorschriften zur Anlegung einer Blitzableitung an allerey Gebäuden: nach zuverläßigen Erfahrungen entworfen".[175] Reimarus skizziert hier in leicht faßlichem Stil eine pragmatische ‚Selbstbauanleitung' von der „Auffangungsstange"[176] bis hin zur Erdung, wobei nicht nur die exponierten Kirchtürme und Pulvermagazine besonders berücksichtigt werden, sondern auch Windmühlen und Schiffe. Zur vorgeschalteten Theorie genügt dem Praktiker ein volksaufklärerisch pointierter Absatz:[177]

170 Philipp Gabriel Hensler, Rez. von Johann Raimarus „Vom Blitze", in: Allgemeine deutsche Bibliothek (1779), 49–71, hier 49.

171 Allgemeine deutsche Bibliothek (1784), vor 618. Kupferstecher ist Andreas Ludwig Krüger (1743–1822).

172 Reimarus erhielt für seine Behandlung der Frage den Preis der Göttinger Akademie der Wissenschaften; siehe Göttingische Anzeigen von gelehrten Sachen (1772), 721–729.

173 Auf eine vorige Kritik an den Blitzableitern in der gleichen Zeitschrift antwortet Reimarus: „Da meine in beyden Abhandlungen vom Blitze und dessen Ableitung gegebenen Anweisungen nicht nur hier, sondern auch an verschiedenen andern Orten befolgt worden sind: so halte ich mich verbunden und bin dazu auch gewissermaßen in dieser Monatsschrift […] aufgefordert, die Zweifel über die Sicherung durch so angelegte Zurüstung zu beantworten" (Minerva [1803], 551–559, hier 551 f).

174 Art. „Nachricht von einer Zurüstung, welche die Wirkung der Gewitterwolken sinnlich darstellet", in: Deutsches Museum (1779), 329–332.

175 Neueste Mannigfaltigkeiten, 140. Woche 1780, 561–575, und 587–590.

176 Ebd., 563.

177 Andere Zeitgenossen verfolgten eine ähnliche Didaxe. In einer Rezension über Joseph Webers (1753–1831) *Unterricht von den Verwahrungsmitteln gegen die Gewitter für den Landmann* (Dillingen 1784) in den *Straßburgischen gelehrten Nachrichten* heißt es anerkennend: „Seine [Webers, F.S.] Absicht ist, auf eine faßliche, populaire Weise verschiedene unter dem gemeinen Manne, vorzüglich noch in catholischen Ländern, noch herrschende aberglaubische Meynungen in Rücksicht auf die Verwahrungsmittel gegen die Donnerwetter zu zerstöhren […]" (Straßburgische gelehrte Nachrichten [1784], 647).

> Der Zwek einer Blitzableitug ist, einen Wetterstrahl, der aus einer vorüberziehenden Wolke das Gebäude treffen könnte, oben so aufzufangen, daß er nicht auf einen hervorstehenden Theil des Gebäudes falle, und dabey seine Gewalt so viel möglich zu mindern. [...] Alles dieses wird durch eine jede zusammenhängende, von oben bis unten herabgehende Strekke Metall, welcher Art man wolle, erhalten.[178]

Rund zwei Jahre später ließ Reimarus im *Hannoverischen Magazin* eine längere Replik auf den Bericht eines tödlichen Blitzschlages im Hannoverischen Raum drucken.[179] Der Beitrag konzentriert sich auf eine minutiöse Untersuchung der Wirkung und Umstände des Falles. In einem eingeschobenen Kommentar äußert Reimarus jedoch auch seine Enttäuschung über eine unnötige ‚gelehrte' Verkomplizierung der Technik:

> Überhaupt kann ich nicht umbhin zu äußern, daß ich zum gemeinen Besten sehr wünsche, daß man die Blitzableitungs-Anstalt so leicht und einfach vorstellten mögte als möglich, und als es, der Erfahrung nach, zureichend ist. Es ist mir also leid gewesen zu vernehmen, daß verschiedene gelehrte Männer die von ihnen angelegten Ableitungen mit so viel Künstelei und Kostbarkeit eingerichtet haben, daß manche unkundige dadurch abgeschreckt werden müssen sich diesen so wichtigen Schutz zu verschaffen.[180]

Die weiträumige Durchsetzung des Blitzableiters verschleppten aber nicht nur technische Berührungsängste. Folgt man einem Jahre später erschienenen Artikel in den *Schlesischen Provinzialblättern* (1785 – 1849) – einer auflagenstarken Monatsschrift, die in den 1790er Jahren mehrere einschlägige Artikel veröffentlichte, – spielten auch die schlichten Anschaffungskosten eine substantielle Rolle. Allgemeine Akzeptanz und Präsenz des Blitzableiters stünden in einem ‚sonderbaren' Mißverhältnis, so der Autor des „Vorschlags zur leichtern Einführung der Gewitterableitung"[181] von 1794:

> Die wohlthätigen Wirkungen der Blitzableiter sind zu sehr durch die Erfahrungen bestätiget, und die Ueberzeugung davon ist zu allgemein, als daß sie eines weitern Beweises bedürfen. Nach dieser Voraussezung scheint es dahero sonderbar, daß der Gebrauch derselben noch nicht so allgemein ist, als man vermuthen sollte. Allein die Ursache liegt wohl in nichts andern, als in den erheblichen Kosten, welche sie verursachen.[182]

Dieses Finanzierungsargument ist für den findigen Autor zugleich die Grundlage einer Geschäftsidee: Orientiert an dem im Buchhandel und Zeitschriftenmarkt etablierten Subskriptionsmodell schlägt er ein Vorverkaufsverfahren für die Installation von Blitzableitern auf dem Land vor:

[178] Ebd., 561.

[179] Art. „Würkungen eines am 5ten Sept. dieses 1781ten Jahres ohnweit Hannover niedergefallenen Wetterstrahls", in: Hannoverisches Magazin (1781), St. 80, 1265 – 1304.

[180] Hannoverisches Magazin (1782), St. 27, 417 – 444, hier 426.

[181] Schlesische Provinzialblätter, Bd. 19 (1794), 488 – 490.

[182] Ebd., 488.

> Wenn ich nehmlich auf 250 Leiter Subscription erhalte, so daß ich die dazu erforderlichen Materialien in Menge, und folglich mit Vortheil einkauf könnte: So würde ich im Stande seyn, an Scheuren und Ställen einen Ableiter […] für 10 Rthlr. liefern zu können.[183]

Auf originelle Weise überschreitet dieser Beitrag kurz vor der Jahrhundertwende die rein theoretische Diskussion des Themas.

IV. Fazit

Die Debatte um den Blitzableiter in den Periodika der Aufklärung konnte hier nur in einem knappen Aufriß nachgezeichnet werden. Sie zeigt ein äußerst disparates Meinungsbild, das angesichts des großen und heterogenen Samples an Zeitschriften aus knapp 50 Jahren allerdings auch zu erwarten war. Überraschend sind hingegen folgende Befunde: 1. Franklins eigentlich epochemachendes Werk, die *Experiments and Observations on Electricity* (1751), stieß in den gelehrten Blättern nur auf ein durchschnittliches Echo. 2. Damit verhielt sich auch die Wahrnehmung und Einschätzung von Benjamin Franklins Leistung neben frühen euphorischen Stimmen eher sachlich und zurückhaltend. Von einer signifikanten wissensgeschichtlichen Heroisierung des Amerikaners kann nicht gesprochen werden, allerdings auch nicht von der Jean Antoine Nollets, seines härtesten Widersachers. 3. Auch der Diskurs über das Für und Wider der Blitzableiter blieb en gros eher schwach konturiert. Zwar sekundieren einzelne namhafte Propagandisten wie Georg Christoph Lichtenberg die Stilisierung des Blitzableiters zur „prototypischen Erfindung“[184] (Hans Blumenberg) einer fortschrittlich-empirischen Wissenskultur; allerdings wurde er in den Zeitschriften – anders vielleicht in den Zeitungen – weder ein markantes Medienereignis noch eine substantielle Streitsache der Aufklärung. Sicher, Vorbehalte gegenüber der praktischen Tauglichkeit begleiteten die Debatte seit der Ersterwähnung der „Donnerstangen“ in den *Tübingischen Berichten* 1751 und besonders in der Vermittlung des polemischen Gelehrtenstreits zwischen Franklin und Nollet. Die Skepsis gegen das „System“ Franklins wurde dann besonders nach dem einschneidenden Tod Wilhelm Georg Richmanns phasenweise deutlich erhöht und vor allem die Sicherheitsbedenken in der Elektrizitätsforschung wurden in den Journalen präsenter. So lassen die über viele Jahre und verstreut publizierten Artikel keinen medialen Siegeszug der neuen Technologie erkennen – analog zu ihrer historisch verzögerten Durchsetzung in Deutschland –, aber eben auch keine dauerhaft fundamentalen Widerstände. Weder Rezensionen noch Debatten-Beiträge führten zu einer langfristigen

[183] Ebd., 498.

[184] Hans Blumenberg, Die Genesis der Kopernikanischen Welt, Frankfurt 1975, 642.

Lagerbildung und dogmatischen Grabenkämpfen. Viel präsenter als grundsätzliche Fragen wurden de facto technische Detailkontroversen wie die nach der konkreten Form der Blitzableiter und ihrer akkuraten Montage. Überraschend anschaulich belegt die Debatte nicht zuletzt den drastischen Bedeutungsverlust des Religiösen im aufgeklärten Diskurs. Die Zweifel gegen den selbstmächtigen Eingriff in den Blitz als das ‚klassische' Strafgericht Gottes sind in den Journalen zwar durchaus virulent, vor allem werden sie jedoch in theologiekritischen Positionen gebrochen. So widersprach kein Zeitschriften-Artikel Lichtenbergs satirischem „Ketzerstangen"-Etikett, letztlich wurde der Blitzableiter zu keinem konfessionell aufgeladenen Objekt. Nachdrücklich zeigt sich der säkulare Umbruch gerade in raren Kommentaren zur traditionellen Blitzschutzmaßnahme des Wetterläutens. Selbst katholische Periodika der Zeit beziehen an keiner Stelle Position für den überkommenen Glauben, bei aufziehenden Gewitterfronten drohendes Unheil durch das Läuten der Kirchenglocken abwenden zu können. 1782 vermelden die *Annalen der baierischen Litteratur* (1778–1783) nur mit Genugtuung, daß die Durchsetzung des Blitzableiters auf dem Dorfe doch auch Vorbildfunktion für die ‚Landeshauptstadt' haben müsse:

> Heuer zerfiel das Vorurtheil wieder die Wetterableiter. Auf der kurfürstl. Residenz in München, auf dem Lustschlosse in Niphenburg [...], ja sogar auf dem Kirchthurme in dem Dorfe Perach [...] sind dergleichen Ableiter aufgestellt worden. In dem letztern Orte hat der würdige Herr Pfarrer Huber bei der Gemeinde so viel bewirkt, daß dieselbe zugleich in die Unterlassung des bisher gewöhnlichen langen Läutens bei annahenden und währenden Gewittern eingewilliget hat. [...] Zwo Reflexionen fielen uns hiebei ein: erstens, wie leicht sich bei uns auch der unwissende Mann die eingewurzelten und so zu sagen geheiligten Vorurtheile benehmen läßt, wen man es zu rechten Zeit, und auf die rechte Art unternimmt; zweitens, daß man nun hoffentlich einmal auch in der Hauptstadt Baierns das Betäubende und unnütze Gebrummel und Geklingel so unzähliger Glocken bei Donnerwettern unterlassen werde, da ein Dorf mit einem so herrlichen, wir sollten sagen, beschämende Beispiele vorausgegangen.[185]

Der Beitrag verfolgt die Wahrnehmung und Diskussion des Blitzableiters in den gelehrten Journalen des 18. Jahrhunderts. Überraschend ist der Befund, daß die Kontroverse über Benjamin Franklins revolutionäre „Eisenstangen" zumindest in den deutschsprachigen Zeitschriften ein überschaubares ‚Medienereignis' blieb. Die erst verzögerte Einführung des Blitzableiters in Deutschland korrespondiert mit einer eher ambivalenten und zaghaften Rezeption von Franklins Erfindung und dessen Schriften zur Elektrizität – sie zeigt ein disparates Bild aus technischen Berührungsängsten, Skepsis und Polemik. Allerdings meldeten sich in den Zeitschriften auch prominente Aufklärer wie Georg Christoph Lichtenberg zu Wort, die für die Akzeptanz des Blitzableiters warben und gegen theologische Deutungsreflexe der „Ketzerstangen" agitierten.

185 Annalen der baierischen Litteratur (1782), 379 f.

The article traces the reception and discussion of the invention of the lightning rod in the learned journals of the 18th century. What is surprising is the finding that the controversy about Benjamin Franklin's revolutionary „iron rods" remained – at least in the German journals – only a modest 'media event'. The delayed launch and cultural acceptance of the lightning rod in Germany corresponds to a rather ambivalent and restrained reception of Franklin's invention and his writings about electricity – it shows a disparate image between technical fears of contact, skepticism, and polemic. However, also prominent Enlightenment protagonists like Georg Christoph Lichtenberg published in the journals, and agitated for the acceptance of the lightning rod and against theological reservations.

Flemming Schock, Projekt „Gelehrte Journale", Akademie der Wissenschaften zu Göttingen, Arbeitsstelle Leipzig, Beethovenstraße 6, 04107 Leipzig, E-Mail: flemming.schock@mail.uni-goettingen.de

Sebastian Kühn

„Anthropométrie" einer Gelehrtenrepublik: Samuel Sorbière (1615–1670)

I. Einleitung: Die Vermessung einer Gelehrtenrepublik im Frankreich der 1660er Jahre

Das Konzept der Gelehrtenrepublik gilt als universalistisch: alle sozialen, politischen, religiösen oder sprachlichen Unterschiede sollen keine Rolle spielen im freien, unvoreingenommenen Austausch ihrer Mitglieder. Die damit transportierten Werte von Offenheit, Öffentlichkeit, Uneigennützigkeit und egalisierter Gemeinschaftlichkeit schließen gerade soziale Differenzierung oder gar Streit aus. Daß die Realität gelehrter Kommunikation diesem immer wieder propagierten Selbstbild nicht entsprochen hat, ist unbestritten. Die Frage ist nur, wie dieses Verhältnis zu fassen ist. Mitunter wird das Verhältnis als Gegensatz von Ideal und sozialer Realität angesehen.[1] Andere Deutungen betonen in der Tradition von Koselleck und Habermas die gegen den Absolutismus und die Ständegesellschaft gerichtete prinzipielle Egalität der Austauschpraktiken und gehen eher von einer (wenn auch je diskutablen) Einheit von Ideal und Wirklichkeit aus.[2] Wieder andere thematisieren eher individuelle oder strukturelle Ausnahmen, die im ganzen aber die Normen bestätigen würden.[3] Aber vielleicht ist schon die Frage so nicht

[1] Vgl. etwa Lorraine Daston, The Ideal and Reality of the Republic of Letters in the Enlightenment, in: Science in Context 4 (1991), 367–386. Ähnlich auch Herbert Jaumann, Gibt es eine katholische Respublica litteraria? Zum problematischen Konzept der Gelehrtenrepublik in der frühen Neuzeit, in: Zeitsprünge 2 (1998), 361–379.

[2] Vgl. Françoise Waquet, Qu'est-ce que la République des Lettres? Essai de sémantique historique, in: Bibliothèque de l'école des chartes 147 (1989), 473–502. Dena Goodman, The Republic of Letters. A Cultural History of the French Enlightenment, Ithaca, London 1994.

[3] So etwa je unterschiedlich akzentuiert Anne Goldgar, Impolite Learning. Conduct and Community in the Republic of Letters, 1680–1750, New Haven, London 1995. Martin Mulsow, Die unanständige Gelehrtenrepublik. Wissen, Libertinage und Kommunikation in der Frühen Neuzeit, Stuttgart, Weimar 2007. Anthony Grafton, A Sketch Map of a Lost Continent. The Republic of Letters, in: A. G.: Worlds Made by Words: Scholarship and Community in the Modern West, Cambridge, Mass. 2009, 9–34.

Aufklärung 26 · © Felix Meiner Verlag 2014 · ISSN 0178-7128

richtig gestellt, da das Verhältnis von sozialen Praktiken und diskursiven Strategien als kategorialer Gegensatz begriffen wird. Wenn hingegen danach gefragt wird, in welchen Kontexten Konzepte von Gelehrtenrepublik Bedeutung erlangen konnten, dann werden diskursive Praktiken der Rede von Gelehrtenrepublik und ihrer Werte faßbar als Teil von sozialen Strategien.

Diese Frage kann hier nur annähernd beantwortet werden, schon weil auch die unterschiedlichen Traditionen und Utopien,[4] die in Vorstellungen von der Gelehrtenrepublik eingegangen sind, und auch die Institutionen und strukturellen Bedingungen von Buchdruck bis Handel beachtet werden müßten. Es soll hier aber der Versuch unternommen werden, sich einer Antwort zu nähern, indem eine bestimmte Konstellation analysiert wird: die Konflikte um die Akademieprojekte des Samuel Sorbière in den 1660er Jahren, die sich im Umfeld seiner 1664 publizierten *Relation d'un voyage en Angleterre* abspielten. Dieser Fall ist insbesondere deshalb so interessant, weil von Sorbière eine andere Sicht auf die Gelehrtenrepublik artikuliert wurde und er versuchte, diese umzusetzen. Die Hypothese lautet daher, daß es nicht *die* Gelehrtenrepublik gab, sondern eine Vielzahl unterschiedlicher Sichtweisen, Konzepte und Praktiken, die miteinander konkurrierten. Einige seiner Gegner formulierten in ihrer Kritik an Sorbière die Ideale, die mit der Gelehrtenrepublik gemeinhin verbunden werden. Wir begegnen also einem der Kontexte, in dem verschiedene diskursive Praktiken von Gelehrtenrepublik artikuliert wurden und allgemeine Geltung beanspruchten.

Interessant scheint dieser Fall weiterhin, weil er 1) an einem neuralgischen Punkt der politischen Reorganisation in Frankreich (1660 Alleinregierung Louis' XIV) und in England (Restauration) stattfand, 2) weil er inmitten einer Institutionalisierungsphase von Wissenschaft (1660 Gründung der *Royal Society*; 1666 Gründung der *Académie des Sciences*) plaziert war und damit den Wandel in der Organisationsweise von Wissenschaft anzeigen kann[5] und 3) weil Sorbière erstmals den aufgeklärten politischen Anspruch der Rationalisierung des Soziopolitischen formuliert hat[6]. Wie auch immer man zu diesen Deutungen in größe-

[4] Vgl. etwa Klaus Garber, Heinz Wismann (Hg.), Europäische Sozietätsbewegung und demokratische Tradition. Die europäischen Akademien der Frühen Neuzeit zwischen Frührenaissance und Spätaufklärung, 2 Bde., Tübingen 1996 (Frühe Neuzeit, 26/27).

[5] So sieht Lisa Sarahson im Anschluß an Mario Biagioli den Wandel von Patronagetypen in den Wissenschaften: Vom Hof und persönlicher Patronage hin zu königlich legitimierten oder selbstorganisierten Akademien. Lisa Sarasohn, Who Was Then the Gentleman? Samuel Sorbière, Thomas Hobbes, and the Royal Society, in: History of Science 42 (2004), 211–232. Mario Biagioli, Scientific Revolution, Social Bricolage, and Etiquette, in: Roy Porter, Mikuláš Teich (Hg.), The Scientific Revolution in National Context, Cambridge 1992, 11–54.

[6] So Adkins, G. Matthew, The Idea of the Sciences in the French Enlightenment: A Reinterpretation, Newark 2013, Kap. 1: The Montmor Discourse: Samuel Sorbière and the Foundation of the Royal Academy of Sciences, 9–28.

ren Entwicklungslinien stehen mag: Sorbière gilt mittlerweile als eine nicht ganz unwichtige Figur, die mit dazu beitrug, daß 1666 die Pariser *Académie des Sciences* gegründet wurde.

In jüngerer Zeit wird Sorbières Bedeutung als eigenständiger politischer und philosophischer Denker und einer der „libertins érudits“ gesehen.[7] Lange hingegen zählte er zu den eher obskuren Gestalten der französischen Gelehrtenrepublik des 17. Jahrhunderts, fast vergessen, wenn sich mit seinem Namen nicht ein skandalträchtiges Buch verbinden würde: die *Relation d'un voyage en Angleterre* von 1664. Sorbière sah sich heftiger Kritik aus Gelehrtenkreisen ausgesetzt, aber auch von den Höfen in Dänemark und England. Das Buch wurde schließlich verboten und Sorbière in die Bretagne relegiert. Auf diese Vorgänge werden wir noch zurückkommen, denn vor allem in den gelehrten Entgegnungen zeigen sich die Auseinandersetzungen darum, wie die Gelehrtenrepublik organisiert sein sollte.

Dabei war der Anspruch Sorbières kein geringer. Er bezeichnete die „Anthropométrie“ als seine Hauptbeschäftigung: die wahre Kenntnis der guten und schlechten Seiten der wichtigsten Gelehrten seiner Zeit aus eigener Anschauung.[8] In diesem Bewußtsein bot er seine Dienste auch Mazarin, später Colbert und Louis XIV an – als Organisator der Gelehrtenrepublik unter königlicher Patronage und im Dienst des Königs. „Anthropométrie“ bedeutete damit für Sorbière nicht nur ein Wissen gelehrter Leistungen, sondern auch die Fähigkeit, seine Beziehungen zu Gelehrten im Dienst für den König zu ordnen. „Anthropométrie“ ist Wissen und Beziehungspraxis in einem und setzt voraus, daß der „Anthropometer“ auch den Maßstab seiner Bewertung bestimmt.

Es ist diese Vermessung der Gelehrtenrepublik im Kontext von Patronage aus der Perspektive von Samuel Sorbière, die im Folgenden dargestellt werden soll. Dabei soll Sorbière zunächst in seinen gelehrten Beziehungen, dann in seinen Patronagebeziehungen betrachtet werden, ehe der Skandal um die *Relation d'un voyage en Angleterre* thematisiert wird.

[7] Siehe vor allem Lorenzo Bianchi, Absolutism and Despotism in Samuel Sorbière: Notes on Skepticism and Politics, in: José Maja Neto u. a. (Hg.), Skepticism in the Modern Age. Building on the Work of Richard Popkin, Leiden 2009, 191–210. Sophie Gouverneur, Samuel Sorbière, ou la réhabilitation libertine des passions, in: Libertinage et philosophie au XVIIe siècle, Bd. 4: Gassendi et les gassendistes, St Étienne 2000, 183–197. Dies., Prudence et subversion libertines. La critique de la raison d'État chez François de La Mothe Le Vayer, Gabriel Naudé et Samuel Sorbière, Paris 2005. Vgl. auch René Pintard, Le Libertinage érudit dans la première moitié du XVIIe siècle, 2 Bde., Paris 1943.

[8] Samuel Sorbière, Relations, lettres, et Discovrs Sur Diverses Matieres Curieuses, Paris 1660, 280 f.

II. Sorbière als Gelehrter

Geboren wurde Samuel Sorbière 1615 in der Nähe des südfranzösischen Uzès als Sohn protestantischer Eltern.[9] Nach dem frühen Tod der Eltern wuchs er bei seinem Onkel, dem Gelehrten Samuel Petit, auf. Von diesem wurde er auch in führende Gelehrtenkreise während seines Theologie- und Medizin-Studiums ab 1639 in Paris eingeführt. Vermutlich wegen unorthodoxer (sozinianischer) Ansichten begibt sich Sorbière 1642 in die Niederlande, arbeitet als Erzieher und Arzt und ist für verschiedene Buchdrucker tätig. 1650 kehrt er als Lehrer des protestantischen *Collège* in Nîmes in seine Heimatregion zurück, konvertiert jedoch 1653 zum Katholizismus und begibt sich wieder nach Paris. Er wird Mitglied der päpstlich-avignonesischen *Académie des Émulateurs* und ab 1657 Mitglied und Sekretär der privaten *Académie de Montmor.* 1660 unternimmt er eine Reise zu Gelehrten in den Niederlanden, 1663 die Reise nach England, die in der erwähnten *Relation* verarbeitet wird. Sorbière stirbt 1670.

Schon in der ersten Pariser Zeit hat Sorbière das System seiner Gelehrten-Kontakte intensiv zu nutzen verstanden. Eine Initialrolle spielte sein Onkel, Samuel Petit. Über diese nicht unübliche verwandtschaftliche Förderung und Empfehlungspraxis erhielt er etwa Zugang zum Mersenne-Kreis, zu Claude Saumaise und zum Kabinett der Brüder Dupuy.[10] Empfehlungsschreiben von (gelehrten) Verwandten waren durchaus gängige Praxis, und auch die gelehrte Dynastiebildung (direkt oder indirekt über Neffen) ist häufiger anzutreffen gewesen, auch und gerade in der späteren *Académie des Sciences* etwa.[11] Dennoch konnten genau

[9] Allgemein zur Biografie Sorbières, wenn auch zahlreiche Wertungen mit Vorsicht zu genießen sind: François Graverol, Mémoires pour la vie de Messieurs Samuël Sorbiere, & Jean-Baptiste Cotelier, in: Sorberiana, ou bons mots, rencontres agreables, pensees judicieuses, et observations curieuses, de M. Sorbiere, Paris 1695, unpaginiert. André Morize, Samuel Sorbière principal à Orange: Sa conversion (1650–1653), in: Bulletin de la Société de l'histoire du Protestantisme Français 56 (1907), 503–525. Ders., Samuel Sorbière (1610–1670) et son „Voyage en Angleterre" (1664), in: Revue d'histoire littéraire de la France 14 (1907), 231–275. Ders., Thomas Hobbes et Samuel Sorbière. Notes sur l'introduction de Hobbes en France, in: Revue Germanique 4 (1908), 195–204. Ders., Samuel Sorbière (1610–1670), in: Zeitschrift für französische Sprache und Literatur 23 (1908), 214–265. Vincent Guilloton, Autour de la Relation du Voyage de Samuel Sorbière en Angleterre 1663–1664, in: Smith College Studies in Modern Languages XI (1930), 1–29. Gustave Cohen, Le voyage de Samuel Sorbière en Hollande en 1660, in: Mélanges d'histoire littéraire générale et comparé offerts à Fernand Baldensperger, 2 Bde., Paris 1930, Bd. 1, 148–164.

[10] Pintard, Le Libertinage érudit (wie Anm. 7), 327 ff. Als Beispiel der Bitte um ein Empfehlungsschreiben von seinem Onkel: Ch. Liotard, Lettre inédit de Sorbière à son oncle Samuel Petit, in: Mémoires de l'Académie de Nîmes, VIIe série, XI (1888), 299–314.

[11] Vgl. etwa Wilfried Euler, Entstehung und Entwicklung deutscher Gelehrtengeschlechter, in: Hellmuth Rössler, Günther Franz (Hg.), Universität und Gelehrtenstand 1400–1800, Limburg, Lahn 1970, 183–232. Alix Cooper, Homes and Households, in: Katherine Park, Lorraine Daston, Early Modern Science (The Cambridge History of Science 3), Cambridge 2006, 224–237, hier 231 ff.

diese gelehrten Patronage-Praktiken als Nepotismus kritisiert werden. So berichtet Graverol, der erste Biograf Sorbières, etwas maliziös: „l'on peut dire que sa qualité de neveu de Samuël Petit le fit peut-être autant considerer que sa Doctrine, ‚an tu ille Samuëlis Petiti nepos?' lui dit le Pape Alexandre VII. la prémiere fois qu'il eut l'honneur de l'approcher [1655]".[12] Sorbière jedenfalls nutzte die Verbindung mit seinem berühmten Onkel und versuchte, die Beziehung zu verändern. 1649 gibt er eine Schrift seines Onkels heraus, die er mit einem umfangreichen Vorwort versieht und Claude Saumaise widmet.[13] Darin zeigt er sich nicht mehr als bloßes Geschöpf seines Onkels, sondern als eigenständiger Gelehrter, indem er die Mängel der Arbeit auflistet.

Auch sonst wächst Sorbière schnell über den direkten Einflußbereich seines Onkels hinaus. Die über Samuel Petit erworbenen Kontakte zu Gelehrten ermöglichten wiederum neue Empfehlungen. Von Mersenne wurde er Pierre Gassendi vorgestellt; der enge Schülerkreis um diesen bestand vollständig aus Teilnehmern der Mersenne-Gruppe. Sorbière entwickelte sich bald zum Haupt dieses Gassendi-Zirkels, bestehend aus befreundeten jungen Männern: Charles du Bosc, Thomas de Martel und Abraham du Prat.[14] Sorbière nutzte nun diese Kontakte weiter; in Amsterdam etwa gab er bei Elzevier die Streitschriften zwischen Gassendi und Descartes heraus. Auch später bemühte sich Sorbière immer wieder, die Schriften von berühmten Gelehrten herauszugeben bzw. zu übersetzen. Neben Gassendi oder Thomas Morus[15] betrifft das vor allem Thomas Hobbes.[16]

Sorbière wurde immer wieder dazu angehalten, die Schriften berühmter Gelehrter herauszugeben. Gassendi etwa bat ihn angesichts der Ausgabe von *De Cive*, Hobbes zu weiteren Veröffentlichungen anzuregen: „Quippe & ex ipse in

[12] Graverol, Mémoires (wie Anm. 9), unpaginiert.

[13] Samuel Petit, Diatribe de iure, Amsterdam 1649.

[14] De Martel und du Prat kamen wie Sorbière aus südfranzösischen protestantischen Familien, begaben sich zum Medizinstudium nach Paris und propagierten den Sozinianismus, siehe Noel Malcom, Biographical Register, in: Thomas Hobbes, Correspondence, hg. von Noel Malcom, 2 Bde., Oxford 1994, 796 ff. Zum Schülerkreis Gassendis: Pintard, Libertinage érudit (wie Anm. 7), 332 ff.

[15] Petrus Gassendi, Disquisitio metaphysica, seu Debitationes et instantiae adversus Renati Cartesii metaphysicam et responsa, Amsterdam 1644. Petrus Gassendi, Syntagma philosophiae Epicuri, Den Haag 1656. Petrus Gassendi, Opera omnia, 6 Bde., Lyon 1658. Thomas Morus, L'Vtopie de Thomas Morus chancelier d'Angleterre. Traduict par Samuel Sorbiere, Amsterdam 1643.

[16] Thomas Hobbes, Elementa philosophica de Cive, Amsterdam 1647 (weitere Ausgaben Sorbières). Thomas Hobbes: Elemens philosophiques du citoyen, Amsterdam 1649 (weitere Ausgaben). Zur Arbeit an diesen Ausgaben, siehe auch die Korrespondenz zwischen Hobbes und Sorbière bei Thomas Hobbes, Correspondence, hg. von Noel Malcom, 2 Bde., Oxford 1994.

lucem prolatis summè beasses nationem totam philosophantium solidè".[17] Die Vermittlung von Hobbes an die niederländischen Buchdrucker wurde als wertvoller Dienst an der „philosophischen Nation", an der Gelehrtenrepublik gesehen. Was hier als uneigennütziger Dienst an der Allgemeinheit dargestellt wird, konnte allerdings auch anders gedeutet werden. Denn niemals vergaß Sorbière seinen und seiner Freunde Namen (du Bosc, de Martel, du Prat) zu verknüpfen mit dem der berühmten Gelehrten, deren Werke er herausgab. In Widmungen und Vorworten drückte sich diese gelehrte Patronage-Beziehung immer wieder aus. Der zitierte Brief von Gassendi an Sorbière etwa findet sich in der Ausgabe von *De Cive* zwischen Widmung und eigentlichem Text, auch ein ähnlicher Brief von Mersenne an Sorbière war abgedruckt. Und auch die Vita Gassendis aus der Feder Sorbières quoll über von Namensnennungen Sorbières und seiner gelehrten Freunde.[18] Guy Patin, ein Pariser Mediziner, schrieb etwa dazu: „Sorbière n'est qu'un sot et un veau avec tout son fatras de latin; [...] tout son latin n'est qu'un malheureux panégyrique de quelques siens amis, qu'il a prétendu louer sous ombre de parler de feu M. Gassendi".[19]

Patin urteilte nun nicht unvoreingenommen – er stand in der Kritik (die auch Sorbière geäußert hatte), durch häufigen Aderlaß den Tod Gassendis mit verursacht zu haben. Er delegitimierte nun weniger die Praxis der Namensnennung und Patronage an sich als einen ganz konkreten gelehrten Freundeskreis, aus dem ihm heftige Vorwürfe entgegen kamen. Sorbière hatte nur das getan, was die Regeln der gelehrten Patronage geboten: er hatte seine Freunde geehrt, sie und sich an den Namen (und das Ansehen) Gassendis gebunden.[20]

Sorbière zeigt sich so schließlich als erfolgreicher *broker* im Feld hierarchisch organisierter gelehrter Beziehungen. War er selbst anfangs auf Empfehlungen anderer angewiesen, konnte er bald selbst diesen Vermittlerdienst anbieten. Seine Freunde vermittelte er beispielsweise an Hobbes, die Kontroverse zwischen Gassendi und Descartes initiierte er, die Werke von Gassendi und Hobbes vermittelte er

[17] Gassendi an Sorbière, Paris 28.04.1646, in: Thomas Hobbes, De Cive. The Latin Version. A critical Edition, ed. by Howard Warrender, Oxford 1983, 85.

[18] Ad virum illustrem Henricum Ludovicum Habertum Mon-Morium Praefatio Samuelis Sorberii De vita ac moribus Petri Gassendi, in: Petrus Gassendi, Opera omnia, Bd. 1, Lyon 1658, unpaginiert.

[19] Lettres de Guy Patin, hg. von J. M. Reveille-Parise, 3 Bde., Paris 1846, Bd. 2, 400 (Patin an Spon, 18.06.1658).

[20] Vgl. zum gelehrten Austausch als Patronage: Paula Findlen, The Economy of Scientific Exchange in Early Modern Italy, in: Bruce T. Moran (Hg.), Patronage and Institutions. Science, Technology, and Medecine at the European Court 1500–1750, Woodbridge 1991, 5–24. Mario Biagioli, Galileo, Courtier. The Practice of Science in the Culture of Absolutism, Chicago, London 1993. Gabriele Jancke, Patronage, Freundschaft, Verwandtschaft: Gelehrtenkultur in der Frühen Neuzeit, in: Johannes F. K. Schmidt u.a. (Hg.), Freundschaft und Verwandtschaft. Zur Unterscheidung und Verflechtung zweier Beziehungssysteme, Konstanz 2007, 181–200.

an niederländische Buchdrucker. Diese Vermittlungsleistung, gerade auch im Hinblick auf Veröffentlichungen, kündigte er auch zwischen Hobbes und René Sluse an[21] – auch das eine nicht ungewöhnliche Praxis, um gelehrte Kontroversen in pazifizierter Form durch regulierende Vermittlung öffentlich zu machen. Doch auch das konnte kritisiert werden. Baillet, der Biograph von Descartes, bezeichnete Sorbière als „Spion" von Gassendi,[22] bestritt also die Vermittlungsleistung. Und Charles-Étienne Jordan warf Sorbière später gar vor, in der Vermittlung zwischen Hobbes und Gassendi die Briefe der Gelehrten je als die seinigen ausgegeben zu haben, um so als besonders geehrt zu erscheinen.[23]

Während Sorbière sich als erfolgreicher *broker* in der Gelehrtenrepublik präsentierte und so auch von vielen Gelehrten gesehen wurde, warfen ihm Kritiker immer wieder Eigennutz und Parteilichkeit vor – genau die Laster, in deren Hintergrund die Ideale der Gelehrtenrepublik standen. Sorbière und seine Anhänger prägten ein hierarchisch organisiertes Bild der Gelehrtenrepublik, strukturiert durch Praktiken der Patronage im Gabentausch. Die Vermittlung (an andere Gelehrte, an den Buchdruck etwa) und die Namensnennungen waren eine Form der Gaben, die die Beziehungen zwischen Klient, *broker* und Patron immer wieder neu festlegten, zugleich das gelehrte Ansehen aller steigerten. Auch die Vermittlung, das sei hier betont, war ein Maß gelehrter Anerkennung, vielleicht sogar ein besonders geschätztes. Genau das aber wurde in den Kritiken bestritten: sei es die Vermittlung durch Samuel Petit, die Förderung der Freunde bei Patronen Sorbières oder die Vermittlung in gelehrten Kontroversen – aus ganz unterschiedlichen Motiven der jeweiligen Kritik wird der Vermittlung ein genuin gelehrter Wert abgesprochen und nur noch Eigennutz und Parteilichkeit darin gesehen.

III. Sorbière als Höfling

Sorbière als Gelehrter – damit ist nur ein Teil der Konstellation benannt, die er selbst als „Anthropométrie" beschrieb. Er bewegte sich spätestens seit seiner Konversion 1653 im weiteren Umfeld des Hofes. Der Druck seines Konversionsberichts war Mazarin gewidmet.[24] 1655 schreibt Mazarin, daß er ihm nützlich sein will.[25] Aber Patronagebeziehungen bedürfen eines ständigen Kontaktes.

21 Samuel Sorbière, Relation d'un voyage en Angleterre, Paris 1664, 178.

22 Adrien Baillet, La vie de Monsieur Descartes, 2 Bde., Paris 1691, Bd. 2, 171.

23 Charles-Étienne Jordan, Recueil de Litterature, de Philosophie, et d'Histoire, Amsterdam 1730, 136.

24 Samuel Sorbière, Discours du sieur de Sorbière sur sa conversion à l'église catholique, Paris 1654.

25 Lettres du Cardinal Mazarin pendant son Ministère, hg. von G. d'Avenel, 9 Bde., Paris 1862 – 1906, Bd. 7, 547.

Eine Verbindung kann über seinen Freund du Bosc gehalten worden sein, der sich als Sekretär der Königin und Übersetzer Ludwig XIV. in der Nähe Mazarins befand.[26] Ein weiterer Strang läuft über Pierre de Marca, Erzbischof von Toulouse und *créature* von Mazarin,[27] den Sorbière 1659 um Empfehlung bei Mazarin bittet.[28] 1655 bezeichnet Patin den Bischof von Agde als „patron" Sorbières, der durch seinen Bruder, den *surintendant* Fouquet, eine Pension von Mazarin zu erreichen hoffe.[29] Neben diesen Verbindungen aus der südfranzösischen Herkunftsregion besteht die intensivste Beziehung über die Familie de Bautru, deren Klient Sorbière seit Mitte der 1650er Jahre ist. Nicolas de Bautru, Comte de Nogent, war *conseiller du Roy* und *capitaine des gardes de la porte*. Über ihn erlangte Sorbière die Patronage der gesamten Familie:[30] seines Bruders Guillaume de Bautru, Comte de Serrant, Mitglied der *Académie française*, *conseiller d'État* und *chancelier* des Duc d'Orange; schließlich seiner Söhne Armand de Bautru, *capitaine des gardes de la porte* und Nicolas de Bautru de Nogent, Marquis de Vaubrun, nach einer Militärkarriere seit 1660 Gouverneur von Philippeville.[31] Alle waren eng an Mazarin gebunden und setzten sich beständig für Sorbière ein. An jeden von ihnen widmet Sorbière gedruckte Bitt- und Dankesbriefe; die ihnen gewidmeten kleineren Schriften sind Auftragswerke. So ist seine *Relation d'un voyage fait en Hollande* (1659) dreigeteilt; der erste landeskundliche Teil an Nogent, der zweite über die Regierung an Vaubrun, der dritte über die „République des Lettres" an Serrant.[32] 1658 schreibt Sorbière einen Éloge auf Mazarin und läßt ihn über seine Gönner überreichen.[33]

1660 schließlich veröffentlicht Sorbière zwei Sammlungen von Reden und Schriften, die meisten an seine Gönner adressiert, und widmet beide Bände Mazarin.[34] Er präsentiert sich hier nicht einfach als Gelehrter, sondern als Gelehrter mit vielfältigen, erfolgreichen und tragfähigen Klientelbeziehungen, zugleich als *broker* anderer Gelehrter.

[26] Malcom, Biographical Register (wie Anm. 14), 796.

[27] Vgl. Sharon Kettering, Patrons, Brokers, and Clients in Seventeenth-Century France, New York, Oxford 1986, 111 ff.

[28] Samuel Sorbière, Lettres et discours de M. de Sorbiere. Sur diuerses matieres curieuses, Paris 1660, 383.

[29] Lettres de Guy Patin (wie Anm. 19), Bd. 2, 194, Patin an Spon.

[30] Sorbière, Relations, lettres, et Discovrs (wie Anm. 8), 344.

[31] Zur Biographie und Genealogie: Archives biographique française, I, 174–207.

[32] Zahlreiche Briefe und kleinere Stücke in den beiden Schriften von 1660; die Hollandberichte in Sorbière, Relations, lettres, et Discovrs (wie Anm. 8), 11–194.

[33] Samuel Sorbière, Portrait de son Eminence, à Monsieur le Comte de Nogent, Paris 1658; weitere Exemplare sendet er an andere Gönner: Sorbière, Lettres et discours (wie Anm. 28), 129–142.

[34] Sorbière, Lettres et discours (wie Anm. 28). Sorbière, Relations, lettres, et Discovrs (wie Anm. 8).

Die Bemühungen zeigten Erfolge – Sorbière erhält ab 1656 einige kleinere Pfründen und Pensionen Mazarins;[35] 1660 wird ihm der Titel *historiographe du Roy* verliehen. Der Titel galt als Krönung einer Gelehrtenkarriere, war aber an kein Amt und keine festen Bezüge gebunden[36] – Sorbière bat weiter um eine feste Stelle bei Hof.

Nach dem Tode Mazarins 1661 brach die Verbindung zum Hof nicht ab: Die Bautrus waren weiterhin in Amt und Gunst, und Sorbière hatte schon seit 1658 Verbindungen zu Colbert aufgebaut, der ihm damals noch als *broker* zu Mazarin diente.[37] 1663 erhielt er, vermittelt durch Chapelain, mit anderen Gelehrten eine *gratification* von 1000 livres.[38]

Von seinen Gegenleistungen in diesen ungleichen Beziehungen hatte Sorbière eine präzise Vorstellung. In den Schriften an seine Gönner läßt er deutlich durchblicken, über welche Macht er als Schriftsteller verfügt. So in seinem dritten Hollandbericht, Auftragswerk von dem Comte de Serrant, dem er das Bürgerrecht in der „République des Lettres" zuspricht:

> Ce sera là, Monsieur, que ie feray vostre portrait, & que l'on verra de toute sorte de characteres. Il y aura du Raphaël au vostre, & du Bamboche en celuy de quelques autres [...]. Je feray des hommes de vôtre trempe quelque Colosses, qui se soutiendront d'eux-mesmes. Mais de certains autres ie tailleray de petites figures, qui entreront dans la frise de quelque bastiment, ou qui serviront à orner le pied-d'estail de quelques colomnes. Car ie puis tirer des plus profondes carrieres des sciences des matieres qui resisteront à la corruption, & qui conserveront mes ouurages vn peu au delà de ceux qui vont immédiatement de l'Imprimerie à la Halle.[39]

Sorbière wußte um seine Veröffentlichungsmacht und setzte sie gezielt ein: die Namen seiner Gönner verewigt, in den *éloges* erhöht, beides in Büchern, die ein sowohl gelehrtes als auch höfisches Publikum erreichten. Und er scheint anzudeuten, daß er auch anders könnte. Einige Seiten weiter im gleichen Buch (sollten es seine Patrone nicht gelesen haben?) betont er in einem Brief an einen Verwandten noch deutlicher, daß Autoren der *éloges* Reputation zerstören könnten, wie sie auch erst Ruhm und Anerkennung schaffen:

> [C]'est nous qui faisons adorer le nom des personnes dont nous nous sommes égayés à faire de belles representations: Et enfin c'est nostre ancre & nostre papier, qui disposent les esprits à recevoir vne forme de gouuernement, òu il entre plus de Metaphysique qu'il

[35] Morize, Orange (wie Anm. 9), 521 ff., listet die Einkünfte auf.

[36] Vgl. François Fossier, La charge d'historiographe du sixième au dix-neuvième siècle, in: Revue historique 258 (1977), 73–92. Ders., À propos du titre d'historiographe sous l'Ancien Régime, in: Revue d'histoire moderne et contemporaine 32 (1985), 361–417.

[37] Sorbière, Relations, lettres, et Discovrs (wie Anm. 8), 213 ff., 356 ff.

[38] Christian Huygens, Œuvres complètes de Christian Huygens, hg. von der Société Hollandaise des Sciences, 22 Bde., Den Haag 1888–1905, Bd. 5, 82 (Brief von Chapelain an Huygens).

[39] Sorbière, Relations, lettres, et Discovrs (wie Anm. 8), 189 f.

n'y en a parmy ceux qui ne se mettent en peine que des choses absolument necessaires à la vie.[40]

Am Schluß des Bandes ist noch ein langer *Discours de l'amitié* abgedruckt, Vaubrun gewidmet. Die Patronage als Freundschaft[41] darstellend erklärt Sorbière die Rangunterschiede nicht hinweg, definiert seinen Dienst als „proportion Geometrique" den Pflichten der Gönner gegenüber, die da wären: unter Einsatz ihrer Macht ihren „Freunden" zu helfen, sie zu verteidigen, zu schützen und sich zu bemühen um das „avancement de leur fortune".[42] Die Macht über Ruhm und Reputation ist Sorbières Gegendienst in dieser Beziehung.

Eine ähnliche Funktion und Macht als Autor schreibt sich Sorbière gegenüber den Gelehrten zu. Das obige Zitat über seine Technik als Maler dauerhaften Ruhms steht am Ende des Berichts über die Gelehrtenrepublik in Holland; resümierend erwähnt er, die „grands hommes" Descartes, Hobbes und Gassendi gekannt zu haben und fährt fort:

Je l'ay fait [la rélation] pour vous obeïr, autant que pour adiouster cette Relation à plusieurs autres, qui apprendront peut-estre quelque iour aux curieux tels que Vous mille particularités de l'Histoire des grands Hommes de ce siecle. J'en ay connu la pluspart, & ie les ay vn peu estudiés.[43]

Einige Seiten weiter erwähnt er dieses Projekt wieder, zieht aber nicht nur Bilanz einer Reise, sondern die seines „âge". Enthalten seien in seinen Aufzeichnungen über die Gelehrten ihre guten und schlechten Seiten. Und er gibt seiner Tätigkeit, Menschen einzuschätzen, einen neuen Namen: „Anthropométrie".[44] Sorbière setzt seine Kenntnis des Lebens und der Leistungen von Gelehrten als Dienst für seine Gönner ein und präsentiert sich ihnen in einem Beziehungsgeflecht, in dem er als Autor und *broker* über eine hohe Machtposition verfügt. Er ordnet seine Beziehungen zu Gelehrten seinen Patronagebeziehungen ein. Und: auch seine Fähigkeiten, die guten Gönner zu kennzeichnen, erwähnt er – auch das ist Anthropometrie. In der Widmung an Mazarin ordnet er auch diese Beziehungen in einer neu etablierten Patronagebeziehung ein.

Das ist zwar auch offensive Patronagerhetorik, doch geht Sorbière darüber hinaus. Er stellt sich letztlich allgemein als in vielfältigen Klientelbeziehungen stehender *broker* zwischen Gelehrten und Hof dar. Das blieb nicht unwidersprochen. Schon in seiner zweiten Schrift von 1660 mußte Sorbière auf die Kritik eingehen, die ihm eigene kleine Interessen vorwarf: Eigennutz. Und auch spätere Autoren wiederholten diese Vorwürfe: die beiden Schriften von 1660

[40] Ebd., 233 f.

[41] Vgl. dazu Kettering, Patrons, brokers, and clients (wie Anm. 27), 13 ff.

[42] Sorbière, Relations, lettres, et Discovrs (wie Anm. 8), 406–468.

[43] Ebd., 188.

[44] Ebd., 280 ff.

marquent un peu trop ouvertement l'avidité qu'il avoit d'amasser du bien ; car vous diriez qu'il y tend presque toujours la main, & une telle avidité ne doit pas faire la passion d'un Philosophe, qui jaloux de sa réputation, & aiant toujour des sentimens desinteressez, ne doit proprement travailler que pour la gloire.[45]

Hier werden scheinbar explizit die Ideale der Gelehrtenrepublik gegen die Sprache und Praktiken der Patronage gestellt. Doch auch hier wird vermutlich weniger die Patronage an sich kritisiert als die verschachtelten Patronagebeziehungen, die zentrale Vermittlungsleistung, der ein gelehrter Wert abgesprochen wird.

Dennoch war Sorbière keineswegs isoliert in Gelehrtenkreisen, ganz im Gegenteil. Als Kopf des Gassendi-Kreises und Mersenne-Schüler war er mit zahlreichen Gelehrten in Kontakt, u. a. auch mit dem gelehrten Patron Henri-Louis Habert de Montmor.[46] In dessen Haus hatte sich in den 1650er Jahren ein Kreis junger Gelehrter versammelt. Die Regeln der Zusammenkünfte dieser *Académie de Montmor* verfaßte Sorbière.[47] Sorbières zentrale Stelle in dieser Gruppe wird noch anderweitig unterstrichen: Er wurde zum Sekretär der Akademie ernannt und verfaßte die *mémoires* ihrer Sitzungen;[48] gleichzeitig wirkt er mit mindestens sechs *discours* auch inhaltlich nicht unwesentlich mit.[49] Aber er versteht sich nicht nur als herausgehobenes Mitglied dieser von Montmor moderierten Gruppe, sondern auch als sein Klient: Er schreibt 1663 an Hobbes, daß Montmor sein Patron sei und er nun die Stelle Gassendis als ständiger Gast einnehme.[50]

In dieser Funktion, als Sekretär der Akademie und bevorzugter Klient seines Gönners, hält Sorbière 1663 eine Rede, die die praktischen und organisatorischen Unzulänglichkeiten dieser Akademie thematisiert.[51] Seit Beginn der Treffen habe es Unordnung gegeben, die ausgegangen sei von Leuten, die ausschließlich Experimente durchgeführt haben wollten und in den verlesenen *discours* keinen wissenschaftlichen Wert sahen. Einer ähnlichen Kontroverse um das Wissenschafts- und Wahrheitskonzept begegnen wir auch in England, wo Thomas Hobbes in den 1660er Jahren der *Royal Society* und Robert Boyle die alleinige Fokussierung auf

45 Graverol, Mémoires (wie Anm., 9), unpaginiert.

46 Zur Person und Akademie: Harcourt Brown, Scientific Organizations in Seventeenth Century France (1620–1680), New York 1934 (Reprint New York 1967), 64–90.

47 Sorbière sendet eine Kopie dieses Programms an Hobbes: Hobbes, Correspondence (wie Anm. 16), 491 ff.

48 Graverol bezeugt noch die Existenz dieser wichtigen Quelle für die Wissenschaftsgeschichte, die seitdem verschollen ist.

49 Diese *discours* sind abgedruckt in: Sorbière, Lettres et discours (wie Anm. 28).

50 Hobbes, Correspondence (wie Anm. 16), 544.

51 Der *discours* ist ediert worden von Guillaume Bigourdan, Les premières sociétés scientifiques de Paris au XVIIe siècle, in: Comptes rendus hebdomadaires des scéances de l'Académie des Sciences 164 (1917), 159–162, 216–220.

Experimente vorwirft.[52] 1661 hatte er seinen darüber handelnden *Dialogus physicus* keinem anderen als Sorbière gewidmet.[53] Die Pariser Verfechter der Experimente wiederum standen u. a. über Christian Huygens in engerem Kontakt zur *Royal Society* und den dortigen Mitgliedern, die ausschließlich Experimente durchführen wollten.[54] Diesen warf Sorbière auch vor, andere Gelehrte wie Schulmeister belehren zu wollen. An Hobbes schrieb Sorbière über einen aus dieser Gruppe, den Mathematiker Pierre Petit, folgendermaßen: Er habe einen autoritären Diskussionsstil, übe keine Zurückhaltung, sondern verfolge nur seine Interessen; vor allem stelle er sich immer als Lehrer der anderen dar, obwohl man in Gemeinschaft diskutiere.[55] Nun ist es Sorbière, der gegen andere Gelehrte die Normen eines freien Austauschs in Gemeinschaft verteidigt und ihnen Eigennutz vorwirft.

Diese Spaltung der *Académie de Montmor* in den Sorbière-Kreis und die Anhänger Petits bestand seit der Gründung der Gesellschaft. Petits Stellung in der *Académie* scheint schon institutionell der Sorbières entgegengestanden zu haben – er hielt 1657 die Eröffnungsrede.[56] Meinungsverschiedenheiten gab es bereits 1657 bei der Verabschiedung der Regeln: „Ils y furent examinés, auec quelque contestation de la part de ceux qui ne vouloient pas escrire".[57] Diese Kritik an den *discours*, denen die Wissenschaftlichkeit abgesprochen wurde, begründete sich aus einer anderen Wissenschaftskonzeption, die ausschließlich Experimente propagierte. Aus diesem Kreis wurden wohl auch die Veröffentlichungen Sorbières von 1660 kritisiert; in den *Lettres et discours* hatte er auch sechs *discours* abgedruckt, die er in der *Académie de Montmor* gehalten hatte. Vorgeworfen wurde ihm dabei aber auch die Einbindung der *discours* in die Patronagebeziehungen – mithin die Ausweitung eines Konflikts in das höfische Umfeld.

Die Rede von Sorbière von 1663 zeugt nicht nur von einer tiefen Spaltung innerhalb der *Académie der Montmor* und darüber hinaus, sondern ist zugleich das Dokument eines neuen Akademievorschlags unter königlicher Patronage. Sorbière läßt den Konflikt weiter eskalieren und versucht ihn für sich zu entscheiden, indem er diesen *discours* von 1663 drucken läßt und, mit einem längeren Begleit-

[52] Vgl. Steven Shapin, Simon Schaffer, Leviathan and the Air-Pump. Hobbes, Boyle, and the Experimental Life, Princeton 1985.

[53] Thomas Hobbes, Dialogus physicus de natura aeris, conjectura sumpta ab experimentis nuper Londoni habitis in collegio Greshamensi, in: Opera omnia latina, hg. von William Molesworth, 5 Bde. London 1839–1845, Bd. 4, 233–296.

[54] Christian Huygens, Journal de voyage à Paris et à Londres (octobre 1660 – mai 1661), in: Henri L. Brugmans, Le séjour de Christian Huygens à Paris et ses Relations avec les milieux scientifiques français, Paris 1935, 119–171.

[55] Hobbes, Correspondence (wie Anm. 16), S. 549 f.

[56] Brown, Scientific Organzations (wie Anm. 46), 78.

[57] Hobbes, Corrspondence (wie Anm. 16), 491 (Sorbière an Hobbes, 1. Februar 1658).

schreiben versehen, an Colbert sendet. Dessen Pläne zur Förderung von Gelehrten des In- und Auslandes waren bekannt, und Sorbière präsentiert sich ihm in dem Begleitbrief als Mittler:

> Je cherche le moyen de faire comprendre aux autres ce qu'ils vous doivent desia, et ce qu'ils ont à esperer de la bonté du Roy, qui se sert de Vous pour establir la felicité de ses peuples. Car je fais point de doute, qu'apres que S. M. Vous aura employé à guerir l'Estat de ces maladies, Vous n'ayés ordre de travailler à rendre à son Royaume toute sa force, et tout son embonpoint; ce ce qui ne se passera pas sans que Vous y faciés florir les Arts et les Sciences, pour lesquelles Vous voyés que je m'interesse.[58]

Mit Hilfe des Hofes sollten Tatsachen in der Akademie geschaffen und die Petit-Gruppe öffentlich diskreditiert werden. Zugleich präsentiert sich Sorbière auf der Spitze der Hierarchie, die ein Gelehrter nur erreichen kann: Überbringer der königlichen Gunsterweisungen an die Gelehrten; sie an ihre Pflichten für Colbert errinnernd, ihren Beitrag zum Ruhm des Königreiches anbietend. Nützliche Experimente ließen sich, so hatte Sorbière in seiner Rede formuliert, nur unter königlicher Förderung durchführen. Mit dem Begleitbrief an Colbert wird die Rede in der *Académie de Montmor* zu einem Vorschlag einer königlichen Akademie, zentral organisiert von Sorbière. Die Legitimation dafür bezieht er aus seiner Stellung: er präsentiert sich allgemein als der *broker* zwischen Hof und Gelehrtenrepublik.

Ganz ähnlich hat sich Sorbière auch in der Widmung seiner *Relation d'un voyage en Angleterre* an Louis XIV dargestellt:

> Le commerce que j'ay encore avec quelques-uns des premiers testes du Parnasse, me donne la hardiesse de croire, que V. M. ne m'a pas favorisé sans me connoistre […]. Elle a bien jugé que dans cette milice des Lettres […] il falloit soudoyer quelques Trompettes, aussi bien que de Cavaliers & des Capitaines.[59]

Auch hier handelt es sich nicht nur um leere Patronagerhetorik, sondern um die Darstellung eines Anspruchs, die Gelehrtenrepublik zentral und hierarchisch dem königlichen Willen unterzuordnen. Und dieses Konzept einer zentral organisierten, hierarchisch geordneten Gelehrtenrepublik entspricht auch Sorbières politischer Philosophie im Gefolge von Machiavelli und Hobbes.[60] Angesichts seines pessimistischen Menschenbildes, angesichts der zahlreichen Kriege und Bürgerkriege (die Fronde etwa) plädierte Sorbière für ein Herrschaftsmodell des Absolutismus, ja des Despotismus, um den Frieden zu sichern.

[58] Der Begleitbrief ist vollständig abgedruckt in Bigourdan, Les premières sociétés (wie Anm. 51), 218.

[59] Sorbière, Relation d'un voyage en Angleterre (wie Anm. 21), Widmung, unpaginiert.

[60] Siehe dazu Bianchi, Absolutism And Despotism (wie Anm. 7). Samuel Sorbière, Discours Sceptiques. Édition critique par Sophie Gouverneur, Paris 2002.

Dieses Herrschaftsmodell nun scheint Sorbière auch auf die Gelehrtenrepublik angewendet zu haben. Allein die Unterordnung unter eine zentrale Macht könne Ordnung garantieren, lautete das politische Fazit von Sorbière. Es sieht danach aus, als hätte er auch die Unordnung in der Gelehrtenrepublik mit diesem Konzept ihrer hierarchischen Reorganisation beseitigen wollen. Das wäre eine Reorganisation gewesen, die die Gelehrten nicht nur unter einen Patron gestellt hätte, sondern auch nur von einer Instanz – Samuel Sorbière selbst – vermittelt worden wäre. So unmöglich dieser Anspruch klingen mag – angesichts der Rolle, die etwa Jean Chapelain bei der Verteilung königlicher Pensionen ab 1661 spielte, erscheint er nicht mehr so unrealistisch. Vor diesem Hintergrund sind dann auch die Kritiken verständlich, die sich vor allem an der Patronagerhetorik entzündeten, vermutlich aber die angestrebte Position Sorbières treffen wollten.

IV. Sorbière im Exil: Rekonstruktion eines Scheiterns?

Von diesem Anspruch her sind die Folgen der Publikation des Reiseberichts für Sorbière fatal: Das Buch wird verboten, er selbst nach Nantes relegiert. War das ein Scheitern seiner Ansprüche, seiner Stellung, seiner Fähigkeiten, die Regeln der Patronage zu erkennen?[61] Die Ursachen der Verurteilung sind zunächst politischer Natur.[62] Der dänische Botschafter am französischen Hof beschwert sich ebenso über den Reisebericht wie der französische Botschafter am englischen Hof.

Sorbière hatte in seinem Bericht ein Treffen mit der Frau des ehemaligen dänischen Reichshofmeisters Corfitz Ulfeldt geschildert, die in Dover auf dänischen Druck hin in Arrest war. Er stellt ihre und ihres Mannes Verhaftung als höfische Intrige von Neidern dar und verteidigt sie gegen den Vorwurf des Majestätsverbrechens. Die Ulfeldts hatten in den Niederlanden zu Sorbières Patronen gehört – die *De Cive*-Ausgabe war Corfitz Ulfeldt gewidmet. Sorbière knüpft nun an diese Beziehung an. Doch auch in England regte sich Unmut über den Bericht. Insbesondere die Schilderung des Kanzlers Hyde als zu wenig gelehrt sei inakzeptabel. In der *Royal Society* hätten deswegen schon einige Herren eine öffentliche Entgegnung auf Sorbière überlegt. Der französische Botschafter am englischen Hof konnte Charles II davon überzeugen, daß das nur die Beleidigungen zwischen

[61] Vgl. Sarasohn, Who was Then The Gentlemen? (wie Anm. 5), 211.

[62] Die Korrespondenz zwischen Sorbière und dem dänischen Botschafter, ebenso wie das *arrêt de conseil* gegen Sorbière in: Observations d'un gentilhomme anglois, Paris 1664, 21–56. Zur diplomatischen Diskussion in England: Archives de la Bastille, Documents inédits, hg. von François Ravaisson, Bd. 3, Paris 1868, 427. Huygens, Œuvres (wie Anm. 38), Bd. 5, 93: Moray an Huygens: „C'est sur la representation qu'a fait l'Ambassadeur de france qui est icy, que Sorbiere à esté relegué".

Franzosen und Engländern verstärken würde. Als Preis bot der französische Botschafter die Verurteilung Sorbières an. Da Frankreich gerade in einer Allianz mit beiden Ländern stand, wurden mit dem diplomatisch ausgehandelten Verbot des Buches und der zeitweisen Relegation Sorbières die Wogen geglättet.

Doch aus gelehrten Kreisen wurden die Angriffe gegen Sorbière schärfer. Sein Brief an Colbert von 1663 mit dem *discours* über die *Académie de Montmor* war bekannt geworden und zeitigte Reaktionen. Offenbar während der Englandreise Sorbières 1663 hatten sich die Machtverhältnisse verschoben. Denn nun schrieb Pierre Petit im Auftrag der *Académie* an Henry Oldenburg, den Sekretär der *Royal Society*, und stellte Sorbière als einen Hochstapler dar, der nicht im Namen der Pariser Gelehrten sprechen dürfe.[63] Daß er das tun und damit die Verknüpfung zwischen der *Royal Society* und der *Académie de Montmor* in seinem Sinne festigen würde, war die wohl nicht ganz unbegründete Annahme. Die Englandreise und vor allem der Bericht darüber sollten ein Bild der Gelehrtengemeinschaft zwischen Hof und Gelehrten zeigen, zentral und hierarchisch organisiert und genau dadurch wohl geordnet, das dem Konzept Sorbières entsprach.

Aus der Petit-Gruppe kam ein weitere Schlag: Sie formulierte nun ein eigenes Akademieprojekt, um dem Einfluß Sorbières zu begegnen. Das „Project de la Compagnie des Sciences et des Arts" mit 26 Artikeln ist in der Korrespondenz von Christian Huygens erhalten, allerdings ohne Datum und Personenangabe.[64] Adrien Auzout, ein Parteigänger von Pierre Petit, weist aber 1664 in einer Widmung an Louis XIV auf dieses Projekt hin – man wird darauf schließen können, daß es schon 1663 kursierte und aus dem Petit-Kreis stammt.[65] In diesem Projekt wird die Beförderung der „Sciences et des Arts" zum Nutzen der Menschen angepriesen. Inhalt sind ausschließlich Experimente, Forschungsreisen und die Verbesserung handwerklicher Methoden, durchgeführt von professionalisierten, fest angestellten Gelehrten – das Programm der Petit-Gruppe. Nun standen sich aus den rivalisierenden Gruppen innerhalb der *Académie de Montmor* zwei Akademieprojekte gegenüber; die Meinungsunterschiede wurden mehr oder minder offen ausgetragen und führten 1664 zum Ende dieser Akademie.

Verbunden wurde diese Kritik nun mit den Reaktionen aus der *Royal Society*. Dort waren 1664 einige Herren nur mit Mühe davon abgehalten worden, eine Entgegnung zu verfassen. 1665 hatte sich die Allianz mit Frankreich aufgelöst, Rücksicht mußte nun nicht mehr genommen werden, und nun erschien auch diese 300seitige Entgegnung,[66] formuliert von Thomas Sprat, dem Historiographen

[63] Henry Oldenburg, The Correspondence of Henry Oldenburg, hg. von A. Rupert Hall und Marie Boas Hall, 11 Bde., London 1965–1977, Bd. 2, S. 115 f.

[64] Huygens, Œuvres (wie Anm. 38), Bd. 4, 325–329.

[65] Brown, Scientific Organizations (wie Anm. 46), 144 ff.

[66] Thomas Sprat, Observations on Monsieur de Sorbier's Voyage into England, London 1665.

der *Society*, und Christopher Wren gewidmet. Sprat war von John Evelyn mit Material für die Entgegnung versorgt worden.[67] Damit waren drei führende Mitglieder der Anfangsjahre der *Society* mit der Entgegnung auf Sorbière befaßt. Doch woher kam diese scharfe Erwiderung auf Sorbière, der in seinem Bericht die *Royal Society* doch so lobend beschrieben hatte? Ein erster Grund liegt in der Verbindung Sorbières zu Thomas Hobbes. Diesen hatte er nicht einfach nur lobend erwähnt in seiner *Relation*, sondern als Modellgelehrten vorgestellt und seine Aufnahme in die *Royal Society* als überfällig dargestellt. Er folgte damit, wie auch schon mit der Darstellung der Ulfeldts, den Regeln von Freundschaft und Patronage – stellte sich aber in einem bestehenden Konflikt gegen die *Society*. Die Feindschaft zwischen Hobbes und der *Society* wurde in den 1660er Jahren in vielen Pamphleten beider Seiten ausgedrückt, Hobbes widmete Sorbière eine seiner Schriften.[68] Sorbière hat mit der Betonung seiner Freundschaft zu Hobbes in den Augen Evelyns Stellung gegen die *Society* bezogen,[69] und das, obwohl er von ihr aufgenommen worden war.

Die Entgegnung Sprats geht nur kurz, fast am Rande, auf diese Konfliktlage ein. Im Vordergrund steht eher der Anspruch der *Royal Society*, als Modell der Gesamtgesellschaft zu dienen – ein Modell, das in Auseinandersetzung mit Thomas Hobbes entwickelt wurde und das Thomas Sprat seit 1663 mit seiner Geschichte der Royal Society zu begründen versuchte[70] und das inhaltlich ganz ähnlich wie die Petit-Gruppe auf ein Primat von Experimenten statt der *discours* gerichtet war. Sorbière hingegen hatte die *Society* eher wie einen realisierten Entwurf seiner Akademievorstellungen präsentiert. Damit war der Anspruch der *Society* konterkariert, sie sah sich vereinnahmt für ein entgegengesetztes Modell der Wissenschafts- und Gesellschaftsorganisation. Sie mußte darauf reagieren. Ein Vorwurf Sprats war, daß Sorbière nur an Geld interessiert sei und dafür sogar seine Religion aufgegeben habe. Vor allem aber kritisierte er die Loyalitäten, die Patronagerhetorik, die Sorbières Schriften durchziehen, denn diese widersprachen eklatant dem egalitären Anspruch des Gemeinschafts- und Gelehrtenideals der *Royal Society*. – Auch hier also wieder die Vorwürfe des Eigennutzes und der Hierarchie, entgegengestellt den Normen von uneigennütziger Wahrheitsliebe in einer Gemeinschaft von Gleichen.

Was von Thomas Sprat als einhellige Meinung der *Society* ausgegeben wurde, scheint dort selbst aber auch nicht unwidersprochen gewesen zu sein. Sorbière

[67] John Evelyn, Diary and Correspondence of John Evelyn, hg. von William Bray, 4 Bde. London 1850–1852, Bd. 3, 144 ff.

[68] Zu den Auseinandersetzungen zwischen Hobbes und der *Royal Society* grundsätzliche Shapin, Schaffer, Leviathan and the Air-Pump (wie Anm. 52).

[69] Evelyn, Diary and Correspondence (wie Anm. 67), Bd. 3, 147.

[70] Thomas Sprat, History of the Royal Society, London 1667.

war während seiner Englandreise in die Society aufgenommen worden. 1666 votierte das *Council* der *Society* für seinen formalen Ausschluß; die Versammlung aber ergab eine leichte Mehrheit dagegen.[71]

Ein Scheitern Sorbières jedenfalls ist in diesen Folgen seiner *Relation d'un voyage en Angleterre* kaum zu erkennen. Sorbières Patronagenetzwerke funktionierten weiterhin tadellos, bald konnte er seine Begnadigung erreichen, und er formulierte aus dem Exil in Nantes sogar eine Schrift an Colbert, in der er indirekt seine Verurteilung als Dienst am König im höheren Interesse versteht.[72] Diese Interpretation der Verurteilung und Relegation als Dienst eines treuen Klienten scheint auch angenommen worden zu sein. In den Jahren 1664–1667 und 1669 erhält Sorbière auch weiterhin eine königliche Pension von 1000 Livres, „pour luy donner moyen de continuer son application aux belles-lettres", oder „en consideration de son mérite et de son application aux belles-lettres".[73] Sorbière ist gestrauchelt innerhalb der komplexen Patronageverbindungen, die er innehatte, er wurde dadurch in Konflikte hineingezogen (politische wie gelehrte), die er nicht mehr beeinflussen konnte, aber gescheitert ist er keineswegs.[74] Gewiß, sein Anspruch auf eine zentrale Stellung innerhalb einer hierarchisch organisierten Gelehrtenrepublik hat sich nicht durchsetzen können, und 1666 wurde die *Académie des Sciences* gegründet, in der er nicht Mitglied war – allerdings auch nicht Pierre Petit.

V. Schluß: Freie Gelehrtenrepublik vs. höfische Unterordnung?

Etwas zu suggestiv wurde hier Sorbière, der Gelehrte, gegen Sorbière, den Höfling, gestellt, doch beide sind derselbe. Sie folgten nicht aufeinander, der in Akademien organisierte Gelehrte auf den Gelehrten-Höfling, wie einige weiterführende Thesen behaupten,[75] sondern die Beziehungsformen sind miteinander verknüpft. Das Narrativ, daß der Hof als Ort von Wissensproduktion und gelehrter Legitimation ersetzt worden sei durch die Akademie, daß sich Gelehrte durch

[71] Thomas Birch, The History of the Royal Society of London for Improving of Natural Knowledge, 4 Bde., London 1756–1757, Bd. 2, 122 ff.

[72] Réflexions politiques sur la sagesse du Roy et la fidélité de ses ministres; in: BNF, Collection de Cinq-Cents de Colbert, n° 485, 469–491, zitiert nach: Sophie Gouverneur, Essai sur la pensée politique de Sorbière, in: Sorbière, Discours Sceptiques (wie Anm. 60), 13–52, hier 29.

[73] Jean Baptiste Colbert, Lettres, instructions et mémoires de Colbert, hg. von Pierre Clément, 8 Bde., Liechtenstein 1979, Bd. 5, 467–476.

[74] Das gegen Sarasohn, Who Was Then the Gentlemen? (wie Anm. 5), 211, die ihm eine „disastrous failure" in der persönlichen und institutionellen Patronage bescheinigt.

[75] Biagioli, Scientific Revolution (wie Anm. 5). Sarasohn: Who Was Then the Gentlemen? (wie Anm. 5). Bruce T. Moran, Courts and Academies, in: Katherine Park, Lorraine Daston (Hg.), Cambridge History of Science, vol. 3: Early Modern Science, Cambridge 2006, 251–271.

freie Selbstorganisation nach und nach oder zumindest tendenziell befreiten aus höfischer Unterordnung, klingt zu verlockend, als daß es glaubhaft sein könnte.

Was der Fall Sorbière zunächst zeigt, ist, daß es alternative Konzepte der Gelehrtenrepublik gab, die andere Schwerpunkte legten als Freiheit und Gleichheit. Auch die Abhängigkeit von Patronen oder Verwandten, die zentrale Steuerung in Machtzentren und Unterordnung durch den Herrscher konnten durchaus als positiver Wert begriffen werden, ebenso die hierarchische Gestaltung der Tauschpraktiken. Diese Tradition von Gelehrtenrepublik, die so gar nicht dem Bild der egalitären Gemeinschaft entsprechen mag, ist nicht nur den besonderen französischen Verhältnissen zu schulden – sie wurde auch und gerade in Frankreich kritisiert. Sie ist eine – und eine wohl nicht zu vernachlässigende – der Möglichkeiten gewesen, kollektive gelehrte Verknüpfungen zu organisieren und zu repräsentieren. Sie ist auch nicht nur in Patronagekommunikation zu finden – gerade die Kommunikation Sorbières in gelehrten Kontexten zeigte ja, daß er auch hier eine hierarchisierte Vergemeinschaftung ansprach. Damit zeigt sich die Konstellation von Sorbière erstaunlich ähnlich derjenigen, die Mario Biagioli für Galileo zu Beginn des 17. Jahrhunderts analysiert hat, ohne ihr aber gleich zu sein. Folgen wir Biagioli, legitimierte Galileo seine Wissenschaft durch Patronage, wurde seine Wissenschaft erst durch das höfische Umfeld geprägt. Bei Sorbière hingegen ist es vor allem die Vermittlungsleistung, die ihm durch Patronage (innerhalb seiner gelehrten oder seiner Patronagenetzwerke) ermöglicht wurde und die ihn eine hohe Machtposition innerhalb eines streng hierarchisch organisierten Feldes anzuvisieren erlaubte.

Wenn in der Kritik Sorbières immer wieder seine Vermittlungsleistung bestritten wurde, genauer: dieser Vermittlungsleistung eine gelehrte Anerkennung verweigert wurde, dann richtete sich das erst einmal nicht gegen die Tatsache von Hierarchien, sondern eher gegen die zentrale Stellung Sorbières und seinen Anspruch, daraufhin die Gelehrtenrepublik zu organisieren.

Zwei weitere Vermutungen drängen sich von hier aus auf: Sollten die Werte der egalisierten Gelehrtenrepublik (Gleichheit, Uneigennützigkeit, Gemeinwohl, etc.) vor allem darin ihren sozialen Sinn erhalten haben, daß sie im Konflikt zwischen Gelehrten wegen ihrer Ausschließlichkeit und De-sozialisierung besonders schlagkräftig einsetzbar waren? Eine Geschichte der Gelehrtenrepublik wäre dann eine der Konflikte und Streitformen, in denen die Rede davon erst Sinn machte. Und sollte dann nicht auch jenseits der aufklärerischen Rhetoriken, die diese egalisierende Tradition favorisierten, danach gefragt werden, welche Rolle Patronage (oder andere Formen von hierarchischer Organisation von Wissensgenerierung: etwa Beziehungen innerhalb des Haushalts, Kauf, Zwangsarbeit[76]) im weiteren 17. und vor allem im 18. Jahrhundert und darüber hinaus spielte?

In der Untersuchung der Karriere von Samuel Sorbière (1615 – 1670) und seiner Beziehungen in gelehrten und Patronage-Netzwerken wird eine Perspektive auf die Gelehrtenrepublik rekonstruiert, die, so die These, ein alternatives, hierarchisch organisiertes Konzept von Gelehrtenrepublik deutlich werden läßt.

In analyzing the career of Samuel Sorbière (1615 – 1670) and his relationships within scholarly and patronage networks, this article argues for a reconstruction of an alternative, hierarchically organized concept of the republic of letters.

Sebastian Kühn, Neue Bahnhofstr. 36, 10245 Berlin, E-Mail:
sebastian.kuehn@hist.uni-hannover.de

[76] Vgl. dazu, wenn auch unter sträflicher Vernachlässigung von Patronage, Sebastian Kühn, Wissen, Arbeit, Freundschaft. Ökonomien und soziale Beziehungen an den Akademien in London, Paris und Berlin um 1700, Göttingen 2011, vor allem Kap. 2.

Thomas Wallnig

Tu es für die Gelehrtenrepublik

Rechtfertigungsmotive für gelehrtes Handeln in der Korrespondenz von Bernhard und Hieronymus Pez

Was motivierte frühneuzeitliche Gelehrte zur Kooperation miteinander? Nichts anderes als andere Menschen auch: persönliches Interesse und die Hoffnung auf Vorteil, Status und materielle Güter, wohl nicht selten auch institutioneller Zwang.[1] Ein Unterschied zu anderen Personengruppen mag freilich darin liegen, daß Gelehrte für diesen Umstand mit Verweis auf das Ideal der „Gelehrtenrepublik" eine Meta-Sprache zur Verfügung hatten.

Dieser Prozeß der Rechtfertigung eigenen und fremden gelehrten Tuns, betrachtet im Lichte einer benediktinischen Gelehrtenkorrespondenz des frühen 18. Jahrhunderts, ist der Gegenstand der folgenden Ausführungen. Die Ausgangsidee dabei war, den Begriff *res publica litteraria* im Gesamtcorpus der Korrespondenz der im österreichischen Kloster Melk tätigen Brüder Pez aufzusuchen und zu kontextualisieren. Es stellte sich heraus, daß es zusätzlich nötig sein würde, dasselbe mit den anderen Begriffen zu versuchen, die häufig neben jenem auftraten und in der Regel syntaktisch parallel gebraucht wurden. So wurde die Frage nach

[1] Die Interferenz zwischen „Gelehrtenrepublik" sowie Macht- und Patronagestrukturen stand in den letzten Jahren vermehrt im Mittelpunkt des Interesses; vgl. etwa Marian Füssel, Gelehrtenkultur als symbolische Praxis. Rang, Ritual und Konflikt an der Universität der Frühen Neuzeit, Darmstadt 2006 (Symbolische Kommunikation in der Vormoderne. Studien zur Geschichte, Literatur und Kunst); Andreas Pietsch, Isaac La Peyrère. Bibelkritik, Philosemitismus und Patronage in der Gelehrtenrepublik des 17. Jahrhunderts, Berlin u. a. 2012 (Frühe Neuzeit, 163); Bernward Schmidt, Virtuelle Büchersäle. Lektüre und Zensur gelehrter Zeitschriften an der römischen Kurie 1665–1765, Paderborn u. a. 2009 (Römische Inquisition und Indexkongregation, 14); Saskia Stegeman, Patronage and Services in the Republic of Letters. The Network of Theodorus Janssonius van Almeloveen (1657–1712), Amsterdam, Utrecht 2005 (Studies of the Pierre Bayle Institute Nijmegen, 33). – Die Grenzen zum Thema des gelehrten und/oder konfessionellen Konflikts sind hierbei fließend.

Aufklärung 26 · © Felix Meiner Verlag 2014 · ISSN 0178-7128

dem Gebrauch von *res publica litteraria*[2] in der Pez-Korrespondenz ergänzt um die nach *gloria ordinis Benedictini* sowie *Germania* und *patria*.

Der Beitrag nähert sich dem Thema qualitativ. Eine quantitative Auswertung wäre denkbar gewesen, hätte aber einen Arbeitsschritt der begrifflichen Normierung vorausgesetzt, dessen Benennung und Planbarmachung erst als eines der Ergebnisse dieser Untersuchung gelten kann. Auch wenn die drei genannten semantischen Felder dem Betrachter als voneinander distinkte und erkennbare Themenbereiche erscheinen, lösen sie sich bei näherem Hinsehen in ihre Einzelteile auf und verschwimmen nicht selten miteinander. In diesem Sinne besteht ein Teil der Analyse auch darin, aufzuzeigen, welche begrifflichen Konstellationen hier nicht ins Auge gefaßt oder differenziert wurden, gegebenenfalls aber zu berücksichtigen wären – die Bedeutungen von *res litteraria* und *res publica litteraria* etwa können ebenso nahe wie fern voneinander sein.

Neben einer genauen begrifflichen Erfassung wären für eine quantifizierende Auswertung zudem drei weitere Elemente notwendig gewesen: eine klare Lokalisierung des jeweiligen Begriffs in den unterschiedlichen Briefteilen; eine differenzierende Berücksichtigung des genauen syntaktischen Aufbaus der entsprechenden Phrase (ist das, was in Beziehung zur *res publica litteraria* gebracht wird, eine Person, ein Werk oder eine Handlung?); schließlich eine zumindest vage Nomenklatur für die Beziehungen zwischen den am Sprechakt Beteiligten. Solange eine solche im Sinne der ständischen und kirchlichen Gesellschaftsordnung relativ unzweideutig möglich ist, etwa bei Ordensbrüdern, Superioren oder Adeligen, wird man auf vergleichsweise wenige Probleme stoßen; viel schwieriger ist es hingegen, flankierend dazu eine sinnvolle Zahl an asymetrischen Beziehungsschattierungen zu benennen: Etwa die Korrespondenz zwischen Bernhard Pez und dem für diverse geistliche Staaten im Reich tätigen *free-lance*-Historiker Johann Friedrich Schannat ist eine Art Lehrer-Schüler-Beziehung ohne institutionellen Rahmen, die sich in ihrem Verlauf schließlich auf Augenhöhe einpendelt;[3] und das Verhältnis zwischen den Brüdern Pez und dem Nachfolger von Leibniz als Welfischer Haushistoriograph in Hannover, Johann Georg Eckhart, ist so lange wirklich attraktiv und rege, wie dieser Protestant ist; nach seiner Konversion bricht die Korrespondenz ein.[4]

Was auf den folgenden Seiten geboten wird, ist also ein selektiver Überblick über einschlägige Stellen der Korrespondenz, sehr wohl jedoch auf der Basis

[2] Der Begriff *Gelehrtenrepublik* kommt in der Pez-Korrespondenz nach heutigem Wissensstand nicht vor.

[3] Thomas Wallnig, Joëlle Weis, Johann Friedrich Schannat erlernt die Praktiken der (kirchen-)historischen Gelehrsamkeit, in: Revista de Historiografía (2014, im Druck).

[4] Thomas Wallnig, Bernhard Pez OSB im Briefkontakt mit protestantischen Gelehrten, in: Ulrich Johannes Schneider (Hg.), Kulturen des Wissens im 18. Jahrhundert, Berlin, New York 2008, 133–140.

des Gesamtcorpus;[5] Leserin und Leser sind somit eingeladen, dem „Geschulten Urteil" des Autors zu vertrauen.[6] Aspekte des behandelten Themas sind im unmittelbaren thematischen Umfeld bereits problematisiert worden: Ines Peper hat anhand von Bernhard Pez' Korrespondenz mit protestantischen Gelehrten die interkonfessionell integrative Funktion des Begriffs *res publica litteraria* herausgearbeitet,[7] Joëlle Weis hat (gemeinsam mit dem Autor dieses Beitrags) die Korrespondenz zwischen Eckhart und Schannat auf epistemische Tugenden hin untersucht,[8] und Thomas Stockinger hat die Rückbindung von Historiographie und Ordensglorie an die kollekitve Identität der Benediktiner in den Blick genommen.[9] An diese Arbeiten knüpft die folgende Studie unmittelbar an.

Dies ist auch insofern zu betonen, als die folgende Bestandsaufnahme von Begriffsverwendungen eben auf ein ganz spezifisches Briefcorpus bezogen ist; alle Beobachtungen können und wollen sich nur auf dieses beziehen. Es wäre lohnend, kontrastiv ähnliche Corpora heranzuziehen und ähnliche Fragen an diese zu stel-

[5] Wenn im folgenden nicht anders angegeben, ist mit „Pez" Bernhard Pez gemeint. Die Briefe der Jahre 1709–1715 liegen gedruckt vor: Thomas Wallnig, Thomas Stockinger, Die gelehrte Korrespondenz der Brüder Pez. Text, Regesten, Kommentare, Bd. 1: 1709–1715, Wien, München 2010 (Quelleneditionen des Instituts für Österreichische Geschichtsforschung, 2/1); die Korrespondenz der Jahre 1716–1718 steht unmittelbar vor der Drucklegung: Thomas Stockinger, Thomas Wallnig, Patrick Fiska, Ines Peper, Manuela Mayer, unter Mitarbeit von Claudia Sojer, Die gelehrte Korrespondenz der Brüder Pez. Text, Regesten, Kommentare, Bd. 2: 1716–1718 (Quelleneditionen des Instituts für Österreichische Geschichtsforschung, 2/2) [im Druck]; die Korrespondenz der Jahre 1719–1763 (insgesamt etwa dieselbe Quantität wie die der beiden genannten Bände) liegt vollständig transkribiert und regestiert vor. Ein Großteil dieser Arbeit war Gegenstand des FWF-Start Projekts „Monastische Aufklärung und die Benediktinische Gelehrtenrepublik" (Y-390). Der Autor dankt den Beteiligten – neben den bereits in den bibliographischen Angaben Genannten auch Cornelia Faustmann, Irene Rabl, P. Alkuin Schachenmayer OCist, Joëlle Weis und Gabriela Winkler – für die Möglichkeit der Einsichtnahme in die Transkriptionen. – Die Wiedergabe des Originaltextes folgt den in der Edition verwendeten Richtlinien: Wallnig, Stockinger, Gelehrte Korrespondenz, Bd. 1, 39–41.

[6] Lorraine Daston, Peter Galison, Objektivität, Frankfurt am Main 2007, 327–383. Zugleich ist die Studie auch als Probelauf für eine thematische Annotierung des Pez-Corpus gedacht.

[7] Ines Peper, „Ohne Parteilichkeit dem Wohl der res publica litteraria dienen" – Gemeinwohl und Gemeinschaft in zwei interkonfessionellen Gelehrten-Netzwerken zu Beginn des 18. Jahrhunderts, in: Morgen-Glantz. Zeitschrift der Christian Knorr von Rosenroth-Gesellschaft 23 (2013), 261–291.

[8] Wallnig, Weis, Schannat erlernt den Beruf (wie Anm. 3).

[9] Thomas Stockinger, Nobilissimus Benedictinorum exercitus: Benedictine historia litteraria and its Sources, in: Vittoria Feola (Hg.), Scientiae. Early Modern Scholarship and Science. A Multidisciplinary Approach (erscheint bei Brill's Studies in Intellectual History). – Vgl. auch Thomas Wallnig, Mönch oder Gelehrter? Zur Semantisierung von Argumentationsmustern in den Briefen und Werken von Bernhard Pez, in: Daniel-Odon Hurel (Hg.), Érudition et commerce épistolaire. Jean Mabillon et la tradition monastique, Paris 2003 (Textes et traditions, 6), 367–385.

len. Dies wird in naher Zukunft auch möglich sein[10] und es leichter machen, die Frage nach dem Inhalt von *res publica litteraria* zusammen mit der nach dem Gebrauch des Begriffes zu stellen. Auswertende Texte wie der hier vorliegende verstehen sich dazu stets in Relation und Ergänzung[11] und mithin als begleitende Gebrauchsanweisung und Orientierungshilfe für die Quellen selbst.

Also viele *res publicae litterariae?* Vielleicht. Ist es nämlich nicht gerade die vormoderne dezentrale und korporative Struktur von Wissen als Praxis, die sich jedem definitorischen Zugriff von vornherein entzog (und entzieht), oder dort, wo ein solcher stattfand, stets das Augenzwinkern der jeweiligen perspektivischen Beschränktheit und des potentiellen Andersseins mittransportierte – bis die *Encyclopédie* schließlich die Dinge auf mehrere Jahrhunderte hinaus unzweifelhaft auf den Punkt brachte?[12]

I. Eine monastische Res publica litteraria?

Die Frage nach einer katholischen, und noch spezifischer: monastischen Spielart der *Res publica litteraria* soll nicht als Apologetik missverstanden werden. Sie erwächst weniger aus dem Wunsch, doch auch gelehrte Mönche an der intellektuellen Entwicklung Europas in der frühen Neuzeit teilhaben zu sehen und ihren Platz im Pantheon der Ideen- oder Geistesgeschichte zu reklamieren, als vielmehr aus dem Wunsch, ihren Umgang mit einigen der einschlägigen intellektuellen Kampf- und Modebegriffe der Zeit zu verstehen. Damit greift sie auch das Postulat von Herbert Jaumann auf, die katholische *res publica litteraria* als ein Konzept

[10] Die 2014 initiierte COST-Action „Reassembling the Republic of Letters" unter der Leitung von Howard Hotson (Oxford), in welcher der Autor dieses Beitrags als Co-Chair fungiert, hat sich unter anderem genau das zum Ziel gesetzt: http://www.cost.eu/domains_actions/isch/Actions/IS1310. Erfolgreiche Experimente mit *topic modelling* an Gelehrtenkorrespondenzen wurden bereits von einer Forschungsgruppe in Den Haag durchgeführt: http://ckcc.huygens.knaw.nl/ (08. 10. 2014).

[11] Aus diesem Grund wird im folgenden standardmäßig lediglich auf den jeweiligen Brief verwiesen: bei Wallnig, Stockinger, Gelehrte Korrespondenz, Bd. 1 (wie Anm. 5), auf die Briefnummer, bei allen anderen Briefen auf Briefdatum und Signatur. Biographische Angaben zu den involvierten Personen finden sich in der Pez-Edition und in aller Regel auch in den online verfügbaren Datenbanken.

[12] Das Spannungsfeld zwischen Definition und Kompilation in der Lexikographie diskutiert: Caspar Hirschi, Compiler into Genius. The Transformation of Dictionary Writers in Eighteenth-Century France and England, in: André Holenstein, Hubert Steinke, Martin Stuber (Hg.), Scholars in Action. The Practice of Knowledge and the Figure of the Savant in the 18th Century, Leiden, Boston 2013 (History of Science and Medicine Library, 34; Scientific and Learned Cultures and Their Institutions, 9), 145–172.

der Selbstbeschreibung zu betrachten – und dazu erst einmal Material zu erheben.[13]

Methodisch ist das Terrain freilich unwegsam. Sprach- und literaturwissenschaftliche sowie ideengeschichtliche Forschung hat die Sprache der frühneuzeitlichen Gelehrten zwar wiederholt zum Thema gemacht,[14] jedoch kaum für den Bereich der katholischen Gelehrsamkeit Oberdeutschlands; der oftmals schüttere Austausch mit den benachbarten historischen, philosophischen und theologischen Disziplinen macht die Sache nicht besser.

So bewegen wir uns auch im Folgenden eher im Bereich einer historisch-theologisch-philologisch unterlegten Begriffsgeschichte, die zugleich auch als Spielart von *intellectual history* aufgefaßt werden kann[15] und sollte: Die Frage nach einer „katholischen Gelehrtenrepublik" gerät interessanterweise gegenüber jener nach einer „katholischen Aufklärung" durchaus ins Hintertreffen, wiewohl sie eigentlich ähnliche Züge aufweisen müßte.[16] Freilich ist diese Diskussion nicht der Gegenstand der anschließenden Ausführungen – die folgende Materialsammlung bewegt sich eine Reflexionsebene tiefer. Doch deuten gerade die nun vorzustellenden Varianten von *res publica litteraria* darauf hin, daß der Begriff tatsächlich so universell und eben konfessionsübergreifend gedacht und verwendet wurde,

[13] Herbert Jaumann, Gibt es eine katholische *Respublica litteraria?* Zum problematischen Konzept der Gelehrtenrepublik in der frühen Neuzeit. In: H. J. (Hg.), Kaspar Schoppe (1576–1649). Philologe im Dienste der Gegenreformation, Frankfurt am Main 1998 (Zeitsprünge 2 [1998], Heft 3/4), 360–379, hier 378 f.

[14] Vgl. etwa, neben vielen anderen Studien zum Verhältnis von Sprache, Habitus und Gelehrsamkeit: Anne Goldgar, Impolite Learning. Conduct and Community in the Republic of Letters, New Haven 1995; Françoise Waquet, Parler comme un livre. L'oralité et le savoir (XVIe–XXe siècle), Paris 2003 (L'Évolution de l'Humanité).

[15] Jan-Werner Müller, On Conceptual History, in: Darrin McMahon, Samuel Moyn (Hg.), Rethinking Modern European Intellectual History, Oxford 2014, 74–93.

[16] Das Thema der „katholischen Gelehrtenrepublik" wurde etwa zentral adressiert von: Jaumann, Gibt es eine katholische *Respublica litteraria* (wie Anm. 13); Hanspeter Marti, Konfessionalität und Toleranz. Zur historiographischen Topik der Frühneuzeitforschung, in: Herbert Jaumann (Hg.), Diskurse der Gelehrtenkultur in der Frühen Neuzeit. Ein Handbuch, Berlin u. a. 2011, 409–440; April G. Shelford, Confessional Division and the Republic of Letters: the Case of Pierre-Daniel Huet (1630–1721), in: Herbert Jaumann (Hg.), Die europäische Gelehrtenrepublik im Zeitalter des Konfessionalismus, Wiesbaden 2001 (Wolfenbütteler Forschungen, 96), 39–57. Bernward Schmidt bindet das Thema der römischen Gelehrsamkeit im 17. und 18. Jahrhundert hingegen zurück an die Frage nach der Aufklärung: Schmidt, Virtuelle Büchersäle (wie Anm. 1), 30–34. Behandelt, aber nicht kritsch reflektiert wird das Thema in der älteren Literatur, etwa bei: Alberto Caracciolo, Domenico Passionei tra Roma e la repubblica delle lettere, Roma 1968. – Im Gegensatz zu dieser eher stockenden Debatte nimmt die Literatur zum Thema „katholische Aufklärung" seit einigen Jahren rasant zu; vgl. etwa Thomas Wallnig, Aktuelle Forschungen zur „Aufklärung", in: Jahrbuch der Österreichischen Gesellschaft zur Erforschung des 18. Jahrhunderts 2014 (im Druck).

daß Unterscheidungen auf kleinteiligerer Ebene – und nicht etwa platt zwischen Konfessionen – zu treffen waren.

Daß es im Verständnis der Gelehrtenwelt um 1700 einen wahrnehmbaren Unterschied zwischen den Kommunikationsräumen „Orden“ und „Gelehrtenwelt“ gab, ist unbestritten und wird sich im Folgenden auch erhärten. Auf der einen Seite steht die gleichsam epistemologische Abwertung monastischer Gelehrsamkeit: Notorisch ist das Zitat von Pierre Bayle,[17] aber das Motiv findet sich auch etwa bei Edward Stillingfleet oder Pierre-Daniel Huet;[18] auf der anderen Seite wurde beispielsweise von Jean Mabillon, und durchaus apologetisch, dieselbe Wahrnehmung des präventiven gelehrten Mißtrauens gegenüber Mönchen artikuliert.[19] Umfassender gestellt müßte die Frage also eigentlich beim Verständnis von monastischer Gelehrsamkeit selbst ansetzen und das analoge Problemfeld „Klosterhumanismus“ mit in den Blick nehmen.[20] Wenn sich gelehrte Mönche um 1700 mit großer Selbstverständlichkeit die Wiedergeburt der *litterae* als positiven Referenzrahmen zu eigen machten, so dachten sie dabei etwa an Trithemius und an das von ihnen sehr wahrscheinlich an einer jesuitischen Schule erlernte humanistische Curriculum:[21] keine Notwendigkeit also für sie, ihre *res publica litteraria* in irgendeiner Weise als spezifisch katholisch auszuweisen; vielmehr drängt sich mit Stefan Benz der Eindruck einer „Segmentierung der katholischen Res publica litteraria“ selbst auf.[22] Der vorhin erwähnte Befund der Kleinteiligkeit der *res publicae litterariae* würde dies bestätigen.

Ein weiterer Punkt ist von methodischem Interesse. Es fällt auf, daß sich die Nennungen der hier untersuchten Begriffe vor allem auf zwei Teile des Briefes verteilen: auf die *captatio benevolentiae* am Beginn und auf die *salutatio* am

[17] Jaumann, Gibt es eine katholische *Respublica litteraria* (wie Anm. 13), 362, referiert Bayles programmatische Ansage in der Vorrede zum ersten Band der *Nouvelles de la République des Lettres*, daß nach den egalitären und meritokratischen Kategorien der Gelehrtenrepublik gegebenenfalls selbst Mönche als Mitglieder betrachtet werden können.

[18] „Story cleared from Monkish Fables“ heißt es in einem Untertitel in Kapitel 2 von Edward Stillingfleet, Origines Britannicae or The Antiquities of the British Churches, London 1685, Inhaltsverzeichnis o.p. und 66; zu Huet siehe Shelford, Confessional Division (wie Anm. 16), 56.

[19] Daniel-Odon Hurel (Hg.), Dom Mabillon. Œuvres choisies, précédées d’une biographie par dom Henri Leclercq, Paris 2007, 857.

[20] Dies plant der Autor dieses Beitrags in einem Unterkapitel seiner Habilitationsschrift auszuführen; vgl. etwa Harald Müller, Habit und Habitus. Mönche und Humanisten im Dialog, Tübingen 2006 (Spätmittelalter und Reformation. Neue Reihe, 32); Massimo Zaggia, Tra Mantova e la Sicilia nel Cinquecento, 3 Bde., Firenze 2003 (Biblioteca mantovana, 2).

[21] Zur jesuitischen Ausbildung der Brüder Pez: Thomas Wallnig, Gasthaus und Gelehrsamkeit. Studien zu Herkunft und Bildungsweg von Bernhard Pez OSB vor 1709, Wien, München 2007 (Veröffentlichungen des Instituts für Österreichische Geschichtsforschung, 48), 55–80.

[22] Stefan Benz, Zwischen Tradition und Kritik. Katholische Geschichtsschreibung im barocken Heiligen Römischen Reich, Husum 2003 (Historische Studien, 473), 529–557.

Ende. Seltener sind sie, meist im Rahmen von gelehrten Neuigkeiten und zur Charakterisierung eines Dritten, in den Inhaltstext eingearbeitet, manchmal finden sie sich auch in der Anrede.[23] Damit kommt, wenn man will, der einleitenden Referenz auf die unterstellten gemeinsamen Ideale dieselbe Funktion zu wie der Arenga in mittelalterlichen Urkunden. Heinrich Fichtenau hat aus ihnen eine Art politisches Vokabular, arrangiert rund um Begriffe wie beispielsweise *virtus* oder *pietas*, gewinnen können.[24] Diese Überlegung soll werder die Erwartung einer rhetorisch informierten Analyse wecken, noch soll sie insinuieren, daß mittelalterliche Urkunden und frühneuzeitliche Gelehrtenbriefe leichthändig miteinander zu vergleichen seien. Sie soll lediglich bedeuten, daß die Betrachtung des Verhältnisses von Begriff und Beziehung soweit möglich auch die textpragmatische Ebene im Blick haben sollte.

II. Die Korrespondenz der Brüder Pez

Bernhard (1683–1735) und Hieronymus Pez (1685–1762) stammten aus einer Gastwirtsfamilie in Ybbs an der Donau und traten um 1700 in das niederösterreichische Benediktinerstift Melk ein – während das Gasthaus in weiblicher Linie weitergegeben wurde.[25] 1709 wird der Plan Bernhards für eine *Bibliotheca Benedictina generalis* greifbar: Gedacht war an ein bio-bibliographisches Nachschlagewerk zu Gelehrten des Ordens im Laufe seiner gesamten Geschichte. Dieser Plan, der erst nach und nach zu einem „maurinisch inspirierten" Unterfangen wurde, gab den Anlaß für die Korrespondenz der Brüder. Hieronymus, ursprünglich als Helfer eingesetzt, entwickelte ein eigenständiges Portfolio im Bereich der mittelalterlichen Geschichte der österreichischen Lande. Somit war der inhaltliche Rahmen des brieflichen Austauschs vorgegeben, der anfänglich dem zeitgenössisch üblichen Modell von Zirkularschreiben und Reaktionen darauf folgte, bevor

[23] Auch diese ist nicht Gegenstand der Betrachtung in diesem Beitrag, obgleich gerade die Frage, ob *confrater* oder *amicus* (oder beides) in der Anrede verwendet wird, eng mit dem hier Untersuchten zusammenhängt.

[24] Heinrich Fichtenau, Arenga. Spätantike und Mittelalter im Spiegel von Urkundenformeln, Graz u. a. 1957 (Mitteilungen des Instituts für Österreichische Geschichtsforschung. Ergänzungsband, 18).

[25] Zu den Brüdern Pez nach wie vor grundlegend: Eduard Ernst Katschthaler, Über Bernhard Pez und dessen Briefnachlass, in: Jahres-Bericht des k. k. Obergymnasiums der Benedictiner zu Melk 39 (1889), 3–106; Christine Glassner, Verzeichnis der im Nachlaß der Melker Historiker Bernhard und Hieronymus Pez erhaltenen Briefe, in: Studien und Mitteilungen zur Geschichte des Benediktinerordens und seiner Zweige 110 (1999), 195–243, sowie zahlreiche andere Arbeiten derselben Autorin. Zu Herkunft und Jugend: Wallnig, Gasthaus und Gelehrsamkeit (wie Anm. 21); vgl. auch die in Anmerkung 5 behandelte Ausgabe der Pez-Korrespondenz.

er eine gelehrte Eigendynamik auch jenseits der konfessionellen Grenze entwickelte.

Im Kern ist die Geschichte der Pez-Korrespondenz eine Geschichte des Scheiterns der *Bibliotheca Benedictina* (trotz der Realisierung zahlreicher flankierender Editionsvorhaben), eine Geschichte von zahllosen Konflikten und Kontroversen, die sich an die Pez'schen Vorhaben anlagerten[26] – und mithin eine Geschichte von sprachlicher In- und Exklusion: Das Gewinnen von Gönnern und Mitarbeitern, auch außerhalb von Kloster und Orden, und das Abgrenzen gegenüber Widersachern machte es nötig, das eigene Tun in attraktive und konsensfähige Begriffe zu verpacken – oder eben Gegenbilder zu entwerfen.

III. Gloria ordinis Benedictini

Es ist sinnvoll, bei jenem Begriff anzusetzen, den Bernhard Pez 1709/10 in seinen ersten Rundschreiben verwendete, um – hier ganz dezidiert im Bereich benediktinischer Klöster und Kongregationen – für Beiträge und Mitarbeit an der *Bibliotheca Benedictina* zu werben:[27]

> Quod per praesentes literas reverendissimi domini oculos subire non verear, id non tam a privati prope commodi quam a Benedictinae gloriae atque adeo communis causae promovendae desiderio proficiscitur. Constitui nuper Bibliothecam Benedictinam scribere, hoc est, tredecim fere libris scriptores Benedictinos omnes, quotquot ab ordine condito ad hanc usque aetatem nostram aliqua scribendi laude floruere, complecti.

[26] Vgl. Ines Peper, Die österreichische Gelehrtenwelt des frühen 18. Jahrhunderts im Spiegel protestantischer Rezensionszeitschriften, in: Mitteilungen des Instituts für Österreichische Geschichtsforschung 121 (2013), 8–26; Ines Peper, Il carteggio erudito di Giovanni Benedetto Gentilotti d'Engelsbrunn (1672–1725), bibliotecario imperiale, in: Corrado Viola (Hg.), Le carte vive. Epistolari e carteggi nel Settecento, Roma 2011 (Biblioteca del XVIII secolo, 16), 479–487; Thomas Wallnig, Die „Epistolae apologeticae pro ordine sancti Benedicti" von Bernhard Pez (1715). Beobachtungen und Personenregister, in: Helmut Reimitz, Bernhard Zeller (Hg.), Vergangenheit und Vergegenwärtigung. Frühes Mittelalter und europäische Erinnerungskultur, Wien 2009 (Österreichische Akademie der Wissenschaften, Philosophisch-historische Klasse. Denkschriften, 373; Forschungen zur Geschichte des Mittelalters, 14), 9–30.

[27] Die Formulierung findet sich wortgleich in den sieben erhaltenen Überlieferungen der ersten Enzyklik 1709/10: Nr. 7, 16, 19, 23, 24, 44, 91. Die zweite Enzyklik 1711/2 ist in drei Exemplaren erhalten: Nr. 164, 188, 238; die dritte 1715/6 in vier: Nr. 477; Bernhard Pez an NN (Rott am Inn), 1716–01–18, Hauptstaatsarchiv (HStA) München, KL Rott 90, 12r–14v; Bernhard Pez an NN (St.-Germain-des-Prés), 1716–02–21, Bibliothèque Nationale de France, Fonds Français 12804, 214r–215v; Bernhard Pez an Augustin Calmet, 1716–05–21, Augustin Calmet, Bibliothèque lorraine, Nancy 1751(Nachdruck Genève 1971), xix–xxii. Kurze Auszüge finden sich in: Mariano Armellini, Bibliotheca Benedictino-Casinensis, Bd. 1, Assisi 1731, 17 f., 23.

Was hier als diskursives Dach evoziert wird, das beim Gegenüber eine Motivation zum Einsatz von materiellen und ideellen Ressourcen und gleichzeitig, aufgrund der gleichfalls angesprochenen korporativen Struktur des Ordens, einen gewissen Druck erzeugen soll, ist der „Benediktinische Ruhm", der mit großer Selbstverständlichkeit historisch verstanden und ohne weitere Begründung an die *Bibliotheca Benedictina* rückgebunden wird. Gleichzeitig wird auf der individuellen Ebene das bescheidene, vom Affekt der Ruhmessucht zu läuternde forschende Subjekt angesprochen, das, ganz im traditionellen Sinne monastischer Gelehrsamkeit als Gottesdienst, in dieser Hintanstellung seiner Persona ebenso sein Tun legitimiert wie potentielle Kritik antizipiert.[28]

Das Motiv der *gloria ordinis* ist ein ubiquitäres in der PR des wiedererstarkten katholischen Ordensklerus des 17. und 18. Jahrhunderts. Unterlegt mit der Vorstellung von der „Ecclesia militans et triumphans",[29] hat das Motiv ebenso eine latent rechtliche Bedeutung im Sinne einer im Alter begründeten Präzedenz, wie zugleich auch eine Schlagseite gegen andere Parteien; im repräsentativen Katholizismus der Gegenreformation meinte das auch: andere Parteien innerhalb der katholischen Kirche: den Säkularklerus oder andere Orden (etwa die Jesuiten), denen die wiedererstarkten „Alten Orden" im ausgehenden 17. Jahrhundert begannen, ernsthaft Konkurrenz zu machen. Die spezifische antijesuitische Ausrichtung der *Bibliotheca Benedictina* ist evident,[30] der Konflikt um die Deutungshoheit von Ordensglorie innerhalb von Melk ist es ebenso,[31] daneben bestanden im selben Milieu für die Ordensglorie auch noch Deutungsangebote anderer, meist älterer, Benediktinergelehrter.[32] Somit ist mit Pez' prominentem Rekurs auf die *gloria ordinis* zugleich auch ein Anspruch auf die Interpretationshoheit über einen zentralen Begriff gegeben, der auswärtige Ordensmitglieder dazu bringen sollte, Pez ihre Unterstützung zu gewähren, wie er eben dieses Tun gleichzeitig auch rechtfertigen sollte.

28 Zum Problem des gelehrten Ruhms für idealerweise bescheidene Ordensleute: Mordechai Feingold, Fama: les savants jésuites et la quête de la renommée, in: XVIIe siècle 59 (2007), 755–774.

29 Für den konkreten Melker Kontext mit Bezug auf die Gestaltung der Kirchenfreskierung: Werner Telesko, „Ecclesia militans et triumphans". Heilsgeschichte und Universalhistorie als Leitmotive in der Ausstattung des Presbyteriums der Benediktinerstiftskirche in Melk, in: Studien und Mitteilungen zur Geschichte des Benediktinerordens und seiner Zweige 121 (2010), 321–348.

30 Wallnig, Epistolae apologeticae (wie Anm. 26).

31 Werner Telesko, Die Deckenmalereien der Stiftskirche Melk oder die Visualisierung von Ordensgeschichte als Manifestation kirchenpolitischer Ansprüche, in: Thomas Wallnig u. a. (Hg.), Europäische Geschichtskulturen um 1700 zwischen Gelehrsamkeit, Politik und Konfession, Berlin, Boston 2012, 169–191.

32 Thomas Aquin Erhard aus Wessobrunn veröffentlichte 1719 eine *Gloria sanctissimi protoparentis Benedicti*; Korbinian Cherle aus Thierhaupten arbeitete an einer *Gloria Benedictina* (vgl. Nr. 52).

Das im ersten Zirkulare angebotene Begründungsszenario von Bernhard Pez wiederholt sich im zweiten;[33] in beiden Fällen wird es bereitwillig von den Antwortenden aufgenommen. Der Mauriner René Massuet, in der indirekten Nachfolge Jean Mabillons mit der Fortsetzung der Ordensannalen in St.-Germain-des-Prés betraut, formuliert (Nr. 48):

> Cum nihil aequius esse videatur, quam ut fratres ad eiusdem familiae decus promovendum conspirantes mutuo sese auxilio iuvent, is nedum urbanitatis, sed et humanitatis expers sit, qui laborum tuorum ordinis nostri gloriae atque utilitati cessurorum consors esse manum commodando refugiat.

Eine elegante Bearbeitung des Themas kam auch aus S. Vitale zu Ravenna, wo Abt Flaminio Avanzi schrieb (Nr. 116):

> Nil praestantius, quam proprias animi dotes publicae exponere utilitati totisque ingenii viribus insudare, ut etiam e communi sapientia communis gloria elucescat. Vere etenim praeclarum magnanimitatis genus est commune privato bonum praeferre et liberali quodam animo quasi sui oblivisci, ut magis in aliorum memoria inclyta sibi vivendi ratio concilietur. Quare, pater eruditissime, cum nostrae religionis gloriam heroica sapientum nostrorum patrum gesta, ut ad lucem prodeant, in unum congerendo protendere studeas, magna genialis mei cordis propensione tibi maxime gratulor.

In schlichteren Worten, aber mit demselben Tenor äußert sich etwa Ambros Dietmayr aus Admont (Nr. 3)[34] oder Albert Krez aus Ottobeuren (Nr. 229),[35] und generell zahlreich sind die Beispiele für Antwortschreiben, die das Motiv aufnehmen, variiert etwa dadurch, daß die Glorie dem Heiligen Benedikt selbst zukommt (Nr. 41) oder daß Pez' Werk „Gott zur Ehre, unserem heiligen Vater Benedikt und seinem ganzen Orden zu Ehre und Lob" gereiche.[36] Die explizite Bezugnahme der

[33] Nr. 164: Minime dubito, quin operis mei pro sacri ordinis nostri gloria suscepti fama ad aures reverendissimi perillustris ac amplissimi domini domini pervenerit, praesertim cum encylicae [sic] cuiusdam opera consilium meum cum universis Bavariae monasteriis pridem communicaverim. Nimirum animus est Bibliothecam Benedictinam scribere, id est: omnes scriptores, qui a primis sacri ordinis nostri principiis ad hanc usque aetatem aliqua scribendi laude eundem illustrarunt, ingenti volumine complecti. Vgl. auch Nr. 188.

[34] Laudatissimo admodum reverendae dominationis vestrae desiderio, quod per officiosissimam epistolam novissime mihi exposuit, morem geram tanto libentius, quanto maiori solatio una mecum Admontenses omnes perfundit ferventissimus ille admodum reverendae dominationis vestrae zelus pro amplianda sacri Benedictini ordinis gloria.

[35] [...] admodum reverendae paternitatis vestrae indefessus labor, studium et zelus in lucem protrahendi avitam gloriam et sacri ordinis nostri splendorem pro excitanda aemulatione in eiusdem modernis consortibus.

[36] Petrus Merschoff an Bernhard Pez, 1716–04–03, Stiftsarchiv (StiA) Melk, Karton 7 Patres 6, Faszikel 1 (= Pez-Korrespondenz, Bd. I) 460r–v: [...] cum labores ab eximia paternitate vestra suscepti cedant Deo ad gloriam, sancto patri nostro Benedicto totique eius ordini ad honorem et laudem.

Antwortschreiben auf das *gloria ordinis*-Motiv der Enzyklik erlaubt mitunter sogar einen expliziten Rückschluß auf eine zuvor erfolgte Zusendung derselben.

Bereits bei den vorgestellten Textausschnitten zeigte sich, daß die Aussage, daß Pez' Werk die *gloria ordinis* befördert, mit einem breiten und facettenreichen Vokabular verarbeitet wird. Rekurrent in der gesamten Korrespondenz ist der bereits in der Enzyklik angesprochene Umstand, daß Pez sich damit selbst *gloria* erwirbt – gemeinsam mit seinem Kloster (Nr. 9), nur dieses (Nr. 288) oder eben, wie gerade gezeigt, Gott selbst (Nr. 12). Eine Kombination aus allen drei Elementen, übrigens unter sinnfälliger Verwendung des jesuitischen Ordensmottos und vermutlich in Unkenntnis der Konkurrenzsituation der beiden Orden in Wien, bietet der Seligenstädter Johann Weinckens (Nr. 29):

> Faxit Deus! ut Benedictinae bibliothecae vestrae labor ad maiorem Dei gloriam, ordinis decorem et eximiae dominationis vestrae honorem cedat lucemque brevi aspiciat publicam.

Die Elemente sind variabel, und eine Miteinbeziehung des Ordens bietet sich an, um die Angriffsfläche zu verringern. Es geht also um die *gloria* von Pez und dem Orden (etwa Nr. 43) oder Gottes und des Ordens, wie hier im Erstbrief des St. Gallers Moritz Müller:[37]

> Caeterum ad operis suscepti gloriosa molimina altius et ad perfectum usque promovenda omnem fraternam meam (tametsi modicam) opem spondeo et fortiora divinae gratiae auxilia animitus adopto, ut, quod pro gloria sacri ordinis nostri coeptum est, ad eiusdem et imprimis divinae gloriae augmentum novis semper accessionibus increscat.

Die andere Seite des Arguments trat sukzessive zu Tage, als sich herausstellte, daß vielen Klöstern die Glorie ihres Ordens in den Augen Pez' offensichtlich nicht wichtig genug war. In diesem Sinn äußert sich Pez etwa gegenüber dem Abt von Břevnov, Othmar Zinke (Nr. 129), und gegenüber dem Corveyer Ansgar von Grass (Nr. 134); und auch der Düsseldorfer Hofbibliothekar Johann Buchels erklärt so die – ganz in den Farben der üblichen Mönchsschelte gehaltene – Untätigkeit in Brauweiler:[38]

> Non possum satis mirari Brunvillariorum, dicamne incuriam vel segnitiem? Parvi facere videntur ordinis Benedictini gloriam; credo illos non cum Musis, sed cum Baccho potius rusticari, quamvis ibidem mensa satis frugali sim exceptus.

[37] Nr. 32. Zu ihm auch: Thomas Stockinger, „Fidelis tametsi inutilis servus". P. Moritz Müller OSB (St. Gallen) in seiner historisch-literarischen und politisch-diplomatischen Tätigkeit im Spiegel seiner Korrespondenz 1709–1714, in: Studien und Mitteilungen zur Geschichte des Benediktinerordens und seiner Zweige 118 (2007), 339–432. – Andere Belege: Nr. 42; 373; Amand D'Auzecourt an Bernhard Pez, 1716–08–16, StiA Melk, Karton 7 Patres 7, Faszikel 1 (= Pez-Korrespondenz, Bd. II) 608r–609v.

[38] Johann Buchels an Bernhard Pez, 1718–03–10, Pez-Korrespondenz II, 141r–142v.

Entsprechend zu honorieren im Sinne der individuellen Glorie des jeweiligen Klosters (Pez meinte hier die Danksagungen in den Vorreden seiner Werke) war hingegen kooperatives Verhalten seiner Partner, wie etwa das des Rotter Mönchs Wolfgang Dullinger, dem Pez schreibt:[39]

> Itaque nunc tandem votis meis damnatus cumulatissimas gratias ago sancteque spondeo me nihil in vasto opere meo praetermissurum, quod tum ad contestandam erga plurimum reverendam dominationem vestram gratitudinem meam, tum ad ampliorem inclyti Rotensis monasterii gloriam aliquid facturum videbitur.

Die Ordensglorie als zentrales Motiv gelehrten Handelns bietet sich noch einmal prominent im Moment des Ablebens an. So kondoliert der Würzburger Ignaz Gropp Hieronymus Pez zum Tod seines Bruders Bernhard 1735:[40]

> Sane vir mortuus est, cuius obitum eruditi, pii ac boni omnes intime dolebunt, dolebit universus sacerque ordo noster Benedictinus, e cuius gloria et honore promovendo Bernardus totus pendebat, totus vivebat.

Ähnliches läßt sich auch 1721 beim Tod des italienischen Benediktinergelehrten Benedetto Bacchini beobachten.[41]

Freilich wird der Begriff *gloria* ohne jedes weitere Objekt in der Mehrheit der Fälle, und mit späteren Lebensjahren in zunehmendem Maße, an die Publikation von Werken oder andere gelehrte Handlungen alleine geknüpft. Dies ist eben jene Spannung zwischen gelehrter Anerkennung und monastischer Selbstverleugnung, die Bernhard Pez in seinem Zirkulare zu antizipieren und zu entkräften gesucht hatte.

Manche wenden die Sache zu Gunsten der monastischen Gelehrsamkeit, indem sie, wie der Wiener Trinitarier Johann a Sancto Felice, der historischen Forschung der Mauriner und deren gelehrter Glorie einen gleichsam providentiellen Anstrich geben (Nr. 423):

> Habent hoc ex divino plane munere hac nostra aetate tot celeberrimi tui ordinis sodales, ut reconditissimos antiquitatis thesauros, quorum etiam tot saeculis sunt eruntque possessores, sine invidia nunc eruditis immortali tamen sua suorumque gloria reserent.

Varianten hierzu sind auch das Streben nach *gloria* bei den Gelehrten und *mercedes* bei Gott (Nr. 81) oder dem Einsatz *pro sacro ordine et literaria eius gloria promovenda* (Nr. 111); und Glorie durch das gelehrte Tun kann eben auch der *ecclesia* zufallen, namentlich dann, lassen die Brüder auf Reisen ihrem Abt durch

[39] Bernhard Pez an Wolfgang Dullinger, 1716–03–08, HStA München, KL Rott 90, 4v–5r.
[40] Ignaz Gropp an Hieronymus Pez, 1735–04–24, Pez-Korrespondenz I, 160r–161v.
[41] Celestino Lorefice an Bernhard Pez, 1721–10–03, Pez-Korrespondenz II, 347r–v.

den Melker Prior ausrichten, wenn dieser sie hinreichend unterstützt – wieder wird das Argument zugleich als argumentatives Druckmittel eingesetzt.[42]

In einer Gegenprobe zeigt sich, daß bei gelehrten Unternehmen, die nicht auf ein kirchlich-monastisches, sondern auf ein dynastisches Thema fokussiert waren, der Begriff der *gloria* folgerichtig auf das entsprechende Herrscherhaus bezogen werden kann: bei Johann Georg Eckhart auf die Welfen, bei Hieronymus Pez auf die Habsburger.[43]

In anderen Situationen wird hinwiederum die problematische Seite des gelehrten Ruhms zum Druckmittel, um Pez selbst zu erwünschtem Verhalten zu drängen, etwa wenn der – damals noch protestantische – Johann Christoph Bartenstein Bernhard Pez im sich anbahnenden Konflikt mit Hofbibliothekspräfekt Johann Benedikt Gentilotti mahnt, die *gloria privata* dem *bonum* bzw. *commodum publicum* unterzuordnen (Nr. 375, 381).

Wie nun bereits mehrfach zu beobachten war, tritt das Motiv der *gloria ordinis* kaum isoliert und in unterschiedlichen Gestaltungen auf. Parallelisiert wird der Begriff *gloria* im Hinblick auf den Benediktinerorden etwa mit dem – rechtlich noch um einige Nuancen verbindlicheren – *honor*[44] oder mit *decus*, *ornamentum*, *splendor*, *fama*, dem leicht epistemologisch unterlegten *lux*, mit *commodum* oder *utilitas*. Auch Begriffe wie *memoria* und *antiquitas* berühren mitunter denselben Sinnzusammenhang.

IV. res publica litteraria

Freilich ist einer der Hauptgegenstände dieses Beitrags die Parallelisierung von Ordensglorie mit dem Nutzen der „Gelehrtenrepublik". Sie wird erstmals an sinnfälliger Stelle sichtbar, nämlich in dem Konzept des bereits zitierten Briefes von René Massuet, in dem er auf die Pez'sche Enzyklik antwortet (Nr. 48). Das – nicht abgesendete – Konzept bietet folgenden Wortlaut:

> Nihil aequius videtur, quam ut fratres a fratribus adiuventur, ubi potissimum illi in eiusdem familiae decus promovendum toto pectore incumbunt. Quin consilium a reverenda paternitate vestra susceptum laudem mereatur et in ordinis nostri gloriam, immo et totius reipublicae literariae utilitatem redundet, nemo negaverit.

[42] Bernhard und Hieronymus Pez an Valentin Larson, 1717–06–17, Pez-Korrespondenz II, 752r–753v: *Tantum ecclesiae is gloriae dabit, quantum temporis et favoris nobis indulgebit.*

[43] Bernhard Pez an Johann Georg Eckhart, 1717–12–16, Gottfried Wilhelm Leibniz Bibliothek (GWLB) Hannover, Ms XLII 1909, 353r–354v Anton von Mainersberg an Hieronymus Pez, 1744–10–06, StiA Melk, Karton 7 Patres 13, Faszikel 1, Nr. 1, 80r–v.

[44] Vgl. etwa Andreas Pečar, Die Ökonomie der Ehre. Der höfische Adel am Kaiserhof Karls VI. (1711–1740), Darmstadt 2003 (Symbolische Kommunikation in der Vormoderne. Studien zu Geschichte, Literatur und Kunst).

Hier von Massuet also noch bewußt unterschlagen, betritt die *res publica litteraria* bei Pez zwischen 1709 und 1715 definitiv die kommunikative Bühne. Einige Protagonisten dieses Prozesses – neben Massuet selbst auch Bartenstein und Gentilotti – werden weiter unten noch zu Wort kommen; an dieser Stelle ist signifikant, daß Pez' dritte Enzyklik von 1715/16 das Motiv nunmehr ebenfalls in der angesprochenen gedoppelten Form präsentiert:

> Si quem apud te, admodum reverende ac clarissime domine, favorem merentur ii, qui ad illustrandam quoquo modo rempublicam literariam sua studia conferunt, aequissimum profecto est, ut eos praecipuo quodam amore complectaris, qui ad domesticam gloriam avitaque Benedictini nostri ordinis amplificanda decora omni cogitatione, cura et studio incumbunt.[45]

Wie bei den ersten beiden Zirkularen so wird auch hier die Doppelung in zahlreichen Antwortschreiben wie selbstverständlich aufgenommen, bei italienischen Benediktinern wie Licinio Martinoni und Giuseppe Maria Sandi ebenso wie bei Placidus Böckhn aus St. Peter zu Salzburg.[46]

Damit ist der Kern der Frage berührt: Was wollen gelehrte Benediktiner eigentlich sagen, wenn sie – untereinander oder gegenüber anderen – den Begriff *res publica litteraria* verwenden? Der folgende Überblick über Varianten, Mischformen und Gegenproben suggeriert: Sie wollten die Vereinbarkeit und Aufeinander-Bezogenheit der beiden Bereiche betonen und damit sowohl gegenüber einer „ungelehrten" Form von religiösem Leben als auch gegenüber einer „unreligiösen" Form von Gelehrsamkeit in Stellung bringen. Die Verwandtschaft mit dem Konzept des „pio letterato" ist offensichtlich.[47] Dabei ist mitzubedenken, daß die damit angesprochene Demarkationslinie zugleich zentral in der Auseinandersetzung zwischen „positiver" und „scholastischer" Theologie, ebenso zwischen rigorosistischem und reformorientiertem Mönchtum war.[48]

An erster Stelle sei gesagt, daß die *res publica litteraria* nicht nur in dieser ihrer Reinform vorkommt, sondern daß vielmehr ihre Teile beliebig kombinierbar sind. Unscharf umkreist wird der Begriff in der Grußformel eines Briefes des Tegernse-

[45] Zu den Enzykliken vgl. Anm. 27; zur Formulierung „nobilissimum illum Benedictinorum exercitum": Stockinger, Exercitum (wie Anm. 9).

[46] Licinio Martinoni an Bernhard Pez, 1716–05–20, Pez-Korrespondenz I, 313v–r (sic); Giuseppe Maria Sandi an Bernhard Pez, 1717–04–01, Pez-Korrespondenz I, 280r–v; Placidus Böckhn an Bernhard Pez, 1717–07–15, Pez-Korrespondenz I, 59r–v.

[47] Françoise Waquet, Ludovico Antonio Muratori. Le „poi letterato" all'épreuve des faits, in: Jaumann (Hg.), Gelehrtenrepublik (wie Anm. 16) 87–103.

[48] Thomas Stockinger, Thomas Wallnig, Das monastische Anliegen der positiven Theologie, in: Cornelia Faustmann, Gottfried Glassner, Thomas Wallnig (Hg.), Melk in der barocken Gelehrtenrepublik. Die Brüder Bernhard und Hieronymus Pez, ihre Forschungen und Netzwerke, Melk 2014 (Thesaurus Mellicensis, 2), 172–179.

ers Alphons Hueber an die Brüder, welche die fraglichen Versatzstücke geschickt verschränkt:[49]

> Valete et ad illustrandam rempublicam nostram ac gloriam Benedictinam literariam studia vestra ac labores indefessos ulterius conferte.

Der dezidiert antiprotestantisch eingestellte Buchels verwendet *res publica litteraria* oft und nicht selten in Reinform, in seinem Erstbrief an Bernhard Pez sogar gipfelnd in einem enkomiastisch unterlegten Wunsch:[50]

> Et quis non amet et veneretur virum reipublicae litterariae natum et gloriae Benedictinae studiosissimum, qui perspicaci sanoque iudicio et laboribus indefessis tot monumenta veterum evolvit, ut ordinis sui sanctissimi honorem nunquam moriturum illustret? […] Tibi persuadeas, velim, scripta tua temporum omnium iniuriam esse superatura, cum spirent pietatem, sanctorum gloriam illustrent, eruditorum opera consacrent aeternitati; vivent sancti, vivent eruditi, vivent per te, sed et tecum vivent, vivent in eximii viri litterarum monumentis.

Auch er kann jedoch zu subtilen Variationen greifen, etwa indem er die *res publica litteraria* mit der Benediktsregel verschränkt (Regula Benedicti 64,8 über die Einsetzung des Abtes):[51]

> Tu modo da operam, ut melius valeas reipublicaeque litterariae plurimis annis prosis et praesis.

Diese Kombination ist sinnfällig, denn Pez fungiert hier nicht nur als Abt einer als Benediktinergemeinschaft gedachten „Gelehrtenrepublik", sondern er fand sich hier und andernorts implizit in der geglückten Verbindung der beiden Bereiche mit einem „maurinischen Ideal" konfrontiert. Daß dies auch deren Eigenwahrnehmung entsprach, zeigt das oben erwähnte Konzept von Massuet ebenso wie zahlreiche andere Stellen aus Maurinerkorrespondenzen mit Pez; daß es sich dabei zugleich um eine von außen herangetragene Perspektive handelt, illustriert die Weise, in der der junge Bartenstein damit zugleich einen Vertrauensvorschuß bei Pez herbeireden will (Nr. 356):[52]

> Non falleris, vir clarissime, dum suavissimum, quod mihi olim Parisiis commoranti cum congregationis sancti Mauri patribus intercessit, commercium id effecisse existimas, ut quicquid est Benedictini ordinis, tenerrimo animi sensu propensissimoque affectu complectar complexurusque sim, quoad vixero. Grata mihi est tantorum virorum memoria vel ob hanc causam, quod illi de reipublicae literariae incrementis eximie sunt

[49] Alphons Hueber an Bernhard Pez, 1716–09–20, Pez-Korrespondenz I, 591r–593v.

[50] Johann Buchels an Bernhard Pez, 1716–12–06, Pez-Korrespondenz II, 133r–v.

[51] Johann Buchels an Bernhard Pez, 1719–05–19, Pez-Korrespondenz II, 152r–v.

[52] Vgl. auch Ines Peper, Thomas Wallnig, Ex nihilo nihil fit. Johann Benedikt Gentilotti und Johann Christoph Bartenstein am Beginn ihrer Karrieren, in: Gabriele Haug-Moritz, Hans Peter Hye, Marlies Raffler (Hg.), Adel im „langen" 18. Jahrhundert, Wien 2009 (Zentraleuropa-Studien, 14), 167–185.

meriti, quamvis et de me eosdem optime meritos mihi gratuler atque ultro lubensque profitear. Quam ego, ut tu hic esses, vellem! Satiarem certe amplexibus tuis magni Montefalconii vestri desiderium. Te enim et eruditione et animi candore illi non absimilem vel ex literis tuis cognovi, quae fuerunt mihi longe gratissimae, uti omnia scilicet, quae ab ordinis vestri viris proficiscuntur.

In diesem Absatz wird Pez so in der Fremdzuschreibung Bartensteins ein klarer Interpretationsrahmen für sein eigenes gelehrtes Tun gleichsam aufgedrängt und zugleich die eigene Defizienz vor Augen geführt; auf dieses hier bereits „protonational" aufgeladene Element – „Du solltest unbedingt nach Frankreich gehen!" – wird noch zurückzukommen sein.

Die konkreten Handlungsanweisungen durch Bartenstein folgten indes auf dem Fuß und waren geknüpft an die Hoffnung einiger Hofkreise, Bernhard Pez für die Fortführung der seit Leibniz' Abreise aus Wien verwaisten Akademiepläne verwenden zu können.[53] Gentilotti schreibt bald nach dem Brief Bartensteins (Nr. 363):

Ceterum tuo, vir doctissime, studio vetusta monumenta indagandi et optimas artes excolendi mirifice delector ac cum Homerico Agamemnone identidem expeto, ut οἷος σὺ, τοιοῦτοι δέκα in aliis Benedictinae familiae Germanicis coenobiis existant, qui imminentem barbariem strenue propulsent et doctorum hominum scripta cum tineis ac blattis luctantia in lucem proferant. Nolim etenim, quamquam tibi impense faveo, ut haec tua propria sit laus; sed opto, ut alii quamplures tuo exemplo ad bene de re litteraria publica merendum accendantur.

Auch die von Konrad Widow ausgesprochene und von Pez später ausgeschlagene Einladung zu einem gelehrten Abendkolloquium in Wien gemeinsam mit Bartenstein und Gentilotti präsentiert sich als Imperativ im Namen der *res publica litteraria*, monastisch einmal mehr legitimiert durch die Mauriner (Nr. 376):

Nihil amplius addo, sed te, vir amicissime, per Montefalconium, Massuetum omnesque horum sodales rogo, oro atque obtestor, ut crastina die coena quadam Gallica apud nos frui velis. Rem facies gratissimam Gentilotio nobisque, quin et universae reipublicae literariae, de huius enim commodis promovendis certus sum deliberatum iri te inter et bibliothecae caesareae praefectum dignissimum.

Entscheidend ist nun, daß dem Begriffspaar *ordo – res publica litteraria* in mehrfacher Hinsicht zusätzliche semantische Dimensionen unterlegt wurden, die ihrerseits wieder polar zu denken sind. Sinnfällig ist das für den katholischen Späthumanismus und die jesuitische Bildungsreform konstitutive Begriffspaar *virtus*

[53] Zur Akademieproblematik: Christine Glassner, Bernard Pez et les tentatives pour créer une académie bénédictine en Autriche, in: Daniel-Odon Hurel, Gérard Laudin (Hg.), Académies et sociétés savantes en Europe (1650–1800), Paris 2000 (Colloques, congrès et conférences sur le Classicisme, 1), 491–507. Vgl. auch die Einleitung in Stockinger u. a., Gelehrte Korrespondenz Bd. 2 (wie Anm. 5).

– *doctrina*, hier etwa verwendet von Gentilotti im Hinblick auf den sterbenden Massuet:[54]

> […] id quod eo diligentius te facturum scio, quo magis ex cognita tibi et perspecta eius viri virtute et doctrina cogitatione complecti potes, quantam eo amisso litterae et ordo vester iacturam facerent.

Abermals im Hinblick auf die – freilich nicht realisierten – Akademiepläne erweitert der Zwiefaltener Michael Knittel die *disciplina* um den monastischen Aspekt:[55]

> Incredibili voluptate perfudit me clarissima paternitas vestra nuntio instituendi Viennae collegii Benedictini, ubi nobiliora subiecta regnorum Austriacorum iisdem studiis, quibus Galli monachi ecclesiae orbique litterario profuerunt, animos applicent, inde enim non tum scientiae, quantum disciplinae monasticae incrementum et gloriam sancti ordinis nostri auguror.

Auch der Mauriner Louis Pisant legt in seinem Erstbrief an Bernhard Pez beide Sphären auf den Tisch, priorisiert sie aber, nicht ohne väterlichen Unterton, deutlich:[56]

> Epistolam vestram ad nos transmissam, vir religiosissime omnibus litteratis colende et, quia vere Benedictinus, mihi charissime, avide legi […].

Es ist also auf der einen Seite eine wie selbstverständlich katholisch aufgefaßte *res publica litteraria*, von der hier die Rede ist. Das ist die – in Glaubensfragen orthodoxe und autoritative – *res publica litteraria*, auf deren Urteil sich, geht es nach Massuet, Pez bei der Bewertung protestantischer Autoren (die dieser zu Massuets Mißvergnügen gelobt hatte) verlassen soll (Nr. 205):

> Eos tamen omnes auctores percurras necesse est, sed cauto semper pede; haecque tibi prae oculis regula semper esse debet, ut quotiescunquem soli quidpiam proferunt, toties, si non falsum, saltem valde dubium tibi videri debeat nec proinde a te unquam in eorum fide asseri. Multo minus eos auctores nullius certe in republica litteraria auctoritatis assertionis tuae vades citare unquam debes. Acriori quippe iudicio polles, quam ut perversum septentrionalium tuorum morem imiteris, qui multum se fecisse putant, cum librorum suorum margines oppleverint infinitis auctorum nullius nominis citationibus […].

Ähnlich bewirbt Moritz Müller Pez gegenüber kirchengeschichtliche Werke, die er besorgen kann (Nr. 337):

> Sunt inter alia opera praecipua, quae multis iam monasteriis comparavi, et nunc Rhenoviensi inferri curo bibliothecae: Concilia omnia generalia regiae editionis in folio mai-

[54] Johann Benedikt Gentilotti von Engelsbrunn an Bernhard Pez, 1716–02–15, StiA Melk, Karton 7 Patres 7, Faszikel 2 (= Pez-Korrespondenz III), 268r–270v.

[55] Michael Knittel an Bernhard Pez, 1729–06–28, Pez-Korrespondenz I, 523r–525v.

[56] Louis Pisant an Bernhard Pez, 1716–04–19, Pez-Korrespondenz II, 637r–642v.

ori, constant 37 tomis; opus rarum et brevi non amplius comparabile. Item Bibliotheca nova veterum sanctissimorum patrum folio 27 tomis. Item Biblia maxima omnium versionum Latine redditarum folio 19 tomis. Haec tria opera omni bibliotheca dignissima ac utilissima ita incipiunt rarescere, ut vix amplius possint inveniri. Nec quidquam utilius vix unquam pro republica litteraria prodiit.

Pierre Bayle hielt dann doch andere Werke für die wichtigsten in der Gelehrtenrepublik.

Auf der anderen Seite aber – Ines Peper hat das nachgezeichnet[57] – dient *res publica litteraria* in der Pez-Korrespondenz als gezielt eingesetzter Brückenbegriff für die Herstellung eines eben nicht religiös determinierten Konsensraumes mit protestantischen Gelehrten. Hier ist – von beiden Seiten – keine Rede mehr von irgendeiner kirchlich unterlegten *gloria*, von *virtus* oder von *doctrina*, sondern von den epistemischen Tugenden, die wir bis heute in der *scientific community* zu teilen glauben.

Die Verdienste um die *res publica litteraria* fungieren hier an erster Stelle als Empfehlung gegenüber Dritten bei der ersten Kontaktaufnahme. So berichtet Gustav Adolf Gotter in seinem Erstbrief, von Ernst Salomon Cyprian über Bernhard Pez Folgendes erfahren zu haben:[58]

Et quam maxime de domino consiliario ecclesiastico Gothano domino Cypriano tibi confirmare possum eum coram me multa egregie de meritis tuis in rempublicam litterariam esse locutum.

Ähnliches hatte offenbar Eckhart gegenüber Hermann Schmincke über Pez geäußert:[59]

Summa tua eruditio, quam variis ingenii monumentis reipublicae literariae satis abunde probasti, singularisque tua, vir maxime reverende, in bonarum artium cultores humanitas atque benevolentia, quam amplissimus et clarissimus dominus Eccardus, amicus meus omni amoris et honoris cultu venerandus, mihi miris laudibus depraedicavit, animum addiderunt, ut has ad reverentiam tuam darem literas, certissima insuper spe fretus te, vir maxime reverende, audaciam meam propter communia studia haud inique laturum fore.

Die „Gelehrtenrepublik“, hier nur als *publica res*, muß einmal mehr als Bezugsrahmen herhalten, will man an unzugängliche Quellen kommen, wie der Leipziger Johann Gotthelf Struve:[60]

Et cum te, reverende pater, in hoc studiorum genere haut parum esse versatum, circa collectionem monumentorum antiquorum sollicitum esse noverim, tuam quoque imp-

57 Peper, Ohne Parteilichkeit (wie Anm. 7).

58 Gustav Adolf Gotter an Bernhard Pez, 1717–01–27, Pez-Korrespondenz I, 28r–v.

59 Hermann Schmincke an Bernhard Pez, 1718–11–01, Österreichische Nationalbibliothek (ÖNB), Autograph 36/56–1.

60 Burkhard Gotthelf Struve an Bernhard Pez, 1717–03–25, Pez-Korrespondenz I, 461r–462v.

loro opem obnixe rogans, ut tua benevolentia bono publico adesse et, quidquid est tabularum pacem ac foedera concernentium, mecum benevole communicare [sic]. Promovebis hoc ipso publicae rei commodum meque tibi ad quaevis officia reperies promptissimum paratissimumque.

Mit etwas größerem Atem und ideellem Anspruch malt der Frankfurter Gelehrte Zacharias Konrad Uffenbach in seinem Antwortbrief auf die Pezsche Kontaktaufnahme das Bild von der Überparteilichkeit der *res publica litteraria*:[61]

Hoc vero, partium scilicet studia ab omnibus, qui artes liberales tractant, abesse omnino debent, quibus comune ac publicum reipublicae literariae bonum omnibus sane viribus nullove discrimine promovendum est.

Und es ist ebenfalls unter den Beispielen der interkonfessionellen Kommunikation vorzubringen, wenn Pez 1731 ironischerweise gegenüber Mathurin Veyssière de la Croze ebenfalls die *res publica litteraria* evoziert, wenn er mit der Agenda einer Rekonvertierung des Ex-Mauriners und Bibliothekars Friedrichs II. an diesen herantritt:[62]

Ingens incIyti nominis tui fama, qua rempublicam litterariam iam dudum implevisti, vir summe, me tibi tam arcte pridem coniunxit, ut omnem diem infausti mihi illuxisse crederem, quo dulcis tui memoria animo non occurreret.

Unternimmt man nun einige Gegenproben, so erhärtet und verfeinert sich der Befund. Auch in Erstbriefen von Mönch zu Mönch kann die *res publica litteraria* allein in Anschlag gebracht werden, wie in dem Schreiben des späteren St. Emmeramer Fürstabters Frobenius Forster an den schon greisen Hieronymus Pez:[63]

Nolui tamen operi ultimam inponere manum te inconsulto tanquam viro, cuius nomen adeo clarum est in republica literaria et qui in excutiendis veterum bibliothecarum pulveribus consenuit. Rogo itaque et obsecro, ut pro tuo, pro sacra antiquitate illustranda zelo e ditissima tua penu meam suppellectitem amplius ditare non dedigneris.

Gleichzeitig war bei der innerbenediktinischen Korrespondenz solch eine Bezugnahme auf die *res publica litteraria* aber durchaus nicht zwingend – der Benediktbeurer Historiker Karl Meichelbeck verzichtet darauf;[64] und sie war sicher weniger häufig als bei der Überschreitung der Konfessionsgrenze.

61 Zacharias Konrad Uffenbach an Bernhard Pez, 1719–10–28, Pez-Korrespondenz I, 399r–400v. Titelgebend in: Peper, Ohne Parteilichkeit (wie Anm. 7).

62 Bernhard Pez an Mathurin Veyssière de la Croze, 1731–06–29, in: Charles Etiènne Jordan, Histoire de la vie et des ouvrages de Mr. La Croze, Amsterdam 1741, 197–203, sowie Johann Ludwig Uhl, Thesaurus epistolicus Lacrozianus, Bd. 2, Leipzig 1743, 284 f.

63 Frobenius Forster an Hieronymus Pez, 1756–12–26, ÖNB Autograph 36/58–1.

64 Stattdessen formuliert Meichelbeck etwa: „Deus secundet studio nostro ad gloriam suam". Karl Meichelbeck an Bernhard Pez, 1731–05–18, Pez-Korrespondenz II, 728r–729v.

Bernhard Pez selbst hinwiederum schickte die *res publica litteraria* vor, wenn er gegenüber einem protestantischen Gelehrten wie Struve über die geringe Kooperationsbereitschaft seiner Superioren und deren Auswirkung für seine Arbeit klagen wollte:[65]

> Opus iam perfectum esset, nisi religiosi nostri status ac ordinis munia nostro de republica litteraria bene merendi studio obstarent. Non enim par nostra vestraque conditio est. Sane non nisi paucae horulae nostris hisce studiis indulgentur; reliquum omne tempus sermonibus ad populum, institutionibus iuniorum monachorum, psalmorum cantui etc. dicatum est.

Erneut – auch öfters in der Korrespondenz Pez' mit Eckhart – klingt so der Wunsch nach einem als Gelehrsamkeit aufgefaßten Mönchtum durch, das sich nach innen wie nach außen hin in die Toga der Gelehrtenrepublik kleiden will: Konkret wollten die Brüder mehr Zeit zum Arbeiten und weniger Pflicht zum Predigen und zum Chorgebet.

Die konträre Sichtweise ergibt sich in dem Moment, wo die autoritäre Seite gewissermaßen zurückschlägt und die *litterae* und *studia* im Namen der *res Christiana* dem Zugriff der Mönche entrückt, die stattdessen lieber ein religiöses Leben pflegen und ihren Oberen gehorchen sollen:[66]

> Nec enim tam e re Christiana esse bonas litteras coli, studia humaniora reduci, famam denique impensi cum fructu temporis monachis conciliari, quam e re Christiana sit viros religiosos religiose vivere, affectibus necquidquam indulgere, non esse de captanda vana gloria solicitos, sed domitis adulantis philautiae motibus totos Deo vivere, propter Deum illis obsequentes, quorum imperio subsint, memores nimirum voti, quod hac praecipue ex parte maiorem ab illis perfectionis gradum quam ab aliis exigit.

Daß diese etwas herablassende Zurechtweisung ausgerechnet von Bartenstein kam, dem im Namen der Gelehrtenrepublik in Wien Angekommenen, der eben jüngst zum Katholizismus übergetreten war und in der Folge glänzende Karriere machen sollte, entbehrt nicht einer gewissen Ironie. Es zeigt aber zugleich, daß die Begriffe je nach Kontext und Kommunikationssituation ganz verschiedene Funktionen erfüllen konnten.

Die Pez-Korrespondenz kennt freilich auch eine Vielzahl an Varianten des Motivs. Der Mondseer Honorius Khobalter spricht von einer *res publica litteraria Austriaca*,[67] der Seitenstettener Joachim Edlinger gar von einer *res publica litte-*

[65] Bernhard Pez an Burkhard Gotthelf Struve, 1718–01–16, Staats- und Universitätsbibliothek (SUB) Hamburg, Sup. ep. 41, 128v–r, 126v–r.

[66] Johann Christoph Bartenstein an Bernhard Pez, StiA Melk, Karton 5 Priorat 10, Bd. 5, 186–189 (Abschrift von Prior Valentin Larson).

[67] Honorius Khobalter an Bernhard Pez, 1726–11–12, Pez-Korrespondenz I, 625r–629v.

raria Austriaco-Benedictina;[68] der italienische Benediktiner Licinio Martinoni verschneidet zu einem *monasticae republicae bonum.*[69]

Auch die Regierungsform steht zur Debatte, wie bereits in dem angeführten Beispiel zur „Gelehrtenrepubilk als Benediktinergemeinschaft" deutlich wurde. Damals noch begeistert von Gentilotti berichtet Pez Massuet über die Hofbibliothek als ein *regnum litterarium* (Nr. 266):

> Nihil in tota hac Musarum officina est, cuius mihi copiam is abnegaret. Paucis, videbar mihi hic ceu in regno quodam litterario agere, omnemque ei orbem terrarum posthabebam. Utinam diutius illo frui licuisset!

Gentilotti selbst operiert rund zehn Jahre später gegenüber Hieronymus Pez mit der Spannung zwischen *res publica litteraria* und dem Anspruch auf alleinige Herrschaftsausübung. Es geht um einen anonymen Kritiker von Hieronymus' Editionswerk *Scriptores rerum Austriacarum*, der die „österreichische Geschichte" allein für sich gepachtet haben will:[70]

> Vult is scilicet in litteraria republica solus dominari consortemque respuens aegris oculis surgentem aliorum famam adspicit, eorum praesertim, qui Austriae historiam ausi fuerint attingere, quam ille sibi peculiarem reservavit.

Eine besonders interessante Variante der Einschreibung des *res publica litteraria*–Motivs in zeitgenössische (kirchen-)politische Organisationsformen ist die von Bernhard Pez gegenüber Kardinal Angelo Maria Quirini vorgenommene Überlagerung mit dem von der „jansenistischen" Partei geforderten ökumenischen Konzil. Hier ist die Gelehrtenrepublik nicht nur katholisch, sie ist die Kirche selbst, und zwar in ihrer korporativsten Ausprägung und mit einer gelehrten Agenda:[71]

> Edam eiusmodi epistolas et responsa in alio opere, ut causa sancti Ruperti, hactenus inextricabilis visa, velut in oecumenico totius literariae rei publicae concilio ventilata et decisa videri deinceps poterit.

Einschränkend muß zu all diesen Befunden wiederum gesagt werden, daß sie eben nicht quantitativ unterlegt sind, und daß sie einige signifikante Elemente unberücksichtigt lassen, etwa Unschärfen wie den bereits erwähnten, mitunter bedeutungstragenden Unterschied zwischen *res litteraria* und *res publica litteraria*,

[68] Joachim Edlinger an Hieronymus Pez, 1718–02–05, StiA Melk, Karton 7 Patres 13, Faszikel 1, Nr. 1, 18r–20v.

[69] Licinio Martinoni an Bernhard Pez, 1717–06–12, Pez-Korrespondenz I, 311r–312v.

[70] Johann Benedikt Gentiotti von Engelsbrunn an Hieronymus Pez, 1722–03–07, Pez-Korrespondenz III, 279r–280v.

[71] Bernhard Pez an Angelo Maria Querini, 1731–02–11, Brescia, Biblioteca Queriniana, Ms. E IV 13, 137r–v.

und die dazwischen oszillierenden Anordnungen[72] und Erweiterungen (*litterae humaniores*, *litterae sacrae*). Freilich entsteht doch der Eindruck, daß im Austausch zwischen Religiosen tendenziell das unverfänglichere *litterae* allein bevorzugt wird.

Unberücksichtigt bleiben hier auch die nah verwandten und ebenso variantenreichen semantischen Felder von *orbis eruditus* und *bonum publicum* oder der gesamten Komplex der *Musae*, ebenso die Verwendung griechischer Zitate und Begriffe im Text, die ebenfalls gelehrte Signalwirkung beim Gegenüber haben sollten. Konsequent weitergedacht gilt dies natürlich auch für klassische, biblische und patristische Allegationen.

Man darf trotzdem feststellen, daß *res publica litteraria* als positiv besetzter Begriff für Pez und seine Korrespondenten Signal- und Brückenfunktion hatte. Unterscheidbar erscheinen als Gebrauchskontexte und Bedeutungsebenen einerseits die Rechtfertigung gelehrten – positivtheologisch orientierten – Mönchtums in Verbindung mit ordensspezifischen Begriffen, nicht selten unter Ordensleuten oder im Zusammenhang mit denjenigen Laien, die diesem – „maurinischen" – Ideal das Wort reden wollen. Eine Stelle aus dem ersten Brief des Göttweiger Abtes Gottfried Bessel, tatsächlich eine Beantwortung einer bibliothekarischen Entlehnanfrage von Pez, bringt dies, noch dazu mit einer ausgeprägten Lichtmetapher, auf den Punkt:[73]

> Pergat itaque, vir clarissime, pro spectabili zelo suo doctos venerabilis antiquitatis foetus velut ex tenebroso carcere in novam lucem eruere eisque ex sepulchro eductis spiraculum vitae inspirare, atque vel sic de sacro ordine nostro et de republica litteraria quam optime mereri.

Andererseits ist die *res publica litteraria* ein von Laien und Religiosen gleichermaßen angesprochener gemeinschaftlicher Wissensraum, in den man sich begeben, in dem man agieren und dem man durch eigenes Tun nützen kann. Autorisierte Referenz, also gewissermaßen das Kooptieren von Mitgliedern durch persönlichen oder bibliographischen Verweis, spielt dabei eine wesentliche Rolle.

Als Beispiel hierfür mag der Fuldaer Historiker Konrad Sigler zu Wort kommen, der seine gelehrten Meriten gegenüber Bernhard Pez dadurch präsentiert, daß er seine Beteiligung an den Quellensammlungen anderer Forscher – auch Leibniz' *Scriptores rerum Brunsvicensium* – hervorhebt und sagt, daß er, Sigler, sich damit, wenn er nur gewollt hätte, in der „Gelehrtenrepublik" ebenso beliebt gemacht haben könnte, wie es nun eben Leibniz getan hat (Nr. 317):

[72] Beispielsweise *publicum rei literariae bonum:* Domenico Passionei an Bernhard Pez, undatiert, Pez-Korrespondenz I, 414r–v.

[73] Gottfried Bessel an Bernhard Pez, 1717–05–10, Pez-Korrespondenz II, 214r–v.

> Dicti fidem faciunt publicam Conradi Mel, Christiani Junckeri scripta, patris Rassleri Vindicatio diplomatis Lindaviensis nuper edita, cumprimis vero Leibnizii Scriptorum Brunsvicensium tomus tertius circa finem, ubi talia permissu celsissimi Fuldensis me procurante publicata sunt, quibus, si modo voluissem, eandem a republica literaria gratiam inire poteram, quam consecutus est vel ideo vir ille summus.

Auch das hätten Pierre Bayle und vermutlich auch Leibniz anders gesehen.

V. Germania – patria

Es fällt an der Pez-Korrespondenz auf, daß es keine protestantische Korrespondenz jenseits des Reiches gibt. Und es fällt ebenso auf, daß dort, wo in Pez' Austausch mit protestantischen Gelehrten naturgemäß keine Doppelung der *res publica litteraria* mit der Ordensglorie stattfindet, nicht selten ein weiteres Motiv die argumentative Bühne betritt: *Germania*, mitunter unscharf getrennt von einer meist völlig unspezifischen *patria*.

Die Frage nach gelehrtem Patriotismus und Protonationalismus ist für das „Deutschland" des 16. und 17. Jahrhunderts durchaus bearbeitet worden, für Frankreich und Italien auch für die Zeit danach.[74] Beobachtet werden kann in der Pez-Korrespondenz an erster Stelle, wie bei *res publica litteraria*, eine transkonfessionelle Brückenfunktion in Überlagerung mit dem Motiv der Gelehrsamkeit. Pez an Struve zum Ankauf von dessen Freher-Neuausgabe:[75]

> Freherum tuum iam emi. O egregium opus ac factum nobile! Gratulor Germaniae meae tantum virum, qui nullis laboribus, nulli contentioni, nullis sumptibus parcit, ut patriae lucem et gloriam conciliet.

Gegenüber Eckhart eröffnet dieses Motiv für Pez zugleich das Thema der „protogermanistischen" Studien in der Nachfolge von Leibniz:[76]

> Omnia, quaecunque aut amplissimae historiae tuae aut subsecivarum horarum studiis, quae non sine maxima patriae gloria excolis, accommodata novero, in tua potestate habebis. Habeo quaedam rara in lingua, ut aiunt, Theodisca, de quibus proxime plura.

[74] Gundula Caspary, Späthumanismus und Reichspatriotismus. Melchior Goldast und seine Editionen zur Reichsverfassungsgeschichte, Göttingen 2006 (Formen der Erinnerung, 25); Caspar Hirschi, Wettkampf der Nationen. Konstruktionen einer deutschen Ehrgemeinschaft an der Wende vom Mittelalter zur Neuzeit, Göttingen 2005; Françoise Waquet, Le modèle français et l'Italie savante. Conscience de soi et perception de l'autre dans la République des Lettres (1660–1750), Roma 1989 (Collection de l'École française de Rome, 117).

[75] Bernhard Pez an Burkhard Gotthelf Struve, 1718–01–16, SUB Hamburg, Sup. ep. 41, 128v–r, 126v–r.

[76] Bernhard Pez an Johann Georg Eckhart, 1718–01–20, HStA Hannover, Hann. 93 177, 50r–51v. Zum Themenkomplex: Hermann Leskien, Johann Georg von Eckhart (1674–1730). Das Werk eines Vorläufers der Germanistik, Würzburg 1965.

Deutlich wahrnehmbar ist auch, wiederum im Zusammenhang mit der Konstruktion des „gelehrten und frommen Maurinismus", ein Gegensatz zu Frankreich.[77] Bartenstein lobt, noch in der ersten Korrespondenzphase mit Pez und im Zusammenhang mit den Akademieplänen, den zur Lehre bei den Maurinern nach Paris verschickten italienisch-dalmatinischen Benediktiner Ansemo Banduri (Nr. 359):

> Deberent haecce Italorum vestigia et Germani premere. Nihil enim rei literariae incrementis magis inservit quam commercium inter literatos.

Ähnlich bindet Uffenbach[78] die (unterstellte) Gelehrsamkeit seines Gegenübers zurück an den Stolz Frankreichs auf die Mauriner – nach der Herkunft dieses Motives wäre eigentlich zu fragen! – und an die Lage der Gelehrsamkeit in „unserem Deutschland". Die sonstige Ausstattung mit Bildern von Schaben und Motten und gelehrter *virtus* spiegelt das nun bereits bekannte Repertoire:

> Recte sane facis, quod aliorum e familia vestra eruditissimorum vestigia legas, tuoque exemplo egregio commonstres neque in Germania nostra deesse viros ex ordine vestro, ob singularia in ecclesiam et litterarium orbem merita prae aliis omnibus conspicuo, qui rem litterariam ornare et velint et possint. Superbit Gallia fratrum tuorum virtute atque studiis existimavitque hactenus caeteras regiones atque ipsam Germaniam nostram non nisi otiosos alere monachos, qui de litteris parum solliciti codices optimos in monasteriis latentes muribus, blattis, tineisve relinquant. Macte itaque virtute tua, vir maxime venerande atque celeberrime, ac in eruendis conquirendisque litterariis, qui in Germania nostra aeque ac in Gallia habentur, thesauris strenue perge.

Bei Johann Jakob Moser von Filseck, auch hier in einem Erstbrief, gipfelt dieses Bild in einer beachtenswerten Titulatur für die erhoffte Wiener Akademie, mit einer interessanten Hineinnahme von *Austria*:[79]

> Patieris tamen, ut per hasce tibi exponam, quanta vel solum Pezianum nomen laetitia me perfundat quamque gavisus fuerim tandem et ex vestro ordine sancto in Germania repertos esse viros ad summa quaevis in re literaria praestanda aptos, qui dubiam eruditis ex hoc ordine viris Gallis reddere eruditionis elegantioris palmam audeant, quique patriarum rerum et scriptorum curam in se recipiant. Et vero, quod Austriae reique publicae literariae felix faustumque esse iubeat supremus, propediem, ut spero, campus amplissimus se adaperiet Austriophilis, surgetque Imperatorio-Austriaca Austriophilorum academia, cuius membra partitis inter se operis res Austriacas investigare sibi proposuerunt.

[77] Thomas Wallnig, La congrégation de Saint-Maur comme modèle d'ascèse. Exercices spirituels de Jérôme Le Contat et méditations de Claude Martin dans la traduction de Franz Mezger (Salzbourg), in: Jean Leclant, André Vauchez, Daniel-Odon Hurel (Hg.), Dom Jean Mabillon, figure majeure de l'Europe des lettres, Paris 2010, 293–307.

[78] Zacharias Konrad Uffenbach an Bernhard Pez, 1721–03–15, Pez-Korrespondenz I, 402r–403v.

[79] Johann Jakob Moser von Filseck an Bernhard Pez, 1731–10–11, ÖNB Autograph 36/82–1.

Nicht nur die Franzosen, auch die Niederländer sollten indes merken, daß die „Deutschen“ in der „Gelehrtenrepublik“ weniger unbewandert waren, als ihnen offenbar unterstellt wurde. Buchels an Pez:[80]

> Eodem die, quo conspectus Thesauri exemplaria recepi, 4. scilicet huius mensis, illorum unum Leodium, alterum Bruxellas misi institique, ut Parisios mittatur Actis eruditorum inserendum; cras etiam Hagam Comitis exemplar hinc migrabit, ut Batavi resciant Germanos non semper indulgere poculis, sed rempublicam litterariam per illos illustrari et hoc quidem opera tua maxime.

Interessant ist, daß das Motiv der „deutschen Heimat“ wiederum nicht nur einen transkonfessionellen Konsensraum zwischen katholischen und protestantischen Gelehrten aufmachte, zumal während der tendenziell irenisch geprägten 1710er und frühen 1720er Jahre; sondern auch bei den süddeutschen und österreichischen Benediktinern im Umgang miteinander zum Einsatz kam. Der Tegernseer Alphons Hueber spricht von der „Glorie der deutschen Benediktiner“, und es kann unterstellt werden, daß zumindest ein wenig damit auch die Mitglieder des Melker Reformverbandes aus dem 15. Jahrhundert gemeint sind, in dem Tegernsee eine tragende Rolle gespielt hatte (Nr. 273):

> Osculo de condigno veneratus sum clarissimae paternitatis vestrae epistolam 25. Augusti ad me datam et 3. currentis a me acceptam. Gaudeo summopere meis levissimis transmissis foliis me adeo iustissimis votis et desideriis satisfecisse; sed insuper doleo epistolam hanc tantis erga mea encomiis (quibus certe indignissimus sum) esse refertam et in meam laudem adeo effusam. Velle mihi in omnibus adiacet, pater clarissime, inservire scilicet patri ac patrono meo colendissimo, sed perficere non invenio, quia servus sum et quidem ad omnia inutilis, etsi caeteroquin me nihil nisi inscitia mea avellat a studio Benedictinorum Germanorum gloriae melliflua doctrina ac calamo nec non ingenii foecunditate paternitatis vestrae pristino decori unice restituendae, paratae revelari universo terrarum orbi etiam in tempore hoc novissimo.

Hueber schreibt später im selben Brief:

> Atque haec formalia non potui intermittere, quin pro meorum scriptorium maiori confirmatione et energia describerem ac clarissimae dominationi vestrae Germaniae nostrae gloriae communicarem.

Auch hier ist also „unser Deutschland“ angesprochen, und diesmal mutet es etwas defensiver an, als ob damit doch „unser“, also das katholische, „Deutschland“ gemeint sei. Ähnlich klingt es, wenn sich der Freisinger Fürstbischof Eckher von Kapfing bei Pez für die Widmung des vierten *Thesaurus*-Bandes bedankt:[81]

> Redditus nobis fuit tomus IV. Anecdotorum, quibus paternitas vestra admodum reverenda Germaniam nostram, imo exteras etiam provincias more suo egregie illustrare pergit. Gratulamur eidem labores literariae reipublicae tam proficuos.

[80] Johann Buchels an Bernhard Pez, 1722–01–22, ÖNB Autograph 36/78–1.
[81] Johann Franz Eckher von Kapfing, 1722–11–15, Pez-Korrespondenz I, 426r–v.

Während hier unklar erscheint, was *Germania* und was die *exterae provinciae* sind, und somit auch die Trennlinie zwischen *Germania* und *Austria* undeutlich bleibt, ist man geneigt, Reichsvizekanzler Friedrich Karl von Schönborn eine tendenziell reichischere Auffassung bei seiner Verwendung von *Germania* zu unterstellen. Auch *virtus*, *scientia*, *omnes boni* und die *res publica litteraria* dürfen nicht fehlen:[82]

> Singularis paternitatis vestrae eruditio, cui tot praeclaros industriae atque ingenii partus in acceptis iam fert respublica litteraria inter domesticos Germaniae limites non modo conclusa, sed ad exteras etiam nationes fama cursore propagata condigna apud omnes bonos encomia iusta virtutum atque scientiarum existimatione utique promeruit.

Deutlicher auf eine als *Austria* aufgefaßte *patria* – wiewohl auch hier verschwommen zwischen den Erzherzogtümern und etwaigen größeren politischen Einheiten – spielt Joachim Edlinger an:[83]

> Exoticam nonnullorum, quam in vestibulo tuarum damnas, incivilitatem, qua, cum ipsi scribere nolint, aliis quoque, quae idonea haberent, denegant, haud satis demirari queo; cum utique sine ullo suo detrimento ad nostri sacratissimi ordinis vel saltem patriae gloriam suorum communicatione aliquantulum conferre possent; quod ego quidem (utinam huiusmodi rebus instructus essem!) etiam non rogatus facerem.

Interessant ist, daß Edlinger *vel saltem patriae* erst in einem zweiten Schritt dem Brieftext anfügte; die bereits niedergeschriebene Ordensglorie reichte als Referenz offenbar doch nicht aus.

Ebenfalls deutlicher als Erzherzogtum (Unter der Enns) markiert ist *Austria* durch den Bezug auf den heiligen Babenbergermarkgrafen Leopold III. in der folgenden Stelle des Lilienfelder Zisterziensers – und Quellenfälschers – Chrysostomus Hanthaler:[84]

> Gratulor ergo tibi, vir clarissime, sancti desiderii tui fructum ac meritum, quibus tibi ac celeberrimo Mellicio tuo marchionem sanctum, patriam universam bonarumque literarum Atheneum omne toto in mundo sub gloriosis auspiciis reverendissimi perillustris ac ac amplissimi domini domini praesulis tui devinxisti.

Die Pez'sche Gelehrsamkeit erhellt also nicht nur Orden und Gelehrtenrepublik, sondern auch eine *patria*, die manchmal eher in Richtung *Germania*, manchmal eher in Richtung *Austria* tendiert, wobei beide Begriffe ihrerseits große Unschär-

[82] Friedrich Karl von Schönborn an Bernhard Pez, 1733–02–15, ÖNB Autograph 17/61–6.

[83] Joachim Edlinger an Hieronymus Pez, 1716–02–09, StiA Melk, Karton 7 Patres 13, Faszikel 1, Nr. 1, 7r–8v. Ein anderes Beispiel desselben Autors: 1718–10–29, ebd. 29r–30v: „Hinc non est amplius, vir optime, cur me causam celes de la deméle, la quelle monsieur nôtre ami a eu avec son abbé. J'ai été averti de ce dessein de reverend pere vôtre frere il y a long tems par monsieur vôtre pere François, a quo tempore nihil magis in votis mihi erat, quam ut eius consilio respondeat exitus, sacri ordinis gloriae in nostra patria haud minimum sane momentum additurus".

[84] Chrysostomus Hanthaler an Hieronymus Pez, 1747–01–13, Pez-Korrespondenz II, 232r-v.

fen aufweisen. Wiederum ist zu diesem Befund einschränkend zu bemerken, daß eine umfassendere Untersuchung auch enkomiastische Anreden (etwa *decus Germaniae* und ähnliches) mit einbeziehen, neben *patria* auch *natio* oder *partes* berücksichtigen und die *patria* ihrerseits nach unterschiedlichen Bedeutungsebenen differenzieren müßte: etwa nach den merkbar eigenbegrifflichen Kostruktionen *historia patria*,[85] *patriae monumenta*,[86] *antiquitates patriae*[87] oder *iura patria*.[88]

VI. Zwischenfazit: topische all-stars und gelehrte work-life-balance

Zum Ende dieses Schnelldurchlaufs durch gelehrsamkeitsaffine Gemeinplätze in der Pez-Korrespondenz mögen noch zwei Beobachtungen angebracht werden.

Erstens: Es wurde auf den vorangegangenen Seiten versucht, ein sprachlich im Detail äußerst heterogenes Material grob zu sortieren. Es konnte dabei nicht um Kategorienbildung gehen, sondern um das vage und differenzierende Benennen oft durchlässiger semantischer Felder unter Auslassung weiter einschlägiger Teile des relevanten Vokabulars. Daß freilich doch einiges für die vorgenommene Anordnung spricht, sollen einige abschließende Zitate zeigen, in denen die drei angesprochenen Elemente, nicht selten als rhetorischer Dreischritt, miteinander verbunden sind. So bei Johann Jakob Mascov (Nr. 455):

> Et quis non studeret tibi, mi pater, qui antiquissimi et clarissimi ordinis decus, quod literarum gloria sibi quaesivit, tam strenue in Germania sustines.

Celestino Lorefice referiert Gottfried Philipp Spannagels Lob für Pez:[89]

> Narravit subinde te egregium quiddam urgere, quo de patria, republica literaria et universo nostro ordine aeternum bene merearis.

Der Garstener Konstantin Muttersgleich an Hieronymus Pez:[90]

[85] Etwa Bernhard Pez an Anton Steyerer, 1716–01–12, Wien, Österreichisches Staatsarchiv, Haus-, Hof- und Staatsarchiv (HHStA), Hs. Rot 8/2, 637–640; Hieronymus Pez an denselben, 1716–03–26, Ausfertigung: ebd., 655–658; Konzept: StiA Melk, Karton 7 Patres 13, Faszikel 1, Nr. 1, 34r–v; Bernhard Pez an Zacharias Konrad Uffenbach, 1721–06–22, Universitätsbibliothek Frankfurt am Main, Ms. FF. Uffenbach Nr. 113 Bd.7 A, 214r–215v.

[86] Etwa Benedikt Friepeis an Bernhard Pez, 1716–07–29, Pez-Korrespondenz I, 488r–489v.

[87] Hermann Schmincke an Bernhard Pez, 1718–11–01, ÖNB Autograph 36/56–1; Johann Georg Eckhart an Bernhard Pez, 1719–11–06, GWLB Hannover, Ms. XLII 1909, 367–368.

[88] Heinrich Christian Senckenberg an Hieronymus Pez, 1748–05–08, StiA Melk, Karton 7 Patres 13, Faszikel 1, Nr. 1, 129r–130v.

[89] Celestino Lorefice an Bernhard Pez, 1729–08–06, Pez-Korrespondenz II, 354r–355r.

[90] Konstantin Muttersgleich an Hieronymus Pez, 1747–02–19, StiA Melk, Karton 7 Patres 13, Faszikel 1, Nr. 1, 105r–v.

> Faxit Deus, ut ad nostri sancti ordinis, patriae et totius rei publicae litteratiae decus et incrementum quam diutissime perstes incolumis.

Leopold Wydemann ersetzt die *res publica litteraria* durch Gott und die Kirche:[91]

> Unde forti animo in opere inchoato pergitote ea omnia prae reliquis seligentes, quae ad Dei gloriam, ecclesiae utilitatem et ad vestri ordinis decorem nec non patriae honorem inveneritis.

Joachim Edlinger ersetzt den Orden durch die Kirche:[92]

> Labores vestros omnem approbationem ab eruditis reportaturum [sic] certo confide. Quid enim laudabilius, quam viros de ecclesia, patria et republica literaria praeclare meritos, perpetuo ceteroquin oblivionis silentio sepeliendos, luci publicae restituere eorumque doctas lucubrationes in communem omnium usum convertere? Tantum pergite, viri consummatissimi, quo cepistis, pede in sacri ordinis patriaeque tutamine, eorumque decora revocare perpes sit lucubrationum vestrarum studiorumque meta. Deus ex alto vires vobis sufficiat, quibus hoc pelagus utrinque sane maximum feliciter emetiri et gloria inde parta in seros frui queatis.

Und nimmt diesen wieder dazu:[93]

> Interea preces congeminabo, ut a monasterio tuo, vera ordinis nostri in his oris monasteriorum gemma, illud omne longissime absit, quod eruditissimorum membrorum eius quietam, atque otium patriae, ordini, ecclesiae ac rei publicae adeo proficuum turbare vel ad momentum possit.

Zweitens tritt mitunter ein überraschendes zusätzliches Element zu den bisher genannten Referenzen hinzu: die Gesundheit des Gegenübers. Nicht selten anmutend als larmoyanter Austausch ältlicher Herren über ihre körperlichen Unzulänglichkeiten, ist dieser – bisher weitgehend unbeachtete – Aspekt des „Gelehrtenkörpers“ doch eigentlich ein Schlüssel zum Verständnis der *res publica litteraria*, der man nur dann dienen kann, wenn man gut – gesund? – lebt. Zweimal Pez an Eckhart:[94]

> Ergo te etiam atque etiam rogo et hortor, ut modum contentioni ponas sicque reipublicae nostrae commodo studeas; ut quam longissime parta gloria perfruaris, laetus quidem et incolumis.
>
> Tu, si recte de republica litteraria mereri cupis, obsecro, monachos audi et veterum more valetudinem cura diligentissime.

[91] Leopold Wydemann an Bernhard Pez, 1718–12–03, Pez-Korrespondenz III, 63r–64v.

[92] Joachim Edlinger an Hieronymus Pez, 1717–10–29, StiA Melk, Karton 7 Patres 13, Faszikel 1, Nr. 1, 14r–16v.

[93] Joachim Edlinger an Hieromyus Pez, 1722–01–13, StiA Melk, Karton 7 Patres 13, Faszikel 1, Nr. 1, 37r–38v.

[94] Bernhard Pez an Johann Georg Eckhart, 1718–12–01, HStA Hannover, Hann. 93 177, 45r–46v; derselbe an denselben, 1719–02–03, ebd. 68r–69v.

Der Mönch also als Lebensberater für den Gelehrten, womöglich noch im Namen einer eruditen *amicitia?* Das hätte Pez, der selbst mit 52 Jahrehn starb, und das möglicherweise wegen chronischer Überarbeitung, wohl gerne so gesehen. Hingegen wurde er selbst in dieser Frage von Leopold Wydemann, Kartäuser und damit tatsächlich kontemplativer Mönch, konfrontiert und zurechtgewiesen. Dieser quittierte Pez' Bericht über eine Erkrankung mit dem Hinweis auf dessen schlechten Umgang mit sich selbst:[95]

> Si non hortum, saltem instrumenta, quibus hortum manu tua excolas, tibi deesse non obscure indicare frequens tua videtur infirmitas.

Führt also der Weg zum *res publica litteraria*-affinen Monastizismus am Ende über wissenschaftliche *work-life-balance?*

VII. Schluß: res publica litteraria als symbolisches Kommunikationsangebot für gelehrte Mönche

Die meisten der in diesem Beitrag getätigten Befunde riskieren, Offensichtliches explizit zu machen. Auch in der Gegenwart werden in individuell adaptierter Antragsprosa für verschiedene Förderstellen, aber auch in anderen Formen der Wissenschaftskommunikation, Epitheta und Schlagwörter gemäß der antizipierten Gefälligkeit beim Adressaten beliebig kombiniert und variiert. So bedient auch das Ausdrucksrepertoire der Brüder Pez bis heute nebeneinander Diskurse von regionaler, nationaler und internationaler Anschlußfähigkeit – für Förderanträge in Brüssel, Wien und St. Pölten.

Was freilich an dem Gesagten überraschen mag, ist die Breite der Einzelbefunde, die jeweils tiefer in das Thema hineinführen und den Wunsch nach (korpus-) linguistischer Bearbeitung ebenso aufkommen lassen wie den nach sachgemäßer Kontextualisierung.[96] In einer Verbindung solcher Ansätze könnten etwa auch Aussagen *ex negativo* solider argumentiert werden – wer gebraucht diese Begriffe gar nicht? Wer gebraucht sie auch in der Narratio oder Petitio, nicht nur in den sinnleer erwarteten Grußformeln? Wer neigt zu solchen Formeln ständig und offensichtlich in Ermangelung anderer Inhalte, wer verwendet sie nur beim Erstbrief?

Festgehalten werden kann also zweierlei:

[95] Leopold Wydemann an Bernhard Pez, 1718–04–09, Pez-Korrespondenz III, 286r–287v.
[96] Wohin solche Ansätze führen können, wenn man sie auf ein größeres digital verfügbares Corpus anwendet, zeigt etwa im Hinblick auf die *Encyclopédie:* Dan Edelstein, The Enlightenment. A Genealogy, Chicago, London 2010.

Erstens: Die Frage nach dem semantischen Gehalt von *res publica litteraria* ist vielleicht am ergiebigsten, wenn sie kontrastiv unter Einbeziehung der anliegenden parallelisierten Begriffe ins Auge gefaßt wird.

Zweitens: Als mögliches Ergebnis einer solchen Untersuchung kann ein Befund stehen, der *res publica litteraria* nicht von der Seite der realen oder irrealen, imaginierten oder tatsächlich bestehenden Gemeinschaft her betrachtet, sondern als symbolisch überformtes Sprachhandeln, das zwischen zwei konkreten, auch physisch gedachten Individuen eine bestimmte Beziehungsebene etablieren soll.

Damit stellt sich die Frage nach der Motivation dafür ebenso wie nach den Alternativen im Sprachhandeln. Eben dieses, seine – zeitgenössisch wahrgenommenen und nachträglich festgestellten – Formen von In- und Exklusion, von Vagheit und Beliebigkeit, wäre dann der eigentliche Gegenstand des Interesses; ist es doch eben der Schlüssel zu den handfesten persönlichen wie kollektiven, materiellen wie politischen Interessen, deren Beförderung dem jeweiligen Gegenüber in der Verpackung der *res publica litteraria* schmackhaft gemacht werden sollte:[97] Wenn schon für nichts anderes, so tue man es für die Gelehrtenrepublik.

Der Beitrag untersucht die Korrespondenz der österreichischen Benediktinergelehrten Bernhard und Hieronymus Pez auf den Gebrauch von res publica litteraria. *Das Corpus von rund 1150 lateinischen Briefen aus der ersten Hälfte des 18. Jahrhunderts, das zum wesentlichen Teil aus dem Milieu der süddeutsch-österreichischen Benediktergelehrten stammt, aber auch signifikant nach Frankreich, Italien und in den Bereich der mitteldeutsch-protestantischen Gelehrtenkreise hineinreicht, birgt eine Vielzahl von Verwendungsformen und -kontexten des Begriffs, deren Grobsortierung hier versucht wird. Als zentrale Ergebnis kann zum einen die häufige und nuancierte Parallelisierung von* res publica litteraria *mit* gloria ordinis Benedictini *und* Germania/patria *als Referenz- und Begründungsrahmen für Gelehrsamkeit gesehen werden; zum anderen die doppelte Funktion dieses Referenzrahmens für die Überwindung der konfessionellen Grenze und dem innerbenediktinischen Ringen um eine positivtheologisch inspirierte Gelehrsamkeit.*

The paper examines the use of the term res publica litteraria *in the correspondence of the Austrian Benedictine scholars Bernhard and Hieronymus Pez. The corpus of c. 1150 letters from the first half of the 18th century originates mostly from Upper German and Austrian Benedictine scholarly circles, but also includes correspondents from France and Italy as well as Protestant scholars from Middle Germany. These letters display multiple uses of and contexts for the term, and this paper seeks to systematize them roughly. One result thereof is the discovery of a frequent and nuanced parallelism between* res publica litteraria, gloria ordinis Benedictini *and* Germania/patria *as reference and justification frameworks for intellectual activity; another result is the twofold function of this frame*

[97] Nora Gädeke, Im Vorfeld des Spanischen Erbfolgekrieges. Leibniz bringt seine historischen Kollektaneen zum Einsatz, in: Wallnig u. a., Europäische Geschichtskulturen um 1700 (wie Anm 31), 485–511.

of reference for facilitating the overcoming of the confessional divide as well as the striving for positive theology within the Benedictine order.

Thomas Wallnig, Institut für Geschichte der Universität Wien, Universitätsring 1, 1010 Wien,
E-Mail: thomas.wallnig@univie.ac.at

Martin Mulsow

Diskussionskultur im Illuminatenorden

Schack Hermann Ewald und die Gothaer Minervalkirche[1]

I. Ein neuer Ansatz

Die Gelehrtenrepublik ist nach der Definition von Pierre Bayle eine freie, über allen Differenzen von Stand und Nation stehende Gemeinschaft, in der nur das Wort zählt, das Argument und die Gelehrsamkeit.[2] Das scheint weit von dem Ideal der Geheimbünde entfernt, ihre Angelegenheiten in einem arkanen Innenraum zu verhandeln. Auf der anderen Seite aber sind auch Freimaurer und Geheimbünde mit dem Ethos angetreten, gesellschaftliche Differenzen zu transzendieren.[3] Bekannt ist aber von der inneren Diskussionskultur der Geheimbünde wenig. Insbesondere ist unklar, wie sich der interne Debattenraum zur weiteren Öffentlichkeit mit den ihr eigenen Themen verhält. Ist er anders strukturiert? Geht es um andere Materien?

In diesem Aufsatz sollen diese Fragen anhand des Geheimbundes der Illuminaten erhellt werden, der seit 1776 existierte, aber vor allem nach 1782 als weitgespanntes Netzwerk deutschlandweit großen Einfluß erlangte, bevor er nach

[1] Der Aufsatz ist eine Frucht des von der DFG geförderten Projektes „Illuminatenaufsätze im Kontext der Spätaufklärung" am Forschungszentrum Gotha, das ich leite. Das Projekt hat eine „Gothaer Illuminaten-Enzyklopädie" ins Internet gestellt (http://illuminaten-wiki.uni-erfurt.de/Main_Page), in die laufend neue Transkriptionen von Quellen eingearbeitet werden, die miteinander verlinkt sind, außerdem eine Mitgliederliste und Forschungsliteratur. Für Transkriptionen danke ich Olaf Simons, Christian Wirkner und Markus Meumann.

[2] Vgl. Pierre Bayle, Nouvelles de la république des lettres, März 1664, Vorwort. Allgemein vgl. etwa Sebastian Neumeister und Conrad Wiedemann (Hg.), Res publica litteraria: Die Institutionen der Gelehrsamkeit in der frühen Neuzeit, Wiesbaden 1987; Françoise Waquet, Qu'est ce que la République des Lettres? Essai d'analyse sémantique, in Bibliothèque de l'École des Chartes, 147 (1989), 473–502.

[3] Vgl. etwa Margaret Jacob, Living the Enlightenment. Freemasonry and Politics in Eighteenth-Century Europe, Oxford 1991.

1787/88 langsam seine Aktivitäten einstellte.[4] Die Untersuchung geschieht im Rahmen eines neuen Ansatzes, der versucht, lang eingefahrene Muster in der Illuminatenforschung zu korrigieren. Denn diese Forschung hat sich (1) lange Zeit auf Bayern konzentriert und den Orden als mehr oder weniger monolithische Organisation gesehen; sie hat (2) den Geheimnischarakter betont und das Arkane und Esoterische der Doktrinen herausgearbeitet; und sie hat (3) die Lehren in ihrer charakteristischen Selbsterhöhung betont, nicht aber die Schwierigkeiten, das Unvollkommene und Alltägliche.

Demgegenüber sieht der neue Ansatz (1) die Diversität der Illuminaten, insbesondere nach 1782[5] und nach Einsetzen der Illuminatenverfolgung in Bayern 1784, als sich der Schwerpunkt nach Mitteldeutschland verlagerte.[6] Während sich die dichteste Führungsstruktur in Gotha und Weimar – um Herzog Ernst II. von Sachsen-Gotha-Altenburg[7] und Johann Joachim Christoph Bode[8] – herausbildete, blühten andere Zentren in Südwestdeutschland, Frankfurt, Neuwied und

[4] An Literatur nenne ich hier nur Leopold Engel, Geschichte des Illuminaten-Ordens. Ein Beitrag zur Geschichte Bayerns, Berlin 1906; René Le Forestier, Les Illuminés de Bavière et la franc-maçonnerie allemande, Paris 1914; Richard van Dülmen, Der Geheimbund der Illuminaten, Stuttgart 1977; Jan Rachold (Hg.), Die Illuminaten. Quellen und Texte zur Aufklärungsideologie des Illuminatenordens (1776–1785), Berlin 1984; Manfred Agethen, Geheimbund und Utopie. Illuminaten, Freimaurer und deutsche Spätaufklärung, München 1987; Monika Neugebauer-Wölk, Esoterische Bünde und Bürgerliche Gesellschaft. Entwicklungslinien zur modernen Welt im Geheimbundwesen des 18. Jahrhunderts, Göttingen 1995; Ludwig Hammermeyer, Entwicklungslinien, Ergebnisse und Perspektiven neuerer Illuminatenforschung, in: Alois Schmid, Konrad Ackermann (Hg.), Staat und Verwaltung in Bayern. Festschrift für Wilhelm Volckert zum 75. Geburtstag. München 2003, 421–463; Stephan Gregory, Wissen und Geheimnis: Das Experiment des Illuminatenordens, Frankfurt am Main 2009.

[5] Ludwig Hammermayer, Der Wilhelmsbader Freimaurer-Konvent von 1782. Ein Höhe- und Wendepunkt in der Geschichte der deutschen und europäischen Geheimgesellschaften, Heidelberg 1980.

[6] Zur späteren Phase vgl. insbesondere W. Daniel Wilson, Geheimräte gegen Geheimbünde. Ein unbekanntes Kapitel der klassisch-romantischen Geschichte Weimars, Stuttgart 1991; Hans-Jürgen Schings, Die Brüder des Marquis Posa. Schiller und der Geheimbund der Illuminaten, Tübingen 1996; Walter Müller-Seidel, Wolfgang Riedel (Hg.), Die Weimarer Klassik und ihre Geheimbünde, Würzburg 2002.

[7] Zu Ernst II. vgl. August Beck, Ernst der Zweite, Herzog zu Sachsen-Gotha und Altenburg, als Pfleger und Beschützer der Wissenschaft und Kunst, Gotha 1854; Werner Greiling u. a. (Hg.), Ernst II. von Sachsen-Gotha-Altenburg. Ein Herrscher im Zeitalter der Aufklärung, Weimar 2005; Die Gothaer Residenz zur Zeit Herzog Ernsts II. von Sachsen-Gotha-Altenburg, Gotha 2004.

[8] Zu Bode vgl. Hermann Schüttler (Hg.), Johann Joachim Christoph Bode: Journal von einer Reise von Weimar nach Frankreich im Jahr 1787, München 1994; Reinhard Markner, „Ihr Nahme war auch darauf". Friedrich Nicolai, Johann Joachim Christoph Bode und die Illuminaten, in: Rainer Falk, Alexander Košenina (Hg.), Friedrich Nicolai und die Berliner Aufklärung, Hannover 2008, 199–225.

anderswo.[9] Alle diese Subzentren hatten ihre Eigenheiten, was die Mitgliederstruktur, die Anbindung an die Territorialmächte und die Diskussionskultur angeht. Außerdem versucht der Ansatz, (2) die Betonung des Geheimen abzuschwächen und zu fragen, was denn das Verbindende der Ordensaktivitäten und -diskussionen mit dem „Rest" der Spätaufklärung war. Gab es bei den Akteuren eine Kontinuität von ihrer Ordens-Persona zu ihren anderen Personae, sei es im Beruf, sei es im intellektuellen Leben? Das führt (3) zu einer Verlagerung des Blicks von den Theorien und Gradsystemen zu den Praktiken und insbesondere zur Einbettung des Illuminatenlebens in die Alltagspraxis.[10] Wann, wo und wie oft fanden die Treffen statt? Wie liefen sie ab, wie funktionierte die interne Diskussion und wie verhielt sie sich zu den Praktiken außerhalb des Ordens?[11] Kaum eines der Mitglieder war ja „Vollzeit-Illuminat". Stattdessen schlüpfte so mach einer nach langem Berufsalltag in die Rolle des arkanen Menschheits-Verbesserers.

Diese Fragestellungen – und insbesondere die nach der internen Debattenkultur – können nur auf der Basis einer komplexen Kombination von Quellengattungen beantwortet werden. Herangezogen werden müssen: neben einigen gedruckten Schriften Minervalkirchenprotokolle, interne Aufsätze, Quibus-Licet-Eingaben, Reprochen, ordensinterne Briefe,[12] dazu Protokolle der Freimaurerlogen, private Tagebücher, Privatbibliotheken und private Briefe. „Minervalkirchen" nannten sich die regionalen Ordensgruppen; sie hatten, so geheim sie auch waren, eine Vereinsstruktur und einen hohen Grad von Verschriftlichung ihrer Versammlungen. „Quibus Licet" nannten sich die Eingaben, die die Ordensmitglieder regelmäßig an ihre – ihnen unbekannten – Provinzialoberen zu tätigen hatten; „Reprochen" hießen die Antworten, die sie zugestellt bekamen. Protokolle auch der Freimaurerlogen sind insofern von Interesse, als die Illuminatengruppen gleichsam parasitär auf existierenden Freimaurerlogen aufruhten; Teile der jeweiligen Freimaurer waren heimlich auch Illuminaten und trafen sich in gesonderten Versammlungen.

[9] Vgl. als Übersicht Hermann Schüttler, Das Kommunikationsnetz der Illuminaten. Aspekte einer Rekonstruktion, in: Ulrich J. Schneider (Hg.), Kulturen des Wissens im 18. Jahrhundert, Berlin 2008, 141–150.

[10] Hier ist eine Studie vorbildlich, die nicht die Illuminaten untersucht, sondern die Freimaurerei Feßlers: Florian Maurice, Freimaurerei um 1800. Ignaz Aurelius Fessler und die Reform der Großloge Royal York in Berlin, Tübingen 1997.

[11] Eine Pionierstudie in dieser Richtung ist Monika Neugebauer-Wölk, Debatten im Geheimraum der Aufklärung. Konstellationen des Wissensgewinns im Orden der Illuminaten, in: Wolfgang Hardtwig (Hg.), Die Aufklärung und ihre Weltwirkung, Göttingen 2010, 17–46.

[12] Diese Korrespondenz wird inzwischen ediert, ist aber in den vorliegenden zwei Bänden erst bis 1783 erfaßt und wird auch nur ausgewählt präsentiert: Reinhard Markner, Monika Neugebauer-Wölk, Hermann Schüttler (Hg.), Die Korrespondenz des Illuminatenordens, Bd. 1: 1776–1781, Tübingen 2005; Bd. 2: Januar 1782-Juni 1783, Berlin 2013.

Eine besonders dichte Überlieferung, die all die genannten Quellengattungen vereint, existiert insbesondere für Mitteldeutschland, namentlich für Gotha und einige der umliegenden Städte. Sie ist größtenteils in der sogenannten „Schwedenkiste" überliefert, dem illuminatischen Nachlaß von Bode, der von Herzog Ernst II. nach dessen Tode versiegelt und außer Landes, nach Schweden, gebracht wurde.[13] Daher bietet es sich an, die Gothaer Minervalkirche in den Mittelpunkt zu stellen und exemplarisch anhand eines Mitgliedes dieser Gruppierung die Praxis des internen Diskutierens zu rekonstruieren. Zentral für das Diskutieren war das Schreiben und Vortragen von Aufsätzen zu bestimmten Themen, sogenannten „Pensa", die dann unter den Brüdern debattiert wurden.[14] Die Analyse dieser Debatten kann hier nur ansatzweise vorgeführt werden, läßt sich aber unschwer für andere Personen und andere Diskussionsthemen fortsetzen. Die Person, auf die ich mich konzentrieren werde, ist der Hofbeamte Schack Hermann Ewald.

II. Ewald und die Errichtung der Gothaer Minervalkirche

Ewald war im Herbst 1783, als die Gothaer Minervalkirche gegründet wurde, 38 Jahre alt.[15] Seit 1778 schon war er Mitglied der dortigen Freimaurerloge *Zum Rautenkranz*. Er war in Gotha geboren und hatte in Erfurt Jura studiert, bevor er 1772 ein kurzes Intermezzo im Göttinger Hainbund hatte.[16] Diese Episode hat ihn geprägt, denn auch wenn er als Advokat nach Gotha zurückging und dort 1780 eine Hofkarriere startete – zunächst war er Registrator beim Hofmarschallamt, dann 1784 dort Sekretär, 1798 Hofsekretär und 1803 Rat –, blieb er doch ein ly-

[13] Geheimes Staatsarchiv Preußischer Kulturbesitz, Freimaurer, 5.2. G39 Nr. 111 ff. Ich danke der Großen National-Mutterloge „Zu den drei Weltkugeln" für die freundliche Erlaubnis, diese Dokumente zu benutzen. Der Einfachheit halber zitiere ich im folgenden mit dem Kürzel SK [Schwedenkiste], Bandnummer und Dokumentnummer (z. B. SK13–034). Zur Schwedenkiste vgl. Renate Endler, Zum Schicksal der Papiere von Johann Joachim Christoph Bode. In: Quatuor Coronati Jahrbuch 27 (1990), 9–35.

[14] Peggy Pawlowski ist, wenn ich recht sehe, die erste und einzige gewesen, die bisher – auf wenigen Seiten – über die Praxis der „Pensa" geschrieben hat: „…sich begnügen, im Geheimen für das Gute zu wirken". Der Beitrag Johann Adam Weishaupts zur Pädagogik des Illuminatismus, Diss. Jena 2004, 151–155.

[15] Zu Ewald vgl. ADB Bd. 6, 446; Hermann Schüttler, Die Mitglieder des Illuminatenordens 1776–1787/93, München 1991. Für November 2014 ist eine große Monographie von Horst Schröpfer angekündigt, Schack Hermann Ewald (1745–1822): Ein Kantianer in der thüringischen Residenzstadt Gotha, Weimar. Diese Monographie konnte noch nicht berücksichtigt werden.

[16] Max Berbig, Schack Hermann Ewald: Ein Beitrag zur Geschichte des Hainbundes, in: Mitteilungen der Vereinigung für Gothaische Geschichte und Altertumsforschung (1903), 88–111; Albert Geßler, Der Göttinger „Hain" im Stammbuch eines Gothaer Studenten, in: Euphorion 18 (1911), 682–691; Paul Kahl, Das Bundesbuch des Göttinger Hains. Edition, historische Untersuchung, Kommentar, Tübingen 2006.

risch gestimmter Enthusiast für die Veredlung der Menschheit. Schon in Göttingen hatte er – wenig erfolgreiche – Oden gedichtet; in Gotha dann gab er seit 1774 die *Gelehrten-Zeitung* heraus,[17] 1776–79 nebenbei auch noch das *Gothaische Magazin der Künste und Wissenschaften*, in dem er Aufsätze über Schauspielerei und andere Themen unterbrachte.[18] Schauspielerei war ihm nämlich besonders wichtig geworden, vor allem wohl seit Conrad Ekhof nach dem Theaterbrand in Weimar mit seiner Schauspieltruppe nach Gotha umgesiedelt war.[19] Ekhof war es auch, der bei seiner Ankunft die Freimaurerloge *Cosmopolit* in Gotha gegründet hatte, die dann bald umbenannt wurde in *Zum Rautenkranz*.[20]

Ewald war aber nicht nur an Literatur interessiert. Er beschäftigte sich mit Naturwissenschaft, Anthropologie, Philosophie und Geschichte, so etwa mit den Eleusinischen Mysterien,[21] und publizierte 1784 in Erfurt in Johann Ernst Schlegels Verlag anonym das Buch *Über das menschliche Herz; ein Beitrag zur Charakteristik der Menschheit*.[22] Schlegel war seit 1783 ein Logenbruder Ewalds in Gotha und wurde später auch Illuminat. Die Dedikation an die Oberhofmeisterin Juliane von Buchwald datiert vom 30. Januar. Diese damals bereits fast 80jährige Frau war nicht nur Freundin der Mutter des Herzogs, sondern auch von Friedrich dem Großen, Voltaire, Manteuffel, Wieland, Herder und Goethe.[23] Ihr längst verstorbener Mann hieß Schack Hermann von Buchwald – von ihm hatte Ewald seinen Vornamen erhalten; es scheint also eine enge Verbindung zur Oberhofmeisterfamilie (wohl eine Patenschaft) bestanden zu haben, die im einzelnen noch zu klären ist. In der Dedikation ist von „vielfältig erzeigten Wohltaten" schon seit seinem „jugendliche[n] Alter" die Rede.[24] Ewalds Buch ist ein typisches Werk spätaufklärerischer Anthropologie mit ästhetisch-moralischem Ein-

[17] Herausgegeben in Gemeinschaft mit Heinrich A. O. Reichard, Ludwig Chr. Lichtenberg (dem älteren Bruder von Georg Christoph Lichtenberg) und Johann W. Dumpf.

[18] Beiträge von ihm erschienen in Reichards *Theater-Journal* (Gotha 1777 ff.), in der *Litteratur- und Theater-Zeitung* (Berlin 1778 ff.), in der von Reichard herausgegebenen Vierteljahrsschrift *Olla Potrida* (Berlin 1778 ff.) und im *Gothaischen gemeinnützigen Wochenblatt* (Juni 1779 bis Juni 1781). An Theaterstücken verfaßte Ewald: Der falsche Mord. Schauspiel, Frankfurt 1778; Die Heirath aus Liebe. Nachspiel mit Arien und Gesängen, Gotha 1777 und 1788; evtl. auch: Stella Nummer Zwei, oder Fortsetzung des Goethe'schen Schauspiels in fünf Akten, 1776.

[19] Zu Eckhof vgl. Elisabeth Dobritzsch, Barocke Zauberbühne – Das Ekhof-Theater im Schloß Friedenstein Gotha, Weimar, Jena 2004.

[20] Zur Loge vgl. Reichard, Versuch einer Geschichte der [...] [Loge] Ernst zum Kompass und ihrer älteren Schwestern, o.O. [Gotha] 1824.

[21] Die eleusinischen Geheimnisse. Nach Warburton, in: Olla Potrida.

[22] Über das menschliche Herz; ein Beitrag zur Charakteristik der Menschheit, Erfurt 1784.

[23] Zu Juliane von Buchwald vgl. Friedrich Wilhelm Gotter, Zum Andenken der Frau v. Buchwald, Gotha 1790.

[24] Über das menschliche Herz (wie Anm. 22), Dedikation, fol. *4.

schlag.[25] „Unter dem Ausdruck Herz verstehen wir den Inbegriff aller Empfindungen und Leidenschaften“, sagt er gleich zu Beginn des Buches, „und aller derjenigen Bewegungen, die mit den Neigungen und Abneigungen, Begehrungen und Verabscheuungen, als Modificationen unserer Willenskraft, unzertrennlich verknüpft sind“.[26] Als seine Vorbilder im Philosophieren über diese Dinge nennt er Mendelssohn, Sulzer, Eberhard, Herder, Campe und Feder, dazu noch Descartes und Hutcheson.

Ewalds Illuminatentätigkeit fußte – wie so oft – auf seiner Logenmitgliedschaft. 1780 war er Meister der Gothaer Loge geworden, und als im Herbst 1783 eine Minervalkirche in Gotha gegründet wurde, rekrutierte sich diese zum Teil aus der Loge. Christian Heinrich Wehmeyer, ein Logenbruder Ewalds als Zeremonienmeister im *Rautenkranz,* nahm ihn als Novizen auf.[27] Ewald erhielt den Namen „Cassiodor“. Wehmeyer war selbst erst kurz zuvor durch Bode aufgenommen worden; man sieht hier, wie die Mechanik der Gründung der Gothaer Loge verlief. Auch die anderen Mitglieder wurden in ähnlicher Weise in den Illuminatenorden bugsiert.

Als am 26. August 1783 das erste Treffen der Minervalkirche stattfand, waren Herzog Ernst II. („Timoleon“) und Bode („Aemilius“) dabei, dazu Christian Georg von Helmolt („Chrysostomus“), Wehmeyer („Cleobolus“) und Johann Friedrich Christian Rudorff („Ali“). Rudorff war Sekretär des Herzogs, Wehmeyer der Oberhofgärtner und Helmolt der Schloßhauptmann. Alle waren sie Mitglied der Gothaer Freimauerloge, alle waren sie Hofbeamte – mit intellektuellen Neigungen.[28] Insofern bestand die Minervalkirche aus Männern, die ohnehin längst mit-

[25] Vgl. zu solchen Schriften Hans-Peter Nowitzki, Der wohltemperierte Mensch. Aufklärungsanthropologien im Widerstreit, Berlin 2003; Wolfgang Riedel, Die Anthropologie des jungen Schiller: Zur Ideengeschichte der medizinischen Schriften und der ‚Philosophischen Briefe‘, Würzburg 1985; ders., Anthropologie und Literatur in der deutschen Spätaufklärung, in: IASL 6. Sonderheft, Tübingen 1994, 93–157; Hans-Jürgen Schings (Hg.), Der ganze Mensch. Anthropologie und Literatur im 18. Jahrhundert, Stuttgart 1994. Vgl. weiterhin die in den vergangenen Jahren beträchtlich angewachsene Literatur zur „Erfahrungsselenkunde“. Zu den für Ewald relevanten Büchern, die in den Jahren vor seinem Werk erschienen sind, gehört vor allem Johann Gottfried Herder: Vom Erkennen und Empfinden der menschlichen Seele, Riga 1778. Schließlich gehören auch der junge Schiller – mit seiner Dissertation von 1780 – und dessen illuminatischer Lehrer Jacob Friedrich Abel in diesen Zusammenhang.

[26] Das menschliche Herz (wie Anm. 22) fol. *5 (unpaginiert).

[27] Im August 1784 wurde Ewald zum Illuminatus minor, im Januar 1785 zum Illuminatus major. Höher stieg er nicht auf. Vgl. Schüttler, Die Mitglieder (wie Anm. 15). Zu Wehmeyer (1729–1813) vgl. Christine Schaubs, Christian Heinrich Wehmeyer – Freimaurer und Illuminat, in: Gothaer Museums-Jahrbuch 2009, 191–217.

[28] Dieser – fast ausschließlich bürgerliche – Intellektuellenzirkel um Ernst II. ist zu unterscheiden von den meist adeligen hohen Hofbeamten, die die Berufspolitiker des Hofes waren. Ewald nennt sie in seinem Aufsatz SK13–022 respektvoll als diejenigen, die, „wenn ihnen ja eine Stunde, ein Abend zu ihrem freyen Gebrauche anheim fällt, müde, selbst zum Genuß eines Zeitvertreibes

einander vertraut waren. Man gab Gotha den Tarnnamen „Syracus". Bode war gegenwärtig, um die Novizen offiziell einzuführen. Der Herzog zog sich dann schnell aus dem Kreis zurück und war schon in der zweiten Sitzung, die zwölf Tage später, am 7. September, stattfand – einem Sonntag – nicht mehr dabei. Er wollte sich wohl lieber im Hintergrund halten – wie auch Bode, der nur noch bei dieser Sitzung anwesend war, dann auch nicht mehr. Statt seiner leitete nun Helmolt die Sitzungen, teilweise auch mit Reden zu bestimmten Anlässen, wenn es geboten war. Helmolt war mit Ernst eng vertraut, seit sie zusammen die Bildungsreise des damaligen Prinzen im Jahr 1768/69 absolviert hatten, und insofern ein verläßlicher Stellvertreter.

Neben Ewald wurden in der zweiten Sitzung Prinz August[29] – Ernsts jüngerer Bruder –, der Bibliothekar Heinrich August Ottokar Reichard[30] („Wiclef"), der Stiftsprediger Johann Ernst Christian Haun („Jakob Thomasius") und der Prinzeninstruktor Johann Gottfried Bohn („Spanheim") aufgenommen. Man einigte sich auf ein etwa monatliches Treffen. Die Treffen der Freimaurerloge fanden in ähnlichen Abständen, aber an anderen Tagen statt. Anfangs waren alle Sitzungen „Magistrats-Sitzungen", später, ab 1784, differenzierte man diese in Magistrats- und Minervalkirchensitzungen,[31] wobei die ersten einen etwas kleinern Kreis umfaßten und mehr Administratives behandelten, während die zweiten auch niedergradige Mitglieder zuließen und mehr der Diskussion gewidmet waren.

müde [sind], besonders wenn sie ihm erst entgegen gehen sollen; sie ruhen nur aus, oder vielmehr, ihr Körper scheint nur auszuruhen, ihre Seele arbeitet fort, mit einem edlen Eigensinn, äußeres Vergnügen zu verachten, und die wenige Ruhe und Zeitvertreib zwischen Arbeit und Schlaf, in dem kleinen Zirkel ihrer Familie zu genießen". Diese Männer sind: Der Geheime Rat Friedrich Karl Freiherr von Lichtenstein, Staatsminister Sylvius Friedrich Ludwig von Frankenberg, der Kanzler Friedrich Carl von Ziegesar, der Obrist Westhof, der Oberhofprediger Christian Wilhelm Bause, der Regierungsrat Johann Karl von der Becke, der Oberhofmarschall Hans Adam Friedrich Freiherr von Studnitz, der Herzogliche Baumeister Johann David Weidner sowie der Superintendent und Mitilluminat Johann Benjamin Koppe. Vgl. Ulrich Hess, Geheimer Rat und Kabinett in den Ernestinischen Staaten Thüringens, Weimar 1962, 366–372. Zu untersuchen wäre auch, welche Rolle bei der Konstitution des intellektuellen Hofzirkels die alte Frau von Buchwald (siehe Anm. 23) spielte. Einen Hinweis darauf gibt Beckers Dedikation seines Merkur-Artikels über Zeitvertreib an sie (siehe unten Anm. 142).

[29] Zu August vgl. Götz Eckardt (Hg.), Das italienische Reisetagebuch des Prinzen August von Sachsen-Gotha-Altenburg, des Freundes von Herder, Wieland und Goethe, Stendal 1985; Thorsten Unger, „Es ist theatralischer Unsinn". Die Emilia-Galotti-Lektüre des Prinzen August von Sachsen-Gotha und Altenburg, in: Lessing Yearbook 31 (1999), 11–37, sowie die maschinenschriftliche Dissertation von Joachim Kundler, Prinz August von Sachsen-Gotha-Altenburg, ein „Aussteiger" aus seiner Klasse. Ein biographischer Versuch, Akad. d. Wiss. der DDR, Berlin 1990.

[30] Zu Reichard (1751–1828) vgl.: „Unter die Preße und ins Publikum". Der Schriftsteller, Publizist, Theaterintendant und Bibliothekar Heinrich August Ottocar Reichard, Gotha 2009.

[31] Vgl. das Protokoll vom 13.5.1784: „Einweihung der Minervalkirche am nächsten Mittwoch" SK15–027.

In der vierten Sitzung, am 4. November, einem Dienstag, kam noch der Kammerherr und Major Joachim Friedrich Ernst von der Lühe („Cato von Utica") dazu. Damit war die Besetzung der Gruppe ziemlich komplett. Wie sehr Bode im Hintergrund wirkte, zeigt sich daran, daß er vor manchen Logentreffen – in diesem Fall am 3. November – Helmolt persönlich aufsuchte, um mit ihm nebst Wehmeyer das Vorgehen genau abzusprechen.[32] Auch zu Herzog Ernst wurde Helmolt noch vor der Sitzung beordert, um von dieser Seite weitere Instruktionen zu erhalten. Er agierte also als verlängerter Arm der faktischen Ordensoberen, Bode und Ernst. Und damit nicht genug: die Magistrats-Versammlung wurde auch nachbereitet, indem sich, noch am selben Tag, Bode, Ernst, der nun aufgenommene von der Lühe, Helmolt und einige andere im Gasthof „Zum Mohren" trafen, um die besprochenen Dinge weiterzutreiben. Es gab also eine Vielzahl von Treffen auf unterschiedlichen Ebenen und von unterschiedlicher Formalität, inklusive der Logensitzungen *Zum Rautenkranz*, in die die Minervalkirchen-Sitzungen eingebettet waren.[33]

Während sich die Loge zunächst in einem Gasthof und dann im Haus des Bruders Schierschmidt traf, kam die Minervalkirche in Wehmeyers Wohnung am sogenannten Küchen-Garten zusammen.[34] Der Küchen-Garten war der schon von Ernst dem Frommen angelegte Garten für Kräuter und Zitrusfrüchte, etwa zweihundert Meter südlich des Schlosses, auf dem Gelände, auf dem seit dem späten 19. Jahrhundert das Herzogliche Museum steht. Der 1777 gebaute Dorische Tempel am Ufer des Parkteiches im von Wehmeyer selbst angelegten Englischen Garten war nicht fern.[35] Am Rande des Küchen-Gartens gab es das Wohnhaus des

[32] Vgl. das Tagebuch Helmolts vom 3. 11. 1783, FB Gotha, Chart. B 1950a. Vgl. Christine Schaubs, Die Erziehungsanstalt in Schnepfenthal im Umfeld geheimer Sozietäten, Nordhausen 2005, 221 f.

[33] Man kann hier mit Gewinn die Kommunikationsanalysen neuerer Hofforschung – vor allem die Mark Hengerers – heranziehen, um Analysekategorien zu finden. Mark Hengerer, Kaiserhof und Adel in der Mitte des 17. Jahrhunderts: Eine Kommunikationsgeschichte der Macht in der Vormoderne, Konstanz 2004; Zur Informalität am Hof vgl. auch Reinhardt Butz und Jan Hirschbiegel (Hg.), Informelle Strukturen bei Hof, Dresdener Gespräche III zur Theorie des Hofes, Münster 2009. Vgl. auch Werner Paravicini (Hg.), Alltag bei Hofe, Stuttgart 1995.

[34] Heinrich A. O. Reichard, Versuch einer Geschichte der [...] [Loge] (wie Anm. 20), 10; vgl. Marc Rohrmüller, Herzog Ernst II. und die Gothaer Freimaurerloge, in: Die Gothaer Residenz (wie Anm. 7), 147–150. Zu Wehmeyer als Gastgeber vgl. Schaubs, Wehmeyer (wie Anm. 27).

[35] Zum Schloßpark vgl. Richard Waitz, Der herzogliche Park zu Gotha von seiner Entstehung bis auf die jetzige Zeit, Stollberg, Gotha 1849; Elisabeth Dobritzsch, Im Reich der Göttin Freiheit. Gothas fürstliche Gärten in 5 Jahrhunderten (= Gothaisches Museums-Jahrbuch 11, 2008), Weimar 2007; Michael Niedermeier, „Vorhöfe, Tempel und Heiligstes". Der Herzoglich Englische Garten – Entstehung und Bedeutung, in: Greiling (Hg.), Ernst II. von Sachsen-Gotha-Altenburg (wie Anm. 7), 185–199.

Oberhofgärtners.[36] In diesem Haus war man abgeschieden und zugleich der maurerischen Symbolik des neuen Englischen Gartens nahe. Da der Garten Privatbesitz Ernsts II. und nicht allgemein zugänglich war, konnte niemand beobachten, wer in Wehmeyers Haus ein- und ausging.

Die Wochentage der Treffen wechselten. Man abonnierte das Freimaurer-Journal und kümmerte sich um einen neuen Teppich, der offenbar mit Freimauersymbolen bestückt war.[37] Vielleicht rollte man den Teppich zu Beginn der Sitzungen in Wehmeyers Wohnzimmer aus, so daß ein wenig maurerische Atmosphäre geschaffen war und symbolisiert wurde, daß das Wohnzimmer nun für einige Stunden als ein offizieller Versammlungsort diente. Vor allem aber konnte man nun mit der inhaltlichen Arbeit beginnen. Das geschah zum einen dadurch, daß man neue Anwärter auf die Mitgliedschaft „ausbildete“, zum anderen dadurch, daß man gemeinsam zu bestimmten Themen Aufsätze schrieb, über die man dann diskutierte.

III. Die „Ausbildung“ Schlichtegrolls

Sehen wir zunächst auf die Ausbildung. Ausgebildet wurde zum Beispiel seit der Novembersitzung Friedrich Heinrich Adolph Schlichtegroll.[38] Er stammte aus

[36] Das Haus in seiner Gestalt des 18. Jahrhunderts – mit wenigen Umbauten – steht noch. Es ist heute die Adresse Parkallee 13. Vgl. Elisabeth Dobritzsch, Christian Heinrich Wehmeyer – Gärtner dreier Herzöge, in: Gothaer Museums-Jahrbuch 2009, Gotha 2008, 151–190, bes. 175.

[37] Protokoll vom 25. 2. 1784; SK15–001. Zu Teppichen bei Freimaurern im Kontext der Rituale vgl. Maurice, Freimaurerei (wie Anm. 10), 15 ff. Vgl. auch Eugen Lenhoff und Oskar Posner, Internationales Freimaurer-Lexikon, München 1932, siehe vor allem „Teppich“: „Die Bodenzeichnung aus welcher sich der freimaurerische Teppich, die Arbeitstafel, entwickelt hat, ist uraltes folkloristisches Gut […]. Der Zweck der Zeichnung war ursprünglich, einen geweihten Raum abzustecken und dadurch Unbefugte fernzuhalten. Diese Symbolzeichnungen wurden auf den Boden gezeichnet, dort, wo die Versammlungen um einen runden Tisch stattfanden, wie bei alten Schmiedegilden (Gould History), wurde eine Symbolzeichnung auf dem Tische mit Kreide angelegt. Die ältesten Freimaurerlogen zeichneten die Symboltafeln mit Kreide und Kohle auf den Boden der Wirtsstube, in der sie sich versammelten. Das „Drawing on the floor of the Lodge“ war Aufgabe des Logendieners oder Tylers, der dafür besonders bezahlt wurde. Da man vor Überraschungen nie sicher war, gehörten zum Inventar der Loge „Mop and Pail“, ein Schrubber und ein Eimer, um die Zeichnung im Bedarfsfalle schnell auslöschen zu können. Späterhin wurden die Konturen mit Bändern und Reißnägeln abgesteckt. Aber auch diese bewährte sich nicht (die Jerusalem Lodge in London konnte 1772 eine Meisterarbeit nicht abhalten, weil der Tyler statt des Meister-Teppichs nur den Lehrlings Teppich gezeichnet hatte!) und so ging man zu Malereien über, die zum Schlusse der Arbeit zusammengerollt werden konnten. Die Hamburger Loge hatte 1738 in ihrem Inventar ein Stück schwarzer Wachsleinwand, einen Strick zum Ziehen der Linien und einen Zirkel. Schon 1739 hatte in Edinburgh ein Malermeister einen Teppich in der Auslage, der von der Loge schnell aufgekauft wurde“.

[38] Zu Schlichtegroll (1765–1822) vgl. Monika Stoermer, Friedrich von Schlichtegroll – ein „Nordlicht“ in Bayern, in: Akademie Aktuell (2008), H. 1, 46–50.

dem nahen Waltershausen, war erst 18 Jahre alt, und Haun, der auch Direktor des Schulseminars war, als besonders vielversprechend aufgefallen. Man wollte ja bei den Illuminaten die guten jungen Köpfe um sich sammeln. Haun hatte ihn kurzfristig als Hofmeister angestellt, bevor Schlichtegroll dann im Wintersemester 1783 sein Studium der Jurisprudenz in Jena aufnahm; schon bald sollte er das Fach wechseln und sich in der Theologie bemühen, allerdings ganz und gar von der philologischen Seite her.[39]

Wie fand die Ausbildung statt? Man forderte Schlichtegroll, von dem man ja wußte, daß er für die alten Sprachen und Autoren glühte, auf, einen Aufsatz über Cicero zu schreiben. Der junge Student tat das umgehend und lieferte schon im Februar oder März 1784. Daß es gerade um Cicero ging, war kein Zufall. Im Herbst 1783 war die Übersetzung von *De officiis* durch den Breslauer Philosophen Christian Garve erschienen, die von niemand geringerem als Friedrich dem Großen angeregt worden war, als dieser sich 1779 anläßlich der Aushandlung des Friedens von Teschen in Breslau aufhielt.[40] Garve produzierte nicht nur eine gut lesbare Übersetzung, die Cicero wie einen Zeitgenossen des 18. Jahrhunderts erscheinen ließ, er veröffentlichte dazu auch noch drei Bände „Anmerkungen", die in Wirklichkeit aus kleinen, von Cicero inspirierten Essays bestanden.[41] Garve war ein sogenannter „Popularphilosoph", d.h. er verband die seit dem Wolffianismus in Deutschland virulenten Traditionen mit Einflüssen aus Frankreich und vor allem aus der schottischen Aufklärung. Sein Cicero wurde anders, als Friedrich ihn sich vorgestellt hatte: ein weltkluger, politisch engagierter Autor, der Anregungen gibt, wie Menschen sich sozial zusammenfinden und miteinander agieren, nicht nur auf staatlicher, sondern, wie Garve in seinen Anmerkungen

[39] Später sollte Schlichtegroll Gothaer Bibliothekar, Numismatiker, Herausgeber der „Nekrologe der Deutschen" und schließlich erster Generalsekretär der Bayerischen Akademie der Wissenschaften werden; unter anderem ist er auch der erste Mozart-Biograph.

[40] Abhandlung über die moralischen Pflichten in drey Büchern, aus dem Lateinischen des Marcus Tullius Cicero, übersetzt von Christian Garve, Breslau 1783. Zu Garve vgl. Gotthardt Frühsorge, Vom „Umgang" und von den Büchern. Zu Christian Garves Reflexionen bürgerlicher Existenz, in: Euphorion 81 (1987), 66–80; Claus Altmayer, Aufklärung als Popularphilosophie. Bürgerliches Individuum und Öffentlichkeit bei Christian Garve, Saarbrücken 1992; Leonie Koch-Schwarzer, Populare Moralphilosophie und Volkskunde. Christian Garve (1742–1798) – Reflexionen zur Fachgeschichte, Marburg 1998; Norbert Waszek, Übersetzungspraxis und Popularphilosophie am Beispiel Christian Garves, in: Das achtzehnte Jahrhundert 31/1 (2007), 42–64.

[41] Christian Garve, Philosophische Anmerkungen und Abhandlungen zu Cicero's Büchern von den Pflichten, 3 Bde. Breslau 1783. Vgl. Johan van der Zande, The Microscope of Experience: Christian Garve's Translation of Cicero's *De officiis* (1783), in: Journal of the History of Ideas 59 (1998), 75–94. Zu Cicero in der Aufklärung vgl. Günter Gawlick, Cicero and the Enlightenment, in: Studies on Voltaire and the Eighteenth Century 25 (1963), 657–682; Matthew Fox, Cicero during the Enlightenment, in: Catherine Steel (Hg.), The Cambridge Companion to Cicero, Cambridge 2013, 318–336.

einklagt, auch auf häuslicher Ebene. Garve ist nicht wie Kant vor allem an der moralischen Motivation und an Begründungsproblemen interessiert, sondern an ihrer Einbettung in das soziale Leben und alle Aspekte menschlicher Existenz.

Gleich nach dem Erscheinen des Buches, das in ganz Deutschland mit großer Begeisterung aufgenommen wurde, verschaffte sich Prinz August ein Exemplar der Übersetzung. August, mit Ordensnamen „Walther Fürst", war hingerissen – insbesondere von Garves Anmerkungen. An seinen Freund Wieland schrieb er am 4. Dezember: „Garves Abhandlungen zu seinem Cicero beschäftigen mich noch ungemein; ich lese sie sehr langsam, und werde sie wahrscheinlich mehr als Einmal in meinem Leben wiederlesen. Sie sind für mich eine unerschöpfliche Quelle neuer Entdeckungen in der Moralischen Welt".[42] August bereitete daraufhin einen Aufsatz vor, den er der neu gegründeten Minervalkirche vorlegen wollte und schlug zugleich den Ordensoberen vor, Garve doch als Mitglied des Illuminatenordens anzuwerben. Wir wissen davon durch einen Brief Bodes an den Nationaloberen Johann Martin zu Stolberg-Roßla vom 20. Dezember 1783. Dort heißt es: „Der Br[uder] Walther Fürst hat den Herrn Professor Garve in Breslau, in einem Q[uibus] L[icet] vorgeschlagen [...] Der Professor Garve ist einer unsrer besten deutschen Philosophen, aber von sehr kränklichen Körper." Bode meint, er wolle „Walther Fürst eine angenehme O[rdens-]Beschäftigung damit machen, wenn ich Ihm die Korrespondenz mit Garve auftragen dürfte".[43] So teilt er es ihm dann – unter dem Pseudonym Bruder Basilius, das für die Ordensoberen vor-

[42] Prinz August an Wieland, 4. 12. 1783, in: Wielands Briefwechsel, hg. von der Akademie der Wissenschaften, Berlin, Bd. 8/1, Berlin 1992, 468. August fährt fort: „Ich lerne daraus den Verfasser selbst kennen, dessen reine, schöne, aber zu sanfter schwermuth geneigte Seele sich überall, auch oft unvorsetzlich schildert oder abspiegelt. Und da sehe ich nun, wie Wünsche zu Hofnungen, Hofnungen zu Trostgründen, Trostgründe zu Gewisheit werden; wie Lehrsätze und Gemüthslage sich die Hand bieten; wie lichter heller Sinn und der höchste Grad der Aufklärung und des Selbstforschens ihren Gesichtspunct gleichsam nach der Richtung der Wünsche, Hofnungen, Trostgründe und Gewisheit nehmen; wie Zweifel und Einwendungen des Verstandes (denn wie viele entfahren dieser vortreflichen Menschenseele nicht!) bald mit dem Herzen ringen, bald sich wieder mit ihm vergleichen, und, so zu sagen, mit ihm zusammenschmelzen; kurz, ich sehe bald Schwimmer, bald Wellen, und dieses tragische rührende Schauspiel lockt mich an, und fesselt mich auf eine Weise, die ich nur mit dem Meisterstücke eines Racine oder Gluck vergleichen kann [...]. Unser Garve ist mir einer der tiefdenkendsten Männer die ich kenne er initiirt mich in tausend Geheimnissen von denen ich nie geträumt hatte; er rükt mir die Vorzeit und die Gegenwart zusammen wie ich sie schwerlich ohne ihn würde gesehen haben; und beynahe keine gute und keine schlimme Seite des Menschen bleibt von ihm unberührt und unentwickelt [...]". Wieland berichtete Garve in seinem Brief an ihn vom 17. 12. 1783 von Augusts Begeisterung: „[...] ich zweifle ob unter allen einer ist, auf den sie stärker gewürkt haben oder jemals würken werden, als auf unsern liebenswürdigen vortreflichen Prinzen August von Gotha. Seit mehrern Wochen sind Ihre Abhandlungen fast der einzige Inhalt der Briefe, die ich von ihm erhalte [...]" (470).

[43] Bode an Stolberg-Roßla, 20. 12. 1783, zit. nach Pawlowski, Beitrag Johann Adam Weishaupts (wie Anm. 14), 138 f.

gesehen war – in einer Reproche mit. August wird sich gleich daran gemacht haben, Garve zu schreiben.

Was Schlichtegroll angeht, so war auch dieser begeistert von der Lektüre: „Selten habe ich“, schreibt er im Quibus Licet an seine Oberen, „eine so unterhaltende und lehrreiche Lectüre gehabt als [...] an Cicero von den Pflichten mit Garve's Erläuterungen. Bei seiner Uebersetzung vergißt man es, daß man einen alten ließet, und seine Erläuterungen zeigen, wie groß die Fortschritte sind, die neuere Denker in der Philosophie gemacht haben“.[44] Er machte sich unverzüglich daran, den gewünschten Probeaufsatz über das Kapitel zu schreiben, das man ihm aufgetragen hatte: „Über das 6te Kapitel des III. Buchs des Cicero, von den Pflichten“.[45] Es war jenes Kapitel, in dem es – in Garves Übersetzung – heißt: „Diese Wahrheit muß also allen Menschen tief eingeprägt seyn: Der Nutzen der Gemeinheit zu der ich gehöre, ist auch mein Nutzen: diesen ganz an mich reissen zu wollen, heißt das Band der Vereinigung unter den Menschen auflösen, wodurch auch meine Wohlfart herhalten wird“.[46] Damit war das Verhältnis von Eigennutz und Gemeinnutz angesprochen, und die Aufgabe für den einzelnen, sich mit dem Gemeinnutz zu identifizieren. Wahrhaft eine Übung für einen Illuminatenaspiranten.

Schlichtegroll schrieb den Text wie heute ein Jurastudent eine Seminararbeit zum Naturrecht. „Immer ist es“, begann er, „eines von den schweren Problemen für die Weltweisen gewesen, zu entscheiden, was in Kollisionsfällen die Rechte der Natur erlauben oder verbieten“. Er reichte den Aufsatz ein und hatte bis zum März 1784 zu warten, als in der Magistratsversammlung Schlichtegrolls Lehrer Haun den Aufsatz seines Zöglings verlas.[47] Da der Aufsatz lang geraten war – Haun brauchte eine halbe Stunde zum Vortrag –, nahmen die Verlesung und anschließende Diskussion einen großen Teil der Sitzung ein.[48]

44 SK11–313, zit. nach Pawlowski, Beitrag Johann Adam Weishaupts (wie Anm. 14), 158.

45 SK13–052.

46 Abhandlung über die moralischen Pflichten in drey Büchern, aus dem Lateinischen des Marcus Tullius Cicero (wie Anm. 40), 215.

47 Vgl. das Protokoll in SK15–002.

48 Wie lebendig und gefällig der junge Schlichtegroll zu schreiben weiß, mag ein Auszug aus seinem Text zeigen, in dem er das von Cicero im besagten Abschnitt angesprochene Problem des Tyrannenmordes behandelt: „Dies wäre, wenn der Soldat oder überhaupt die Wache des Fürsten ihre Pflicht thut, und sogleich, wie der Fürst durch Deklaration des Staats entsezt wird, aufhört, ihm zu gehorchen. Wenn nun aber der Soldat seinen ungerechten und entsezten Fürsten mit zu groser, und in dem Fall so gar schädlicher Treue anhängt, und der Tyrann sich also noch mit Gewalt im Besiz der obersten Macht erhält, so bittet der eine Staat einen andern benachbarten um Hülfe gegen seinen Tyrannen. Freilich sieht er nun sein Land zum Schauplaz des Kriegs gemacht, und sich mit mancher Beschwerde belastet; aber ist es nicht beßer, alles zu tragen, als vielleicht noch lange unter einem Boshaften zu schmachten, dem kein Recht mehr heilig ist, und der in einem Jahr so viel Schaden und Unglük anrichtet, als der beste Fürst in seinem ganzen wohlthätigen Leben kaum wieder ersetzen kann. Dieß scheint die Art, die einzige Art der Vertheidigung zu seyn, die das Recht der Vernunft und

Die Minervalkirchen-Sitzungen, die bald danach begannen, waren allerdings länger. In ihnen kamen zuweilen fünf, sechs, oder gar acht Aufsätze zum Vortrag, so daß die Sitzungen mindestens drei Stunden, wenn nicht vier oder mehr, in Anspruch genommen haben dürften. Auch wenn viele Vorträge kurz waren und nur 15 oder 20 Minuten dauerten, muß man auch die Diskussionen einberechnen, die sich sicherlich an die Verlesung angeschlossen haben.

IV. Prinz August, Ewald und Garves Cicero

Prinz August agierte, wie schon angesprochen, unter dem Decknamen „Walther Fürst" oder auch „Fürst Walther" in den Illuminatenversammlungen.[49] Zwar galt unter Freimaurern und damit auch Illuminaten die Egalität, doch fiel es den Hofbeamten nicht immer leicht, jemanden aus der Fürstenfamilie nicht als ihnen übergeordnet anzusehen. Umgekehrt nahm sich August, sobald sein Bruder Ernst und Bode nicht mehr anwesend waren, nun wie selbstverständlich das Recht heraus, ein Thema vorzuschlagen und als Pensa an andere zu verteilen. In der Sitzung am 12. Dezember 1783 hielt August eine zehnminütige Rede anläßlich der neuen Cicero-Übersetzung.[50]

> Es wird Ihnen vermuthlich die vortreffliche Übersetzung von Cicero's Abhandlung, *Über die menschlichen Pflichten*, bekannt seyn, die wir seit kurzem, dem Herrn Professor *Garve* zu verdanken haben: ein Mann welchen wir in jeder Betrachtung zum Mitgliede einer Gesellschaft wünschen müssen, welche das Wohl und die Vervoll-

Natur einer beleidigten Unschuld gegen ihren rechtmäsigen Fürsten erlaubt. So handelte also Wilhelm Tell, der Man mit dem teutschen Herzen, mit dem Gefühl vor Freiheit, vor Recht und Unrecht, unsträflich, lobenswürdig, gros; und so bleibe die finstre That Ravaillac's verabscheut von allen folgenden Jahrhunderten, und ein trauriges Denkmal, wie weit die Menschlichkeit ausarten kann. – Und was habe ich nun da gesagt? Einen artigen Traum geträumt, sprichst du, der freilich in der Ausführung nicht übel wäre, aber der vor unsre Zeiten auch weiter nichts, als ein Traum bleiben wird. Ich gebe es zu; es sei dies immer; genug, wenn wir nur daraus sehen, daß wir nach dem Recht der Natur unsern rechtmäsigen Fürsten nicht mit eigner einzelner Hand richten dürfen. Cicero konnte wohl mit Recht von einem Tyrannen sagen, wie er ihn verstanden haben mag: ‚So wie wir vom menschlichen Körper, die abgestorbenen Glieder, die den übrigen nur schaden würden, abschneiden; so müßen wir auch diese in Menschengestalt gekleidete Wildheit und thierische Grausamkeit vom Körper der Menschheit trennen.' Aber wir müßen nach der gemachten Distinktion mit gröserer Behutsamkeit und Bestimmtheit hiervon reden. Unser Philosoph giebt uns auch das Recht dazu in den Schlus worten dieses Kapitels, wo er sagt, daß man hier immer auf die Umstände, und die Zeit mit Rücksicht nehmen müße". Das Thema berührt sich mit demjenigen des Despotismus, das die Zeitgenossen und auch die Illuminaten so umgetrieben hat. Vgl. dazu Schings, Die Brüder des Marquis Posa (wie Anm. 6).

49 Zu Prinz August vgl. Anm. 29. Eine Untersuchung zu seiner Rolle als Illuminat fehlt.

50 SK13–007b. Das Protokoll hält fest: „Prinz August verlas aus Ciceros de officiis 3tes Buch, Kap. 6. und bat alle Anwesenden ihre Gedanken dazu schriftlich einzureichen". SK15–010.

kommnung des Menschengeschlechtes zur Absicht hat. Im dritten Buche des erwähnten Werkes, richtet der römische Sittenlehrer hauptsächlich sein Augenmerk auf die Untersuchung, *Über den Fall des Widerspruches zwischen Pflicht und Vortheil.*[51]

August beklagt mit Cicero und Garve das „Auseinanderreissen" von der Pflicht gegen andere Menschen und dem eigenen Vorteil. Wie aber kann ihr Zusammenhang begründet werden, oder besser: wie kann er in der Motivation einzelner Handelnder hergestellt werden? August wagt sich weit vor: „So schwer, so thöricht, so eigenliebig es scheinen möchte, einem *Cicero* hierin vorgreiffen zu wollen; so leicht dünkt mich die Auflösung dieser moralischen Frage". Denn August hat Garves Überlegungen weitergedacht und macht nun einen Vorschlag:

> Gesetzt also, es entstände ein Zweiffel in uns, ob wir jezt ungerecht handeln, und der allgemeinen Menschenliebe vergessen sollten, um uns selbst Vortheil zuverschaffen, und unserem eigenen Götzenbilde ein Opfer zu bringen? Gesetzt ferner, wir wären uns dieses Widerspruches, dieses Gegeneinanderstoßes unserer gesellschaftlichen Verbindlichkeiten, mit einem vorüberfliegenden Gewinnste oder Verluste, wirklich bewußt; was wäre wohl das kürzeste Mittel, unserer Unschlüssigkeit ein schnelles Ziel zu setzen? Ich glaube dieses: – Uns an die Stelle unseres Nächsten, oder des geliebten Vaterlandes, oder des gesamten Menschengeschlechtes zu setzen; wo nicht? – Uns wenigstens einen unserer Nebenmenschen in unserer gegenwärtigen Lage zu denken, und nun ein bündiges Urtheil zu fällen.[52]

Es ist zwar nicht der kategorische Imperativ, den August hier bemüht – dessen Theorie wurde von Kant erst in diesen Jahren entwickelt und 1785 veröffentlicht –, aber doch die einfachere, oft genannte Variante des Perspektivenwechsels der goldenen Regel.[53]

[51] Er fährt fort: „Er sagt schon im dritten Capittel desselben: „*Socrates soll oft dem geflucht haben, welcher zuerst diese von der Natur unzertrennlich-verbundenen Dinge*" /: nämlich Pflicht gegen die Menschen, und eigenen Vortheil:/ „*von einander gerissen. Diesem Socratischen Ausspruche*"/: setzt er hinzu :/ „*haben die Stoicker dergestallt beygepflichtet, daß sie es zu einem Grundsatz angenommen haben; daß alles was moralisch gut ist, auch nützlich; und nichts nützlich sey, was nicht moralisch gut ist*". Vgl. Abhandlung über die moralischen Pflichten in drey Büchern, aus dem Lateinischen des Marcus Tullius Cicero (wie Anm. 40), 205.

[52] Ebd.

[53] August fährt fort: „Wir dürfen uns nur selbst fragen: Wann unser Nachbar dasjenige wirklich gethan hätte, was wir zu vollziehen geneigt sind; wie würden wir ihn betrachten? – Als einen starken oder schwachen, als einen weisen oder thörichten, als einen tugendhaften oder lasterhaften Mann? u. s. f. Ich bin überzeugt, daß nach einer so leichten Veränderung der Person, nach Auslöschung [des] kurzen, einsyllbigen Wortes, *Ich*, oder *Wir*, die *Pflicht* sehr schnell den Sieg über den <Vortheil> [Wort sinngemäß ergänzt, da im Original zur Gänze im Falz verschwunden] erhalten würde, und daß Sie Alle dieser Meinung sind. *Cicero* hat es seiner nicht unwürdig geachtet, dieser Frage ein ganzes B[uch zu] widmen, worin er zwar noch mehrere Unterabtheilungen derselben macht; [Wort?] wir müssen uns Glück wünschen, in einem Zeitalter zu leben, wo es so et[was] geringes ist, sie zu beantworten, und wo es ein jeder kann; zumahl da ein [jeder?] die den Tyrannen, Phallaris, betreffende Frage, welche *Cicero* (…) zu begünstigen scheint, mit *Ja* beantworten würde, und welche

In der Sitzung am 12. Dezember war dies der einzige Vorstoß in diese Richtung, aber August forderte seine Mitbrüder auf, sich auch Gedanken über das Problem zu machen. Nicht nur an den abwesenden Aspiranten Schlichtegroll wurde die Frage adressiert. Auch für die anderen Mitglieder der Gothaer Minervalkirche stand die Aufforderung im Raum, sich zu diesem Thema zu äußern. In der Sitzung selbst wird man mündlich ein wenig darüber diskutiert haben, doch eine ausführlichere Reaktion konnte es erst später geben, nachdem die anderen Illuminaten die Texte nachgeschlagen und sich Gedanken gemacht hatten.

So gibt es denn von Ewald einen Text, in dem er sich auf die Sitzung am 12. Dezember bezieht. Dieser Text liest sich ebenfalls wie eine an die Mitbrüder adressierte Rede. Doch kann Ewald diese Rede nicht in der nächstfolgenden Magistratsversammlung gehalten haben, die am 25. Februar 1784 stattfand, jener Sitzung, in der man sich auch um den neuen Teppich kümmerte.[54] Denn es gibt bereits am 24. Dezember eine Reaktion Augusts auf Ewalds Text. Hat es eine Magistratssitzung zwischen dem 12. und dem 24. Dezember gegeben, von der kein Protokoll existiert? Das ist unwahrscheinlich. Oder hat Ewald in einem anderen Rahmen diese Rede gehalten, etwa in der Freimaurerloge? Auch das ist unwahrscheinlich. Stattdessen liegt die Vermutung nahe, daß Ewald seine Reaktion zwar als Rede verfaßt, aber zunächst nur als Quibus Licet an seine Ordensoberen eingereicht hat; zuweilen sind auf diese Weise „Aufsätze" entstanden, bei denen die Illuminaten erst darauf warten mußten, ob sie in einer Reproche aufgefordert wurden, die Rede auch wirklich zu halten. August muß dann auf indirektem Wege den Text bekommen haben, so daß er reagieren konnte.

Ewald hebt jedenfalls an:

> Der Antheil, den wir in der letzten Versammlung an dem Gegenstande eines Aufsatzes unsers erleuchteten Bruders Fürst Walder, und von der Art der Ausführung desselben nahmen, veranlaßt mich, das Andenken von denselben heute wieder zu erneuern, und Ihnen meine Gedanken darüber mitzutheilen.[55]

Ewald betont die Vortrefflichkeit von Augusts Themenwahl:

> Vor allen Dingen finde ich für nöthig, die erleuchteten Brüder auf die Wichtigkeit des Gegenstands, auf welchen die Wahl des erhabenen Verfassers fiel, aufmerksam zu machen. Der Gegenstand selbst betrift das Honestum und Utile, oder die Tugend, die Rechtschaffenheit, oder überhaupt die moralische Pflicht und den eigenen Vortheil oder Nutzen; insonderheit aber die Frage: Können Pflicht und Vortheil getrennt wer-

ich S[ie] besonders nachzuschlagen ersuche; obschon wir uns nicht rühmen dürfen, daß nach [gefälltem Urtheile, die Handlungen der heutigen Welt viel besser sind als in *Ciceros* Tagen. – Italien, pfleget Frankreich die Gerechtigkeit wiederfahren zulassen, da[ß es] sehr richtige allgemeine Grundsätze von der Tonkunst hervorgebracht; allein, [von] offenbar französischer Music will kein italienisches Ohr etwas hören".

[54] SK15–001.

[55] SK13–025.

den? Und welches von beyden, Pflicht oder Vortheil, ist in Fällen, wo sie zusammen stoßen, dem anderen vorzuziehen? Wem an der Veredelung der moralischen Gesinnungen der Menschen nur das Geringste gelegen ist, dem wird die Wichtigkeit dieser Frage in ihrer ganzen Stärke und in ihrem ganzen Umfange einleuchten.[56]

Damit hat Ewald in wenigen Sätzen seine eigene Motivation umrissen: Veredelung der moralischen Gesinnungen – das lag ihm am meisten am Herzen. Ewald hatte sich, wie nicht wenige Zeitgenossen, die emphatische Sprache eines Herder angeeignet. Das klang dann so:

Denken Sie sich, meine Brüder, diese Samen unter die Bürger des Staats ausgesäet, wie lachend müste der Anblick *da* seyn, wo er Wurzeln gefaßt hätte! Wohlthätige, menschenfreundliche Gesinnungen eines gegen alle und aller gegen einen; die Bande der Freundschaft und Blutsfreundschaft enger und fester geknüpft; oder, großmüthige Aufopferungen ihres eigenen Vortheils zum Vortheil anderer; wechselseitiges, Vertrauen in die Zusage und Versicherungen, beruhigendes, wonnevolles Gefühl beym Bewußtseyn eines kleinen Verlustes, der dem anderen nützte [...].[57]

Ewald stand der Hainbund in Göttingen noch lebhaft vor Augen. Nochmals lobt er den Gegenstand, „auf welchen die Wahl unseres, ich erlaube mir die Sprache des Herzens, innigst geliebtesten Verfassers fiel, eine Wahl, die nicht glücklicher seyn konnte".[58]

Aber Ewald hatte auch Kritisches zu sagen. Kritisches über Garve:

So vortreflich Herr Garve in der Abhandlung über diese Stelle die Begriffe von Pflicht und Vortheil nach dem gemeinen Redegebrauch aus einander setzt, und ihre Verschiedenheit zeigt so thut er doch den Stoikern unrecht, wenn er S. 17 der Anmerkungen zum dritten Buche der Pflichten behauptet, daß in jenem Grundsatze ein Mißverständniß sey. Ohne Zweifel ist es diese Stelle, die unserm erhabenen Verfasser auffiel, und Ihm Anlaß gab, jene moralische Frage: Können Pflicht und Vortheil getrennt werden, und kann je der Vortheil der Pflicht in Collisionsfällen vorgezogen werden? näher zu untersuchen und aufzulösen.[59]

Es geht um jene Passage, in der Garve von den „natürlichen Empfindungen" und dem „gemeinen Menschenverstande" her, also von einer Moral-Sense-Position, Cicero relativieren möchte.[60] Ewald will aber nicht das Gewissen im Sinne eines

[56] Ebd. Zur Semantik von der „Veredelung der moralischen Gesinnungen" im zeitgenössischen Diskurs, z. B. bei Schiller, vgl. Ulfried Schäfer, Philosophie und Essayistik bei Friedrich Schiller, Würzburg 1996, 72–79. Ewald steht in seiner Verbindung von Anthropologie der Empfindung, Schönheit und Moral Schiller durchaus nahe.

[57] Ebd.

[58] Ebd.

[59] Ebd.

[60] Garve, Philosophische Anmerkungen (wie Anm. 41), Anmerkungen zum dritten Buche, 17 f.: „Cicero wiederholet ohne Aufhören in dem, was er zur Vorbereitung auf diese seine Formel, und in dem was er zur Entwickelung derselben sagt: daß das utile selbst das honestum sey; daß es kein anderes Nützliches für den Menschen gebe, als seine eigne Tugend; daß es also thöricht sey,

Gefühls gegen den Verstand ausgespielt wissen. Er beschreibt die Wechselwirkung von moralischen Verstandesüberlegungen und geradezu körperlichen Reaktionen „in der Gegend des Herzens“:[61] „Dieses physische Gefühl in unserem Her-

zwischen zwey Sachen einen Streit anzunehmen, oder schlichten zu wollen, die im Grunde Eins und dasselbe sind. Ist hierbey nicht einiges Mißverständniß? Sollten die natürlichen Empfindungen, und die Vorstellungsarten des gemeinen Menschenverstandes, so sehr von der durch die Philosophie gefundenen Wahrheit abgehen: daß jene, zwey Sachen einander in den meisten Fällen entgegensetzten, welche diese gar nicht einmal unterschieden fände? Wozu sind eigentlich, die beyden Wörter utile und honestum bestimmt?“.

[61] SK13–025: „Der Gang der Ideen ist dieser: Rechtschaffenheit oder Gerechtigkeit ist der Grund aller guten Handlungen; es kömmt also nicht auf ein Urtheil unsers Verstands, auf größere oder geringere Einsichten in die Lage der Dinge und Umstände, sondern vielmehr auf den Ausspruch unsers Gewissens an, um in zweifelhaften Fällen zwischen Pflicht und Vortheil eine Wahl zu treffen. Bey heftiger Gährung der Leidenschaften schweigt das Gewissen gänzlich, und in Ansehung eines in diesem Zustande befindlichen Menschen kann gar keine Frage von einer solchen Wahl seyn; an ein ihm beywohnendes Bewustseyn eines Widerspruchs oder Streits zwischen Pflicht und Vortheil ist gar nicht zu denken. Er weiß gar nicht davon; folglich ist der Fall, von dem hier die Rede ist, auf ihn nicht im geringsten anwendbar; sondern es werden hier blos schwache, unschlüssige Menschen vorausgesetzt, welche zwar das Gute wünschen und wollen, die aber noch zu sehr mit ihrem eigenen Vortheil beschäftiget sind, ihn daher oft an die Stelle des Guten setzen, und nicht wissen, wo und wie sie das Gute finden sollen. Um also zu erfahren, sowohl was wahrhaft gut oder besser sey, als auch, wie man es anzugreifen habe, wenn es in zweifelhaften Fällen, wo Pflicht und eigener Vortheil nicht auseinander kommen können, darauf ankömmt, eine sichere und bestimmte Wahl zu treffen, thut der erleuchtete Bruder den Vorschlag, man solle sich an die Stelle unsers Nächsten, oder des geliebten Vaterlandes, oder des gesammten Menschengeschlechts setzen, oder wenigstens sich einen unserer Nebenmenschen in unserer gegenwärtigen Lage denken und dann sich selbst fragen: wenn unser Nachbar das würklich gethan hätte, was wir zu vollziehen geneigt sind, was würden wir von ihm denken? Würden wir ihn für einen starken oder schwachen, weisen oder thörichten, tugendhaften oder lasterhaften Mann halten? Nach einer so leichten Veränderung der Person werde dann die Pflicht über den Vortheil schnell den Sieg erhalten. Diesem gründlichen Räsonnement trete ich im Ganzen bey, nur in dem kleinen Umstande gehe ich davon ab, daß ich keinen Unterschied zwischen Urtheil des Verstandes und das, was man Gewissen nennt, mache. Das Gewissen ist eine Vorrichtung des Verstandes, der ein Urtheil über Bewegungen des Willens (der selbst auch eine Modifikation des Verstandes ist) oder über bereits vollbrachte Handlungen fället; und sie entweder tadelt, oder ihnen seinen Beyfall schenkt. Dieser Beyfall erregt ein angenehmes, jener Tadel aber ein unangenehmes Gefühl in unserem Blute, das sich vorzüglich in der Gegend des Herzens äußert. Dieses physische Gefühl in unserem Herzen, verbunden mit den noch immer in unserm Kopfe thätigen Beyfall oder Tadel der Vernunft, macht, wenn ich nicht irre, das aus, was man Gewissen zu nennen pflegt. Es gibt gewisse Gedanken, Worte und Handlungen, deren sittlicher Werth oder Unwerth in allen Menschen entschieden ist; durch öftere Wiederholung, Gewohnheit und Unterricht, sind sie mit diesen Ideen so vertraut geworden, daß sie jenes mit ihnen verknüpfte Gefühl unmittelbarer zu empfinden glauben, ohne daran zu denken, daß solches eine Würkung ihres urtheilenden Verstandes ist. Und dieses mag vielleicht der Grund seyn, warum man dem Gewissen gleichsam einen eigenen Platz in dem Menschen, so wie der Seele und dem Herzen, angewiesen hat, obgleich viele noch ungewiß sind, ob sie solches in dem Kopfe oder im Herzen suchen sollen. Hieraus scheint also zu erhellen, daß der Verstand beym Zusammenstoßen zweifelhafter Fälle zwischen Pflicht und Vortheil, ganz vorzüglich beschäftiget seyn müsse, besonders aber in solchen Fällen, wo der Scheideweg zwischen einer

zen, verbunden mit den noch immer in unserm Kopfe thätigen Beyfall oder Tadel der Vernunft, macht, wenn ich nicht irre, das aus, was man Gewissen zu nennen pflegt". Wir werden später noch sehen, aus welcher philosophischen Grundierung Ewald diese Koppelung von Affektenlehre und Ethik bezieht. Gegenüber August sagt er dabei konziliant:

> Im Grunde ist auch der erleuchtete Bruder F[ürst] Walder derselben Meinung; indem er darauf dringt, daß man sich, um aus dem Zweifel zu kommen, an die Stelle seines Nächsten, seines Vaterlandes u.s.w. setzen müsse, welches ohne Anwendung unsers Verstands so wenig geschehen kann, als sich ohne Verstand ein Urtheil über das Betragen unseres an unsere Stelle tretenden Nächsten denken läßt.

In der Schwedenkiste findet sich auch die Replik, die August auf die Einwände Ewalds verfaßt hat. Sie datiert – mit fremder Hand hinzugesetzt – auf den 24. Dezember, also Heiligabend. Sie beginnt mit den Worten: „Ich sehe mich genöthiget, auf die Erinnerung des erlauchtesten Bruders Cassiodor gegenwärtig nur mit einigen flüchtigen Zeilen zu antworten, da mir meine Gesundheit nicht erlaubet, es weitläuftiger und bündiger zu thun".[62] Das sind Sätze, die anders klingen als Ewalds sicher formulierter Text. Sah sich August „genöthiget", weil er sich – trotz der Einladung an alle, ihre Meinung zu äußern – nun doch etwas in die Enge gedrängt fühlte, in seinem fürstlichen Stand eine ungewohnte Situation? Immerhin hatte er mit dem Ordensnamen „Walther Fürst" die übliche Praxis des Bundes durchbrochen, antike Namen oder Namen von berühmten Schriftstellern zu wählen, und stattdessen sogar die Standesbezeichnung „Fürst" in den Ordensnamen aufgenommen – er, der er eigentlich nur Prinz war. Zwar ist „Walther Fürst" eine Reverenz an die republikanische Geschichte der Eidgenossenschaft, bei der dieser Schweizer Bauernführer des frühen 14. Jahrhunderts als einer der drei Eidgenossen eine wichtige Rolle spielt. Die Begebenheiten waren 1780 durch Johannes von Müllers *Geschichten der Schweizer* ins allgemeine Bewußtsein gerückt; auch Friedrich Schiller sollte 1804 in *Wilhelm Tell* Walther Fürst einen Auftritt geben. Doch die Praxis im Orden, gelegentlich auch von „Fürst Walt(h)er" zu sprechen, zeigt, wie wenig das Bewußtsein, es hier mit einem Angehörigen der Fürstenfamilie zu tun zu haben, aus den Hirnen zu bannen war.

Für Ewald galt das in besonderem Maße. Zusammen mit Christoph Friedrich Chrysostomos Schenk gehörte er zum engsten Bedienten-Umkreis des Prinzen.

Pflicht und einem Vortheil nicht so leicht in die Augen fällt, und auch wohl vor den schärfsten Blicken lange versteckt bleibt. Im Grunde ist auch der erleuchtete Bruder F[ürst] Walder derselben Meinung; indem er darauf dringt, daß man sich, um aus dem Zweifel zu kommen, an die Stelle seines Nächsten, seines Vaterlandes u.s.w. setzen müsse, welches ohne Anwendung unsers Verstands so wenig geschehen kann, als sich ohne Verstand ein Urtheil über das Betragen unseres an unsere Stelle tretenden Nächsten denken läßt".

[62] SK13–007a.

Während Schenk – im Orden „Robertus Stephanus“ – Augusts Diener war und auch in der Minervalkirche subalterne Aufgaben übernahm, ging „Meister Schack“, wie der Prinz ihn nannte, ihm beim Binden der Bücher zur Hand, wenn August seine umfangreiche Privatbibliothek aufstockte.[63] 1784 und 1785 war August intensiv mit der ersten Voltaire-Gesamtausgabe beschäftigt, die zwar in Südwestdeutschland, in Kehl, gedruckt wurde, zu der der Gothaer Buchhändler Ettinger aber seinen Teil beitrug.[64] So sehr August die „Unordnung“ der Ausgabe kritisierte – sie war ein Ereignis. Schenk, Ewald und Ettinger waren fast täglich Augusts Gesprächspartner in dieser Sache.[65] Als Ewald in diesem Kontext nach Weimar zu Wieland geschickt wurde, hat er sich sicherlich nicht besonders wohl gefühlt. Denn er war – sogar als Gastgeber – dabei gewesen, als die Mitglieder des Göttinger Hainbunds 1772 die Werke Wielands verbrannt hatten, um ein Exempel in Sachen Poetik zu statuieren.[66]

War Augusts Hinweis auf seine schlechte Gesundheit vielleicht eine Ausflucht, weil er sich Ewalds Argumentation nicht gewachsen sah? Dies wohl kaum, denn der kränkliche August war tatsächlich diesen Winter oft im Bett; im Februar verpaßte er die Magistratssitzung.[67] „Der Unterschied“, verteidigte er sich,

> den ich zwischen Verstand und Gewissen festgesetzt habe, lieget, meines Erachtens, darin: daß unser Gewissen gleichsam ein durch unseren Verstand entwickelter Keim ist, der mit uns geboren ward. Es ist das Gefühl, welches nur auf Gelegenheiten wartete, das Gute vom Böse zu unterscheiden; da der Verstand hingegen zur Reife kommen mußte, bevor er im Stande war, sein Richteramt über das was wahr oder falsch ist, anzutreten.

August versucht also, moralisches Gefühl und Verstandesurteil miteinander zu verbinden, mit einem Entwicklungsgedanken in der Art Herders: das Gefühl ist der Keim, der durch Benutzung des Verstandes zum artikulierten Gewissen aufblüht.

> Das Gefühl, welches ich aber *Gewissen* nannte, bleibet also für sich; es kann auch neben den rohesten Verstande, zart und reizbar bleiben; dahingegen diejenige Kraft, welche über das Wahre und Falsche urtheilet, schlechterdings verfeinert und gebildet wer-

63 Die Privatbibliothek Augusts ist heute Teil der Forschungsbibliothek Gotha und dort erschlossen worden, so daß alle 3923 Bände über eine Provenienzsuche im Onlinekatalog aufgefunden werden können. Kataloge befinden sich in FB Gotha Chart. B 1200, Chart. B 1247, Chart. B 1213. Zu Ewalds Tätigkeit als Binder vgl. die Briefe Augusts an Wieland vom 1. 10. 1785, 18. 3. 1786 und 5. 10. 1786, in: Wielands Briefwechsel (wie Anm. 42), Bd. 9/1, Berlin 1996, 72 f., 132 f. und 179 f.

64 Vgl. George B. Watts, Catherine II., Charles-Joseph Pancoucke, and the Kehl-Edition of Voltaire's Oeuvres, in: Modern Language Quarterly 17 (1956), 59–62.

65 Vgl. Augusts Korrespondenz mit Wieland (wie Anm. 63).

66 Hans-Jürgen Schrader, „Mit Feuer, Schwert und schlechtem Gewissen“: Zum Kreuzzug der Hainbündler gegen Wieland, in: Euphorion 78 (1984), 325–367.

67 SK15–001. Vgl. auch SK11–004 mit der Klage über Krankheit.

den muß, um ihre Höhe zu erreichen: nur mit dem Unterschiede, daß, bey dem einen Menschen unendlich mehr Zeit dazu erfordert wird, als bey dem andern, wenn er nicht gar vor Schwäche das Ziel niemals erreichet. Das Gewissen darf also nicht entscheiden, was wahr oder falsch ist; so wenig der Verstand darüber erkennen darf, was bloß moralisch gut oder böse ist, und desto deutlicher und gewisser wird ihm einleuchten, was an und für sich weder das eine noch das andere, das heißt, was gleichgültig ist. Der höchste Verstand wird demjenigen nichts vorwerfen, der bereits sein Gewissen erstickt hat, als was er mit mehrerer Klugheit, nicht aber, was er aus mehrerer Liebe zum Guten oder aus mehrerem Hasse gegen das Böse hätte thun oder unterlassen sollen; und wie oft hilft er nicht die Stimme des Gewissens völlig unterdrücken, wann man ihm allein folgt? Das Gewissen hat mit Recht und Unrecht zuthun; der Verstand mit Vortheil und Schaden, in soferne es wahr oder falsch ist, daß uns die Dinge den einen bringen, oder den andern zufügen können.[68]

Hat August diese Passagen auch verlesen, etwa in der Sitzung am 19. März, als man auch über Schlichtegrolls Einsendung seines Aufsatzes sprach? Wohl nicht, denn auch Ewalds Replik auf seinen ursprünglichen Vortrag zu Garves Cicero war noch gar nicht in der Versammlung verlesen worden. Das geschah mit großer Verspätung, erst am 9. Januar 1785. Im Protokoll heißt es, Ewald habe eine Abhandlung zur Frage: „Können Pflicht und Vortheil von einander getrennt werden, und welches von Beyden ist in Fällen wo sie zusammenstoßen, dem Andern vorzuziehen?“ vorgetragen.[69] Kurz davor, am 21. Dezember 1784, war auch erst Hauns Reaktion auf August an der Reihe gewesen: „Gedanken über das Honestum und Utile als Pendant zu der, vor einiger Zeit vom Durch[lauchtigsten] Walter-Fürst über Ciceros Buch von den Pflichten abgehaltenen Vorlesung“.[70]

Es gibt in der Schwedenkiste auch eine nicht namentlich gezeichnete Antwort auf Augusts Aufforderung, sich zu Garves Cicero zu äußern. Sie ist nachträglich eingereicht worden, wahrscheinlich auch als Quibus Licet, kurz nach der Sitzung, in der August die Mitglieder zur Stellungnahme aufgefordert hatte:

Die als so vortreflich gerühmte deutsche Uebersetzung des Herrn Garve von Cicero's Abhandlung über die menschliche Pflichten habe ich noch nicht gesehen, ich muß mich also blos an die lateinische Urschrift halten. Da ich auch verhindert wurde unserer letzten Zusammenkunft beyzuwohnen, in welcher die Glieder der geschehenen Verabredung noch ihre Gedanken werden mitgetheilet haben: so wird man mir verzeihen, wenn ich etwas schon gesagtes vorbringe, oder Gegentheils eine diesem oder jenem widersprechende Meinung behaupten sollte, um so mehr, da der durchlauchtigste Fürst Walther uns selbst eine freye Beurtheilung seiner Abhandlung anbefohlen hat.[71]

Wer war der Nachzügler, der dies schrieb? Da wir die Protokolle der Illuminatentreffen besitzen, können wir nachverfolgen, wer eine bestimmte Sitzung ver-

[68] SK17–007a.
[69] Protokoll SK15–014.
[70] Protokoll SK15–053.
[71] SK14–091.

säumt hat. Bohn war es, der die Sitzung am 12. Dezember versäumte. Wenn der Autor sich auf diese Sitzung bezieht, dann müßte es sich um Bohn handeln.[72]

V. Kant und Spinoza im Hintergrund

Ewalds Auseinandersetzung mit Garves Cicero hat gezeigt, daß er sich als Philosoph fühlte, der durchaus selbstbewußt in Fragen der Moral mitzureden wußte. Als er im November 1785 von seinen Ordensoberen gefragt wurde, welche Wissenschaft er heute wählen würde, da antwortete er ohne Umschweife: „Meine Lieblingswissenschaft wäre praktische Philosophie".[73] Und nicht nur die praktische, auch die theoretische Philosophie lag ihm am Herzen. Als 1781 in Königsberg Kants *Kritik der reinen Vernunft* erschienen war, aber niemand Notiz von diesem Buch nahm, war er es, der in seinen *Gothaischen gelehrten Zeitungen* die erste – kluge und gehaltvolle – Rezension schrieb;[74] ganz anders als die so mißlungene Feder-Garve-Rezension in den *Göttinger gelehrten Anzeigen.*[75] Kant selbst sprach Ewald Lob für seine Besprechung aus. Doch Ewald war seit dieser Zeit nicht nur ein Kant-Kenner und Liebhaber von dessen Philosophie; er hegte zugleich auch eine große Bewunderung für Spinoza.[76] Nun verstehen wir, woher Ewald den Impuls bekommen hatte, gegen Garve Affektenlehre und Vernunftethik so eng miteinander zu korrelieren. Es ist aber nicht nur der Metaphysiker und Ethiker Spinoza, der es ihm angetan hat, sondern vor allem auch der politische Philosoph und Religionskritiker. 1785 läßt Ewald eine Übersetzung von Spinozas

[72] Vgl. weiterhin in SK14–116 den ebenfalls nicht namentlich gekenntzeichneten Text, der beginnt: „Cicero in opere, quod de officiis conscripsit…". Hier hat jemand seine Reaktion auf Latein verfaßt.

[73] SK13–024/SK14–029: Cassiodor – Beantwortung der an ihn ergangenen zwey mal sieben Fragen (Antwort auf Frage 5).

[74] Vgl. Horst Schröpfer, „Die Critik der reinen Vernunft … ist die vollständige Idee der Transscendentalphilosophie". Schack Hermann Ewald verteidigte das Apriori des kritischen Systems von Immanuel Kant, in: Steffen Dietsch u. a. (Hg.), Transzendentalphilosophie und die Kultur der Gegenwart, Leipzig 2012, 79–106; ders., Der ‚Nekrolog Immanuel Kant' von Schack Hermann Ewald in den Gothaischen gelehrten Zeitungen, in: Religion, hg. von Robert Theis, Hamburg 2010 (= Aufklärung 21 [2010]), 279–285.

[75] Zugabe zu den Göttingischen Anzeigen von gelehrten Sachen, 3. Stück, 19. Januar 1782, 40–48. Zu dieser Rezension vgl. Frederic C. Beiser, The Fate of Reason. German Philosophy from Kant to Fichte, Cambridge, Mass. 1987, 172–177. Vgl. auch Albert Stern, Über die Beziehungen Chr. Garve's zu Kant nebst mehreren ungedruckten Briefen Kant's, Feder's und Garve's, Leipzig 1884. Zu Kants Reaktion auf die Feder-Garve-Rezension vgl. auch Dietmar Hermann Heidemann, Kant und das Problem des metaphysischen Idealismus, Berlin 1998.

[76] Maria-Brigitta Schröder, Der Spinoza-Übersetzer Schack Hermann Ewald, in: Felicitas Englisch, Manfred Lauermann, dies. (Hg.), Randfiguren: Spinoza-Inspirationen; Festgabe für Manfred Walther, Hannover-Laatzen 2005, 265–276.

Tractatus de Intellectus Emendatione erscheinen, zugleich mit der Übersetzung des *Tractatus politicus*, als *Zwey Abhandlungen über die Kultur des menschlichen Verstandes und über die Aristokratie und Demokratie.*[77] Es ist das Jahr des von Jacobi entfachten Pantheismus-Streits. Das Interesse an Spinoza stieg sprunghaft, und die Textausgaben Ewalds werden einem großen Publikum in dessen Lektürebedarf entgegengekommen sein. Man muß sich vor Augen halten, daß es genau die Spannung zwischen der dualistischen Kantischen Transzendentalphilosophie und dem Monismus Spinozas war, die als Motor für die rasante philosophische Entwicklung der folgenden Jahre gewirkt hat, eine Entwicklung, aus welcher der Deutsche Idealismus erwuchs.[78] Ewald hat mit seinen Rezensionen und Übersetzungen diese Entwicklung maßgeblich gefördert – und er muß die Spannung auch in sich selbst empfunden haben.

Es war auch 1785 noch nicht leicht, Texte des berüchtigten „Atheisten" Spinoza zu veröffentlichen. Ewald aber konnte seine illuminatischen Verbindungen dazu nutzen. Niemand anders als Bode ebnete ihm den Weg. Am 6. November 1784 schrieb ihm Ewald, nachdem er den Weimarer bei seinem Besuch in Gotha verpaßt hatte:

> Es hat mir recht leid gethan, Sie nicht gesehen und Ihnen meine Aufmerksamkeit bezeigt zu haben. Darf ich bey dieser Gelegenheit so frei seyn, mich wegen des Schicksals meiner Uebersetzung von Spinoza, wer der Verleger davon ist, und unter welchen Bedingungen dieser sie angenommen hat, zu erkundigen? Wenn es Ew. Wohlgebor. vermitteln könnte, daß ich das dafür bedungne Honorarium, oder einen Theil davon, bald bekäme, so würden Sie mir, da mir durch das Wochenbett meiner Frau, die einen tüchtigen Jungen zur Welt gebracht hat, mehr als gewöhnlich aufgegangen ist, eine besondre Gewogenheit erzeigen, die ich mit dem verbindlichsten Danke erkennen werde.[79]

Diese wenigen Zeilen sind überaus aufschlußreich. Denn sie zeigen nicht nur, daß Bode völlig autonom auf Verlagssuche für das Spinoza-Buch war, sie legen sogar nahe, die Spinoza-Übersetzung in gewisser Weise als illuminatisches Unternehmen zu verstehen. Warum sonst geriert sich Ewald fast so, als sei Bode sein Auftraggeber? Er ist zudem auf das Honorar durch den Verlag angewiesen, so wie er auch schon bei anderen Gelegenheiten deutlich gemacht hatte, daß seine eher niedrige Hofanstellung als Registrator nicht für den Lebensunterhalt ausreichte. Seit den 1770er Jahren schon übersetzte er Schriften – meist Reiseberichte und

[77] Benedikt von Spinoza, Zwey Abhandlungen über die Kultur des menschlichen Verstandes und über die Aristokratie und Demokratie, Leipzig 1785.

[78] Vgl. nur Dieter Henrich, Der Grund im Bewußtsein. Untersuchungen zu Hölderlins Denken (1794/95), Stuttgart 1992; ders., Grundlegung aus dem Ich. Untersuchungen zur Vorgeschichte des Idealismus, Tübingen – Jena 1790–1794, Frankfurt am Main 2004.

[79] Ewald an Bode, 6.11.1784, SK4–099.

geographisch-ethnologische Werke – ins Deutsche, um neben dem Lohn für Zeitung und Hofanstellung etwas zusätzliches Geld im Beutel zu haben.[80]

Aber um welches Spinoza-Buch handelte es sich, von dem im Brief an Bode die Rede war? Der folgende Brief Ewalds, nur zwei Wochen später aufgesetzt, zeigt, daß es hier keineswegs um die *Zwey Abhandlungen über die Kultur des menschlichen Verstandes* ging, sondern um eine noch brisantere Spinoza-Schrift: den *Tractatus theologico-politicus.*[81] Auch ihn hatte Ewald ins Deutsche gebracht, und auf der Verlagssuche hatte Bode zwar einen Verlag kontaktiert und mit ihm über die Höhe des möglichen Honorars verhandelt, aber noch keine Zusage erhalten. So konnte Ewald ihm zunächst nur für seine Mühe danken:

> Für dero ausnehmend freundschaftliche und brüderliche Verwendung wegen des Verlags meiner Uebersetzung des Trac[tatus] theol[ogico-]polit[icus] weiß ich Ihnen meinen Dank nicht genug zu bezeigen. Sie erzeigen nicht allein mir einen höchst reellen, sondern auch dem Professor selbst nach seinem Tode einen wichtigen Dienst, daß Sie ihn der Welt in seiner wahren ehrlichen Gestalt darstellen helfen, das er so sehr verdient.

Wen meint Ewald mit „dem Professor“? Spinoza? Oder einen zeitgenössischen Gelehrten, der involviert war? Er fährt fort:

> Mein Mspt ist in so guten Händen, daß ich mich schämen müßte deswegen besorgt zu seyn. Ich bin so frey, es Ihnen und Herrn Hofrath Wieland, dem ich für seine so menschenfreundliche Vermittlung auf das innigste dankbar und verbunden bin, zur freyen Disposition zu überlassen. Es kann bey mir nicht die Frage seyn, ob ich mit dem was der Herr Hofrath Wieland bereits für meine Arbeit gethan hat, und noch thun will, zufrieden bin.

Bode hatte also Wieland hinzugezogen, um den Verlag zu kontaktieren.[82] Ewald war überrascht über die Höhe der Bezahlung, die er bekommen sollte:

[80] Vgl. etwa Thomas Falkner, Beschreibung von Patagonien und den angrenzenden Theilen von Südamerika aus dem Englischen [von Schack Hermann Ewald], Gotha, Carl Wilhelm Ettinger, 1775; James Adair, Geschichte der amerikanischen Indianer, besonders der am Missisippi, an Ost- und Westflorida, Georgien, Süd- und Nord-Karolina und Virginien angrenzenden Nationen, nebst einem Anhange. Aus dem Englischen übersetzt [von Schack Hermann Ewald], Breslau, Johann Ernst Meyer, 1782. Vgl. auch Ewalds Aussage hinsichtlich des weiter unten zu besprechenden Buchprojekts eines Schulbuchs für den gemeinen Mann: „Meine Absicht war, diesen Plan auszuarbeiten und dann das Buch drukken zu lassen, weil ich nothwendig, ausser meiner Besoldung, noch einen Zuschuß verdienen muß. Ich wünschte, daß sich, indem ich diese Arbeit als eine Arbeit des erhabenen Ordens unternäme, auch iener Zwek damit vereinigen liesse“. SK13–021 („Ueber Aufklärung“).

[81] Ewald an Bode, 20.11.1784, SK4–100.

[82] In der Tat haben sich in Wielands Korrespondenz Spuren von dieser Vermittlung erhalten. Vgl. den Brief Wielands an Bertuch vom 13. November 1784: „Das bewußte Mscript will ich Boden zurükgeben; sein Mann scheint pressiert zu seyn, und, da es noch immer ungewiß ist, ob sich die VerlagsCasse um 100 rthl. i. e. 20 Louisd’or honorar für das Ganze Werkchen darauf einlassen wird,

> Auf ein so ansehnliches Honorarium habe ich nicht gerechnet, und ich befürchte nur, die Verlagshandlung in dessen schickt das Werk nur darum wieder zurück, weil ihr vielleicht das gefor[derte] Honorarium zu gros vorkommen wird. Ich überlasse es Ihnen um deswillen gänzlich, mit der Verlagshandlung deswegen übereinzukommen; ich werde mit allem, was Sie thun herzlich [zu]frieden und dankbar seyn.

Um welche Verlagshandlung es ging, mit der man verhandelte, wird nicht deutlich. Am 9. Dezember allerdings mußte Ewald vom Scheitern der Verhandlungen erfahren, und er antwortete Bode:

> Für Ihre liebreichen und brüderlichen Bemühungen, das bewußte Mspt. unterzubringen danke ich Ihnen eben so herzlich, als ob sie für mich von glücklichem Erfolg gewesen wären.

Bode hatte ihm die Gründe dargelegt, warum der Verleger das Risiko des Drucks nicht hatte auf sich nehmen wollen, doch Ewald hielt die Befürchtungen für überzogen:

> Ich zweifle, daß ein aufgeklärter Censor den Druck des Buchs würde verhindert haben; und wenn würklich sogenannte Ketzereyen darin sind, so sind sie dem Verstande gewiß eben so heilsam, als die albernen Schwärmereyen des D. Bergers, die die Buchhandlung der Gelehrten alle verlegt, demselben gefährlich sind.[83]

Nun also ist die Verlagshandlung genannt, mit der Bode und Wieland Kontakt hatten: Es war die „Buchhandlung der Gelehrten" in Dessau, ein Verlagsexperiment, das 1781 gegründet worden war und eine Mischung aus Selbstverlag und Pränumerationswesen darstellte.[84] Wieland war hier involviert und hatte selbst eine Summe eingezahlt. Allerdings war die Begeisterung im November 1784, als man über die Spinoza-Übersetzung verhandelte, schon merklich abgekühlt. Wieland äußerte sich just zu dieser Zeit gegenüber seinem Weimarer Verleger

was kann ich ihm *gewisses* sagen? – Gleichwohl schreibt mir Göschen, es fehle an guten Verlags-Artikeln, und *dieser* scheint mir kein schlechter zu seyn. Also, tout bien pesé, will ich Boden fragen, ob er etwa noch 14 Tage zuwarten könne; und sagt er ja, so proponieren Sie dies Manuscript Göschen mit erster Post (auf den Fall nehmlich daß die von ihm vorgeschlagene Neue Einrichtung der Buchhandlung der VerlCasse statt haben sollte) und verlangen schleunige Resolution von ihm. Hierüber werd' ich Ihnen bis morgen das nähere melden können. [...] So eben kommt die Antwort von Boden, daß er noch 14 Tage oder environ auf positives *Ja* oder *Nein* warten wolle. Also, bitte ich, schreiben Sie Göschen mit nächster Post deßwegen". (Wielands Briefwechsel [wie Anm. 42], Bd. 8.1, Nr. 343, 314–316, hier 316.) Ich danke Hans-Peter Nowitzki für die Information. Zu Göschen und der „Buchhandlung der Gelehrten" vgl. Stephan Füssel, Georg Joachim Göschen. Ein Verleger der Spätaufklärung und der deutschen Klassik, 3 Bde., Berlin, New York 1996–1999, Bd. 1, 46–54.

[83] Ewald an Bode, 9.12.1784, SK4–101. Die Verlagshandlung hatte 1782 Christian Gottlieb Bergers *Nachricht von einem neuen Lehrgebäude in der Religion* gedruckt, ein recht traditionell-erbauliches theologisches Buch.

[84] Vgl. Stephanie Rahmede, Die Buchhandlung der Gelehrten zu Dessau. Ein Beitrag zur Schriftstelleremanzipation um 1800, Wiesbaden 2008.

Bertuch über die „Saumseligkeit der Dessauer Verlags-Casse“ und gab ihr keine große Zukunft mehr.[85] Ewald hatte sich also mit Geduld zu wappnen:

> Wenn Sie, theuerster Aemilius noch einen Versuch mit dem Buche machen wollen, so werde ich solches als ein Merkmal Ihrer Gewogenheit ansehen. Sollte auch dieser mißlingen, so haben Sie dann die Gütigkeit mir das Mspt. wieder zu schicken. Ich möchte nicht gerne an jemand deswegen schreiben, bis ich weis, daß es kein andrer nimmt. An Honorarium habe ich mir auch nicht mehr als 60 bis 70 [Thaler] gutGeld Rechnung gemacht. Es thut mir so herzlich leid, daß ich Ihnen so viele Mühe mache, da Sie ohnehin schon mit so vielen Geschäftn überhäuft sind; wenn ich es nur je wieder auf irgend eine Art gut machen könnte. Ich würde mich bey Hn. H[of]R[ath] Wieland selbst bedanken, wenn ich wüste, daß Sie es für schicklich halten. Morgen ist Loge angesagt, und wir sind begierig, wie s[ich] die Brüder wegen der Verbindung mit den vereinigten Logen benehmen werden.[86]

Die „Verlags-Casse“ war nicht einmal der erste Ansprechpartner Wielands gewesen. Trotz des heutigen Abstands von den Geschehnissen läßt sich anhand der diversen überlieferten Briefwechsel noch genau rekonstruieren, welche Wege Bode und Wieland auf der Verlagssuche gegangen sind. Zunächst nämlich hatte Wieland das Spinoza-Manuskript direkt Bertuch in Weimar angetragen, der es zwar nicht verlegen wollte, aber seinerseits versucht hat, das Werk Georg Joachim Göschen anzudienen. Göschen war damals noch nicht selbständig, sondern leitete die Buchhandlung der Gelehrten in Dessau. Er selbst wäre sogar bereit gewesen, das Risiko auf sich nehmen, den Spinoza zu verlegen. Doch seine Kompagnons in Dessau waren nicht zu überzeugen. Am 21. November schreibt er an Bertuch: „Wegen des *Manuspt.* von Spinoza hat die V *Casse* geantwortet. Sie hat dazu keine Lust. Ich für meinen Theil habe sie; aber ich gebrauche das Geld jetzt zu etwas anders“.[87] Göschen mußte sparen, denn er wollte sich ja in Leipzig selbständig machen.

So war die Chance zunächst vertan. Entweder hat sich Bode dann weiter bemüht, einen Verlag zu finden, oder Ewald hat die Suche selbst übernommen. Jedenfalls findet sich in der Schwedenkiste keine weitere Korrespondenz über die Angelegenheit. Das Buch erschien schließlich 1787 unter dem Titel *Benedikt von Spinoza über Heilige Schrift, Judentum, Recht der höchsten Gewalt in geistlichen Dingen, und Freiheit zu philosophieren* in Gera. Verleger war jetzt Christoph Friedrich Beckmann, ein Erfurter Verlagsangestellter in der Keyserschen Buchhandlung, der nach Gera gegangen war, um sich dort selbständig zu machen. Viel-

[85] Wieland an Bertuch, 14. 11. 1784, in: Wielands Briefwechsel (wie Anm. 42), Bd. 8/1, Nr. 345, 317. Vgl. Rahmede, Buchhandlung (wie Anm. 84), 144.

[86] Ewald an Bode, 9. 12. 1784, SK4 – 101. Es geht um die Vereinigung der Gothaer Loge mit dem eklektischen Bund in Frankfurt am Main.

[87] Göschen an Bertuch, 21. 11. 1784, Goethe- und Schiller-Archiv, Weimar: 06/626,5. Ich danke Dirk Sangmeister für den Hinweis.

leicht kannte Ewald ihn noch aus seiner Zeit in Erfurt. Beckmann war mit dem Freigeist Peter Adolph Winkopp befreundet und hatte ihm geholfen, aus seiner Erfurter Klosterzelle zu fliehen.[88] Entsprechend war er eher bereit, auch religionskritische Werke zu verlegen und dabei das Risiko einer Konfiszierung der Bücher einzugehen als die Dessauer Gelehrtenbuchhandlung. Wie schwer es in diesen Jahren war, radikale Schriften drucken zu lassen, zeigt der Fall des Radikalen Chistian Ludwig Paalzow, der jahrelang bei Verlegern anklopfen mußte, ehe er seine Schrift *Porphyrius* unterbringen konnte.[89] Der geschäftstüchtige Beckmann aber griff zu und machte aus Ewalds Übersetzungen eigenmächtig sogar so etwas wie eine Spinoza-Gesamtausgabe: 1790 und 1793 folgte Ewalds deutsche Version der ersten beiden Bücher der *Ethik*. Die Werke bekamen von Beckmann den Obertitel *Spinoza's philosophische Schriften.*[90]

Die *Zwey Abhandlungen über die Kultur des menschlichen Verstandes* waren inzwischen, 1785, bei Schönfeld erschienen, in „Leipzig". In Wirklichkeit war Johann Ferdinand Schönfeld Verleger in Prag, und er schrieb nur gelegentlich „Leipzig" in das Impressum seiner Bücher, weil er auf der dortigen Messe anwe-

[88] Das ergibt sich aus einer Passage in einem anonymen Roman, der wahrscheinlich vom Geraer Amtmann Karl Friedrich Otto verfaßt wurde und viele Interna ausbreitet, darunter auch solche von Beckmann: Ach! – oder die Menschheit in letzten Zügen, Berlin [d.i. Wien] 1787, 276 f.: „Winkopp war ein Mönch in einem Kloster zu Erfurt, wo sich zu gleicher Zeit Beckmann, gegenwärtig Buchhändler in Gera, […] befand. Beide lernten einander kennen. Winkopp, der schon lange mit dem Vorsatz umgehen mochte, das Kloster heimlich zu verlassen, fand an Beckmann einen sehr guten Beistand zur Ausführung desselben […]". Vgl. Wolfgang Griep, Täter und Opfer. Über Peter Adolph Winkopp und seine Inhaftierung in Mainz, in: Dirk Sangmeister, Martin Mulsow (Hg.), Subversive Literatur. Erfurter Autoren und Verlage im Zeitalter der Französischen Revolution, Göttingen 2014, 296–328, hier 303.

[89] Martin Mulsow, „Vom Verfasser des Hierokles". Christian Ludwig Paalzow als Autor von Vollmers Verlag, in: Sangmeister, Mulsow, Subversive Literatur (wie Anm. 88), 277–296.

[90] Vgl. Karl Gottlob Hausius, Materialien zur Geschichte der critischen Philosophie, Bd. 1, Leipzig 1793, LXXX: „Der Titel, den der Übersetzer Herr Ewald diesem Buche in seinem, der Verlagsbuchhandlung zum Drucke übersendeten Manuscripte gab, hieß Spinozas Lehre von Gott und der menschlichen Seele, nach den Grundsätzen der kritischen Philosophie geprüft; denn es begreift nur die 2 ersten Bücher der Ethik, die diese Lehre enthalten, in sich. Der Verleger hat aber diesen Titel eigenmächtig verändert, um das Buch als einen Theil seiner projectirten Ausgabe der sämmtlichen Schriften des Spinoza brauchen zu können, mit der Herr Ewald, seiner authentischen Versicherung nach, nichts zu thun hat. Er ist auch nie gesonnen gewesen, mehr, als jene zwey Bücher der Ethik zu bearbeiten, und will also, daß man dieses Buch, als ein eignes für sich bestehendes Werk ansehe. Die Anmerkungen unterscheiden sich von den Sätzen des Spinoza durch kleinere Schrift. Wo es nicht schicklich war, jene den Sätzen, Beweisen u.s.w. des Autors unmittelbar mit dem Texte fortlaufend beyzufügen, sind sie als Noten unter den Text gesetzt worden. Der eigentlich seyn sollende Titel zeigt sattsam, was man in dem Kommentar zu suchen hat. Der Verf. zeigt sich auch hier, wie in seinen andern anonymischen Aufsätzen als einen scharffsinnigen Denker, der in den Geist der Kantischen Philosophie tief eingedrungen ist".

send war.[91] Schönfeld war Freimaurer in der Prager Loge *Zu den drey gekrönten Sternen*, und der Verdacht liegt nahe, daß es Freimaurerverbindungen gewesen sind, über die Bode oder Ewald das Buch an just diesen Verleger vermittelt haben.

Was hat Ewald an Spinoza interessiert? Zum einen sicherlich die politische Dimension von dessen Philosophie, die sich um die Konzeptionen von Gedankenfreiheit und Demokratie gruppiert.[92] Aber ihn hat auch die Metaphysik fasziniert, denn er fühlte offenbar das Bedürfnis, die Kantische Transzendentalphilosphie auf eine Metaphysik hin auszuweiten. Er liest – wie seine Anmerkungen zur *Ethik* zeigen – Spinoza durch die Kantische Brille. Beides fügt sich für ihn in dem zusammen, was er später einen „esoterischen Pantheismus“ nennt. Esoterisch ist dieser Pantheismus im Sinne von William Warburton, demzufolge dem einfachen Volk das „principle of unity“ verborgen werden müsse, weil es so etwas Abstraktes gar nicht erfassen könne; nur in den Mysterien konnte es ausgewählten Eingeweihten gelehrt werden.[93] Auch wenn Warburton auf den Monotheismus hinauswollte, der hinter dem exoterischen Polytheismus liege – im späten 18. Jahrhundert konnte man dieses Modell auch auf den Monismus Spinozas deuten, den nur Eingeweihte erfassen konnten, während die große Menge weiter der christlichen Religion anhing. Reinhold hat in diesen Bahnen gedacht, just 1786[94] – und eben auch Ewald. Für beide verbanden sich Kantianismus, Monis-

[91] Vgl. Michael Wögerbauer, Johann Nepomuk Ferdinand Schönfeld. Ein Buchdrucker und Sammler im josephinischen Zeitalter, in: Reinhard Buchberger, Gerhard Renner, Isabella Wasner-Peter (Hg.), Portheim. sammeln & verzetteln. Die Bibliothek und der Zettelkatalog des Sammlers Max von Portheim in der Wienbibliothek, Wien 2007, 180–201; Jan Nepomuk Assmann, Jan Berka und Johann Ferdinand von Schönfeld. Zwei Prager Zeitgenossen Mozarts, in: Herbert Lachmayer (Hg.), Mozart. Experiment Aufklärung im Wien des ausgehenden 18. Jahrhunderts, Ostfildern 2006, 543–550; zeitgenössische Kurz-Charakteristik bei E[manuel] Bozenhard, Bemerkungen auf einer Reise von Kopenhagen nach Wien im Jahr 1793, Hamburg 1795, 111–112. Ich danke Dirk Sangmeister für die Informationen.

[92] Jonathan Israel hat Ewald daher auch zu Recht in seinem Buch Democratic Enlightenment. Philosophy, Revolution, and Human Rights 1750–1790, Oxford 2011, 702, erwähnt.

[93] Vgl. zur Warburton-Rezeption im 18. Jahrhundert, vor allem bei Hißmann und Meiners (1776), Martin Mulsow, Michael Hißmann und Christoph Meiners über die eleusinischen Mysterien, in: Heiner F. Klemme u. a. (Hg.), Michael Hißmann (1752–1784). Ein materialistischer Philosoph der deutschen Aufklärung, Berlin 2013, 147–156. Nicht erst in *Eleusis* (1819) hat Ewald seine Beschäftigung mit den Mysterien veröffentlicht; es gibt auch schon einen Aufsatz *Die eleusinischen Geheimnisse. Nach Warburton* in Reichards Zeitschrift *Olla Potrida* aus dem Jahr 1778 ff. (vgl. Anm. 21). In diesen Jahren wurde in Gotha der englische Garten als Mysteriengarten angelegt, mit einem Tempelbau für Diana von Ephesos, die mit Isis gleichgesetzt wurde. Von den ägyptischen Isismysterien wiederum sah man damals die eleusinischen Mysterien abgeleitet. Es lag deshalb nahe, daß in Gothaer Freimaurerkreisen intensiv über die Mysterien nachgedacht wurde. Zur heutigen Forschungslage zu den Mysterien vgl. Jan Bremmer, Initiation into the Mysteries of the Ancient World, Berlin 2014.

[94] Karl Leonard Reinhold, Die hebräischen Mysterien oder die älteste religiöse Freimaurerei, Leipzig 1788 [verfaßt 1786]; Neudruck hg. von Jan Assmann, Berlin 2006. Vgl. Jan Assmann,

mus und die politische Theologie Warburtons zu einer Einheit. Da beide Freimaurer und Illuminaten waren, hatten sie einen wachen Sinn für das Geheimnis und die Anonymität, hinter der sich die „esoterische" Philosophie vor der Öffentlichkeit verbergen mußte.[95] Aufklärung hatte im elitären Kreis ohne Zugriff der Menge stattzufinden.

Dementsprechend hat Ewald seine maßgeblichen philosophischen Schriften auch ohne seinen Namen und teilweise zudem noch sehr spät, gewissermaßen *post festum* veröffentlicht. 1794 erschien anonym seine politische Schrift *Von dem Staate und den wesentlichen Rechten der hoechsten Gewalt,*[96] die Kantisches Rechtsdenken und eine der Französischen Revolution nahestehende Staatsphilosophie verbindet.[97] 1796 folgte – falls die Zuschreibung durch Ewalds Kollegen Josias Friedrich Christian Löffler an Ewald richtig ist[98] – anonym in „Germanien" erschienen, die *Kritik der Regierungsform des deutschen Reichs,*[99] ein Beitrag zur

Moses der Ägypter. Entzifferung einer Gedächtnisspur, München 1998, 173–186. Zur Kritik an Assmanns Pantheismus-Begriff vgl. Lorenza Castella, Divulgazione filosofica, religione razionale e riflessione sull' Illuminismio in Karl Leonhard Reinhold. Gli scritti prekantiani degli anni 1783–1786, Masterarbeit Turin 2013, im Anschluß an Martin Bondeli.

95 Zum Freimaurerinteresse an den Mysterien vgl. Markus Meumann, Zur Rezeption antiker Mysterien im Geheimbund der Illuminaten: Ignaz von Born, Karl Leonhard Reinhold und die Wiener Freimaurerloge „Zur wahren Eintracht", in: Monika Neugebauer-Wölk (Hg.), Aufklärung und Esoterik, Hamburg 1999, 288–304; Jan Assmann, Religio Duplex. Ägyptische Mysterien und europäische Aufklärung, Berlin 2010.

96 Göttingen 1794.

97 So die Charakterisierung in der Rezension in der Neuen Allgemeinen deutschen Bibliothek 24 (1796), 158–164.

98 Löffler, Boniface, oder Feier des Andenkens an die erste christliche Kirche in Thüringen, Gotha 1812, 79.

99 Man kann sich fragen, ob die ersten Keime für diese Schrift (wenn sie von Ewald ist), in der es maßgeblich um das Verhältnis der Staatsgewalten zueinander geht, nicht in der staatstheoretischen Aufgabe zu sehen sind, die die Ordensoberen (also wohl Bode) Ewald 1785 stellten: Im Quibus Licet Ewalds vom 14. 12. 1785 heißt es: „Meine Lebensbeschreibung und Schilderung meines Charakters ist fertig, und muß nur noch ins Reine geschrieben werden, welches geschehen soll, sobald ich mit der Verfertigung des Registers für die hiesigen gelehrten Zeitungen fertig bin. Dieses und eine schon drey Wochen dauernde in einem unregelmäsigen heftigen Herzklopfen bestehende mit Hypochondrie verknüpfte Unpäßlichkeit, hat mich auch an der Vollendung der Aufgabe, die Collision der Dicasterien betreffend, woran ich bereits den Anfang gemacht habe, verhindert. Ich bitte also unter diesen Umständen noch um einige Nachsicht". SK11–092. Dicasterien sind im engeren Sinne die Ämter der Römischen Kurie; allgemein wurden damit aber die Zentralbehörden eines Gemeinwesens überhaupt bezeichnet. Bei der Thematik der Kollision dieser Zentralbehörden ist also das Verhältnis der Staatsorgane untereinander angesprochen. Am 3. 4. 1786 heißt es in Ewalds QL: „Wie sehr des hochw. und erleuchteten Bruders Basilius Urtheil über meinen Aufsatz von den Collisionen gegründet ist, davon bin ich selbst gar sehr überzeugt, und ich muß offenherzig bekennen, daß ich die Anmerkung nicht gemacht haben würde, wenn ich zum voraus gewußt hätte, daß ich den Auftrag erhalten würde, eine Abhandlung darüber zu schreiben. Diesen befolgte ich nicht wegen eines Bewustseyn und einsichten und Kenntnissen in dieser Materie, sondern blos aus Gehorsam. Uebri-

Reichsreformdebatte.[100] Und erst nach der Restauration des Wiener Kongresses, kurz vor seinem Tod, erschien 1817 und 1819 in zwei Bänden seine „Metaphysik“: zum einen das Buch *Die Allgegenwart Gottes*, zum anderen die Schrift *Eleusis, oder über den Ursprung und die Zwecke der alten Mysterien.*[101] Es waren Texte, an denen Ewald sicherlich seit den 1780er Jahren geschrieben hatte – das zeigt die Terminologie von der „Allgegenwart Gottes“ schon in den frühen Schriften – die er aber zurückgehalten hatte. Die Werke präsentieren die Synthese aus empfindsamer Religiosität, naturalistischem Monismus und kritisch-politischer Vernunft, die Ewald für sich erarbeitet hat.

VI. Diskussionen mit Weishaupt

Unter den Illuminaten gab es nur wenige, die ähnlich weitgespannte metaphysische Vorstellungen hatten. Zwar war auch Meiners in Göttingen an den eleusinischen Mysterien im Sinne Warburtons interessiert, doch er blieb Empirist;[102] Reinhold wiederum teilte den Kantianismus und das Spinoza-Interesse, aber er entwickelte Kant zunächst zu einer Theorie des Vorstellungsvermögens weiter, noch nicht zu einer Metaphysik.[103] Am nächsten kam Ewald in der Verbindung der Gedankenlinien nur einer: Adam Weishaupt.

gens nehme ich die gute Lection des erleuchteten Bruders Basilius, die ich bey dieser Gelegenheit erhalten habe, brüderlich dankbarlichst an“. SK11–093.

[100] Vgl. zu dieser Debatte Wolfgang Burgdorf, Reichskonstitution und Nation: Verfassungsreformprojekte für das Heilige Römische Reich Deutscher Nation im politischen Schrifttum von 1648 bis 1806, Mainz 1998. Vgl. aber auch Burgdorfs von ihm eingeleitete Reprint-Edition von [Johann Nikolaus Becker,] Kritik der deutschen Reichsverfassung, „Germanien“ 1796–1798 (Hildesheim 2008/9), 3 Bde. Darin wird auch der erste Band, Kritik der Regierungsform des deutschen Reichs, Becker zugeschrieben.

[101] Die Allgegenwart Gottes, Gotha 1817; Eleusis, oder über den Ursprung und die Zwecke der alten Mysterien, Gotha 1819.

[102] Christoph Meiners, Ueber die Mysterien der Alten, besonders über die Eleusinischen Geheimnisse, in: Vermischte philosophische Schriften, Bd. 3, Leipzig 1776, 164–342. Vgl. auch schon ders., Versuch über die Religionsgeschichte der ältesten Völker, Göttingen 1775. Zu Meiners‘ Vorstellung von Esoterik vgl. dessen anonym erschienene Schrift: Revision der Philosophie, Göttingen 1772. Zu Meiners‘ und Feders Empirismus vgl. Jan Rachold, Die aufklärerische Vernunft im Spannungsfeld zwischen rationalistisch-metaphysischer und politisch-sozialer Deutung, Frankfurt am Main 1999.

[103] Zu Reinhold vgl. nur: Gerhard W. Fuchs, Karl Leonhard Reinhold – Illuminat und Philosoph. Eine Studie über den Zusammenhang seines Engagements als Freimaurer und Illuminat mit seinem Leben und philosophischen Wirken, Frankfurt am Main 1994; Yun Ku Kim, Religion, Moral und Aufklärung. Reinholds philosophischer Werdegang, Frankfurt am Main 1996; Martin Bondeli, Das Anfangsproblem bei Karl Leonhard Reinhold. Eine systematische und entwicklungsgeschichtliche Untersuchung zur Philosophie Reinholds in der Zeit von 1789 bis 1803, Frankfurt am Main 1995.

Am 13. Mai 1785 wird aus einem Quibus Licet Ewalds klar, daß er mit Weishaupt persönlich in Kontakt gekommen ist:

> Ich wünschte so würken zu können, wie mich mein Herz treibt, und bey aller Ueberzeugung von der Geringfügigkeit meiner Kräfte und Talente regt sich doch immer etwas in mir, das mich für das Wohl der Menschheit muthig macht, so bald ich mich in die tausend Verhältnisse, in welche der edelste und erhabendste Bruderbund zum Besten der Menschen zu würken thätig ist, hinein denke, ein Geschäft, das mich stets verfolgt, und meine Labsal ist, besonders seit den vortreflichen Winken und Lehren, die mir ein vertriebener weiser Mann, ein Märtyrer der Weisheit und Wahrheit, der Hofrath *Weishaupt*, mit dem Bann innigster Ueberzeugung und äußerster Theilnehmung gegeben hat.[104]

Zu dieser Zeit lebte Weishaupt im Exil in Regensburg. Herzog Ernst II. hatte ihm im April seine Unterstützung angeboten und ihn dann zu einem Gothaischen Hofrat ernannt, was ihn schützte. Vielleicht – so kann man zunächst denken – hat der Herzog Ewald nach Regensburg gesandt, um Weishaupt seine Urkunde zu überbringen; vielleicht stand Ewald auch nur brieflich mit ihm in Kontakt, oder aber – eine dritte Möglichkeit – Weishaupt ist im Frühjahr 1785 kurz und inkognito in Gotha gewesen. Diese dritte Möglichkeit gewinnt an Plausibilität durch eine Briefstelle Beckers vom 21. April 1785, in der es heißt, Becker habe Weishaupt „hier", also in Gotha, genauer kennengelernt.[105]

Wie weit die Kontakte zwischen Reinhold und Ewald gingen – es existieren einige Briefe – ist nicht erforscht.

[104] SK11–085.

[105] Zu den Briefen Ernst II. an Weishaupt in dieser Zeit vgl. Ludwig Engel, Geschichte des Illuminaten-Ordens (wie Anm. 4), 230–239. Zur Möglichkeit eines Kurzaufenthaltes von Weishaupt in Gotha vgl. die unten zitierte Briefstelle bei Becker vom April 1785 (Anm. 138). Zur Berufungsaffäre 1785 vgl. Martin Mulsow, „Steige also, wenn du kannst, höher und höher zu uns herauf". Adam Weishaupt als Philosoph, in: Walter Müller-Seidel (Hg.), Die Weimarer Klassik und ihre Geheimbünde (wie Anm. 6), 27–66. Vgl. weiter Weishaupts enttäuschten Brief an Koppe am 17.4.1785, SK7–255: „Je mehr ich über unsere heutige Unterredung nachdenke, umso unbegreifflicher scheint mir alles. Ich erforsche mich auf allen Seiten, und kann nich[t] finden, wodurch ich, oder das Mistrauen, od[er] die Kälte, die ich schon neulich abens bey dem Herren Kammerherrn Von der Lühe an Euer Hochwürden gegen mich zu bemerken glaubte [verdient habe]. Ich kann sagen, das mir dises sehr zu gemüth gehe, und unter den vielen widerwärtigkeiten die ich erfahre, ist diese gewis keine der geringsten, wenn ich durch mein betragen sowohl bey ihrer Durchlaucht als bey Ihro Hochwürden nachteilige Begriffe gegen mich sollte veranlaßt haben." Schon eine Woche vorher hatte Weishaupt enttäuscht an Bode geschrieben (zit. bei Wilson: Geheimräte [Anm. 6], 341): „7 Wochen sind mir in der äusersten Ungewisheit Zwecklos, mit vielen Unkosten vorbeigegangen, und ich mus den weeg mit Schande zurückgehen, den ich bis hieher vorgerückt bin. Ich kann sagen, von Weimar hätte ich das nicht erwartet. Es ist dort der Mühe werth der Sache nachzuspühren, ob da nicht R + [= Rosenkreuzer] oder Jesuiten Kniffe dahinter stecken". Bode erklärt denn auch an Koppe am 15.4. die Problematik, die offenbar ausschlaggebend für die Ablehnung war (zit. bei Wilson, 343): „Wenn nun bey Gelegenheit einer öffentlichen Vocation eines Mannes dessen Wissenschaft und vorzügliche Geschicklichkeit als Gelehrter der *profanen* Welt unbekannt *sind*, von

Hat es im März oder April ein Geheimtreffen mit Weishaupt in Gotha gegeben, bei dem auch Ewald anwesend war? Das muß gefährlich für den Mann aus Ingolstadt gewesen sein, der im Februar aus Bayern vertrieben worden war und jederzeit eine Gefangennahme durch die dortigen Behörden fürchten mußte, wenn nicht gar einen Mordanschlag. Im März und April 1785 stand in Sachsen-Gotha-Altenburg zur Debatte, Weishaupt auf einem in Jena zu besetzenden Lehrstuhl für Philosophie zu installieren. Ein Treffen aus diesem Grund wäre plausibel, denn Ernst II. und andere wichtige Illuminaten hatten den exilierten Ordensgründer ja erst einmal *in persona* kennenzulernen, bevor sie sich für ihn einsetzten. Die Universität Jena wurde von den diversen Ernestinischen Fürstentümern betrieben, und insofern hatte Sachsen-Gotha-Altenburg nicht einfach zu bestimmen, sondern mußte auch andere überzeugen.

Wir wissen aus den Besucherbüchern der Gothaer Bibliothek, daß sich der Philosoph Christoph Meiners am 17. März auf Schloß Friedenstein aufgehalten hat. Er war offenbar eigens aus Göttingen angereist, um zur Berufung Stellung zu nehmen. Neben Ewald und Becker hat Weishaupt offenbar auch die meisten anderen Gothaer Illuminaten gesprochen, insbesondere deren philosophisch interessierte Köpfe. Es gibt Zeugnisse von Gesprächen mit Koppe, Bode und von der Lühe. Am Ende war Weishaupt enttäuscht: sieben Wochen, sagt er am 10. April zu Bode, sei er jetzt unterwegs gewesen, auf eigene Kosten, und er verstehe nicht, warum man von mancher Seite so kühl zu ihm sei. Vor allem Koppe (im Orden „Accacius") blieb bis zuletzt reserviert. Weishaupt scheint Anfang April, bald nach seiner Flucht aus Ingolstadt, nach Gotha gekommen zu sein; Mitte April reiste er nach Regensburg ab, zwar mit Hofratstitel, der ihm diplomatische Immunität verlieh, aber ohne daß sich die Aussicht auf die Professur in Jena erfüllt hatte.

Bei mehreren Gothaer Illuminaten – wie Ewald und Becker – hat Weishaupt dennoch einen tiefen Eindruck hinterlassen. Jedenfalls sind Ewald und Weishaupt seit dieser Zeit in einen freundschaftlichen philosophischen Austausch gekommen. Als Weishaupt seit August 1787 ganz in Gotha lebte, gab es oft leidenschaftliche Gespräche zwischen ihnen, vor allem was die Kantische Philosophie anging. Ewald redete für, Weishaupt gegen Kant.[106] Resultat waren drei Bücher Weis-

dem aber kurz vorher angekündigt ist, daß er geheimer Verbindungen wegen vertrieben worden, nur einige kleine nicht zu hindernde indiscretiones in die Bekanntmachungen einfliessen; so wird die O[rdens] Connexion der profanen Welt immer wahrscheinlicher." Solche Indiskretionen waren aber von Rosenkreuzern und Jesuiten zu erwarten. Weishaupt wurde also in der Sache seiner Berufung – trotz der guten Verbindungen nach Weimar und Gotha – gerade seine Ordensmitgliedschaft zum Hindernis. Zu Meiners' Eintrag in den Besucherbüchern vgl. Guido Naschert, Von Büchern, Menschen und Reisen. Die Fremdenbücher der Herzoglichen Bibliothek in Gotha und ihre Geschichten, Gotha 2014, 59.

[106] Horst Schröpfer, Der 'Nekrolog Immanuel Kant' von Schack Hermann Ewald (wie Anm. 74).

haupts gegen Kant.[107] Aber Weishaupt hatte auch längst bestimmte Perspektiven und Fragestellungen von Kant übernommen – er versuchte nur, sie auf seine ganz eigene Art zu lösen.[108]

Ewald war über Weishaupts idiosynkratischen Lösungsvorschlag gut informiert. Er mag, da er nur den Grad eines Illuminatus major hatte, nicht gewußt haben, daß Weishaupt seine Erkenntnistheorie zunächst als oberen Mysteriengrad der Illuminaten, als „Doceten-Grad" konzipiert hat;[109] aber als dieser 1786 die Theorie nur leicht verändert in Buchform als *Ueber Materialismus und Idealismus* publizierte,[110] hat Ewald in seinen *Gothaischen gelehrten Zeitungen* gleich eine Rezension dazu verfaßt. Es ist zumindest hoch wahrscheinlich, daß es Ewald selbst war, der den Text geschrieben hat, denn er besaß sowohl das Interesse als auch die Kenntnisse, dies zu tun. Und die Rezension ist, ähnlich wie die Kant-Rezension Ewalds, präzise und fair.[111] Mit scharfsinnigen, an Kant geschulten Argumenten.

[107] Adam Weishaupt, Zweifel über die Kantischen Begriffe von Zeit und Raum, Nürnberg 1788; ders., Gründe und Gewissheit des menschlichen Erkennens: Zur Prüfung der kantischen Critik der reinen Vernunft, Nürnberg 1788; ders., Kantische Anschauungen und Erscheinungen, Nürnberg 1788.

[108] Martin Mulsow, Die möglichen Grenzen möglicher Erfahrung: Weishaupt und Kant, in: Das achtzehnte Jahrhundert 36 (2012), 17–32.

[109] [Adam Weishaupt,] Höhere Mysterien: 2te Klasse. Doceten [1783/84]. Ms. Logen 5.2. G 39, Nr. 107, Stück 24–27 des GStAPK Berlin, ediert von Hermann Schüttler, in Johann Joachim Christoph Bode, Journal von einer Reise von Weimar nach Frankreich im Jahr 1787, München 1994, 395–414. Dazu Martin Mulsow, Vernünftige Metempsychosis. Über Monadenlehre, Esoterik und geheime Aufklärungsgesellschaften im 18. Jahrhundert, in: Neugebauer-Wölk (Hg.), Aufklärung und Esoterik (wie Anm. 95), 211–273.

[110] Adam Weishaupt, Ueber Materialismus und Idealismus. Ein philosophisches Fragment, Nürnberg 1786. Eine zweite, überarbeitete Auflage erschien Nürnberg 1787.

[111] Gothaische gelehrte Zeitungen auf das Jahr 1786, 61. Stück, 2. 8. 1786, 507–511: „Rec. glaubt also, daß, so vortrefflich, sinnreich und tiefsinnig dieses dem Verf. allein eigene idealistische System abgefaßt ist, doch der Grund des materialistischen Systems dadurch noch nicht untergraben worden; und daß, obgleich zugegeben werden kann, daß sich bey veränderten Organisationen auch die Form der Materie nach der Beschaffenheit der Receptivität des Subjekts ändere, doch in Ansehung unserer gegenwärtigen Erkenntniß und Einsicht in die Beschaffenheit der Dinge dadurch nichts Wesentliches geändert werde; denn ich mag einen Gegenstand als Erscheinung oder als etwas Würkliches betrachten, so bleiben die Verhältnisse wie sie sind, Ursach und Würkung, Grund und Folge bleiben dieselben, wie dieses der Verf. auch selbst behauptet; ich substituire blos statt des Würklichen Erscheinung. Ueberdieß wer und was kann uns überzeugen, welche Form der Materie, unter so mannichfaltig durch Verschiedenheit der Organisation abgeänderten Formen, die ächte und wahre ist? und was kann uns daran liegen, das Wesen der Dinge in dieser oder jener Form zu sehen, wenn uns das Wesen selbst verborgen ist? Kommen wir dereinst in einen Zustand, worin uns dieses Wesen enthüllet wird, so wird uns wahrscheinlich entweder die Form desselben gleichgültig seyn, oder wenn es nicht ohne Form seyn kann, wird es die ihm ganz entsprechende Form haben; und diese haben die Dinge höchst wahrscheinlich schon jetzt, wir aber, wenn wir sie nicht sähen, müßten verkehrte und unzureichende Sinne haben, die unfähig wären, die Dinge in ihrer wahren eigentlichen

Ewald hielt Weishaupts System, auch wenn es sich „idealistisch“ nannte, im Kern doch noch für zu materialistisch, da es auf der Theorie organisierter Körper Bonnets aufbaute. Die Überlegungen, so Ewald, daß eine Neuorganisation unseres Körpers nach dem Tod neue Formen von Rezeptivität enthalten könnten, ändere „nichts Wesentliches“ an unserer jetzigen Erkenntnis der Dinge. Während Weishaupt meinte, durch diese Antizipation eine hypothetische Form von Objektivität sichern und Kants angeblichen subjektiven Idealismus damit überwinden zu können, blieb Ewald nüchtern:

> Ich mag einen Gegenstand als Erscheinung oder als etwas Würkliches betrachten, so bleiben die Verhältnisse wie sie sind, Ursach und Würkung, Grund und Folge bleiben dieselben [...]; ich substituire blos statt des Würklichen Erscheinung.

Und selbst wenn wir in einen solchen zukünftigen Zustand wären,

> so wird uns wahrscheinlich entweder die Form desselben gleichgültig seyn, oder wenn es nicht ohne Form seyn kann, wird es die ihm ganz entsprechende Form haben; und diese haben die Dinge höchst wahrscheinlich schon jetzt, wir aber, wenn wir sie nicht sähen, müßten verkehrte und unzureichende Sinne haben, die unfähig wären, die Dinge in ihrer wahren eigentlichen Gestalt, und nach allen ihren Seiten, Lagen und Stellungen zu sehen.

Weishaupt hatte es schwer, dagegen ein Argument zu finden.

VII. Volksaufklärung

Wie hat sich der religiös-kantisch-humanistische Naturalismus Ewalds in seinen illuminatischen Aktivitäten niedergeschlagen? Wir wissen aus einem Brief von Bode an Herzog Ernst, daß Ewald schon im November 1783, also gleich nach Beginn des Gothaer Illuminatenzirkels und zur Zeit von Augusts begeisterter Garve-Lektüre, eine Quibus-Licet-Eingabe gemacht hat, in der er ein Thema zur Bearbeitung durch die Mitglieder vorgeschlagen hat; es muß ein philosophisches Thema gewesen sein, das starke logische Kompetenz erforderte.[112] Ob es von Kants

Gestalt, und nach allen ihren Seiten, Lagen und Stellungen zu sehen. Selbst von meiner Gestalt und Form müßte ich eine irrige verkehrte Vorstellung haben, alles müßte mich trügen. Aber wer kann das wissen? oder liegt es in dem Plane Gottes, die Menschen allmälig durch immer abnehmende Täuschung und symbolische Erkenntniß der nackten ewigen Wahrheit entgegen zu führen?“

[112] Bode an Ernst II., 3.5.1784, SK2–204, zitiert nach Wilson, Geheimräte (wie Anm. 6), 192: „Von eben diesem Bruder Cassiodor, sehe ich mich gemüssigt, noch ein anderes Q[uibus] L[icet] vom Monat Aban [= November] unterthänigst vorzulegen. Ich hatte es unserm Decane, Damasus pontifex [= Herder] zur Beantwortung zugestellt. Der giebt es mir aber, nach dem er [es] lange bey sich behalten zurück, mit der Aeusserung: diese Beantwortung verlange eine weitläuftige Abhandlung, zu welcher er deren aber nicht Zeit habe. Ich sehe also kein anderes Mittel, auf diese vielfassende Frage eine Antwort zu erhalten, als von einem guten Logiker, und Meiners oder Feder

Kritik der reinen Vernunft inspiriert war? Oder von Spinoza? Herder jedenfalls hat sich geweigert, dazu einen Aufsatz zu schreiben, weil eine Antwort zu weitläufig geworden wäre. Und Koppe lehnte die Frage „als Theolog" völlig ab. Man kann nur darüber spekulieren, ob die Frage religionskritische Implikationen hatte.[113]

Da in diesem Fall keine Materialien überliefert sind, schauen wir stattdessen auf einen erhaltenen Aufsatz, den Ewald auf den 15. Juni 1784 datiert hat. Wieder stoßen wir auf ein Datierungsproblem. Das Treffen der Gothaer Minervalkirche, auf dem „acht Vorträge" gehalten wurden, war erst zwei Tage später, am 17. Juni.[114] Möglicherweise trägt der Text daher das Datum der Entstehung, nicht der Verlesung. Er ist mit dem einfachen Titel „Ueber Aufklärung" überschrieben. Anlaß für den Text war der Austausch mit den Ordensoberen (also wahrscheinlich Bode) gewesen, denn Ewald schreibt:

> Es ist sehr ermunternd für meinen Geist und erquikkend für mein Herz gewesen, daß die erleuchteten Obern einen meiner Q[uibus] L[icet] worin ich einige Gedanken von der nothwendigen bessren moralischen Bildung des gemeinen Wesens äusserte, ein Gegenstand, an welchem mein ganzes Herz hängt, und um welchen sich seit einiger Zeit alle meine Gedanken drehen, Ihre Aufmerksamkeit geschenkt haben.[115]

Dieser Quibus Licet hat sich erhalten, er stammt bereits vom Dezember 1783, als August die Garve-Lektüre anpries und Ewald die uns unbekannte schwierige philosophische Aufgabe anregte.[116] Salzmann hatte im November das Vorhaben seines Erziehungsinstituts in Schnepfenthal angekündigt, und so überlegte Ewald etwas zur „Bildung des gemeinen Mannes" vorzutragen. Im Januar 1784 hatte Ewald dann nochmal einige weitere Gedanken nachgeschoben.[117] Heranzuziehen

oder Spittler in Göttingen, sind die einzigen Männer dieser Gattung, die ich in E[ure]r Durchl[aucht] Inspection [= Abessinien, Ober- und Niedersachsen] kenne. Koppe lehnt, als Theolog, entweder die Frage ganz ab, oder veranlaßt durch seine Beantwortung noch mehr Fragen dieser Art".

[113] Vgl. weiterhin die Notiz im Protokoll vom 13.10.84; SK15–046. Dort ist vermerkt, Ewald habe „über den Mißbrauch des Verstandes" vorgetragen.

[114] SK15–031.

[115] SK13–021.

[116] Vgl. aber SK16–005: Cassiodor, Vorschläge für die Bildung des gemeinen Mannes. 14. Adar [= Dezember] 1783. Vgl. auch SK16–064: Cassiodor, Erziehung der Kinder zur Urteilskraft.

[117] Dieser Text ist auf den 16. Amerdad 1154 datiert. „Amerdad" ist eine sonst nicht gebräuchliche chronologische Chiffre; da das QL aber auf das vorherige Bezug nimmt, kann man es als „Januar" deuten. SK11–078: „Meinem im vorigen Monat eingereichten Quibus Licet kann noch beygefügt werden, daß zur Beförderung mehrerer Aufklärung des gemeinen Mannes über seine wichtigsten Angelegenheiten vielleicht auch dieses kein unschickliches Mittel wäre, wenn man in den Städten Seminarien für künftige Prediger unter der Direction eines aufgeklärten und für das Glück der Menschen eifrig besorgten Geistlichen anlegte, worin die Candidaten nicht in der Dogmatik, die sie auf Universitäten schon erlernt haben müssen, in der wahren von allen menschlichen Zusätzen gereinigten Geistesreligion, in dem was allen Menschen zu ihrer innern Glückseligkeit und Zu-

ist aber auch jener Text, den Ewald 1785 als „Rezept zur Veredelung unserer Bildung" seinen Mit-Illuminaten vorgetragen hat. Möglicherweise ist dieser Text auch früher entstanden, und es gilt hier das gleiche Muster, das wir bereits zuvor erwogen haben: Ein Text wurde geschrieben, an die Oberen gesandt und erst nach positiver Rückmeldung möglicherweise viel später vorgetragen.

Im *Rezept zur Veredelung* wendet sich Ewald gegen physiognomische Vorurteile und setzt sich für eine lebendige, mit den inneren Herzensregungen konforme Motivation ein, die dann auch das äußere Erscheinungsbild formen werde.[118] Es ist die Lehre seines Buches *Das menschliche Herz*, das ebenfalls 1784 erschien – und wer von Ewalds Spinoza-Lektüre weiß, der erkennt auch die Vorstellungen von der „expressio" und den Affekten des niederländischen Philosophen. Auf jeden Fall hatte Bode Ewald offenbar auf das Quibus Licet hin in einer Reproche ermuntert, diese pädagogischen Überlegungen weiterzuführen.

Im Vortrag *Ueber Aufklärung* legt Ewald seinen Kollegen den Plan eines kleinen Buches dar:

friedenheit zu wissen nöthig ist, und in der rechten Methode das Volk zu unterrichten, und überhaupt in alle demjenigen unterwiesen würden, was der aufgeklärte Lehrer nach seinen eigenen Kenntnissen, Einsichten und Erfahrungen für wahr und richtig erkennet und von jedem Verstande auch dafür erkannt werden kann. Eine gleiche Anstalt müste auch für die künftigen Schulmeister errichtet durchaus aber einerley Grundsätze und Methode dabey zum Grunde gelegt werden, um Uebereinstimmung zu bewürken. Es würde unserm so herrlichen Institute zur eignen Ehre gereichen, wenn es an Orten, wo es Einfluß hätte, die Sache in Gang bringen und die Directoren oder Lehrer solcher Seminarien aus ihrem eignen Mittel genommen werden könnten; wobey aber sehr zu wünschen wäre, daß die erleuchteten hohen Obern in Ansehung der Grundsätze und Lehrmethode etwas Sicheres, Gewisses und Uebereinstimmendes festsetzten". Ewald gibt im folgenden noch den Entwurf zur Einrichtung eines Generalseminars in Wien und die Lektüre von Dietrichs *Anweisung zur Glükseligkeit für alle Menschen* als mögliche Anregungen an.

118 SK13–023. Der Text ist datiert auf den 6.7.1785. Dort heißt es u. a.: „Da wir keine Holtzblöcke, sondern Menschen sind, so muß man die Methode gerade umkehren; man muß von innen heraus arbeiten, weil die Federn und Fibern und Nerven, aus welchen unsere Oberfläche zusammen gewebt ist, nicht in der Luft hängen, sondern in unserm Inwendigen zusammen verbunden sind. So wie sie also inwendig zusammen angezogen werden, zucken sie auch auswendig, und wenn sie recht und richtig und harmonisch, und den Menschen wohlgefällig gucken sollen, muß man sie inwendig geschickt anziehen. – Man räume also in seinem Kopfe auf; vertreibe die Nacht der Unwißenheit der Irrthümer und des Aberglaubens durch fleißiges Lernen, Lesen, Nachdenken und Aufmercksamkeit; man suche die natürliche Trägheit und das Phlegma des Bluts durch physische und geistige Mittel zu überwinden, den unterdrückten Geist frey zu machen und durch den Gebrauch einer angemeßenen Diät, öfftern Bewegung, und geistvollen, herzerhebenden Gedichten und Schriften zu stärken und zu nähren; man habe ein stets wachsames Auge auf alte innere Bewegungsgründe und Absichten unserer Handlungen, auf alle Wünsche, Triebe, Neigungen, Begierden, Leidenschafften unseres Herzens und auf ihre Veranlaßungen und schädlichen Folgen, mit dem festen Vorsatze, sie nicht allein in Zukunft zu vermeiden, wenn wir finden, daß sie mit den ächten und reinen Grundsätzen einer gesunden Moral nicht bestehen können, sondern strebe auch festen, standhaften Muths dem Strom des Bluts entgegen und steure den entgegengesezten Tugenden zu u.s.w.".

> Schon damals, als ich jenes Q[uibus] L[icet] einreichte, hatte ich über einen Plan zu meinem Büchelchen nachgedacht das das Nothwendigste und Unentbehrlichste zur Aufklärung des gemeinen Mannes über seine wichtigsten Verhältnisse und Angelegenheiten enthalten und sowohl zum Lesen, als zum Unterricht brauchbar seyn sollte.[119]

Ewald breitet den Plan dieses Buches aus, das breite Schichten ansprechen soll. Die Formulierung vom „gemeinen Mann" zeigt deutlich, daß das Projekt zur Volksaufklärung gezählt werden kann, denn dies war einer der Schlüsselbegriffe dieser Bewegung.[120] Ewald will im Buch vor allem zwei Fragen klären. Die erste:

> Was bedarf die zahlreichste Klasse unter den Menschen, oder der gemeine Mann (ausser dem Unterricht in der Religion pp.) hauptsächlich für Dinge zu wissen, um so glücklich zu seyn, als es die Natur der Menschheit erlaubt? – Die *zweite* Frage: Welches sind die mögsten [sic] Mittel, ihm diese Kentnisse mitzutheilen? Kömmt bei der Methode des schriftl[ichen] oder mündlichen Unterrichts über die in dem [Büchelchen] vorgetragenen Kenntnisse und bei der Art der öffentlichen Einfür[ung] dieses Buchs in Betrachtung.[121]

Es ist anzunehmen, daß Ewald bei diesem Unternehmen unter dem Einfluß von Rudolph Zacharias Becker stand. Becker (im Orden „Henricus Stephanus") war Anfang 1784 aus Dessau nach Gotha gekommen, um dort die Ideen des Philanthropins in das Herzogtum zu bringen. Intensiv planten Ernst II. und sein engerer Kreis die Einrichtung einer Erziehungsanstalt in Schnepfental, in dem die Elite des Landes aufklärerisch ausgebildet werden sollte.[122] Becker war schon vorher Mitglied der Gothaer Freimaurerloge gewesen, insofern war er kein völlig neues Gesicht, als er ankam. Ewald wird sich nicht nur journalistisch mit ihm beraten haben, denn Becker brachte aus Dessau sein Zeitungsunternehmen mit und nannte es nun „Deutsche Zeitung für die Jugend und ihre Freunde"; er hatte auch philosophisch-pädagogische Ambitionen, die über eine Elitebildung weit hinausgingen.[123] Insofern mag er Ewald mit der Idee angesteckt haben, seine esoterisch-pantheistische oder auch deistische Philosophie als Schulbuch dem „gemeinen Mann" zu akkommodieren – natürlich anonym. Auch andere hatten so etwas ge-

119 SK13–021.

120 Vgl. Holger Böning, Der „gemeine Mann" als Adressat aufklärerischen Gedankengutes. Ein Forschungsbericht zur Volksaufklärung, in: Das achtzehnte Jahrhundert 12 (1989), 52–67. Weiter zur Volkaufklärung vgl. ders. und Reinhart Siegert, Volksaufklärung. Biobibliographisches Handbuch zur Popularisierung aufklärerischen Denkens im deutschen Sprachraum von den Anfängen bis 1850, Stuttgart 1990 ff. 4 in 8 Bdn. Bisher vorhanden sind Bd. 1 und Bd. 2, 1–2. Weiter Holger Böning, Hanno Schmitt, Reinhart Siegert (Hg.), Volksaufklärung. Eine praktische Reformbewegung des 18. und 19. Jahrhunderts, Bremen 2007.

121 SK13–021.

122 Christine Schaubs, Die Erziehungsanstalt (wie Anm. 32).

123 Von Becker erschien 1785 der Versuch über die Aufklärung des Landmannes. Zu ihm vgl. Reinhart Siegert, Aufklärung und Volkslektüre. Exemplarisch dargestellt an Rudolph Zacharias Becker und seinem „Noth- und Hülfsbüchlein", Frankfurt am Main 1978.

tan. 1784 kam gerade Heinrich Jung-Stillings *Naturlehre für den gemeinen Mann* auf den Markt.

So plante Ewald denn ein erstes Kapitel „Von Gott“, ein zweites über den „Menschen und sein Wesen“, ein drittes über den Naturzustand und ein viertes über den „bürgerlichen Zustand“, also das komplette Programm einer anthropologisch fundierten Naturrechtslehre, allerdings für Jugendliche und einfache Leute.[124] Was die Religion anging, so war er vorsichtig. Ich werde, sagt er,

[124] SK13–021: „I. Abschnitt. *Von Gott*, seinem Wesen, Dasein und Eigenschaften; besonders soll er als der Einzige, Unendliche, Allgegenwärtige, als Schöpfer und Erhalter der Welt, so faßlich und nachdrüklich als möglich dargestellt werden. Ein gleiches soll auch in Ansehung der Pflichten gegen dies Wesen geschehen, und insonderheit die Aufmerksamkeit des gemeinen Mannes und die stete Betrachtung Gottes, mit der Erkenntnis seines Wesens und seiner Werke gerichtet, und er zur steten Erinnerung an seine Allgegenwart, bei allen Entschliessungen und Handlungen und zur Nachahmung seiner Vollkommenheiten ermuntert werden.

II. Von dem Menschen nach seinem Wesen

1. Leib. Struktur und Beschaffenheit desselben; Wachsthum, Abnahme der Kräfte, Hinfälligkeit und Zerstörung desselben Bestimmung des Körpers und seiner Glieder, Pflichten in Ansehung der Erhaltung der Gesundheit und Pflege des Körpers. Von Alter und Jugend, Schönheit und Häslichkeit.

2.) Geist. Tätigkeit und Munterkeit, die von ihm abhängen, Einflus desselben auf den Gebrauch unserer körperlichen Kräfte und auf die Seelenkräfte; nötige Aufsicht des Verstandes über den Geist und andere dahin gehörige Pflichten.

3.) Seele. Verstand, Vernunft, Wille, Einbildungskraft, Gedächtniß, ihre Anwendung in den Geschäften des gemeinen Lebens. Bei der Lehre vom Willen, von der Freiheit, den Neigungen, Begierden und Leidenschaften, ihrer guten und schädlichen Seite, nebst einer Anleitung sie durch den Verstand in Ordnung zu halten; und den Pflichten, die uns in Ansehung dieser Seelenkräfte zu erfüllen obliegen. Auch von dem Wesen der Seele, ihrer Einfachheit und Fortdauer, ihrer künftigen Bestimmung pp.

III. Von dem natürlichen Zustand des Menschen. Hülflosigkeit und Unbequemlichkeit desselben. Natürliche Freiheit, Nachtheile die daraus entspringen, Unterdrükkung und Recht des Stärkern. Pflichten, die aus der Betrachtung dieses Zustandes fliessen, Menschen sollen sich wie Brüder lieben, da alle von Natur gleiche Rechte haben, und alle in dieser Rücksicht sich einander gleich sind.

IV Geselliger Zustand.

1.) Ehen, Mann, Weib, Vater und Mutter und Kinder, Herrschaft und Gesinde. Natürliche Rechte aller in wie fern sie noch statt haben, oder durch bürgerliche Gesezze bestimmt und eingeschränkt sind. Wechselseitige Pflichten aller gegen einander. Wirthschaft. Kinderzucht und Unterricht, Friedfertigkeit und Eintracht, Arbeitsamkeit und Treue.

2.) Bürgerlicher Zustand.

a.) Ursprung der Regierungserlassungen und Nothwendigkeit gehörig formierter Staaten und Regierungen. Verschiedene Formen derselben: sind an sich alle gut, die monarchische ist am wenigsten innerlichen Unruhen ausgesezt und am sichersten. Einrichtung des Staats und deshalb zu machender öffentlicher Aufwand; Nothwendigkeit bürgerlicher Abgaben, Pflichten der Bürger gegen ihre Regenten und Vorgesezten.b.) Von den verschiedenen Ständen, dem Lehr- Wehr und Nährstand.

Verschiedene Klassen des leztern, Bürgern, Bauern und Taglöner ihrem Unterschiede. Unterschied zwischen Vornehmen und Geringen; Grund, warum mit manchen Ständen grössere äusserliche

> die Grundsäzze der natürlichen allen Menschen gemeinen Religion so kurz und deutlich als möglich, nach ihrer ganzen Wichtigkeit, und nach ihrem ganzen segensvollen Einfluß auf die sichtliche Besserung des Menschen darstellen, und es günstigeren Umständen und Zeiten über lassen, den alten Aberglauben an Wunder und andere unmögliche die Ordnung der Natur aufhebende und wiedersprechende Dinge, deren Glaube den Verstand verwirrt und auf seinem Wege zur Aufklärung aufhält, in Vergessenheit zu bringen und die wahre Christus Religion in ihrer ganzen ursprünglichen Reinheit wieder her zu stellen, da ich es nicht wagen darf, mich derselben in diesem Buche unmittelbar öffentlich zu widersezzen.

Er wollte also nicht so weit gehen, die kirchlich akzeptierte Religion zu kritisieren, obwohl er eigentlich zu denen gehörte, die Jesus als reinen Morallehrer verehrten und darin die Essenz des Christentums sahen.[125]

Wie sehr Spinoza im Hintergrund dieser Volksaufklärung steht, zeigt sich an Formulierungen wie diesen:

> daß alle innere Zufriedenheit, alles wahrhafte, standhafte innere Glück des Menschen, in dem Verstande seinen Anfang nehmen müsse, und von der Erleuchtung und Aufklärung desselben abhänge.[126]

Es ist der für Spinoza spezifische Optimismus, daß Aufhellung des Verstandes auch zu Glück führe, im Sinne einer vollkommenen Seelenruhe „ex sola mentis cognitione".[127]

Vorzüge verknüpft sind als mit andern. Pflichten der Bürger gegen einander, Gerechtigkeit und Billigkeit, Menschenliebe, Schonung, Verträglichkeit, nachbarliche Freundschaft, Verminderung übler Nachrede, des Neids und der Misgunst, des unerlaubten Wuchers, Dienstwilligkeit pp. Pflichten in Ansehung des Eigenthums. Von der wahren und falschen Ehre. Von Reichthum und Armuth. Rechtmässiger Erwerb und Gebrauch der Ersten; richtige Schäzzung des Werths desselben. Ursache der Armuth. Mittel zur Vermeidung desselben. Welches sind die wahren Armen? Pflichten der Reichen gegen die Armen und Trostgründe zur Stärkung des Muthes der lezten pp.".

[125] Vgl. dazu Jonathan Sheehan, The Enlightenment Bible. Translation, Scholarship, Culture, Princeton 2005, 118–147.

[126] Davor heißt es: „[…] ich darf […] als bekannt voraussezzen, daß ein ansehnlicher Theil des gemeinen Mannes, nemlich derjenige , der sich im Denken über den niedrigsten Pöbel erhebt, bei den ihm von seiner Kindheit an eingeprägten unbefriedigenden abergläubischen Menschensazzungen und Meinungen in Glaubenssachen, durch Zweifel, Ungewißheit und Gewissens-Skrupeln (die sogar manche rechtschaffene Person wahnwizzig machen) und aus welchen sich ihre gefangene Vernunft nicht heraushelfen kann, unzufrieden, ängstlich, kleinmüthig und höchst unglücklich ist, und sich nach einer beruhigenden Erkänntnis sehnt; nicht zu gedenken, daß Entfernung von Wahrheit, Irthum und Vorurtheile, kein wahres Glück gewären, und dem Menschen, als dem allerherrlichsten Geschöpfe Gottes, höchst unanständig und für ihn höchst erniedrigend ist, und daß hingegen eine helle, den Verstand befriedigende, erleuchtete Erkenntniß von Gott, und unserer gegenwärtigen und zukünftigen Bestimmung an sich selbst schon wahres lebhaftes Vergnügen, sich selbst genugsame Zufriedenheit und Seelenruhe gewäre, und eine mächtige Triebfeder zur Erwekkung ädler rechtschaffener Entschliessungen und Thaten sei, und auf unser ganzes Thun und Betragen einen wohltätigen zu Tätigkeit anreizenden Einfluß habe".

[127] Spinoza, Ethica V; Ethik in geometrischer Ordnung dargestellt, lat./dt. Hamburg 2010, 532.

VIII. Staatliche Steuerung der Öffentlichkeit

Ob Ewalds Schulbuch jemals geschrieben wurde oder erschienen ist, wissen wir nicht. Allzuweit scheint er seine volksaufklärerischen Aktivitäten nicht getrieben zu haben, zumindest, was den ersten Anschein angeht. Im März 1785 schlägt er ein neues Thema an, als er einen Aufsatz mit dem Titel „Versuch eines Beytrags zur Beantwortung der Aufgabe: Wie kann man den gesellschaftlichen Zeitvertreib nützlich machen, ohne daß er langweilig oder pedantisch werde?"[128] verfaßt. Wir werden aber sehen, daß Ewald auch dabei an den „gemeinen Mann" gedacht hat. Wieder hatte es ordensintern die Anregung gegeben, sich zu einem bestimmten Thema zu äußern, und Ewald war maßgeblich daran beteiligt. Es war Wehmeyer gewesen, der in den Diskussionen der Minervalkirche im November 1784 das Problem der müßiggängerischen Geselligkeit angesprochen hatte, also die zunehmende Tendenz der Stadtbevölkerung, sich in diversen Gesellschaften zu zerstreuen.[129] In der Sitzung am 3. Februar 1785 hat Ewald Wehmeyers Vorschläge ergänzt, wenn auch nur mündlich und in Andeutungen.[130] Daraufhin machten sich die Gothaer Illuminaten ans Schreiben. Becker war der erste, der den Ordensmitgliedern eine Antwort präsentieren konnte, am 25. Februar.[131] Die anderen ließen mit ihren Pensa noch auf sich warten; zum Teil waren sie frustriert, weil Beckers Antwort schon so gut gewesen war und wenig Raum für weitere Vorschläge ließ.[132] Sie war auch pointiert, denn sie wehrte sich gegen künstliche Steuerung von oben. Die Ordensoberen wollten es aber nicht dabei bewenden lassen. Deshalb gab es am 7. März in der Magistratsversammlung eine „Erinnerung an die Anwesenden ihre Gedanken zu Ewalds Abhandlung über die Fehler des geselligen Umgangs einzureichen".[133] Ewald sollte der Maßstab sein, nicht Becker. Nun hat Ewald seinen Text geschrieben, der die Themenstellung nicht unterlief, sondern konkrete und konstruktive Vorschläge machte. Zwei Wochen später sollte dann diese Antwort zum Thema „Nützlichkeit" verlesen werden, doch nun reichte die Zeit nicht mehr. Die Sitzung hatte sich schon so in die Länge gezogen,

[128] SK13–022. Unter dem Text steht als Datierung „Sefendarmad 1154", das wahrscheinlich als „März 1785" zu dechiffrieren ist, wenn man den Monatsnamen als Kurzform von „Esphendarmad" versteht.

[129] Vgl. allgemein Richard van Dülmen, Die Gesellschaft der Aufklärer. Zur bürgerlichen Emanzipation und aufklärerischen Kultur in Deutschland, Frankfurt am Main 1986; Peter Albrecht u. a. (Hg.), Formen der Geselligkeit in Nordwestdeutschland 1750–1820, Berlin 2003; Anna Ananieva u. a. (Hg.), Geselliges Vergnügen. Kulturelle Praktiken von Unterhaltung im langen 19. Jahrhundert, Bielefeld 2011.

[130] SK15–018: 3.2.1785. Ewald ergänzt die Vorschläge Wehmeyers vom November die Geselligkeit betreffend.

[131] SK15–021.

[132] Vgl. das Quibus Licet Rudorffs vom 28.2.1785 in SK11–017.

[133] SK15–023.

daß Ewald nichts anderes übrigblieb, als Helmolt, dem Vorsitzenden, seinen Text schriftlich zu überreichen. Ähnlich ging es Rudorff. Auch er konnte sein Papier zum Thema nur noch Helmolt anvertrauen.[134] Es waren dies die Wochen, in denen Weishaupt zu Gast in Gotha war und die Kommunikation zwischen Gotha, Weimar und Jena erhitzt hin und herging, ob man den Mann zum Professor machen sollte oder nicht. In der Minervalkirche trat Weishaupt aber nicht auf. Hier war man mit den Fragen des „Zeitvertreibs" beschäftigt. In der übernächsten Minervalkirchen-Versammlung, am 31. Mai, kam dann Reichard dazu, seine Antwort auf die Preisfrage vorzutragen, ebenso Haun.[135] Auch Rudorff hatte sein Papier fertig, doch konnte er nicht anwesend sein, daher übernahm Schenk das Verlesen.[136] Erst am 20. Juni 1785, sozusagen als krönender Abschluß, war es Ewald endlich vergönnt, seinen Text den Brüdern vorzustellen.[137]

Zu diesem Zeitpunkt hatte Becker seinen eigenen Aufsatz allerdings schon längst an eine Zeitschrift geschickt. Er stand in Kontakt mit dem Weimarer Verleger Bertuch und hatte ihm bereits am 21. April geschrieben:

> Hier schicke ich Ihnen einen kleinen Aufsatz über den gesellschaftlichen Zeitvertreib, der für den Merkur wohl passen möchte, wenn er gut genug ist. Da er von mir ist, so bitte ich ihm nicht aus Gefälligkeit einen Platz zu gönnen: sondern sein Urtheil unpartheiisch zu sprechen.[138]

[134] SK15–072: 21.3.1785.

[135] SK15–082. Vgl. die Texte in SK13, z.B. SK13–085 zum Thema Zeitvertreib. Als Beispiele für die öffentliche Diskussion zum Thema Zeitvertreib – außerhalb des Ordens – seien hier nur genannt: [Anonym], Der Unterschied zwischen Belustigungen und Zeitvertreib, in: Wöchentliche Frankfurtische Abhandlungen, Zu Erweiterung der nothwendigen, brauchbaren und angenehmen Wissenschaften 1755 –1756. 1755, 1. T., 407– 416; [Anonym], Etwas über die Langeweile und die Zeitvertreibe, in: Hannoverisches Magazin. 1763 –1790. 1780, 18. Jg., 1–22; [Anonym], Ueber den gesellschaftlichen Zeitvertreib, in: Der Teutsche Merkur. 1773 –1789. 1785, 2. Viertelj., 142–154; [Anonym], Ueber Langeweile und Zeitvertreibe, in: Deutsches Magazin. 1791–1800. 1799, 18. Bd., 501–523. Zum anonymen Aufsatz im Teutschen Merkur vgl. aber unten Anm. 140 ff.

[136] SK15–082. Vgl. den Text in SK13–018.

[137] SK15–084: „Ewald verlas seine Antwort auf die Frage: Wie der gesellschaftliche Zeitvertreib gemeinnützig gemacht werden könne, ohne ins langweilige oder pedantische zu fallen".

[138] Becker an Friedrich Justin Bertuch, 21.4.1785. Das Original des Briefes liegt im GSA Weimar (6/106), hier zit. nach: Ursula Tölle, Rudolph Zacharias Becker. Versuche der Volksaufklärung im 18. Jahrhundert in Deutschland, Münster 1994, 312–313. (Ich danke Dirk Sangmeister für die Information). Becker fährt fort: „Ich lege noch einen Aufsatz über die Aufklärung bey, den ich vor 4 Jahren gemacht habe, und der wohl nicht für den Merkur paßt, weil er zu local ist. Doch vielleicht? In diesem Falle muß ich ihn mir aber doch vor dem Abdrucke wieder ausbitten, um im dritten Abschnitte einiges abzuändern. Sollte die Broschüre über den Zeitvertreib angenommen werden, und es träfe so, daß ein frischer Bogen damit angefangen würde; so wünsche ich einen sauberen Abdruck von dem einzelnen Bogen zu erhalten, um ihn der Fr[au] O[berhofmeisterin] v[on] B[uchwald] zu überschicken. Den Merkur lese ich in einem Zirkel, wo ich ihn freilich etwas spät erhalte". Auch Becker – nicht nur Ewald – pflegte also Kontakte zur alten Oberhofmeisterin, die immer noch junge Talente in ihrem Projekt der Aufklärung unterstützte. Und nicht nur mit Frau Buchwald, sondern

Becker muß im Orden um Erlaubnis gefragt haben, ob er das interne Papier an die Öffentlichkeit geben könne.[139] Jedenfalls war er nicht zögerlich in diesem Punkt und scheute sich nicht, die Grenzen des Arkanraums zu überschreiten, wenn ihm das vertretbar schien. Schon im Maiheft des *Teutschen Merkur* erschien der Aufsatz, kaum geändert gegenüber dem Original, das Becker im Februar seinen Mitilluminaten vorgetragen hatte.[140] Er ist mit einem „B." als Autorkürzel gekennzeichnet und von der Literatur fälschlich Bertuch zugeschrieben worden.[141] So konnte übersehen werden, daß hier ein illuminatischer Text nach außen gegeben worden war, nur dadurch kaschiert, als sei es die Oberhofmeisterin von Buchwald gewesen, die das Thema angeregt hatte, nicht aber die Gothaer Minervalkirche. Becker hat nämlich die Passagen, in denen es anfangs heißt, er habe einem „Befehle gehorcht", die Frage nach dem Zeitvertreib zu beantworten, nicht einmal getilgt, sondern nur den wahren Adressaten verschleiert.[142]

auch – wie Ewald – mit Weishaupt: Denn Becker fährt fort: „ich wüßte [...] einen Mann, mit dem d[ie] A.L.Z. gewiß Ehre einlegen würde. Dies ist der Hofrath Weishaupt, den sie aus Ingolstadt vertrieben haben, und den unser Herzog zum Hofrath ernannt hat. Ich habe ihn hier ziemlich genau kennen gelernt, und bin über die hellen Begriffe und den präcisen, körnigten, und lebhaften Ausdruck dieses Mannes erstaunt". Das „hier" scheint auf den Aufenthalt Weishaupts in Gotha hinzudeuten; vgl. dazu oben Anm. 105. Becker fährt über Weishaupt fort: „Sein Fach ist die Philosophie [...]. Wollten Sie eine Probe machen: so könne [recte vermutlich: können] sie ihm sogleich nach Regensburg schreiben, wo er vor der Hand privatisiert. Ich thue den Vorschlag mit seiner Einwilligung". Es gibt noch weitere Briefe Beckers an Bertuch (5.7.1785), Wieland (11.7.1785, 20.7. 1785) und Göschen (1.9.1785), die sich mit den beiden genannten Aufsatz-Manuskripten beschäftigten.

139 Es müßte ein Quibus Licet Beckers aus dieser Zeit gegeben haben, in dem Becker um Erlaubnis fragt. Bei den überlieferten QLs Beckers in der Schwedenkiste (SK11–524–532) allerdings findet sich ein entsprechender Text nicht.

140 Ueber den gesellschaftlichen Zeitvertreib (wie Anm. 135).

141 Thomas C. Starnes, Der Teutsche Merkur. Ein Repertorium, Sigmaringen 1994.

142 Ueber den gesellschaftlichen Zeitvertreib (wie Anm. 135), 142: „An die Frau O[berhofmeisterin] v[on] B[uchwald]. Ihrem letzten mir so schmeichelhaften Befehle zu gehorchen, m. gn. Fr. habe ich den Gedanken: ob nicht die gesellschaftlichen Zeitvertreibe gemeinnütziger gemacht werden könnten, ohne deshalb langweilig oder pedantisch zu werden? Noch etwas weiter verfolgt. Hier haben Sie die Früchte meiner Untersuchung, welche freylich noch unreif und mangelhaft sind: aber ich verlasse mich darauf, daß sie durch ihre Darstellung, oder schon durch ihr Vorlesen so viel Reiz und Anmuth erhalten werden, daß sie sich auch in dem ausgesuchten Zirkel, der durch Ihre geistreiche Unterhaltung beseelt wird, sehen lassen dürfen. Vor allen Dingen glaubte ich die Absicht, warum wir bey dem reichhaltigen, jeden Augenblick abwechselnden und kurzen Schauspiel des Lebens und der Welt, das vor unsern Augen vor sich geht, noch geflissentlich Zeitvertreibe suchen, festsetzen zu müssen: um alsdann die Beschäftigungen, die wir gewöhnlich Zeitvertreibe nennen, damit zu vergleichen. Auf diesem Wege glaubte ich ihre Mängel und Fehler am sichersten zu entdecken, und zugleich den Maaßstab für den Werth neuer Vorschläge in diesem Fache zu finden. Da es aber der Überlegung zuweilen ebenso geht wie der Phantasie, daß ihr gerade das Widerspiel von dem Gegenstande aufstößt, den sie verfolgt: so bin ich in meiner Untersuchung, wie der gesellschaftliche Zeitvertreib wohl am nutzbarsten eingerichtet werden könne, unvermerkt auf den

„Zeitvertreib" war der damalige Begriff für eine Vielzahl von Zerstreuungen, von „passatempi", die in Gesellschaft ausgeübt wurden. Die Gothaer Hofbeamten, selbst von morgens bis abends unermüdlich tätig, beobachteten mit Sorge, wie zahlreiche einfache Leute, aber auch Bürger, „angesteckt" von einigen reicheren Müßiggängern, halbe Tage in Klubs und Teehäusern verbrachten.[143] Ewald ging es in seiner Antwort darum, dieses „Laster" in etwas Positives umzuwandeln,

entgegengesetzten Gedanken gerathen, daß es nämlich so gar unrecht und schädlich seyn würde, Zeitvertreibe nützlich machen zu wollen. Ich dachte so: „Das ganze Leben besteht [...]" Ab hier stimmt der Text mit Beckers bei den Illuminaten eingereichtem Aufsatz (SK13–093) überein, abgesehen von leichten Veränderungen in der Formulierung. Dieser hatte so begonnen: „Wie kann man den gesellschaftlichen Zeitvertreib nützlich machen, ohne daß er langweilig oder pedantisch werde?" Diese Frage läßt sich aus verschiedenen Gesichtspunkte betrachten. Sie kann heissen: 1. Wie können die unter uns gewöhnlichen Zeitvertreibe, die Gespräche, Spiele, Spaziergänge p. nützlicher, als bisher, gemacht werden? 2. Sind nicht neue Zeitvertreibe zu erfinden, welche die verlangten Eigenschaften haben? 3. Wie ist der Ton des geselligen Umgangs überhaupt mehr auf den Nutzen zu stimmen, ohne daß er seine Annehmlichkeiten verliere? In allen 3 Fällen setzt die Frage voraus, daß die in unsern Gesellschaften jetzt gewöhnlichen Zeitvertreibe unnütz, oder wohl gar schädlich wären. Um also richtig darauf zu antworten, schien es mir am besten, diese wirklich gewöhnlichen Zeitvertreibe mit dem Zwecke zu vergleichen, der dadurch erreicht werden soll. Auf diesem Wege glaubt ich ihre Mängel und Fehler an sich erstens zu entdecken, und zugleich Maaßstab für den Werth neuer Vorschläge in diesem Fache zu finden. Allein die darüber angestellte Betrachtung hat mich, statt der Auflösung der Frage unvermerkt auf den entgegengesetzten Gedanken geführt, *daß es* nämlich *so gar unrecht und schädlich seyn würde*, Zeitvertreibe *nützlich* machen zu wollen. Ich dachte so: „Das ganze Leben besteht in einer Reihe auf einander folgender Empfindungen Gedanken und Handlungen (actus). Bey allem was wir Arbeit und Geschäfte nennen, ist der Inhalt und die Folge dieser Zustände der Seele vorgeschrieben, und eben das ermüdet uns, daß die Aufmerksamkeit gespannt, und auf bestimmte Gegenstände geheftet ist. Der Zeitvertreib hebt nun daher entstandene Erschlaffung des Geistes: so wie wir die Ruhe den Körper erquikket. Ich finde aber zwischen dem Körper und der Seele in diesem Punkte eine vollkommene Gleichförmigkeit. Ruhe ist für den Körper weiter nichts, als Stillstand der Anstrengung. Sie nimmt eigentlich das Gefühl der Ermüdung nicht hinweg: sondern läßt nur der thierischen Maschine Zeit und Raum, durch die mechanische Verarbeitung des Lebenssaftes den Muskeln ihre vorige Schnellkraft wiederzugeben. Eben so scheint es mit dem *Zeitvertreibe* für die Seele zu seyn. Er setzt sie in einen solchen Zustand, wo die von der vorigen Anstrengung auf bestimmte Gegenstände ermüdete Denkkraft durch ein nunmehr frey gelassenes Spiel der Idee ihre vorige Reizbarkeit und Stärke wieder erlangt. Die Haupteigenschaften, die der *gesellschaftliche* Zeitvertreibe haben muß, sind folglich: Freiheit der Gedankenfolge, und Beförderung einer leichten und angenehmen Gedankenreihe durch die Gegenstände, welche die Gesellschaft darbietet. Die Erholung des Geistes geschieht alsdann dadurch, daß er sich mehr leidend als thätig dabey verhält, die Eindrücke aufnimt, wie sie kommen, und eben so dem zufälligen Gange der Phantasie und des Verstandes freyen Lauf läßt". Es ist zu sehen, daß Becker, ganz wie Ewald, von einer physischen Anthropologie her argumentiert, bevor er auf gesellschaftliche und politische Problematiken kommt.

143 SK13–022. „Aber es gibt auch eine andere Art Leute, die zum Vergnügen und zum Zeitvertreibe als zu einer Hauptbeschäftigung gehen. Wenige Stunden des Vormittags erschöpfen den ganzen Vorrath ihrer Amtsarbeit; die ganze übrige Tageszeit verträumen sie gedankenlos und verschwenden sie im gesellschaftlichen Umgange; sie machen aus dem Zeitvertreibe ein Gesetz, das sie

> diesen dem Zeitvertreibe gewidmeten Zusammenkünften einen andern bessern Nebenzweck unterzuschieben, und ihnen eine solche Richtung zu geben, daß daraus für diese Personen und für das gemeine Wesen etwas Gutes und Nützliches entspringen, und auch die mit ihnen verbundenen würdigen Männer mit Anstand und Würde an diesen Gesellschaften Theil nehmen können.[144]

Aber wie konnte man das bewerkstelligen?

Ewald beansprucht nicht, eine allgemeine Lösung gefunden zu haben. Er analysiert lediglich die Gothaer Verhältnisse,

> die Theegesellschaft, den Klubb, die Societät im Mohren, das Concert daselbst und den Bürgerklubb. Die Unité übergehe ich, da sie nun aufgehört hat, und wenn noch andere geringe Privatgesellschaften von Bürgern vorhanden sind, so kann das was ich vom Bürgerklubb sage, darauf angewendet werden.[145]

Wichtig scheint ihm dabei das Konzert zu sein. Denn Musik, so Ewald, schafft beides, Nutzen und Vergnügen, sie

> reiniget […] die Leidenschaften und mildert die Sitten. Sie macht die durch den Alltagsgang unserer Geschäfte eingeschlafenen Geister rege, und gibt ihnen neue Spannkraft, wodurch der Seele leichter Gedanken zuströmen, und diese Gedanken sich in leichtere und rundere Form gießen.

Wie in seinem Buch *Das menschliche Herz* betrachtet Ewald auch hier die Gesellschaft als Anthropologe, kalkuliert die körperliche Wirkung von Aktivitäten. Er selbst ist begeisterter Konzertbesucher: „Ich weiß mir auf der Erde nichts Göttlicheres zu denken als die Symphonien eines Haydn, Benda, Gluck, u. a.“[146] Daher überlegt er, wie diese Institution pädagogisch genutzt werden könne. Er macht

täglich den ganzen Nachmittag hindurch bis an den Abend und oft bis in die späte Nacht heiliger und beharrlicher beobachten, als die Pflichten ihres Berufs. Ihr Beyspiel hat die niederen Classen des Volks bis zum Pöbel hinab, und selbst die höhern bürgerlichen Stände angesteckt“.

144 Ebd.

145 Ebd. Diese Bemerkungen sind wichtige Quellen für eine noch zu schreibende Gothaer Gesellschaftsgeschichte der 1780er Jahre. Zu Gotha allgemein vgl. August Beck, Gotha. Geschichte der Stadt, Gotha 1870 (Geschichte des Gothaischen Landes, 2).

146 Ebd. Georg Benda war seit 1778 Kapellmeister in Gotha. Zur Konzertpraxis in Gotha vgl. Christian Ahrens, „Zu Gotha ist eine gute Kapelle…“. Aus dem Innenleben einer thüringischen Hofkapelle des 18. Jahrhunderts, Stuttgart 2009. 1778 war Ewald im Hofmarschallamt, in dem er arbeitete, mit einer Untersuchung über den Verlust von Tasteninstrumenten befaßt gewesen. Vgl. dort 259. Ewald fährt fort: „Sie erheben das niedergeschlagene Herz, ebnen und beruhigen stürmende Leidenschaften, und benehmen den Sitten, dem Ausdruck, dem Betragen, das Rauhe, das Erziehung, Gewohnheit, Lage, und Lebensart den Menschen angeklebt haben. Aus ihnen redet Gottes Stimme zu den Herzen und spricht: Öfnet euch der Sanftheit und Menschenliebe! Und aller Herzen öfnen sich. Und o! daß doch alle Menschen nur den Zweck sanfter Rührung und sittlicher Besserung vor Augen hätten, indem sie sich dem Cirkel des Concertsaals nähern; aber man sieht es leider! den meisten nicht blos an den Gewändern und dem Kopfputz, selbst an den Gesichtern sieht man es ihnen an, daß sie nur kommen zu sehen, und gesehen zu werden“.

zwei Vorschläge: Zum einen möge man vor Konzertbeginn die Bürger „auf die wahren Zwecke der Tonkunst" aufmerksam machen, also sie in Programmen oder Zeitungsartikeln auf Kontext und Bedeutung der Musikstücke hinweisen; zum anderen solle man doch auch „Personen vom Lande" zu den Konzerten zulassen – man sehe ihren Gesichtern den tiefen Eindruck an, den die Musik auf sie mache.[147]

> Wer weiß, ob unsere Bauern, in Verhältnis zu denen in andern Ländern so aufgeklärt wären, als sie sind, wenn unser großer *Ernst* der erste, der die wie ein zweyter Orpheus aus Steinen zu Menschen umschuf, ihnen unter mehrern Künsten nicht auch die Musik gelehrt hätte?

Ewalds feierliche Erinnerung an Ernst den Frommen, der nach 1640 das neugewonnene Territorium zu einem Musterstaat geformt hatte und seitdem in Gotha verehrt wurde,[148] stieß natürlich bei seinen Mitbrüdern auf breite Zustimmung. Ewald mochte sogar „einen gemeinschaftlichen Concertsaal" für die Bürger

[147] Ebd.: „*Erstlich* müßte vor der Eröfnung eines solchen Concerts entweder in besonders dazu gedruckten oder in öffentlichen Blättern, die von jedermann gelesen werden, die Theilnehmer oder das Publicum auf die wahren Zwecke der Tonkunst, die ich oben berührt habe, gewiesen, und aufmerksam gemacht werden. Ohne einen solchen deutlichen Fingerzeig bleibt bey der größern Menge der Zuhörer die durch die Musik erregte Empfindung unbestimmt, leer und ohne alle Anwendung; sie wissen nicht, was sie nun damit anfangen sollen; mit dem letzten Eindruck der Töne auf ihr Ohr ist alle Empfindung erschöpft, impermanent, und ohne alles Bewußtsein zu einer guten und edlen Entschließung, die doch nothwendig geschehen muß, wenn ein wahrer, dauerhafter Nutzen statt finden, die Empfindung nicht verrauchen, und der Eindruck nicht, wie die Bahn eines Schiffes durch die Wellen, wieder zusammenfließen und verschwinden soll. *Zweytens* müßten auch Menschen aus den niedern Volksclassen, nach einer solchen ihnen gegebenen Vorbereitung bey den Concerten nach und nach zugelassen werden, um auch unter diese, edle, sanfte Empfindungen und Entschließungen zu verbreiten. Man hat dieses einigemal in unserm Mohrenconcerte mit Vergnügen bemerkt, und noch das leztemal befanden sich mehrere Personen vom Lande dabey ein. Der Ausdruck ihrer Gesichter und Bewegungen verriethen den Eindruck den Schlicks Saiten und eine Symphonie von Haydn auf ihr Herz machten. Ich bin sehr geneigt zu glauben, daß diese zwey schönen Stunden für ihre Herzen und Köpfe, und wenn sie, wie es schien selbst vom Metier waren, auch für ihre Kunst, nicht ohne Nutzen gewesen sind. Aus demselben Grunde dürfte also auch das Bürger-Concert auf dem Rathskeller, wobey es ganz ordentlich und ehrbar zugehen soll, Beyfall verdienen. Die Tonkunst wird nicht verfehlen, auch diese Seelen und Herzen ihre Macht empfinden zu lassen, und allmählig die Nebel in den Köpfen verscheuchen helfen, wenn sie es einmal so weit gebracht hat, daß ihren allgewaltigen und gefälligen Tönen die Empfindungen leicht ansprechen. Denn *durch das* Empfinden und *aus dem* Empfinden geht der rohe Mensch zum Denken über".

[148] Vgl. Veronika Albrecht-Birkner, Reformation des Lebens. Die Reformen Herzog Ernsts des Frommen von Sachsen-Gotha und ihre Auswirkungen auf Frömmigkeit, Schule und Alltag im ländlichen Raum (1640–1675), Leipzig 2001; Roswitha Jacobsen, Hans-Jörg Ruge (Hg.), Ernst der Fromme (1601–1675). Staatsmann und Reformer. Ausstellungskatalog Gotha, Bucha bei Jena 2002.

der Stadt errichtet sehen, „wie es ehemals die Oden der Griechen waren".[149] Aber Ewald wollte sich nicht auf das Konzertwesen beschränken. Er überlegte ganz allgemein:

> Wenn alle diese Gesellschaften unter dem unmittelbaren Einfluß der Landesregierung oder solcher Personen stünden, die als Organen der Regierung betrachtet werden können, so würde sich manches durchsetzen lassen das den Charakter und die Sitten des Volks verbesserte, und manche Veränderung sich einführen lassen, die das Gesez nur mit Mühe und nicht ohne Widerstand und Unzufriedenheit zu erzwingen im Stande ist. Denn die Mitglieder aller dieser einzelnen Gesellschaften machen einen großen und gewiß nicht den unwichtigeren Theil der Stadteinwohner aus; sie sind durch ihre mancherley Verbindungen auch mit der übrigen die nicht mit Theil an diesen Gesellschaften nehmen, so verflochten, daß ihre Art zu handeln, ihre Gesinnungen ihr Betragen, leicht die Oberhand gewinnen kann.[150]

Gesetze wirken erst dann, wenn sie in den Sitten und Gebräuchen eine Grundlage haben – diese Einsicht war seit Montesquieus Schriften bei vielen Aufklärern verbreitet. Es käme also darauf an, ohne Zwang, vielmehr durch Vorbild und durch das Anstoßen von Moden in die Gesellschaften hineinzuwirken. Das könnte, so Ewald, durch die Freimaurer geschehen: „Da ein großer Theil dieser Gesellschaft [gemeint ist der Gothaer „Klubb"] aus Freymaurern besteht, und selbst einige Glieder der Regierung dazu gehören, so würde sich dieselbe zur Ausführung nüzlicher Absichten leicht bestimmen lassen".[151] Die Loge *Zum Rautenkranz*, von den Illuminaten gesteuert, war hier angesprochen.[152] Im „Klubb" sollten die Brüder wirken, auch in der Teegesellschaft, und dort durch ihr Vorbild beispielsweise den „Luxus in der Kleidertracht" und das „Übertriebene des Kopfputzes" einschränken.[153] Eine optimistische, vielleicht etwas naive Idee Ewalds, die aber ty-

[149] Vgl. Ruediger Meinel, Das Odeion. Untersuchungen an überdachten antiken Theatergebäuden, Frankfurt am Main 1980.

[150] SK13–022.

[151] Ebd.

[152] Vgl. Heinrich A. O. Reichard, Geschichte (wie Anm. 20).

[153] Ebd.: „Ein gleiches würde auch eben so leicht bey der Theegesellschaft geschehen können, welche auusser mehrern Mitgliedern des Klubbs die angesehensten Personen des bürgerlichen Standes zu ihrem Zirkel zählt. Was die letztere Societät insbesondere betrift, so würde durch das Ansehen, die Verwendung, das Beyspiel und den Einfluß der vornehmern und bemittelten Mitglieder, mancherley Nützliches bewürkt werden können, wenn man z. B. überein käme, zum Vortheil der minderbegüterten und jüngern Mitglieder, besonders vom weiblichen Geschlecht, den Luxus in der Kleidertracht einzuschränken, und das Allzukünstliche und Übertriebene des Kopfputzes und übrigen Anzuges auf mehr Einfachheit, die zugleich Aufwand und Zeitverlust vermindert, herabzusetzen; wenn die ältern und wichtigern Mitglieder statt äußerlicher leerer Höfkichkeitsbezeugungen, Complimente, zurückhaltende und entfernten Betragens, den jüngern Mitgliedern den Ton der Offenherzigkeit, Ungezwungenheit angäben, und mehr auf gute, edle, menschenfreundliche Gesinnungen und Grundsätze, und auf Wahrhaftigkeit in ihren Hertzen als auf bloße äußerliche Cultur und Bildung des Anstandes, der Bewegungen und des Ausdrucks aufmerksam zu machen; wenn die

pisch für die Art der Überlegungen ist, die man sich im aufgeklärten Elitezirkel des Hofes machte.[154]

Ewalds Vorschläge jedenfalls hallten noch eine ganze Weile in der Kommunikation unter den Illuminaten nach. Am 14. Juli 1786, also mehr als ein Jahr, nachdem Ewald sie verlesen hatte, meldete Ewald an die Ordensoberen (also Bode), daß er in der Magistratsversammlung den Auftrag bekommen habe, aus sämtlichen Antworten auf die Frage nach der Nützlichkeit des Zeitvertreibs die Vorschläge zusammenzuschreiben und dabei die eigenen Überlegungen zugrundezulegen.[155] Das zeigt zum einen nochmals, daß bei diesem Thema Ewald als der entscheidende Anreger aufgefaßt und deshalb auch in die Verantwortung genommen wurde. In anderen Fällen sind es andere gewesen, etwa Becker, oder im Falle der Garve-Übersetzung, wie wir gesehen haben, August.

Zum anderen läßt sich am Auftrag an Ewald erkennen, daß die ordensinternen Diskussionen als Entscheidungsvorlagen für den Fürsten aufbereitet werden sollten. Die Debatte wurde also, fast wie in einem Ministerium, vom Think Tank der

verständigeren und umsichtsvollern Mitglieder sich vorzusehen, durch leichte und ungezwungene Uebergänge das Gespräch auf Gegenstände zu lenken, woraus die andern minder unterrichteten und aufgeklärten eine Belehrung und Berichtigung ihrer Begriffe schöpfen könnten, wenn man für neue, wichtige, die Menschheit interessierende Schriften, indem man sich über ihren Inhalt ausbreitete und auf solche neugierig machte, Aufmerksamkeit erregte und dadurch lehrreiche Lektüre beförderte, und das leere Zeit- und Sittenverderbende Romanlesen auszurotten suchte, wenn man endlich industriöse Künstler und Fabrikanten zur Unterstützung und Beförderung eines gute Vertriebs ihrer Producte, empfähle, und die Aufnahme inländischer Erzeugnisse begünstigte".

154 Im weiteren Teil seines Vortrags macht Ewald noch Vorschläge, wie man die Lektürepraxis im „Mohren" verbessern könne („Jener hat durch Anlegung einer Büchersammlung für die Lectüre seiner Mitglieder gesorgt, und man kann sagen, daß seit der Existenz dieser Gesellschaft, mehrere Mitglieder durch Gespräch und Lectüre mit mancherley Gegenständen gelehrter Bemühungen bekannter geworden sind als sie vorher waren. Die Lectüre der Mohrengesellschaft ist hingegen blos auf politische Blätter eingeschränkt. Es wäre zu wünschen daß beyde Gesellschaften, die sich auch durch milde Abgabe um das [sic] Armuth verdient machen, mehr auf solche Journale und Bücher geführet würden, die unmittelbar auf die Aufklärung des Verstands und Besserung des Herzens abzweckten; daß man sich über dergleichen Gegenstände mehr bespräche und in den Seelen der minder unterrichteten Theilnehmung dafür erwecken suchte."), über Hilfe für die Tuchmacher und über die Kommunikation zwischen den Sozietäten, insbesondere über Klassengrenzen hinweg.

155 Quibus Licet Ewalds, SK11–097: „so melde ich, daß mir in der letzten Magistrats-Versammlung [29.6.86] aufgetragen worden ist, aus den sämmtlichen Abhandlungen über die Frage: wie kann man den gesellschaftlichen Zeitvertreib nützlich machen pp einen kurzen Auszug von den darin gethanen Vorschlägen zu machen, und dabey meinen eigenen Aufsatz über diese Frage zum Grunde zu legen; um sodann über die Ausführbarkeit der Vorschläge zu berathschlagen, und die thunlich erachteten endlich einmal in den häußlichen und gesellschaftlichen Zirkeln in Ausübung zu bringen. Ich habe aber den Auftrag noch nicht in Erfüllung setzen können, weil mir sämmtliche Aufsätze, ausser meinem eigenen, noch nicht eingehändiget worden sind, indem unser erlauchter Superior solche *sie* nicht mehr in Händen zu haben versicherte, und […] darum schreiben müßte".

Verwaltung zugeführt. Ewald sollte eine Expertise zur Durchführbarkeit der Vorschläge anfertigen und dann die Umsetzung vorbereiten.

Ganz so einfach war das nicht. Die Minervalkirche war nicht darauf eingestellt, aus Aufsätzen Dossiers zu machen. Helmolt hatte die eingereichten Papiere nicht mehr zu Händen, und es mußten erst Anstrengungen unternommen werden, sie wieder einzutreiben. Noch im September war das nicht geschehen.[156] Erst im Oktober konnte Ewald melden, er habe die Exzerpte gemacht und werde sie „nächstens zur Prüfung und Besprechung darüber vorlegen". In diesen Monaten war er von „Basilius", also Bode, bereits in mehrere ähnliche Aktivitäten einbezogen, bei denen Abschriften aus Quibus-Licet-Einsendungen „und andern schriftlichen Aufsätzen" hergestellt wurden.[157] Die Ordensarbeit war zunehmend bürokratisiert und professionalisiert worden. Auch die Auslobung interner Preisgelder für die beste Antwort weist auf diese Professionalisierung hin.[158]

Allzu lange aber währte das Debattieren nicht mehr. Schon ein dreiviertel Jahr später, im Juni 1787, hielt die Gothaer Minervalkirche ihre letzte Versammlung ab.[159]

156 Quibus Licet Ewalds vom 14.9.86, SK11–098: „Sobald die Aufsätze über die Nützlichmachung des gesellschaftlichen Zeitvertreibs eingelaufen seyn werden, will ich ohne Aufschub den versprochenen Auszug daraus verfertigen".

157 Quibus Licet Ewalds vom 13.10.86, SK11–099: „Den in dem Reprochen-Zettel vorigen Monats erhaltenen Auftrag des erlauchten und von mir höchst verehrten und geliebten Bruders Basilius, in Betreff der von den QQ-LL und andern schriftlichen Aufsätzen der Brüder zu fertigenden Abschriften, werde ich in der nächsten Mag[istrats] Vers.[ammlung] meiner Schuldigkeit gemäs vollziehen. Von den Abhandlungen über die die Nützlichmachung des gesellschaftlichen Zeitvertreibs betreffende Aufgabe habe ich bereits den mir in voriger Mag[istrats] Versammlung aufgetragenen Auszug verfertigt, und werde ich solchen nächstens zur Prüfung und Besprechung darüber vorlegen. Da der Br[uder] Rapin Thoiras [= Johann Carl Heß] in der letzten Min[erval] Kirche [= 22.9.86: vier Vorträge] einen aus dem Französischen des Ritters von Bouflers von ihm übersetzten Aufsatz, über Irrthum und Wahrheit, vorgelesen hat, der den Brüdern einer nähren Prüfung zu bedürfen schien; so ist mir aufgetragen worden, denselben zu untersuchen und meine Gedanken darüber aufzusetzen. Es ist solches von mir geschehen, und ich werde in der nächsten Minerv[al]-Kirche den Brüdern diese Prüfung vorlesen. Da der französische Verfasser nicht gesagt hat, was er unter Wahrheit und Irrthum versteht, so habe ich noch eine besondere Abhandlung über Wahrheit voraus geschikt, theils um mich selbst, den Aufsatz des R. von Bouflers richtig beurtheilen, theils auch die Brüder selbst zuvor in den stand zu setzen, meine eigene Kritik prüfen zu können".

158 Vgl. etwa das Protokoll vom 30.4.85, SK15–078. Vorbilder waren natürlich die großen europäischen Preisfragen, etwa der Akademien von Dijon oder von Berlin. Zu Preisfragen vgl. Ursula Goldenbaum, Appell an das Publikum. Die öffentliche Debatte in der deutschen Aufklärung 1687–1796, Berlin 2004; Cornelia Buschmann, Die philosophischen Preisfragen und Preisschriften der Berliner Akademie der Wissenschaften im 18. Jahrhundert, in: Wolfgang Förster (Hg.), Aufklärung in Berlin, Berlin 1989, 165–228; Gunhild Berg: Sind Preisfragen die aufklärerisch-öffentliche Form der disputatio? Ein Antwortversuch am Beispiel der Berliner Volksbetrugs-Frage von 1780, in: Marion Gindhart, Ursula Kundert (Hg.), Disputatio 1200–1800, Berlin 2010, 167–202.

159 SK15–184: 27.6.1787.

IX. Fazit

Der Gothaer Illuminatenzirkel war, räumlich gesehen, außerhalb des Hofes angesiedelt, aber auch außerhalb der Stadt, nämlich am Rande des Gartens auf der stadtabgewandten Seite des Schlosses. Man traf sich im Gartenhaus, umgeben von einem der Öffentlichkeit nicht zugänglichen freimaurerischen Mysteriengarten,[160] und pflegte dort eine interne Debattenkultur, in der konkrete „patriotische" Aufklärung und philosophische Überlegungen sich die Waage hielten. Immer aber – auch in der Philosophie – ging es um praktische, moralisch relevante Themen, getreu des Vorsatzes der Illuminaten, sich und die Menschheit zu verbessern. War dieser Zirkel ein ausgegrenztes Segment der Gelehrtenrepublik? Oder muß man die Grenzen als fließend ansehen, da es vielfache Verbindungen zu den Diskussionen „außen" gab?

Zunächst einmal ist es erstaunlich zu sehen, wie radikal aufklärerisch dieser größtenteils bürgerliche Zirkel im Umkreis des Hofes war, zumindest mehrere seiner Mitglieder. Ewald als Kantianer und Spinoza-Übersetzer, Becker als Deist und Volkaufklärer, ähnlich Rudorff und andere – das waren nicht nur hochgebildete Männer, sondern auch Denker, die sich über konventionelle Schranken hinwegsetzten. Kein Wunder, daß gleich zu Beginn der Tätigkeit der Minervalkirche die Mitglieder angewiesen wurden, sich „in ihren Urtheilen überhaupt möglichster Behuthsamkeit [zu] befleißigen, weder über Religions- noch über Staatsangelegenheiten, etwas [zu] schreiben".[161] Ewald und seine Mitbrüder waren also zugleich angespornt und gebremst. Sie sprühten vor Aktivität und Radikalität, doch zugleich sollten sie nur im Stillen und anonym wirken. Daß dies zuweilen auch als Unterforderung empfunden wurde, zeigt ein Brief des Prinzen August an Wieland:

> Wir sind hier keine Weltüberwinder, weil an unserer Gothaischen Welt, leider! nicht viel zu überwinden ist; die Langeweile und die üblen Launen sind bisher die einzigen Ungeheuer gewesen, an welchen wir unsere Herculischen Kräfte üben könnten; der Weg der Wollust ist uns mit hohen scharffen Felsen und mit mephitischen Sümpfen versperrt; es bleibt uns folglich keine Heerstraße, als die der *gezwungenen* Tugend offen: da ist es leicht ein Hercules zu seyn, und zu siegen.[162]

Der Verdruß an der „gezwungenen Tugend" mag mehr für August charakteristisch sein als für seine bürgerlichen Mitstreiter. Gerade Ewald und Becker waren sich der Klassen- und Standesgrenzen sehr bewußt. Deutlich ist, daß die ordens-

[160] Wie sehr der Garten ein Mysteriengarten war, zeigt Michael Niedermeier, „Vorhöfe, Tempel und Heiligstes" (wie Anm. 35).

[161] Zit. nach Schaubs, Erziehungsanstalt (wie Anm. 32), 222.

[162] Prinz August an Wieland, 5. 10. 1786, in: Wielands Briefwechsel (wie Anm. 63), Bd. 9/1, Nr. 206, 179.

interne Diskussion in starkem Maße finalisiert und kontrolliert war; viele Aufsätze gingen erst als Quibus-Licet an die Ordensführung, bevor erlaubt wurde, sie in der Minervalkirche vorzutragen. Das bedeutete eine seltsame Situation der Opazität; die Brüder hatten ihren unbekannten Provinzialoberen mit „Bruder Basilius" anzusprechen, wenn sie ihre Quibus Licet einreichten. War den Brüdern klar, daß es im allgemeinen Bode war, der ihre Quibus Licet beantwortete und somit die Aktivitäten der Minervalkirche steuerte? Vielleicht vermuteten sie es, aber sicher wußten sie es nicht. Vielmehr sorgte Bode dafür, den Umstand durch längere Wartezeiten bei der Beantwortung zu verschleiern.[163]

Ewald fühlte sich im Frühjahr 1785, zumal er sich sehr stark im Orden engagierte, versucht, in seinen Quibus Licet einige etwas kritischere Anfragen an die Ordensführung zu formulieren. Doch da hatte er sich zu weit hervorgewagt; er bekam einen Verweis von „Basilius".[164] Ewald entschuldigte sich und war bald wieder aufs neue motiviert, sich mit zahlreichen Eingaben zu betätigen.

Immerhin hatte der Illuminatenorden zur Befeuerung der internen Diskussionen Modelle für Anreize und Steuerung aus dem Preisfragen-System der öffentlichen Debatte übernommen.[165] Umgekehrt haben Illuminaten wie Becker wiederum die Idee von Preisfragen für ihre Zeitungen benutzt, was finanziell unter-

[163] Vgl. SK3–148: Bode an Helmolt vom 20. Schariver 1154 (20.9.1785). Dort weist Bode in einem Brief über das Vorgehen mit den Reprochen Helmolt darauf hin, es sei nicht ratsam, „daß auf die q.q.l.l. vom Mordad gleich im Schariver etwas gesagt werde. Das würde nur Vermuthung über die große Nähe des Basilii" erwecken, was keineswegs den Zwecken der Reprochen dienlich wäre. Bode scheint zu befürchten, daß Basilius als ein Illuminat vor Ort identifiziert werden könnte, wenn er so prompt seine Antwortschreiben versende. Vgl. Pawlowski, Beitrag Johann Adam Weishaupts (wie Anm. 14), 133 ff.

[164] Wir haben nur die Reaktion Ewalds auf den Verweis, SK11–074 vom 15.3.1785: „Ganz im Gefühle der Demüthigung, die ich durch den Verweiß des erlauchtesten Br[uders] Basilius erlitten habe, schwöre ich zu Gott, daß meine Seele sich in dem Augenblik, als ich die unglüklichen Fragen wegen der O[rdens] Verbindung niederschrieb, dabey kein Arges dachte, daß ich dadurch keinen Menschen, am allerwenigsten einem meiner erlauchteten O[rdens] Obern beleidigen wollte, und daß wenn sie unanständig sind, solches mein Wille und meine Absicht nicht war. Ich bin unglüklich bey dem Gedanken jemand dadurch beleidigt zu haben, und werde es so lange seyn, bis dieser Gedanke von mir genommen wird. Mein Fehler war Unachtsamkeit auf nöthige Rüksichten, nicht Bosheit des Herzens, mit dessen Veredlung ich täglich beschäftigt bin. O! kennten Sie mich ganz, theuerster mir unbekannter Menschenfreund! Ich weiß was Ehre, ich weiß was Leben ist! und harre der glüklichen Zeit mit Ungedult — o! dürfte ich sie doch selbst herbeyziehen! wo ich mein Blut für die Unschuld, für das Wohl der Menschheit vergießen könnte! Sie haben mich gebeugt theuerster Basilius, ich beschwöre Sie, richten Sie mich wieder auf, vernichten Sie die unglüklichen Fragen; ich verdamme sie, weil ich nicht wollte, daß sie jemanden beleidigen sollten. Entziehen Sie dem, der sich ganz dem erhabenen Orden weihet, Ihre Liebe nicht".

[165] Zu den Preisfragen vgl. Anm. 149. Becker war selbst Preisträger einer Preisfrage der Berliner Akademie.

stützt und im Orden besprochen wurde.[166] Anreize wurden auch aus dem Verwaltungs- und Militärwesen übertragen, nämlich Beförderungen in einen höheren Grad. So schreibt Wehmeyer im August 1784, als die Reaktionen auf Garve alle verlesen waren, an Helmolt, Bode habe ihm gesagt,

> dass ich könnte den B[rüdern] Thom[asius], Span[heim] und Cass[iodor] [also Haun, Bohn und Ewald] bey Gelegenheit hinter bringen, dass bey Ihrem Q[uibus] L[icet] wohl einmal eine bescheidene anzeige wegen Ihrer beförderung geschehen könnte.[167]

Man sieht an den vorgeführten Beispielen, daß sich die Kernmitglieder der Gothaer Minervalkirche meist umstandslos den Aufgaben fügten und ihre Antworten einreichten.

Inhaltlich, so läßt sich nach den wenigen bisher analysierten Debatten sagen, unterscheidet sich die Diskussion kaum von allgemeinen Aufklärungsdiskursen. Nur so erklärt sich, warum Fälle wie Beckers Überschreitung der Arkangrenze so unerkannt und ohne aufzufallen geschehen konnten. Ein wenig Retouche genügte, um aus einer Antwort auf eine ordensinterne Preisfrage die Reaktion auf eine Aufforderung im geselligen Zirkel zu machen. Nur bei den Gelegenheiten, in denen es um konkrete Projekte wie Schulbücher oder Einfluß auf die Sozietäten ging, wird der konspirative Charakter einer „Reformation von oben" sichtbar. Zunächst diente die Debatte im Orden oft dazu, Meinungsbildungen zu fördern und relativ frei Themen zu erörtern. Sobald aber es darum ging, zur Tat zu schreiten und Bücher an einen Verleger zu bringen, Professuren zu besetzen oder politisch und gesellschaftlich zu wirken, konnte die Mechanik der Logenbeziehungen einsetzen. Ernst II. engagierte sich nicht zuletzt deshalb so sehr in der Freimaurer- und Illuminatenszene, weil er dadurch eine weit größere politische Reichweite erhielt als nur als Herrscher eines Duodezfürstentums. Der „arkane Debattenraum" der Gothaer Illuminaten ist also immer in Verbindung mit dieser Netzwerkstruktur zu sehen.[168] Er ist eine seltsam schillernde innere Gelehrtenrepublik: in

[166] Aus SK15–092, dem Protokoll einer Magistratsversammlung in Gotha am 16.8.1785, geht hervor, daß Becker erwähnt, daß ein Unbekannter ihm 60 Gulden gespendet habe, um sie in einer Preisfrage seiner Zeitung als Preisgeld einzusetzen. Ich danke Christian Wirkner für den Hinweis.

[167] Wehmeyer an Helmolt, 19.8.1784, SK4–188; zitiert nach Schaubs, Wehmeyer (wie Anm. 27), 201.

[168] Der hier vorgestellte Debattenraum ist freilich von dem konstellatorischen Debattenraum der Ordensspitze zu unterscheiden, den Monika Neugebauer-Wölk beschrieben hat (Debatten im Geheimraum der Aufklärung [wie Anm. 11]) und in dem es um die letzten Ziele des Ordens und seine obersten Grade ging. Wie Neugebauer-Wölk richtig sagt, waren diese letzten Ziele weder von Beginn an vorhanden, noch wurden sie, zumal in der Spätphase des Ordens, von einer einzelnen Person an der Spitze dekretiert. Vielmehr gab es auch hier, zwischen Weishaupt, Bode, Ernst II., Stolberg-Roßla, Koppe, Meiners und einigen anderen heftige interne Diskussionen, wenn nicht gar Machtkämpfe – und das unter dem ständigen Erwartungsdruck der Ordensmitglieder, die darauf geeicht waren, in immer höhere Geheimnisse eingeweiht zu werden. Auf die inhaltlichen Debatten

ihrer Radikalität von oben vor der Öffentlichkeit geschützt und dennoch durch viele Bande mit der Öffentlichkeit verbunden, freier als viele öffentliche Äußerungen, und doch zugleich kontrolliert, unbelastet und doch potentiell wirkungsvoll – ein geschützter Raum, in dem Gedanken im Sinne Kants, Spinozas und des Republikanismus gedeihen konnten.

Dieser Aufsatz versucht erstmals, den Alltag der Diskussionskultur innerhalb einer regionalen Illuminaten-Gruppe zu rekonstruieren – hier der „Minervalkirche“ Gothas in den Jahren 1783–1787. Am Beispiel des Gothaer Illuminaten Schack Hermann Ewald wird sichtbar, daß in den Sitzungen der Gruppe praktisch-aufklärerische Themen wie die Gestaltung des geselligen Zeitvertreibs oder die Entwicklung der Schullektüre, aber auch theoretische Fragen über Eigennutz oder Irrtum angestoßen wurden. Die Gruppenmitglieder waren aufgefordert, sich in Aufsätzen zu den Themen zu äußern. Die Aufsätze wurden meist zunächst als „Quibus licet“-Eingaben an die Ordensoberen gesandt, bevor die Erlaubnis kam, sie zu verlesen und zu diskutieren. Insgesamt zeigt die Analyse eine entschiedene – zuweilen gar radikale – Aufklärung „von oben“ auf beachtlichem Niveau, bei der im Falle Ewalds die Philosophien von Kant und Spinoza im Hintergrund standen.

This essay is the first attempt to reconstruct the debating culture inside a local group of the Illuminati order: the Gotha „Minerval Church“ between 1783 and 1787. Its member Schack Hermann Ewald serves as an example in order to show that the group discussed practical matters of enlightenment such as social pastimes or schoolbooks as well as theoretical issues like self-interest or error. The group members were called upon to submit essays on these topics; the essays were sent to the superiors of the order as „quibus licet“ submissions; finally they were allowed to be read aloud in the meetings. In general, this analysis draws the picture of a forceful and ambitious – partly even radical – enlightenment „from above“ against the backdrop of the philosophies of Kant and Spinoza.

Prof. Dr. Martin Mulsow, Forschungszentrum Gotha der Universität Erfurt, Schloss Friedenstein, 99867 Gotha, E-Mail: martin.mulsow@uni-erfurt.de

der „normalen“ Diskussionen unter den Gothaer Illuminaten scheint sich diese paradigmatische Debatte, trotz der räumliche Nähe zu den Führungspersonen, auf den ersten Blick nicht ausgewirkt zu haben. Allerdings wären die Feinheiten der Wechselwirkung erst noch zu untersuchen. Wenn sowohl ein genaueres Bild der vielen Normaldiskussionen in Gotha als auch ein Bild der paradigmatischen Reformdiskussionen an der Ordensspitze gezeichnet ist, wird man genauer erkennen können, welche subtilen Impulse es dort wechselseitig gegeben hat.

Markus Meumann

Arkanraum und öffentliche Debatte in der Spätaufklärung

Ein illuminatischer Nachtrag zur Mannheimer Kindsmordpreisfrage von 1780

Anders als es die durch Verschwörungstheorien geprägte populäre Rezeption will,[1] strebte der 1776 von dem Ingolstädter Professor des Kirchenrechts Adam Weishaupt (1748–1830) gegründete Geheimbund der Illuminaten weder nach der Weltherrschaft noch danach, das bestehende monarchische Herrschaftssystem gewaltsam zu stürzen – schließlich befanden sich unter den Mitgliedern etliche regierende Fürsten, viele andere waren als Hof- und Verwaltungsbeamte für eben dieses Herrschaftssystem tätig.[2] Primäres Ziel des Illuminatenordens, mit dessen Geheimhaltung es spätestens nach seinem Verbot in Bayern 1784/1785 und der darauf erfolgten Publikation der bei Haussuchungen gefundenen Programmschriften vorbei war,[3] waren vielmehr die vollendete Aufklärung und sitt-

[1] Wie neuere Studien gezeigt haben, entstanden die ersten, immer noch einflußreichen Verschwörungstheorien bereits im zeitgenössischen Kontext des Illuminatenordens. Vgl. Claus Oberhauser, Die verschwörungstheoretische Trias: Barruel – Robison – Starck, Innsbruck 2013 (Quellen und Darstellungen zur europäischen Freimaurerei, 15), sowie Andrew McKenzie-McHarg, The Transfer of anti-Illuminati Conspiracy Theories to America in the late 18th Century, in: Michael Butter, Maurus Reinkowski (Hg.), Conspiracy Theories in the Middle East and the United States, Berlin 2012, 231–250.

[2] Für die allgemeine Geschichte des Illuminatenordens und seine Aufdeckung in Bayern immer noch unverzichtbar: Richard van Dülmen, Der Geheimbund der Illuminaten. Darstellung, Analyse, Dokumentation, Stuttgart-Bad Cannstadt 1975, ²1977; Ludwig Hammermayer, Illuminaten in Bayern. Zu Geschichte, Fortwirken und Legende des Geheimbunds [1980], in: Helmut Reinalter (Hg.), Der Illuminaten-Orden (1776–1785/87). Ein politischer Geheimbund der Aufklärungszeit, Frankfurt am Main 1997, 21–77. Eine Zusammenstellung der seinerzeit bekannten Mitglieder findet sich bei Hermann Schüttler, Die Mitglieder des Illuminatenordens, 1776–1787/93, München 1991; eine aktualisierte Fassung entsteht derzeit im Rahmen der *Gothaer Illuminaten-Enzyklopädie Online* (URL: http://illuminaten-wiki.uni-erfurt.de/ Mitglieder_des_Illuminatenordens, 23. 10. 2014).

[3] Die von der bayerischen Regierung in enthüllender Absicht veröffentlichten, bei dem seines Amtes enthobenen Regierungsrat Franz Xaver von Zwackh (1755–1843) 1786 beschlagnahmten

Aufklärung 26 · © Felix Meiner Verlag 2014 · ISSN 0178-7128

liche Vervollkommnung seiner Angehörigen, wodurch sich gleichsam von selbst eine Reform des Gemeinwesens ergeben sollte.[4] Erreicht werden sollte dieses Ziel durch die Vermittlung von Wissen und die (Aus-) Bildung der Mitglieder durch ihre Ordensoberen in verschiedenen „Classen"; der Orden verstand sich daher in den Augen seines Gründers als „geheime Weisheitsschule", deren Zweck „Sammlung und geheime(r) Unterricht in wissenschaftlichen Kenntnissen" sein sollte.[5] Symbol der Illuminaten war daher nicht von ungefähr die Eule der Minerva, der römischen Göttin der Weisheit, die auf einem aufgeschlagenen Buch Platz genommen hatte.[6]

Der Orden sammelte jedoch nicht nur Wissen und gab es an seine Mitglieder weiter, er war vor allem auch ein Ort der aktiven Wissens*produktion.* Weishaupt selbst sprach davon, „eine Art von gelehrter Academie zu errichten; in solcher wird gearbeitet, an Karakteren, historischen und lebenden, studium der Alten, Beobachtungsgeist, Abhandlungen, Preisfragen…".[7] Das Vorbild der Platonischen Akademie ist hier naheliegend,[8] aber auch Anklänge an die Institutionen und Medien der Gelehrtenrepublik und das zeitgenössische Sozietätswesen sind unverkennbar. So heißt es in den von Johann Heinrich Faber 1788 veröffentlichten „Statuten für die Minervalen": „In dieser Klasse verlangt der O[rden] nur als eine gelehrte Gesellschaft betrachtet zu werden, wobey das Beyspiel und der Unterricht das Herz bessern und den Verstand leiten".[9] Aufgabe dieser Gesellschaft sollte es

Ordensschriften sind abgedruckt bei Jan Rachold (Hg.), Die Illuminaten. Quellen und Texte zur Aufklärungsideologie des Illuminatenordens (1776–1785), Berlin 1984.

[4] In Weishaupts Worten war es der „Endzweck der Gesellschaft, dem Menschen die Vervollkommnung seines Verstandes, und moralischen Karakters interessant zu machen [sowie] menschliche und gesellschaftliche Gesinnungen zu verbreiten…". Adam Weishaupt, Reform der Statuten I. Klasse, in: van Dülmen, Der Geheimbund der Illuminaten (wie Anm. 2), 147–152, hier 147. Vgl. dazu insbesondere auch Peggy Pawlowski, „…sich begnügen, im Geheimen für das Gute zu wirken". Der Beitrag Johann Adam Weishaupts zur Pädagogik des Illuminatismus, Diss. Jena 2004 (online abrufbar unter der URL: http://www.db-thueringen.de/servlets/DerivateServlet/Derivate-3064/Pawlowski.pdf, 23.10.2014), sowie Manfred Agethen, Geheimbund und Utopie. Illuminaten, Freimaurer und deutsche Spätaufklärung, München 1984 (im folgenden zitiert nach der Studienausgabe 1987).

[5] Franz Xaver von Zwackh, Beurkundete Geschichte des Illuminaten-Ordens von seiner Entstehung bis auf gegenwärtige Zeiten [1787], in: van Dülmen, Der Geheimbund der Illuminaten (wie Anm. 2), 329–340, hier 330.

[6] Vgl. z. B. das Titelblatt zu: Adam Weishaupt, Das verbesserte System der Illuminaten mit allen seinen Graden und Einrichtungen, Frankfurt und Leipzig 1788.

[7] Weishaupt an Zwack, 10. März 1778, in: van Dülmen, Geheimbund der Illuminaten (wie Anm. 2), 221–223, hier 222.

[8] Vgl. Pawlowski, Der Beitrag Johann Adam Weishaupts zur Pädagogik des Illuminatismus (wie Anm. 4), 54 f.

[9] Johann Heinrich Faber, Der ächte Illuminat oder die wahren, unverbesserten Rituale der Illuminaten, Edessa [i. e. Frankfurt] 1788, 50.

sein, „alle Künste und Wissenschaften" zu bearbeiten, „nur Theologie und Jurisprudenz im eigentlichen Verstande ausgenommen", sowie „Bibliotheken, Naturalien, Antiquitäten, Diplomatik" zu sammeln.[10] „Um die Mitglieder mehr zum Arbeiten aufzumuntern, und ihre Mühe in etwas zu belohnen", sollte der Orden „jährlich eine oder mehr Preisfragen" aufwerfen, bei der es jedem Mitglied freistehen sollte mitzuarbeiten.[11] Schließlich sollte der Orden auch als Verlag agieren, der „alle brauchbare Werke der Mitglieder" unabhängig vom Buchhandel zum Druck befördern und im Orden distribuieren sollte.[12]

Die neuere Forschung zum Illuminatenorden hat den wissensgeschichtlichen Aspekt des Ordens durchaus gesehen; sie hat dabei aber bislang vor allem das sogenannte ‚höhere Wissen' in den Blick genommen, in dessen Besitz die Ordensoberen zu sein vorgaben und dessen Enthüllung das zentrale Versprechen des Ordens gegenüber seinen Mitgliedern war.[13] Dieses arkanen Wissens sukzessive teilhaftig zu werden, war denn auch das Ziel der über verschiedene Gradstufen verlaufenden Promotion der einzelnen Mitglieder innerhalb des Ordens. Allerdings war dieses ‚höhere' Wissen, wie es in den Programmschriften und Gradtexten, insbesondere den von Weishaupt verfaßten „Grösseren" bzw. „Höheren Mysterien,[14] niedergeschrieben ist, nicht von Anfang an festgelegt, sondern es wurde, wie Monika Neugebauer-Wölk vor einigen Jahren in einer Pionierstudie zu den *Konstellationen des Wissensgewinns im Orden der Illuminaten* gezeigt hat, erst nach und nach im – meist brieflichen – Austausch unter den führenden Ordensmitgliedern verfertigt.[15] Diese Form der Wissensproduktion erinnert durchaus an die netzwerkartige Struktur gelehrter Korrespondenz im Rahmen der Gelehrtenrepublik

[10] Ebd., 45 f.

[11] Ebd., 47.

[12] Ebd.

[13] Vgl. Monika Neugebauer-Wölk, Die utopische Struktur gesellschaftlicher Zielprojektionen im Illuminatenbund, in: M. N.-W., Richard Saage (Hg.), Die Politisierung des Utopischen im 18. Jahrhundert. Vom utopischen Systementwurf zum Zeitalter der Revolution, Tübingen 1996 (Hallesche Beiträge zur Europäischen Aufklärung, 4), 169–197. Zum Konzept des ‚höheren Wissens' vgl. dies., „Höhere Vernunft" und „höheres Wissen" als Leitbegriffe in der esoterischen Gesellschaftsbewegung. Vom Nachleben eines Renaissancekonzepts im Jahrhundert der Aufklärung, in: M. N.-W. (Hg.) unter Mitarbeit von Holger Zaunstöck, Aufklärung und Esoterik, Hamburg 1999 (Studien zum 18. Jahrhundert, 24), 170–210.

[14] Diese sind ediert in Johann Joachim Christoph Bode, Journal von einer Reise von Weimar nach Frankreich. Im Jahr 1787, hg. von Hermann Schüttler, München 1994, 361–414.

[15] Monika Neugebauer-Wölk, Debatten im Geheimraum der Aufklärung. Konstellationen des Wissensgewinns im Orden der Illuminaten, in: Wolfgang Hardtwig (Hg.), Die Aufklärung und ihre Weltwirkung, Göttingen 2008, 17–46. Vgl. auch dies., Praktische Anthropologie für ein utopisches Ziel. Menschenbeobachtung und Menschenbildung im Geheimbund der Illuminaten, in: Jörn Garber, Heinz Thoma (Hg.), Zwischen Empirisierung und Konstruktionsleistung: Anthropologie im 18. Jahrhundert, Tübingen 2004 (Hallesche Beiträge zur Europäischen Aufklärung, 24), 323–338, hier 331.

des 17. und 18. Jahrhunderts. Der entscheidende Unterschied des illuminatischen Wissensgewinns zur zeitgleichen Wissensproduktion und –vermittlung in den Briefwechseln, Journalen und öffentlichen Debatten der Spätaufklärung war indessen, so Neugebauer-Wölk, „der ständige Rückbezug der illuminatischen Wissensproduktion auf das Gradsystem",[16] das dementsprechend schon seit einiger Zeit die bevorzugte Aufmerksamkeit der jüngeren Forschung genießt.[17]

Neben diesem ‚höheren' Wissen als dem eigentlichen Arkanum des Illuminatenbundes existierten allerdings noch andere, sehr viel konkretere und alltagsnähere Formen der Wissensproduktion und des Wissenstransfers innerhalb des Ordens, die noch kaum das Interesse der Forschung gefunden haben.[18] Während es sich beim Durchlaufen der Gradsysteme ebenso wie bei den Korrespondenzen der führenden Mitglieder untereinander, auf die sich die vorliegenden Studien zum *Kommunikationsnetz der Illuminaten* in der Regel stützen,[19] im Grundsatz um eine „Kommunikation unter Abwesenden" handelte, wurde dieses ‚alltägliche' Wissen zumindest zum Teil in Formen der „Vergesellschaftung unter Anwesenden" verhandelt,[20] nämlich durch mündlichen Vortrag bei den Versammlungen

[16] Neugebauer-Wölk, Debatten im Geheimraum der Aufklärung (wie Anm. 15), 45.

[17] W. Daniel Wilson, Der politische Jacobinismus wie er leibt und lebt? Der Illuminatenorden und revolutionäre Ideologie. Erstveröffentlichungen aus den ‚Höheren Mysterien', in: Lessing yearbook 25 (1993), 133–138; Monika Neugebauer-Wölk, Esoterische Bünde und Bürgerliche Gesellschaft. Entwicklungslinien zur modernen Welt im Geheimbundwesen des 18. Jahrhunderts, Göttingen 1995, besonders 41–59; dies., Die utopische Struktur gesellschaftlicher Zielprojektionen im Illuminatenbund (wie Anm. 13); Martin Mulsow, „Steige also, wenn du kannst, höher und höher zu uns herauf". Adam Weishaupt als Philosoph, in: Walter Müller-Seidel (Hg.), Die Weimarer Klassik und ihre Geheimbünde, Würzburg 2002, 27–66; Marian Füssel, Geheimnis und Diskursivierung. Zur Dialektik von Öffentlichkeit und Geheimhaltung im Illuminatenorden, in: Kornelia Hahn (Hg.), Öffentlichkeit und Offenbarung. Eine interdisziplinäre Mediendiskussion, Konstanz 2002, 23–48; Pawlowski, Der Beitrag Johann Adam Weishaupts zur Pädagogik des Illuminatismus (wie Anm. 4), 40–95.

[18] Die einzige nennenswerte Annäherung an diesen Aspekt der Ordenstätigkeit ist die ungedruckt gebliebene Jenaer Dissertation von Pawlowski, Der Beitrag Johann Adam Weishaupts zur Pädagogik des Illuminatismus (wie Anm. 4). Die Autorin beschreibt darin sehr instruktiv und mit zahlreichen konkreten Beispielen das System der Wissensgewinnung und –vermittlung im Orden, ohne jedoch, dem erziehungswissenschaftlichen Ansatz der Studie entsprechend, die diesbezügliche Kommunikationspraxis anhand von Archivmaterialien systematisch aufzuarbeiten.

[19] Hermann Schüttler, Johann Friedrich Mieg und die Organisation des Illuminatenordens in der Kurpfalz, in: Holger Zaunstöck, Markus Meumann (Hg.), Sozietäten, Netzwerke, Kommunikation. Neue Forschungen zur Vergesellschaftung im Jahrhundert der Aufklärung, Tübingen 2003 (Hallesche Beiträge zur Europäischen Aufklärung, 21), 153–158; ders., Das Kommunikationsnetz der Illuminaten. Aspekte einer Rekonstruktion, in: Ulrich J. Schneider (Hg.), Kulturen des Wissens im 18. Jahrhundert, Berlin 2008, 141–150; Neugebauer-Wölk, Debatten im Geheimraum der Aufklärung (wie Anm. 15).

[20] Vgl. Rudolf Schlögl, Anwesende und Abwesende. Grundriss für eine Gesellschaftsgeschichte der Frühen Neuzeit, Konstanz 2014.

der örtlichen „Minervalkirchen“, wie die Zusammenkünfte der unteren Grade der Ersten Klasse hießen.[21] Die Ordensmitglieder diskutierten dabei nicht nur über philosophische Probleme oder Bildungsthemen im engeren Sinn,[22] sondern sie thematisierten auch sehr handfeste und praktische Belange. Dazu gehört etwa die Überlegung, „[w]as für Folgen […] wahrscheinlicher Weise aus den häufigen Überschwemmungen entstehen“ würden, nämlich ob „[l]auter böse, oder auch gute?“, oder Vorschläge, wie dem Gassenbettel und den Mängeln der Gasthäuser in Jena am besten abzuhelfen sei.[23] Manches mutet dabei aus heutiger Sicht eher kurios an – so etwa der Vorschlag, der wirtschaftlichen Entwicklung in Holstein vermittels des Tabakanbaus neuen Schwung zu verleihen, oder Reflexionen darüber, ob „nemlich die Söhne der jetzigen Generation fast durchaus von größeren und schlankeren Wuchse als ihre Väter zu seyn pflegen“.[24] Andere Themen erscheinen dagegen geradezu überraschend aktuell und könnten, wenn auch nicht im Stil, so doch dem Inhalt und manchen Argumentationsmustern nach fast aus gegenwärtigen Debattenkontexten stammen. Dies gilt ganz allgemein für sozialreformerische Anliegen wie die bessere Bildung der Angehörigen der unteren Schichten oder die moralische Besserung der Strafgefangenen, besonders aber für – modern gesprochen – ‚familienpolitische‘ Themen wie die als zu gering monierte Kinderzahl gerade des wohlhabenderen Teils der Landbevölkerung,[25] die als zu lang empfundene Verweildauer der Wöchnerinnen im Kindbett[26] oder den Vorschlag, das Problem der meist in Armut lebenden unehelichen Kinder

[21] Vgl. dazu die Studie von Martin Mulsow zur *Diskussionskultur im Illuminatenorden* in diesem Band. Wie diese sind auch die vorliegenden Ausführungen im Rahmen des DFG-Projektes „Illuminatenaufsätze im Kontext der Spätaufklärung“ am Forschungszentrum Gotha der Universität Erfurt entstanden (vgl. URL: http://www.uni-erfurt.de/forschungszentrum-gotha/projekt/dfg-projekt-illuminatenaufsaetze-im-kontext-der-spaetaufklaerung/, 23.10.2014). Für Anmerkungen und Hinweise danke ich meinem Kollegen Olaf Simons.

[22] Vgl. Mulsow, Diskussionskultur im Illuminatenorden (wie Anm. 21), 162 ff.

[23] Etwa 140 solcher „Aufsätze“ (zur Begriffsklärung siehe weiter unten) sind im Nachlaß Johann Joachim Christoph Bodes (1731–1793), der sogenannten Schwedenkiste, überliefert, die heute im Geheimen Staatsarchiv Preußischer Kulturbesitz (im folgenden GStAPK) in Berlin aufbewahrt wird. Die im weiteren genannten Aufsätze finden sich, soweit nicht anders vermerkt, in Band 13 (im folgenden abgekürzt SK13) unter der Signatur GStAPK, Freimaurer, 5.2. G 39 JL. Ernst zum Kompaß, Gotha, Nr. 111. Einen Überblick über das Themenspektrum der in SK13 enthaltenen Aufsätze gibt Pawlowski, Der Beitrag Johann Adam Weishaupts zur Pädagogik des Illuminatismus (wie Anm. 4), Anhang.

[24] GStAPK, Freimaurer, 5.2. G 39 JL. Ernst zum Kompaß, Gotha, Nr. 110, Dok. 645 (im folgenden SK12).

[25] Ebd., Dok. 644.

[26] GStAPK, Freimaurer, 5.2. G 39 JL. Ernst zum Kompaß, Gotha, Nr. 109, Dok. 108 (im folgenden SK11).

dadurch zu lösen, daß die „Caste derer Hagestolze“, also der unverheirateten und damit kinderlosen Männer, für deren Unterhalt aufkommen solle.[27]

Im Lichte dieses Themenspektrums, das auf den ersten Blick gänzlich abgelöst von den geheimen Programmschriften des Ordens zu sein scheint und das so oder so ähnlich auch in den literarischen Journalen der Zeit zu finden ist, stellt sich die Frage, in welchem Verhältnis die ordensinterne zur allgemeinen, nicht-arkanen Wissensproduktion in den öffentlich geführten Debatten der Spätaufklärung stand, noch einmal neu.[28] Dieser Frage soll daher im folgenden anhand eines „Kristallisationskerns“ (Esther Fischer-Homberger) aufgeklärter Reformdebatten nachgegangen werden: der Frage nach der Vermeidung bzw. Verhütung des „Kindermords“, zu der ein Illuminat mit dem Ordensnamen „Eccard(t)“ in einem zweiteiligen Bericht an seine Oberen um den Jahreswechsel 1786/1787 ausführlich Stellung nahm.[29]

I. Interne Kommunikation, Menschenführung und Wissensproduktion im Illuminatenorden

Eine zentrale Rolle für das Ziel der sittlichen Vervollkommnung der Mitglieder spielte – neben dem Durchlaufen des Gradsystems und den dabei vor allem beim Eintritt in die höheren Grade zum Einsatz kommenden performativen Praktiken und Ritualen[30] – das ordensinterne Berichtswesen, mittels dessen die Oberen die ihnen unterstellten ‚einfachen‘ Illuminaten der unteren Grade führten und anleiteten. Wie das Gradsystem war auch dieses nicht von vorherein fest umrissen, sondern entwickelte sich analog zu ersterem – und zur Ausbreitung des Ordens über Bayern hinaus – mit den Jahren beständig weiter.[31] In der 1778 von Weishaupt vorgelegten „Reform der Statuten der I. Klasse“ war festgelegt, daß deren Mitglieder sich selbst und andere beobachten und darüber regelmäßig berichten sollten: „Abwesende schreiben an ihre Obere alle 14 Tage franco: Anwesende besu-

[27] SK13 (wie Anm. 23), Dok. 35 (siehe dazu genauer unten).

[28] Siehe dazu auch die Ausführungen bei Mulsow, Diskussionskultur im Illuminatenorden (wie Anm. 21), 154 f., 202.

[29] SK13 (wie Anm. 23), Dok. 35 und 36. Ein vollständiges, annotiertes Transkript findet sich in der *Gothaer Illuminaten-Enzyklopädie Online* (URL: http://illuminaten-wiki.uni-erfurt.de/SK13–035 bzw. http://illuminaten-wiki.uni-erfurt.de/SK13–036, 23.10.2014).

[30] Das Gradsystem durchlief in den ersten Jahren der Ordengeschichte mehrere Entwicklungsstufen. Eine Übersicht findet sich bei Pawlowski, Der Beitrag Johann Adam Weishaupts zur Pädagogik des Illuminatismus (wie Anm. 4), Anhang. Zu den Ritualen und ihrem Bezug auf die esoterischen Bewegungen des 17. und 18. Jahrhunderts vgl. Neugebauer-Wölk, Die utopische Struktur gesellschaftlicher Zielprojektionen im Illuminatenbund (wie Anm. 13), 175–185; Füssel, Geheimnis und Diskursivierung (wie Anm. 17), 34 ff.

[31] Vgl. Neugebauer-Wölk, Praktische Anthropologie für ein utopisches Ziel (wie Anm. 15), 329.

chen ihren Obern wöchentlich wenigst einmal...".[32] Mit der geographischen wie auch personellen Ausdehnung verlor dieser persönliche Kontakt gegenüber dem schriftlichen Berichtswesen an Bedeutung; zudem verlangten die schiere Zahl der Mitglieder und das weitverzweigte Netz der Ordensniederlassungen nach einer quantitativen Begrenzung und Rationalisierung der internen Kommunikation.[33] In diesem Zusammenhang gewannen seit Anfang der 1780er Jahre die sogenannten „Conduitentabellen" an Bedeutung.[34] Mit dem „Befehl der E[rleuchteten] Obern vom Monath Benmeh 1152 J[ezdedgerd], Die Conduitenlisten p. betreffend..." ordnete der Areopag, das seit Ende 1778 bestehende oberste Führungsgremium des Ordens, das über jedes einzelne Mitglied genau unterrichtet sein wollte, „eine doppelte Schematisierung" der Berichterstattung an.[35] Jeder Obere sollte über die ihm unterstellten ‚einfachen' Mitglieder regelmäßige Berichte abfassen, die sich an einem vorgegebenen Fragebogen zu orientieren hatten, was standardisierte Beurteilungen ermöglichte. Diese wurden sodann, moderner serieller Datenverarbeitung nicht unähnlich, mit Strichen und Ziffern codiert und in Tabellen zusammengefaßt, so daß am Ende ein platzsparender und zugleich umfänglicher Datensatz zu jedem einzelnen Mitglied – insgesamt etwa 1500 Personen – vorlag.[36]

Dieses System der Datengewinnung war von unten nach oben aufgebaut, d.h. die örtlichen Oberen legten zunächst Tabellen über die ihnen zugeordneten Mitglieder an. Diese wurden sodann „vom Minervalmagistrat berichtigt und an die Illuminati dirigentes [also den höchsten Grad der Zweiten Klasse] weitergegeben, die eine erste Sammeltabelle erstellten Alle in einer Provinz entstandenen Tabel-

32 Weishaupt, Reform der Statuten der I. Klasse (wie Anm. 4), 149.

33 Belege, daß die Informationsfülle den Ordensoberen über den Kopf zu wachsen begann, finden sich bei Reinhard Markner, Einleitung, in: R. M., Monika Neugebauer-Wölk, Hermann Schüttler (Hg.), Die Korrespondenz des Illuminatenordens, Bd. 1: 1776–1781, Tübingen 2005, XI-XLIV, besonders XXXI, sowie bei Neugebauer-Wölk, Debatten im Geheimraum der Aufklärung (wie Anm. 15), 23 und 26.

34 Vgl. Pawlowski, Der Beitrag Johann Adam Weishaupts zur Pädagogik des Illuminatismus (wie Anm. 4), 147.

35 Neugebauer-Wölk, Praktische Anthropologie für ein utopisches Ziel (wie Anm. 15), 332. – Zur Verwendung der persischen Zeitrechnung im Orden siehe Agethen, Geheimbund und Utopie (wie Anm. 4), 155 f.; eine Übersicht der Monatsnamen findet sich bei W. Daniel Wilson, Geheimräte gegen Geheimbünde. Ein unbekanntes Kapitel der klassisch-romantischen Geschichte Weimars, Stuttgart 1991, 365. Hinsichtlich der Gründung des Areopags kursieren in der Literatur unterschiedliche Angaben; für die Klärung dieser Frage danke ich Reinhard Markner (Berlin).

36 Das System der Codierung wird erklärt bei Neugebauer-Wölk, Praktische Anthropologie für ein utopisches Ziel (wie Anm. 15), 334 f., sowie bei Pawlowski, Der Beitrag Johann Adam Weishaupts zur Pädagogik des Illuminatismus (wie Anm. 4), 148 f. Die Mitgliederzahl bezieht sich auf die Zahl der Einträge in dem derzeit entstehenden, von Hermann Schüttler bearbeiteten elektronischen Mitgliederverzeichnis im Rahmen der *Gothaer Illuminaten-Enzyklopädie Online* (wie Anm. 2).

len wurden dann vom Präfekten in einem Bericht über die conduite der Mitglieder zusammengefaßt", wobei sich die Oberen in ihrem Provinzialbericht „um eine detaillierte Einschätzung der jeweiligen Person" bemühen sollten.[37] Einen Eindruck von den Mitgliedern vermittelten neben den Berichten der direkten Vorgesetzten vor allem die sogenannten Quibus-Licet-Zettel, regelmäßige Berichte, die jedes Mitglied mit Ausnahme Weishaupts (also auch die höheren Grade) in einem bestimmten Turnus an seinen ihm unbekannten Provinzialoberen abzuliefern hatte[38] und die im Sinne eines „to whom it may concern" – die wörtliche Übersetzung lautet „wem es beliebt" bzw. „welchen es erlaubt ist", nämlich die Berichte zu lesen – gewissermaßen in den anonymen Kreis der Ordensleitung hinein adressiert waren.[39] Das einzelne Mitglied konnte sich so prinzipiell nie ganz sicher sein, wer am Ende die von ihm verfaßten Quibus-Licet-Berichte zur Kenntnis nehmen würde.

Dazu trug auch der Umstand bei, daß die als „Reprochen" bezeichneten Antworten der Ordensoberen seitens der Mitglieder keiner ihnen bekannten Person zugeordnet werden konnten, auch wenn wir heute vielfach rekonstruieren können, von wem sie verfaßt wurden. In den mitteldeutschen Ordensniederlassungen, aus denen das hier herangezogene Material stammt, war dies, so zeigen es die in der sogenannten „Schwedenkiste", dem Nachlaß Johann Joachim Christoph Bodes (1731–1793),[40] verwahrten Dokumente, wahrscheinlich fast durchweg dieser selbst, der als Provinzial für die Provinz Obersachsen („Ionia") zuständig war.[41] Bode, mit Ordensnamen „Aemilius", bediente sich dabei des Pseudonyms „Basilius", das als eine Art anonyme Chiffre auch von anderen Mitgliedern der Ordensleitung verwendet wurde.[42] Um den Provinzial zu entlasten und die Anonymität des „Basilius" zu schützen, konnte sich dieser der Mithilfe ihm direkt unterstellter Ordensbrüder versichern, die dann in einigen Fällen an seiner Stelle

[37] Pawlowski, Der Beitrag Johann Adam Weishaupts zur Pädagogik des Illuminatismus (wie Anm. 4), 148.

[38] Angehörige des Noviziats, also des untersten Grades der I. Klasse, hatten vierzehntäglich zu berichten, ab dem Grad des Illuminatus minor [dem höchsten der I. Klasse] war das Quibus Licet monatlich einzuliefern. Ebd., 134 f. Selbst Adolph Freiherr Knigge (1752–1796), eine der zentralen Führungsfiguren des Ordens, lieferte allmonatlich sein Quibus Licet ab. Agethen, Geheimbund und Utopie (wie Anm. 4), 193.

[39] Vgl. Neugebauer-Wölk, Debatten im Geheimraum der Aufklärung (wie Anm. 15), 25.

[40] Zu Bode siehe die Einleitung in Bode, Journal von einer Reise von Weimar nach Frankreich (wie Anm. 14), besonders 37–129. Zur Schwedenkiste, die heute zum überwiegenden Teil im GStAPK in Berlin aufbewahrt wird, vgl. Anm. 23 sowie Renate Endler, Zum Schicksal der Papiere von Johann Joachim Christoph Bode, in: Quatuor Coronati Jahrbuch 27 (1990), 9–35.

[41] Zum Ausfertigen der Reprochen waren allein die Provinzialen befugt. Pawlowski, Der Beitrag Johann Adam Weishaupts zur Pädagogik des Illuminatismus (wie Anm. 4), 140.

[42] Pawlowski zufolge traten auch Knigge sowie Weishaupt selbst als „Basilius" auf; weitere höhere Illuminaten durften diese Chiffre in Vertretung der Genannten verwenden (ebd., 140 f.).

die Quibus Licet beantworteten. Darüber hinaus schrieben sie seine Reprochen ins Reine und halfen so, seine – ansonsten womöglich an seiner Handschrift ablesbare – Identität zu verbergen.[43] Außerdem sollten die Quibus Licet erst mit einem gewissen zeitlichen Verzug beantwortet werden, um den Eindruck räumlicher Nähe des „Basilius“ zu vermeiden bzw. zu verschleiern und die für die Zwecke und die Glaubwürdigkeit des Illuminatenordens wie auch anderer Geheimbünde unabdingbare Fiktion der „Unbekannten Oberen“ aufrechtzuerhalten.[44] Schließlich waren Briefe und Antworten der Oberen aus Gründen der Sicherheit und Geheimhaltung sogleich mit der nächsten Antwort an diese zurückzusenden.[45]

Die Verpflichtung zur regelmäßigen Berichterstattung, die auch Beurteilungen von dem Berichterstatter unterstellten Mitgliedern oder auch anderer Mitbrüder beinhaltete, und das intensive Sammeln von Informationen über alle Ordensangehörigen sind von der älteren Literatur häufig als manipulative Herrschaftstechnik, als Ausspionieren und Überwachung im Sinne geheimdienstlicher Methoden gedeutet worden – der Münchner Historiker Eberhard Schmitt sprach 1987 von einem „penetranten Bepitzelungswesen“[46] – und haben nach ihrem Bekanntwerden die eingangs erwähnten Verschwörungstheorien nicht unerheblich befeuert.[47] Daß dies zumindest nicht explizit intendiert war und Machtmißbrauch von Weishaupt selbst als mögliches Problem erkannt wurde, darauf deutet der Umstand hin, daß dieser nach eigener Aussage die Quibus Licet auch als Instrument verstand, mittels dessen sich die einfachen Mitglieder über ihre unmittelbaren Oberen beschweren und ggf. direkt an die Leitungsebene und sogar den Ordensgeneral persönlich herantreten konnten.[48] Auch das Sammeln von Angaben über die Mitglie-

[43] Ebd., 141.

[44] Ebd., 142 f. Wie Bodes Reprochenentwürfe in SK12 (wie Anm. 24), Dok. a193 ff., zeigen, beantwortete dieser die Quibus Licet immer erst mit zweimonatigem Abstand. – Mit der Figur der „Unbekannten Oberen“ arbeiteten auch das freimaurerische Hochgradsystem der „Strikten Observanz“ sowie der Orden der Gold- und Rosenkreuzer. Vgl. Renko Geffarth, Zirkel, Brüder, Unbekannte Obere. Zur inneren Struktur des Gold- und Rosenkreuzerordens in Mittel- und Norddeutschland, in: Zaunstöck, Meumann, Sozietäten, Netzwerke, Kommunikation (wie Anm. 19), 159–175.

[45] Weishaupt, Reform der Statuten der I. Klasse (wie Anm. 4), 149.

[46] Adam Weishaupt, Geleitwort, in: Agethen, Geheimbund und Utopie (wie Anm. 4), 9–13, hier 12.

[47] Vgl. dazu Neugebauer-Wölk, Debatten im Geheimraum der Aufklärung (wie Anm. 15), 21; Pawlowski, Der Beitrag Johann Adam Weishaupts zur Pädagogik des Illuminatismus (wie Anm. 4), 133 f.

[48] Weishaupt, Reform der Statuten der I. Klasse (wie Anm. 4), 151. Mit der wachsenden Zahl von Mitgliedern erwies sich dies allerdings zunehmend als inpraktikabel, so daß die mit dem Vermerk „primo“ gekennzeichneten Quibus Licet an den Ordensgeneral, wenn sie von unteren Graden stammten, zunächst von Angehörigen des Regentengrades geöffnet wurden: Pawlowski, Der Beitrag Johann Adam Weishaupts zur Pädagogik des Illuminatismus (wie Anm. 4), 135.

der hatte seinen Ursprung wahrscheinlich weniger in Kontrollwahn oder Sammelwut als vielmehr in einer „praktischen Anthropologie“ (Neugebauer-Wölk), die im Sinne einer umfassenden Menschenbildung alle Merkmale einer Person zu erfassen suchte.[49] So waren in den Conduite-Tabellen auch „Details in Körperbau, Gang, Stimme, Haarfarbe, Teint“ aufzuführen.[50] Darüber hinaus ist zu bedenken, daß es sich bei den neu geworbenen Mitgliedern der Ersten Klasse, dem Noviziat, zu einem nicht unerheblichen Teil um Studenten und andere oftmals noch sehr junge Männer handelte.[51] Die Beobachtung und Führung der unteren Grade durch die Oberen sollte daher wohl nicht so sehr der Überwachung dienen (auch wenn es in der Praxis gelegentlich darauf hinauslaufen mochte), sondern der Anleitung und Ermutigung der Novizen und ‚einfachen‘ Mitglieder, denen gegenüber die Oberen im Arkanraum eine ähnliche Rolle spielten wie „im öffentlichen pädagogischen Geschehen die Lehrer“.[52] Ähnlichkeiten des illuminatischen Bildungsganges und der dabei verwandten Mittel mit der zeitgenössischen Pädagogik, insbesondere der Philanthropiebewegung, sind, das hat die neuere Forschung wiederholt herausgearbeitet, nicht zufällig, wechselseitige Kenntnisnahmen und Einflüsse offensichtlich.[53] So wurden am – seinerseits illuminatisch

[49] „Die praktische Anthropologie des Ordens war in ein diffiziles und anspruchsvolles Gefüge von Tabellen, Berichten, Aufsätzen und ‚Notaten‘ gegossen, die auf den verschiedenen Stufen der Ordenshierarchie angefertigt werden mußten. Diese Arbeit machte natürlich nur dann Sinn, wenn die Ordensvorgesetzten der einfachen Mitglieder deren Berichte auswerteten, ihrerseits die Angehörigen der unteren Grade beobachteten und für den Areopag Übersichten zusammenstellten, die die Ordensführung in die Lage versetzten, sich einen Überblick über die Entwicklung und den Stand der Erziehungsarbeit innerhalb der Mitgliedschaft zu machen. Das Instrument dafür waren die sogenannten ‚Conduitenlisten‘, die ein Ordensvorgesetzter über die ihm anvertrauten Mitglieder in regelmäßigen Abständen anzufertigen hatte“. Neugebauer-Wölk, Praktische Anthropologie für ein utopisches Ziel (wie Anm. 15), 332.

[50] Agethen, Geheimbund und Utopie (wie Anm. 4), 195.

[51] Weishaupt hatte den Orden bekanntlich zunächst in Ingolstadt als eine Art studentisches Konventikel gegründet. Vgl. van Dülmen, Der Geheimbund der Illuminaten (wie Anm. 2), 27 f. Die Angaben zum Alter der Neumitglieder in späterer Zeit beziehen sich vorläufig auf den Lektüreeindruck des Materials der Schwedenkiste. Es ist jedoch beabsichtigt, im Rahmen des derzeit am Forschungszentrum Gotha betriebenen Forschungsprojektes „Illuminatenaufsätze im Kontext der Spätaufklärung“ (vgl. Anm. 21) u. a. die Altersstruktur aller derzeit bekannten Mitglieder zu erarbeiten.

[52] Neugebauer-Wölk, Praktische Anthropologie für ein utopisches Ziel (wie Anm. 15), 330. Vgl. auch Pawlowski, Der Beitrag Johann Adam Weishaupts zur Pädagogik des Illuminatismus (wie Anm. 4), 147: „Wenn Weishaupt es für nötig befindet, die empirischen Daten zu jedem Mitglied quantitativ und qualitativ zu erhöhen, so geschieht dies nicht primär zur Verbesserung der ordensinternen Statistik, sondern weit mehr in der Absicht, sich eine solide Basis für pädagogische Maßnahmen zu schaffen“.

[53] Ebd., 40 ff.; Neugebauer-Wölk, Praktische Anthropologie für ein utopisches Ziel (wie Anm. 15), 328 f. Wohl als erster hat darauf bereits 1984 Manfred Agethen (Geheimbund und Utopie [wie Anm. 4], 167–175) hingewiesen.

beeinflußten – Philanthropin in Schnepfenthal am Fuße des Thüringer Waldes ebenfalls Tabellen für die Beobachtung der Schüler und ihrer Lernfortschritte angelegt.[54]

Eine wichtige Rolle für die Bildung der Mitglieder in den unteren Graden der Ersten Klasse spielten sodann angeleitete Lektüren eines festgelegten Literaturkanons, der verschiedene Fachgebiete umfaste, sowie insbesondere die sogenannten „Pensa".[55] Dabei handelte es sich um eine Art Probeaufsätze, die zum Teil in den Zusammenkünften der unteren Grade vorgetragen oder ordensintern schriftlich rezensiert wurden und „den Oberen Aufschluß sowohl über den Kenntnisstand der Adepten als auch über ihre Denkungsart geben" sollten.[56] Im nachträglich publik gemachten „Unterricht, welchen die „Illuminati minores abschriftlich in die Hände bekommen", heißt es dazu: „Möchte man z. B. gern wissen, wie jemand über einen Punkt denkt, so läßt man ihn darüber eine Ausarbeitung machen".[57] Dies war zum einen wichtig, um die Bedeutung bzw. künftige Rolle insbesondere neuer Mitglieder einschätzen und sich möglichst paßgenaue Gedanken über deren Verwendung und Progression im Orden machen zu können. Pensa konnten daher auch gezielt vergeben werden, „wenn bei Mitgliedern Defizite, beispielsweise im Hinblick auf [ihren] Wissensstand, diagnostiziert wurden. Das Thema für ein *pensum* wurde dann so gestellt, ‚daß der *Recipiendus* dadurch mit nöthigen *Ideen* bekannt werde, die ihm am meisten fehlen.'"[58] Die Vergabe der Themen sollte demzufolge nach Weishaupts Vorstellungen in der Regel von seiten der Oberen bzw. der Ordensleitung erfolgen. Die Presbyter waren deswegen gehalten, einen so genannten „catalogus desideratum" mit möglichen Themen anzulegen, deren Auswahl nach Maßgabe des Nutzens erfolgte, den der Orden aus der jeweiligen Thematik ziehen konnte.[59] Zum anderen wohnte dem von

[54] Pawlowski, Der Beitrag Johann Adam Weishaupts zur Pädagogik des Illuminatismus (wie Anm. 4), 150. Zum Einfluß der Gothaer Illuminaten auf die Gründung von Schnepfenthal siehe Christine Schaubs, Die Erziehungsanstalt in Schnepfenthal im Umfeld geheimer Sozietäten. Ein Beitrag zum Leben und Werk Christian Gotthilf Salzmanns, Nordhausen 2005, besonders 153 ff.

[55] Für das Noviziat existierte eine regelrechte Leseliste; diese sowie weitere in der Korrespondenz zur Lektüre empfohlene Werke sind aufgeführt bei Pawlowski, Der Beitrag Johann Adam Weishaupts zur Pädagogik des Illuminatismus (wie Anm. 4), Anhang. Zu den Pensa siehe ebd., 151–155.

[56] Ebd., 151. Das Zitat stammt aus einem Brief von Weishaupt an Massenhausen vom 31. 10. 1777. Belege für eine ordensinterne Rezensionspraxis finden sich in SK13 (wie Anm. 23), Dok. 33, 64, 65, 72 und 73.

[57] Faber, Der ächte Illuminat (wie Anm. 9), 130–138, hier 133.

[58] Pawlowski, Der Beitrag Johann Adam Weishaupts zur Pädagogik des Illuminatismus (wie Anm. 4), 154 (Hervorhebung im Original).

[59] Ebd. Weishaupt selbst listete in seiner *Vollständigen Geschichte der Verfolgung der Illuminaten* (1786) 57 solcher Themen auf (ebd., 152; eine Aufstellung dieser Themen findet sich im Anhang der Arbeit).

oben gelenkten Aufsatzschreiben ebenso wie den Quibus-Licet-Berichten tendenziell natürlich auch ein Aspekt der Gedankenkontrolle inne: Die Pensa sollten nämlich im Einzelfall auch „dazu beitragen, verwirrende Dispute zu vermeiden [und] Mitglieder, die zu kritisch auftraten, von den Ordensgrundsätzen zu überzeugen".[60] Gelang dies nicht auf Anhieb, so ersah der Obere aus dem Pensum zumindest „die ganze Stärke der Gründe, gegen welche er arbeiten muß, wenn sie nicht gut sind".[61]

Während Conduite-Tabellen und Diarien, wie sie die Novizen führen mußten, an die Praktiken religiöser Gemeinschaften wie die Societas Jesu oder pietistische Zirkel erinnern, orientierte sich der Orden bzw. sein Gründer hinsichtlich des Aufsätzeschreibens wahrscheinlich an den seit der zweiten Hälfte des 17. Jahrhunderts in größerer Zahl entstehenden Akademien, an denen die Anfertigung von Aufsätzen seit den 1670er Jahren belegt ist.[62] Für dieses Vorbild spricht auch, daß Weishaupt, wie bereits weiter oben vermerkt, plante, ordensintern Preisfragen auszuschreiben. Ob es dazu wirklich kam, ist zwar fraglich. Es zeigt aber, daß die Pensa, dem Bildungs- und Akademiecharakter der Ersten Klasse des Ordens entsprechend, in erster Linie wohl der Förderung der Gelehrsamkeit und der geistigen Vervollkommnung ihrer Autoren dienen sollten. Dies belegt auch ein Blick auf die Themen der Ausarbeitungen vornehmlich mitteldeutscher Illuminaten, die in der Schwedenkiste überliefert sind. Hier finden sich viele Gegenstände des klassischen Bildungskanons der Zeit, sei es aus der Philosophie, sei es aus der Geschichte; dazu Überlegungen, was Aufklärung und wie diese zu erreichen sei oder wie man den geselligen Zeitvertreib nützlich (im Sinne aufgeklärter Tätigkeitsideale) gestalten könne, sowie Abhandlungen über Tugenden wie Menschliebe und Heldenmut.[63] Viele dieser Pensa wurden wahrscheinlich von Novizen verfaßt; häufig noch sehr jungen Männern wie dem erst 18jährigen Friedrich Heinrich Adolph Schlichtegroll (1765–1822, Ordensname „Friedrich Gronovius"), der seit dem Herbst 1783 von der Gothaer Minervalkirche ‚ausgebildet' wurde.[64] Von Schlichtegroll sind allein im Band 13 der Schwedenkiste sieben Ausarbeitun-

[60] Ebd., 153.

[61] Faber, Der ächte Illuminat (wie Anm. 9), 133. Vgl. dazu auch Pawlowski, Der Beitrag Johann Adam Weishaupts zur Pädagogik des Illuminatismus (wie Anm. 4), 153 f. Den manipulativen Charakter der illuminatischen Bildungspraxis hat vor allem Manfred Agethen (Geheimbund und Utopie [wie Anm. 4], 199 f.) betont.

[62] Zu den jesuitischen Einflüssen auf Organisationsstruktur und Pädagogik des Illuminatenordens vgl. Marian Füssel, Societas Jesu und Illuminatenorden. Strukturelle Homologien und historische Aneignungen, in: Zeitschrift für Internationale Freimaurerforschung 10 (2003), 11–63. Auf die Nähe zu pietistischen Praktiken der Selbsterforschung weist hin Agethen, Geheimbund und Utopie (wie Anm. 4), 201 ff.

[63] Vgl. dazu oben Anm. 23 sowie Mulsow, Diskussionskultur im Illuminatenorden (wie Anm. 21), bes. 165 ff., 186 ff.

[64] Vgl. ebd., 161–165.

gen überliefert, vornehmlich zu philosophischen und praktischen Fragen wie der oben erwähnten nach den wahrscheinlichen Folgen der häufigen Überschwemmungen.[65] Andere Beispiele wären der mit Schlichtegroll gleichaltrige Friedrich Ernst Carl Mereau (1765–1825, im Orden „Christian Thuanus“), von dem sich fünf,[66] oder der noch jüngere Hans Ulrich von Gadow (1768–1792, „St. Evremond“), von dem sich sechs Aufsätze erhalten haben.[67] Deren Themen kreisten überwiegend um historische Gegenstände sowie moralisch-philosophische Fragen wie etwa „Was ist für ein Unterschied zwischen Ehrlichkeit und Redlichkeit, oder halten Sie es für gleichbedeutende Ausdrücke?“.[68] Diese Aufsätze waren damit Teil des „illuminatischen Propädeutikums“, das „auf die Einübung von im weitesten Sinne wissenschaftlichen Arbeitstechniken sowie auf die Ausbildung illuminatischer Tugenden“ zielte;[69] sie erinnern daher vom Duktus her nicht von ungefähr an studentische Essays oder Seminararbeiten. Den Gang der Novizenausbildung und die Rolle der Pensa darin hat man sich im einzelnen wie folgt vorzustellen:

> Das Arbeitspensum eines Novizen umfaßte verschiedene Einzelübungen, die in regelmäßigen Abständen von einer höheren, auch dem Aufnehmer meist unbekannten Ordensinstanz kontrolliert, ausgewertet und kommentiert wurden. Jeder Novize war verpflichtet „zur Haltung eines diariums“, in dem alles aufzuzeichnen war, was er vom Orden erhielt bzw. an ihn abgab. Er mußte „beide an ihn übergebene Tabellen ausfüllen und einsenden“, von Zeit zu Zeit hatte er „Vorschläge für mögliche Ordenskandidaten einzureichen“, „einen Bogen Papier bereitzuhalten, bestimmt für folgende Fächer: gesammelte Charaktere, Handlungen und Denkungsart gelehrter und angesehener Männer alter und neuer Zeiten erhabene Gedanken, Sentiments und Kernsprüche derselben und aus den zum Lesen anbefohlenen Büchern“, alle zwei Wochen war „die Abgabe des quibus licet Bogens“ fällig, schließlich sollte der Novize „Daten zur Biographie des Mannes, dessen Namen man vom Orden verliehen bekommen hat“, sammeln. Bevor er sich diesen einzelnen Aufgaben widmete, war vom Novizen ein Hauptpensum einzureichen, „welches er zum Zeichen seiner Fähigkeit ausarbeiten muß“. Eine methodische Anleitung zum Verfassen schriftlicher Arbeiten war Anstoß zur Arbeit an sich selbst. […] Die schriftlichen Arbeiten [mußten] „daher sehr genau gemacht werden; mehr erzählend als räsonnierend seyn.“[70]

Während es sich bei den Arbeiten der Novizen wohl durchweg um gestellte Aufgaben handelte, verlief die Themenfindung bei den älteren Mitgliedern der unteren Grade nachweislich vielfältiger, sei es, daß von den Oberen mehrere Themen

[65] SK13 (wie Anm. 23), Dok. 47–53.
[66] Ebd., Dok. 75–79.
[67] Ebd., Dok. 37–42.
[68] Ebd., Dok. 40.
[69] Pawlowski, Der Beitrag Johann Adam Weishaupts zur Pädagogik des Illuminatismus (wie Anm. 4), 48.
[70] Ebd., 50 f.

zur Auswahl gestellt wurden,[71] sei es, daß sich die Mitglieder selbst Themen wählten oder diese zur Bearbeitung vorschlugen. Daraus konnte ein regelrechter Diskussionsprozeß innerhalb der Minvervalkirchen entstehen, wenn, wie es z. B. in Gotha üblich war, die Pensa bei deren monatlichen Zusammenkünften verlesen und anschließend besprochen wurden. Wie eine solche Diskussion konkret in Gang kam und welche Dynamik diese gewann, hat soeben Martin Mulsow am Beispiel der von August von Sachsen-Gotha-Altenburg (1747–1806), dem jüngeren Bruder des regierenden Herzogs, bald nach seiner Aufnahme in die erst kurz zuvor begründete Gothaer Minervalkirche anlaßlich der Cicero-Übersetzung von Christian Garve (1742–1798) aufgeworfenen Problemstellung eines möglichen Widerspruchs zwischen Pflicht und Vorteil eindrücklich gezeigt.[72]

Eine solch minutiöse Rekonstruktion des Diskussionsverlaufs in diesem Fall ist freilich nur möglich, weil sich zugleich mit den Abhandlungen auch die Protokolle der Gothaer Minervalkirche in der Schwedenkiste erhalten haben, aus denen hervorgeht, wann welches Pensum bei den Zusammenkünften zum Vortrag gebracht wurde.[73] Zugleich zeigen die Gothaer Protokolle, daß dort weit mehr Aufsätze verlesen wurden, als in den Bänden der Schwedenkiste überliefert sind. Umgekehrt finden sich in der Schwedenkiste Abhandlungen, von denen nicht klar ist, ob bzw. ggf. wann und wo sie verlesen wurden, da sich nicht für alle Minervalkirchen der Provinz Obersachsen, für die Bode als Provinzialoberer zuständig war, Protokolle erhalten haben. An manchen Orten existierten auch gar keine Ordensniederlassungen, so daß die örtlichen Mitglieder wohl keinen persönlichen Kontakt zueinander hatten, sondern ausschließlich anonym und schriftlich mit ihren Oberen verkehrten. Aus dieser Korrespondenz aus Quibus-Licet-Berichten und Reprochen läßt sich erkennen, daß Ideen und Themen für schriftliche Abhandlungen nicht selten von den Mitgliedern selbst vorgeschlagen wurden, woraufhin sie von den Oberen entweder zur Ausarbeitung ermutigt oder aber aufgefordert wurden, das Thema fallenzulassen.[74] Wie diese Korrespondenzen, die vor allem in den Bänden 11 und 12 der Schwedenkiste umfangreich überliefert sind, weiterhin zeigen, nahmen auch die Quibus-Licet-Berichte selbst häufig schon den Umfang und die Form von grundsätzlichen Abhandlungen an und fungierten insofern selbst als Medien der Wissensproduktion. Der Unterschied zwi-

[71] Ebd., 152.

[72] Mulsow, Diskussionskultur im Illuminatenorden (wie Anm. 21), 163 ff.

[73] GStAPK, Freimaurer, 5.2. G 39 JL. Ernst zum Kompaß, Gotha, Nr. 113.

[74] Die Themen folgten dabei oft der beruflichen Expertise des Verfassers oder auch persönlichen Vorlieben bzw. Steckenpferden. Pawlowski bemerkt dazu: „Im Gegensatz zur hierarchischen Struktur der Ordensorganisation wurde das pädagogische Verhältnis eher partnerschaftlich verstanden. Mitglieder, die über Kenntnisse verfügten, die Angehörige höherer Grade nicht besaßen, konnten diesen Unterweisung geben" (Der Beitrag Johann Adam Weishaupts zur Pädagogik des Illuminatismus [wie Anm. 4], 43).

schen Pensa und Quibus Licet war dabei auch den Protagonisten selbst augenscheinlich keineswegs immer klar;[75] so ist in einem Quibus Licet Schack Hermann Ewalds (1745–1824, „Cassiodor“) aus dem Oktober 1786 „von den QQ.LL. [Quibus Licet] und *andre schriftlichen Aufsätzen*“ die Rede.[76]

Insbesondere solche Mitglieder, die als weltliche oder geistliche Amtsträger in Städten oder auf dem sogenannten ‚platten Land‘ mit den alltäglichen Problemen der Bevölkerung befaßt waren, nutzen die Quibus Licet offensichtlich gerne dazu, um im Sinne praktischer Aufklärung auf soziale und politische Mißstände aufmerksam zu machen und die Ordensoberen um Anweisungen zur Abhilfe zu bitten bzw. ihnen, häufiger noch, mehr oder weniger ausgearbeitete Reformvorschläge zu unterbreiten.[77] In diesen Kontext gehört auch das oben bereits erwähnte zweiteilige Quibus Licet zum Thema „Kindermord“, dessen ersten Teil der Verfasser namens „Eccard“ im November 1786 an seinen ihm unbekannten Oberen richtete.[78] Hinter diesem illuminatischen Pseudonym, das sich – anders übrigens als in der weit überwiegenden Mehrzahl der Ordensnahmen, die in der Regel von mehr oder weniger berühmten Protagonisten der Geschichte entlehnt waren – vom Wohnort des Verfassers, der Kleinstadt Eckartsberga bei Naumburg, ableitete, verbarg sich der Jurist Wilhelm Ernst Christoph Eisenhuth (1755–1826). Eisenhuth, seit 1784 erst Vize-, dann „wirklicher“ Aktuar (Gerichtsschreiber) des zu Kursachsen gehörenden Amtes Eckartsberga, war im Spätsommer 1785 von Johann Friedrich Christian Rudorff (*1736, Ordensname „Ali“) in Buttstädt („Picentia“), einer weiteren Kleinstadt zwischen Naumburg und Weimar, die 1786 Sitz einer Minvervalkirche wurde,[79] zur Aufnahme in den Illuminatenbund vorgeschlagen worden.[80] Wie aus den diesbezüglichen Quibus Licet Rudorffs hervor-

[75] Vgl. auch ebd., 139: „Die quibus licet Berichte wurden außerdem gelegentlich für die einzureichenden Abhandlungen genutzt. Zwar sollten Aufsätze gesondert eingeschickt werden, doch bot es sich zuweilen wohl an, niedergeschriebene Gedanken zu einer bestimmten Thematik dem Schreiben an den Oberen beizufügen.“

[76] SK11 (wie Anm. 26), Dok. 99 (Hervorhebung MM).

[77] Vgl. dazu oben Anm. 25 und 26.

[78] SK13 (wie Anm. 23), Dok. 36. Das Quibus Licet selbst ist undatiert, aus dem folgenden zweiten Teil (Dok. 35) erfahren wir aber, daß der erste vom „Monat Novbr. Des verfloßenen Jahres“ stammt. Dieses zweite Quibus Licet ist vom Verfasser selbst in illuminatisch-persischer Zeitrechnung auf „den 31. Dimeh. 1157“ datiert, was bei korrekter Handhabung des illuminatischen Kalenders dem 31. Januar 1788 entspräche. Die Reprochen auf die beiden Quibus Licet zeigen aber eindeutig, daß diese vom November 1786 und Januar 1787 stammen (siehe dazu unten); wahrscheinlich hat also der Eisenhuth bei der Datierung den abweichenden Jahresbeginn der illuminatisch-persischen Zeitrechnung übersehen und daher sein Quibus Licet vom Januar bereits auf das Folgejahr 1157 datiert, obwohl dieses nicht im Januar, sondern erst im März 1787 begann.

[79] Im September 1786 erhielt Rudorff von Bode die Erlaubnis, ein Lokal für regelmäßige Zusammenkünfte anzumieten: SK11 (wie Anm. 26), Dok. 33.

[80] SK11 (wie Anm. 26), Dok. 21. Rudorff schrieb, „deßen Inneres und Aeußeres“ hätten Eisenhuth „empfohlen“.

geht, war Eisenhuth, enttäuscht von der Querfurther Freimaurerloge, in der er seit rund einem Jahr Mitglied war, an Rudorff herangetreten und hatte ihm von seinem Wunsch berichtet, „mit einer solchen Gesellschaft verbunden zu seyn, wo er auf eine beßere Art, als durch bloßes Geldzahlen und Logen-Besuchen, Genugthuung finden könnte".[81]

Nachdem Rudorff auch in seinen folgenden Quibus Licet vom Oktober und November 1785 noch einmal auf die Aufnahme Eisenhuths gedrungen hatte, scheint dieser zu einem nicht genauer bekannten Zeitpunkt im Herbst des Jahres 1786 im Orden angenommen worden zu sein. Wir hören indes erst wieder von ihm in einer Reproche Bodes als „Basilius" vom Dezember („Adar") 1786, mit der dieser mit dem üblichen zeitlichen ‚Sicherheitsabstand' von zwei Monaten auf ein (nicht erhaltenes) Quibus Licet Eisenhuths vom Oktober („Meher") antwortete.[82] Daraus geht zum einen hervor, daß dieses Quibus Licet der erste „Aufsatz" Eisenhuths war, und zum zweiten, daß sich Eisenhuth darin offensichtlich über seine Enttäuschung über die Freimaurerei ausgelassen hatte. Zugleich legt Bode hier noch einmal in aller Deutlichkeit die Ziele des Ordens und den intendierten Weg, diese durch Einflußnahme im Geheimen zu erreichen, dar:

> Geliebter Bruder!
>
> Mein Amt ist geheime gewissens Correspondenz und unsere Brüder zu führen und dieses zwar um so sichrer und vertrauensvoller, da keiner je meine Persönlichkeit kennen lernt. Diß letzte Ein für Allemal voraus gesetzt, sage ich Ihnen heute! Willkommen, mein Bruder, in einer Verbindung, die nicht den geringsten Eigennutz, sondern bloß das höhere Beste der Menschheit, und also bloß allgemeine Wohlthätigkeit, worunter auch die moralische Vervollkommnung unsrer Aller z[äh]let[83], zum letzten und endlichen Zweck hat.
>
> Das sey das einzige Licht, in dem Sie alles Bestreben des Ordens und alles dessen, was ich nöthig finden möchte, Ihnen von Zeit zu Zeit als ein unbekannter aber treuer Bruder zu sagen, ansehen und beurteilen mögen! Für heute nur dieses: Was Sie in Ihrem ersten Aufsatze als selbst gelebte Geschichte der Freymaurerey und als Ihre Bewertung darüber sagen, ist leider, nach unsrer eignen Erfahrung, wahr. Und Grade, um diesem Unwesen nach besten und in einem Mittelpunkt vereinigten Kräften zu steuern, ist, nebst andern mit, der wohl gemeinte Endzweck unsrer stillen und geheimen Verbindung.
>
> Je willkommener diese Absicht Ihrem Herzen ist, je mehr sind Sie uns lieb, und je mehr werden auch Wir Ihnen, nach dem Maaße, als Sie uns näher kennen lernen, liebwerden. Wir wissen, daß auch die Loge in Querfurth auf Abwege geleitet ist; aber ich muß Ihnen

[81] Ebd. Zur Mitgliedschaft Eisenhuths in der Loge „Minerva zu den drei Lichtern" vgl. auch den Eintrag „Wilhelm Ernst Christoph Eisenhuth" in der *Gothaer Illuminaten-Enzyklopädie Online* (URL: http://illuminaten-wiki.uni-erfurt.de/Wilhelm_Ernst_Christoph_Eisenhuth, 23.10.2014).

[82] Zum zeitlichen Verzug vgl. oben Anm. 44; zur Umrechnung des persischen in den gregorianischen Kalender siehe Wilson, Geheimräte gegen Geheimbünde (wie Anm. 35), 365.

[83] Das Wort wurde sinngemäß ergänzt, da die Handschrift an dieser Stelle unleserlich ist bzw. Bode sich verschrieben zu haben scheint.

anrathen, diese Loge nicht zu verlaßen, gerade deswegen, weil Sie den Mitgliedern derselben in der Folge nützlich werden können. Aber, lassen Sie sich dort nie merken, daß Sie in einer andren verbindung stehen, Sie würden sonst den Ihnen mit der Zeit möglichen guten Einfluß verlieren.

Und daß diß unser einziger Wunsch bey diesem meinen treuen Rathe sey, werden Sie mit der Zeit sehr deutlich einsehen lernen, so wie, daß Sie keinen treuern Freund und Bruder haben können als Ihren Basilium.[84]

Im Postscriptum dieser ersten Reproche vom Dezember 1786 bestätigte Basilius-Bode sodann, daß auch Eisenhuths Quibus Licet mit dessen „Gedanken über den Kinder mord" bei ihm eingegangen war.[85] Wie genau Eisenhuth darauf gekommen war, gleich in seinem zweiten Bericht an den ihm unbekannten Oberen eine Abhandlung zu diesem in den letzten drei Jahrzehnten des 18. Jahrhunderts vieldiskutierten Thema einzureichen, ob er also etwa dazu aufgefordert worden war, eine größere schriftliche Ausarbeitung im Sinne eines Pensums vorzulegen, läßt sich mangels entsprechender Quellen nicht rekonstruieren. Dem Quibus Licet selbst, dessen vollständiger Wortlaut in einer Online-Edition eingesehen werden kann,[86] ist aber zu entnehmen, daß sich Eisenhuth bei seinen Einlassungen auf die Veröffentlichung der drei preisgekönten Einsendungen auf die sogenannte Mannheimer Kindsmordpreisfrage bezieht, die 1784 in der Schwan'schen Hofbuchhandlung in Mannheim erschienen waren und offensichtlich, wie die Preisfrage selbst, im ganzen Reich und sogar darüber hinaus Beachtung gefunden hatten.[87]

[84] SK12 (wie Anm. 24), Dok. a263 („Adar auf Meher", an „Eccard"). Die Quellenzitate folgen hinsichtlich Orthographie und Zeichensetzung konsequent der Handschrift; lediglich die Kommasetzung wurde in einigen Fällen heutigen Gepflogenheiten angepaßt, um das Verständnis zu erleichtern.

[85] „p.s. Ueber Ihre Gedanken über den Kinder mord sage ich Ihnen nächstens Etwas" (ebd.).

[86] Vgl. Anm. 29. Die beiden Texte stehen dabei ihrer Numerierung in Band 13 der Schwedenkiste entsprechend in umgekehrter Reihenfolge zu ihrer zeitlichen und inhaltlichen Abfolge.

[87] Drei Preisschriften über die Frage: Welches sind die besten ausführbarsten Mittel dem Kindermorde abzuhelfen, ohne die Unzucht zu begünstigen?, Mannheim 1784. – Eisenhuth spricht von den „3 Verfasser[n], welche bey der in vorigen Jahre bekanntgemachten Aufgabe: Welches sind die besten ausführbarsten Mittel, dem Kindermorde abzuhelfen, ohne die Unzucht zu begünstigen? den Preiß erhalten haben". Die Preisfrage war allerdings bereits im Jahr 1780 ausgeschrieben worden (s.u.), die Preisträger wurden jedoch erst 1784 bekanntgegeben. Eisenhuths Zeitangabe „im vorigen Jahre" ist, wenn er sich auf die Veröffentlichung der Preisschriften bezieht, dennoch falsch, da sein Quibus Licet, wie oben dargelegt, zweifelsfrei vom November 1786 stammt. Allerdings waren 1785 einge weitere Schriften zum Thema (siehe dazu unten) sowie eine Rezension der *Drei Preisschriften* im 5. Band der *Allgemeinen Juristischen Bibliothek* erschienen, über die Eisenhuth möglicherweise auf diese aufmerksam geworden sein könnte.

II. ‚Kindsmord' als Leitthema spätaufklärerischer Reformdebatten: die Mannheimer Preisfrage von 1780 und der Illuminatenorden

Kindestötung, im zeitgenössischen Sprachgebrauch meist als Kindsmord oder Kindermord bezeichnet und im allgemeinen verstanden als die Tötung eines Neugeborenen durch die Mutter während oder unmittelbar nach der Geburt,[88] war in der Frühen Neuzeit ein „recht häufiges Delikt"; fast jede zweite Hinrichtung traf eine Kindsmörderin.[89] Nachdem es nach dem Dreißigjährigen Krieg zunächst zu einer Verschärfung der strafrechtlichen Verfolgung und der verhängten Strafen gekommen war – das brandenburg-preußische „Edict wegen des Kinder-Mords" bestätigte noch 1720 das Ertränken der Verurteilten in einem Sack als Regelstrafe und versuchte damit der vielerorts seit dem Ende des 17. Jahrhunderts verhängten ‚milderen' Hinrichtung mit dem Schwert entgegenzuwirken[90] –, geriet die strafrechtliche Verfolgung der Kindestötung seit den 1730er Jahren zunehmend in die Kritik. Beschränkte sich diese anfangs auf einzelne Theologen und Juristen wie den halleschen Rechtsprofessor Johann Peter von Ludewig (1668–1743),[91] avancierte die Kindestötung in der zweiten Jahrhunderthälfte unter den Bedingungen einer wachsenden Öffentlichkeit europaweit zum „Schlüsseldelikt

[88] Zur Definition des Deliktes, das, sofern von einer ledigen Mutter begangen, vom frühen 19. Jahrhundert bis zur Reform des Paragraphen 217 im Jahre 1998 in den meisten Strafgesetzbüchern der deutschen Staaten als privilegiertes Tötungsdelikt gefaßt war, vgl. Markus Meumann, Art. Kindestötung, in: Albrecht Cordes u. a. (Hg.), Handwörterbuch zur deutschen Rechtsgeschichte, Bd. 2: Geistliche Gerichtsbarkeit – Konfiskation, Berlin ^{2}2012, 1761–1768.

[89] Kerstin Michalik, Die Diskussion um die Kindstötung: Kindsmordprävention im Spannungsfeld von Bevölkerungspolitik, Strafrechtsreform und bürgerlicher Selbstinszenierung, in: Anne Conrad, Arno Herzig, Franklin Kopitzsch (Hg.), Das Volk im Visier der Aufklärung. Studien zur Popularisierung der Aufklärung im späten 18. Jahrhundert, Hamburg 1998 (Veröffentlichungen des Hamburger Arbeitskreises für Regionalgeschichte, 1), 143–161, Hier 144. Zur Geschichte der Kindestötung im 16. und 17. Jahrhundert vgl. Richard van Dülmen, Frauen vor Gericht. Kindsmord in der Frühen Neuzeit, Frankfurt am Main 1991, zum späteren 17. und 18. Jahrhundert Markus Meumann, Findelkinder, Waisenhäuser, Kindsmord. Unversorgte Kinder in der frühneuzeitlichen Gesellschaft, München 1995 (Ancien Régime, Aufklärung und Revolution, 29), 99–141; Otto Ulbricht, Kindsmord und Aufklärung in Deutschland, München 1990 (Ancien Régime, Aufklärung und Revolution, 18); Kerstin Michalik, Kindsmord. Sozial- und Rechtsgeschichte der Kindstötung im 18. und beginnenden 19. Jahrhundert am Beispiel Preußen, Herbolzheim 1997 (Reihe Geschichtswissenschaft, 42).

[90] Vgl. Meumann, Art. Kindestötung (wie Anm. 88), 1763 f.; Meumann, Findelkinder, Waisenhäuser, Kindsmord (wie Anm. 89), 111 ff.; van Dülmen, Frauen vor Gericht (wie Anm. 89), 50 ff.; Ulbricht, Kindsmord und Aufklärung (wie Anm. 89), 338 ff.; speziell zum preußischen Edikt von 1720 Michalik, Kindsmord (wie Anm. 89), 186–196.

[91] Johann Peter von Ludewig, Gründliche Ursachen, zur christlichen Policey, in Anlegung der Findelhäuser, in: J. P. v. L., Gelehrte Anzeigen in allen Wissenschaften, Theil 3, Halle, Leipzig 1745.

aufklärerischer Reformbestrebungen im Strafrecht".[92] Den Höhepunkt der darum geführten Diskussion, an der sich führende Vertreter der europäischen Aufklärung wie der französische Schriftsteller Voltaire (1694–1778), der italienische Strafrechtsreformer Cesare Beccaria (1738–1794), der Leipziger Jurist Karl Ferdinand Hommel (1722–1781) und der Wiener Verwaltungs- und Straftechtsreformer Joseph von Sonnenfels (1733/34–1817, seit 1782 Illuminat und später Provinzial des Ordens in Österreich) beteiligten und die seit den 1770er Jahren auf die schöne Literatur ausgriff,[93] stellte die sogenannte Mannheimer Kindsmordpreisfrage dar.

Im Juli 1780 schrieb ein anonymer „Menschenfreund" in den *Rheinischen Beiträgen zur Gelehrsamkeit* die Frage „Welches sind die besten ausführbaren Mittel, dem Kindermorde Einhalt zu thun?" aus, für deren beste Beantwortung er ein Preisgeld von 100 Dukaten auslobte. Wie sich später herausstellte, handelte es sich dabei um den Mannheimer Oberappellations- und Regierungsrat Ferdinand Adrian von Lamezan (1741–1817). Lamezan, der in seiner beruflichen Eigenschaft als Jurist mit dem Thema befaßt war und 1780 in einer Abhandlung über die Frage, „in wie weit der Stat an den Verbrechen der Missethäter Schuld trage", auch die Kindestötung thematisiert hatte,[94] griff damit möglicherweise eine Anregung Hommels auf, der die Frage der Kindsmordprävention bereits zwei Jahre zuvor für preiswürdig befunden hatte.[95] In jedem Fall trat Lamezan, der wegen der obrigkeitlichen Mißbilligung seiner eigenen Ausführungen zunächst resignativer Stimmung gewesen war, mit der Veröffentlichung seiner Ausschreibung eine wahre Lawine los: Mit insgesamt 385 Einsendungen, zum Teil aus dem Ausland, handelte es sich um die mit weitem Abstand meistbeachtete Preisfrage der Spätaufklärung. Wie ein Autor 1782 in *Schlözer's Briefwechsel* feststellte, habe die Preisfrage „so viele Gelerte aus allen Facultäten in Alarm gesetzt, daß man über die Anzahl derselben erstaunen muß".[96] Da zudem „einige Autoren auf eine Teilnahme am Wettbewerb verzichteten und ihre Lösungsversuche sofort veröffentlichten", belief sich die Zahl der Antworten insgesamt wohl sogar auf über 400.[97]

[92] Michalik, Diskussion (wie Anm. 89), 143. Ähnlich hatten es fast 50 Jahre zuvor bereits Gustav Radbruch und Heinrich Gwinner in ihrer *Geschichte des Verbrechens* formuliert, als sie von der Kindestötung als dem „Schlüsseldelikt aller strafrechtsreformerischen Bestrebungen des 18. Jahrhunderts" sprachen (Stuttgart 1951, 242).

[93] Vgl. dazu zuletzt Kirsten Peters, Der Kindsmord als schöne Kunst betrachtet. Eine motivgeschichtliche Untersuchung der Literatur des 18. Jahrhunderts, Würzburg 2001.

[94] Ulbricht, Kindsmord und Aufklärung (wie Anm. 89), 221.

[95] Ebd., 223; Michalik, Kindsmord (wie Anm. 89), 295.

[96] Zitiert nach Ulbricht, Kindsmord und Aufklärung (wie Anm. 89), 122.

[97] Ebd., 217.

Andere Preisfragen fanden demgegenüber weit geringere Resonanz: Auf die von Friedrich II. lancierte Frage der Berliner Akademie auf das Jahr 1780, „Ist es dem Volk nützlich, betrogen zu werden?“, zu der der Gothaer Journalist, Volksaufklärer und spätere Illuminat Rudolph Zacharias Becker (1752–1822, Ordensname „Henricus Stephanus“) eine der beiden prämierten Antworten beisteuerte, gingen 42 in die Wahl gezogene Zuschriften ein; einige weitere wurden disqualifiziert.[98] Auch die wohl berühmteste Preisfrage der Spätaufklärung, „Was ist Aufklärung?“, erhielt nur 42 Antworten; eine Berner Preisfrage von 1777 zur Strafrechtsreform 44[99] – der Abstand zur Mannheimer Frage war also in jedem Fall enorm. Dementsprechend zeitaufwendig gestaltete sich die Auswertung der Zuschriften, mit der der Göttinger Orientalist Johann David Michaelis (1717–1791), der Mannheimer Hofkammerrat Rigal d.Ä., ein Freund Lamezans, und der Erfurter Statthalter und (seit 1783) Illuminat Carl Theodor von Dalberg (1744–1817) betraut worden waren.[100] Dies veranlaßte wiederum eine Reihe von Autoren, ihre Einsendungen bereits vorab der interessierten Öffentlichkeit zur Verfügung zu stellen. So wurden bereits 1782 im zweiten Band der *Allgemeinen juristischen Bibliothek* „Vierzehen Schriften über die Preisaufgabe von den Mitteln dem Kindermord Einhalt zu thun“ annonciert. Auch die vielleicht prominenteste Antwort, Johann Heinrich Pestalozzis (1746–1827) Schrift *Ueber Gesetzgebung und Kindermord*, erschien bereits 1783; dazu wurden die bereits veröffentlichten Schriften, aber auch aktuelle Fälle von Kindestötung in den zahlreichen Journalen der Zeit diskutiert.[101] Als Anfang 1784 endlich die Preisträger bekannt gegeben wurden, hatte sich in Teilen der gebildeten Öffentlichkeit bereits ein gewisser Überdruß breitgemacht.[102] „Die Einschätzung der Publikationswelle als Sintflut“, die ein Rezensent bereits 1783 vorgenommen hatte, „sollte sich jedoch als verfrüht erweisen“.[103] Denn als sich herausgestellt hatte, daß ihre Schrif-

[98] Vgl. Hans Adler (Hg.), Nützt es dem Volke, betrogen zu werden? Est-il utile au Peuple d'être trompé?, 2 Bde., Stuttgart 2007. Der vollständige Titel der Preisfrage lautete: „Est-il utile au Peuple d'être trompé, soit qu'on l'introduise dans de nouvelles erreurs, ou qu'on l'entretienne dans celles où il est ? (Ist es dem Volk nützlich, betrogen zu werden, sei es, daß man es in neue Irrtünmer führt oder in denen, die es unterhält, bestätigt?)“. Vgl. ders., Ist Aufklärung teilbar? Die Preisfrage der Preußischen Akademie für 1780, in: ebd., Bd. 1, XIII-LXX, hier XIII.

[99] Ulbricht, Kindsmord und Aufklärung (wie Anm. 89), 218. Eine von der Berliner Akademie 1783 gestellte Frage über den Futteranbau, laut Ulbricht „ein ausgesprochen aktuelles Thema in dieser durch landwirtschaftliche Reformbegeisterung geprägten Zeit“, generierte sogar nur ca. 25 Antworten (ebd.).

[100] Preisaufgabe, den KinderMord betreffend, in: August Ludwig Schlözer, Briefwechsel, meist historischen Inhalts, Siebender Theil, Göttingen 1780, 261–264, hier 263. Vgl. Ulbricht, Kindsmord und Aufklärung (wie Anm. 89), passim; dort wird allerdings von Dalberg nicht erwähnt.

[101] Ebd., 244 ff.

[102] Ebd., 218.

[103] Ebd.

ten nicht prämiert worden waren, entschlossen sich viele Einsender, diese von sich aus zu veröffentlichen, „so daß 1784/1785 noch einmal eine Woge von Abhandlungen zu diesem Thema über das Land rollte".[104]

Darunter befand sich auch der Jurist, Schriftsteller und Historiker Johann Georg Schlosser (1739–1799), der seine in einem utopischen Königreich namens „Wudby" (wahrscheinlich nach dem englisch „would be") angesiedelte Abhandlung *Die Wudbianer* 1785 als Monographie herausbrachte.[105] Zuvor allerdings hatte sich Schlosser, der seit Februar 1783 Mitglied der Wiener Freimaurerloge „Zur wahren Eintracht" und seit dem Juli desselben Jahres im Illuminatenorden war, wo er es binnen kurzem zum Provinzial von „Pannonien" (Schwaben) brachte, an den oben erwähnten Rudolph Zacharias Becker gewandt. Schlosser fragte bei Becker, der seit 1783 die *Dessauer* bzw. (seit seinem Umzug nach Gotha 1784) die *Deutsche Zeitung für die Jugend und ihre Freunde* herausgab, an, ob er seine Schrift in einem Journal veröffentlichen solle:

> Daß die Woodbianer keinen Preis erhielten war natürl[ich]. Ich schrieb nicht um den Preis. Aber was meinen Sie, sollte ich das Buch nicht in ein Journal, ins Musäum[106] oder das Wiener Magazin[107] bringen? Wenn Sie glauben, daß was drinn ist, das [unleserlich, MM], so thu ichs. doch ohne mich zu nennen. [...] Unwissend ob Sie meinen Logennamen kennen [...] Schlosser.[108]

Zugleich bat er Becker, diesen oder einen anderen Brief an Bode weiterzuleiten:

> Sie haben mir nicht geschrieben, ob H[er]r. Bode mein Freund seyn will, o[der]. aber mir in [Logen][109] Sachen schreiben will. Ich wage also einen Versuch gerade zu, weil ich eine wichtige Veranlaßung habe. Lassen Sie ihm den Brief sicher zur Hand kommen.

104 Ebd.

105 Die Wudbianer. Eine nicht gekrönte Preisschrift über die Frage: Wie ist der Kindermord zu verhindern, ohne Unzucht zu begünstigen, Basel 1785. Siehe dazu auch Ulbricht, Kindsmord und Aufklärung (wie Anm. 89), 230. Ebenfalls 1785 erschien in Tübingen ein *Nachtrag zu den Abhandlungen über die beste ausführbare Mittel, dem Kindermord Einhalt zu thun* von dem dortigen Medizinprofessor Wilhelm Gottfried Ploucquet (1744–1814), der sich auch an anderen Preisfragen beteiligte.

106 Wahrscheinlich das von Heinrich Christian Boie und Christian Konrad Wilhelm von Dohm herausgegebene *Deutsche Museum*.

107 Wahrscheinlich das Wiener *Journal für Freymaurer*, das von dem Meister vom Stuhl der Loge „Zur wahren Eintracht", Ignaz von Born (1742–1791), herausgeben wurde. Zu Born, der Wiener Loge und deren Verbindung mit dem Illuminatenorden siehe Markus Meumann, Zur Rezeption antiker Mysterien im Geheimbund der Illuminaten: Ignaz von Born, Karl Leonard Reinhold und die Wiener Freimaurer-Loge ‚Zur wahren Eintracht', in: Neugebauer-Wölk, Aufklärung und Esoterik (wie Anm. 13), 288–304.

108 GStAPK, Freimaurer, 5.2. G 39 JL. Ernst zum Kompaß, Gotha, Nr. 106, Dok. 29 (Johann Georg Schlosser an Rudolph Zacharias Becker, Mai 1784).

109 Im Original steht hier ein Quadrat als Zeichen für „Loge".

Dies also war der – öffentliche wie ordensinterne – Kontext, in dem Eisenhuth im November 1786 sein Quibus Licet zum „Kindermord" an den ihm unbekannten Bode adressierte. Er resümiert darin zunächst die Argumente der drei preisgekrönten Schriften – die im Großen und Ganzen mit denen vieler Einsendungen übereinstimmten[110] –, daß nämlich „der Grund von diesem Verbrechen, in der Scham für der Welt, Furcht für strengen Aeltern, Verwandten und Obrigkeitlicher Strafe, an dem Mangel an Mitteln, sich und das Kind zu erhalten, und an dem verlohrnen Bewußtseyn in der Geburtsstunde, liegen" solle.[111] Es seien „zwar auch noch andere Ursachen in diesen Schriften mitangegeben worden, doch aber stimmen sie darinnen überein, daß obige, die vorzüglichste Quelle, von dieser die Menschheit so sehr entehrenden Schandthat sey". Sodann pflichtet er dieser Auffassung zunächst bei („ich schliese mich hier sehr gerne, an die große Reihe im Publico mit an, und bekenne selbst, daß der Kindermord gewiß oft eine Würckung obiger Ursachen ist"), um dann aber doch eine eigene Meinung zu vertreten („Unter dieser Voraussetzung aber sey mir es doch hingegen erlaubt, dasienige was ich hierbey gleich von Anfange, ehe ich noch fremde Gedancken darüber las, dachte und empfand zu sagen"). Und zwar sei, so Eisenhuth, es nicht so sehr die Furcht vor Strafe – die obrigkeitlichen Unzuchtsstrafen (in den Augen vieler progressiver Teilnehmer an der Preisfrage neben der Kirchenbuße eine der Hauptursachen des Kindsmords)[112] seien ja meistenteils bereits abgeschafft worden.[113] Vielmehr macht er, ganz im Sinne aufgeklärter Vorurteilskritik, die sich durch viele Illuminatenaufsätze zieht, die schon seit den Germanen überlieferte gesellschaftliche Ächtung lediger Mütter bzw. Schwangerer[114] dafür verantwortlich, daß diese nach der Geburt ihre Kinder töten:

[110] Vgl. Ulbricht, Kindsmord und Aufklärung (wie Anm. 89), 268 ff.; Michalik, Kindsmord (wie Anm. 89), 301–316.

[111] Dieses und die weiteren Zitate nach SK13 (wie Anm. 23), Dok. 36.

[112] Vgl. Ulbricht, Kindsmord und Aufklärung (wie Anm. 89), 274 und 278 ff.

[113] Zur Abschaffung der Unzuchtsstrafen (Geldbußen) siehe ebd., 284 ff. Zur Diskussion um die Abschaffung der Kirchenbuße im dem Amt Eckartsberga benachbarten Herzogtum Sachsen-Weimar-Eisenach siehe Volker Wahl (Hg.), „Das Kind in meinem Leib". Sittlichkeitsdelikte und Kindsmord in Sachsen-Weimar-Eisenach unter Carl August. Eine Quellenedition 1777–1786, Weimar 2004 (Veröffentlichungen aus Thüringischen Staatsarchiven, 10), besonders 124 ff.

[114] „Keine Nation muß, wie Tacitus bezeugt, die fleischlichen Verbrechen, mehr verabscheut, und gebrandmarckt haben, als die alten Deutschen. Eine Hure, wurde damals allgemein verachtet, die Tochter welche, als eine ledige Dirne in ihres Vaters Hause schwanger wurde, stürzte man von der äußersten Spitze eines Bergs herunter, und ihr Liebhaber wurde am Leben gestraft. Dem allen ohngeachtet, gab es doch auch damals Menschen genug, welche die Sinnlichkeit in gewißen schwachen Augenblicken, die ieder Erdenbürger hat, überraschte, sie so betäubte, daß sie weder an Gesez noch Strafe dachten, sondern in dem heftigen Sturme, der Leidenschafte, ihr natürliches Bedürfniß befriedigten. Was that nun die gebeugte Weibsperson, welche die traurigen Folgen, von ienen süßen Umarmungen einige Zeit darauf fühlte? Sie schämte sich, fürchtete die sie erwartende

Die harte Strafe, ist in den mehresten deutschen Ländern, durch gelindere Geseze abgeschaft, die vermeintliche Schande aber, welche mit dem allgemein in Deutschland recipirten Worte: Hure, verbunden ist, hat sich von unseren Vorfahren, biß auf unsere Zeiten, eben so fortgepflanzt, wie ihre Sprüchwörter, und der mit ihnen verbundene Begriff, wovon wir noch eine unzählige Menge haben.

Aus vielen bey meinem Officio [Amt] vorgekommenen Beyspielen weis ich aus Erfahrung, daß geschwächte [schwangere] Weibspersonen, die ihnen zuerkannte Strafe, mit der grösten Gelaßenheit ertrugen, laut aber weinten sie, wenn sie iemand eine Hure schalt, wenn sie beym Genuß des heil[igen] Abendmahls, ganz zulezt gehen mußten, wenn sie keinen Kranz tragen durften, und wenn sie ihr Kind, mit weniger Ceremonie musten taufen laßen, als ein in der Ehe Erzeigtes.

Zwar ist es an dem daß iezt ein im ledigen Stande erzeigtes Kind, schon nicht mehr so viel Aufsehen macht, als vor nur ohngefehr 20 Jahren. Seit dem fremde Kriegsvölcker unsere Sitten nach den ihrigen bildeten, seitdem Hurerey in den deutschen Städten Galanterie genannt wurde, seit dieser Zeit vergaß man auch nach und nach iene Schande, und rechnete sie unter abzuschaffende Vorurtheile.[115]

Auf dem Lande aber, und mithin unter dem größten Haufen, ist zwar die Denkungsart, hierinne ebenfalls etwas gemäßigter, dennoch aber immer noch ein ungleich größerer Vorwurf, für ein Bauernmädchen, dieser Fehltritt gethan zu haben, als für das Mädchen in einer großen Stadt. Und eben so wie unser Landvolck allemal, unsern alten Deutschen ähnlicher sieht, als der Städter, eben so sind auch unter ienen, noch mehr alte Sitten und Gebräuche anzutreffen als unter diesen.

Eine so genannte Hure, ist auf dem Lande eine ungleich größere Verbrecherin, als eine Diebin. Diese behällt, sie mag das boshafteste Herz von der Welt haben, sie mag Jahre lang im Gefängniß gesessen, am Pranger gestanden, ia wohl gar Staupenschläge erlitten haben, dennoch alle Vorzüge einer andern ganz unbescholtenen Jungfrau, sie trägt bey denen auf dem Lande sehr üblichen Gewohnheiten, ihren Krantz, das vorzüglichste Zeichen, des Jungfräulichen Stoltzes; und iene, die das beste Hertz, das edelste Gefühl in ihrer Seele hat, nur das es vielleicht, aus Mangel der Erziehung, als ein unausgebildeter Keim verborgen da liegt, die weder Gott, sich selbst noch ihre Nebenmenschen, durch diesen Fehltritt, der blos habsichter [habsüchtiger] Menschen halber, zum Fehltritt gemacht worden ist, beleidigte, und gar nicht weiter that, als daß sie dem Rufe der Natur folgte, dieses arme unschuldige Mädchen, muß ein Opfer menschlicher Bosheit werden, wird verachtet, von iedermann verhöhnt, verspottet, ihr ganzes zeitliches Glück ist nun auf einmal verschwunden, verschwunden iene süße Hofnung, iemals nun aus Neigung heyrathen zu können!

Mit der Kritik an der gesellschaftlichen Ächtung lediger Schwangerer und unehelicher Mütter argumentierte Eisenhuth allerdings, ohne es zu ahnen, exakt auf einer Linie mit dem progressiveren Teil der Teilnehmer an der Kindsmordpreisfra-

Schande und harte Strafe, um nun diesen allen zu entgehen, verbarg sie von Zeit zu Zeit ihre Schwangerschaft, und war sie bey ihrer Geburtsstunde allein, so erwürgte sie ihr Kind."

115 Hier handelt es sich offensichtlich um ein anti-französisches Ressentiment, das wahrscheinlich auf die französischen Besetzungen deutscher Städte im Siebenjährigen Krieg (1756–1763) anspielt.

ge.[116] Über das übliche Maß an aufgeklärter Normenkritik ging Eisenhuth indes wohl mit seiner scharfen Anklage der weltlichen und geistlichen Amtsträger hinaus, die seiner Meinung nach über eine Kindsmörderin richteten, ohne diese Umstände in Betracht zu ziehen:

> Weßen Hertz bey solchen traurigen Scenen, dergleichen ich im judicio [Gericht] viele erlebt habe, nicht weich wird, welcher Richter oder Prediger, hierbey nur auf die That, und nicht auf die mit ihr verknüpften Umstände sieht, das ohnehin genug gebeugte Mädchen noch mehr schlägt, der verdient nicht an dieser Stätte zu sitzen, denn er und nicht das arme Geschöpf, wird Mörder an dem unschuldigen Kinde!

Dasselbe gilt vermutlich für das geradezu modern anmutende Eintreten für eine Gleichbehandlung nichtverheirateter Eltern mit Eheleuten. Damit begab er sich allerdings, wie er offenbar selbst bemerkte, in gefährliche Gewässer, was ihn umgehend zurückrudern ließ:

> Ich glaube vielmehr, daß man nach dem Sinn dieser Worte, sogar im Ehestande Hurer, und Ehebrecher seyn kann, ohne sich mit fremden Personen zu vermischen. Wer die Menschheit entehrt, sie bis zum Vieh herabwürdiget, ia sogar wollüstiger ist als dieses, wer dem Zweke des Schöpfers entgegen handelt, dieß ist ein Hurer! und den wird Gott richten! Ich kann mich wenigstens noch nicht überzeugen, daß ein ohne vorhergegangenen priesterlichen Segen, von 2 ledigen Personen, erzeigtes Kind, ein Vorwurf der rächenden Gottheit sein solle, wie viele Prediger, ja so gar auch Priester der Gerechtigkeit, um sich in dem ihnen gnädigst anvertrauten, durch die täglich daselbst ausgeübte Bosheit, und Ungerechtigkeit, ganz verunstalteten Tempel der Themis,[117] ein Ansehn frommer Christen zu geben, noch izt behaupten wollen. Kömmt nun bey dem unehlichen Kinde, besonders noch eine vernünftige Erziehung dazu, so finde ich nicht wie Gott und Menschen dadurch beleidiget werden sollen. Damit aber will ich nicht etwan das Ansehn des Ehestandes herabwürdigen, das sey ferne. Erstlich würde daraus, wenn nicht ganz besondere weise Maasregeln getroffen würden, viele Unordungen entstehen, und hernach wären auch die Klippen, die ich hierbey zu übersteigen hätte, für mich etwas zu hoch, und zu steil. Meine Absicht ist lediglich zu beweisen, daß es besser wäre, daß es den Kindermord minderte, ihn vielleicht nach Verlauf einiger Jahre ganz vertilgte, wenn man diese Art gefallener Weibspersonen menschlicher behandelte.

Damit aber mündete sein Plädoyer letztlich in die ebenso unbestimmte wie umfassende Hoffnung, daß die Menschen sich und ihr Verhalten ändern würden. Offenbar erschien ihm dies selbst unzureichend, oder er war sich darüber im Klaren, daß der Obere, an den er seine Ausführungen richtete, dies als Schwachpunkt der Argumentation ausmachen könnte; jedenfalls bekam er zum Schluß eben noch die Kurve und stellte eine konkretere Fortsetzung seiner Gedanken in Aussicht:

[116] Michalik, Kindsmord (wie Anm. 89), 302 f.; Ulbricht, Kindsmord und Aufklärung (wie Anm. 89), 274 f.

[117] In der griechischen Mythologie die Göttin der Gerechtigkeit.

Da inzwischen diese, so lange Menschen, Menschen sind, ein pium desiderium bleiben wird, und der Grund nach meinen wenigen Ermeßen: Stoltz Scham, und die daraus entspringende Furcht für der Schande ist; so scheint es zwar, als ob nun dieses Verbrechen auszurotten, vor allen Dingen zuvörderst, eine innerliche Verbeßerung der Menschheit nöthig wäre. Dennoch aber glaube ich giebt es einige ausführbare Mittel, die den Kindsmord zwar wohl nicht ganz ausrotten, ihn aber doch seltener machen.

Wenn es Zeit und Umstände erlauben verspricht letztere künftigen Monat anzuzeigen Eccard.

Bode war, dies zeigt seine Reproche vom Januar 1787, mit der Grundtendenz der Argumentation offensichtlich ganz einverstanden:

Liebster Bruder, Ihre Gedanken über den Kindermord sind so wahr, Ihre dabey geäußerten Gesinnungen besonders so aufgeklärt menschlich, daß ich Sie dafür in Gedanken mehr, als Einmahl an meine Brust gedrückt habe.[118]

Allerdings hatte Bode wohl Eisenhuths Ankündigung ernst genommen und als Option auf eine weit längere und konkretere Einlassung zum Thema verstanden:

Ich wünsche von Herzen, daß Sie bald Musse haben mögen, an der versprochenen Abhandlung zu arbeiten, denn, meine Begierde solche zu lesen bey Seite gesetzt, ist die Materie höchst wichtig, und *mögliche* Vorschläge, wie der Hurerey vorgebeugt werden könne; sind zu unsern Zeiten, wo durch den sich immer mehr verbreitenden schädlichen Luxus dem Ehestande so mächtige Hindernisse in den Weg gelegt werden, und wo doch, durch eben diesen Luxus, bey jungen Menschen die Naturtriebe immer leichter erweckt werden, verdienen den grössesten Dank aller Menschenfreunde! Und ich würde mich schon glücklich schätzen, wenn ich nur dabey das unmerklich kleine Verdienst hätte, Sie durch meine angelegentlichste Bitte, ein wenig mit aufgemuntert zu haben. Auch bin ich bereit und willig, Ihnen, wenn ich die Abhandlung gelesen, alles von O[rdens]s. wegen bey zutragen, was ihr etwa mehr praktische Vollkommenheit geben könnte! Den Spruch, den Sie aus dem Munde der Alltags Richter und Prediger anführen: „*Die Huren und Ehebrecher, wird Gott richten*," könnte man, wenn dergleichen Männer sich etwas *Vernünftiges* sagen lassen, gerade wider sie anführen. Denn ich bin überzeugt, ob ich schon aus Mangel einer Concordanz, die Stelle nicht jetzt gleich mit deren Zusammenhange vergleichen kann, daß sie wirklich sagen *soll:* über diese behält sich das Gericht Gott selbst vor, weil nur Er wissen kann, wie mächtige die Triebe gewirkt haben, die Er zur Erhaltung und Fortpflanzung der Gattung in die Menschen gelegt hat.

Glauben Sie mir, Sie sind meinem Herzen nahe, und ob ich gleich Ihnen unbekannt bleibe, bin ich doch mit mehr als gewöhnlicher Wärme Ihr treuer Basilius.

Der ausgesprochen freundschaftlich-wohlwollende Ton Bodes gegenüber Eisenhuth blieb auch erhalten, als dieser mit seinem nächsten Quibus Licet vom 30. Dezember 1786 nicht, wie versprochen, die angekündigte Fortsetzung seiner Abhandlung zum „Kindermord" einsandte, sondern in einem sehr kurzen Brief zu-

[118] SK12 (wie Anm. 24), Dok. a263 („Din auf Aban", an „Eccard").

nächst auf die Zusendung der „Statuten" des Ordens reagierte: „Aus den mir communicirten Statuten der Illuminaten ersehe ich, daß das Suchen derselben mit dem Suchen der Freymaurer nichts gemein hat":[119] Daran schloß er eine Frage, die ihn wahrscheinlich in seiner Eigenschaft als – wenn auch subalterner – kursächsischer Beamter interessierte, nämlich

> Ob in Chursachsen besonders in Dreßden Mitglieder von dem Orden der Illuminaten sind? Ich verlange nicht zu wißen, wer, oder wes Standes sie sind?, und mithin verleitet mich nicht blose Neugier zu dieser Frage. Umso mehr glaube ich dahero auch, daß meine hocherleuchteten Oberen mir hierinn einiges Licht zu geben kein Bedenken finden werden. Sollte man iedoch die Ursache, warum ich diese Frage thue, wißen wollen; so ist es meine Schuldigkeit, selbige sogleich zu erofnen.

Während solche Fragen, die ja an die Geheimhaltung und die Organisationsstruktur des Ordens – und damit an sein Innerstes – rührten, in anderen Fällen eher unwirsche Reaktionen zeitigten, beantwortete Bode auch diese Frage ausnehmend freundlich:

> Auf Ihr QL [Quibus Licet] vom Adar muß ich erwidern, daß allerdings in Chursachsen und auch in Dresden einige, aber nur sehr wenige Mitglieder unseres Ordens sind; daß solche aber Ursachen haben, sich sehr geheim zu halten. Wir verlangen nicht zu wissen, was für Ursache Sie zu dieser Frage haben

und gab dem „Geliebte[n] Bruder" sogar zu verstehen, daß im Falle, daß Eisenhuth in Leipzig oder Dresden Angelegenheiten habe, „bey denen Sie meinen, Hilfe von Mitgliedern haben zu können", er „nur unverhohlen" sagen solle, „worauf es ankommt, und wir wollen dann thun, was möglich ist".[120]

Solchermaßen ermutigt, legte Eisenhuth mit seinem nächsten Quibus Licet im Januar 1787 dann tatsächlich die versprochene Fortsetzung vor.[121] Allerdings blieb diese rein quantitativ wie teilweise auch inhaltlich gegenüber den hochgesteckten Erwartungen, die er mit seiner Ankündigung selbst geweckt hatte, deutlich zurück, indem er zunächst wieder die Kritik an den geistlichen und weltlichen Amtsträgern aufnahm und deren Anteil an der Verfolgung und Stigmatisierung lediger Schwangerer anprangerte:

> So viel ich habe erfahren können, ist es bey nahe in ganz Deutschland, (denn auf dieses schränke ich mich lediglich ein) üblich gewesen, daß so bald eine ledige Weibsperson schwanger wird, läßt sie der Prediger ihres Orts vor sich fordern, und um sich da ein recht standesmäßiges Ansehen zu geben, redet der Freund von nichts, als von schendlicher Sünde, von unversehnlichen [unversöhnlichen] Zorn Gottes, von Lust und Bekehrung, und so wird in die nach seinem Ausdrucke, gefallene arme Sünderin hinein

[119] SK11 (wie Anm. 26), Dok. 186.

[120] SK12 (wie Anm. 24), Dok. a263 („Bahmann auf Adar 1156", an „Eccard").

[121] SK13 (wie Anm. 23), Dok. 35 Ein vollständiges Transkript findet sich wiederum in der *Gothaer Illuminaten-Enzyklopädie Online* (vgl. Anm. 29).

gepredigt, und gestürmt, daß das arme Mädchen zittert und bebt, der Herr Pfarrer bedeutet sie auch wohl, sich nicht etwan zu unterstehen beym communiciren unter die Jungfrauen zu treten, sondern wie es sich ziemt und gebührt, hübsch bußfertig, hinter allen alten Weibern herzugehen. Aus diesem Orte der Qual fordert sie ein mürrischer, allen Menschengefühl abgesagter Gerichtsfrohn, zu seinen Herrn, der noch ärger ist, denn er selbst. Hier nun wird die heilige Justiz abermals mit der eisernen Hand gepflogen, und die Betrübte von neuen torquirt. Nun laße man noch allgemeine Verachtung und Spott von ihres Gleichen diese Martern noch beisender [beißender] machen; so [ist] wenn die Geschwächte; nur allgewöhnliches Gefühl für Ehre hat, zu Vermeidung dieser Fälle, gewiß der erste Gedancke, ihre Frucht zu tödten.

Vor allen Dingen also, suche man zuvörderst Priestern und Justizbeamten, Menschengefühl und beßere Begriffe von Sünde und Verbrechen beyzubringen, und verbiethe ihnen ihr obgedachtes Betragen, von welchen ich zuverläßig w[eiß] daß es ofte, und die mehresten male ausgeübt w[ird].

Sein zweiter Ansatzpunkt galt – und auch da lag er durchaus auf einer Linie mit einer ganzen Reihe der Einsendungen zur Mannheimer Preisfrage – der Verhütung des Kindsmords durch bessere Prävention.[122] Der Ansatzpunkt dafür, den auch die Strafgesetzgebung schon seit dem früheren 18. Jahrhundert verfolgt hatte, war es, die Verheimlichung der Schwangerschaft, die von den Zeitgenossen durchaus zutreffend als geradezu unerläßliche Vorbedingung bei einer Kindstötung erkannt wurde, zu erschweren[123] – Frauen, deren Schwangerschaft bekannt war, töteten weit seltener ihr Neugeborenes und tendierten, wenn überhaupt, eher zur Kindesaussetzung.[124] Die Mittel, die Eisenhuth dafür in Vorschlag brachte, waren allerdings nur teilweise originell, indem er – neben dem eher traditionellen Abschreckungseffekt durch Bestrafung und öffentliche Mißbilligung der Kindsmörderin – auf eine deutliche gesellschaftliche Aufwertung derjenigen ledigen Schwangeren, die sich zu ihrem Zustand bekannten, setzte und damit letztlich einen Bewußtseinswandel bei der Bevölkerung wie auch bei den Behörden hervorzurufen versuchte:

Schlechterdings hiernächst sollte durch eben dies Gesez, von Kanzeln und sonst öffentlich bekannt gemacht werden: daß iede vorsezliche Kindermörderin, zeitlebens mit dem Zuchthause bestraft, und jährlich an dem Tage, an welchem sie diese schwarze That verübte, öffentlich, besonders in Gegenwart der Jugend, und wo möglich an dem Orte ihres damaligen Auffenthalts an [den] Pranger gestellt, ausgepeitscht, und von der Jugend mit Koth beworfen werden sollte. Diejenige hingegen, welche ihre Schwangerschaft nicht verheimligte, solle nach der Geburt nicht nur den Titel, sondern auch sonst alle Vorrechte der Jungfrauen behalten, und sowohl für sie selbst, als für ihr Kind gesorgt werden.

122 Vgl. vor allem Michalik, Kindsmord (wie Anm. 89), 211 ff., 240 ff. und 301 ff.

123 Ebd., 186 ff. und 233 ff.

124 Meumann, Findelkinder, Waisenhäuser, Kindsmord (wie Anm. 89), 133, 152 ff.

Auch der dritte Punkt war vom Grundansatz her zunächst nicht ungwöhnlich, indem Eisenhuth damit, wiederum wie viele der Einsendungen auf die Mannheimer Preisfrage, auf eine bessere Versorgung unehelich geborener Kinder und ihrer Mütter zielte.[125] Anders als es viele andere Autoren taten, setzte er dafür allerdings nicht auf die Einrichtung von öffentlich finanzierten Findelhäusern – die ihrerseits sehr umstritten und ein heiß diskutiertes Phänomen im späten 18. Jahrhundert waren[126] –, sondern wollte, „[d]amit nun aber auch durch dieses Gesez, die Hurerey nicht noch mehr befördert werde", verstärkt die Männer in die Pflicht nehmen. Dabei dachte er zuvorderst an den „Vater des unehligen Kindes, welcher in unsern gemäßigtern Climate, gewiß allemal der angreifende Theil ist." Dieser sollte,

> so bald es die polittischen Verhälltniße, nur halbwege erlaubten, die Geschwächte heyrathen, im entgegen gesezten Falle aber, sie, wenn er Vermögen hat, ansehnlich ausstatten, das Kind auf ieden Fall erhallten, und alle deshalb aufgewendeten Kosten, die iedoch weniger betragen müsten, als iezt, bezahlen.

Dies lag in etwa noch im Rahmen der Bestimmungen, wie sie wenige Jahre später das Allgemeine Landrecht für die Preußischen Staaten (ALR) von 1794 vorsah.[127] Für den Fall, daß dies nicht möglich sein sollte, ging Einsehuth aber sehr viel weiter als dieses und schlug eine womöglich wirklich originelle, in jedem Fall aber recht ungewöhnliche Alternative vor, deren Durchsetzung die Obrigkeiten sicherlich vor nicht unerhebliche Problem gestellt hätte:

> Wäre hingegen der Vater des Kinds unvermögend, und machten Verhälltniße, die Ehe unmöglich, so träte sodann eine Caste derer Hagestolze [Junggesellen], an seine Stelle, und erfüllte seine Schuldigkeit, denn solange der gegenwärtige Luxus dauert, würde diese Buße für selbige immer gelinder seyn, als eine Frau zu ernähren.

Der letzte Punkt zielte wiederum darauf, traditionellen Vorurteilen entgegenzutreten und die gesellschaftliche Ächtung lediger Mütter nicht nur in Frage zu stellen, sondern ihr seitens der Obrigkeiten durch eine Förderung der Verheiratungschancen aktiv entgegenzuwirken:

> Wenn sich nun endlich diejenigen Personen, welche auf die Denkungsart des Volcks den mehresten Einfluß haben, befleißigten, das Vorurtheil, welches man izt noch mit einer so genannten Hure verbindet, nach und nach auszurotten, nach Befinden der Fürst diejenigen, welche dergleichen Personen ohne daß sie an dem Falle selbst Ursach waren, heyratethen, in ihrem Unternehmen unterstützte; so würde nach Verlauf einiger Zeit, welche freylich dazu mit gehört, Menschen von tief eingewurzelten Vor-

125 Vgl. Ulbricht, Kindsmord und Aufklärung (wie Anm. 89), 300–307, 258 f., 273, 297 ff.

126 Ebd., 300–307; Otto Ulbricht, The Debate about Foundling Hospitals in Enlightenment Germany: Infanticide, Illegitimacy, and Infant Mortality Rates, in: Central European History 18 (1985), 211–256. Vgl. auch Meumann, Findelkinder, Waisenhäuser, Kindsmord (wie Anm. 89), 386–388.

127 Vgl. vor allem Michalik, Kindsmord (wie Anm. 89), 238 ff.

urtheilen zu reinigen, eine auf diese Art verunglückte Weibsperson eben so gut ihren Mann finden, wie eine Witfrau, und mithin der Kindermord gewiß seltener werden als izt.

Eisenhuth schloß mit den Worten:

Alles was ich iezt gesagt habe, ist blos Skize, ich weis und fühle es selbst, daß noch manche Lücke auszufüllen seyn dürfte, welches eben auch bey einer ordentlichen Abhandlung nicht unmöglich wäre. Jezt habe ich blos das gesagt, woran ich theils in der Justiz, theils auch selbst in der Kirche, mittelbarer, und auch unmittelbarer Zeuge war, und darnach bitte ich mich zu beurtheilen.

Trotz der relativen Kürze und der von Eisenhuth selbst bemerkten Skizzenhaftigkeit seiner Vorschläge zeigte Bode-Basilius sich wiederum sehr angetan von den Ausführungen seines neuen Ordensmitglieds, wenngleich er sich hinsichtlich deren Umsetzbarkeit verhalten zeigte: „Ihre Mittel, den Kindermord zu verhindern, sind ohne Widerrede heilsam. Dennoch bekenne ich ganz frey, daß wohl noch die Zeit nicht da sey, wo man solche alle in Vorschlag bringen dürfte." Sodann empfahl Bode Eisenhuth, seine – hier zunächst ordensintern, im (jedenfalls in diesem Fall augenscheinlich) freundschaftlich-vertrauensvollen Zwiegespräch unter Unbekannten entwickelten – Gedanken mittels Publikation einer größeren Öffentlichlichkeit zur Kenntnis zu bringen, und riet ihm zu einigen Modifikationen bzw. Justierungen:

Indessen steckt in Ihrem Aufsatze mancher schöner Stoff, der es verdiente, so verbreitet zu werden, daß man davon einen Aufsatz in ein gutes Journal brächte. Den Regierungen wäre dabey mit guten Gründen anzurathen, langsam zu verfahren, und *ein Mittel nach dem andern*, einzeln in Thätigkeit zu bringen, damit sie nicht das Geschrey wider sich erführen, als wollen sie die Hurerey befördern. Z.B. Erst Abschaffung der Kirchenbusse. Dann Verminderung oder gar Abschaffung der Brüche [gemeint sind die bei Unzuchtsvergehen üblichen Geldstrafen]. dann die Absondrung von den Jungfrauen, u.s.w. und zwischen jeder Verordnun[g] etliche wenige Jahre verstreichen lassen. Alle langsamen Reformationen wirken sichrer, als die Schnellen. Die Sache ist wichtig, und des Nachsinnens der Menschenfreunde höchst würdig. Sagen Sie mir doch nächstens, ob Sie was dagegenhabe[n], daß Ihre Skitze unter BBrr. [Brüdern] zum weiteren Nachdenken zirkuliere?

Ich bin mit Achtung und Liebe Ihr treuer Basilius

Konkrete Vorschläge zur Publikation, etwa im Sinne des eingangs zitierten, von Weishaupt geplanten ordenseigenen Verlages, der Pensa und andere Schriften der Mitglieder unabhängig vom Buchhandel drucken sollte,[128] machte Bode zwar

[128] Vgl. dazu auch Pawlowski, Der Beitrag Johann Adam Weishaupts zur Pädagogik des Illuminatismus (wie Anm. 4), 155: „Man beabsichtigte sogar, die besten *pensa* zum Druck zu befördern. Es gab im Orden das Bestreben, eigene Publikationen zu ermöglichen und dazu den schriftstellerisch besonders ambitionierten Mitgliedern eine Plattform zu verschaffen", was u. a. auch Geld in die Ordenskassen spülen sollte. Angeblich „wurden zur Umsetzung dieses Vorhabens Kontakte zu

nicht, und es ist mangels Belegen auch nicht klar, ob und ggf. in welcher Weise er seiner Ankündigung nachkam, Eisenhuths Ausarbeitung im Orden zirkulieren zu lassen. Vielleicht aber findet sich hier eine Erklärung dafür, warum sich Eisenhuths „Aufsatz" ebenso wie die anderer Ordensbrüder in Bodes Nachlaß befinden, andere Abhandlungen dagegen spurlos verschwunden sind: Möglicherweise wurden nur solche Einsendungen für aufbewahrungswürdig gehalten, die auch den Beifall des „Basilius" gefunden hatten.[129]

Auch Eisenhuth scheint die Anregung seines Oberen, seine Vorschläge zu einem Artikel in einem gelehrten Journal auszuarbeiten, nicht weiterverfolgt zu haben; jedenfalls konnte kein Aufsatz dieses Zuschnitts oder gar ein mit Eisenhuths Namen versehener zum Thema Kindsmord ermittelt werden, auch wenn die Debatte um die Kindestötung weiterging und das Thema im Kontext des Entwurfs für das ALR auch auf gesetzgeberischer Seite nochmals diskutiert wurde.[130] Eisenhuth seinerseits wandte sich im März 1787 das nächste Mal an Basilius-Bode und berichtete ihm, er wolle des bevorstehenden 50. Hochzeitstages seiner Eltern mittels eines „gedruckten Denckmals" gedenken, und bat ihn darum, ihm zu diesem Zweck ein Thema vorzugeben und auch Bücher zu übersenden sowie die fertige Arbeit zu korrigieren.[131] An eine Ermutigung zur Fortführung der Kindsmord-Problematik hatte er dabei angesichts des Anlasses wahrscheinlich nicht gedacht; falls doch, wäre diese Erwartung jedenfalls nicht erfüllt worden. Bode antwortete ihm mit dem üblichen zweimonatigen Verzug, also im Mai:

> Sie haben mir, theurer Br[uder]., durch die Erzählung von der auf eine so seltene Art glücklichen Ehe Ihrer lieben Eltern wahres Vergnügen gemacht, und ich glaube, daß diese Gelegenheit gewiß zu irgend einer kleinen Schrift benuzt zu werden verdient, besonders da Sie dadurch nicht wenig Freude verursachen werden. Sie verlangen, daß ich Ihnen zu diesem Behufe ein Thema *vorschreiben* soll *vorschreiben?* Das möchte ich am wenigsten, allenfalls *vorschlagen*, aber immer wäre es vielleicht am besten, Sie wählten sich selbst eins; denn das würde [...] um desto mehr aus dem Herzen kommen, und, welches denn die natürliche Folge ist, auch um desto stärcker zu Herzen gehen. Am besten scheint mir, würde ein Gegenstand seyn, der aus der Sache selbst genommen wäre, also z.B. vom Verhältniß der Eltern und Kinder, von der Freude, die Eltern von

Verlegern aufgenommen, wie z.B. zu Strobel in München, Göschen in Leipzig oder Grattenauer in Nürnberg. Hier zeigt sich, daß der Einfluß der Illuminaten im Verlagswesen des 18. Jahrhunderts ein bisher unberücksichtigt gebliebener Aspekt der Forschung ist".

129 Eigentlich sollten die Pensa ungeachtet ihrer Qualität innerhalb des Ordens aufbewahrt werden: „Abhandlungen und Aufsätze von geringem Werth bleiben bei der Magistratsversammlung liegen, die bessern werden an das geheime Kapitel eingeschickt, und dem Lokal-Obern ist alsdann angewiesen, was weiter damit vorgehen soll." (zitiert nach ebd., 154 f.).

130 Siehe u.a.: Auch eine Untersuchung der Frage: Welches sind die ausführbarsten Mittel, dem Kindermorde Einhalt zu thun?, in: Themis und Comus, oder: Juristen- und Advokaten-Calender (1790), 37–108. Zum ALR siehe Michalik, Kindsmord (wie Anm. 89), 237 ff.

131 SK11 (wie Anm. 26), Dok. 187.

gut erzogenen und gerathenen Kindern zu erwarten haben, vom Werthe des Alters, u. dgl. […].[132]

Ob diese geplante Abhandlung jemals geschrieben oder gar publiziert wurde, darüber finden sich in der Schwedenkiste ebensowenig Spuren wie in den in Frage kommenden Bibliothekskatalogen. Von „Eccard" hören wir schon bald darauf ein letztes Mal in einem Quibus Licet, das auf den 3. August 1787 datiert ist. Eisenhuth entschuldigte sich darin für sein dreimonatiges Schweigen, da er zwischenzeitlich zum Amtmann in Mücheln (etwa 30 km nordöstlich von Eckartsberga) bestellt worden war, wofür er einige Reisen nach Dresden hatte unternehmen müssen.[133] Danach verliert sich seine Spur im Orden, der allerdings seinerseits nun wahrscheinlich auch in Mitteldeutschland bald seine Aktivitäten einstellen sollte.[134]

Die Korrespondenz zwischen Eisenhuth und seinem ihm unbekannten Oberen Bode vom Jahreswechsel 1786/1787 über das Thema „Kindermord" zeigt aber nachdrücklich, daß im Illuminatenbund jenseits der eigentlichen Ordensarkana in Gestalt des ‚höheren Wissens' der Gradtexte ein lebhafter Austausch über drängende Themen der Zeit (und auch über persönliche Angelegenheiten und Anliegen) stattfand und sich der Orden – das heißt sowohl die ‚einfachen' Mitglieder wie Eisenhuth als auch die Oberen in Person von Bode – an den öffentlichen Debatten der Spätaufklärung beteiligte. Die Diskussion fand dabei zu einem großen Teil im Arkanraum des Ordens, nämlich in der anonym geführten Korrespondenz zwischen dem Oberen und seinem von ihm geführten und angeleiteten Neumitglied statt; dieser war aber auf dieser Ebene der ordensinternen Wissensproduktion definitiv nach außen, zu den öffentlich geführten Diskussionen und den dazugehörigen Medien hin durchlässig Und mehr noch, die Einspeisung des ordensintern gewonnenen Wissens und der dabei erprobten Argumente in den öffentlichen Diskurs war seitens des Ordens durchaus intendiert, der sich damit zumindest im Licht des hier behandelten Beispiels als integraler Teil der Vergesellschaftungsbewegung der Spätaufklärung erweist.

Entgegen verbreiteter Klischees war das Ziel des 1776 gegründeten Illuminatenordens nicht der Umsturz der bestehenden Herrschaftsordnung des Ancien Régime, sondern die vollendete Aufklärung und sittliche Vervollkommnung seiner Mitglieder. Erreicht werden sollte dieses Ziel durch die Vermittlung von Wissen und die (Aus-)Bildung der Mitglie-

[132] SK12 (wie Anm. 24), Dok. a277 („Ardibehescht 1157", an „Eccard", „Den 26. May abgeschickt").

[133] SK11 (wie Anm. 26), Dok. 187.

[134] Das Ende des Ordens außerhalb Bayerns liegt nach wie vor weitgehend im Dunkeln. Näheres dazu werden die Forschungen im Rahmen des genannten DFG-Projektes „Illuminatenaufsätze im Kontext der Spätufklärung" ergeben, die zumindest das Material der Schwedenkiste bis zum zeitlichen Endpunkt um 1788 auswerten werden.

der durch ihre Ordensoberen in verschiedenen „Classen". Eine wichtige Rolle spielten dabei die sogenannten „Pensa" – Aufsätze zu verschiedenen Themenkomplexen, die von den Angehörigen der unteren Grade ausgearbeitet werden mußten und teilweise bei den Versammlungen der örtlichen „Minervalkirchen" verlesen wurden. Die Themenauswahl erfolgte teils durch Vorgaben der Ordensoberen, teils auf Eigeninitative der Autoren. Häufig wurden auch die monatlichen Berichte an die Ordensoberen, die sogenannten „Quibus Licet", für die Identifizierung diskussionswürdiger Themen und die Ausarbeitung längerer Abhandlungen genutzt. Der Aufsatz zeigt am Beispiel eines solchen zweiteiligen „Quibus Licet" vom November 1786 und Januar 1787, das sich mit dem in dieser Zeit vieldiskutierten Problem des „Kindermordes" auseinandersetzte, wie sehr sich die ordensinterne Kommunikation mit den öffentlichen Debatten der Spätaufklärung überschnitt. Der Illuminatenorden erweist sich im Lichte seiner Aufsatzpraxis als Teil der „Gesellschaft der Aufklärer", der nicht nur öffentlich verhandelte Themen aufgriff und im Arkanraum weiterdiskutierte, sondern auch seinerseits durch die Ermutigung der Mitglieder zur Publikation ihrer Gedanken in Journalen und Abhandlungen an der öffentlichen Debatte teilzunehmen suchte.

Contrary to prevalent clichés, the aim of the Order of the Illuminati, founded in 1776, was not the overthrow of the existing order of Ancien Régime rule, but rather the enlightenment and moral improvement of the Order's members. This was to be achieved through the conveyance of knowledge and the instruction of members through the Order's superiors in various „classes". An important role in this undertaking was played by the so called „pensa" (allotted tasks), i. e. essays on various themes assigned to members of the lower grades, some of which were then read out at the meetings of the local „Mineral churches", the subjects of the essays having been chosen in some cases by the Order's superiors and in others by the authors themselves. The monthly reports to the superiors, the so called „quibus licet", were often used to identify themes worthy of discussion and for the broader circulation of longer essays. Drawing on the case study of one such two-part „quibus licet" of November 1786 and January 1787, dealing with the question of infanticide–a much debated topic at the time–the present article demonstrates the great extent to which the Order's internal communication overlapped with the public debates of the Late Enlightenment. Viewed in light of these essays, the Order of the Illuminati reveals itself to be an integral part of the „Society of the Aufklärer"; not only did it take up publically discussed themes for further debate in secretive seclusion, but it also attempted to partake in the public debates of the day by encouraging members to publish their thoughts in Journals and as treatises.

Dr. Markus Meumann, Forschungszentrum Gotha der Universität Erfurt, Schloss Friedenstein, 99867 Gotha, E-Mail: markus.meumann@uni-erfurt.de

Hanspeter Marti

Der Wettbewerb um die Gunst des Schicksals

Basler Kandidatenreigen um die Besetzung einer Rhetorikprofessur im 18. Jahrhundert

I. Einleitung

Der Begriff ‚Gelehrtenrepublik' entstand in der Frühen Neuzeit und wurde meist in apologetischer Absicht verwendet. Man assoziierte ihn mit der Utopie eines standesgemäßen Miteinanders freien, allein der Wahrheit verpflichteten Strebens und Gedankenaustauschs. Diese Idealvorstellung weckt die Neugier der Gelehrsamkeitshistoriker, die wissen möchten, welche Vorgänge, Usanzen und Strukturen den Alltag der frühneuzeitlichen Bildungseliten tatsächlich bestimmten. Institutionellen Rückhalt fanden die Gelehrten in den Städten, an den Höfen, in den Klöstern, vor allem aber in den Hohen Schulen, besonders an den allein mit den Privilegien der Promotion ausgestatteten Universitäten. In der Alten Eidgenossenschaft (Schweiz) besaß dieses Recht einzig die im Jahre 1460 gegründete Universität Basel, die nicht nur in das städtische Leben eingebunden, sondern in ihrer Autonomie durch die politische Obrigkeit, den Basler Rat, auch stark eingeschränkt war. Schon deshalb ist der skizzierte Begriff der Gelehrtenrepublik, wenn überhaupt, dann nur mit großer Vorsicht und nach einer Musterung der in ihm enthaltenen Implikationen zu verwenden. Daß die herkömmliche Metapher in unserem Zusammenhang keinen adäquaten Sinn ergibt und zur historischen Realität kaum paßt, veranschaulichen die bei der Wahl von Professoren an die Alma Mater Basiliensis gängigen Gepflogenheiten und das im Folgenden herangezogene typische Beispiel aus der ersten Hälfte des 18. Jahrhunderts. Der Ehrgeiz der kleinen Skizze besteht darin, frühneuzeitlichen Professorenberufungen in einem lokalen Umfeld näherzukommen und ein Fundament für vergleichende Studien zu schaffen.

Die ausgesprochen günstige Quellen- und Forschungslage zur Geschichte der frühneuzeitlichen Universität Basel ist eine hervorragende Voraussetzung für die Einlösung der nach wie vor zahlreich vorhandenen Desiderata. Der Universitäts-

Aufklärung 26 · © Felix Meiner Verlag 2014 · ISSN 0178-7128

historiker kann auf eine Matrikeledition zurückgreifen, die minutiös aufgearbeitete Personendaten zu den immatrikulierten Studenten von der Gründung der Universität bis zu den Jahren 1816/17, dem Ende der alten Universität, bietet.[1] Es steht eine zum 500 Jahr-Jubiläum entstandene sorgfältig gearbeitete Geschichte der Basler Universität zur Verfügung, die frühere Darstellungen ergänzt und sogar die Vorlesungsverzeichnisse einbezieht.[2] Handschriftliche Quellen sind in großer Fülle und Vollständigkeit im Staatsarchiv Basel-Stadt und in der Handschriftenabteilung der Universitätsbibliothek vorhanden, ebenso fast alle Basler Drucke einschließlich des akademischen Kleinschrifttums, letzteres nicht selten in mehreren Exemplaren. Auch gingen für die frühneuzeitliche Disputationsforschung von der damals bezeichnenderweise nicht als Habilitationsschrift anerkannten Arbeit des Rechtshistorikers Karl Mommsen (1923–1976) schon früh wichtige unterrichtsgeschichtliche Impulse aus, noch bevor postum die vom selben Autor vorbereitete Bibliographie der juristischen Basler Dissertationen im Druck erschien.[3] Bereits seit 1942 sind die frühneuzeitlichen Dissertationen der medizinischen Fakultät, allerdings mit Ausnahme der Plakatthesen, bibliographisch er-

[1] Die Matrikel der Universität Basel, Bd. I: 1460–1529, hg. von Hans Georg Wackernagel, Basel 1951; Bd. II: 1532/33–1600/01, hg. von Hans Georg Wackernagel unter Mitarbeit von Marc Sieber und Hans Sutter, Basel 1956; Bd. III: 1601/02–1665/66, hg. von Hans Georg Wackernagel unter Mitarbeit von Marc Sieber, Hans Sutter und Andreas Tammann, Basel 1962; Bd. IV: 1666/67–1725/26, hg. von Hans Georg Wackernagel†, Max Triet, Pius Marrer, Basel 1975; Bd. V, 1726/27–1817/18, hg. von Max Triet, Pius Marrer, Hans Rindlisbacher, Basel 1980 (in den einzelnen Bänden auch Auflistung der häufig verwendeten handschriftlichen und gedruckten Quellen und Hilfsmittel). Marion Gindhart und meiner Frau, Karin Marti-Weissenbach, die beide am Forschungsprojekt zur Geschichte des Basler Rhetorikunterrichts im 18. Jahrhundert beteiligt sind, sowie Robert Seidel danke ich für die kritische Durchsicht des vorliegenden Beitrags.

[2] Andreas Staehelin, Geschichte der Universität Basel 1632–1818, Erster Teil, Basel 1957, Zweiter Teil, Anhang, Basel 1957 (Studien zur Geschichte der Wissenschaften in Basel, 4/5), mit weiteren bibliographischen Hinweisen. Für die Folgezeit ders., Geschichte der Universität Basel 1818–1835, Basel 1959 (Studien zur Geschichte der Wissenschaften in Basel, 7). Ältere Literatur auch in: Wilhelm Erman, Ewald Horn, Bibliographie der deutschen Universitäten. Systematisch geordnetes Verzeichnis der bis Ende 1899 gedruckten Bücher und Aufsätze über das deutsche Universitätswesen, Bd. 2, Hildesheim 1965, Anhang, 1183–1203.

[3] Karl Mommsen, Auf dem Wege zur Staatssouveränität. Staatliche Grundbegriffe in Basler juristischen Doktordisputationen des 17. und 18. Jahrhunderts, Bern 1970. Ders., Katalog der Basler juristischen Disputationen 1558–1818, aus dem Nachlaß hg. von Werner Kundert, Frankfurt am Main 1978 (Ius commune, Sonderhefte, Texte und Monographien, 9). Ferner: Werner Kundert, Zur Forschungsarbeit an alten juristischen Dissertationen: Basler Disputationen des usus modernus über die laesio enormis, in: Christoph Bergfeld (Hg.), Aspekte europäischer Rechtsgeschichte: Festgabe für Helmut Coing zum 70. Geburtstag, Frankfurt am Main 1982 (Ius commune, Sonderhefte, Texte und Monographien, 17), 147–170.

faßt.[4] Der philosophischen Dissertationen des 17. Jahrhunderts nahm sich eine Zürcher Doktorarbeit an, von der nur ein Teildruck vorliegt und welche die Theseschriften sowohl bibliographisch erschließt als auch deren Inhalt, nach Disziplinen sortiert, zusammenfassend vorstellt.[5] Ein themenspezifisch ausgerichteter Aufsatz ist den philosophischen Dissertationen des 16. und einmal mehr des 17. Jahrhunderts, vornehmlich den dort begegnenden Aufteilungen der philosophischen Fächer, gewidmet.[6] Die größte Forschungslücke ist bei den theologischen Disputationsschriften festzustellen: Weder liegt eine vollständige Bibliographie vor, noch wurden sie bislang in Serie interpretiert. Die Feierlichkeiten zum 500jährigen Bestehen der Universität Basel lenkten die Aufmerksamkeit in gut humanistischer Tradition auch auf eine Vielzahl von Gratulationsgedichten, die zusammen mit den Thesenschriften gedruckt wurden.[7] Mengenmäßig stand das akademische Kleinschrifttum seit dem letzten Viertel des 16. Jahrhunderts bis um 1800 herum weitaus an der Spitze der Basler Druckproduktion und sicherte dieser nach dem Verebben der humanistischen Glanzzeiten eine nicht zu unterschätzende produktive Kontinuität.[8]

Das Hauptinteresse der Basler Universitätsgeschichtsschreibung richtete sich bis jetzt auf die Gründungsphase und auf die Blütezeit des Humanismus im 16. und frühen 17. Jahrhundert, während der die Alma Mater Basiliensis, insbesondere als beliebte Promotionsuniversität, europäische Ausstrahlung besaß. Die folgenden gut hundertfünfzig Jahre wurden, abgesehen von kurzen, an herausragen-

[4] Fritz Husner, Verzeichnis der Basler medizinischen Universitätsschriften von 1575–1829, in: Festschrift für Jacques Brodbeck-Sandreuter [...] zu seinem 60. Geburtstag, Basel 1942, 137–269 (zum Fehlen der Plakatthesen, ebd., 139).

[5] Wolfgang Rother, Die Philosophie an der Universität Basel im 17. Jahrhundert, Quellen und Analyse, Abhandlung zur Erlangung der Doktorwürde der Philosophischen Fakultät der Universität Zürich (Zürich 1980), masch., 2 Teilbde. Ders., Die Philosophie an der Universität Basel im 17. Jahrhundert [Teildruck], Zürich 1981. Ders., Zur Geschichte der Basler Universitätsphilosophie im 17. Jahrhundert, in: History of Universities 2 (1981), 153–191. Ders., Die Hochschulen in der Schweiz, in: Helmut Holzhey (Hg.), Grundriss der Geschichte der Philosophie, begründet von Friedrich Ueberweg, völlig neubearbeitete Ausgabe, Die Philosophie des 17. Jahrhunderts, Bd. 4: Das Heilige Römische Reich Deutscher Nation, Nord- und Ostmitteleuropa, Basel 2001, 446–474, zu Basel 449–456.

[6] Ursula Kundert, Enzyklopädie im Wandel. Basler philosophische Disputationen zwischen 1585 und 1650, in: Martin Schierbaum (Hg.) Enzyklopädistik 1550–1650. Typen und Transformationen von Wissensspeichern und Medialisierung des Wissens, Münster 2009 (Pluralisierung und Autorität, 18), 379–412.

[7] Hellmut Gutzwiller, Zum Basler Universitätsjubiläum, in: Schweizerische Zeitschrift für Geschichte 11 (1961), 60–73. Peter Buxtorf, Alma mater poetica, Basel 1960 (Studien zur Geschichte der Wissenschaften in Basel, 9).

[8] Urs B. Leu, Die Bedeutung Basels als Druckort im 16. Jahrhundert, in: Volker Leppin (Hg.), Spätmittelalter, Humanismus, Reformation. Studies in the Late Middle Ages, Humanism and the Reformation, Tübingen 2014, 53–78, hier 76 (Fig. 5).

de Professoren-Persönlichkeiten gebundene Zwischenhochs, als Periode des Niedergangs und wachsender Provinzialisierung betrachtet.[9] Von dieser Sicht der Dinge ist vor allem das 18. Jahrhundert betroffen, in dem die Immatrikulationszahlen an einen Tiefpunkt gelangten, der auch, weniger ausgeprägt, hinsichtlich der Qualität des Unterrichts erreicht schien. Fern von hagiographischen Interessen besteht keine wissenschaftliche Verpflichtung zur alleinigen Rekonstruktion goldener Zeiten, die es in Wirklichkeit wohl so nicht gab, wie Jubilierende sie vermuten. Daher kann die nähere Beschäftigung mit der Basler Universität des 18. Jahrhunderts eine Herausforderung sein, den während der 550 Jahr-Feierlichkeiten fast ausschließlich beschrittenen Weg des Andenkens zu verlassen,[10] sich anderen Fragestellungen, bislang unbearbeiteten Quellenbeständen und nicht behandelten Themen zuzuwenden.

Den Anknüpfungspunkt bildet hier das von 2010 bis 2013 von der Deutschen Forschungsgemeinschaft finanzierte Projekt ‚Wissenschaftshistorische Erschließung frühneuzeitlicher Dissertationen zur Rhetorik, Poetik und Ästhetik aus den Universitäten des Alten Reichs', das unter der Leitung von Robert Seidel (Universität Frankfurt am Main) stand und an dem Reimund Sdzuj (Greifswald) und ich als Mitarbeiter beteiligt waren.[11] In der Anfangsphase, die der Ermittlung der ein-

[9] Der Topos neulich wieder bei Martin Lengwiler, Basler Geschichtswissenschaften in wissenshistorischer Perspektive, in: Basler Zeitschrift für Geschichte und Altertumskunde 113 (2013), 5–9, hier 6: „Noch im 16. Jahrhundert besass die Universität – als Zentrum des deutschsprachigen Humanismus – eine internationale Ausstrahlung. Das 17. Jahrhundert leitete einen schrittweisen Niedergang ein, der sich bis ins 19. Jahrhundert erstreckte." Ähnlich Kaspar von Greyerz, Basel im 16. und 17. Jahrhundert. Universität, Humanismus und Wissenschaft, in: Martin Wallraff (Hg.), Gelehrte zwischen Humanismus und Reformation. Kontexte der Universitätsgründung in Basel 1460, Berlin, Boston 2011 (Litterae et Theologia, Publikationen des Frey-Grynaeischen Instituts in Basel, 2), 75–93, hier 92: „allmähliche Verflachung der Qualität von Forschung und Lehre an der Basler Universität des 17. Jahrhunderts", Weg der „länger anhaltenden wissenschaftlichen Provinzialisierung", doch mit Ausnahme von „einzelnen herausragenden Gelehrten vor allem des 18. Jahrhunderts" (ebd., 93). Zu Letzteren zählen Angehörige der Familie Bernoulli mit bahnbrechenden akademischen Leistungen, die nur begrenzt in den universitären Unterricht einfließen konnten, dazu exemplarisch: Fritz Nagel, Sulamith Gehr, Zürich und Basel im Dialog. Johann Jakob Scheuchzers Korrespondenz mit Johann I Bernoulli, in: Urs B. Leu (Hg.), Natura Sacra. Der Frühaufklärer Johann Jakob Scheuchzer (1672–1733), Zug 2012, 181–207. Ders., Habent sua fata principia / Newton in Basel, in: Librarium 53 (2010/2), 99–110, pointiert hier, 109: „Die Basler Exemplare der *Principia* legen noch heute beredtes Zeugnis dafür ab, dass die Universität Basel auch in einer Zeit des Niedergangs in der ersten Hälfte des 18. Jahrhunderts zumindest hinsichtlich der Mathematik ein Zentrum wissenschaftlicher Exzellenz war, das im Netzwerk der ‚république des lettres' eine bedeutende und glanzvolle Stellung einnahm."

[10] Wallraff (Hg.), Gelehrte zwischen Humanismus und Reformation (wie Anm. 9); Martin Wallraff, Sara Stöcklin-Kaldewey (Hg.), Schatzkammern der Universität Basel. Die Anfänge einer 550-jährigen Geschichte, Katalog zur Ausstellung, Basel 2010.

[11] Vgl. die Projektpräsentation von Robert Seidel: Johann Andreas Michael Nagels Disputationen an der Universität Altdorf. Werkstattbericht aus einem wissenschaftshistorischen Erschlie-

schlägigen Quellen gewidmet war, wurde die Universität Basel als einzige reformierte Hochschule in das Vorhaben einbezogen, dann aber aus Gründen der Arbeitskapazität und in der Hoffnung, ein nur auf die Basler Hochschule bezogenes Teilvorhaben verwirklichen zu können, weitgehend ausgeklammert. Nach einem verzögerten Beginn wird nun unter der Ägide der Arbeitsstelle für kulturwissenschaftliche Forschungen (Engi/Glarus-Süd, Schweiz) das intendierte Projekt verwirklicht und ein Repertorium ausgewählter Basler Dissertationen zu den Fächern Rhetorik, Poetik und Ästhetik erstellt. Der vorliegende Aufsatz steht am Anfang der Publikationen zu diesem unterrichts- und rhetorikgeschichtlichen Vorhaben, da er einen für das Verständnis des Basler Disputationswesens essentiellen Sachverhalt behandelt. Dieser verdient über den lokalen Rahmen hinaus in die Geschichtsschreibung zur disputatio und zu den Berufungsverfahren, zur Karrieregeschichte frühneuzeitlicher Universitätsgelehrter überhaupt, aufgenommen zu werden, auch weil er auf die Problematik eines unreflektierten Gebrauchs der Wortverbindung ‚respublica litteraria' verweist.

‚Schicksal' als Titelwort meint hier nicht die launische Glücksgöttin Fortuna der Antike und der pagan-humanistischen Tradition, sondern die dem christlichen Gott zugeschriebene Macht, alles nach seinem Gutdünken zu lenken, folglich den im Selbstverständnis damaliger Protagonisten durch menschliches Planen nur sehr bedingt beeinflußbaren Fortgang der Ereignisse.[12] Samuel Werenfels (1657–1740), der weit über das alte Basel hinaus bekannt gewordene Vertreter der sogenannten Übergangstheologie, Verfasser der Logomachie-Dissertationen und Kritiker rhetorischen Schwulsts, widmete, unter dem wohl doppeldeutigen Titel ‚In sortem invectiva' dem Schicksal bzw. dem Los zwei Epigramme, in denen er die gegen das ungerechte Geschick gerichtete Anklage zumindest teilweise zu entkräften versuchte.[13]

ßungsprojekt, in: Hanspeter Marti, Karin Marti-Weissenbach (Hg.), Nürnbergs Hochschule in Altdorf. Beiträge zur frühneuzeitlichen Wissenschafts- und Bildungsgeschichte, Köln, Weimar, Wien 2014, 286–314.

12 Auf die Fortunathematik im Umfeld der frühneuzeitlichen Basler Universität gehe ich an anderer Stelle ein; zum barocken Deutungsspektrum siehe Gottfried Kirchner, Fortuna in Dichtung und Emblematik des Barock. Tradition und Bedeutungswandel eines Motivs, Stuttgart 1970, hier 114–117 und 221–223 (zur Identität von Fortuna und Vorsehung).

13 Samuel Werenfels, Opuscula theologica, philosophica et philologica. Editio nova aucta et emendata, tomus tertius, fasciculus epigrammatum, Basel 1782, 337–428, hier CXXVI und CXXVII, 375 f. Buxtorf, Alma mater (wie Anm. 7), 46 (Abdruck des Einzeldistichons: „CXXVII In sortem invectiva // ‚Sors ubi regnat, ais, virtus ibi nil valet.' ista, // nummus ubi regnat, dic mihi, plusne valet?"). Buxtorf reduziert ‚sors' auf die Bedeutung von ‚Los'.

II. Das Basler Ernennungsprozedere

Die Professorenschaft der Basler Universität setzte sich von 1632 bis 1818, von zwei Ausnahmen abgesehen, aus Angehörigen des in der Rheinstadt heimischen Bürgertums zusammen.[14] Nicht zuletzt deshalb war die Alma Mater Basiliensis in der Frühen Neuzeit eine typische, doch in ihrer Art auch Besonderheiten aufweisende Familienuniversität.[15]

An der philosophischen Fakultät waren jeweils die folgenden neun Lehrstühle zu besetzen: Logik, Rhetorik, Eloquenz (= Oratorik), Griechisch, Mathematik, Physik, Geschichte (löst seit 1659 die Professur für das organum Aristotelicum ab), Ethik und Hebräisch.[16] Bei den meist durch Tod entstandenen Vakanzen machte die Fakultät der Regenz[17] einen Vorschlag zur Neubesetzung der Professur. Die um vier Vertreter des Rats, sogenannte Deputaten, erweiterte Regenz nahm dann in offener Abstimmung die Professorenwahl vor, die aber von der städtischen Obrigkeit noch genehmigt werden mußte.[18] Um Beeinflussungsversuche,

[14] Staehelin, Geschichte (wie Anm. 2), Erster Teil, 52; die beiden Ausnahmen sind der Physikprofessor Heinrich Kisselbach (1600–1673) und der Mathematiker und Kopernikusanhänger Peter Megerlin (1623–1686), Biographien in: Staehelin, Geschichte (wie Anm. 2), Zweiter Teil, Anhang, 571 f. (Kisselbach), 573 (Megerlin).

[15] Staehelin, Geschichte (wie Anm. 2), Zweiter Teil, mit dem eindrücklichen, für das Folgende wichtigen Zitat, 405: „Von den 80 Professoren, die zwischen 1600 und 1700 an der Universität dozierten, gehörten rund 60 Prozent einem Kreis von fünfzehn Familien an, an deren Spitze die Burckhardt mit 8 Professoren stehen, gefolgt von den Faesch mit 6, den Buxtorf mit 4, den Bauhin, Beck, Platter, Wettstein, Wolleb und Zwinger mit je 3 und den Battier, Eglinger, Hoffmann, Iselin, Stupanus und Werenfels mit je zwei Vertretern. Wenn wir die Entwicklung gleich noch bis an das Ende des 18. Jahrhunderts verfolgen, läßt sich feststellen, daß zwar bedeutend mehr Familien ‚zum Zuge' kommen, daß aber doch noch eine ganze Reihe mehrfach vertreten ist, so die Bernoulli (5), Burckhardt (4), Ryhiner, Merian, Staehelin, Zwinger (je 3) und Battier, Beck, Buxtorf, Iselin, Koenig, Legrand und Mieg (je 2)." Hier auch Genaueres zur ständischen Herkunft der Professoren. Ferner: Marian Füssel, Präzedenzen, Promotionen und Patrone. Frühneuzeitliche Gelehrtenkultur an der Universität Basel: Universität Basel 1460–2000, www.unigeschichte.unibas.ch (Historisches Seminar Basel / Januar 2010), 1–16.

[16] Staehelin, Geschichte (wie Anm. 2), Erster Teil, 52.

[17] Die Regenz oder der senatus academicus setzte sich aus allen Lehrstuhlinhabern der drei oberen Fakultäten und aus fünf Vertretern der philosophischen Fakultät zusammen und zählte folglich höchstens 14 Mitglieder. Aus verschiedenen Gründen waren an den Sitzungen häufig Absenzen zu verzeichnen. Vater und Sohn durften nicht gleichzeitig der Regenz angehören, vgl. dazu Staehelin, Geschichte (wie Anm. 2), Erster Teil, 4–11, hier 4 f.

[18] Die Geschichte des Wahlverfahrens für Basler Professoren ist gut erforscht, grundlegend: Albrecht Burckhardt, Ueber die Wahlart der Basler Professoren, besonders im 18. Jahrhundert, in: Basler Zeitschrift für Geschichte und Altertumskunde 15 (1916), 28–46, sowie Staehelin, Geschichte (wie Anm. 2), Erster Teil, 57–70. Ferner: Ulrich Im Hof, Vom politischen Leben im Basel des 18. Jahrhunderts, in: Basler Zeitschrift für Geschichte und Altertumskunde 48 (1949), 141–166, hier 147–152.

Korruption und andere unredliche Machenschaften, damals ‚Praktiken' genannt, zu verhindern und zu unterbinden, wurde 1688 das Ballotsystem, ein Verfahren geheimer Stimmabgabe mit Kugeln, eingeführt.[19] 1718 erfolgte die für unser Thema entscheidende Neuerung, die Einführung des sogenannten blinden Loses als Wahlverfahren:[20] Nach der Ausschreibung der Vakanz durch die Regenz hatten sich die Bewerber zu melden und eine Dissertation, das sogenannte ‚Specimen disputatorium pro vacante cathedra', auch ‚Theses pro cathedra' oder ähnlich genannt, einzureichen. Hernach mußten sie mindestens eine Probelektion halten und unter ihrem Vorsitz die von ihnen eingereichte Dissertation verteidigen lassen. Wollte ein bewährter Professor einen anderen Lehrstuhl übernehmen oder hatte ein Kandidat schon einmal zum nämlichen Zweck Thesen verteidigt, war eine Befreiung von Lektion und Disputation möglich. Die Wählbarkeit der Kandidaten mußte von der Regenz beschlossen werden, bevor sich der Senat, d. h. die Regenzialen und die Deputaten, einschließlich des Stadtschreibers, als Wahlbehörde konstituierte. Gab es nur einen einzigen geeigneten Anwärter für die Stelle, konnte er direkt gewählt werden, oder der Posten wurde, um den Wettbewerb allenfalls doch noch zu ermöglichen, ein weiteres Mal ausgeschrieben. Bei zwei oder drei qualifizierten Bewerbern entschied das Los, welche Person vom Wahlgremium dem Rat vorgeschlagen werden sollte. Bei mehr als drei Kandidaten war ein komplizierteres Prozedere vorgesehen, das heißt, es kam ein Dreiervorschlag, das sogenannte Ternarium, zur Anwendung: Aus den zwischen zehn und achtzehn wählenden Personen wurden ad hoc drei Kollegien gebildet, die mit römischen Kennziffern (I, II, III) bezeichnet waren: Die Wähler hatten aus einem Säcklein eine mit der römischen Zahl beschriftete Kugel zu ziehen, mit der die Zuordnung zur entsprechenden Wählergruppe gegeben war. Jede Gruppe hatte aufgrund des relativen Mehrs einen Kandidaten für das Ternarium zu bestimmen, jeder Wähler besaß eine Stimme, die er schriftlich, auf einem Zettel, abgab. Wenn keiner der Kandidaten die geforderte Mehrheit der Stimmen erreichte respektive wenn Stimmengleichheit herrschte, entschied das Los, das heißt der sogenannte Stich über die Person, die von den Wählergruppen in das Ternarium abgeordnet wurde. Unter den drei Kandidaten, die das Ternarium erreichten, entschied wiederum das Los über die definitive Wahl, die vom Großen Rat, der politischen Obrigkeit, bestätigt werden mußte, was, soweit bekannt, stets ohne Einsprache geschah. Neu am Wahlmodus von 1718 waren der Dreiervorschlag und das Los, das darüber

[19] Da das Ballotverfahren für die in diesem Beitrag behandelte Zeitspanne irrelevant ist, wird es hier nicht beschrieben, siehe dazu Burckhardt, Wahlart (wie Anm. 18), 31 f.; Staehelin, Geschichte (wie Anm. 2), Erster Teil, 63 f.

[20] Beschreibung nach Burckhardt, Wahlart (wie Anm. 18), 32–34, und Staehelin, Geschichte (wie Anm. 2), Erster Teil, 12 f. Im Wesentlichen folge ich der luziden Beschreibung des Prozedere durch Burckhardt, der das Beispiel der Wahl des Physikprofessors vom 1. April 1727 anführt (ebd., 40), an der sich als Kandidat der junge Leonhard Euler ohne Erfolg beteiligte.

entschied, welcher der drei im Ternarium befindlichen Kandidaten schließlich als gewählt erklärt wurde. Während die ‚Wahl zu Dreyen' bei der Neubesetzung von Professuren stets zur Anwendung kam, war den Professoren innerhalb einer Fakultät das Aufrücken von einer tieferen in eine höhere Position erlaubt, die Kandidatur für den Aufstieg in eine obere Fakultät setzte aber eine Wahl nach dem beschriebenen Verfahren voraus.

In der Forschungsliteratur wird das geschilderte Wahlprozedere nach dem Abwägen der Pro- und Kontra-Argumente grundsätzlich positiv bewertet und stillschweigend davon ausgegangen, daß in der Regel soziale Konfigurationen oder eine gesellschaftlich-politische Institution die zur gesunden Selbsterhaltung des Systems adäquaten, mißbrauchsresistenten Verfahren entwickeln würden.[21] Selbstbehauptung und Selbstbefriedung gingen anscheinend Hand in Hand. Mit der mehrfachen Anwendung des Loses wollte man dem ethischen Ideal der Gerechtigkeit entsprechen und delegierte, angesichts der menschlichen Unzulänglichkeit, die wichtigen Entscheide dem Ratschluß der göttlichen Vorsehung.[22] Planbarkeit und Kontingenz sollten in harmonischem Spiel zusammenwirken und im Wahlgeschäft eine dem Ernst der Sache angemessene, das heißt die richtige, göttlich sanktionierte Entscheidung herbeiführen. Ob mit dem auch für die Besetzung der übrigen Ämter angewendeten Wahlverfahren ethisch ungerechtfertigte Koinzidenzen im doch sehr kleinen Basler Stadtstaat verhindert werden konnten, darf man bezweifeln, immerhin wurden sie mit der Aktivierung des Zufalls bzw. mit dem Los, der intendierten Delegation der Verantwortung an die göttliche Instanz, vermindert. Die Geschichtsschreibung geht nicht einmal davon aus, daß für die allein aus dem Basler Umfeld besetzten Professorenstellen ein Mangel an fachlich geeigneten Kandidaten bestanden habe. Lange erschien das, was immer schon war, auch als gut. Am 17. Juni 1818 trat dann aber das Gesetz über die Aufstellung und Organisation des Erziehungsrats in Kraft, das der Regenz und den Fakultäten bei der Ernennung von Professoren keinerlei Kompetenzen mehr einräumte:[23] Der Erziehungsrat schlug von da an dem Kleinen Rat die von ihm Ernannten zur Bestätigung vor. Die Universität in ihrer Eigenschaft als rechtliche Körperschaft büßte Macht ein und verlor an Autonomie.

[21] Staehelin, Geschichte (wie Anm. 2), Erster Teil, 61 und 66, kommt dessen ungeachtet zu einer realistischen Einschätzung der Sachlage, aber nicht zu einer grundsätzlichen Kritik am damaligen Wahlverfahren, weil „die Wahlen an der Universität bis auf den heutigen Tag jeweilen überaus heikle Probleme mit sich bringen" (ebd., 65).

[22] Ebd., 66: „Aber der Endentscheid war dem blinden Los vorbehalten; in ihm glaubte man, Gottes Hand zu sehen."

[23] Burckhardt, Wahlart (wie Anm. 18), 44.

III. Das Wahlkarussell bei der vakanten Rhetorikprofessur 1741

Das rhetorische Fach war an der Universität Basel eigentlich mit zwei Lehrstühlen vertreten und verfügte daher in der Frühen Neuzeit über ein außergewöhnlich großes, doch nicht unbedingt breites Unterrichtsangebot. Der Professor der Rhetorik sollte wohl hauptsächlich Theorie der Beredsamkeit, der Professor der Eloquenz oder Oratorik die praktische Anwendung der rhetorischen praecepta lehren. Tatsächlich ließen sich die beiden fachlichen Sparten nur schwer auseinanderhalten, und bereits im 17. Jahrhundert wurde in Dissertationen der Sinn des Nebeneinanders der beiden Lehrstühle kontrovers behandelt und in Frage gestellt.[24] An der Einrichtung als solcher änderte sich aber bis zum Jahr 1818 nichts. Wie an allen anderen frühneuzeitlichen hohen Schulen war die Ordnung der Fakultäten und der Lehrstühle an der Universität Basel streng hierarchisch strukturiert, was sich unter anderem allein schon an den unterschiedlichen Besoldungen der Professoren der philosophischen Fakultät ablesen läßt Den höchsten Lohn empfing der Hebräischprofessor, wohl wegen der fachlichen Nähe zur Theologie. Wesentlich weniger Geld verdienten die Professoren der Ethik, der Physik, der Mathematik und der Geschichte, am tiefsten eingestuft waren die Logik-, Rhetorik-, Oratorik- und Griechischprofessoren.[25] Wer an der Universität Karriere machen wollte, suchte oft den Einstieg über die untersten Ränge der philosophischen Fakultät, um später innerhalb dieser einen lukrativeren Posten zu ergattern oder in einer der oberen Fakultäten unterzukommen. Johann Balthasar Burckhardt (1710–1792), der am 15. Dezember 1733 Professor der Rhetorik wurde, übernahm am 22. April 1738 das Vikariat für den Hebraisten, am 28. November 1740 die Professur der loci communes und der Kontroverstheologie, erwarb am 16. Januar 1741 den theologischen Doktorgrad und stieg am 8. Mai 1744 zur angesehenen Professur des Neuen Testaments auf. Während er Hebräisch lehrte, vertrat ihn Anton Birr (1693–1762) als Rhetorikprofessor.[26]

Wie bei anderen Basler Professorenwahlen, fällt bei der hier beschriebenen Besetzung des vakanten Rhetoriklehrstuhls die stattliche Anzahl von Kandidaten auf – es sind fünfzehn Personen, die sich dem Wettbewerb um die frei gewordene Professur stellten.[27] Trotz der geographischen Beschränkung der Auswahl auf die Stadt Basel und deren Universität ist eher von einem lokalen Überangebot von

[24] Staehelin, Geschichte (wie Anm. 2), Erster Teil, 194–197 (Inhaber der Lehrstühle). Rother, Die Philosophie (masch.) (wie Anm. 5), 485–487 (zur Differenz von Rhetorik und Oratorik).

[25] Liste bei Staehelin, Geschichte (wie Anm. 2), Zweiter Teil, 542 (Stand vor der Gehaltserhöhung von 1695, die, bei abgestuften Grundbesoldungen, für alle Professoren gleich hoch ausfiel).

[26] Staehelin, Geschichte (wie Anm. 2), Erster Teil, 194, Zweiter Teil, 546, 566.

[27] Ebd., Erster Teil, 61, berichtet Staehelin von der Wahl eines Ethikprofessors mit elf Bewerbern, zu der der Concours am 14. Januar 1749 mit der ersten pro cathedra-Disputation eröffnet und die erst am folgenden 13. Mai vorgenommen wurde (ebd., 61).

Bewerbern auszugehen. Es muß hier offen bleiben, ob diese Kandidatenschwemme angesichts der im Vergleich mit früheren Zeiten niedrigen Immatrikulations- und Besuchsfrequenzen tatsächlich auf einen Akademikerüberschuß zurückging oder einfach dem Wahlsystem geschuldet war. Letzteres begünstigte das Spiel mit dem Glück, die wiederholte Bewerbung, ja forderte sie von den um ein Unterkommen an der Universität Besorgten. Jedenfalls bestand für die 1741 besetzte Rhetorikprofessur eine erhebliche Nachfrage, wie im folgenden aus Tabelle 1 hervorgeht. Zudem zeigen die Beispiele von Andreas Ortmann, Lucas Raillard und Daniel Mitz, daß sich ein- und derselbe Student für denselben Anlaß mehrmals verschiedenen Präsiden als Respondent zur Verfügung stellen konnte. Dieses Mitwirken an einer pro cathedra-Disputation scheint eine Möglichkeit akademischer Qualifizierung gewesen zu sein, von der fortgeschrittene Studenten gerne Gebrauch machten. Die philosophische Fakultät erfüllte im 18. Jahrhundert ihre propädeutische Aufgabe im öffentlichen Rahmen zu einem großen Teil anläßlich dieses Concours um die Besetzung der Professorenstellen, dem in Basel im Vergleich mit anderen frühneuzeitlichen Universitäten deutschsprachiger Länder auch eine zentrale unterrichtsgeschichtliche Bedeutung zukam. Die pro cathedra-Disputationen hatten im Hinblick auf das berufliche Fortkommen vor allem für die Präsides buchstäblich eine wegweisende Funktion.

Die Wettbewerbs-Lehrveranstaltungen zur Nachfolge Johann Balthasar Burckhardts, an denen, wie es in Basel offenbar Brauch war und auch aus Titelblattangaben hervorgeht,[28] die Kandidaten teilnahmen, zogen sich über rund zwei Monate, vom 24. Januar bis zum 28. März 1741, hin, in denen in zeitlich mehr oder weniger regelmäßiger Folge die angekündigten Disputationen stattfanden. In der nachstehenden chronologischen Übersicht (Tabelle 1) fehlt Kandidat Anton Birr, der die Regenz in einer schriftlichen Eingabe mit einer längeren Begründung um Dispens von den Bewerbungsveranstaltungen ersuchte. Er wurde als wählbar erklärt, von der ihm unerwünschten Präsentationspflicht befreit, und die Regenz hielt protokollarisch fest, mit dieser Entscheidung keinen Präzedenzfall für andere Anwärter geschaffen zu haben.[29]

[28] Die für Basel typische, doch manchmal leicht modifizierte Formel lautet: „Disputatio philosophica quam [...] pro vacante professione rhethorica [sic!] [...] clariss. competitoribus ventilandam publicè proponit [...]“ (so bei Johann Jakob Burckhardt, Andreas Ortmann).

[29] Staatsarchiv Basel-Stadt: Universitätsarchiv B 1, Acta et decreta III, 1712–1750 (Protokolle der Regenz), 636 f. Anton Birr, dem von negativen Losentscheiden wiederholt betroffenen Pechvogel, widme ich an anderer Stelle eine biographische Skizze, die Einblick gewährt in frühneuzeitliche Basler Promotionsvorgänge. In Tabelle 2 und bei der Berechnung des Durchschnittsalters der Lehrstuhlkandidaten wird er berücksichtigt.

Tabelle 1: Chronologische Übersicht[30]

Abhaltedatum	Präses	Respondent	Thema der Dissertation
24. Januar	Johann Bernoulli	Johann Heinrich Brucker	Theses rhetoricae
27. Januar	Franz Passavant	Lucas Raillard	Dissertatio rhetorica de oratore forensi sive advocato perfecto eiusque requisitis
31. Januar	Johann Rudolf Thurneisen	Andreas Ortmann	Specimen rhetoricum de diversis dicendi generibus
3. Februar	Johann Jakob Burckhardt	Andreas Ortmann	Disputatio philosophica
7. Februar	Friedrich Zwinger	Reinhard Battier	Lucubratio philosophica
10. Februar	Johann Heinrich Respinger	Andreas Ortmann	Specimen philosophicum de eloquentia oratoria
24. Februar	Claudius Passavant	Emanuel Fesch (Fäsch)	Specimen rhetoricum
7. März	Andreas Linder	Daniel Mitz	Observationes rhetoricae
10. März	Johann Bernhard Merian	Friedrich Schärer	Dissertatio de peccatis poetarum adversus rhetorices praecepta
14. März	Johann Rudolf Stupan	Reinhard Battier	Theses philosophicae de sublimi dicendi genere
17. März	Jakob Christoph Ramspeck	Daniel Mitz	Schediasma rhetoricum

30 In der Reihenfolge der Abhaltedaten folge ich den Angaben auf den Titelblättern der Dissertationen, nicht einem gedruckten Aushängeplakat (Handschriftenabteilung der Universitätsbibliothek Basel, Signatur VB Mscr. O 12c, Theatrum virtutis, Theses, statuta, et alia varia Universitatis Basiliensis s. XVI–XIX: Nr. 80), auf dem die Termine für Andreas Linder und Friedrich Zwinger von Hand vertauscht (berichtigt?) wurden (7. Februar: Linder; 7. März: Zwinger). Beim Namen von Franz Passavant steht der handschriftliche Vermerk, daß er sich nach der Disputation habe durchstreichen lassen, bei Merian, Stupan, Ramspeck und Wagner „Exerc. gr." (= exercitii gratia), was bedeutet, daß sie wohl nur übungshalber am Concours teilgenommen, also nicht ernsthaft für die vakante Professur kandidiert hätten. Weitere Hinweise zu diesem Sachverhalt konnten sonst nirgends gefunden werden; Merian und Ramspeck waren im Zeitpunkt der pro cathedra-Disputation noch sehr jung (siehe Tabelle 2) und wollten mit ihrer Kandidatur vielleicht früh auf sich aufmerksam machen. Die formellen Anforderungen für eine solche erfüllten sie.

21. März	Ludwig Wentz	Lucas Raillard	Specimen rhetoricum eloquentiae usum in genere spectans
24. März	Jeremias Raillard	Lucas Raillard	Theses rhetoricae
28. März	Johann Ulrich Wagner	Johann Heinrich Gernler	Diatriba rhetorica

In Basel wurden an der philosophischen Fakultät die prima laurea, anderswo Baccalaureat genannt, sowie der Magister- oder Doktorgrad verliehen, an der medizinischen das Doktorat, an der juristischen das Lizentiat und der Doktorgrad beider Rechte, an der theologischen Fakultät einzig der Doktortitel.[31]

Tabelle 2: Alter und akademischer Rang des Präses / des Kandidaten im Zeitpunkt der Bewerbung[32]

Präses / Kandidat	**Alter**	**Akademischer Rang**
Johann Bernoulli	30	Doktor der Jurisprudenz
Anton Birr	47	Magister; Kandidat der Medizin
Johann Jakob Burckhardt	28	Magister; Pfarramtskandidat („S.M.C.“)
Andreas Linder	45	Magister; Doktor der Jurisprudenz, Assessor in der juristischen Fakultät
Johann Bernhard Merian	17	Magister
Claudius Passavant	31	Magister; Doktor der Medizin („phil. & med. doct.“)
Franz Passavant	32	Magister; Kandidat der Jurisprudenz
Jeremias Raillard	23	Magister; Kandidat der Jurisprudenz
Jakob Christoph Ramspeck	18	Magister

[31] Staehelin, Geschichte (wie Anm. 2), Erster Teil, 156–158. In einschlägigen Basler Drucken des 18. Jahrhunderts ist oft vom „gradus magisterii vel doctoris philosophiae“ die Rede.

[32] Für die Ermittlung von Personendaten wurden, wenn nichts anderes vermerkt, außer den in den Dissertationen vorhandenen Angaben die Bände IV und V der Basler Matrikeledition (wie Anm. 1) herangezogen: Johann II Bernoulli, Bd. IV, 492, Nr. 2836; Anton Birr, Bd. IV, 392, Nr. 2278; Johann Jakob Burckhardt, Bd. V, 10, Nr. 46; Andreas Linder, Bd. IV, 396, Nr. 2302; Johann Bernhard Merian, Bd. V, 81 f., Nr. 412; Claudius Passavant, Bd. IV, 512, Nr. 2945; Franz Passavant, Bd. IV, 499, Nr. 2871; Jeremias Raillard, Bd. V, 41, Nr. 211; Jakob Christoph Ramspeck, Bd. V, 61, Nr. 309; Johann Heinrich Respinger, Bd. IV, 501 f., Nr. 2885; Johann Rudolf Stupan, Bd. V, 44, Nr. 225; Johann Rudolf Thurneisen, Bd. V, 26, Nr. 139; Johann Ulrich Wagner, Bd. V, 72, Nr. 362; Ludwig Wentz, Bd. IV, 423, Nr. 2458; Friedrich Zwinger, Bd. IV, 483, Nr. 2786.

Johann Heinrich Respinger	31	Magister; Doktor der Medizin („phil. & med. doct.“)
Johann Rudolf Stupan	24	Magister
Johann Rudolf Thurneisen	24	Magister; Kandidat der Jurisprudenz
Johann Ulrich Wagner	21	Magister
Ludwig Wentz	41	Magister; Kandidat der Jurisprudenz
Friedrich Zwinger	33	Magister; Doktor der Medizin („phil. & med. doct.“)

Voraussetzung einer Bewerbung für eine Professur an der philosophischen Fakultät war der erlangte Magistergrad, über den hier denn auch alle Anwärter verfügten. Manche von ihnen hatten bereits ein Studium an einer höheren Fakultät, vorzugsweise in Medizin oder Jurisprudenz, absolviert oder standen, wie die Kandidaten der Jurisprudenz, kurz vor dem entsprechenden Abschluß. Johann II Bernoulli (1710–1790), der Sohn des berühmten Mathematikers Johann I Bernoulli (1667–1748), hatte die Studien an der philosophischen Fakultät mit dem Baccalaureat (25. Mai 1723) und dem Magistergrad (8. Juni 1724) abgeschlossen und sich bereits 1731 um einen Lehrstuhl des Codex und des Lehensrechts, 1734, ebenfalls erfolglos, um eine Professur der Ethik, des Natur- und Völkerrechts beworben. Johann Jakob Burckhardt war noch nicht beamteter Pfarrer, besaß aber die akademischen Voraussetzungen, eine Pfarrstelle zu übernehmen („sacri ministerii candidatus“). Der bereits 45jährige Andreas Linder (1695–1750), auch er oft vom Wahlpech verfolgt, bekleidete einen Subalternposten an der juristischen Fakultät. Die jüngsten Bewerber (Johann Bernhard Merian und Jakob Christoph Ramspeck) gehörten einer späteren Generation an als die beiden ältesten (Andreas Linder und Ludwig Wentz). Der Altersdurchschnitt der Stellenanwärter lag damals bei 29,7 Jahren, den Johann Bernoulli ziemlich genau repräsentierte. Die meisten Kandidaten für die Rhetorikprofessur hatten sich schon mehrmals erfolglos um Professorenstellen an der philosophischen Fakultät, Friedrich Zwinger, Johann Heinrich Respinger und Claudius Passavant sogar für eine Professur in Anatomie und Botanik, also an der medizinischen Fakultät, beworben. Bereits die rudimentären Angaben zur Vita der Bewerber lassen, wenn Letztere überhaupt auf eine akademische Karriere setzten, das Bestreben erkennen, zunächst bei den Philosophen Fuß zu fassen und dann in der Hierarchie der Fakultäten aufzusteigen. So erlangte Johann Rudolf Thurneisen (1716–1774) nach zahlreichen gescheiterten Anläufen auf einen Lehrstuhl 1744 endlich die Professur für Geschichte und wurde zwei Jahre später Professor der Pandekten und des kanonischen Rechts. Er war neunmal Dekan der juristischen Fakultät und dreimal Rektor der Universität

Basel. Dies weist auf den engen Konnex aller Fakultätsdisziplinen an der alten Universität hin, der bereits mit der in Basel ernst genommenen Anforderung gegeben war, vor dem Eintritt in eine obere Fakultät philosophische Studien abgeschlossen zu haben.

Während hier versucht wird, Aussagen zu übergreifenden Trends zu machen, soll im biographischen Teil der geplanten Repertoriumsartikel zu den Dissertationen der individuelle Lebenslauf der Protagonisten im Vordergrund stehen.[33] Die Basler pro cathedra-Dissertationen eignen sich hervorragend für die Beschreibung beruflicher Ambitionen, die Rekonstruktion von (Muster-)Karrieren und von Beispielen akademischen Scheiterns, für die Erstellung exakter genealogischer Profile und zur Ermittlung gelehrter und politischer Beziehungen, die für die Alma Mater Basiliensis als Familienuniversität eine tragende Bedeutung hatten. Die Relevanz der familiären Herkunft geht allein schon aus einigen Titelblättern der Dissertationen hervor, die Verwandtschaftsbeziehungen wohl nicht allein zu Unterscheidungs- und Identifikationszwecken ausdrücklich benennen.[34] Auf den ersten Blick spielten die Respondenten in den pro cathedra-Disputationen eine Nebenrolle, genauer betrachtet hing jedoch gerade auch von ihren Kompetenzen der Erfolg der Disputation maßgeblich ab, weshalb für das Respondieren nur fortgeschrittene Studenten in Frage kamen, die über die prima laurea, jedoch noch nicht über einen Magistergrad verfügten. Als Respondenten hatten sie die Gelegenheit, ihre in der untersten Fakultät erworbenen Kenntnisse unter Beweis zu stellen und sich für die Fortsetzung des Studiums an einer oberen Fakultät zu empfehlen.

[33] Der Eintrag im Repertorium umfaßt folgende Teile: 1. Faksimile des Titelblatts; 2. Benutztes Exemplar; 3. Weitere Exemplare; 4. Biographische Informationen (Präses, Respondent, gegebenenfalls Opponenten); 5. Entstehungskontext; 6. Struktur der Dissertation; 7. Argumentationsgang, Wirkung; 8. Bibliographie der Referenztexte.

[34] Zum Beispiel wird der Respondent Daniel Mitz auf dem Titelblatt der ‚Observationes rhetoricae' Andreas Linders als ‚filius Danielis' vorgestellt. Daniel Mitz senior (1680–1751) war Beisitzer am Stadtgericht (Matrikeledition, wie Anm. 1, Bd. V, 91, Nr. 455).

Tabelle 3: Alter und akademischer Rang des Respondenten im Zeitpunkt der Abhaltung der Disputation[35]

Respondent	Alter	Akademischer Rang
Reinhard Battier	15	Laureat der Philosophie
Johann Heinrich Brucker	15	Kandidat der Philosophie[36]
Emanuel Fesch (Fäsch)	15	Laureat der Philosophie
Johann Heinrich Gernler	14	Laureat der Philosophie
Daniel Mitz	15	Magisterkandidat[37]
Andreas Ortmann	15	Laureat der Philosophie
Lucas Raillard	15	Laureat der Philosophie
Friedrich Schärer	15	Laureat der Philosophie

Das Durchschnittsalter der Respondenten liegt bei 15,5 Jahren; die Altersunterschiede sind erwartungsgemäß viel kleiner als bei den Kandidatenpräsides. Aus den Lebensabrissen geht zudem hervor, daß alle Respondenten nach dem Laureat den Magistergrad erwarben, was auf eine reguläre, kontinuierliche Ausbildung an der philosophischen Fakultät schließen läßt. Die Studiendisziplin scheint, im Hinblick auf die Ausbildungszeit, wie erwähnt, eingehalten worden zu sein. Dies bestätigt auch der von der Mehrzahl unserer Respondenten gleichzeitig absolvierte Magisterabschluß (5. Juni 1742: Fäsch, Gernler, Ortmann, Raillard, Schärer); Battier erwarb den Magistergrad bereits am 7./14. Februar, Brucker und Mitz erlangten ihn am 8. Juni 1741. Die genannten Respondenten studierten auch noch an einer höheren Basler Fakultät, vorzugsweise an der juristischen oder an der theologischen. Friedrich Schärer und Lucas Raillard verstarben jung, mit 26 Jahren. Wie die Biographien der Präsides berichten die der Respondenten von wiederholten Versuchen, sich mit pro cathedra-Disputationen für eine Professorenstelle zu bewerben, was aber den meisten Anwärtern mißlang: Andreas Ortmann und Daniel Mitz iunior machten dann in Basel politisch Karriere. Reinhard Battier hatte ein bewegtes Leben, wanderte nach Schlesien aus und schloß sich dort den mährischen Brüdern an, Emanuel Fäsch mußte sich trotz des Doktortitels in Jurispru-

[35] Zur Erhebung und Verwendung der Daten siehe die Matrikeledition, wie Anm. 1: Reinhard Battier, Bd. V, 90, Nr. 452; Johann Heinrich Brucker, Bd. V, 86 f., Nr. 431; Emanuel Fäsch, Bd. V, 95 f., Nr. 475; Johann Heinrich Gernler, Bd. V, 95, Nr. 474; Daniel Mitz, Bd. V, 91, Nr. 455; Andreas Ortmann, Bd. V, 100 f., Nr. 500; Lucas Raillard, Bd. V, 95, Nr. 473; Friedrich Schärer, Bd. V, 99 f., Nr. 495.

[36] Auf dem Titelblatt steht „phil. cand.“, was dasselbe wie ‚Magisterkandidat‘ bedeutet; die Vita in der Matrikeledition (wie Anm. 1), 86, gibt an, daß Brucker entweder am 19. Juni oder am 9. Juni 1739 Laureat der Philosophie wurde; den Magistergrad erwarb er am 8. Juni 1741.

[37] Vermerk auf dem Titelblatt der unter Linder verteidigten Dissertation: „Magisterii Candidando“; Laureat, 9. Juni 1740; Magister, 8. Juni 1741 (Matrikeledition [wie Anm. 1], 91).

denz (21. Dezember 1745) mit eher subalternen Verwaltungsstellen zufrieden geben, bis er 1770 als Stadtschreiber von Liestal Nachfolger seines Onkels wurde. Dagegen wurden Johann Heinrich Brucker und Johann Heinrich Gernler in Basel Geschichtsprofessoren. Da fast alle Respondenten, wie angedeutet, nach der Beteiligung an den pro cathedra-Disputationen für die Rhetorikprofessur in Basel für kürzere oder längere Zeit an der heimischen Universität blieben, kreuzten sich ihre Lebenswege gelegentlich.

IV. Der Glückspilz: Jeremias Raillard

Ein Blick in die Wahlergebnisse zeigt folgendes Bild: Anton Birr wurde vom ersten Kollegium ohne Gegenstimme ins Ternarium geschickt, vom zweiten mit drei Stimmen Ludwig Wentz und vom dritten mit zwei Voten Jeremias Raillard.[38] Noch genauere Angaben über die Wählenden und die Stimmenzahlen der Kandidaten liefert in einer handschriftlichen Notiz auf der Rückseite des gedruckten Aushängeplakats zum Concours Ludwig Wentz,[39] der festhält, daß Birr alle vier Stimmen aus dem ersten Wahlkollegium auf sich vereinigte. Auf ihn, Wentz, seien die drei bereits erwähnten Stimmen des zweiten Kollegiums entfallen; eine Stimme habe sich für Linder ausgesprochen. Das dritte Wahlkollegium habe zunächst Raillard und Bernoulli mit je zwei Stimmen für das Ternarium erkoren, Linder holte erneut eine Stimme. Das Los entschied für den Einzug Raillards ins Ternarium. An der Professorenwahl nahmen demnach dreizehn Elektoren teil, die an anderer Stelle vorgestellt werden. Wentz zählte auch die Mitglieder der drei Wahlkollegien sowie die Abwesenden auf und teilte die Gründe von deren Fehlen bei der Abstimmung mit. Wer wem die Stimme gab, bleibt, abgesehen von den vier Personen des ersten Wahlkollegiums, die alle Anton Birr wählten, wohl ein Geheimnis. Trotzdem ist es bemerkenswert, welch genauen Einblick in das hinter den Kulissen der akademischen Öffentlichkeit sich abspielende Wahlgeschehen die handschriftliche Überlieferung gewährt.

[38] Vgl. den handschriftlichen Anhang (ohne Seiten- resp. Blattzahl) zu VB Mscr. O 12a (Handschriftenabteilung der Universitätsbibliothek Basel, Theatrum virtutis, Programmata ad Lectiones auspicatorias Professorum Universitatis Basiliensis, 1660–1760), Bl. [4^r]. Als Verfasser der Zusammenstellung nennt Burckhardt, Ueber die Wahlart (wie Anm. 18), 38, Pfarrer und Dekan J. J. Huber; der Zuweisung ‚Pfarrer Johann Friedrich Huber (1696–1768)' fügte ein Mitarbeiter der Handschriftenabteilung im Repertorium zu den Beständen der Vaterländischen Bibliothek ein Fragezeichen hinzu.

[39] Theses, statuta (wie Anm. 30). In der handschriftlichen Bemerkung verrät sich Wentz als Schreiber, indem er von sich sagt, daß er drei Stimmen bekommen habe („ego").

Von den fünfzehn Kandidaten machte in der Endauslosung Jeremias Raillard das Rennen,[40] der dann während gut dreißig Jahren, von 1741 bis 1772, Rhetorikprofessor an der Universität Basel war.

Er wurde am 16. April 1717 in Basel geboren.[41] Sein Vater, Jeremias Raillard (1691–1744), hatte seine Studien an der Universität Basel mit dem juristischen Doktorgrad abgeschlossen und sich mehrmals ohne Erfolg um vakante Lehrstühle beworben. Er wechselte dann in die Basler Politik über und hatte verschiedene Ämter inne, unter anderem war er seit 1735 Bauherr und Deputat der Kirchen und Schulen.[42] Jeremias Raillard iunior nahm am 16. Oktober 1731 an der Universität Basel philosophische Studien auf, wo er am 28. Mai 1733 die prima laurea erwarb. Am 20. Oktober 1733 verteidigte er als Respondent die pro cathedra-Dissertation des Präses und Amtsvorgängers Johann Balthasar Burckhardt.[43] Ob das Wahlergebnis von 1741 zugunsten Jeremias Raillards auf den gerechten Ratschluß Gottes und/oder auf die auch im Losverfahren nicht ganz fehlenden menschlichen Interventionsmöglichkeiten, u. a. im Rückblick auf den Wahlerfolg Burckhardts, zurückging, muß offen bleiben. Andererseits wäre es wohl verfehlt, hier über die im doppelten Sinn merkwürdige und mögliche Kollaboration von Vorsehung, Zufall, Planung und Strategie ganz hinwegzusehen.

Auf die Vita Raillards, insbesondere auf dessen jahrzehntelange Tätigkeit als Rhetorikprofessor, und auf die gelehrte raillardsche Familiendynastie wird an anderer Stelle ausführlich eingegangen.

V. Fazit und Ausblick

Vergleichbar mit den sogenannten pro loco-Dissertationen und den Dissertationen pro receptione anderer Universitäten, über die es bislang keine spezifischen Forschungsarbeiten gibt, waren die pro cathedra-Dissertationen in Basel in ihrer Art aber wohl doch eine Basler Besonderheit.[44] Die Probestücke umfassen in der

40 Das Datum der Wahl wird als mit dem letzten Disputationstermin identisch (28. März 1741) angegeben (Programmata ad Lectiones [wie Anm. 38]), das Thema der wohl nicht überlieferten Antrittsvorlesung Raillards vom 30. Mai 1741 lautete De ortu et progressu eloquentiae (Themata Lectionum inauguralium Professorum Rhetorices im Anhang [wie Anm. 38], Bl. [5^v]).

41 Nachweis zur Biographie siehe Anm. 32 ferner Staehelin, Geschichte (wie Anm 2.), Erster Teil, 194 f.

42 Biographische Angaben zu Vater Jeremias Raillard in der Matrikeledition (wie Anm. 1), Bd. IV, 354, Nr. 2066; zum gleichnamigen Großvater (1657–1691) Jeremias Raillards ebd., Bd. IV, 28, Nr. 167.

43 Titel: Johann Balthasar Burckhardt (Präses), Jeremias Raillard (Respondent): Theses miscellaneae rhetoricae. 20. Oktober 1733. Basel.

44 Zum Basler Disputationswesen allgemein Staehelin, Geschichte (wie Anm 2.), Erster Teil, 135–140.

Regel nur etwa neun Seiten, erwartungsgemäß keine Paratexte wie Widmungen und Glückwunschadressen. Manche dieser Thesenschriften weisen unspezifische Titel, z. B. „Disputatio philosophica", auf (vgl. Tabelle 1). Äußerlich betrachtet erinnern sie an Bewerbungsschreiben, und es wird in ihnen auf eine (drucktechnisch) zwar ansprechende, dennoch schlichte Präsentation der Thesen Wert gelegt. Die Kandidatenschriften lassen sich anlaßweise zu Dissertationenserien bündeln. Dies trifft für Vakanzen sämtlicher Disziplinen der philosophischen Fakultät (z. B. für Geschichte, Logik, Ethik und Naturrecht) wie für die oberen Fakultäten zu und erleichtert den Interpreten sowohl den ersten Zugang zur vorhandenen Textmasse als auch die Vorbereitung fakultäts-, unterrichts- sowie universitätsgeschichtlicher Untersuchungen. Ergänzend sei die Besetzung der Oratorikprofessur im Jahr 1743 erwähnt, für die sich elf Kandidaten bewarben, darunter acht, die 1741 bereits auf den Rhetoriklehrstuhl aspirierten, damals aber ohne Erfolg blieben, und zwei, die damals als Respondenten auftraten.[45] Gewählt wurde schließlich am 17. Mai 1743 einer dieser früheren Stellenanwärter, nämlich Johann II Bernoulli, der dann aber den Lehrstuhl der Oratorie mit Jakob Christoph Ramspeck, der bekanntlich ebenfalls bereits 1741 kandidiert hatte, gegen denjenigen der ihm weit besser zusagenden Mathematik tauschte.[46] Ins Ternarium waren außer ihm Andreas Linder und – wiederum mit anschließendem Lospech – Anton Birr gelangt.[47] Die Inauguralrede hielt Bernoulli am 9. Juli 1743, bezeichnend für den Kenner der Mathematik und für die Basler Wahlusanzen, zum Thema ‚Laus sortis' (= Lob des Loses).[48] In Bernoullis Dissertation (*Theses oratoriae.* 5. April 1743) stößt man auf die aus dem Titelblatt hervorgehende Besonderheit, daß der Thesendruck ihm, dem Präses, als Bewerbungsschrift („pro vacante oratoriae cathedra"), dem Respondenten aber als Inauguraldissertation für den Erwerb des Magistergrades („speciminis loco gradu magisterii rite obtinendo") diente – eine anderswo bislang nicht beobachtete Doppelung.

Zur Geschichte der frühneuzeitlichen Magisterpromotion besteht für die Universität Basel in der Forschung Nachholbedarf: Die Verteidigung einer (auch noch gedruckten) Dissertation scheint dort wie anderswo zwar keine Anforderung für den Erwerb des Magistergrads gewesen zu sein, und doch liegen pro gradu-

[45] Erneut kandidierten Johann II Bernoulli, Anton Birr, Andreas Linder, Johann Rudolf Stupan, Johann Bernhard Merian, Johann Heinrich Respinger, Johann Rudolf Thurneisen und Ludwig Wentz (zu ihrer Biographie vgl. Nachweis in Anm. 32). Hinzu kamen die damaligen Respondenten Daniel Mitz und Johann Heinrich Brucker sowie neu Johann Rudolf Fatio (Matrikeledition [wie Anm. 1], Bd. V, 79, Nr. 401). Vgl. dazu die gedruckte Kandidatentabelle mit den Abhaltedaten (wie Anm. 30, Nr. 81).

[46] Dazu Staehelin, Geschichte (wie Anm 2.), Erster Teil, 67 f.

[47] Programmata ad Lectiones (wie Anm. 38), Bl. [4^r].

[48] Themata Lectionum inauguralium Professorum Oratoriae (wie Anm. 38), Bl. [6^r].

Dissertationen der philosophischen Fakultät vor.[49] Sie und die philosophischen Übungsdissertationen dürfen bei einer anderen Gelegenheit nicht übergangen werden.

Andreas Linder, der sich auch 1743 mit seiner pro cathedra-Dissertation der Konkurrenz stellte, erinnerte in seiner Thesenschrift an eine im Gelehrtenperiodikum *Tempe Helvetica* erfolgte Erwähnung seines Probestücks anläßlich der Bewerbung für die Rhetorikprofessur, das dort zusammen mit den Thesendrucken seiner Mitbewerber angezeigt wurde.[50] Nicht nur läßt dies auf ein Interesse für die Basler Dissertationen in der (Schweizer) Gelehrtenwelt und auf die geschickte Propaganda des Lehrstuhlkandidaten mit Hilfe der entdeckten Referenz schließen, sondern es wird allgemein das produktive Nebeneinander von Disputationsschrift und gelehrten Periodika sichtbar, die damals auch in einem Komplementärverhältnis, eben nicht nur, wie oft behauptet, in Konkurrenz zueinander standen.[51]

Den personen- und strukturgeschichtlichen Vorstudien, wie sie hier exemplarisch präsentiert werden, folgen die Analyse und die Kontextualisierung der Dissertationsinhalte, deren sich das geplante Repertorium der Basler rhetorischen Thesenschriften des 18. Jahrhunderts in lockerer Anlehnung an das erwähnte deutsche Vorbild annimmt. Die beiden Aspekte, der institutionelle, kommunikationsgeschichtlich-formale und der von diskursanalytischen Vorgaben profitierende inhaltsbezogene, werden sich in unserem Forschungsvorhaben ergänzen. Die Berücksichtigung beider Komponenten bildet auch die Voraussetzung für eine disziplinspezifische Unterrichtsgeschichte der Universität Basel im bis jetzt stark vernachlässigten 18. Jahrhundert. Das Augenmerk wird auf die Bedeutung der lateinsprachigen Gelehrtenliteratur für das Entstehen, die Verbreitung und für die Rezeption aufklärerischen Denkens sowie vornehmlich auf die Rolle der Universität Basel im Wissens- und Erkenntnistransfer der Aufklärung gerichtet sein. So kann ein Defizit der Schweizer Aufklärungsforschung beseitigt werden: Sie sah nämlich den Aufklärungsdiskurs bislang zu einseitig von deutsch-

49 Beispiel: Jeremias Raillard (Präses), Friedrich Schärer (Respondent), Theses philosophicae subitariae, 30. Mai 1742, Basel („pro summo in philosophia honore").

50 Andreas Linder (Präses), Hieronymus Christ (Respondent), Observationes […] oratoriae miscellaneae, 10. Mai 1743, Basel, hier 7, Hinweis auf ‚Tempe Helvetica', in der 1742 die vierzehn pro cathedra-Dissertationen, teils mit, teils ohne Kurzkommentar, in der Rubrik ‚Nova Literaria', 154–171, hier 168–170, erwähnt wurden. Linders Probestück erntete das Lob des ungenannten Sammlers gelehrter Neuigkeiten: „Egregia multa habet haec observationum Sylloge ad comparandam dicendi facultatem consilia." (hier, 169).

51 Zum Verhältnis von Dissertationen und Zeitschriften vgl. Wiebke Hemmerling, Das akademische Journal. Zum Nachrichtenwert von Dissertationen in den Periodika des 18. Jahrhunderts, in: Reimund B. Sdzuj, Robert Seidel, Bernd Zegowitz (Hg.), Dichtung – Gelehrsamkeit – Disputationskultur, Festschrift für Hanspeter Marti zum 65. Geburtstag, Wien, Köln, Weimar 2012, 637–649.

und französischsprachigen Publikationen abhängig und vermutete als Partizipanten vornehmlich eine nichtgelehrte, doch bildungswillige bürgerliche Elite. Dementsprechend unterschätzte sie in dieser Hinsicht die Rolle der Hohen Schulen im Jahrhundert verstärkter Traditionskritik. Andererseits wird man sich hüten müssen, die Universität Basel, das Zürcher Carolinum[52] und die Akademien in Bern, Lausanne und Genf nun ausschließlich als Plattformen der Aufklärung zu betrachten.

An der Universität Basel dominierte im Rhetorikunterricht im Anschluß an den Humanismus des 16. Jahrhunderts und zum Teil vermittelt durch dessen Derivate im 17. Jahrhundert zwar die Rezeption antik-römischer Vorbilder der Redetheorie und der praktischen Oratorie. Diese Tradition wurde für pädagogische Anliegen und lebenspraktische Ziele der damaligen Gegenwart nutzbar gemacht, was nicht ausschloß, daß im Sinn einer rhetorica nov-antiqua zum Beispiel der in Christian Wolff und Johann Christoph Gottsched verkörperte aufklärerische Rationalismus in einigen Thesendrucken Zustimmung fand. Das Bündnis von antiker Literatur, Humanismus und Aufklärung an der Basler philosophischen Fakultät des 18. Jahrhunderts verdient Beachtung. Jedenfalls waren Latinität und Aufklärung in der frühneuzeitlichen Gelehrtenwelt nicht zwingend Gegensätze. Diesem weit reichenden Befund kann, noch einmal sei es gesagt, auch in der Schweiz nur eine komplementäre Ausrichtung der Aufklärungsforschung Rechnung tragen, welche die lateinsprachige Gelehrtenliteratur auf breiter Quellenbasis einbezieht.

Das Berufungswesen an frühneuzeitlichen Universitäten ist im allgemeinen schlecht erforscht. Der Beitrag vermittelt einen Eindruck von den an der Universität Basel um die Mitte des 18. Jahrhunderts üblichen Gepflogenheiten, indem er das 1741 bei der Besetzung der Basler Rhetorikprofessur zur Anwendung gelangte Prozedere beschreibt, eine Mischform von Losentscheid und durch Abstimmung vorgenommener Wahl. Ususgemäß rekrutierten sich in Basel die Kandidaten für Lehrstühle aus Einheimischen. Sie hatten sich unter anderem mit einer Disputation für die frei gewordene Stelle zu bewerben. Die vorliegende Studie, deren Akzent auf den verfahrenstechnischen Aspekten des Wahlvorgangs liegt, ist Teil eines Projekts zum Basler Rhetorikunterricht im 18. Jahrhundert und zur Geschichte der philosophischen Fakultät. Im Mittelpunkt des Vorhabens steht die Frage nach dem Verhältnis der Alma Mater Basiliensis zur Aufklärung.

The assignment to a post at early modern universities is generally poorly researched as a topic. This contribution is able to provide an impression of the usual customs at the University of Basel around the middle of the 18th century by describing the process applied in order to assign for the chair of rhetoric at Basel in 1741. The election was done by a mix of drawing of lots and voting. According to custom, the candidates for chairs at Basel were recruited from locals. Among other things, they had to apply with a dissertation in order to mark their interest to fill in on a vacant position. This study, whose accent lies on proced-

[52] Dazu Hanspeter Marti, Karin Marti-Weissenbach (Hg.), Reformierte Orthodoxie und Aufklärung. Die Zürcher Hohe Schule im 17. und 18. Jahrhundert, Wien, Köln, Weimar 2012.

ural aspects of the voting, is part of a project on rhetoric teaching at Basel in the 18th century and the history of the philosophical faculty. The question about the relation of the Alma Mater Basiliensis to the Enlightenment is central to this research project.

Hanspeter Marti, Arbeitsstelle für kulturwissenschaftliche Forschungen, Alte Post / Sernftalstrasse 77, CH-8765 Engi/GL, E-Mail: marti-weissenbach@forschungen-engi.ch

Caspar Hirschi

Colberts Vertrauen in Verfahren

Bausteine für eine andere Modernisierungstheorie

Fällt der Begriff „Modernisierung“, schrillen bei den meisten Frühneuzeithistorikern die Alarmglocken. Sie ahnen den multiplen Sündenfall, einen Verstoß gegen mehrere Verbote seriöser Geschichtswissenschaft: Wer von Modernisierung spricht, erzählt eine Fortschrittsgeschichte, erliegt der Teleologie, begeht Anachronismen und huldigt dem Eurozentrismus. Um den Begriff zu verwenden, muß man, so der Generalverdacht, zugleich auf die Gegenwart fixiert und in ihr nicht ganz angekommen sein, weil ihm eine Weltsicht zugrunde liegt, in welcher der Westen den Taktstock der Geschichte noch fest in der Hand hält. Freilich dürfte das Tabu, mit dem das Reden[1] über Modernisierung heute in der Frühneuzeitforschung belegt ist, selbst auf einem Fortschrittsnarrativ beruhen. Es entspringt einem Globalverdikt über die Modernisierungstheorien des 19. und 20. Jahrhunderts, die von der Soziologie aus Eingang in die Geschichtswissenschaft gefunden haben, und dieses Globalverdikt ist getragen von der Überzeugung in die eigene epistemische *und* moralische Überlegenheit.[2] Man will heute besser wissen als frühere Forschergenerationen, daß der Begriff der Modernisierung im Feld der Frühneuzeitforschung nichts zu suchen hat.

[1] Es geht dabei tatsächlich mehr um das Reden als um das Schreiben. Die Ablehnung des Modernisierungsbegriffs in der Frühneuzeitgeschichte ist ein Phänomen, das bisher, anders als in der Zeitgeschichte, nur einen schwachen schriftlichen Niederschlag gefunden hat, dafür aber umso emphatischer im mündlichen Austausch unter Fachvertretern zum Ausdruck kommt.

[2] Exemplarisch für den epistemischen Überlegenheitsgestus ist das Kapitel „‚Modernisierung‘ und Tradition“ (man achte auf die Anführungszeichen!) in Luise Schorn-Schüttes Geschichte Europas in der Frühen Neuzeit, Paderborn [2]2013, 343–346. Den moralischen Superioritätsanspruch äußern natürlich die Postkolonialisten am unverhohlensten, so zum Beispiel Sebastian Conrad, der nicht nur den Begriff der Modernisierung, sondern auch jenen der Frühen Neuzeit als Ausdruck einer eurozentrischen Geschichtsbetrachtung ablehnt. Sebastian Conrad, Doppelte Marginalisierung. Plädoyer für eine transnationale Perspektive auf die deutsche Geschichte, in: Geschichte und Gesellschaft 28 (2002), 145–169.

Vielleicht braucht jedes wissenschaftliche Fach eine Portion Fortschrittsglauben als regulative Idee, um den Drang zur Ablösung von bestehenden Forschungsmeinungen wachzuhalten. Solange dieser selbstbezogene Fortschrittsglauben als solcher erkannt, offen eingestanden und in seiner regulativen Funktion eingeordnet wird, ist an ihm auch nichts auszusetzen. Problematisch wird es erst, wenn er nicht weiter reflektiert wird und zu Kurzschlüssen einlädt, die früheren Forschergenerationen Unrecht tun und der eigenen epistemischen Solidität abträglich sind. In der Kritik von Frühneuzeithistorikern an Modernisierungstheorien scheint mir beides der Fall zu sein.

Ein erster Kurzschluß ist, daß Modernisierungstheorien Erklärungsversuche für den gesellschaftlichen Fortschritt seien und damit fast zwangsläufig einem Narrativ der linearen Höherentwicklung verfallen würden. Gerade die Soziologen des späten 19. und frühen 20. Jahrhunderts, die der Geschichtsschreibung der Nachkriegszeit starke Impulse verliehen haben, beschrieben Modernisierung als höchst ambivalenten Prozeß, als einen Gang in die Kälte des Kalküls und der Vereinzelung, um es in größtmöglicher Verkürzung zu sagen. Manchen soziologischen Klassikern, darunter so unterschiedlichen wie Ferdinand Tönnies und Jürgen Habermas, könnte man sogar vorwerfen, Verlustgeschichten geschrieben zu haben, in denen nicht die Gegenwart überhöht, sondern die Vergangenheit verklärt wird: bei Habermas die Öffentlichkeit der Aufklärung, bei Tönnies das Gemeinschaftsleben des Mittelalters.[3]

Ein zweiter Kurzschluß von Historikerseite besteht darin, aus dem teils berechtigten Anachronismusverdacht gegen Modernisierungstheoretiker abzuleiten, die Gefahr des Anachronismus lauere besonders dort, wo eine ferne Vergangenheit zur Deutung der Gegenwart herangezogen werde. Dadurch wird der Anachronismus auf eine Aktualisierungsfalle reduziert, und da Historiker Anachronismen fürchten wie der Teufel das Weihwasser, entwickeln sie eine Vermeidungsstrategie, die sie zu einem konträren, als solchen aber nicht mehr erkennbaren Anachronismus verleitet: die Archaisierungsfalle. Für Frühneuzeithistoriker gilt das besonders, beschäftigen sie sich doch mit einer dynamischen Übergangszeit, in der, wenn man die traditionelle Epocheneinteilung bemühen will, das Mittelalter der Moderne die Hand reicht. Während Modernisierungstheoretiker von Werner Sombart über Max Weber bis Norbert Elias die Frühe Neuzeit als Wiege ihrer eigenen Gegenwart dargestellt haben, behandeln sie heutige Frühneuzeithistoriker lieber als Wurmfortsatz des Mittelalters. Sie betonen das Beharrende, „Vormoderne“ an frühneuzeitlichen Menschen und wählen sich dafür nicht nur naheliegende Kandidaten aus dem reichen Angebot an bäuerlichen Analphabeten oder religiö-

[3] Ferdinand Tönnies, Gemeinschaft und Gesellschaft. Abhandlung des Communismus und Socialismus als empirischer Culturformen, Leipzig 1887; Jürgen Habermas, Strukturwandel der Öffentlichkeit. Untersuchungen zu einer Kategorie der bürgerlichen Gesellschaft, Darmstadt 1962.

sen Fanatikern aus, sondern mit Vorliebe auch die alten Helden der eurozentrischen Fortschrittsgeschichte. Bodin, der Hexenjäger, ist mittlerweile so prominent wie Bodin, der Staatstheoretiker, Kepler, der Astrologe, so bekannt wie Kepler, der Astronom, und Newton, der Alchemist, so bedeutend wie Newton, der Physiker.

Ein Effekt solch archaisierender Gegennarrative ist, daß die Moderne immer erst beginnt, wenn das Zeitfenster der eigenen Forschung schon geschlossen ist. Damit handelt sich die Frühneuzeitgeschichte nicht nur ein epistemisches, sondern auch ein legitimatorisches Problem ein. Es gelingt ihr weniger gut als früher, ihre Gegenstände ins zeitliche Kontinuum einzuordnen, weil bereits die Konzeption eines solchen Kontinuums als heuristische Krücke zu teleologisch erscheint, und es fällt ihr schwerer als früher, die Gegenwartsrelevanz ihrer Forschungen gegenüber fachfremden Lesern darzulegen.[4]

Der vorliegende Aufsatz ist ein Versuch, modernisierungstheoretische Fragestellungen für die Frühneuzeitforschung wieder fruchtbar zu machen. Er tut dies nicht in apologetischer, sondern in kritischer Absicht, indem er in einem ersten Schritt Niklas Luhmanns modernisierungstheoretische Annahmen über Vertrauen und Verfahren anhand jüngster Entwicklungen in der Finanz- und Staatschuldenkrise auf ihre Stichhaltigkeit prüft und in einem zweiten Schritt die Ergebnisse dieser Prüfung auf die Reformtätigkeit Jean-Baptiste Colberts in den ersten Herrschaftsjahrzehnten Ludwigs XIV. überträgt.

Colbert eignet sich für ein modernisierungstheoretisches Experiment besonders gut. Zum einen ist er in den vergangenen Jahrzehnten, wie Leonhard Horowski in einer detaillierten Verflechtungsgeschichte des französischen Hofes zustimmend registriert, „vom Sockel des aus dem Nichts kommenden Genie-Technokraten gehoben" und zu einem höfischen Emporkömmling alten Musters herabgestuft worden, dessen primäre Ambition es gewesen sei, seine bürgerliche Familie dauerhaft im Adel zu verankern, indem er seine Söhne und Töchter vorteilhaft verheiratete und dem Namen Colbert eine vornehme Abstammung von schottischen Rittern fabrizierte.[5] Zum andern haben jüngst zwei weit ausgreifende Studien, die eine von Jacob Soll und die andere von Benjamin Steiner, an das ältere Colbert-Bild des administrativen Innovators angeknüpft und eine wissenshistori-

[4] Für eine scharfsinnige Analyse der epistemischen Schwierigkeiten und konzeptionellen Halbheiten, die aus den moralischen Einwänden gegen Modernisierungstheorien resultieren, siehe Cornel Zwierlein, Der gezähmte Prometheus. Feuer und Sicherheit zwischen Früher Neuzeit und Moderne, Göttingen 2011, 10 ff.

[5] Leonhard Horowski, Die Belagerung des Thrones. Machtstrukturen und Karrieremechanismen am Hof von Frankreich 1661–1789, Ostfildern 2012, 42, 57 f., 61; grundlegend für die verschiedenen Dekonstruktionsversuche Colberts als wirtschaftspolitischen Modernisierer ist die Studie von Daniel Dessert, Argent pouvoir et société au Grand Siècle, Paris 1984.

sche Neuinterpretation seiner Informations- und Kolonialpolitik vorgelegt.[6] Vor diesem Hintergrund erscheint es reizvoll, die konträren Einschätzungen Colberts auf ihre tatsächliche Unvereinbarkeit hin zu befragen und sein Reformtätigkeit in einen umfassenderen modernisierungstheoretischen Kontext zu stellen.

I. Vertrauen in Verfahren bei Luhmann

1968 veröffentlichte Niklas Luhmann eine kleine Schrift mit dem Titel *Vertrauen: ein Mechanismus der Reduktion sozialer Komplexität.* Während der Untertitel einen modernisierungstheoretischen Anspruch ankündigte, deutete der Haupttitel auf einen Gegenentwurf zu herkömmlichen Modernisierungstheorien hin, ließ sich die Kategorie „Vertrauen" doch kaum in Rationalisierungs- oder Individualisierungsnarrative integrieren. Tatsächlich legte Luhmann eine Modernisierungstheorie „en miniature" vor, deren Annahme lautete, daß Vertrauen im Zuge der Modernisierung nicht an Bedeutung verloren, sondern gewonnen habe. In seinem gewundenem Stil heißt das so:

> Demnach ist nicht zu erwarten, daß das Fortschreiten der technisch-wissenschaftlichen Zivilisation die Ereignisse unter Kontrolle bringen und Vertrauen als sozialen Mechanismus durch Sachbeherrschung ersetzen und erübrigen werde. Eher wird man damit rechnen müssen, daß Vertrauen mehr und mehr in Anspruch genommen werden muß, damit technisch erzeugte Komplexität der Zukunft ertragen werden kann.[7]

Das Zitat eignet sich gut, um eine erste Konkretisierung von Luhmanns Ansatz vorzunehmen. Er beschreibt einen Prozeß, den er nicht für abgeschlossen hält, sondern von dem er in Zukunft eine weitere Steigerung erwartet. Er vertritt eine zivilisatorische Fortschrittstheorie, die er mit einem Anstieg sozialer Komplexität in Verbindung bringt. Und er lehnt die technokratische Erwartung ab, die Modernisierung laufe dank wissenschaftlicher Methoden auf eine bessere Kontrolle gesellschaftlicher und individueller Prozesse hinaus. „Vertrauen" ist bei Luhmann eine antitechnokratische Beschreibungskategorie, die verdeutlichen soll, daß die Gesellschaft ein Mehr an Komplexität nicht durch ein Mehr an Rationalität bewältigen kann.[8] Vielmehr muß sie, um Komplexität zu reduzieren und

[6] Jacob Soll, The Information Master. Jean-Baptiste Colbert's Secret State Intelligent System, Ann Arbor 2011; Benjamin Steiner, Colberts Afrika. Eine Wissens- und Begegnungsgeschichte in Afrika im Zeitalter Ludwigs XIV., München 2014.

[7] Niklas Luhmann, Vertrauen. Ein Mechanismus der Reduktion sozialer Komplexität, Stuttgart 1973, 17.

[8] In dieser Hinsicht liegt Jürgen Habermas falsch, wenn er Luhmanns Systemtheorie als „Hochform eines technokratischen Bewußtseins" kritisiert, dabei aber hauptsächlich seine funktionalistische Bejahung der bestehenden Gesellschaftsordnung angreift. Das Spezifikum von Luh-

damit handlungsfähig zu bleiben, archaische Urteils- und Entscheidungstechniken an die modernen Verhältnisse anpassen. Vertrauen ist in Luhmanns Augen eine solche archaische Technik, und das Erzeugen von Vertrauen in und durch Verfahren stellt für ihn eine erfolgreiche Anpassung dieser Technik an moderne Komplexitätsanforderungen dar.

Wie aber funktioniert Vertrauen? Luhmann akzentuiert in seiner Begriffsbestimmung den Gegensatz zu den offiziellen Standards der wissenschaftlichen Erkenntnisarbeit: „Vertrauen reduziert soziale Komplexität dadurch, daß es vorhandene Informationen überzieht und Verhaltenserwartungen generalisiert, indem es fehlende Information durch eine intern garantierte Sicherheit ersetzt".[9] Vertrauen sei damit immer „unbegründbar", man müsse es als „eine Mischung aus Wissen und Nichtwissen" verstehen.[10] Wenn Vertrauen tatsächlich wie eine Art Wetteinsatz von optimistischen Alltagsgamblern funktioniert, dann leuchtet es auf den ersten Blick wenig ein, warum es gerade in der modernen Gesellschaft, die wie keine andere dem Wandel unterworfen ist, eine wichtige Verhaltensorientierung leisten soll. Vorhandene Informationen zu „überziehen", erscheint umso riskanter, je rascher Informationen an Gültigkeit verlieren, und Verhaltenserwartungen zu „generalisieren", umso heikler, je geringer die Stabilität und Konformität von Verhaltensweisen sind.

Luhmann trägt diesem Umstand mit einer paradoxen Gegenüberstellung von „einfachen" und „komplexen" Sozialsystemen Rechnung. In ersteren ergebe sich das Vertrauen direkt aus der Vertrautheit der sozialen Umwelt, während in letzteren der Mangel an ebendieser Vertrautheit gerade ein höheres Maß an Vertrauen erfordere. Daraus folgert er:

> Vertrautheit und Vertrauen müssen unter diesen Umständen ein neues Verhältnis wechselseitiger Stabilisierung suchen, daß nicht mehr in der unmittelbar erlebbaren, traditional bestimmten Nahwelt gründet, also nicht mehr durch eine Grenze zum Unvertrauten und daher Fremden und Feindlichen abgesichert werden kann.[11]

Luhmann sieht die Lösung des Paradoxes in einer Transformation des Vertrauens, die er mit Hilfe seiner modernisierungstheoretischen Standardformel erläutert. Werde auf dem Boden der alltäglichen Weltvertrautheit „personales Vertrauen" geschenkt, so verwandle sich dieses bei steigender sozialer Komplexität in ein „Systemvertrauen neuer Art", mit dem sich die gesteigerte Komplexität wieder

manns Theorie scheint mir vielmehr zu sein, daß sie zugleich funktionalistisch und antitechnokratisch ist. Siehe Jürgen Habermas, Theorie der Gesellschaft oder Sozialtechnologie? Eine Auseinandersetzung mit Niklas Luhmann, in: J.H., Niklas Luhmann, Theorie der Gesellschaft oder Sozialtechnologie, Frankfurt am Main 1971, 142–290, hier 145.

9 Luhmann, Vertrauen (wie Anm. 7), 105.

10 Ebd., 26.

11 Ebd., 21.

reduzieren lasse. Das Systemvertrauen sei dabei nicht nur auf soziale Systeme, sondern auch auf Menschen als „personale Systeme“ gerichtet. Der Wandel betrifft in seinen Augen also weniger die Objekte als die Grundlagen des Vertrauens – es finde „ein Übergehen von primär emotionalen zu primär darstellungsgebundenen Vertrauensgrundlagen“ statt.[12]

Was das konkret heißt, vermag Luhmann in *Vertrauen* noch nicht überzeugend darzulegen. Umso besser gelingt es ihm in *Legitimation durch Verfahren*, wo er die Spezifik des modernen Vertrauens am Verfahrenscharakter von Entscheidungsprozessen festmacht. Im Mittelpunkt seines Interesses stehen administrative Verfahren, wobei er sich an erster Stelle mit dem Gericht und erst an zweiter mit der Politik befaßt. Wie schon bei der Vertrauenstheorie legt Luhmann seinem Verfahrensbegriff eine historische Entwicklungshypothese zugrunde. Den entscheidenden Übergang setzt er jedoch früher an – zu jenem ungefähren Zeitpunkt, als das „archaische Recht“ vom „Recht der vorneuzeitlichen Hochkulturen“ abgelöst worden sei. Gemeint ist damit, wie man aus einem in der Fußnote ergänzten Literaturhinweis schließen kann, die griechische Antike. Luhmann bringt den Übergang mit der Durchsetzung neuer Entscheidungsstrukturen in Verbindung: An die Stelle der rituellen Beschwörung einer „übernatürlichen Entscheidung“ seien festgeschriebene Abläufe getreten, die „mit offenen Möglichkeiten“ begonnen und zu bindenden Beschlüssen geführt hätten.[13] Im nächsten Satz erläutert Luhmann bereits auf der theoretischen Ebene, was der historische Wandel zu bedeuten hat:

> Im Unterschied zum alternativlosen Ablauf des Rituals ist es für Verfahren gerade kennzeichnend, daß die Ungewißheit des Ausgangs und seiner Folgen und die Offenheit von Verhaltensalternativen in den Handlungszusammenhang und seine Motivationsstruktur hineingenommen und dort abgearbeitet werden. Nicht die vorgeprägte konkrete Form, die Geste, das richtige Wort treiben das Verfahren voran, sondern selektive Entscheidungen der Beteiligten, die Alternativen eliminieren, Komplexität reduzieren, Ungewißheit absorbieren oder doch die unbestimmte Komplexität aller Möglichkeiten in eine bestimmbare, greifbare Problematik verwandeln.[14]

Damit ist auch das Verfahren systemtheoretisch gebändigt. Wie aber verhält es sich zum Vertrauen in seiner modernen Form des „Systemvertrauens“? Die Antwort ist für Luhmann – zumindest noch im Jahr 1969 – von irritierender Einfachheit: Er versteht Verfahren selbst als soziale Systeme, obwohl es sich bei ihnen um Prozesse von begrenzter Dauer handelt. Die Begründung lautet, Verfahren stellten einen „Komplexität reduzierenden Handlungszusammenhang“ dar.[15] In dieser

[12] Ebd., 23.
[13] Niklas Luhmann, Legitimation durch Verfahren, Frankfurt am Main 1983, 40.
[14] Ebd.
[15] Ebd., 41.

Logik hat das Vertrauen in Verfahren unweigerlich den Charakter von Systemvertrauen. Es entsteht dadurch, daß Verfahren den beteiligten wie den beobachtenden Akteuren die Möglichkeit bieten, zu antizipieren und zu rekonstruieren, wie Entscheidungen zustande kommen.

Für Luhmann ist dabei tatsächlich nur das „Wie“ des Zustandekommens, nicht das „Was“ des Zustandegekommenen ausschlaggebend. Er verspricht sich von administrativen Verfahren keine höhere Rationalität, sondern bloß eine höhere Legitimität der getroffenen Entscheidungen. Ihm zufolge ist es eine „Illusion“, die Einrichtung von Verfahren „als ein Mittel zum Zwecke der Wahrheit zu deuten“, und es ist bezeichnend, daß er diese Illusion historisch auf „eine für die Aufklärungszeit typische Unterschätzung des Problems der Komplexität“ zurückführt.[16] Damit bleibt er der antitechnokratischen Haltung, die er bereits in seiner Vertrauenstheorie eingenommen hat, treu.

Luhmann hat für diese Haltung schon bald nach der Publikation von *Legitimation durch Verfahren* Kritik einstecken müssen, vor allem von Juristen und Rechtsphilosophen, was nicht weiter erstaunt, da er seine Verfahrenstheorie ja anhand der Gerichtspraxis erläutert. Im Vorwort zur Neuauflage von 1975 hat er das Argument seiner Kritiker, die Legitimität von Verfahren könne nicht losgelöst von der epistemischen Qualität der getroffenen Entscheidungen gedacht werden, entschieden zurückgewiesen.[17] So geschickt er seine Theorie aber auch verteidigt, ganz ohne Tücken ist sein Funktionalismus ohne Inhalt nicht. Luhmann kann ihn nur aufrecht erhalten, indem er administrative Verfahren von wissenschaftlichen Verfahren radikal trennt. Erstere erzeugen demnach Legitimation, letztere Wahrheit. Diese Funktionsunterscheidung, die für die Abhandlung zentral, aber nirgends explizit ausgeführt ist, überzeugt weder aus historischer noch aus soziologischer Sicht. Gerichtsprozesse sind, besonders im Strafrecht, in eminenter Weise epistemische Verfahren: Sie schaffen Gerechtigkeit, indem sie größtmögliche Wahrheit herstellen, und setzen dafür eine Beweismaschinerie ein, die sie aus epistemischen Gründen immer weiter aufrüsten. Umgekehrt erzeugen wissenschaftliche Verfahren, wie Barbara Shapiro und andere gezeigt haben, in ebenso ausgeprägtem Maße Legitimation:[18] Sie bilden Vertrauen, indem sie Erkenntnisarbeit als systematischen, durchrationalisierten Vorgang darstellen und

[16] Ebd., 26.

[17] Ebd., 1–8.

[18] Barbara J. Shapiro, A Culture of Fact. England, 1550–1720, Ithaca, London 2000; dies., The Concept „Fact“. Legal Origins and Cultural Diffusion, in: Albion 26 (1994), 1–25; dies., „Beyond Reasonable Doubt“ and „Probable Cause“. Historical Perspectives on the Anglo-American Law of Evidence, Berkley, Los Angeles 1991. Zur frühneuzeitlichen Anlehnung wissenschaftlicher an gerichtliche Verfahren siehe auch Rose-Mary Sargent, Scientific Experiment and Legal Expertise: The Way of Experience in the Seventeenth Century, in: Studies in the History and Philosophy of Science 20 (1989), 19–45.

dabei jedes Moment der Unkontrollierbarkeit und Zufälligkeit, der Improvisation und Bastelei unter den Teppich kehren. Administrative und wissenschaftliche Verfahren gehören historisch und typologisch enger zusammen, als es Luhmanns Theorie unterstellt.

Ein starkes Indiz dafür scheint mir zu sein, daß sich eine Eigenschaft von administrativen Verfahren schlecht erklären läßt, wenn man ihnen eine epistemische Funktion abspricht. Es ist, wie ich eben am Beispiel der Gerichtsbeweise skizziert habe, ihre strukturelle Instabilität, die durch einen beständigen Antrieb zur Änderung der Verfahrensabläufe bedingt ist. Seit es Verfahren gibt, werden sie im Versprechen auf „bessere“ Entscheidungen um- und ausgebaut; insofern hängt ihre Legitimation zwangsläufig davon ab, wie die Qualität der durch sie erwirkten Entscheidungen von den Beteiligten, Betroffenen und Beobachtenden beurteilt wird. Damit ist nicht gesagt, wie einige Kritiker von Luhmann meinen, daß verfahrensförmig getroffene Entscheide „objektiv“ besser sind als andere, sondern bloß, daß es eines sozialen Glaubens an die qualitative Überlegenheit von Verfahren bedarf, damit sie überhaupt entstehen und bestehen können. Unter dieser Prämisse aber rücken Fragen in den Mittelpunkt, die Luhmann mit seinem Komplexitätsreduktionsreduktionismus nur am Rande interessieren – am nachdrücklichsten jene, ob die Verfahrensgläubigkeit ab einem gewissen Grad zu einer Re-Ritualisierung von Entscheidungsstrukturen führt, sei es, weil jene Systeme, die Verfahren nicht anwenden müssen oder können, diese aus Legitimationsgründen simulieren, oder weil Qualitätsprobleme, die ihre Ursache nicht in der Organisation von Verfahren haben, durch eine Reorganisation von Verfahren übertüncht werden. Ich komme darauf zurück, sobald ich einen weiteren aufschlußreichen Aspekt von Luhmanns Verfahrenstheorie erläutert habe.

Wird das Vertrauen in Verfahren von der Vorhersehbarkeit des Entscheidungsablaufs bei gleichzeitiger Ungewissheit des Entscheidungsinhalts getragen, so ist damit laut Luhmann auch eine präzise Verhaltenserwartung an die beteiligten Personen verbunden: Sie bekleiden spezifische, voneinander klar unterscheidbare Rollen, die von ihren Handlungsmöglichkeiten außerhalb des Verfahrens zwar nicht gänzlich abgelöst, aber doch klar abgehoben sind. Je wichtiger die Autonomie eines Verfahrens ist, desto strikter sind die Rollenanforderungen. Kriterien wie Unbefangenheit und Unabhängigkeit haben die Funktion, Umwelteinflüsse auf die Entscheidungsfindung zu minimieren. Sie verhindern Interessenkonflikte der beteiligten Personen, das heißt eine mögliche Beeinträchtigung ihrer verfahrensinternen durch ihre verfahrensexternen Rollen. Gleichzeitig können die Rollen ihre Träger in den Handlungsmöglichkeiten außerhalb des Verfahrens einschränken. Wie Barbara Stollberg-Rilinger betont, kann man zum Beispiel schwer an einer verfahrensmäßig getroffenen Entscheidung partizipieren und anschließend öffentlich Widerstand gegen sie mobilisieren.[19]

Luhmann wird in der Frage der Rollenkonsistenz einmal ganz konkret. Am Beispiel der Richterrolle führt er aus: „Es muß schon durch den Beginn der Darstellung des Verfahrens wirksam ausgeschlossen werden, daß der Richter sich plötzlich als Zahnarzt oder der Beigeladene sich als Losverkäufer verhält."[20] Gleiches gelte für Wahlverfahren in der Politik: „Ein Wähler handelt in der politischen Wahl nicht primär als Friseur, Ehemann, Briefmarkensammler oder Methodist – er kann zum Beispiel als seinen Leistungsbeitrag nicht anbieten, den Kandidaten die Haare zu schneiden oder für sie zu beten –, sondern er bleibt an die Rolle des Wählers gebunden".[21] Das klingt auf den ersten Blick banal, ist es aber nicht, denn die Annahme einer Rolle verpflichtet nicht nur zur äußerlichen Erfüllung der mit ihr verbundenen Verhaltenserwartung, sondern auch zur innerlichen Anverwandlung der entsprechenden Verhaltensnormen. Ein Strafverteidiger, der sich nicht verpflichtet fühlt, für seinen Mandanten das bestmögliche Urteil herauszuholen, untergräbt die Legitimität eines Gerichtsverfahrens, und gleiches gilt für einen Professor in einem Berufungsverfahren an einer Universität, der sich bereits im Vornherein auf einen Kandidaten festgelegt hat. Zu jedem Verfahren gehört neben einem bestimmten Ablauf auch eine bestimmte Verhaltensethik. Sie hat eine kollektive Komponente, die für alle beteiligten Akteure gilt, und eine individuelle Komponente, die den einzelnen Rollen spezifische Vorgaben macht. Für alle Verfahren gilt, daß sie den an der Entscheidung beteiligten Akteuren ein intrinsisches Interesse am behandelten Thema abverlangen. Ebenso grundlegend ist die Einstellung, daß eine Entscheidung zustande kommen wird, daß aber niemand im Vornherein weiß, welche.[22]

Die vorgängige Gewißheit einer Entscheidungsfindung bei gleichzeitiger Ungewißheit ihres Inhalts garantiert, daß der Verfahrensablauf mit dem Entscheidungsprozeß synchronisiert ist.[23] Luhmann spricht von „Synchronisierung", um zu verdeutlichen, daß die formelle und tatsächliche Herbeiführung der Entscheidung nicht identisch sein müssen. Diese Unterscheidung hat selbst normativen Charakter, denn sie steckt einen Toleranzbereich für informelles Handeln in Verfahren ab, das die Legitimation der Entscheidung angeblich nicht beeinträchtigt. Sie ist zugleich intuitiv plausibel, spricht doch wenig dafür, daß ein Entscheidungsprozeß exakt so funktioniert, wie ihn das Verfahren inszeniert. Sogar wis-

19 Barbara Stollberg-Rilinger, Einleitung, in: B.S.-R., André Krischer (Hg.), Herstellung und Darstellung von Entscheidungen. Verfahren, Verwalten und Verhandeln in der Vormoderne, Berlin 2010, 9–31, hier 11.

20 Luhmann, Legitimation durch Verfahren (wie Anm. 13), 92.

21 Ebd., 48.

22 Vgl. dazu die spezifischeren Aussagen von Luhmann in: ebd., 51.

23 Ebd., 3.

senschaftliche Experimente, die aufgrund des Wiederholbarkeitsgebots, dem ihre Ergebnisse unterliegen, einen besonderen Genauigkeitsstatus genießen, erfordern von den beteiligten Wissenschaftlern ein hohes Maß an improvisatorischer Urteilsfähigkeit – unter anderem deshalb, weil sich verfahrenstechnisch schwer entscheiden läßt, wann ein Experiment zu Ende ist.[24]

Der Toleranzbereich zwischen formeller und informeller Entscheidungsfindung erhöht die Flexibilität der Beteiligten und steigert im besten Fall die Effizienz der Verfahren. Mit Effizienzargumenten allein ist er aber nicht zu erklären, müßte man sonst doch annehmen, daß sich die formellen Strukturen den informellen Abläufen angleichen. Ungleich wichtiger dürfte die legitimatorische Funktion von Verfahren sein, auf die Luhmanns Argumentation eigentlich abzielt. Sie impliziert, daß Entscheidungen in Verfahren nicht bloß hergestellt, sondern auch dargestellt werden.[25] Diese Doppelfunktion ist umso ausgeprägter, je öffentlicher Verfahren durchgeführt werden. Aus legitimationstheoretischer Sicht verpflichtet die Darstellung zu einer Formalität der Prozeduren, die für die Herstellung nicht unbedingt zwingend ist. Auffallend an Luhmanns Behandlung des Darstellungsproblems ist nun aber, daß er es von der Frage nach dem Toleranzbereich zwischen formellem und informellem Entscheidungsablauf abkoppelt. Letzterer ist bei ihm schnell abgehandelt: Je weiter die Grenzen des normativen Toleranzbereichs überschritten werden, desto mehr friert das Verfahren zu einem Ritual ein. Es zelebriert eine Entscheidung, die außerhalb seiner Prozeduren gefällt worden ist. Luhmann nennt dafür zwei bezeichnende Beispiele: politische Wahlen „mit feststehender Einheitsliste“ und „Schauprozesse“.[26] Bezeichnend sind die Beispiele deshalb, weil Luhmann mit ihnen das Problem der Re-Ritualisierung von Verfahren hinter den Eisernen Vorhang verlagert, anstatt es als integralen Teil seiner westlichen Modernisierungsgeschichte zu behandeln.

II. Legitimation durch Verfahrenssimulation

Um die Dimension des Problems zu erfassen, die mit der Re-Ritualisierung von Verfahren verbunden sind, kann man beim Vertrauen in Verfahren ansetzen, das Luhmann theoretisch begründet und ideologisch bestärkt.[27] Es gibt in der moder-

[24] Siehe dazu die klassische Studie zur spätmodernen Physik von Peter Galison, How Experiments End, Chicago 1987.

[25] Dazu ebenfalls Stollberg-Rilinger, Einleitung (wie Anm. 19), 11.

[26] Luhmann, Legitimation durch Verfahren (wie Anm. 13), 51.

[27] Die folgenden Überlegungen habe ich bereits an anderer Stelle publiziert. Caspar Hirschi, Transparenz ist nur eine andere Form von Intransparenz, in: Frankfurter Allgemeine Zeitung, 8. Januar 2014, Nr. 6, N4; ders., Komplexität durch Verfahren: Niklas Luhmanns Aktualität in der Finanzkrise, in: theorieblog.de, 17. Februar 2014.

nen Gesellschaft eine ganze Palette von Berufen, deren Vertreter von diesem Vertrauen leben. Die Konjunktur der Berufe kannte während der letzten dreihundert Jahre nur eine Richtung: steil nach oben. Typologisch kann man sie in zwei Gruppen unterteilen. Auf der einen Seite stehen die Administratoren und Regulatoren, die in Sachen Verfahren Meta-Praktiker sind: Sie wenden eigene Verfahren auf fremde Verfahren an, mit dem Ziel, Abläufe zu überwachen, Ergebnisse zu überprüfen und Verbesserungen durchzusetzen. Auf der anderen Seite stehen die öffentlichen Kommentatoren, die in Verfahren als Zweit-Darsteller auftreten: Sie reagieren in den Medien auf Verfahren und wirken aus den Medien auf Verfahren zurück. Beide Gruppen verfolgen aus unterschiedlichen Gründen die Absicht, das Vertrauen in Verfahren hochzuhalten, und beide tragen unbeabsichtigt zu ihrer Ritualisierung bei. Um zu verstehen, wie sie das tun, müssen wir die beiden Gruppen für sich allein betrachten.

Beginnen wir bei den Aufsichts- und Verwaltungsbehörden: Ihr fachliches Kapital stammt hauptsächlich aus den Rechtswissenschaften; wo sie auftreten, findet eine juristische Durchdringung von Arbeitsabläufen statt. Historisch gesehen, handelt es sich bei dieser Berufsgruppe zugleich um einen Stoßtrupp der staatlichen Machtexpansion und um ein juristisches Arbeitsbeschaffungskartell.[28] Mittlerweile ist sie in den staatlichen Aufsichtsorganen genauso heimisch wie in den privatwirtschaftlichen „Compliance“-Abteilungen. Ihre Expansionskraft rührt zu einem guten Teil daher, daß ihre Vertreter aus einem systemischen Widerspruch eine Stärke gemacht haben: Sie treten als unabhängige Autoritäten auf, wenn es um den konkreten Ausgang der von ihnen überwachten Verfahren geht, sind aber zugleich interessierte Partei, was den allgemeinen Stellenwert von Verfahren betrifft. Sinkt das Systemvertrauen in Verfahren, sind ihre Berufsaussichten getrübt. Darum müssen sie auf Probleme mit Verfahren immer gleich reagieren: mit neuen Verfahren. „Neu“ heißt dabei in der Regel aufwändiger und überwachungsintensiver, und so dreht die selbstgesteuerte Expansionsspirale immer weiter. Hier wird Komplexität gesteigert, nicht reduziert.

Darin besteht der Beitrag dieser Berufsgruppe zur Ritualisierung von Verfahren. Je komplexer Verfahren werden, desto höher ist der Anreiz, sie zu unterlaufen. Aus Sicht der ausführenden Akteure kann es effizienter erscheinen, ein aufwändiges Verfahren über informelle Entscheidungswege auszuhebeln und nur noch als Legitimationsfassade aufrechtzuerhalten, als es im Rahmen des normativen Toleranzbereiches durchzuführen. Das Systemvertrauen der Ausführenden

[28] Ein aktuelles Beispiel dafür ist die SEC („U.Securities and Exchange Commission“), die für die Regulierung der amerikanischen Finanzindustrie verantwortlich ist und dabei fast ausschließlich von Juristen geführt wird, während die wenigen Ökonomen in der Behörde marginalisiert werden. Siehe Jonathan Macey, The Death of Corporate Reputation. How Integrity Has Been Destroyed on Wall Street, Upper Saddle River, NJ 2013, 270.

ist in solchen Fällen zu schwach, um sich den verhaltensethischen Vorgaben des Verfahrens verpflichtet zu fühlen. Gleichzeitig ist das Systemvertrauen der Aufseher zu stark, um das dysfunktionale Verfahren abzuschaffen. Die Ritualisierung hat demnach mit einer Vertrauensdiskrepanz zwischen Aufsehern und Ausführenden zu tun. Aus Sicht der Aufsichtsbehörden besteht ein Konflikt zwischen den Bedürfnissen des Systems und den Interessen der Ausführenden, und die naheliegende Lösung besteht für sie in einer Disziplinierungsaktion durch strengere Vorschriften. Damit muß das Verfahren nun auch das gesunkene Vertrauen in die ausführenden Personen auffangen. Es wird ein Kompensationsinstrument, und als solches beschleunigt es die Ritualisierung weiter. Die Aufsichtsbehörden manövrieren sich in ein Dilemma, aus dem es keinen vorgezeichneten Ausweg gibt. In ihrer Rolle als Meta-Praktiker müssen sie neue Verfahrensmodalitäten und -abläufe gegen den Widerstand der ausführenden Akteure durchsetzen, hebeln dabei zugleich aber eine Grundvoraussetzung für das Gelingen von Verfahren aus: die intrinsische Motivation der ausführenden Personen, die Verfahrensnormen zu erfüllen.

Zwangsweise verordnete Verfahren haben fast unvermeidlich den Charakter von rituellen Ersatzhandlungen für systemisches Versagen. Was Luhmann auf die Diktaturen des Ostblocks projiziert, ist auf eine andere Art genauso Bestandteil der westlichen Demokratien. Und was uns angesichts der Regulierungswut nach dem Zusammenbruch des Finanzsektors von 2008 als neues Problem erscheinen mag, hat bereits mit den ersten Modernisierungsschüben in der Frühen Neuzeit begonnen. Wie man z. B. anhand der französischen Gerichtsreformen im späten 17. Jahrhundert zeigen kann, reihten bereits Verwaltungsleute des Ancien Régime eine Verfahrensreform an die andere, um immer neue Ausweichstrategien der ausführenden Akteure zu kontern.[29] Wo solche Katz-und-Maus-Spiele in Gang kommen, liegt ein Verstoß gegen das gleiche, simple Gesetz vor: Eine neue Verfahrensstruktur braucht eine entsprechende Verfahrenskultur, um die in sie gesteckten Erwartungen zu erfüllen. Da kultureller Wandel aber schlechter steuerbar ist und in Zeiten des höheren Reformdrucks ungleich träger verläuft als die Umsetzung struktureller Maßnahmen, mühen sich Regulatoren und Administratoren bald mit den unintendierten Konsequenzen ihrer eigenen Reformversuche ab. Solange ihr eigenes Vertrauen in Verfahren nicht Schaden nimmt, hat es damit kein Ende. Dieser Prozeß ist derzeit, um ein prominentes Beispiel zu nennen, bei den regulatorischen Bändigungsversuchen der internationalen Finanzindustrie voll im Schwung. Noch scheint das öffentliche Vertrauen in Kontrollbehörden wie die U.S. Securities and Exchange Commission (SEC) größer zu

[29] Caspar Hirschi, Moderne Eunuchen? Offizielle Experten im 18. und im 21. Jahrhundert, in: Frank Rexroth, Martin Mulsow (Hg.), Wissen, maßgeschneidert. Die Geburt des Experten in der Vormoderne, München 2012, 290–328, hier 304 ff.

sein als in die kontrollierten Konzerne, aber es mehren sich bereits die Stimmen von beobachtenden Spezialisten, die von der Ineffizienz und Instabilität eines Systems warnen, dessen verlorene Reputation durch Regulationen ersetzt werde. Die Regulierungsinstanzen, kritisiert etwa der Ökonom Jonathan Macey, bauten einen Überwachungsapparat auf, den sie mit ihren beschränkten Ressourcen gar nicht kontrollieren könnten, und verlegten sich daher auf die symbolische Politik, da und dort medienwirksam ein gerichtliches Exempel zu statuieren. Derweil könnten die regulierten Konzerne, entlastet von den Pflichten der eigenen Reputationspflege, ihren ruinierten Ruf als Freipfand einsetzen, um ihre Geschäftsinteressen noch rücksichtsloser zu verfolgen.[30]

Wie verhält sich demgegenüber der Ritualisierungseffekt der Medien auf Verfahren? Hier sind andere Kräfte, andere Akteure und andere Institutionen im Spiel als bei der Regulierungsspirale, und doch sind die Auswirkungen beider Prozesse strukturell äquivalent. Transparenz wie Regulierung stellen die verfahrensbeteiligten Akteure unter verschärfte äußere Beobachtung, mit dem Ziel, die „Black Box“ der Verfahren aufzubrechen und das Verhalten der entscheidungsbefugten Personen zu kontrollieren. Letztere sehen sich damit weniger durch die anderen verfahrensbeteiligten Personen als durch externe, ihnen unbekannte Akteure observiert, deren Handeln sie umgekehrt kaum beobachten können. Aus der Innenperspektive erhält das Verfahren dadurch eine entfremdende Dimension, die es den beteiligten Personen erschwert, die Verfahrensrolle von ihren anderen gesellschaftlichen Rollen zu trennen. Ihre Handlungsautonomie innerhalb des Verfahrens schwindet. Tim Neu hat die Konsequenz des Prozesses treffend erfaßt: „Ist Rollentrennung nicht möglich, ist echte Entscheidungsoffenheit zu riskant, weshalb die Entscheidungsfindung ausgelagert wird und die Verfahren noch weniger Legitimation stiften können“.[31]

Luhmann erkennt im Fall der Medien durchaus ein Konfliktpotential für einen ordentlichen Verfahrensablauf. Er bringt dieses jedoch nicht in Verbindung mit einer Ritualisierungsgefahr, was damit zu tun haben könnte, daß er sich auf Gerichtsprozesse konzentriert. Die Probleme der medialen Berichterstattung, die er in *Legitimation durch Verfahren* hervorhebt, sind jedenfalls charakteristisch für das Gericht – vom Blitzlichtgewitter im Gerichtssaal über die Vorverurteilung von Angeklagten bis zur öffentlichen Kritik an den Urteilen.[32] Luhmann versucht

30 Siehe dazu das Schlußkapitel „Regulation: the New Secular Religion“, in: Macey, The Death of Corporate Reputation (wie Anm. 28), 269–275, dessen Gegenwartsanalyse allerdings stärker ist als sein historisches Erklärungsmodell, welches auf der Vergangenheitsutopie eines Finanzmarktes ohne Regulierungszwang beruht, weil die Pflege der Firmenreputation Grundlage allen wirtschaftlichen Erfolges gewesen sei.

31 Tim Neu, Verstrickt und verkoppelt – Rituelle Verfahren, in: theorieblog.de, 22. Dezember 2014.

32 Luhmann, Legitimation durch Verfahren (wie Anm. 13), 124 ff.

die Probleme mit normativen Vorgaben an die Medien zu entschärfen und verdeutlicht damit, daß er in ihnen keine systemische Bedrohung für administrative Verfahren sieht. Ob Luhmann auch nach 1969 bei dieser Einschätzung geblieben ist, läßt sich schwer sagen. In seiner späten Studie über *Die Realität der Massenmedien* von 1995 wartete der Fernsehverächter mit der systemtheoretisch verpackten Provokation auf, die Medien konstruierten eine eigene, geschlossene Realität und konditionierten mit ihr unser Wissen über die Welt. Hier scheint mir Luhmann ins gegenteilige Extrem zu verfallen. Das mediale System wirkt in seiner Wirklichkeitserzeugung derart autonom, daß es nur noch bedingt einen Bezug zur gerichtlichen und politischen Realität herstellen muß. Was wir aus den Medien erfahren, läßt denn auch kaum auf Realitäten außerhalb der Medien schließen: „Wenn man hört, daß ein führender Politiker eine Entscheidung getroffen hat, weiß man deshalb noch lange nicht, wer die Entscheidung getroffen hat – Lady Thatcher vielleicht ausgenommen“.[33] Bei soviel Wirklichkeitspluralismus kann das Problem einer funktionalen Störung des einen Systems durch das andere kaum mehr auftauchen.

In einer Hinsicht ist Luhmanns Thatcher-Scherz gut gewählt: Wie sehr Medien formelle Verfahren in ein rituelles Spektakel verwandeln können, zeigt sich besonders deutlich im Politikbetrieb. Unter der Flagge des Transparenzgebots haben sich die Medien in den letzten Jahrzehnten einen immer umfassenderen Zugang zu politischen Gremien verschafft, sind dabei aber ihr Versprechen schuldig geblieben, der Öffentlichkeit bessere Einsichten in politische Entscheidungsabläufe zu ermöglichen. Denn mit dem Einzug der „gläsernen“ Politik erfolgte der Auszug der Beratungsprozesse aus den Gremien. Die mediale Präsenz schränkt den Bereich des Sagbaren derart ein, daß es ein Gebot der politischen Klugheit ist, zur Sicherung einer guten Entscheidungsgrundlage den Beratungsprozeß aus den formellen Verfahren herauszulösen.

Dieser Vorgang betrifft längst nicht mehr nur die Institution des Parlamentes, die sich zuerst in ein deliberatives Gremium ohne deliberative Funktion verwandelt hat. Expertenkommissionen haben in den vergangenen Jahrzehnten einen ähnlichen Prozeß durchlaufen. Vor allem bei kontroversen und entsprechend medialisierten Themen wie Gentechnologie, Drogenkonsum oder Atomenergie dienen ihre Beratungen und Empfehlungen kaum noch der politischen Entscheidungsfindung, umso mehr aber der nachträglichen Entscheidungslegitimation. Die Funktion von Expertenkommissionen beschränkt sich in solchen Situationen darauf, daß Politiker vor der Kamera „expertengestütztes“ Handeln für Maßnahmen beanspruchen können, die ohne Mitwirkung der Kommission getroffen worden sind. Hat sich ein solches System eingespielt, sind Politiker, wenn sie für einmal wirklich nach Expertenrat verlangen, darauf angewiesen, ihn auf informellem

[33] Niklas Luhmann, Die Realität der Massenmedien, Opladen 1996, 65.

Weg einzuholen. Damit sind die Weichen gestellt, daß sich hinter den Kulissen einer medial durchleuchteten Hochglanzpolitbühne wieder eine Kabinettspolitik alteuropäischen Stils einrichten kann.

Nun könnte man erwarten, daß politische Verfahren, denen im Zeichen der medial hergestellten Transparenz der Entscheidungsprozeß ausgetrieben worden ist, früher oder später auch die öffentliche Legitimation abhanden kommen müßte. Das scheint bisher aber kaum geschehen zu sein. Weshalb? Der Hauptgrund dürfte in der Funktionslogik der politischen Berichterstattung zu suchen sein. Historischer und ideologischer Bezugspunkt der medialen Kampagne für Transparenz ist der aufklärerische Anspruch, die Tätigkeit politischer Entscheidungsträger vor das Tribunal der öffentlichen Vernunft zu ziehen. Von ihm hat die Rolle des öffentlichen Kritikers ihren Ausgang genommen. Durch die Berichterstattung von Zeitungen und Journalen, so das wirkmächtige Versprechen aus dem 18. Jahrhundert, könnten Bürger zu einem qualifizierten Urteil über die Leistung ihrer Regierung ermächtigt und Regierende wiederum zu einer Politik im Dienste ihrer Bürger ermuntert werden. Dem Versprechen lag die Fortschrittsideologie zugrunde, eine durch kritische Medien konstruierte Öffentlichkeit führe zu einem Zustand größerer Vernünftigkeit und besserer Entscheidungsfähigkeit. Was konnte geeigneter sein, um dieser Ideologie Glaubwürdigkeit zu verleihen, als die Darstellung der öffentlichen Kritik als ein verfahrensmäßig gesteuerter Vorgang? Diesen Zweck erfüllte die Rede von der Öffentlichkeit als Gerichtshof mit universaler Jurisdiktion, in dem die Publizisten als Ankläger oder Verteidiger und die aufgeklärte Leserschaft als höchste Richterinstanz auftrete. Das Bild verlieh der medial vorgetragenen Kritik den Anschein des Geordneten und Gerechten und trug damit wesentlich zu ihrer politischen Legitimation bei. Allerdings: Zur Beschreibung ihrer Funktionsweise hat die Gerichtsmetapher nie viel getaugt. Die mediale Beurteilung politischer Vorgänge folgt keinem vorgegebenen Verfahrensablauf, sondern kann das ganze Spektrum vom unkontrollierten Lynchen über das vorsichtige Abwägen bis zum durchritualisierten Feiern abdecken. Genauso wenig besitzt die Öffentlichkeit die nötige Homogenität und Souveränität, um als richterliche Instanz einen Fall abschließend zu beurteilen. Wir haben es also mit einer paradoxen Konstellation zu tun: Die gerichtliche Verfahrenssprache wird auf ein Handlungsfeld angewendet, das gar nicht verfahrensmäßig organisiert werden kann, und erzeugt trotzdem eine legitimatorische Wirkung. Man müßte also, Luhmann kritisch ergänzend, von Vertrauen durch Verfahrensrhetorik sprechen.

Vor diesem Hintergrund läßt sich nun leichter nachvollziehen, warum die medial erzeugte Ritualisierung politischer Verfahren eine ebenso medial erzeugte Legitimierung erhalten muß. Für die politische Berichterstattung in westlichen Demokratien ist die Verfahrensgläubigkeit konstitutiv. Die Medienkultur funktioniert nach einem doppelten Verfahrensprinzip, das für die Objekte wie die Subjekte der Berichterstattung gilt: Politiker müssen Entscheidungen durch transparente Verfahren fällen, und Medienschaffende müssen diese Entscheidungen mit kritischen Verfahren prüfen. Würden die Medien ihre Ritualisierungseffekte thematisieren, sie würden zugleich ihre Legitimationsgrundlage unterminieren. Daher sind die Kommentatoren vor der Kamera und Redaktoren in den Nachrichtenräumen – unabhängig davon, wie einsichtig sie im Privaten sein mögen – dazu gezwungen, das Polit-Theater weiterhin so zu inszenieren, als spiele sich das Hauptgeschehen vor und nicht hinter den medialen Kulissen ab. Führt man sich diesen systemischen Zwang vor Augen, muß man ein zu Luhmann konträres Fazit ziehen: Hier entsteht Legitimation durch Rituale, die Verfahren simulieren und dabei Komplexität bis zur Realitätsverweigerung reduzieren. Für die Rolle des Kritikers und noch stärker für jene des Intellektuellen bedeutet diese Diagnose, daß ihre Träger beständig Gefahr laufen, mit ihrem Engagement einer medialen Illusionsmaschine zu dienen anstatt auf politische Entscheidungen tatsächlich einzuwirken. Zumindest die naiveren Gemüter unter ihnen dürften dem Typus des getäuschten Täuschers recht nahe kommen, der seine Rolle gerade deshalb so gut spielt, weil er ihre politische Funktion verkennt.

III. Colberts Erbe: Die staatliche Organisation des Wissens

Je schwerer es fällt, die Entwicklung moderner Verfahren als eine Fortschrittsgeschichte zu erzählen, in der die Gesellschaft ihre Effizienz steigert, indem sie Komplexität reduziert, desto schärfer stellt sich die Frage, wie sich Vertrauen in Verfahren überhaupt hat ausbilden und ausbreiten können. Ich werde im Folgenden drei miteinander verbundene Erklärungen entwickeln. Die erste Erklärung betrifft den staatlichen Machtausbau im Inland, der neue Organisations- und Legitimationsformen erfordert, die zweite die erhöhte Mobilität in Institutionen, die informelle Entscheidungsstrukturen schwächt, und die dritte den Wandel der Elitenkultur im Zuge der Verwissenschaftlichung, der ein Bedürfnis nach durchrationalisierten Problemlösungsprozeduren weckt. Die drei Erklärungen lassen sich durchaus mit Luhmanns Interpretation verbinden, wonach die Einführung von Verfahren eine Antwort auf gesteigerte Komplexität sei. Sie lassen jedoch nicht den Schluß zu, daß Verfahren Komplexität reduzieren und dadurch Vertrauen generieren. Vielmehr liegt ihnen die Annahme zugrunde, daß Verfahren neue Komplexität produzieren, auf die sie dann wiederum reagieren. Anders formuliert: Einmal installiert, schaffen sie selbst die Probleme, die sie zu lösen versprechen. Anders als Luhmann sehe ich das Erfolgsgeheimnis von Verfahren also weniger in einer funktionalen Effizienz als in einem modernen Zauber: sie erzeugen einen Illusionsraum, in dem menschliches Handeln zum angeblichen Besten der Gesellschaft zweckrational organisiert zu werden scheint.

Alle drei Erklärungen lassen die Geschichte dieses Zaubers früher beginnen als Luhmann sein Fortschrittsnarrativ der modernen Verfahrensorganisation. Sie setzen im Zeitalter Ludwigs XIV. an. Im Mittelpunkt steht allerdings nicht der Sonnenkönig selbst, sondern sein langjähriger Finanzminister, Verwaltungsreformer und politischer Mentor, Jean-Baptiste Colbert. Colbert war knapp zwanzig Jahre älter als der König. 1619 in eine vermögende Kaufmannsfamilie geboren, besuchte er eine Jesuitenschule in Reims, arbeitete als junger Mann in mehreren Handelshäusern, wechselte aber bereits mit zwanzig Jahren in die königliche Verwaltung, wo er dank großer Fähigkeiten und guter Beziehungen die Karriereleiter hochstieg. Die oberste Stufe erklomm er mit gut vierzig Jahren nach dem Tod seines Förderers Kardinal Mazarin 1661, und von da an bestimmte er die Geschicke der französischen Politik bis zu seinem eigenen Tod 1683.

Sein Wirken in dieser Zeit dürfte die französische Wirtschafts-, Fiskal- und Wissenschaftspolitik stärker und länger geprägt haben als die Taten jedes anderen Politikers des Ancien Régime. Allerdings darf es nicht auf die Durchsetzung jener Doktrin reduziert werden, die seit dem Ende des 18. Jahrhunderts mit seinem Namen verbunden wurde und die jene liberalen Geister, die sich ihre Realität nach der Fiktion des freien Marktes einrichten, nach wie vor als Schreckgespenst beschwören, um vor den ruinösen Folgen einer „dirigistischen" Wirtschaftspolitik zu warnen.[34] Wenn „Colbertismus" eine besonders doktrinäre Version des merkantilistischen „Staatskapitalismus" repräsentieren soll, dann war Colbert kein waschechter Colbertist – und ein erfolgreicher schon gar nicht.[35] Seine Reformtätigkeit war zugleich umfassender und pragmatischer, als es die Wirtschaftsgeschichtsschreibung liberalen Zuschnitts, die Colbert als Strohmann brauchte, gerne gehabt hätte.[36]

Was Colbert anvisierte, war eine staatliche Produktion, Organisation und Distribution des Wissens. Und was er mit ihr beabsichtigte, war ein effizienter und einflußreicher Verwaltungsapparat, der jene Berufsgruppen effizienter und einflußreicher machen sollte, die Colbert für die Triebfedern von Frankreichs Macht und Reichtum hielt.

[34] So etwa der *Economist*, der sich offenbar alle paar Jahre von neuem überzeugen muß, wie schlimm es um die französische Wirtschaft steht und den Langzeitschuldigen für das diagnostizierte Elend mit ebenso schöner Regelmäßigkeit in Colbert findet. Jüngste Beispiele: French Economic Nationalism: Colbert Was Here, in: The Economist, 23. März 2006; The State as Owner: Rebonjour Monsieur Colbert, in: ebd., 23. Oktober 2008.

[35] Siehe dazu Steiner, Colberts Afrika (wie Anm. 6), 430.

[36] Florian Schui, Serienpleitier in Seidenstrümpfen oder Pate erfolgreichen Unternehmertums? Erfolg und Misserfolg des Colbertismus im Spiegel der modernen ökonomischen Analyse, in: Ingo Köhler, Roman Rossfeld (Hg.), Pleitiers und Bankrotteure. Geschichte des ökonomischen Scheiterns vom 18. bis 20. Jahrhunderts, Frankfurt 2012, 60–80.

Jacob Soll nennt Colbert aus bezeichnendem Grund „The Information Master“.[37] Soll versteht ihn dabei nicht als unbewegten Beweger, der sein staatliches Informationsreich aus dem Nichts erschaffen habe, sondern sieht in seiner Politik mehrere Traditionsstränge auf innovative Weise verknüpft – von den Archivierungspraktiken an der römischen Kurie der Renaissance über die weltumspannende Wissensverwaltung Philipps II. von Spanien bis zum gelehrten Informationsbeschaffungs- und Propaganda-Apparat unter Kardinal Richelieu.[38] Benjamin Steiner knüpft in seiner Studie zur afrikanischen Kolonialpolitik an Solls Darstellung an und betont vor allem die Vorbildfunktion Richelieus für das Rollenverständnis von Colbert, der sich in seinem Ministeramt konsequent als königlicher Berater verstanden und sein persönliches Kapital im Vorsprung durch Wissen gegenüber konkurrierenden Ministern und Hofadligen gesehen habe.[39]

Um einen Eindruck von Colberts reformerischem Ehrgeiz zu vermitteln, eignet sich ein wirtschaftspolitisches Memorandum aus dem Jahr 1664, in welchem er Ludwig XIV. einen radikalen Umbau der französischen Gesellschaft schmackhaft zu machen versuchte. Den jungen König bei seinem eigenen Ehrgeiz packend, stellte er ihm den Vorrang unter allen gekrönten Oberhäuptern in Aussicht, wenn es ihm gelinge, die Berufstätigkeit seiner Untertanen auf jene vier Arbeitsfelder zu reduzieren, die sein Macht- und Ruhmesstreben beförderten. Colbert zählte dazu die Landwirtschaft, den Handel sowie den Krieg zu Land und zu Wasser.[40] Aus welchen Bereichen aber sollten die Menschen abgezogen werden, um die angeblich produktiven Sektoren zu verstärken? Hier wird die Modernität von Colberts volkswirtschaftlicher Effizienzsteigerungspolitik erst sichtbar. Der König, empfahl er, müsse die Geistlichen beiden Geschlechts sachte, aber kompromißlos aus den Klöstern treiben, denn sie „bringen nur unnütze Leute in dieser Welt hervor und manche Teufel in der anderen“.[41] Der Klerus sei doppelt unproduktiv, er verweigere sowohl die Arbeit als auch die Fortpflanzung. Nicht viel besser meinte es Colbert mit den Bankiers und Juristen. Die Finanzindustrie, „ce monstre“, habe die Arbeitskraft von dreißigtausend Personen verbraucht, bevor sie von Ludwig „zerstört“ worden sei. Das Urteil über die Justiz war noch vernichtender: Abgesehen davon, daß sie siebzigtausend Männer in unnützen Beschäf-

[37] Soll, The Information Master (wie Anm. 6).

[38] Ebd., 16–33. Zur epistemisch elaborierten, administrativ aber schlecht kontrollierten Wissensproduktion und -distribution im Spanischen Weltreich siehe auch Arndt Brendecke, Imperium und Empirie. Funktionen des Wissens in der spanischen Kolonialherrschaft, Köln, Weimar, Wien 2009.

[39] Steiner, Colberts Afrika (wie Anm. 6), 347–430.

[40] Jean-Baptiste Colbert, Mémoire au roi, Paris, 22. Oktober 1664, in: Pierre Clément (Hg.), Lettres, instructions et mémoires de Colbert, Bd. 6, Paris 1869, 3–5, hier 3.

[41] „…qui ne produisent que des gens inutiles dans ce monde, et bien souvent des diables dans l’autre“ (ebd.).

tigungen binde, zwinge sie das ganze französische Volk unter ihr Joch, das sie dazu noch im Namen des Königs rechtfertige.[42]

Wie paßt das Bild von Colbert, das aus diesem und anderen Reformtraktaten hervorgeht, zu jenem des höfischen Intriganten, politischen Improvisators und genealogischen Schwindlers, das Historiker wie Daniel Dessert und Leonhard Horowski von ihm zeichnen? Der Widerspruch löst sich weitgehend auf, wenn man die Ämter, die Colbert am französischen Hof bekleidete, mit seiner tatsächlichen Machtfülle vergleicht. Es zeigt sich dabei schnell, daß seine offiziellen Befugnisse viel kleiner waren als seine inoffiziellen Einflußmöglichkeiten. So hätte er die Gerichtsreformen nach 1667 aufgrund seiner amtlichen Kompetenzen weder initiieren noch dirigieren dürfen, tat aber beides mit ebenso großem Einsatz wie Erfolg dank der Unterstützung diverser Klienten und der Gunst des Königs. Ohne den Aufbau eines informellen Machtzirkels durch klienteläre Beziehungsgeflechte am Hof hätte sich Colbert gar nicht die Möglichkeit erschaffen können, eine Reformkaskade hin zu formelleren, verfahrensgestützten Herrschafts- und Verwaltungsformen in Gang zu setzen. Überspitzt gesagt: Colbert der ‚konservative' Strippenzieher am Hof war die Möglichkeitsbedingung für Colbert den ‚progressiven' Umgestalter des Verwaltungs- und Justizapparats.

Seinen Reformplänen lag nicht nur eine bedingungslose Arbeitsethik zugrunde, sondern auch ein volkswirtschaftliches Nutzenkalkül, das spätmodernen Wachstumsapologeten alle Ehre gemacht hätte. In der Theorie war Colbert zwar ein vormoderner Stillstandsökonom, der in merkantilistischer Tradition an ein wirtschaftliches Nullsummenspiel im internationalen Wettbewerb glaubte und daher eine positive Handelsbilanz als Voraussetzung für den nationalen Wohlstand verstand, in der Praxis aber wirkte er, gestützt auf ebendiese Theorie, als aggressiver Wachstumspolitiker, der die eigene Nation auf Kosten anderer Länder, vor allem Hollands, profitieren lassen wollte. Die Industrieproduktion mußte gesteigert und die Innovationsrate erhöht werden, wenn Frankreich seinen politischen, kulturellen und ökonomischen Führungsanspruch in der Welt einlösen wollte.

Ein Gesellschaftsumbau, wie ihn Colbert im Memorandum von 1664 forderte, mußte trotz aller Unterstützung, die er vom König erhielt, ein aussichtsloses Unterfangen bleiben. Auf den ersten Blick erscheint er wie die verfrühte Planungsphantasie eines totalitären Apparatschiks aus dem 20. Jahrhunderts. Eine solche Beurteilung würde Colbert aber nicht gerecht werden. Soweit es ihm möglich war, baute er die bestehenden Strukturen nach seinen ambitiösen Plänen um. Es war dabei weniger die französische Gesellschaft als die königliche Verwaltung, welche die Wucht seines Reformeifers voll zu spüren bekam.

[42] Ebd., 3 f.

Zu den frühen Maßnahmen von Colbert gehörte die Einrichtung neuer Ratsgremien an der Spitze der königlichen Verwaltung. Dem König gegenüber begründete er sein Vorgehen mit einem Zugewinn an Kompetenz in den wichtigsten Geschäften. 1664, im gleichen Jahr, als er sein radikales Memorandum schrieb, rief er einen neuen wirtschaftspolitischen Rat ins Leben, den „Conseil royale du commerce", der vom König persönlich präsidiert und alle vierzehn Tage während jeweils vier Stunden tagen sollte. Colbert besetzte ihn mit den wichtigsten königlichen Ministern und Sekretären für Finanzen, Handel und Krieg. Um das Wissen in der Zentrale mit dem Wissen in der Peripherie zu konfrontieren und zu kombinieren, stellte er dem Rat ein Beratungsgremium zweiter Ordnung zur Seite, bestehend aus jeweils drei Kaufleuten oder Unternehmern („marchands ou entrepreneurs"). Sogar zum Rekrutierungsprozedere dieser Praktiker-Kommission machte er Vorgaben: Der König wähle die Mitglieder aus einer Liste mit achtunddreißig Kandidaten, die von Industriellen und Händlern aus allen Regionen Frankreichs zusammengestellt werde, um der Krone ihre eigenen Vorschläge für ein Wachstum des Handels und der Manufakturen zu unterbreiten.[43]

Die Verbindung von theoretischem und praktischem, zentralem und peripherem, staatlichem und privatem Wissen wurde zu einem übergreifenden Organisationsprinzip von Colberts Reformprogramm. Sie fand ihren Ausdruck in einer Verwaltungssprache, die Tätigkeiten des Beobachtens, Untersuchens, Überprüfens und Informierens akzentuierte und dokumentierte. Nicht nur in Colberts eigener Korrespondenz, sondern auch in den Briefen, Berichten und Memoranden aus seinem weit verzweigten administrativen Apparat häuften sich Verben wie „observer", „voir", „revoir", „bien examiner", „vérifier", „sçavoir certainement", „s'informer" oder „s'enquérir".[44]

Zu den wichtigsten Vorhaben Colberts gehörte ein flächendeckendes Informationsnetz für die Koordination der königlichen Wirtschafts- und Fiskalpolitik in den Provinzen. Er baute dafür einen alten Kader von Staatsdienern aus und einen neuen Kader auf, wobei er den neuen dem alten direkt unterstellte. Der alte Kader war jener der Intendanten, die seit dem Mittelalter als „commissaires", das heißt als königliche Funktionsträger mit amtsgebundenen Vollmachten, in den Provinzen tätig waren, um an den lokalen Eliten vorbei die zentrale Steuerhoheit durchzusetzen.[45] Ihre Kompetenzen wurden bereits in der ersten Hälfte des 17. Jahrhunderts von Kardinal Richelieu, dem Ersten Minister Ludwigs XIII., erweitert, aber

[43] Prosper Boissonade, Colbert. Le Triomphe de l'Etatisme. La Fondation de la Suprématie industrielle de la France. La Dictature du Travail (1661–1683), Paris 1932, 15.

[44] Steiner, Colberts Afrika (wie Anm. 6), 250.

[45] Soll, The Information Master (wie Anm. 6), 67–68; siehe auch den anonymen Encyclopédie-Artikel „Intendant" in: Denis Diderot, Jean le Rond d'Alembert (Hg.), Encyclopédie, ou Dictionnaire Raisonné des Sciences, des Arts et des Métiers, Paris, Neuenburg, Amsterdam 1751–1772, 28 Bde., Bd. 8, 808–810.

erst unter Colbert wandelten sie sich zu offiziellen Datenerfassern und Wissensvermittlern zwischen den Provinzen und Paris.[46] 1663 erließ Colbert für die gut dreißig Provinzintendanten präzise Instruktionen: Sie sollten Karten ihrer Verwaltungsgebiete erstellen, Statistiken mit fiskalischen, militärischen, kirchlichen und gesetzlichen Daten anlegen und eine Sammlung von rechtlich und wirtschaftlich relevanten Originaldokumenten aus der Region aufbauen.[47] Das durch ihre Untersuchungen („enquêtes") angehäufte, aufbereitete und laufend aktualisierte Wissen hatten die Intendanten in der Form von regelmäßigen schriftlichen Berichten („rapports") an die Zentrale zu übermitteln.[48] 1664 gab Colbert den Intendanten zusätzliche Anordnungen für ihre periodischen Inspektionsreisen durch die Verwaltungsgebiete, auf denen sie aus erster Hand in Erfahrung bringen sollten, wie die Stimmung in der Bevölkerung sei, und Erkundungen anzustellen hatten, mit welchen Maßnahmen sich die industrielle Produktion erhöhen ließe.[49]

An diesem Punkt – der industriellen Effizienzsteigerung durch staatliche Informationsverwaltung – setzte der Aufgabenbereich der Inspektoren („inspecteurs") an, die den Intendanten („intendants") direkt unterstellt wurden. Colbert baute das Inspektorencorps von 1669 an sukzessive auf, wobei er dessen Einsatz auf die verschiedenen Bereiche des damals wichtigsten Industriezweigs, der Textilfabrikation, konzentrierte. Einer kleinen Zahl von Generalinspektoren („inspecteurs généraux") mit umfassenden Vollmachten stellte er eine große Zahl von Spezialinspektoren („inspecteurs spéciaux" bzw. „inspecteurs ambulants") mit beschränkten Befugnissen gegenüber.[50] Die neu rekrutierten Mitglieder erhielten den Doppelauftrag, privates Wissen über die französischen Manufakturen zu erwerben und den Manufakturen umgekehrt staatliches Wissen über neue Technologien oder Absatzmärkte anzubieten.[51] Dem Auftrag lag die Annahme zugrunde, Staat und Industrie würden von einem intensivierten Wissensaustausch gleichermaßen profitieren. Es war allerdings ein Austausch unter Ungleichen, zumal die Inspektoren ebenso die Aufgabe hatten, die Qualität der Industrieprodukte zu reglementieren und zu kontrollieren.[52] Das staatliche Beratungsangebot war gekop-

46 Edmon Esmonin, Études sur la France des XVIIe et XVIIIe siècles, Paris 1964, 25.

47 Zur Geschichte der statistischen Datenaufbereitung im Ancien Régime, die in der zweiten Hälfte des 18. Jahrhunderts, genauer nach 1760 eine weitere Intensivierung und Standardisierung erfuhr und dabei weniger auf die staatliche Machtakkumulation als den gesellschaftlichen Nutzen ausgerichtet war, siehe Lars Behrisch, Die Berechnung der Glückseligkeit. Statistik und Politik in Deutschland und Frankreich im späten Ancien Régime, Habil. Bielefeld 2012, Kap. 4.

48 Soll, The Information Master (wie Anm. 5), 69–73.

49 Boissonade, Colbert (wie Anm. 43), 17.

50 Ebd., 20 ff.

51 Ebd., 32 f.

52 Zu den teils detaillierten Qualitätsvorschriften, die Colbert erließ und seine Inspektoren überprüften, siehe Philippe Minard, La fortune du colbertisme. État et industrie dans la France des Lumières, Paris 1998, 17 f.

pelt an einen staatlichen Bevormundungszwang – und konnte bei Manufakturbesitzern auf entsprechenden Widerstand stoßen.[53]

Wie die Intendanten waren die Inspektoren angehalten, in ihrer Arbeit eine Reihe von Prozeduren einzuhalten: Sie mußten periodische Visiten in den Manufakturen ihres Verwaltungsgebiets absolvieren, ihre Informationen durch unmittelbare Beobachtung beschaffen und regelmäßig schriftlich Bericht erstatten, entweder an den Provinzintendanten oder direkt an die Pariser Zentrale. Damit erhielt ihre Arbeit bereits einen Grad an verfahrensähnlicher Strukturiertheit, die sich im Verlauf des 18. Jahrhunderts weiter verfestigen sollte. Die Prozeduren wurden von epistemischen Normen getragen, die den gesamten Ablauf von der Herstellung über die Verarbeitung bis zur Anwendung des staatlichen Wissens bestimmten. Die Herstellung hatte mittels Empirie und Schriftlichkeit in der Peripherie zu erfolgen, die Verarbeitung mittels Auswertungs- und Archivierungsarbeit in der Zentrale, die Anwendung wiederum mittels Autopsie und Beratung in der Peripherie. Die Personen, die am Anfang eines Wissenskreislaufs standen, waren damit oft identisch mit jenen, die sich an seinem Ende befanden.

Ähnlich strukturiert wie die Arbeitsprozesse waren die Rekrutierungsverfahren, denen sich Kandidaten für die Instruktionsposten zu stellen hatten. Relativ früh schon mußten sie eine Eintrittsprüfung ablegen, und während sie zu Beginn ihr berufspraktisches Wissen nur im Vollzug ihrer eigenen Arbeit erwerben konnten, durchliefen sie ab der zweiten Hälfte des 18. Jahrhunderts eine standardisierte Berufslehre. Mit dem Übergang zu formelleren Einstellungs- und Ausbildungsverfahren konnte sowohl die berufliche Kompetenz als auch die kulturelle Einheit des Inspektorencorps gestärkt werden.[54]

Wie sehr Colbert auf neue, strenger formalisierte Verfahren setzte, um die Effizienz von wissensintensiven Institutionen zu erhöhen, läßt sich besonders gut an seinen Gerichtsreformen ablesen. Um den in seinem Memorandum von 1664 beklagten Mißständen Abhilfe zu verschaffen, startete Colbert 1667 einen umfassenden Reformprozeß. Er begann mit dem Zivilrecht, nicht zuletzt weil dort der Spielraum für schlankere Strukturen und straffere Verfahren ungleich größer war. Bereits in einem Memorandum von 1665 betonte er, es gelte etwas zu bewerkstelligen, „was noch nie versucht worden ist“, nämlich „die Anzahl Richter zu reduzieren“ und „die Prozesse zu verkürzen“.[55] Was dann tatsächlich bewerkstelligt wurde, kommentierte ein französischer Rechtshistoriker des 19. Jahrhunderts wie folgt: „Es war das erste Mal, daß die Verfahrensregeln in eine metho-

[53] Siehe z. B. ebd., 88 f.

[54] Ebd., 116 f.

[55] Colbert, Jean-Baptiste: Mémoire sur la réformation de la Justice, Saint-Germain, 15. Mai 1665, in: Clément (Hg.), Lettres, instructions et mémoires (wie Anm. 40), 5–12, hier 6.

dische Ordnung gebracht worden sind".[56] Heute gilt der *Code Louis*, wie der neue Gesetzeskodex von 1667 bald benannt wurde, als markantester Modernisierungssprung im französischen Zivilrecht vor dem *Code Napoleon* von 1804. Ähnlich wie Colberts Neuorganisation des ökonomischen Wissens durch die Intendanten und Inspektoren bewirkte die Gerichtsreform eine Verschriftlichung der Prozeduren.[57] Das Zurückdrängen der mündlichen Kommunikation fügte sich ein in die Gesamtstrategie, mittels formeller Verfahren eine Kettenreaktion von Rationalisierungseffekten auszulösen: von einer höheren Qualität der Gerichtsarbeit zu einem höheren Vertrauen in Gerichtsurteile zu tieferen Kosten im Gerichtsbetrieb. Die Lösung epistemischer Probleme diente damit direkt der Lösung finanzieller Probleme. In der Moderne wurde die Hoffnung auf Kettenreaktionen dieser Art zur treuen Begleiterin vieler Reformer, ließ aber viele von ihnen auch enttäuscht zurück. Denn so strategisch klug eine Kausalkette auch aufgebaut sein mag, sobald ein einzelnes Glied reißt, bricht die ganze Reform in sich zusammen.

Zu den Maßnahmen, mit denen der Justizbetrieb effizienter werden sollte, gehörten präzisere Vorschriften zur Einberufung von Gerichtsexperten („experts-jurés").[58] Offenbar kam es im alten System oft zu Verzögerungen oder zum Abbruch von Verhandlungen wegen Befangenheitsanträgen gegen Sachverständige. Der *Code Louis* reagierte gegen den Mißstand, indem er Kriterien aufstellte, wer als Gerichtsexperte in Frage kam, und Vorschriften erließ, wie Experten ihre Stellungnahmen vorzubereiten und zu verfassen hatten. Dadurch, so die Erwartung, sollte ihre Unbefangenheit besser gewährleistet sein. Das gelang tatsächlich nach 1667, wenn man späteren Berichten Glauben schenken will. Und doch war die Reform ein exemplarischer Reinfall. Sie führte zu unintendierten Effekten, weil die Architekten der Reform an einem Ort abbauten, was sie am anderen aufbauten. Sie hatten die Kriterien für Unbefangenheit so strikt definiert, daß den Gerichten die Sachverständigen mit der nötigen Kompetenz auf dem Gebiet ihrer Expertise ausgingen. Bald wurden neue Klagen laut, man schlage sich mit ignoranten Experten herum, die alles nur noch schlimmer machten. So bereitete die erste Reform gleich die nächste vor, und als diese 1690, sieben Jahre nach Colberts Tod, umgesetzt war, dauerte es wieder nicht lange, bis die Gerichte neue unintendierte Konsequenzen zu gewärtigen hatten. Hier wurde eine typische Modernisierungsdynamik in Gang gesetzt, angetrieben von chronischen Fehlkalkulationen, wie-

[56] „C'était la première fois que les règles de la procédure étaient réuni dans un ordre méthodique" (Raymond Bordeaux, Philosophie de la procédure civile, mémoire couronné par l'Académie des sciences en 1853, zit. in: Pierre Clément, Introduction, in: Clément (Hg.), Lettres, instructions et mémoires (wie Anm. 40), I-CXVI, hier XVII.

[57] Robert Carvais, La Chambre royale des Bâtiments. Jurisdiction professionelle et droit de la construction à Paris sous l'Ancien Régime, 3 Bde. (unveröffentlichte Dissertation), Paris 2001, hier Bd. 1, 8, Fußnote 1.

[58] Dazu und zum Folgenden siehe Hirschi, Moderne Eunuchen? (wie Anm. 29), 304 ff.

derholten Anpassungen und ungetrübtem Optimismus. Im Verlauf des 18. Jahrhunderts brachte sie eine neue Figur des gerichtlichen Experten hervor, die Kompetenz und Unbefangenheit endlich zu vereinigen schien: den staatlich akkreditierten und alimentierten Wissenschaftler mit Sitz in einer königlichen Akademie. Auch diese Figur war in vielem eine Kreatur Colberts.

Als Colbert an die Macht kam, gab es zwei königliche Akademien in Frankreich, als er starb, deren sieben. Ludwig XIII. hatte 1635 auf Betreiben Kardinal Richelieus die Académie française ins Leben gerufen, die sich fortan als lockerer und recht egalitärer Verbund von Hofdichtern, Hofgelehrten und Hofadligen der Pflege der französischen Sprache und Literatur widmete. 1648, als Ludwig XIV. zehnjährig war, erfolgte die Gründung der Académie royale de peinture et de sculpture, diesmal mit einem hierarchischen Aufbau, diversen beratenden und ausführenden Aufgaben in der königlichen Kunstpolitik und einer Institutionalisierungsfunktion für einen frühmodernen Künstlertypus: den vom Handwerk emanzipierten Hofkünstler. Colbert baute die Académie de peinture et de sculpture schon kurz nach seinem Amtsantritt weiter aus, indem er ihren „Recteurs" und „Professeurs" hohe Pensionen verschaffte und ihnen den Rang königlicher Geschmacksrichter über die schönen Künste verlieh. Ihre Werke wie ihre Verdikte sollten die ästhetische Überlegenheit der französischen Kunst auf internationalem Terrain sicherstellen. Nicht ganz unzutreffend galt die Académie de peinture et sculpture späteren Beobachtern als „eine Art königliche Manufaktur für die Ausbildung und Herstellung des Schönen".[59]

Die Akademien, an deren Gründung Colbert selbst beteiligt war, erhielten ein straffes organisatorisches Korsett, verbunden mit fest umrissenen Aufgaben. Sein Hauptanliegen war weiterhin, nützliches Wissen zentral zu generieren, zu koordinieren und zu kontrollieren. Um die neuen Institutionen standesgemäß einzuquartieren, kam ihm eines seiner vielen Ämter entgegen, jenes des „Surintendant général des bâtiments du Roi", des Oberaufsehers über die königlichen Gebäude. 1663 entstand die Académie royale des inscriptions et médailles, später in Académie royale des inscriptions et belles-lettres umgetauft, die Colbert mit Philologen und Historikern besetzte und als propagandistischen Stoßtrupp einsetzte. Sie hatten Ludwigs hochfliegende Herrschaftsansprüche im In- und Ausland mit den passenden Quellendokumenten und Geschichtsdarstellungen zu erden, wobei dazu Teppiche ebenso geeignet schienen wie Texte.[60] 1666 gründete der König die wirkmächtigste und bestausgestattete Wissenschaftsanstalt des Ancien Régime, die Académie royale des sciences. Colbert richtete sie als spezialisierte For-

[59] „Une sorte de manufacture royale pour l'enseignement et la production du beau", zit. nach Boissonade, Colbert (wie Anm. 43), 27.

[60] Orest Ranum, Artisans of Glory. Writers and Historical Thought in Seventeenth-Century France, Chapel Hill 1980, 259–264.

schungs- und Prüfungsanstalt mit mehreren Fachbereichen ein.[61] Er schuf je eine Sektion für die mathematischen und für die experimentellen Wissenschaften, die er ihrerseits in mehrere Untersektionen aufteilte. In beiden Hauptsektionen wurde ein Sitzungstag pro Woche für Forschungsdiskussionen reserviert, wobei die Teilnahme für alle Akademiemitglieder verbindlich war. Neben ihrer Forschungs- und Publikationstätigkeit wirkte die Académie des sciences bald auch als offizielle Gutachterinstanz für technische Erfindungen, deren Urheber ein königliches Privileg beantragten, um ihr Produkt vor der nationalen Konkurrenz zu schützen. Mit der Zeit avancierte die Institution zu einer Art fortschrittsverpflichteten Zensurbehörde auf industriellem, militärischem und logistischem Gebiet.[62] Mehr als ihre eigene Forschungstätigkeit war es diese Gutachterarbeit, die innerhalb der Akademie zum Aufbau von Verfahrensstrukturen nach gerichtlichem Vorbild geführt hat.

Eine weitere Akademie, die auf Colberts Betreiben ins Leben gerufen wurde, war die Académie royale d'architecture. Sie entstand 1671 und erhielt, ähnlich wie die ältere Académie de peinture et de sculpture, die Dreifachaufgabe, ästhetische Regeln für repräsentative Bauten aufzustellen, jungen Architekten eine theoretische Ausbildung anzubieten und königliche Bauvorhaben auszuführen.[63] Ähnlich war auch ihre Wirkung auf das städtische Baugewerbe: Die Akademie entzog den Handwerkszünften regulatorische Kompetenzen und erhob die Figur des höfischen Architekten über jene des städtischen Baumeisters. Intern war die Académie d'architecture so strukturiert, daß Theoretiker und Praktiker unterschiedliche Aufgaben wahrnehmen konnten. Dadurch ließen sich Befangenheiten besser vermeiden, was unter anderem die Attraktivität von Akademikern als Experten vor Gericht erhöhen sollte.

IV. Verfahrenskultur ohne Öffentlichkeit?

Überblickt man das Ausmaß, in welchem Colbert während seiner frühen Amtsjahre die Organisation des staatlichen Wissens um- und ausbaute, läßt sich nachvollziehen, warum sein politisches Wirken zu einer nie dagewesenen Ausweitung von formellen Verfahren geführt hat. Ob bei der Etablierung des Inspektionswesens in Manufakturen, bei der Einführung der Expertenämter im Justizbetrieb

[61] Für genauere Angaben zur Gründung der Académie des sciences und zur Rolle Colberts siehe Roger Han, The Anatomy of a Scientific Institution. The Paris Academy of Sciences 1666–1803, Berkeley 1971, 9–19.

[62] Minard, La fortune du colbertisme (wie Anm. 52), 219.

[63] Wolfgang Schöller, Die „Académie Royale d'Architecture" 1671–1793. Anatomie einer Institution, Köln, Weimar, Wien 1993.

oder bei der Einrichtung der Prüforgane in den königlichen Akademien, Colbert stand immer wieder vor der gleichen Herausforderung: Er benötigte für jede Institution ein neues Personal von Fachspezialisten, ohne bei dessen Rekrutierung einfach auf eine bestimmte Berufs- oder Bevölkerungsgruppe zurückgreifen zu können. Entsprechend heterogen konnte die personelle Zusammensetzung der jungen Behörden werden. Die neue Funktionselite der zentralisierten Wissenspolitik setzte sich aus Personen mit den unterschiedlichsten ständischen und berufsbiographischen Hintergründen zusammen. Sie war das Resultat eines hohen sozialen Mobilisierungsschubs und sollte bald Ausgangspunkt weiterer Mobilisierungsschübe werden. Um diese Dynamik einigermaßen im Griff zu behalten, boten sich formelle Verfahren an. Sie versprachen eine raschere Integration der verschiedenen Individuen in die neuen Institutionen und eine größere Homogenität in der Qualität ihrer Arbeit. Die Formalität von Verfahren erschien damit als funktionaler Ersatz für die Stabilität ständisch geschlossener Gesellschaften, die sich gerade durch informelle Strukturen besonders gut intern organisieren und nach außen abgrenzen ließen. Man könnte in Anspielung auf Luhmann von Integration durch Verfahren sprechen.

Bei aller Radikalität seiner Reformpolitik gab Colbert einem Faktor jeder modernen Wissenspolitik auffallend wenig Gewicht: dem Einbezug der Öffentlichkeit. Er ordnete ihr allenfalls die passive Rolle der Informationsempfängerin zu, wobei er auch diese in den meisten Fällen auf den Bereich der politischen Propaganda beschränkte. An den politischen Nutzen eines kritischen Diskurses glaubte er nur solange, als er vom Staat kontrolliert und vom Publikum abgeschirmt wurde. Eine kritische Öffentlichkeit, die sich aus eigenem Antrieb in den politischen Reformprozeß einmischte, war für ihn weder wünschbar noch vorstellbar. Jacob Soll hat sogar die These aufgestellt, Colberts „state information system" habe einen Grad von Geschlossenheit aufgewiesen, der auf ein Geheimhaltungsprinzip in seiner Wissenspolitik schließen lasse.[64] Ich halte diese These für etwas überzogen. Erstens eignete sich ein Netzwerk aus derart vielen Institutionen mit teilweise hoher Autonomie und breiter Berichterstattungspflicht kaum für eine Zirkulation geheimen Wissens. Zweitens, und das erscheint mir noch bedeutsamer, spannte Colbert an mehreren Knotenpunkten des Netzwerks ein Personal ein, dessen Prestigeökonomie einer Geheimhaltung wertvollen Wissens zuwider lief: Gelehrte und Wissenschaftler. Jene unter ihnen, die ihre Forschungsresultate nur der königlichen Verwaltung zur Verfügung stellten, konnten sich unter ihresgleichen nicht auszeichnen. Soll verbindet seine These jedoch mit einem interessanten Ent-

[64] Soll, The Information Master (wie Anm. 6), 9 ff. Dagegen betont Steiner, daß sich im Kontext der Handelskompagnien ein beschränktes Maß an öffentlicher Kommunikation aufgedrängt habe, nicht zuletzt um die Aufmerksamkeit interessierter Wirtschaftsakteure zu gewinnen. Steiner, Colberts Afrika (wie Anm. 6), 234 ff.

wicklungsgedanken, den ich aufgreifen und weiterentwickeln möchte. Er argumentiert, Colbert habe mit seiner Anlage staatlicher Wissensbestände in zentralen Archiven einen Prozeß in Gang gesetzt, der in den modernen Demokratien mit ihren „offenen Gesellschaften" nicht etwa rückgängig gemacht, sondern fortgesetzt worden sei. Tatsächlich besitzen heutige Staaten „classified information" (das heißt Wissen, welches von der Öffentlichkeit systematisch abgeschirmt wird) in einem Umfang, den sich Colbert wohl in seinen kühnsten Träumen nicht ausgemalt hätte.[65] Der entscheidende Punkt in diesem Prozeß scheint mir aber zu sein, daß eine staatliche Wissensorganisation, wie sie Colbert aufgebaut hatte, der Öffentlichkeit früher oder später eine aktive Rolle zugestehen mußte. Je mehr sie nämlich selbst von der Verwissenschaftlichung erfaßt wurde, desto größer wurden ihre Überlappungen mit einer umfassenderen Wissensorganisation, für die der öffentliche Informationsaustausch überlebenswichtig war. Der Bedeutungszuwachs der königlichen Akademien im Verlauf des 18. Jahrhunderts ist wohl das beste Beispiel für diese Entwicklung, die letztlich dazu führte, daß der Staat die öffentliche Produktion und Zirkulation des Wissens nicht bloß akzeptierte, sondern selbst mit aktivierte. In diesem Sinne kann man Colbert als ein Wegbereiter der Aufklärung wider Willen bezeichnen.

Auf einer allgemeineren Ebene betrachtet, ergibt sich daraus folgender Schluß: Um die Interaktion zwischen staatlichen Institutionen und kritischer Öffentlichkeit im Ancien Régime zu verstehen, müssen wir uns von den Aufklärungsgeschichten eines Alexis de Tocqueville, Reinhart Koselleck oder Jürgen Habermas verabschieden. Entgegen ihrer Darstellung war die aufklärerische Öffentlichkeit in Frankreich keine außerstaatliche Instanz, aufgebaut von Akteuren ohne politischen Praxisbezug, die mit ihren abstrakten Prinzipien den absolutistischen Staat in die Knie zwangen und die revolutionäre Ordnung auf die Beine stellten.[66] Sie wurde ebenso von Akteuren aus staatlichen Institutionen heraus geschaffen, die zwischen politischer Praxis und öffentlicher Kritik keinen Widerspruch, sondern eine wechselseitige Bedingung ihrer Wissensarbeit sahen. Womöglich hatten die königlichen Akademien an der Ausbildung der aufklärerischen Öffentlichkeit einen ungleich höheren Anteil als die von Historikern vielbeschworenen Salons und Freimaurerlogen. Ohne ihr Vorbild und ihre Vorarbeit wäre selbst ein eigenständiges Unternehmen wie die *Encyclopédie* nicht denkbar gewesen.

[65] Siehe etwa Peter Galison, Removing Knowlegde, in: Critical Inquiry 31 (2004), 229–243, hier 229 f.

[66] Alexis de Tocqueville, L'Ancien Régime et la Révolution, Paris 1860, Buch 3, Kap. 1, 236 ff. 239, und Kap. 8, 327; Reinhart Koselleck, Kritik und Krise. Eine Studie zur Pathogenese der bürgerlichen Welt, Frankfurt am Main 1979, 100; Habermas, Strukturwandel (wie Anm. 3), 135 ff.

V. Fazit: Modernisierung als Bewältigungskaskade von unbeabsichtigten Reformergebnissen

So groß die langfristigen Auswirkungen von Colberts Reformprogramm auch waren, kurz- und mittelfristig erzeugte es kaum die gewünschten Effekte. Bald zeigte sich, daß die erwarteten Effizienzgewinne nur bedingt eintraten. Nach den Erfolgen der ersten Amtsjahre, die sich unter anderem in einem ausgeglicheren Staatsaushalt niederschlugen, war Colbert bis zu seinem Tod damit beschäftigt, die unerwünschten Nebenwirkungen seiner Eingriffe zu beseitigen. In fast allen Bereichen folgten auf die erste große Reform mehrere kleine, und das hing nicht nur an Konstruktionsfehlern in der Reformarchitektur, wie bei der Einrichtung der Expertenämter 1670, sondern auch an mindestens zwei anderen Faktoren. Der eine Faktor war der Widerstand, den Colbert mit der Radikalität seines Vorgehens bei vielen Betroffenen auslöste. Eine verfahrensgestützte Arbeitsbeziehung zwischen staatlichen Kontrolleuren und privaten Akteuren konnte nur dann effizient sein, wenn alle Beteiligten in der Kooperation einen Vorteil sahen. In der frühneuzeitlichen Arbeitskultur mit ihren starken Beharrungskräften kam diesem Umstand besondere Bedeutung zu. Colbert trug ihm durchaus Rechnung, indem er etwa Manufakturbesitzern die regulatorischen Restriktionen mit finanziellen Subventionen versüßte. Kompensationsmaßnahmen dieser Art waren aber kaum dazu angetan, den neuen Strukturen Stabilität zu verleihen, zumal sie auf staatlichen Zusatzausgaben beruhten und den Neid übergangener Wirtschaftsakteure weckten. Sobald mit dem nächsten längeren Krieg der Staatshaushalt wieder aus dem Lot geriet, was nach 1672 bereits der Fall war, stand der Subventionsumfang zur Disposition und die Kooperationsbereitschaft der Manufakturbesitzer auf dem Spiel.[67] Noch konfliktträchtiger wurden Colberts Reformen dort, wo er den Betroffenen nicht mit dem Zuckerbrot, sondern nur mit der Peitsche entgegentrat. Die Gerichtsreform war dafür exemplarisch, zielte sie doch darauf ab, dem Justizapparat Geld, Personal und Autonomie zu entziehen.[68] Damit wurde eine Anreizstruktur geschaffen, die neuen Verfahren so zu unterlaufen, daß sich die intendierten Effekte nicht einmal ansatzweise einstellen konnten.

Der andere Faktor, der den erhofften Effizienzgewinn durch die zentralisierte Wissensorganisation schmälerte, war eine Interessenkollision in der königlichen Politik selbst. Was Colbert vom König brauchte, um seine Reformen zum Erfolg zu führen, war in erster Linie Geduld. Gerade mit der Gründung neuer Institutionen war auf kurze Frist kein Geld zu verdienen. Genau das aber beabsichtigte die Krone, als sie wegen der steigenden Staatsausgaben nach leicht erschließbaren

[67] Zu den kriegsbedingt fallenden Subventionen für Manufakturen nach dem Ausbruch des Holländischen Krieges siehe Boissonade, Colbert (wie Anm. 43), 49.

[68] Siehe dazu Clément, Pierre: Introduction (wie Anm. 56), XXI f.

Einnahmequellen suchte und sich zu diesem Zweck wie zuvor schon in jenen Verwaltungsbehörden umsah, in denen gerade neue Ämter geschaffen wurden. Dabei wurde sie auch in Behörden fündig, die Colbert im Zuge seiner neuen Wissenspolitik umgestaltet hatte. Bei der Besetzung der Ämter sorgte sie dafür, daß erfolgreiche Kandidaten nicht nur eine Prüfung zu bestehen, sondern auch einen Preis zu entrichten hatten. Vor allem aber schrieb sie viel mehr Ämter aus, als die jeweilige Verwaltungseinheit benötigte. Der Verkauf funktionsloser Posten uferte im Zuge von Ludwigs langer Herrschaft weiter aus. In gewisser Weise verkehrte sich damit Colberts Absicht, die Effizienz der königlichen Wissenspolitik durch ein neues Staatspersonal zu steigern, in ihr Gegenteil. Die Verfolgung kurzfristiger Interessen verhinderte das Erreichen langfristiger Ziele.

Letztlich sind aber auch die Mißerfolge, die Colberts Reformpolitik begleiteten, als Ausdruck des von ihm ausgelösten Modernisierungssprungs zu verstehen. Mochte der merkantilistische Interventionismus, der ihm bei seiner staatlichen Wissensorganisation vorschwebte, dem späteren liberalistischen Marktmodell eines Adam Smith in der Theorie weit unterlegen sein, so erwies er sich in der Praxis als ungleich beständiger. Smiths Vertrauen in die selbstregulierenden Kräfte des Marktes war noch immer an das Ideal einer informell geregelten und kulturell homogenen Gesellschaft gebunden, wie es die höheren Kreise Großbritanniens mit besonderer Inbrunst zelebrierten. Mit einer „unsichtbaren Hand“ war nur dann zu wirtschaften, wenn die Marktteilnehmer neben ihrem individuellen Gewinnstreben auch einen gemeinsamen Wertekodex über vertrauenswürdiges Geschäftemachen besaßen. Colbert dagegen setzte bereits auf die ordnende Kraft formeller Verfahren, um die soziale Mobilität, die der Staat aus machtpolitischem Kalkül erzeugte, in produktive Bahnen zu lenken. Seine Politik wurde durch anti-merkantilistische Parolen wie „Laissez-faire!“ und „Free Trade“ nicht überwunden; diese waren im 18. Jahrhundert kontrafaktische Imperative, und sie sind es bis heute in vieler Hinsicht geblieben.

Im Vergleich zum Weltverbesserungsprojekt des Liberalismus war Colberts Politik von zynischer Nachhaltigkeit. Seine Standortförderung durch Subventionen, Steuervergünstigungen und Schutzzölle, mit denen ausländische Firmen angeworben und einheimische angetrieben werden sollten, wurde zum Standardrezept jeder erfolgreichen Wirtschaftspolitik – und wird im spätmodernen Steuerstaat mit seinen wachsenden Schuldenbergen vielleicht verbissener betrieben denn je zuvor. Seine Informationssteuerung von der wissenschaftlichen Innovation bis zur industriellen Produktion hat in der anwendungsorientierten Forschungspolitik der letzten Jahrzehnte mit ihren „Public-Private Partnerships“ eine uneingestandene Fortsetzung erfahren. Schließlich teilen auch Schlagworte wie „Humankapital“ oder „Wissensgesellschaft“ mit dem Merkantilismus mehr als nur ihre praktische Wichtigkeit und theoretische Dürftigkeit: Sie beruhen auf dem Glauben, daß ein Staat im internationalen Konkurrenzkampf nur überleben kann, wenn er massiv in die Wissenschaft investiert, diese systematisch kommerzialisiert und einen möglichst hohen Anteil der erwerbstätigen Bevölkerung in technologieintensive Sektoren transferiert.[69] Hier, aber nicht nur hier, wirkt es wie eine Ironie der Geschichte, daß vermeintlich neo-liberalistisches Gedankengut de facto im Dienst einer neo-merkantilistischen Politik steht. Vielleicht wird die Finanz- und Staatschuldenkrise nach 2008, die auf globaler Ebene die Notwendigkeit und gleichzeitige Schwierigkeit von Regulierungsverfahren aufgezeigt hat, das langfristige Erbe von Colberts Reformtätigkeit besser sichtbar machen.

Die Frühneuzeitgeschichte hat sich von Modernisierungstheorien weitgehend abgewandt. Sie gelten als ideologisch verdächtig (Eurozentrismus, Fortschrittsdenken) und historisch naiv (Anachronismus, Teleologie). So berechtigt einzelne Kritikpunkte auch sind, die Frühneuzeithistorie ist mit der pauschalen Ablehnung von Modernisierungstheorien in eine Archaisierungsfalle getappt: Um dem Gegenwartsbezug von Modernisierungstheorien zu entgehen, beschreibt man die frühe Neuzeit als eine exotische Gegenwelt und bleibt eine Erklärung schuldig, wie aus der damaligen Wirklichkeit unsere Gegenwart geworden ist. Der vorliegende Aufsatz versucht, modernisierungstheoretische Fragestellungen für die Frühneuzeitforschung wieder fruchtbar zu machen. Er tut dies nicht in apologetischer, sondern in kritischer Absicht, indem er in einem ersten Schritt Niklas Luhmanns modernisierungstheoretische Annahmen über Vertrauen in Verfahren anhand jüngster Entwicklungen auf ihre Stichhaltigkeit prüft und in einem zweiten Schritt die Ergebnisse dieser Prüfung auf die verfahrensorientierte Reformtätigkeit von Jean-Baptiste Colbert in den ersten Herrschaftsjahrzehnten Ludwigs XIV. überträgt. Colbert eignet sich für ein modernisierungstheoretisches Experiment besonders gut, da er in jüngerer Zeit konträren Deutungen unterzogen worden ist, ohne dass dabei die jeweiligen modernisierungstheoretischen Implikationen offen zur Sprache gekommen sind.

Modernization theories do not figure prominently in the historiography on the early modern period anymore. They represent ways of thinking to which most early modernists today distance themselves from: progressivism, Eurocentrism, anachronism, teleology etc. One could even say that the term „early modernist" has become an anachronism itself as the majority of historians working in the field do not describe their period as „modern"; rather, they stress its exotic otherness and thereby leave the connection between past and present unexplained. By rejecting the alleged presentism of modernization theorists, early modernists produce an anachronism of the opposite sort: they archaise the past. This article attempts to re-evaluate the use of modernization theories in analysing early modern processes. It does so, first, by discussing Niklas Luhmann's assumptions about the modernizing role of trust in formal proceedings and, secondly, by applying the results of this discussion to Jean-Baptiste Colbert's reform politics during the early reign of Louis XIV. Colbert is a case in point because he introduced formal proceedings in different areas of

[69] Zu den theoretischen Schwächen des Konzepts der „Wissensgesellschaft" siehe Caspar Hirschi, Das Gerede von der Wissensgesellschaft. Kritik einer Akademikerideologie, in: Frankfurter Allgemeine Zeitung, 1. 8. 2012, N5.

government and because his contribution to the modernization of the French state has come under critical scrutiny recently.

Caspar Hirschi, Universität St.Gallen, Gatterstrasse 1, CH-9010 St.Gallen, E-Mail: caspar.hirschi@unisg.ch

Olaf Simons

Von der Respublica Literaria zum Literaturstaat?[1]

Überlegungen zur Konstitution des Literarischen

I. Das Literarische als genealogischer Irrläufer

Die Frage nach dem Ende der frühneuzeitlichen *Respublica Literaria* kann man unspektakulär beantworten: Sie wich offensichtlich der modernen *Scientific Community.* Das englische Wort erweist sich dabei als kein einfaches Substitut. Es setzt den Schwerpunkt neu: Die *Sciences* sind im Englischen primär Naturwissenschaften. Die *Humanities*, die Geisteswissenschaften – das Stammland der alten *Respublica Literaria* –, sind nicht mehr so recht an Bord; sie gehören in der neuen Wissenschaftssprache eher zur *Academia.* Die *Respublica Literaria* ging denn unter, als die Geisteswissenschaften ihre zentrale Rolle im *Wissenschaftsbetrieb* (ein eher deutsches Wort) einbüßten?

In die Einflugschneise eines Wespernests gerät man, sobald man sich an dieser Stelle dem besonderen Schicksal des *Literarischen* zuwendet – einem Adjektiv, das gegen alle Versuche der modernen Literaturwissenschaft, einen breiten Literaturbegriff durchzusetzen, einen ganz eigenen schmalen Literaturbegriff verteidigt: Die literarische Sprache will eher das Privileg der sogenannten literarischen

[1] Das Wort vom „Literaturstaat" verdankt sich Ruedi Grafs spannend nuancierter Studie: Das Theater im Literaturstaat. Literarisches Theater auf dem Weg zur Bildungsmacht, Tübingen 1992. Die „verworrene Geschichte" konstatierte Rainer Rosenberg, Eine verworrene Geschichte. Vorüberlegungen zu einer Biograph ie des Literaturbegriffs, Zeitschrift für Literaturwissenschaft und Linguistik 77 (1990), 36–65. Zur historischen Konstitution des Literaturbegriffs ist unabsehbar viel publiziert worden. Einen Überblick gab zuletzt Simone Winko, Fotis Jannidis, Gerhard Lauer (Hg.), Grenzen der Literatur: Zu Begriff und Phänomen des Literarischen, Berlin; New York 2009. Für die breitere Studie des wissenschaftlichen Rezensionswesens siehe Thomas Habel, Gelehrte Journale und Zeitungen der Aufklärung. Zur Entstehung, Entwicklung und Erschließung deutschsprachiger Rezensionszeitschriften des 18. Jahrhunderts, Bremen 2007. Der vorliegende Aufsatz koppelt Gedanken aus einem nicht abgeschlossenen Buchprojekt aus. Siehe, dem benachbart, auch meinen Artikel: Literaturbetrieb – ein Konzept staatsnaher Auseinandersetzung mit Literatur?, in: Philipp Theisohn, Christine Weder (Hg.), Literaturbetrieb. Zur Poetik einer Produktionsgemeinschaft, Paderborn 2013, 115–132.

Aufklärung 26 · © Felix Meiner Verlag 2014 · ISSN 0178-7128

Gattungen sein, wie sie schon Aristoteles in seiner Poetik voneinander trennte. Im Adjektiv lebt auf unheimliche Weise noch immer der engere aristotelische Literaturbegriff fort, der in der Moderne doch zerbrochen sein soll.

An dieser Stelle wird die Lage unübersichtlich, denn das *Literarische* kommt absehbar nicht von Aristoteles, Boileau und Gottsched in den heutigen – unklaren – Literaturbegriff. Es wechselt vielmehr in einer verworrenen Geschichte aus der *Respublica Literaria* in das Feld der Romane, Dramen und Gedichte. Literarisch wird dabei gerade, was vorher unliterarisch war.

Es ist nicht so leicht auszumachen, wo die Literaturwissenschaft im Moment gegenüber diesem Befund steht. Richard Terry umriß die Lage 1996, da schon nichts Neues mehr darüber zu sagen schien. Die englische Literatur wird erst zwischen 1750 und 1850 „erfunden". Zuvor existieren zwar die Werke, die wir zu ihr rechnen, nicht jedoch der genannte Konnex:

> It has become something of a truism that while those oral and written texts that we customarily speak of as being 'literary' – as poems, plays and other fictional narratives – have perhaps always existed, the category of literature itself is of much more recent pedigree. The concept's exact point of origin has admittedly proved difficult to fix, but a consensus has now sprung up attributing its inception to the second half, or end, of the eighteenth century. If this consensus is correct, then those who specialize in eighteenth-century literature need to reconcile themselves to two truths of some import: first, that occurring in the course of the period is a paradigm shift of genuinely seismic proportions; and second, that the great writers of the first half of the century, whom we so habitually, and perhaps facilely, assimilate to our modern concept of literature, may have been proceeding on the basis of cultural premises radically at odds with those in the light of which their works are now understood. Thus, at any rate, runs the rubric of much recent consideration of the 'invention' of English literature.[2]

Tatsächlich notierte bereits Roland Barthes 1960,[3] daß unser Sprechen von *Literatur* sich nur im Anachronismus in das 17. Jahrhundert zurückerstrecken ließe. Rainer Rosenberg skizziert 1990 die an dieser Stelle ausgesprochen verworrene Begriffsgeschichte.

Wäre denn alles gesagt: Der heutige Gegenstand wird nach 1750 erfunden? Ganz so klar liegen die Dinge dann doch nicht: Von der „invention of literature" kann man heute in einem breiten Spektrum der Optionen lesen. Sie kann nach

[2] Richard Terry, The Eighteenth-Century Invention of English Literature. A Truism Revisited, in: Journal for Eigtheenth Century Studies 19/1 (1996) 47.

[3] Roland Barthes, Histoire ou Litérature?, in: Annales. Économies, Sociétés, Civilisations 15/3 (1960), wiederveröffentlicht in: R. B., Sur Racine, Paris 1963, dort 155.

1750 stattfinden, aber auch bei den antiken Griechen[4] und bei den Autoren, die von Homer bis zu Cervantes den Bereich der Erfindung erfanden.[5]

Im Detail sollen die Dinge klarer liegen: Man verstehe, warum das Wort *Literatur* mit *Gelehrsamkeit* übersetzt wurde, wenn man Gunter E. Grimms Untersuchung *Literatur und Gelehrtentum in Deutschland* gelesen habe.[6] Der Dichter sei seinerzeit noch der *poeta doctus*, ein Gelehrter, gewesen und überhaupt seien die Wissenschaften viel *literarischer* gewesen. Im 18. Jahrhundert mußte sich die Literaturdiskussion aus den Fesseln der gelehrten Poetik befreien. Rüdiger Campe verfolgte das in seiner Studie *Affekt und Ausdruck*.[7] In einem Paradigmenwechsel löste die Hermeneutik die Poetik ab. Jürgen Fohrmann skizzierte in seinem *Projekt der deutschen Literaturgeschichte*,[8] wie die moderne Literaturgeschichte entstand: Ihr gingen um 1700 die *Historia Literaria* und um 1770 *Litterarhistorien* respektive *Litterärhistorien* voraus. Frank Grunert und Friedrich Vollhardt untersuchen diese Kompendien gegenwärtig.[9] Es ist dies der Moment, da man sich sehr schnell Verweisen ausgesetzt sieht, einfachste Differenzierungen zu verkennen: Noch im 18. Jahrhundert unterschied man zwischen *Literatur* und *Litteratur*, um Klarheit in diesem Durcheinander zu schaffen.

Es entspannt die Lage nicht, wenn man gegenüber dergleichen Verweisen Titelblätter von Literaturzeitschriften des frühen 18. Jahrhunderts aufbietet wie das der *Breslauischen Sammlungen* von 1718 (s. Abb. 1).

Es geht den Literaturzeitschriften des frühen 18. Jahrhunderts nicht um den *poeta doctus*, noch um Poetik, noch um Hermeneutik, jedenfalls nicht im Regelfall der wissenschaftlichen Arbeit. Auf keinen Fall wurde zuerst die *Historia Literaria* erfunden und dann die *Literaturgeschichte*. Die Worte sind austauschbar, sie werden nach dem Sprachgefühl gewählt.

In der Einflugschneise eines Wespennests steht man mit der Frage nach der seltsamen Geschichte des *Literarischen*, da man sich hier als Geisterfahrer zu offenbaren droht. Will man leugnen, daß wir heute gerade einen *weiten* Literatur-

4 Florence Dupont, L'invention de la littérature: de l'ivresse greque au livre latin, Paris 1994, englisch: The Invention of Literature: from Greek Intoxication to the Latin Book, übersetzt von Janet Lloyd, Baltimore, London 1999.

5 So die beiden Einführungskurse, die am New Yorker Eugene Lang College seit Jahren unter dem Titel „The Invention of Literature" und „Literary Reinvention" laufen.

6 Gunter E. Grimm, Literatur und Gelehrtentum in Deutschland. Untersuchungen zum Wandel ihres Verhältnisses vom Humanismus bis zur Frühaufklärung, Tübingen 1983.

7 Rüdiger Campe, Affekt und Ausdruck: Zur Umwandlung der literarischen Rede im 17. und 18. Jahrhundert, Tübingen 1990.

8 Jürgen Fohrmann, Das Projekt der deutschen Literaturgeschichte. Entstehung und Scheitern einer nationalen Poesiegeschichtsschreibung zwischen Humanismus und Deutschem Kaiserreich, Stuttgart 1989.

9 Frank Grunert, Friedrich Vollhardt (Hg.), Historia Literaria. Neuordnungen des Wissens im 17. und 18. Jahrhundert, Berlin 2007.

Sammlung
Von
Natur- und Medicin-
Wie auch
hierzu gehörigen Kunst- und Literatur-
Geschichten,
So sich
An. 1717. in den 3. Sommer-Monaten
In Schlesien und andern Ländern begeben.
Welcher Gestalt nemlich:
1) Die Veränderung des Gewitters von Tage zu Tage und von Zeit zu Zeit. 2) Land- und Witterungs-Seuchen, von Monat zu Monat, nach dem Einfluß Lufft und Wetters. 3) Zu- und Mißwachs von Feld- Wald- und Garten-Früchten, auch allerhand animalischem Proventu, in allerley Ländern Europens von einer Jahrs-Zeit zur andern bemercket worden: Wie nicht weniger 4) was vor eintzelne eclatante natürliche Begebenheiten am Firmament, in der Lufft, auf und unter der Erde, im Wasser, an Menschen und Vieh: auch 5) was vor neue physicalische und medicinische Erfindungen diese Zeit über hervorgebracht und bekant worden: und denn 6) was in re literaria Physico-Medica veränderliches vorgefallen.
Alles in ordentlicher Connexion und mit allerley Reflexions
Aus vielfältiger Correspondenz, und andern Relationibus, so wie grossen Theils aus eigener Erfahrung zusammen gelesen;
Und
Als ein Versuch ans Licht gestellet
Von
Einigen Breßlauischen Medicis.
Sommer-Quartal 1717.

Breßlau,
Bey Michael Hubert, M DCC XVIII.

Abb. 1

begriff verfolgen, einen, in dem es durchaus nicht um das Gedicht, das Drama und den Roman als *Literatur* geht? Und warum sollte die Literaturwissenschaft nicht nebenbei akzeptieren, daß sie natürlich wie alle anderen Wissenschaften auch aus der *Respublica Literaria* hervorging?

II. Die Republik der Briefe?

Herbert Jaumann begibt sich in diesem Band in die Frühgeschichte des Begriffs, der, wenn er nicht schon 1417 vorlag, sich doch spätestens Ende des Jahrhunderts bei Erasmus von Rotterdam vorformuliert findet; und er geht den heimlichen Verpflichtungen nach, die in diesem Begriff schwingen. Dessen Ethos erstreckt sich im Zweifelsfall bis in die Gegenwart – vielleicht auch nur, weil wir kein klares Wort haben, um ein solches Ethos noch einzuklagen. Die englischsprachige Wikipedia bietet im Moment diese Eröffnung:

Republic of Letters (*Respublica literaria*) is the long-distance intellectual community in the late 17th and 18th century in Europe and America. It fostered communication among the intellectuals of the Age of Enlightenment, or „philosophes" as they were called in France. The Republic of Letters emerged in the 17th century as a self-proclaimed community of scholars and literary figures that stretched across national boundaries but respected differences in language and culture. These communities that transcended national boundaries formed the basis of a metaphysical Republic. Because of societal constraints on women, the Republic of Letters consisted mostly of men. As such, many scholars use „Republic of Letters" and „men of letters" interchangeably.

Das späte 17. und das 18. Jahrhundert war Wiege dieser Republik? Die französischen „Philosophes" der Aufklärung sollen sie mit ihren Verbindungen nach Amerika inszeniert haben? Weshalb der Ausschluß der Frauen? War die frühneuzeitliche *Respublica Literaria* nicht gerade ungemein stolz auf sie? Die Cunitz übersetzte Keppler,[10] die Schurmannin sprach 14 Sprachen,[11] die Madame Dacier löste in Europa einen Streit über die Homer-Verehrung aus, nachdem sie den archaischen Dichter erstmals in französische Prosa brachte. Der zweite Absatz birgt Erklärungen:

The circulation of handwritten letters was necessary for its function because it enabled intellectuals to correspond with each other from great distances. All citizens of the 17th century Republic of Letters corresponded by letter, exchanged published papers and pamphlets, and considered it their duty to bring others into the Republic through the expansion of correspondence.

Sind die Eröffnungen dem Stanforder *Mapping the Republic of Letters*-Projekt geschuldet, das Korrespondenznetze – mit Voltaire als dem nach Amerika ausgreifenden Zentrum – visualisierte?

Überschaubarer wird die Lage nicht, wenn man Autoren des späten 17. und frühen 18. Jahrhunderts Stellung beziehen läßt. Das Paradox dieses Staatswesens ohne Land gewinnt dabei das größte Interesse. Johann Georg Pritius' *Dissertatio academica de repvblica litteraria* von 1698 widmet sich ihm in 26 Thesen auf 44 mit Autorenverweisen gespickten Seiten.[12] Der ostentative Republikanismus dieses Sozialwesens ist dabei interessanter als seine Vereinnahmung des Literarischen. Nicht englische *Letters,* Briefe, geben den Namen sondern lateinische *Litterae*, Buchstaben, die metonymisch für die Wissenschaften stehen. Eine Repu-

[10] Zu Maria Cunitz, der Autorin von *Urania propitia* (Oels 1650), siehe Johann Caspar Eberti, Hoch- und Wohlgelehrtes Frauenzimmer, Nebst unterschiedenen Poetinnen, So sich durch schöne und artige Poesien bey der curieusen Welt bekandt gemacht, Breslau 1727, 25–28.

[11] Zu Anna Maria Schurmann siehe die zeitgenössische *Amica dissertatio inter Annam Mariam Schurmanniam et Andr. Rivetum de capacitate ingenii muliebris ad scientias* (Paris 1638).

[12] Johann Georg Fritius, Συν τω Φεω Dissertatio Academica De Repvblica Litteraria, Leipzig 1694.

blik ist zwar jedes Staatswesen, vorrangig aber das ohne monarchisches Haupt; was dem Theologen in der zwölften These die Chance gibt, in Gott das heimliche Haupt dieser Republik zu entdecken, da dieser schließlich über aller Menschen Verstand regiere: „DEO in mentes hominum esse summum imperium". Das ist intrikat gesetzt in Anbetracht der religiösen Zerwürfnisse, die diese Republik herbeiführte. Ihre „Media" seien „Scholae, Academiae, Societates" – Schulen, Akademien und Sozietäten; ihre Werke, die „Monumenta litteraria", seien dagegen: „Libri, Diaria, Acta Eruditorum" – Bücher, Tagebücher (sprich Journale) und zum Stolz des deutschen Gelehrten die Leipziger *Acta Eruditorum,* das erste deutsche wissenschaftliche Journal, dem fast die gesamte Ausführung mit einem Lobgedicht gilt. Erst im 21. Kapitel wird unter der „Commercia litteraria" und den „Conuersationes eruditae" der briefliche Austausch erwähnt.

Was hier im theologischen Drahtseilakt riskiert war, riskiert Nicolaus Hieronymus Gundling eine Generation später mit demselben Geschmack an der paradoxen Organisation süffisant in der ersten Fußnote, die seine Herausgeber postum in seiner *Vollständigen Historie der Gelahrheit* aufbieten. Die verfassungsrechtliche Frage müsse legitim sein:

> In den *Discour.* des Herrn Gundlings, über seine *Introductio ad Histor. Literar.* findet man folgende notable Anmerckung von der Republique derer Gelehrten: Die Historie, sagt Er, allda, ist eine narratio rerum gestarum, und geht gemeiniglich, auf solche Facta, die in der Republic, geschehen. Nun haben die Gelehrten auch gesucht, eine Republic anzurichten; Damit sie Gelegenheit hätten, sich, wegen ihrer sonderbaren Thaten, für Andern, zu erheben, und Die, so ihnen zuwider wären, zu unterdrücken. Die Forma dieser Republic war, zu Zeiten des regierenden Pabstthums, Monarchica; Denn da muste Alles, nach des Pabsts und derer Pfaffen Willen, gehe. Nunmehro aber kommt sie zu einem Systemato Foedaratorum am nächsten. Oder sie sieht vielmehr gar einer Monstrose, oder Irregulari, gleich. Denn eine Aristocratie kann sie, um deswillen nicht seyn, weil ein Jeder, unter denen Gelehrten, der Beste seyn will. Noch weniger aber darf man sie eine Democratie nennen; Allermassen die Gelehrten nicht Populus heissen wollen. Und solchergestalt müssen denn billig ihre res gesta, d. i. ihre Bücher, ihre Intentiones, ihre Genie, ihre Temperamente und wie die Gelehrsamkeit, bald hier, bald da, entweder zu- oder auch wieder abgenommen, aufgezeichnet, und erzehlet, werden. Daher sind nun diese Dinge, unter den Namen Historia Literaria, zum Vorschein gekommen. Denn, durch so viele Veränderungen, ist die Forma vulgaris worden.[13]

Die *Respublica Literaria* und ihre Geschichtsschreibung stehen hier als Zitierkartell im Raum – man nutzt das Projekt, um Konkurrenten zu schwächen. Eine Monarchie war die *Respublica Literaria* wohl im Mittelalter. Gegenwärtig bestehe hier eher ein Föderalstaat mit „monströser", „irregulärer" Verfassung. In einer Aristokratie gibt es ja noch Schichten größerer Ehre – hier nicht. In der Demokra-

[13] Nicolaus Hieronymus Gundling, Vollständige Historie der Gelahrheit, hg von Johann Erhard Kapp und Christian Friedrich Hempel, Bd. 1, Frankfurt, Leipzig 1734.

tie ein Volk, das regiert wird – hier nicht. Letztlich werde die Geschichte, die diese Republik schreibt, ihre Verfassung.

Es wird sich als konstruktiv erweisen, dieser Option nachzugehen; ein breiteres Geschichtsverständnis wird das indes erfordern.

III. Das veröffentlichte Buch und die öffentliche Sache, die „res publica" der Respublica Literaria

Der *historia de literatura* widmete Christophorus Mylaeus 1551 das erste seiner *De scribenda universitatis rerum libri quinque.* In der Forschung sieht man im Moment hier die Kompendien initiiert, die ab den 1670er Jahren vor allem im deutschsprachigen Raum zuerst auf Latein, dann auf Deutsch erscheinen. Die Perspektiv-Verengung auf die Kompendien dürfte vor allem der Traditionslinie geschuldet sein, die sich von ihnen in die modernen Literaturgeschichten ziehen läßt. Jürgen Fohrmann ging ihr nach. Die Herausforderung war dabei der Übergang vom frühneuzeitlichen in das thematisch ganz anders gelagerte heutige Projekt. Die Wissenschaften wurden in den Werken des frühen 18. Jahrhunderts definiert und bis in die einzelnen Fachfragen hinein untergliedert. Mal um Mal war zu klären, was die Antike und was nach der dunklen Ära des Mittelalters hier die Moderne zuwege brachte, insbesondere die deutschen Wissenschaftler. Fohrmann versuchte den Gegenstandswechsel an den Wechsel des Präsentationsmodus zu binden, der wiederum dem sich ändernden Geschichtsverständnis Rechnung trug – keine einfache Aufgabe: Der Bruch mit einer schlichten sammelnden Geschichtsschreibung wird außerhalb dieser Kompendien ein halbes Jahrhundert früher zugunsten neuer diskursiver, Kontinuitäten aufmachender Projekte gezogen. Dramen, Romane und Gedichte ließen sich ebenfalls weit früher in Journalen als *Literatur* besprechen. Die Kompendien bewahren verblüffend zäh ein antiquiertes Thema und eine antiquierte Präsentation.

Frank Grunerts und Friedrich Vollhardts 2007 vorgelegter erster ihrer drei geplanten Bände zur *Historia Literaria* bleibt ebenfalls auf die Kompendien ausgerichtet. Als Eisbrecher bei der *Neuordnung des Wissens im 17. und 18. Jahrhundert* hätten sie gewirkt. Das läßt sich zwar ihnen in Zitaten entnehmen, doch sind sie selbst gerade bemüht, einen alten Wissenschaftsbegriff zu konservieren.

Das Kupfer, das Jacob Friedrich Reimmann 1710 dem zweiten Teil des dritten Bands seines *Versuchs einer Einleitung in die Historiam Literariam derer Teutschen* voranstellt (s. Abb. 2) und das Grunert und Vollhardt auf das Titelblatt ihres Sammelbands heben, ist da symptomatisch konzipiert: Eine Kutsche ist der Zerreißprobe ausgesetzt. Nach rechts geht es in das finstere Mittelalter, nach links einer leuchtenden Zukunft entgegen. Die Rösser der *Philosophie* und der *Philologie* streben, geleitet von der *Weisheit*, dem Licht entgegen, das die *Historia Li-*

Jacob Friderich Reimmanns
Versuch einer
Einleitung
In die
HISTORIAM
LITERARIAM
derer
Teutschen.
Und zwar
Des dritten und letzten Theils
Anderes Hauptstück.
Darinnen
Die Historia der Metaphysicae und Matheseos so wohl insgemein / als auch der Arithmeticae, Geometriae, Musicae, Opticae, Astronomiae Meteorologicae & Apotelesmaticae, Chronologiae, Geographiae & Mechanicae insonderheit / ingleichen auch der Ethicae von der Erfindung der Buchdruckerey an biß auf die gegenwärtige Zeit in einen kurtzen aber doch deutlichen und zureichenden Vortrage entworffen / Und Also denen Weiß- und Warheit liebenden Gemüthern zu einer höhern Ab- und tieffern Einsicht dieser Wissenschafften ein neues Polar und Leitstern entdecket wird.
Hall im Magdeburgischen A. 1710.
Zufinden in Rengerischer Buchhandlung.

Abb. 2

teraria spendet – ein Glück für die drei Passagiere, die *Theologie*, die *Jurisprudenz* und die *Medizin*. Die *Thorheit* tut das ihre auf dem Rücksitz, um den Eseln der Scholastik, der *Critica literalis* und der *Philosophia Scholastica*, die Peitsche in die Gegenrichtung zu geben. Die Naturwissenschaften fehlen in diesem Bildprogramm, wie die Empirie, als das Angebot, mit der Buchgelehrsamkeit zu brechen.

Schreckten Grunert und Vollhardt davor zurück, diesen Kompendien eine eher reaktionäre Rolle zuzuerkennen – weil das das ganze Projekt unattraktiv gemacht hätte, zu viel von dem bestätigt hätte, was man über barocke Gelehrsamkeit längst zu wissen fürchtet?

Außerhalb der doch sehr speziellen Kompendien hätte sich das Wort mit ganz anderem Recht mit der Neuordnung des Wissens in Verbindung bringen lassen. Lexika und Journale rühmen sich im frühen 18. Jahrhundert als die neuen Medien der *Historia Literaria* und der glücklichen Zersplitterung des Wissens.[14] Dem mo-

[14] Die interessanteste Ausführung zur produktiven Macht der Fragmentierung des Wissens verfaßte Johannes Hübner in der Vorrede zum *Curieusen Natur- Kunst- Gewerck- und Handlungs-*

dernen gedruckten Buch ist an dieser Stelle eine komplexe Rolle zuzuschreiben – die eines Gegenstands, von dem ganz neue Verpflichtungen ausgehen sollten.

Adrian Johns notierte in seinem faszinierenden *The Nature of the Book* 1998, mit welchem Schrecken das gedruckte Buch die Gelehrsamkeit erfüllte: Ein profitorientiertes Verlagswesen drängte sich zwischen den (Natur)Wissenschaftler und sein Werk. Setzer korrigierten inmitten laufender Drucklegungen ohne Rücksicht darauf, daß die fertige Auflage danach unterschiedliche Angaben machten. Raubdrucker kupferten liederlich ab, Verleger brachten neue Auflagen heraus – beides ohne weitere Rücksprache mit den Autoren. Skrupulöse Wissenschaftler versuchten sich wie Tycho Brahe selbst als Drucker, um hier die Kontrolle über ihre Arbeit zu behalten.[15]

Das ist präzise beobachtet, doch verdeckt es eine vorangehende Wahrnehmung: Die große Sorge um die Fehler kam erst auf, da der Druck etwas ganz Neues versprach: das durchaus fehlerfreie Buch als weltweit allen Lesern Buchstabe um Buchstabe, Seite um Seite gleich vorliegendes.

Handschriftenkenner mußten sich über wertvolle Codices verständigen, die es jeweils nur ein einziges Mal gab. Die breite Gelehrsamkeit zitierte dagegen ausschließlich Autoritäten – nicht Handschriften, sondern deren Werke, wie man heute noch immer die Bibel ohne Seitenangabe und Angaben des Drucks zitiert. Das Gros der Buchproduktion blieb in der Ära der Handschriftlichkeit im selben Moment ephemer, unzitierbar; bereits die Titel fehlten, auf die man sich hätte beziehen können.

Daß der Druck in eine neue Ära führte, war nicht sogleich erkennbar. Schritt um Schritt wird zwischen 1470 und 1560 die gesamte Buchproduktion auf Verweisbarkeit hin umgestaltet: Ab den 1480ern kommen Titel auf, nach 1500 Titelblätter mit Benennungen der Auflage, ab den 1540ern Seitenzahlen. In neuen Büchern ändert sich entsprechend das Verweissystem. Eine drückende Wahrnehmung kommt im Gegenzug auf – die der Öffentlichkeit des Buches – es ist „ediert", „publiziert", „veröffentlicht", „an den Tag gelegt", „heraus gebracht". Hat man selbst ein Exemplar dieses Buches gesehen, sollte man es zitieren, als ob jeder Leser es exakt so sah, schlicht weil man nicht mehr ausschließen kann, daß irgendein anderer Leser einen in einer öffentlichen Replik des mangelnden Respekts verwies, wenn man es überging.

Lexicons (Leipzig 1712). Wissenssysteme werden mit dem Lexikon aufgebrochen, Autoritäten entmachtet. Für den Benutzer vereinfacht sich damit alles: Er kann sich direkt und ohne weitere Vorbildung – eben etwa nach Belieben stichwortweise – informieren. Eben eine solche Zersplitterung und Nutzerorientierung wird laufend dem Journal zuerkannt, das das Wissen aus den schwer lesbaren Werken zieht und unmittelbar zitierbar macht, und das zudem dank der Jahresregister schnell ein Fachlexikon ersetzt.

15 Adrian Johns, The Nature of the Book: Print and Knowledge in the Making, Chicago, London 1998.

Man kann der *Respublica Literaria* an dieser Stelle reale Konsistenz zugestehen: Wer wissenschaftlich publiziert, kann ermessen, daß es in der Masse aller denkbaren Leser einen engeren Kreis gibt, aus dem heraus Reaktionen erfolgen können. Es gibt Titel, die in diesem Kreis bekannt sind und andere Titel, die man diesem engeren Publikum gegenüber besser nicht zitiert, da sie nicht in derselben Liga mitspielen. Ein Innenbereich der Gelehrsamkeit und eine Außenzone zeichnen sich ab und ein eigenes Ethos kommt beinahe von selbst: Wer aktuell diskutierte Werke nicht zitiert, setzt sich dem Vorwurf der Ignoranz aus. Wer nur Parteigänger zitiert, riskiert in einer Welt, in der jedes Buch theoretisch über irgendjemanden zu beziehen ist, den Vorwurf der Parteilichkeit. Die Öffentlichkeit des Drucks setzt hier ein verwirrendes egalitäres Ethos der Kollegialität durch, in dem alte Wissensgrenzen und alte Autoritätsgefüge nicht mehr gelten. Das wird überall dort klarer, wo die Klage über die Unmöglichkeit aufkommt, diesen Pflichten nachzukommen, und wo das ubiquitäre Zitieren nun plötzlich zur proliferierenden Praxis wird – hier lebt sich weniger eine barocke Sammellust aus, als ein Kollektiv im Zeitalter bedrohter Ehrbegriffe.

Viel wird dafür sprechen, das plötzliche Aufkommen der modernen persönlichen Briefvernetzung in den 1480er und 1490er Jahren als Reaktion an das öffentliche Buch zu koppeln. Die gelehrte Briefkorrespondenz läßt sich immer wieder als ein einziger Versuch lesen, hinter den Kulissen Weichen zu stellen, wie eine Publikation aufgenommen werden wird. Im Moment, da das beliebige Buch die Referenz erlaubt, ist die Berichterstattung über die Gelehrsamkeit, zu der der Wissenschaftler fähig sein sollte, das offene Thema der neuen Binnenwissenschaft der *Historia de Literatura.* Gleichzeitig erscheinen die ersten Buchhandelskataloge, die nun veröffentlichen, was Halbjahr um Halbjahr der Öffentlichkeit zugänglich wird.

Die Geschichte der *Historia Literaria* als des Berichts über das Wissen, kennt Schübe, in denen sich Unübersichtlichkeit herstellt und mediale Interventionen, die hier durchgreifen: Mit den 1620er Jahren beginnt die Ära der nationalen Akademien, die vergleichsweise vertikale Strukturen in die informellen horizontalen Kontaktnetze hinein ausbreiten.

In den 1660er Jahren greift das moderne Journal in das nun unüberschaubar gewordene Berichtswesen ein. Das *Journal des Sçavans* notiert – halb informelle, auf dem freien Markt sich allen anbietende Akademie, halb Alternative zum Buchhandelskatalog – in der ersten Nummer, was hier der *Republique des lettres* geboten ist:

> LE dessein de ce journal de faire sçauoir ce qui se passe de nouueau dans la Republique des lettres, il sera composé,
>
> Premierement d'vn Catalogue exact des principaux liures qui s'imprimeront dans l'Europe. Et on ne contentera pas de donneur les simples titres, comme ont fait ius-

ques á present la pluspartz des Bibliographies : mais de plus on dira dequoy ils taritent, & à quoy ils peuuent estre vtiles.

Secondement, quand il viendra à mourir quelque personne celebre par sa doctrine & par ses ourages, on en sera l'Eloge, & on donnera vn Catalogue de ce qu'il aura mis auiour, auec les principales circonstances de sa vie.[16]

Noch in den 1690er Jahren beginnt sich abzuzeichnen, daß der Journalmarkt keine Übersicht schafft. Die einzelnen Blätter rezensieren selektiv. Forscherverbünde, Akademien und Einzelne bringen Journale mit ihren Meinungen zu neuesten wissenschaftlichen Publikationen heraus. Reformen auf dem Journalmarkt, neue mit den Publikationsrhythmen brechende, den Journalmarkt selbst untersuchende Metajournale, werden in Entwicklungsschüben die Antwort auf die sich immer wieder herstellende Unübersichtlichkeit sein.

Historische Kompendien kommen in die Mediengefüge der *Historia Literaria* mit dem Angebot, gegenüber der aktuellen Berichterstattung die Vergangenheit im Blick zu behalten. Man wird der *Historia Literaria* im größeren Begriff der Informationsbereitstellung in den Wissenschaften insgesamt zugestehen können, daß sie das alte Autoritätenwesen überwand, daß sie die Grenzen der Wissenschaften negierte, daß sie ein Ethos der unparteiischen Kollegialität erzeugte. Sie erzeugte es weitgehend von selbst, schlicht da sie einen Raum der Interaktion schuf, auf den sich der Publizierende vorausschauend und um die internationale Reputation bemüht einzurichten hatte.

IV. Wie konnte die Gelehrsamkeit sich auf den Verlust des Literaturbegriffs einlassen?

Die *Historia Literaria* entwickelte sich noch im ausgehenden 17. Jahrhundert zur Leitwissenschaft eines am Ende relativ geringen Könnens – eine Aussage, die vor allem für den Raum der deutschen protestantischen Universitäten geltend zu machen ist, die hier am ehesten ihren ungemein florierenden Lehrbetrieb mit stabilisierten. Gerade die Blüte des Projektes sollte sich dabei als dessen massivste Bedrohung erweisen. Die *Historia Literaria* wurde in all ihren Medien der interessanteste Krisenindikator.

[16] Denis de Sallo, L'imprimeur ou Lecteur, in: Le Journal des Sçavans 1 (1665), o.p.

1. Eher eine Sackgasse: Die kompendiöse Wissensgeschichte

Das Kompendium der Literaturgeschichte war so lange ein geniales Projekt, wie Morhofs *Polyhistor* im Projektstadium steckenblieb. Der bot im ersten Band einen grandiosen Überblick über die Grenzen des Wissens – Wissen postmodern definiert als den Vorrat aller Informationsquellen von den öffentlichen bis zu den geheimen. Mit Jacob Friedrich Reimmanns *Versuch einer Einleitung in die Historiam Literariam derer Teutschen* lag ab 1713 das zwar ungleich nützlichere bibliographische Überblickswerk vor, doch war damit aus dem intellektuellen Grenzgang ein Werk betörender altväterlicher Belehrung geworden, die der Autor angeblich seinem kleinen Sohn zukommen lassen wollte. Über Hunderte von Seiten hinweg läßt dieser sich geduldig Buchtitel nennen. Das praktische Werk legte auf dem engen Markt Gottlieb Stolle 1718 vor. Aufschlußreich war der Anhang, mit dem er es ausstattete: die Rede, die er als erster Rektor des Gymnasiums Hildburghausen zur *Historia Literaria* hielt. Man mußte zwar alle wichtigen Bücher nennen können, nicht aber auch schon gelesen haben:

> Unmögliche Dinge werden zu keinem Polyhistor erfordert. Man darff nicht einmal alle Bibliotheken in Teutschland durchkrochen haben, um diesen Nahmen zu verdienen. Wer wolte nun begehren, daß man sie bey solchen Völckern besuchen solte, wo entweder keine sind, oder wohl nichts anzutreffen ist, so man nicht zu hause besser haben könte. Wer die merckwürdigsten Zufälle der Gelahrheit weiß, und in jeder Wissenschafft die besten Bücher kennt, sonderlich aber in derjenigen, welche sein Haupt-Studium ist, der kan schon paßiren. Hierzu aber hat man gar bequeme und kurtze Wege. Wer Struvii Introd. ad notitiam rei lieterariæ nebst seinen Bibliothecis, und Morhofii Polyhistorem, deßgleichen Reimmanns Einleitung in die Historiam literariam wohl gelesen, etliche Catalogos berühmter Bibliothecken durchgegangen, und anbey einige gute Journale mit hält, der hat einen guten Anfang, und kan das übrige spielend lernen. Zu dem allen wird eben nicht viel Zeit noch Arbeit erfordert.[17]

Die unbarmherzige Kritik dieses Projektes legten Nicolaus Hieronymus Gundlings Nachlaßverwalter 1734, 1735 und 1736 mit dessen *Vollständiger Historie der Gelahrheit* vor. In der Tat solle man sich nicht verschätzen: Niemand könne die Millionen Bücher lesen, die seit der segensreichen Erfindung gedruckt worden sein dürften (S. 4). In der Tat sei man darum auf Zusammenfassungen und Extrakte angewiesen (S. 7), die sich von Journalisten eben durchaus anfertigen ließen, da sie bequem ein Dutzend Titel pro Monat rezensieren können – jeweils unter der Frage, was das Buch beweisen will und wie ihm das gelingt (S. 48). Wozu die *Historia Literaria* nötig ist, das sei indes bislang nicht genügend klar. Ohne sie kann

[17] Gottlieb Stolle, Discours von dem Nutzen der Historiae et notitiae Literariae, in: G. S., Kurtze Anleitung zur Historie der Gelahrheit, Bd. 3, Halle 1718, 215–216.

es keinen Fortschritt geben, da aus dem bestehenden Wissens konstruktiv neues entsteht – mit Leibniz sieht Gundling in die Zukunft:

> Wenn wir, nach 1000 Jahren, wieder, in diese Welt, kommen sollten, so würden wir vielleicht observieren können, wie die Lufft-Schiffe im Schwange wären. Man würde noch Inventiones machen, daß die Leute können lauffen, wie die Hirsche. Alle neue Inventiones aber kommen, entweder, ex positone novorum principiorum, oder ex detectione nouarum Conclusionum.[18]

Die Träger(medien) des Wissens sind indes nur der „Cadaver" (S.17). Es nützt nichts, Bücher nennen zu können und von ihren Autoren Anekdoten zu haben, wenn man nicht begreift, daß dieses Wissen nur eine Hilfswissenschaft ist. Der aktuelle wissenschaftliche Nachwuchs hat das Wissen der Buchhändler, aber eben nicht das Wissen:

> Die Historia Literaria ist nicht die Gelehrsamkeit; Sondern ein *Hülffs-Mittel* gelehrt zu werden. Und deswegen mißbrauchen dieselbe, heut zu Tage, Viele. Es wird nemlich, auf unterschiedenen Universitäten, sonderlich aber bey jungen Magistris, Was ganz gemeines, daß sie fast Nichts anders tractiren als Historiam Literariam. Denn sie meinen, sie wären Docti, wenn sie von allen Büchern, von allen Editionibus, wüsten Was herzusagen. Allein Dieses ist das Allerwenigste. Wer die Historiam Literariam nicht dociret, cum Realibus [...] der lernet denen Leuten Nichts; Sondern sie lernen nur was hersagen de hoc, vel isto, libro: Wie die Buchführer. [...] Die Bücher sind nur *Hülffs-Mittel* vermittelst welcher man weiter gehen kann.[19]

Gundlings Bände scheitern nach dieser Einleitung in der glanzvollen Demonstration, mit der der Autor sich chronologisch quer durch die verschiedensten Beziehungsgeflechte der Gelehrten von der Antike über das Mittelalter in die Moderne bewegt, bemüht nachzuweisen, wie das Wissen zum aktuellen Konstrukt aufgebaut wurde.

Johann Andreas Fabricius kehrte gegenüber dem Dickicht, das Gundling hinterließ, mit seinem *Abriß einer allgemeinen Historie der Gelehrsamkeit* 1752 zu Stolles Projekt der kommentierten systematischen Bibliographie zurück. Das gesamte Projekt des Kompendiums der *Historia Literaria* befand sich an dieser Stelle an einem Endpunkt. Wahrscheinlich wären die *Litterar-* und *Litterärgeschichten*, die ab 1760 auf den Markt kamen, ungeschrieben geblieben, hätte sich der süddeutsche katholische Raum zu diesem Zeitpunkt nicht der Bildung des norddeutsch-protestantischen geöffnet. Gymnasiale Abschlußjahrgänge erhielten im stagnierenden Schulwesen nachgereichte Erklärungen aller Wissenschaften im Bemühen um einen neuen deutschen Standard. Für Erst- und Zweitsemester wurden vergleichbare Einstiegsvorlesungen mit ebensolchen Kompendien in einem

[18] Nicolaus Hieronymus Gundling, Vollständige Historie der Gelahrheit, hg. von Johann Erhard Kapp und Christian Friedrich Hempel, Bd. 1, Frankfurt, Leipzig 1734, 26.

[19] Ebd., 55.

Universitätsbetrieb verfaßt, der sich um 1800 offenbar nur bedingt auf eine Neustrukturierung einließ.

Eine Metawissenschaft war hier aufgemacht, die ein überbordendes Zitierwesen verteidigte, indem sie es in eine eher triviale Pflichtübung verwandelte.

2. Raum zweifelhafter Öffentlichkeit: Die drohende Prostitution der Wissenschaften im Lexikon und im Journal

Die dramatische Krise der *Historia Literaria* spielt sich kurz nach 1700 in den beiden Medien ab, die das Wissen tatsächlich vollständig fragmentierten, es dem Alphabet unterwarfen und der sukzessiven Berichterstattung aussetzen: im Lexikon und im wissenschaftlichen Journal. Einer „Modewissenschaft" wird hier von Wissenschaften gehuldigt, die sich offen und genußvoll selbst demontieren. Das ist Johann Burchard Menckes Zusammenfassung der Wissenschaftsgeschichte seit dem Mittelalter in der Vorrede des *Compendiösen Gelehrten Lexicons* (1715):

> DIejenigen, welche die gelehrte Welt und die darinnen seit hundert Jahren vorgefallene Veränderungen überhaupt zu übersehen fehig sind, werden nicht in Abrede seyn können, daß man in der gelehrten Republic ja so täglich neue Moden aufzubringen suche. Denn da man noch in denen Barbarischen Seculis die Scholastische Philosophie mit grossen Eifer triebe, und die geraume Zeit den Aristotelem mit ungeheuren Commentariis überhäuffte, veränderte man doch die Mode solchergestalt, daß man die Philosophischen Schriften bald nach dem Leisten des Scoti, bald nach einem andern, als des Thomæ, des Occami und anderer, zuschnitte. Als man sich aber in denen letzten Seculis ein wenig wieder aus diesem Wirbel erholte, und die bißher fast gantz verlohrnen netten Wissenschafften wieder unter der Banck hervorsuchte, konte keiner vor einen rechten Gelehrten passiren, der nicht in allen seinen Schrifften vornehmlich die Reinlichkeit des Ciceronianischen Styli aufs fleißigste nachzuahmen suchte [...]. Nachdem man nun hiernechst die realen Studia mit größern Eifer vor die Hand nahm, so veränderte sich auch zugleich die Sprache wieder; jedoch kam auch bald darauf die Critic in Flor, und wer sich einen Nahmen machen wolte, muste Griechische und Lateinische Autores mit gelehrten Anmerckungen, varias lectiones, libros emendationum, und dergleichen ans Licht stellen. Im vorigen Seculo war insonderheit die Wissenschafft der alten Müntzen Mode worden [...].
>
> Wenn wir aber unsere jetzigen Zeiten genau betrachten, so müssen wir bekennen, daß die *Historia Literaria*, die sonsten von denen Gelehrten nur als ein Nebenwerck geachtet worden, bey vielen zum Hauptwerck, und insgemein zur Mode-Wissenschafft worden [...].[20]

[20] Johann Burchard Mencke, Compendiöses Gelehrten Lexicon, Leipzig 1715, Vorrede, Bl. 2–3.

Ausufernd gibt sich Christian Gottfried Hoffmann[21] in seinen *Aufrichtigen und unpartheyischen Gedankchen über die Journale, Extracte und Monaths-Schrifften* (1714) den Beobachtungen des Bienenschwarms hin, in dem die Gelehrten auf der Suche nach Orientierung herumfliegen. Das Journal ist das Schwarmmedium par excellence: Hier werden Meinungen gehandelt. Daß konservative Wissenschaftler lieber Epochengeschichte als die Geschichte eines Schwarmverhaltens schreiben würden, ist ihm klar. Ein Konstrukt wie der „Geist des Säkulums" ist indes ein derartig metaphysischer, „uncörperlicher" Akteur, daß Hoffmann lieber bei den handfesten Kalkülen der ihre Karrieren planenden Wissenschaftler bleibt. In grandiosen, seinem Rezensionsorgan der Rezensionsorgane vorangestellten Kupfern stellt er deren Betrieb in Monatsraten vor. Das Kupfer der siebten Nummer ist im Oktober 1714 exemplarisch drastisch: Die Wissenschaften sind dank des modernen Journals auf dem Markt angekommen, wo sie als Wandertruppe das große Schauspiel der *Iactantia Sciantiarum Humanarum*, der Prahlerei der menschlichen Wissenschaften, geben (s. Abb. 3). Das Publikum ist nicht am Wissen interessiert; es erscheint mit Interesse, die eigene Haltung auszuleben. Die einen wollen hier alles glauben, die anderen sich profilieren, indem sie nichts glauben, während sich der dritte Haufen in modischem Eklektizismus ergeht. Die Akteure wissen, weshalb das Publikum dabei ist, und liefern jedem Haufen das gewünschte Spektakel, während ein einsamer Journalist im Hintergrund all sein Wissen auskotzt, ohne daß es noch jemanden interessierte.

Auf dem Markt der wissenschaftlichen Rezensionsorgane wird, so die anderen Kupfer, europaweit abgeschrieben. Gelehrte liefern sich Scheingefechte der Lobhudelei. Sie rennen der Kutsche der Journalisten hinterher, die ihrerseits nur der ausposaunten öffentlichen Meinung nacheilen, und so fort.

Als Julius Bernhard von Rohr 1718 dem Landesherren die probaten Mittel weist, wie er dem Streit in den Wissenschaften begegnen soll, liegt die aktuelle Flut der Journale mitten im Blickfeld. Die Verleger, die die Bücher und die Journale herausgeben, manipulierten die Wissenschaften. Die Wissenschaftler nutzten diesen Markt zur eigenen Profilierung ohne alles Interesse an der Information. Der Landesherr sollte eingreifen und dieses Rezensionswesen regulieren; er sollte durchsetzen, daß alle Rezensenten sich mit Namen zu erkennen geben, so daß endlich Verantwortung in den Wissenschaftsbetrieb einziehe. Entscheidend müsse es darum gehen, zu verhindern, daß einzelne Wissenschaften nie rezensiert werden – wie die Ökonomie – während das ganze Rezensionswesen abrutsche und nur noch rezensiere, was eine nette Kritik gibt.[22]

[21] Siehe zu ihm auch Martin Mulsow, Flüchtige Aufklärung: Grauzonen der Publizistik und Hofkommunikation um 1700, Erfurt 2014.

[22] Julius Bernhard von Rohr, Einleitung zur Staats-Klugheit, Leipzig 1718, 455–459.

Aufrichtige und Unpartheyische
Gedancken,
Uber die wichtigsten Materien,
Welche in denen
JOURNALEN
EXTRACTEN
und
Monaths-Schrifften,
vorgetragen werden,
Worbey zugleich
Eine Nachricht von Juristischen Schrifften ertheilet wird.
Nebst einer Vorrede von der Einrichtung
und Intention dieser Arbeit.
Ex Ungvibus Leonem.
Siebendes Stück.
Freyburg, 1714.

Abb. 3

1718 ist zwar weitgehend unklar, wie die Krise behoben werden wird, andererseits wird es nun sehr schnell unmodern, ihr noch mit derselben Lust wie 1714 und 1715 zu begegnen.

3. Der produktive Umgang mit der Krise im Journal relativiert das Meinungsspiel in der Praxis

Die Konstitution wie die Selbstauflösung der *Respublica Literaria* erfolgte – das mag geistesgeschichtlich erst einmal nicht befriedigen – in fortgesetzten produktiven Problemlösungen, in Win/Win-Situationen. Nicht immer ist den Beteiligten klar, daß für eine andere Lösung sich nicht die Interessenten finden. Interessant ist das Wachstum. Selten wird eine boomende Produktion beschnitten. 1665 war die erste Nummer des *Journal des Sçavans* herausgekommen; 1668 legt Gottfried Wilhelm Leibniz dem Kaiser in Wien die Bitte um das Privileg für das erste deutsche Rezensionsorgan vor. Das französische Journal sei zwar brillant, leiste aber nicht, was der deutsche Wissenschaftler brauche: einen Ersatz der bisherigen Messkataloge. Leibniz schlägt vor, in Frankfurt jeweils auf der Messe die Gesamtproduktion anzusehen und drei Wochen darauf, auf dem zweiten Teil der Buchmesse in Leipzig, den gesamten Markt rezensiert vorzulegen. Das Privileg erbat er, wie er hinter den Kulissen klarer machte, da er die Gegnerschaft der Buchhändler fürchtete, die lieber ihre Kataloge verkauft sahen, als den von ihm geplanten endlich objektiven Bericht im *Nucleus aller auf den Messen gehandelten Bücher.*[23] Leibniz scheiterte mit dem Projekt, das gerade nicht die produktive Problemlösung skizzierte, bei der Wachstum auf allen Seiten garantiert war. Das Journal, das monatlich nur ein Dutzend Titel besprach, selektiv, subjektiv wertend, kam dagegen zum Zuge. Es löschte die Kataloge nicht aus, es benötigte sie als Informationsquelle und ließ sich wiederum in ihnen bewerben. Statt eines einzigen solchen Organs mußte es deren Dutzende geben, wollte man eine einseitige Berichterstattung verhindern.

Die Eindämmung des Journalmarktes war Rohrs Vorschlag. Erneut siegte im Gegenteil der Ausbau des Marktes. Der Aufbau neuer, die großen Meinungsführer Europas ausbeutender „gelehrter Zeitungen" setzt 1715 ein.[24] Sie notierten drei Mal pro Woche kurz unter den Rubriken der Publikationsorte, welche Bücher dort erschienen und von welchen Journalen in der Folge mit welchem Tenor besprochen wurden. Das neue Medium verdrängte das unübersichtliche Feld nicht, es nutzte die Unübersichtlichkeit, um Orientierung in ihr anzubieten, es setzte sie voraus und bewarb sie, wenn es Rezensionen auswertete und auf sie verwies.

Londons von Wochenschriften dominierter Markt findet in den 1730er Jahren mit den ersten „Magazinen" die gegenläufige, die Publikationsrhythmen durchbrechende Metaebene. Hier ist der monatliche Rückblick und selektive Neuabdruck die produktive Lösung, die plötzlich die Debatten präsentiert.

Mitte des 18. Jahrhunderts drängen im nächsten Schub neue spezifisch nationale Rezensionsorgane auf den Markt. In einem Bruch mit dem internationalen Blick bieten sie im ersten Schritt einen Zusatz, der gerade international interessant ist: England brachte bislang keine Literaturzeitschrift zuwege, ein niederländisches Organ gab etwas Einblick in diesen Markt.[25] Es ist dies der Moment, in

[23] Die Bittschrift von Leibniz an den Kaiser und die nachgehende Korrespondenz, die klären sollte, weshalb hier keine Reaktion erfolgte, findet sich in Gottfried Wilhelm Leibniz, Sämtliche Briefe, hg. von der Preußischen Akademie der Wissenschaften, 1 Reihe, 1. Bd., Darmstadt 1923, 3–19.

[24] Die Idee scheint sich aus den Notizen, die schon vorher in Monatsjournalen erschienen, entwickelt zu haben, die beiden ersten Blätter, die *Nouvelles litterarires* (La Haye: Henri du Sauzet, 1715) und die *Neuen Zeitungen von gelehrten Sachen* (Leipzig: Grosses Erben, 1715), kamen fast gleichzeitig auf den Markt.

[25] Michael de la Roche gab ab 1717 in Amsterdam die *Bibliothèque Angloise, ou Histoire littéraire de la Grande Bretagne* heraus. Nach verlagsinternen religionspolitischen Querelen mußte

dem das Wort *Literatur* im englischen Journalwesen seinen Durchbruch feiert mit der *Monthly Review or, Literary Journal giving a candid Account, with Abstracts of, or Extracts from, the new Books and Pamphlets published in Great Britain and Ireland as they come out.*

Unübersichtlich bleibt der Markt mit jeder solchen Reflexionsebene. Indes entfaltet sich auf jeder solchen Reflexionsebene ein neuer Ton, eine neue Distanz zum Beobachteten. Es macht einen Unterschied, ob man Meinungen provoziert, oder über die kursierende Meinungsproduktion in Zusammenfassungen berichtet.

Johann Carl Conrad Oelrich umreißt in seinen *Beyträgen zur Geschichte und Literatur* die Unübersichtlichkeit des Jahres 1760. Das Problem ist nun nicht mehr das des Jahres 1668, das Leibniz in Anbetracht der unübersichtlichen Angebote der Messkataloge skizzierte. Das Problem bereitet nun das Durcheinander der Materien, und ohne daß Oelrich bereits ein Wort für diese spezielle Materie hat, noch ihr einen Zusammenhang geben kann – das Aufkommen des zukünftigen Literarischen mitten im Angebot. Man sollte Besprechungen von dergleichen auf ein Organ für das Unwissenschaftliche einschränken und die Literaturdebatte reinigen:

> Die meisten meynen, die Hauptursach [der aktuellen Unüberschaubarkeit des Marktes] sey die Menge der alle Messen zum Vorschein kommender Bücher, welchen ich aber nicht beypflichten kann. Denn ob zwar der beständige Überfluß von neuen Schrifften zu Tage lieget, und also auch itzt mehrere Monatsschriften nöthig zu seyn scheinen; so sind doch öfters unter jenen sehr wenige darunter, welche nutzbar sind und bekannt gemacht zu werden verdienen. Die Schriftsteller richten sich in unsern Zeiten entweder nach dem Geschmack der großen Anzahl der Halbgelehrten, oder der Buchhändler, und dieser wiederum nach der Mode. Wenn man gleich auf eine kurze Zeit nachgelassen hat, die Buchläden mit verzweifelten Liebes- und jämmerlichen Mordgeschichten zu spicken; so siehet man bald an deren Stelle wiederum eine Menge abentheuerlicher Lebens- und Reisebeschreibungen verirrter Ritter, Bayern, Tyrolerinnen und dergleichen. Man sollte billig in den Bücherverzeichnissen der Buchhändler solche Art Schriften unter einem Haupttitel, z.E. *Stultitiensachen* bringen, damit die Liebhaber derselben sie beysammen finden und die Gelehrten mit etwas weniger Zeitverlust, die Bücherverzeichnisse durchlesen könnten. Wenn man ferner die Kunst und Trauerspiele, Fabeln, Lieder, Hirten- und Schäfergespräche, moralischer Schildereyen, welche sich in den Buchläden schon zu drängen anfangen, ausnähme; so würde der Überrest von Büchern sehr mäßig und eine einzige Monatsschrift, wenn sie gehörig eingerichtet würde, wohl im Stande seyn, solche zu fassen. Ich bin aber deshalb, so viel die letztere Art Schriften betrifft, gar nicht der Meynung, daß solche bekannt gemacht zu werden nicht verdienten; sie haben bey Kennern und Liebhabern derselben ihren Großen Werth; weil sie aber zur ernsthaften Gelehrsamkeit eigentlich nicht gehören; will ich hier nur so viel zu verstehen geben , ob es nicht besser seyn möchte, wenn man vor solche eine ei-

er die Zeitschrift 1719 aus der Hand geben. Von 1720 bis 1727 setzte er sie dann jedoch von Den Haag aus unter dem neuen Titel *Mémoires Littéraires* fort.

gene Monathsschrift einführete, welche die Erzählung und Beurtheilung allein enthielte.[26]

Für eine monopolistische Literaturzeitschrift auf Latein plädiert Oelrich, nötigenfalls finde sie in Ungarn und Polen noch Kunden, falls denn der Rest der Welt vergesse, was Literatur eigentlich ist. Das Journal, das 1766 die Problemlage verblüffend gut in den Griff bekommt, die *Allgemeine deutschen Bibliothek* Friedrich Nicolais, bietet dagegen abermals die produktive Problemlösung. Es erscheint gerade auf Deutsch. Um eine neue Distanz der Reflexion bemüht, kommt es vierteljährlich heraus. Das Buchvolumen, das man dabei vorlegen kann, läßt sich nun so gliedern, daß niemand seine Zeit in klar betitelten Sektionen verbringen muß, die ihn nicht interessieren. Und allerdings sind hier die aufstrebenden Materien eingeschlossen, gerade der Roman. Erst die Rezension des Gesamtmarkts bringt diesen in eine Reaktion, aus der Besseres erwächst:

> Diese, obgleich traurigen Bemerkungen, muß sich der nicht eingehen lassen, der von den *wahren Zustande unserer Litteratur,* sich richtige Begriffe machen will. Da nun aber die Menge der *mittelmäßigen* und *schlechten Bücher*, so groß ist, daß eben dadurch, wenn man sie alle anzeigen wollte, die *allgemeine deutsche Bibliothek* zu einer übermäßigen Größe anwachsen würde, so wird man zwar sorgen, daß keine Art auch von mittelmäßigen oder schlechten Büchern ganz übergangen werde, alle aber anzeigen möchte theils unmöglich, theils aber auch eben nicht nöthig seyn; die Verfasser werden also sich ferner kein Bedenken machen, wenn einige davon wegbleiben. Sonderlich wird dies von *Uebersetzungen* gelten, die in so großer Menge herauskommen. Insonderheit sollten alle *übersetzte Romane* und *übersetzte Schauspiele*, bis auf wenige, die etwa von einiger Wichtigkeit wären, ganz wegbleiben.[27]

Noch liegen die zukünftigen literarischen Gattungen nicht zusammen. Das Drama und das Gedicht erhalten gemeinsam mit der Ästhetik als Wissenschaft die eigene Sparte der *Schönen Wissenschaften.* Der Roman liegt konservativ in der Geschichtsschreibung, was es Historikern erlaubt, ihn nach Belieben zu diskreditieren (Abb. 4).

1767 beleuchtet Gottfried Herder in seinen Gedanken *Über die neuere Deutsche Litteratur* die Innovation. Was haben die Wissenschaften von ihr? Muß ein allgemeines Rezensionsorgan nicht bei einer eher philologischen Buchbesprechung verharren, einer, die dem Buch und nicht seinem Wissen gilt? Und wäre der nationalen Öffentlichkeit nicht unter dieser Erkenntnis eher mit einer allgemeinen Literaturbesprechung gedient, wie sie Lessing mit den *Neuesten Briefen zur Literatur* vorschlug? – mit Dramen, Romanen und Gedichten als Na-

[26] Johann Carl Conrad Oelrich, Beyträge zur Geschichte und Literatur, Berlin, Stettin, Leipzig 1760, 178–179.

[27] Friedrich Nicolai, Allgemeine deutsche Bibliothek, Bd. 12.2, Berlin 1770, IV–V.

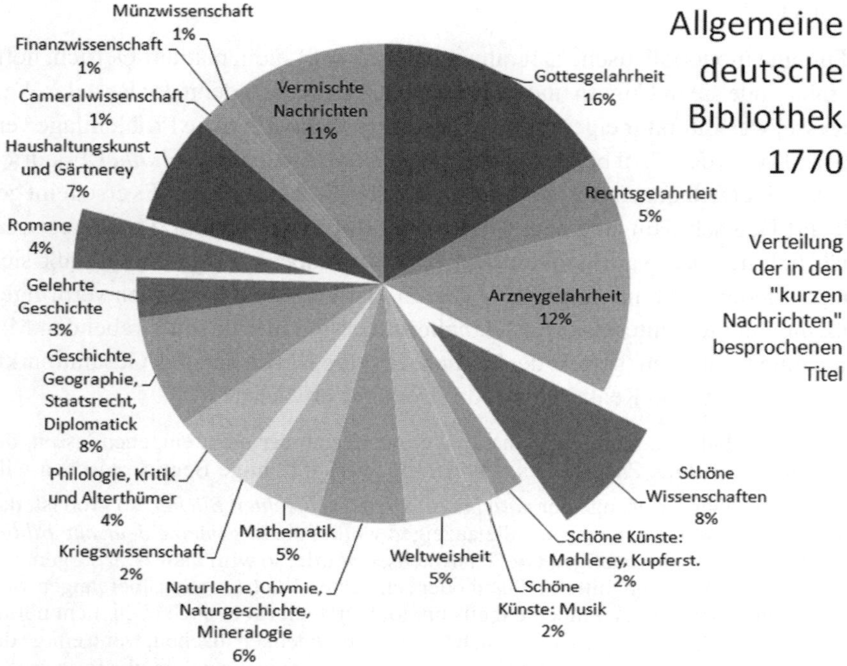

Abb. 4

tionalliteratur? Nötig wäre hier allerdings eine neue nationale Literaturgeschichte, die den Kritikern helfen würde, einzelne Texte in nationale Entwicklungsprozesse einzuordnen.

Das versetzt dem Projekt des allgemeinen Literaturüberblicks im wissenschaftlichen Interesse nicht den Todesstoß. Die Jenaer *Allgemeine Literatur-Zeitung* widmet sich diesem Projekt von 1785 bis 1849. Friedrich Zarnckes *Literarisches Centralblatt*, das von 1850 bis 1944 den alten wissenschaftlichen Literaturbegriff bewahrt, intensiviert den Katalog-Aspekt. Gerade diese Überblicksblätter erlauben es den Wissenschaften darüber hinaus auf neue Fachjournale zu setzen, die sich von der breiten Literaturdebatte entkoppeln – ein insgesamt produktives Arrangement.

4. Der theoretical turn der 1740er Jahre: Die Wissenschaften koppeln sich vom Markt der Meinungen ab – und stärken ihn

Das bemerkten die *Leipziger Zeitungen von gelehrten Sachen* noch 1715: Mit ihrem Projekt, laufende Debatten zu observieren, kam eine ganz neue Art auf, über die Wissenschaft zu sprechen. Alles Hübsche verbot sich auf der Reflexionsebene. Man kann diese Beobachtung ausweiten: die moralischen Wochenschriften werden von skurrilen fiktionalen Erzählern verfaßt. Im Moment, in dem deren Artikel in Magazinen in neuen Zusammenhängen nachgedruckt werden, verlieren sie die Skurrilität, wird aus ihnen eine bahnbrechende neue Reflexion, die sie der Literaturdebatte, die sie selbst ausschlagen, einen Schritt näher bringt.

Im wissenschaftlichen Austausch zeichnet sich im 18. Jahrhundert eine praktische Tendenz ab, hin zu einer neuen distanzierten, nüchternen Wissenschaftlichkeit. Sie geht einher mit einer schwer zu fassenden größeren Debatte, die letztlich das Problem, das im frühen 18. Jahrhunderts mit dem Journal als Meinungsdistributor aufkam, unerwartet und auf ganz eigene Weise produktiv löst. Unerwartet, da kaum klar war, ob man eine Alternative zur Wissenschaft der Meinungen suchen sollte.

Die Gelehrten des Mittelalters hatten sich Dogmen und philosophischen Systemen untergeordnet. Die Neuzeit hatte den Wissenschaftler als persönlichen und subjektiven Meinungsträger befreit und das Wissen dem Wettstreit der Wissenschaftler um die bessere *Erudition* und das feinere *Iudicium* ausgesetzt. Offensichtlich riskierte man damit eine Wissenschaft der persönlichen Idiosynkrasien, der Wissenschaftler im Wettstreit um die spektakulärste singuläre Meinung. Verkraftbar war das, da die Wissenschaftler als Kollektiv letztlich an die Wahrheit gebunden blieben. Erudition und Iudicium waren dramatische Korrektive auf dem Weg zur wahren Welterkenntnis. Sollte man die Freiheit des persönlich urteilenden Wissenschaftlers wieder einschränken, da sie zu irrationalen Überbietungen auf dem Meinungsmarkt und in eine seltsame Orientierungslosigkeit führte? Der einsetzende Prozeß, den man als „theoretical turn" in den Wissenschaften pragmatisch umreißen könnte, ist von verschiedenen Seiten aus erfaßt: Der Untergang des Eklektizismus als der großen konsensträchtigen philosophischen Option des 17. und noch des frühen 18. Jahrhunderts ist eine Facette dieses Prozesses.[28] Der Untergang der „barocken" Wissenschaftskultur, die mutmaßlich akkumulierte, ist eine der Facetten.[29] Geschichte wird in diesem Prozeß neu definiert

[28] Michael Albrecht, Eklektik. Eine Begriffsgeschichte mit Hinweisen auf die Philosophie- und Wissenschaftsgeschichte, Stuttgart-Bad Canstatt 1994, 526–538.

[29] Martin Gierl, Kompilation und die Produktion von Wissen im 18. Jahrhundert, in: Helmut Zedelmaier, Martin Mulsow (Hg.), Die Praktiken der Gelehrsamkeit in der Frühen Neuzeit, Tübingen 2001, 63–94.

und von der Sammlung aller Fakten weg- zu einer diskursiven Wissenschaft hingeführt.[30]

Mit dem Blick auf das Erstarken der Theorie gegenüber der Meinung erfaßt man klarer das Paradox, das sich hier in historischer Dimension – mit der Drohung eines Rückfalls in die Zeit der scholastischen „Systeme", „Dogmen" und „Sekten" – auftat. Von *Theorien* zu sprechen, hat um 1700 gegenüber der Freiheit des Urteils einen schlechten Klang. In Anbetracht der Wahrheit sollte überhaupt keine Theorie gegenüber irgendeiner der Meinung im Vorteil sein, schlicht weil der Einzelne gegen die Masse richtig liegen konnte, und das gerade dann tat, wenn er sich Systemzwängen entzog und nach eigenem Wissen und Gewissen auswählte.

In der zweiten Hälfte des 18. Jahrhunderts liegen die Dinge plötzlich anders. Die Produktion von Theorien erobert die Titel und siegt nun über die Meinungen. Edmund Burke lobt Adam Smiths *Theory of Moral Sentiments* von 1759 als Werk, das die Wende vollzogen hat:

> A theory like yours founded on the nature of man, which is always the same, will last when those that are founded on opinions, which are always changing, will and must be forgotten.[31]

Theorien sind in sich stabil, Meinungen dagegen unterliegen Moden. Was die Theorien stabil macht, kann klar benannt werden: Sie sind beobachterunabhängig formuliert. Wenn die Beobachtungen stimmen und wenn korrekt geschlossen wird, dann gilt die Theorie. Theorien erzwingen wohl konsistente größere Lösungen – sie verhindern damit aber auch, was sich eben in der bisherigen *Historia Literaria* im Übermaß fand: Eine Bereitschaft, alle Einzelmeinungen zu allen Einzelfragen zu nennen, ohne Rücksicht auf das größere Ganze, das gar kein Sowohl-als-Auch zuläßt.

Mit der Wende zu theoretisch neufundierten Wissenschaften endet eine ganze Geschichtsschreibung. Markant vollführen diese Wende auf dem deutschen Parkett die Schüler Christian Wolffs – Martin Chladenius gewinnt hier interessanten Einfluß. Neue Wissenschaften greifen im selben Moment in Debatten ein: Markant tut dies gegenüber der Poetik in den 1740er Jahren die Ästhetik als neue, sich auf wenige fundamentale Prinzipien gründende Wissenschaft, die der Poetik vorwerfen kann, zwar Erfahrungen zu nutzen, doch bei Lehrmeinungen hängen zu bleiben.

Die *Historia Literaria* im Kompendium tritt an dieser Stelle in Konkurrenz zu dem ganz anders gelagerten Projekt der *Menschheitsgeschichte*, das in der Dis-

30 Helmut Zedelmaier, Der Anfang der Geschichte: Studien zur Ursprungsdebatte im 18. Jahrhundert, Hamburg 2003, skizziert das sehr schön nach.

31 Zitiert nach Joyce Appelby, Capitalism and a New Order. The Republican Vision of the 1790 s, New York, London 1984, 25.

kussion zwischen Isaak Iselin, Henri Homes, Lord Kames und Jean-Jacques Rousseau definiert wird. Die neue Frage gilt hier den Stufen der Menschheitsentwicklung, Stufen, in denen das Wissen der Menschheit in unterschiedlichen Paradigmen verfügbar war.

Spannenderweise endet an dieser Stelle die Ära der persönlichen Meinung nicht. In der öffentlichen Wahrnehmung (in der Wahrnehmung der wissenschaftlichen sekundären Diskurse) beginnt sie jetzt erst als Forderung des breiten Marktes nach mehr Meinungsfreiheit. Die Wissenschaften gewinnen dabei gegenüber dem neuen Meinungspluralismus eine neuartige beobachtende Position. Mit den Geisteswissenschaften können sie sich dem Meinungsspektrum zuwenden und ihm gegenüber theoretisch haltbare Positionen ins Rennen schicken. Mit den Sozialwissenschaften erweitert sich das Gefüge um Wissenschaften, die die Trends empirisch erfassen. Markant gestaltet sich die Differenzierung auf dem Gebiet der neuen Literaturdebatte. Dem Literaturkritiker als Meinungsträger im Feld des Journalismus beginnt nun der Literaturwissenschaftler des akademischen Betriebs gegenüber zu stehen.

Für die *Historia Literaria* und dank ihrer für die *Respublica Literaria* ist dies das vollendete Todesurteil. Die neue Wissenschaftsgeschichte gilt Paradigmenwechseln und sie notiert, daß der große Paradigmenwechsel mit erkenntnistheoretischer Grundlage von den Naturwissenschaften um 1500 vollzogen wurde. Aus der Wissenschaftsgeschichte ist die *Respublica Literaria* einen Moment später getilgt.

V. Wie konnten sich die Autoren von Dramen, Romanen und Gedichten auf die Literaturproduktion einlassen?

Moderne Literaturgeschichten lassen wenig Zweifel daran, daß ihr Gegenstand, das Feld der Dramen, Romane und Gedichte, eben derjenige ist, der schon immer auf Tuchfühlung mit allen Debatten der Gesellschaft ging, die Trends setzten und soziale Verwerfungen aufzeigten. Die Literaturwissenschaft untersucht in der Folge auf breiter Front alle nur denkbaren Themen „im Spiegel der Literatur“. Daran sollte nichts selbstverständlich sein. Weder besteht vor 1750 das Gelände, das dabei konstituiert wird, noch gewinnt dieses Feld auf dem Buchmarkt vor 1750 besonderes Gewicht, noch wird auch nur den Werken, die heute *Literaturgeschichte* schreiben, besonderes Gewicht zugemessen.

Daß wir hier einen von uns selbst konstituierten Gegenstand mit einer neuartigen Geschichte ausstatten, ließ sich Mitte des 19. Jahrhunderts noch mit ganz anderer Klarheit sagen. Hippolyte Taine tut das 1864 in der Vorrede zur ersten Geschichte der englischen Literatur, die er selbst von Frankreich aus ins Englische bringt. Forschungsgeschichtlich komme das Projekt aus dem Herzen der Geschichtsschreibung und aus Deutschland. Man wandte sich in den 1760er Jahren dabei gerade einer Autorengruppe zu, über die sich die Gelehrsamkeit zuvor lustig machte. Das dichterische Kunstwerk als „play of the imagination", als „isolated caprice of an excited brain" – der Eintrag, den Zedlers *Universal-Lexicon* noch 1741 zum *Poete* übrig hat, bietet die zeitgenössischen Äquivalente zum Vokabular dieser Diskreditierung. Recht präzise erfaßt Taine, daß die Theoriedebatte es erlaubte, gerade diese randständige, verdächtig subjektive Produktion ins Zentrum zu rücken:

> HISTORY, within a hundred years in Germany, and within sixty years in France, has undergone a transformation owing to a study of literatures.
>
> The discovery has been made that a literary work is not a mere play of the imagination, the isolated caprice of an excited brain, but a transcript of contemporary manners and customs and the sign of a particular state of intellect. The conclusion derived from this is that, through literary monuments, we can retrace the way in which men felt and thought many centuries ago. This method has been tried and found successful.
>
> We have meditated over these ways of feeling and thinking and have accepted them as facts of prime significance. We have found that they were dependent on most important events, that they explain these, and that these explain them, and that henceforth it was necessary to give them their place in history, and one of the highest.[32]

Ein abenteuerliches Gebiet wird Mitte des 18. Jahrhunderts *Literatur.* Wie konnten dessen Autoren sich auf diese Wendung einlassen? Was brachte ihnen dieser Schritt? Wessen Schritt überhaupt war es? Der der Literaturdebatte? Der eines vernachlässigten Bereichs? Die Fragen lassen sich im Moment kaum beantworten.

1. Ein zuvor nicht bestehendes Gebiet schreibt seine eigene Geschichte am bisherigen Markt vorbei

Die Kataloge des Buchhandels geben, so wie sie um 1700 binnengegliedert sind, das klarste Bild von der Lage vor der Konstitution des heutigen Feldes der Literatur. Schwierigkeiten beginnen hier, sobald wir die divergent strukturierten Märkte Deutschlands und Englands – es wäre besser von Deutschland gegenüber London zu sprechen – einander gegenüberstellen. Der deutsche Buchmarkt erweist sich in dieser Aufsicht als von der Gelehrsamkeit dominiert. Sie stellt die vier Sparten der großen drei berufsständischen Wissenschaften, die in Reimmanns Kutsche saßen, voran; die philosophischen und historischen Schriften folgen. Unter deren Rubrik findet sich wahllos eingeordnet, was in den Messkatalogen viel später – genauer in den 1790er Jahren – zur Literatur im engeren Sinne

[32] Hippolyte Taine, History of English Literature [1863/ 1864], Edinburgh 1871, Vorwort.

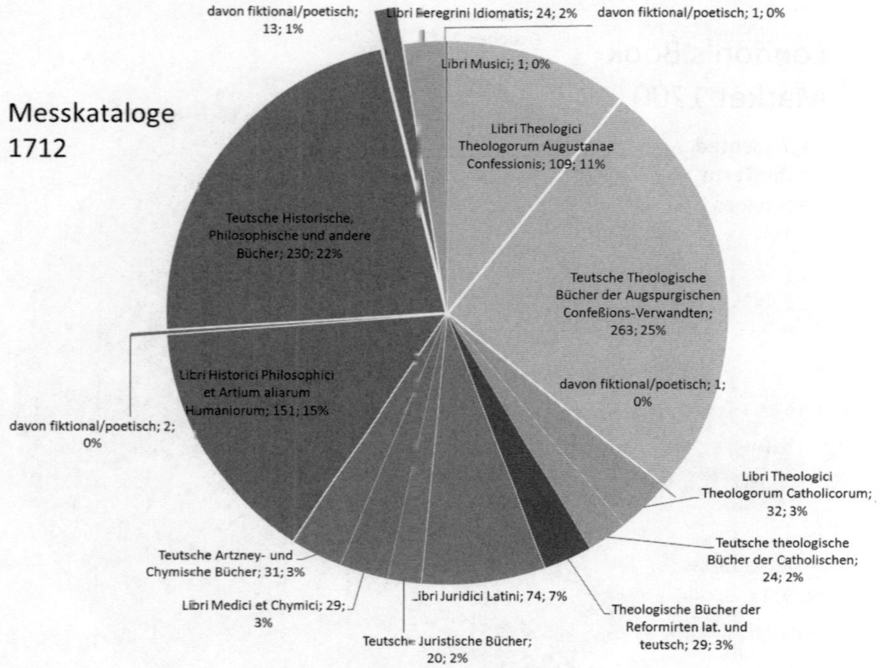

Abb. 5

zusammengezogen wird. Was heute den Massenmarkt der Belletristik bildet, gewinnt vor 1750 nur einen marginalen Marktanteil und bleibt fragmentiert (Abb. 5).

Das Bild, das sich Londons und Englands Bücherkunden eröffnet, unterscheidet sich strukturell. Die Weltstadt hat für die Gelehrsamkeit Oxfords und Cambridges nicht viel Raum. Politik und Religion sind hier die zentralen Themen. Das zukünftige Literarische bleibt jedoch auch unter dieser anderen Verteilung der Interessen ein Randphänomen (Abb. 6).

Rainer Rosenberg verwob die beiden begriffshistorischen Stränge zu einem Ganzen. Es wird klug sein, sie auseinanderzuhalten und hier parallele Thematisierungsoptionen zu sehen, nicht einander folgende Begriffe. Zudem ist verschachtelt, was einander zu folgen scheint: Wer die *Belles Lettres* (elegante Bildung) liebt, liebt in der Regel die *Poesie* (die Sprache in Versen). Beide Begriffe wiederum lassen sich ohne Kollision in der Literaturdebatte benutzen, denn natürlich können Gelehrte elegante Bücher mit einem Verständnis für Poesie schätzen. Hier stehen keine Begriffe für ein und dasselbe einander gegenüber.

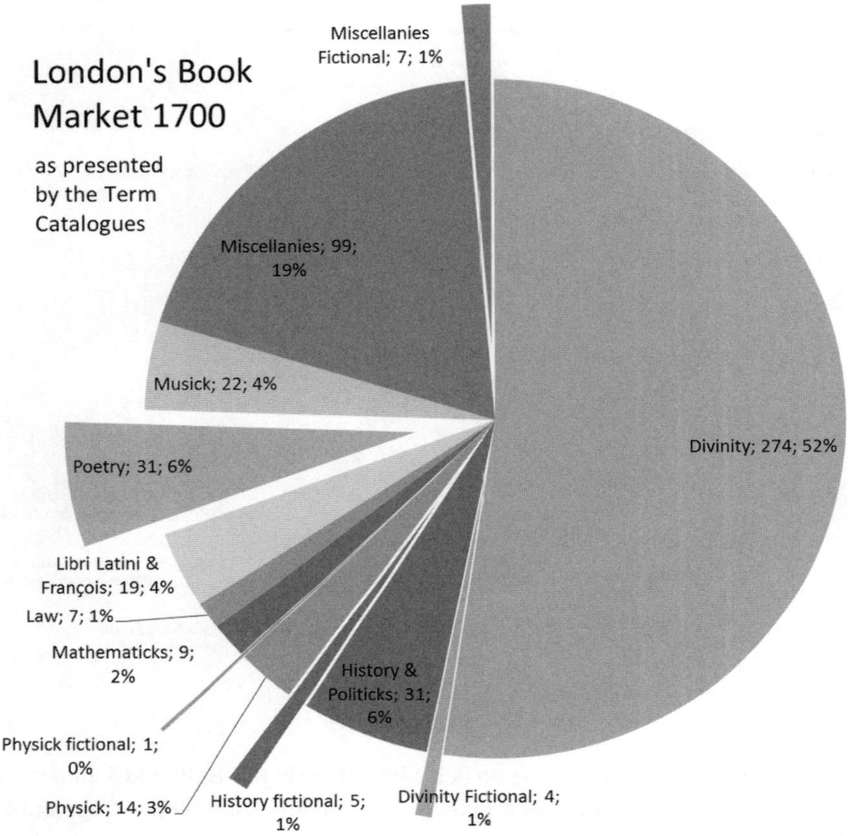

Abb. 6

Auf dem Markt, der an dieser Stelle gegenüber der gelehrten Meinung ein Eigenleben hat, ist die Poesie um 1700 anders unterfächert als der heutigen Literaturwissenschaft angenehm. Das heroische Versepos, das nach der aristotelischen Poetik an der Spitze stehen müßte, ist tot. Die Tragödie, die zweitwichtigste poetische Produktion, wurde im 17. Jahrhundert von der Oper aus dem Feld geschlagen. Über die Realität des Marktes zu sprechen, verlangt Fingerspitzengefühl. Poetiken haben als gelehrte Werke mit dem Markt nur indirekt zu tun. Auch Vorreden zu Opern und Romanen sind sehr schnell für Argumente der prestigeträchtigen Gelehrsamkeit empfänglich (ohne ihnen darum schon folgen zu müssen). Die Realität des Marktes tritt mit der Auswertung der Buchkataloge und der urbanen Veranstaltungskalender zu Tage. In Sachen Poesie geben Oper, Oratorium, Cantate und Ballett den Ton an. Casualdichtung beherrscht das Feld der kleineren

Poesien. Der Roman bleibt regulär außen vor – sowohl seine Kritiker wie seine Autoren sehen ihn lieber in der Geschichtsschreibung als in der Poesie.[33]

Die *Belles Lettres* sind weniger ein Gattungsgefüge als eine Angebotsebene auf dem Buchmarkt. *Literatura politiora, polite literature, galante Wissenschaften* sind Äquivalente seit dem 16. Jahrhundert für die mittlere Angebotsschiene, das elegante Buch zwischen dem niederen und dem wissenschaftlichen.

Wohl lassen sich die Begriffe in der zweiten Hälfte zunehmend synonym verwenden in der Gelehrsamkeit, die die *Belles Lettres* auf *nationale Poesie* zu beschränken versucht. Wir begegnen hier dennoch eher Feldern konkurrierenden Austauschs, die bis heute nebeneinander stehen.

Den poeta doctus gab es, insbesondere in gelehrten Forderungen. Auf dem Markt finden wir gleichzeitig Autoren von Opern, Komödien und Romanen, die die „Pedanterie der Gelehrten" verlachen. Wir begegnen hier einem Gebiet ohne klares eigenes Traditionsverhalten. Die Verleger von Romanen tauschten die Titelblätter aus, um Ware mit aktuellem Publikationsjahr verkaufen zu können, wenn ihnen Auflagereste bleiben. Es gibt keinen Schulunterricht, der ältere Belletristik festhält. Entsprechend einfach war es, ein anderes Traditionsverhalten einzuklagen und eine Literaturdebatte in diesem Feld zu eröffnen.

Die Produktion, die zwischen 1750 und 1850 *Literatur* wird, distanziert sich von der unmittelbar vorangegangenen wie vom laufenden Markt der *Belletristik.* Das ist sehr knapp die erste Antwort auf die Frage, wie sich – neue – Autoren von Dramen, Romanen und Gedichten auf die Literaturproduktion einlassen konnten.

2. Eine Reformproduktion etablierte sich im öffentlichen Interesse

Die Literaturdebatte ließ sich nicht in einer geschlossenen Bewegung auf das neue Themenfeld ein. Auf der anderen Seite bestand dort, wo an eine Diskussion von Dramen, Romanen und Gedichten gedacht wurde, um 1700 kein Interesse, zur Literaturdebatte beizutragen. Die moralischen Wochenschriften Londons wollen mit ihr nichts zu tun haben. Erst Londons Magazine heben ihre Redebeiträge in das größere Feld einer möglichen Literaturdiskussion.

Anders und strategischer definiert sieht die Lage in Deutschland aus. Johann Christoph Gottsched zeigt sich 1732 mit seinen *Beyträgen zur Critischen Historie*

[33] Die Integration des Romans in die Geschichte erlaubte, wichtigster Reiz auf Seiten der Autoren, eine Skandalproduktion unter irreführenden Beteuerungen, hier doch nur Romane zu verfassen. Kritiker konnten den Roman andererseits weit besser verurteilen, wenn sie ihn in der Geschichte als Fehler entlarvten. Die Kategorie ‚Literatur' als Feld der Fiktionen entschärft den Roman, indem sie es attraktiv macht, alle Romane als *Literatur*, Fiktion zu gestalten und zu vermarkten. Siehe hierzu Olaf Simons, Marteaus Europa oder Der Roman, bevor er Literatur wurde, Amsterdam, Atlanta 2001.

der deutschen Sprache, Poesie und Beredsamkeit deutlich daran interessiert, die Poesie zum Thema der Wissenschaften zu machen. Nur eine Nation mit einer zur Poesie fähigen Sprache könne die Wissenschaften mit der Sprache versorgen, die diese zur (wissenschaftlichen) Literatur benötigen.

Die massive Diskursappropriation gewinnt im Streit zwischen Gottsched und den Schweizern an Reiz: Als Friedrich Nicolai 1755 seine *Briefe über den itzigen Zustand der schönen Wissenschaften in Deutschland* in den Handel bringt, verfaßt ihm sein Bruder Gottlob Samuel die Vorrede. Er verweist darauf, daß diese *Briefe* bewußt nicht den Versuch machen, die Poetik zu einem Teil der Wissenschaften zu erheben. Das ist Gottscheds zum Tode verurteiltes Projekt, das Projekt eines Einzelnen, der sich anmaßt, die eigenen Meinungen als Regeln der Poetik zu verkaufen. Das neue Paradigma wird von der Ästhetik gesetzt und ihr Gebiet sind die *Schönen Wissenschaften*, die damit in der Poesie ihr Zentrum finden.

Lessings und Nicolais *Briefe die neueste Literatur betreffend* beanspruchen 1759 das größere Dach der Literaturdebatte in ihrer Totalität. Sie gewinnen dabei Freiheit, sich der beliebig ausgewählten Materie mit beliebigen Fragen zuwenden zu können. Konflikte mit der Gelehrsamkeit drohen hier nicht, da Gelehrte das spezielle Journal nicht lesen müssen – sie entstehen erst, wo ein solches Spezialjournal in größeren, breiter aufgestellten Literaturzeitschriften ausgewertet wird.

Addison, Steele, Gottsched, Nicolai, Lessing – eigen ist ihnen, daß sie nicht nur einen sekundären Diskurs generieren und in die Literaturdebatte hineinmanövrieren, sie bieten zudem primäre Werke für diesen Austausch.

Die allgemeine Literaturdebatte zeigt sich vor den 1760er Jahren nur bedingt interessiert daran, ihren Schwerpunkt in Richtung *Poesie* und *Belles Lettres* zu verlagern. Ihr wird gewissermaßen von neuen Autoren unter ihrem Dach eine neue Produktion samt einer neuen Debatte untergeschoben, bevor sie sich auf breiter Front auf diese neue Produktion – in einem neuen nationalen Interesse – einläßt.

Die Literaturdebatte wird hier nicht nur infiltriert. Sie bietet hier gleichzeitig Öffentlichkeit und Erfolgsrezepte für die Organisation von Werbeplattformen. Sie ist die Debatte, die sich den Bildungssystemen als wissenschaftliche anbieten läßt. Das zentrale neue Thema der Literaturdebatte ist das Wohl des Volkes in einer historischen Perspektive auf die Nation. Fragen der Poetik und der Ästhetik schließt das nicht aus, es gibt ihnen einen neuen Platz. Eine größere Reformdebatte, die lange gegenüber dem Drama und dem Roman schwelte, wird nun von Autoren des Feldes appropriiert und zur Vermarktung der eigenen Literatur benutzt.

3. Die größere Debatte am kleineren und extern gebildeten Feld

Mitte des 18. Jahrhunderts beginnt die Produktion von Satiren auf das sich neu positionierende Feld. Samuel Johnsons *Rambler* ergeht sich 1750 in Reflexionen über den Köder des literarischen Nachruhms, der hier ausgelegt ist. Das *Hannoverische Magazin* zeigt sich 1772 umfassender des Wandels bewußt, der seit Pierre Bayle im Feld der Literatur geschah. Um das Schöne geht es jetzt, wobei die Debatte selbst der wilden Debatte um Expertise, die in den 1690er Jahren schon geführt wurde, mit all ihrer Parteien- und Schwarmbildung zum Verwechseln ähnlich sieht. Sie wird nun an einem wissenschaftlich heiklen Gegenstand von Halbwissenschaftlern geführt:

> Die Einflüsse der Journale unserer Zeiten haben sich so wie in anderen Theilen des Genies der Nation, also auch die Hervorbringung eines ganz neuen Begriffs von den schönen Wissenschaften geäußert. Viele von den Verehrern dieser Schriften glauben, auf keine vorteilhaftere Art sich schöne Kenntnisse erwerben zu können, als wenn sie alle Bibliotheken, Magazine, und gelehrte Zeitungen studieren. Und in der That wüßte ich auch nicht, wie man auf eine leichtere Art vom Homer und Vergil und allen schönen Geistern aller Nationen, wovon man keinen einzigen gelesen hat, gelehrt urtheilen zu können, als auf diese. Die durch Partheylichkeit und andere Ursachen entstehende entgegengesetzte Meynungen scheinen diesem Zweck zwar nicht wenig hinderlich zu sein: allein Bayle hat sich ja durch eine große Lekture von Streitschriften, die außerordentliche kritische Scharfsinnigkeit erworben, die die Nachwelt noch an ihm bewundert: warum sollte denn ihnen das nemliche unmöglich seyn? Wie demüthigend müßte es nicht für die Censoren der gelehrten Republik seyn, wenn sie aus dem Munde der Unmündigen eben so unbarmherzige Urtheile fällen hörten, als sie über die tief gebückten Autoren ausgesprochen haben! Sonst ist noch ein Weg dieser Unbequemlichkeit zu entgehen. Man ergreift Parthey, nennt sich — —ianer, oder — —taner, und theilt nach dem Urtheile des kritischen Areopags seinen Tadel und Beyfall aus.
>
> Bey allen diesen Vortheilen habe ich mir doch immer diese kleine Frage nicht beantworten können: ob es nicht besser sey, statt der vielen Recensionen, die gemeiniglich mehr als ein Buch betragen, das Buch selbst zu lesen.[34]

Süffisant hatte dasselbe Magazin in seiner 19. Nummer am 30. November 1764 mit dem Aufbau eines neuartigen Medienkonzerns gespielt, in dem Bücher fabrikmäßig verfaßt, verlegt und durch hauseigene Rezensionsorgane beworben würden. Über Wachstumsmärkte hatte man 1764 nachgedacht. Der Roman war ein solcher. Verbrecher und Prostituierte könnte man hier billig engagieren. Dann war da indes noch ein neuer Markt in den Blick gekommen, den die Rezensenten füttern mußten: der Markt unsinniger Bücher, die von ganz neuen Kunden gekauft werden – nicht um gelesen zu werden, sondern um im privaten Buchbe-

[34] Hannoverische Magazin 17 (1772), Spalten 267–268.

stand zu demonstrieren, daß man die Werke versteht, die ansonsten nur ausgewählte Kritiker zu verstehen vorgeben.

Auf die Frage, wie sich die Autoren von Dramen, Romanen und Gedichten auf die Literaturproduktion einlassen konnten, wird die dritte Antwort sich nur anreißen lassen: Das neue Fiktionale und Poetische, Subjektive und Künstlerische erwies sich als äußerst potent, um die Problemzone, in die die *Respublica Literaria* zu Beginn des 18. Jahrhunderts geraten war, in die modernen Nationalsaaten hinein zu entfalten. Eine breite Palette neuartiger literarischer Werke ließ sich auf diese Debatte hin gestalten. Der moralischen Reform verschreiben sich Werke in der ersten Welle großen öffentlichen Konsenses. Ihnen folgen noch in den 1760er Jahren Werke, die verfaßt werden, um die Kritik zu spalten. Revolutionäre Werke haben hier ihren Platz wie Werke, die für den Moment eher unlesbar sind, doch Kritikern die Chance geben, ein zukünftiges Verständnis zu generieren – oder stattdessen „Volkes Stimme" des Unverständnisses als Protest gegen die neuen Eliten zu artikulieren. Das Phänomen der literarischen Avantgarde ist neu, das Phänomen der Schübe von Autoren, die neue Literaturverständnisse in Anschlag bringen – ein Novum am Ende des 18. Jahrhunderts. Neue Autorentypen kommen auf, vom staatstragenden Autor des Schulunterrichts bis zum Romancier als Gewissen der Nation.

Wenn man will, gewinnt an dieser Stelle in den westlichen Gesellschaften eine Produktion von bescheidenen historischen Wurzeln eine nie dagewesene Macht. Wenn man will, kommt hier eine weitreichende Entschärfungsoption zum Zuge. Bei Fiktionen des frühen 18. Jahrhunderts ließen die Autoren noch unklar, ob man hier Fiktionen las – nun jedoch werden die Fiktionen bereits von den Autoren als *Literatur,* Fiktionen, gestaltet, da nur so die Kunstdebatte zu gewinnen ist. Man kann im schulischen Literaturunterricht Revolutionäres wie André Bretons *Surrealistische Manifeste* lesen. Der Aufruf zum Amoklauf ist als Kunstprojekt diskutiert eines nicht mehr: ein Aufruf zum Amoklauf. Moderne Industriegesellschaften erfassen hier ein Feld, auf dem sie massive Relativierungen vornehmen – die des Blicks auf den einzelnen Künstler und seine Subjektivität, die des Blicks auf Zeitumstände. Leistungsanforderungen folgen, sobald Schülern hier Würdigungen abverlangt werden.

VI. Von der Literatur zur Literatur: Die (un-)heimlichen Kontinuitäten

Bei allen markanten Brüchen in der Materie und in der Organisation tun sich Kontinuitäten zwischen der Literaturdebatte des frühen 18. Jahrhunderts und der heutigen auf.

Die Literaturdebatte des frühen 18. Jahrhunderts galt den Wissenschaften, die heutige gilt einer eher unwissenschaftlichen Materie, indes unter Erfolgsrezepten

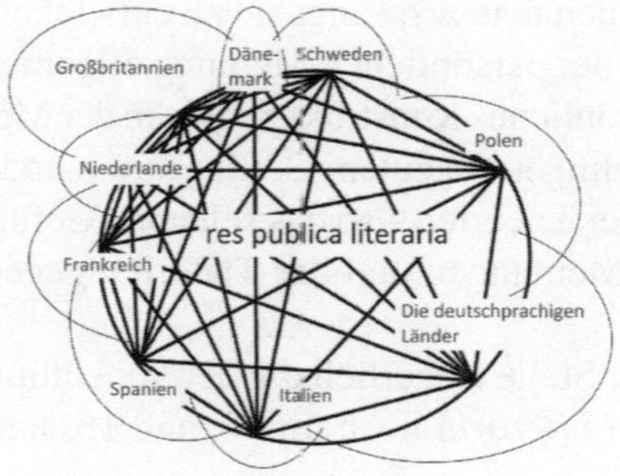

Abb. 7

Abb. 8

der Wissenschaften und in Tradition einer Problemlage, die die Wissenschaften selbst erzeugten.

Eine egalitäre, interne, internationale, „republikanische" Debatte kippte hier in eine neue, in der sich ein für die Wissenschaften attraktives Rollengefüge in staatlichem Interesse entfalten ließ. Die internationale Debatte endete dabei nicht; im Kern der Literaturwissenschaft besteht sie fort. Indes greift die Literaturwissenschaft nun auf die modernen Gesellschaften aus (Abb. 7 und 8).

Produziert wird hier – wenn wir auf Hoffmanns satirisches Kupfer zurücksehen, ist das selbst schon wieder eine Morgengabe der alten Literaturdebatte in ihrer Krise – eine seltsame Mischung aus vermittelndem Verständnis und Entfremdung. Der Literaturkritiker und der Literaturwissenschaftler wenden sich gänzlich andersartigen Werken literarischer Autoren zu, mit Bereitschaft, das zu sagen, was diese Werke so direkt nicht sagen. Das Publikum ist nicht länger begieriger Zaungast – es ist nun Adressat von Bildung in einer neuartigen Orientierungslosigkeit, die von der modernen Kunst erzeugt wird. Die Bildungsinstitutionen tun ihr Bestes, um hier ein breiteres Verständnis zu schaffen und ernten regelmäßig nur die klarere Bereitschaft des breiten Publikums, den Interpretationen und der neuen Kunst mit Unverständnis zu begegnen.

Die große Revolution, mit der es den Wissenschaften im 18. Jahrhundert gelang, sich gegenüber dem Feld der öffentlichen Meinung zu positionieren, ist im neuen Austausch fest verankert in einer zentralen Rollenteilung zwischen akademischer Literaturwissenschaft und meinungsgetragener Literaturkritik. Im Bildungswesen erscheint diese Ausdifferenzierung gespiegelt in einem Bildungsauftrag, der die Schüler mit Appellen zur Meinungsbildung erreicht, bevor es an Universitäten gerade um unpersönliche, theoriebasierte Aussagen geht. Die Erlaubnis, Meinungen zu haben, mutiert hier in einen neuen Zwang, sie zu entwickeln. Die Theorie gewinnt hier, da sie gegenüber der persönlichen Meinung allgemein zu werden verspricht. Doch ist sie als unpersönliches Konstrukt gerade in der Meinungsäußerung unattraktiv, und gültig ohnehin nur in einem Gefüge aufeinander gründender und miteinander konkurrierender Theorien – so das seltsame Gefüge ineinandergreifender Relativierungen der Meinungen und der Theorien gegenüber den Meinungen.

Die spannendste Kontinuität ist an dieser Stelle sicherlich die der konstitutionellen Selbstanalyse, zu der die *Respublica Literaria* noch im 17. und 18. Jahrhundert ausholte.

Jürgen Habermas setzte hier das moderne Paradigma mit seiner These zum *Strukturwandel der Öffentlichkeit* und der Behauptung, daß sich die demokratischen Gesellschaften des Westens vor allem den offenen Debatten verdanken, die mit der Literaturdiskussion im 18. Jahrhundert aufkamen. England brachte mitten im Demokratisierungsprozeß die moderne bürgerliche Literatur samt den ersten ihr gewidmeten Literaturzeitschriften auf den Weg. Der Kontinent mußte beides erst importieren.

In seiner Studie *Journalismus und Literatur* ging Volker Stürzer 1984 den Darlegungen nach – mit der Bereitschaft, dem Kontinent einen eigenen Journalismus zuzugestehen. Während man in England zur brisanten Literaturdebatte fand, blieb man in Deutschland bei der harmlosen Wissenschaftsdebatte, einer Ausweichdebatte:

> Im Gegensatz zum Kontinent waren in England die gelehrten Journale recht spärlich vertreten.[35] Das englische Bürgertum beschäftigte sich lieber mit politischen Themen, während man in absolutistisch regierten Ländern wie Deutschland und Frankreich sein aufklärerisches Räsonnement besser auf ein weniger verfängliches Gebiet wie die Wissenschaften verlagerte, was selbstverständlich auch in zahlreichen Zeitschriften seinen Niederschlag fand. Im Vergleich zu dem zentralistischen Frankreich und dem in zahlreiche autonome Fürstentümer gespaltenen Deutschland, das aufgrund dieser dezentralen Struktur eine beeindruckende Zahl provinzieller Journale hervorbrachte, befand sich die englische Wissenschaft durch die Divergenz von Oxford und Cambridge als universitäre Wissenschaftszentren und London als Pressezentrum in einer grundlegend anderen Situation.[36]

[35] Vgl.Sherman Bisbee Barnes, „The Scientific Journal. 1665–1730“, in: Scientific Monthly 38 (1934), 257–260, und David A. Kronick, A History of Scientific and Technical Periodicals: The Origins and Development of the Scientific and Technological Press, 1665–1790, New York 1976.

[36] Volker Stürzer, Journalismus und Literatur, Frankfurt am Main 1984, 77–78.

Als Lee Morrissey 2007 seine Studie *The Constitution of Literature* vorlegte,[37] waren Weichen in einem nun europäischen Argumentationsgefüge gestellt: Jacques Derrida bot das Eröffnungsfanal im Einklang mit Jürgen Habermas: „Keine Demokratie ohne Literatur, keine Literatur ohne Demokratie!“[38]

Morrissey widmet sich der Initialphase der Literaturdiskussion unter der Frage, wie in England die Freiheit des Individuums entstand, Texten eine eigene, eine persönliche, subjektive Lektüre zu geben? Entstand sie in einem gradlinigen Wachstumsprozeß einfach durch die Alphabetisierung? Das Gegenteil will sich zeigen: Um die Freiheit des Lesers wurde im Gefolge politischer Machtwechsel gerungen. Mal setzten autoritäre Regime auf Experten der Lektüre, mal setzen revolutionäre und liberale Regime auf die Freiheit des Lesers. Dadurch sei es gekommen, daß sich die Literaturdebatte an den Demokratisierungsprozeß band.

Das ist zwar in die moderne Forschungslandschaft hinein gedacht, unbefriedigend ist es gleichwohl. Die *Literatur*-Debatte beginnt nicht in England in den 1640er Jahren. Sie beginnt in der Gelehrsamkeit. Die größere mediale Öffentlichkeit erreicht sie in den 1660er Jahren und in eine unerwartete nationale Blüte und Problemzone gerät sie, wenn irgendwo, dann zwischen 1700 und 1740 in Deutschland.

Auf dem Buchmarkt mag, was Romane, Dramen und Gedichte anbetrifft, eine Form der Demokratie bestehen: die Abstimmung durch das Kaufverhalten. In der Literaturdebatte regieren dagegen doch eher hierarchische Asymmetrien. Die Literaturdebatte baute die *Literaturwissenschaft*, die *Literaturkritik*, die *Literaturtheorie*, die *Literaturgeschichte*, die nationalen *Literaturen* im Plural auf, sie kennt Worte wie das der *Literaturpolitik*. Man kann nach wie vor nicht von *Belletristikkritik, Belletristiktheorie, Belletristikgeschichte*, nationalen *Belletristiken* oder *Belletristikpolitik* sprechen. Das spezifische am Austausch über Literatur wird seine Tendenz sein, Felder der Expertise zu behaupten und organisatorische Gefüge mit staatlicher Deckung in die Bildungssysteme hinein aufzubauen. Wie stehen die Dinge, wenn sich hier ein kontinentaler wissenschaftlicher Diskurs auf einen tendenziell demokratischen Gegenstand des Marktes ausdehnte?

Die Demokratien und die Diktaturen des Westens investierten jedenfalls gemeinsam in die Literaturdebatte. Ziele decken sich dabei – pro forma. Die Entfaltung der Persönlichkeit und die Schärfung des eigenen Urteils standen laufend auf dem Programm. Das Aparte an der totalitären Literaturpolitik ist an dieser Stelle

[37] Lee Morrissey, The Constitution of Literature. Literacy, Democracy, and Early English Literary Criticism, Stanford 2008.

[38] Jacques Derrida: Passions: An Oblique Offering, in: J. D., On the Name, hg. von Thomas Dutoit, übers. von David Wood, John P. Leavey, Jr., und Ian McLeod, Stanford 1993, 1–31.

natürlich, daß sie zum Raum wird, in dem die Gesamtbevölkerung freiwillig die neue Systemstabilität demonstriert.

Unterbreitet die Literaturdiskussion modernen Industriegesellschaften mit virulenter medialer Öffentlichkeit und säkularen Bildungssystemen, ob sie sich totalitär oder demokratisch organisieren, ein und dasselbe Angebot – das Angebot eines säkularen nationalen Bildungsgegenstands, an welchem die individuelle Meinung samt deren Relativierung unter Leistungsdruck durchgespielt wird? Geht es der Demokratie wie der modernen Diktatur (die eben nicht minder begierig ist, „freie Wahlen" zu veranstalten, Kritikermeinungen in die Medien zu bringen und im Schulunterricht dem Bürger Bildungschancen zu eröffnen) um Ähnliches: um eine neues Bündnis mit dem Einzelnen dort, wo der Ständestaat auf Eingliederung drang? Die einfache These könnte an dieser Stelle sein, daß die Felder der Meinung, mit denen die Geisteswissenschaften in Konkurrenz treten, die Demokratie vor allem ermöglichen.

Das große Thema der Literaturdebatte vom 17. ins 21. Jahrhundert wird die Frage nach dem Rang des gewürdigten Werks in der Literaturgeschichte sein. Robert Heron gab 1785 in seinen *Letters of Literature* die selbstironische Momentaufnahme. In den unterschiedlichen literarischen Gattungen (noch sind die Wissenschaften an Bord, doch schon sehr zurückgedrängt), läßt sich offenbar unterschiedlich schnell das Urteil der Geschichte fällen:

Epic Poetry	100 years
Dramatic Poetry	50 years
History	100 years
Lyric Poetry	100 years
Novels	50 years
Satiric Poetry	20 years
Didactic Poetry	20 years
Philosophy, Natural	2000 years
Moral	10 years
Criticism	100 years
Miscellanies	50 years
Panegyrics	1 hour
Pastoral Poetry	5 minutes[39]

Wie ist Nicolaus Hieronymus Gundlings These, daß in der Literaturdebatte die Geschichte entscheidet, machtpolitisch einzuordnen? Literaturpreise machen heute laufend mutige Vorhersagen. Renommierte Literaturkritiker liegen jedoch bei ihren Prognosen literarischen Wertes immer wieder falsch. Literaturwissenschaftler revidieren Urteilsstrukturen Generation um Generation wird hier flä-

[39] Robert Heron, Letters of literature, London 1785, 482.

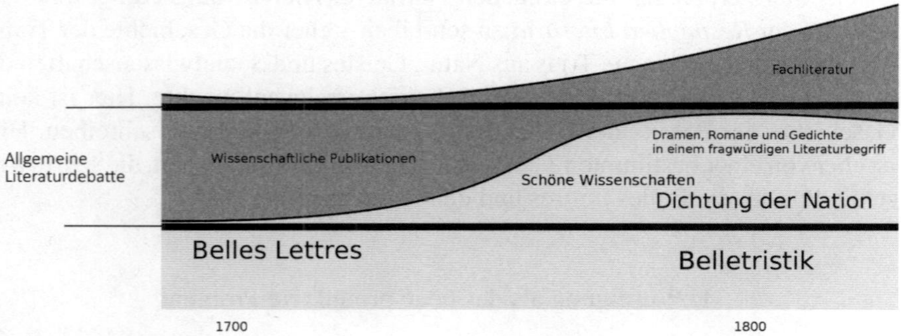

Abb. 9

chendeckend das große Ensemble aller nur gegenwärtig denkbaren Positionen relativiert – zugunsten derer, die Geschichtsentwürfe dessen ungeachtet anbieten?

VII. Epilog: Das unhandliche Projekt

Das spezielle Problem, das Rainer Rosenberg in seinen „Vorüberlegungen zu einer Biographie des Literaturbegriffs" zu einer „verworrenen Geschichte" aufwarf, läßt sich am Ende einkreisen als Problem unserer Verpflichtung, den Gegenstand der Literaturdebatte selbst zu konstituieren. Wir erzeugen, wo wir von *Literatur* sprechen, den Eindruck, daß wir hier von einem Feld sprechen, das es schon immer gab – unter merkwürdig viele Namen wenn auch. Das pragmatischere Verständnis wird dem Wort eher als einem *game changer* begegnen. Man kann Romane als *Literatur* ansprechen, dann stellen sich andere Probleme, als wenn man sie als Belletristik einstuft. Das Wort *Literatur* fordert eine potentiell wissenschaftliche Debatte ein. Dort, wo heute *Literatur* produziert wird, in den Feldern des Dramas, des Romans und des Gedichts, veränderten sich die Produktionsbedingungen entsprechend. Ein neuer Markt hoher, zu diskutierender Literatur entstand hier in Abgrenzung von einem neuen belletristischen, unbeachteten Markt (Abb. 9).

All das ist keine gute Ausgangsbedingung für eine neue und nun viel übersichtlichere Literaturgeschichte. Sie national zu schreiben, verbietet sich: Wir beobachten hier einen internationalen Prozeß, in dem internationale Angebote, etwa dazu, wie Besprechungsorgane zu verfassen wären, auf eine internationale Produktion stoßen. Die deutsch-englische Perspektive wird interessant sein als eine Perspektive auf die größere Interaktion, die sich hier zwischen dem eingegrenzten deutschen Wissenschaftsbetrieb und dem internationalen, ab 1750 zunehmend von Großbritannien dominierten belletristischen Markt entfaltete. Spätestens hier zerbrechen die einfachen Narrative. Hier ist nur bedingt eine Geschichte der *Respublica Literaria* zu schreiben – eher die Geschichte der Transformation, in der die neue Trias aus Natur, Geistes und Sozialwissenschaften die *Respublica Literaria* im Wissenschaftsbetrieb irrelevant machte. Hier ist keine Geschichte der Poesie, der Belles Lettres oder des Romans zu schreiben. Hier ist eher von einer bestimmten Thematisierungsoption zu sprechen, die schrittweise die Poesie, die Belles Lettres und den Roman erfaßte.

1. Würdigung als das neue produktive Problem

Der eminente Vorzug der Literaturdebatte gegenüber den Debatten der Poesie und der Belletristik (wenn es überhaupt fair ist, von breiteren Poesie- oder Belletristik-*Debatten* zu sprechen – ging es hier doch eher um Kennerschaft und Geschmack) war, daß sie keine Gegner zuläßt. Man kann nicht gegen Literatur sein, gegen Bildung. Man kann wohl gegen bestimmte Auffassungen von Literatur sein, gegen bestimmte Würdigungen von Werken, denen man keinen weiteren Wert in der Literatur beimessen will. Gerade damit, daß man die Literatur rein halten will, tritt man indes als ihr größter Verteidiger auf.

Skandalöse Felder – die der verderblichen Erfindung des Romans, der gefährlichen Sinnenlust der Poesie und der subjektiven Einfälle von Künstlern – traten hier in einen Debattenraum, in dem das umgekehrte Vorzeichen galt. Dort wo die Literaturdebatte Romane und Poesie erfaßt, sind „Lüge", „Sinnenlust" und „Subjektivität" keine Probleme mehr. Das neue Problem ist im literarischen Austausch, daß das Besondere der Erfindung, der Ästhetik, des künstlerischen subjektiven Standpunkts gerade fehlt. Die neuen Probleme tun sich sowohl auf Seiten der Werke auf, die nicht sogleich verstanden werden, wie auf Seiten der Rezipienten, die moderne Kunst nicht sogleich verstehen. Gerade dort, wo die übermäßige Würdigung soeben drohte, wird nun im Gegenteil die mangelnde Würdigung das neue Problem (Abb. 10).

Das wissenschaftliche Rezensionswesen eroberte den Schulunterricht und den universitären Seminarbetrieb. Die Anforderungen bleiben dieselben: dem vorgelegten Objekt mit Verständnis zu begegnen; es im Kontext, in dem es publiziert ist, in seinem Wert zu würdigen; zu antizipieren, welche Würdigung dieser Gegenstand finden wird; und zudem eine originelle gut verkäufliche eigene Position in diesem Urteilsgefüge zu entwickeln.

„Was ist Literatur?" – Die Frage lautet präziser gestellt: „Was zeichnet zu würdigende Literatur gegenüber der indiskutablen Produktion aus?"

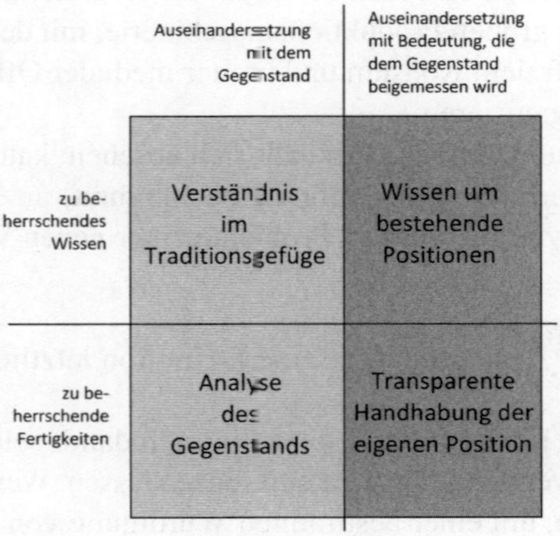

Abb. 10

Es mag nach Unfähigkeit der Literaturwissenschaft anmuten, daß es ihr nicht gelingen will, ihren Gegenstand zu bestimmen,[40] und das, obwohl ihr doch so große literarische Werke vorliegen. Gerechter wäre es, diese spezifische Definitionsschwierigkeit als das intrikate Angebot der Literaturwissenschaft an die moderne Gesellschaften zu erfassen. Hier wird exemplarisch gewürdigt und die Würdigung selbst der Diskussion ausgesetzt und damit breiter verantwortet. Was von minderer Qualität erscheint, muß hier nicht länger bekämpft werden – es wird, viel effizienter, aus der öffentlichen Diskussion ausgeblendet. Das ist keine neue diskursive Errungenschaft der Literaturdebatte, es ist gerade das Problem, mit dem die Literaturdebatte seit Erfindung der *Historia Literaria* kämpft.

Welche Chance hätte man um 1700 einer Gesellschaft eingeräumt, die ihre Bevölkerung auf breiter Fläche in Fiktionen verabschiedet, ob in die des Romans, der Fernsehserien oder der Spieler-Communities? Wir leben in solchen Gesellschaften und das extrem produktiv.

Eine neue Sicht auf Probleme ist hier anzustreben: Wer den Handlungsdruck von Problemen zu vermitteln versteht, verfügt über eine Marktware, die zur Mobilisierung von Allianzen und zum Aufbau von Institutionen genutzt werden kann. Probleme werden aus diesem Grund in der Regel gerade nicht gelöst. Das Bewußtsein für sie wird vielmehr fortlaufend geschärft – solange, bis es konkurrierenden Problemanbietern gelingt, das Bewußtsein für eine ganz andere Problemlage zu schaffen, die den Aufbau viel mächtigerer Institutionen verlangt. Die

40 Helmut Arntzen, Der Literaturbegriff. Geschichte, Komplementärbegriffe, Intention. Eine Einführung, Aschendorf 1984, [S. v], verweist provokant auf diese besondere Unfähigkeit der modernen Literaturwissenschaft.

Literaturdebatte ist sicherlich kein Luxus moderner freier Gesellschaften. Sie ist am ehesten Teil der großen Produktionsmaschinerie, mit der moderne Industriegesellschaften mit freiem Konsum und breiter medialer Öffentlichkeit ihre Problemproduktion organisieren.

Attraktiv wird diese Aussage, das läßt sich absehen, kaum in einer Literaturwissenschaft werden, die ihrer Aufgabe nachkommt, an Werken, die bislang nicht genügend gewürdigt werden, Probleme einer neuen Würdigung aufzutun.

2. Der expansive Austausch, der seine Definition letztlich rundum leugnet

Die Frage nach der Literaturdefinition sollte sich damit selbst definieren und in ihrem praktischen Verwendungswert eingrenzen lassen. Wer *Literatur* diskutiert, benutzt diese Frage, um einer bestimmten Würdigung von Literatur Bedeutung abzusprechen.

Die neue Frage ist an selber Stelle: Wie ist der Austausch über *Literatur* definiert. Die grobe Antwort wird sein: Er findet überall dort statt, wo man ungeniert das Wort benutzen könnte. Grenzen liegen hier in drei Richtungen. Der Austausch über *Literatur* hat erstens eine Grenze in der Vergangenheit. Die Frage ist hier: Bewarb Shakespeare seine Dramen als „Literatur“? Wenn nicht, so befindet er sich 1606 in einem anderen Austausch, den wir genauer bestimmen sollten. Er hat zweitens eine jeweils aktuelle geographische Außengrenze: *Afrikanische Literatur* ist im 19. und 20. Jahrhundert eher ein europäisches Gelände. Er hat drittens eine heikle Binnengrenze – tatsächlich überlegen wir uns sorgfältig im Alltag, wann wir das Wort *Literatur* benutzen. Es verändert die Situation, wenn wir im Zug unserem Gegenüber auf die Frage nach dem Roman in unserer Hand antworten, daß dies *Literatur* ist. Dieses Wort bleibt meist Fachdebatten vorbehalten.

Aus der Sicht des Literaturwissenschaftlers wird diese Außengrenze kontraproduktiv erscheinen. Die zentrale Botschaft des schulischen Literaturunterrichts ist, daß jeder mit Literatur umgeht, wann immer er liest oder auch nur gesellschaftlichen Narrativen begegnet. Für den Literaturhistoriker ist Shakespeares *Hamlet* Literatur, und ein Gebot der Offenheit für das Fremde und Andere will es im selben Moment sein, daß wir allen Kulturen weltweit eigene Literaturbegriffe zutrauen, eigene Vorstellungen von Kunst in der Sprache.

Das Grenzregime der Literaturdebatte ist in alle drei Richtungen offen und expansiv.

3. Der Forschungsgegenstand, der auf die Digital Humanities wartet

Einfach lägen die Dinge, wenn die Literaturdebatte in einem großen Begriffswandel ihren Gegenstand verändert hätte. Stattdessen bleibt der Begriff bis in das 19. Jahrhundert stabil – der Wandel vollzieht sich unterhalb der Begriffssetzung.

Die interessante Forschung, die erfaßt, was hier geschah, wird sich an die historische Kartographie des Geschehens wagen. Die aktuellen Projekte der Digital Humanities zur Briefzirkulation in der *Respublica Literaria* werden spannend werden, wenn sie klarer machen, daß die *Respublica Literaria* sich im Mittelalter zu definieren beginnt. Spannend wird es werden, hier die konstruktiven Errungenschaften in den Blick zu bekommen: Wie genau entfaltet sich mit dem frühen Buchdruck die Binnenverlinkung, der Verweis auf die Arbeit der *Respublica Literaria?* Wie machen sich die Erleichterungen im Buchdesign, die Einführung von Titeln, von Titelblättern, von Seitenzahlen, dort bemerkbar, wo Bücher in Büchern zitiert werden? Inwieweit setzten briefliche Korrespondenzen Trends im Aufbau des größeren Zitierkartells der virtuellen Republik? Machen sich die Buchhandelskataloge, die ab 1564 erscheinen, in der Bereitschaft zu zitieren bemerkbar? Wie durchdrangen die nationalen Akademien die sich ausbildenden Netzstrukturen im 17. Jahrhundert? Inwieweit stimmt, was man über das wissenschaftliche Journal sagte: daß es den Markt viel weniger abbildete, als lenkte?

Eine Frage wie die letztere kann erst beantwortet werden, wenn man erfaßt, wie Rezensionen auf den Buchmarkt in der größeren Datenlage einwirken. Offenbar fällt die Theologie um 1700 gegenüber der Geschichte zurück, bevor ab 1750 das Fiktionale zum breiten Lektüregegenstand wird. Bereiten sich diese Trends im Rezensionswesen vor, oder spiegelt das Rezensionswesen sie nur wider?

Für das Materialfeld, das heute als ältere *Literatur* beschäftigt, liegen spannendste Fragen außerhalb des angesprochenen Prozesses: Wir wissen kaum, was Dramen und Romane waren, bevor die Literaturdebatte sie erfaßte. Absehbar änderte die Literaturdebatte mit ihren Forderungen an Diskurstauglichkeit den Markt. Läßt sich erfassen, inwieweit hier eine zitierbare, diskutierbare Literatur für den neuen sekundären Diskurs produziert wird? Wie grenzt sich das indiskutable Triviale gegenüber den neuen diskutierten Feldern ab? Mit den größeren Datenauswertungen wird es möglich werden, Fragen nach dem, was die Dinge *sind*, erst einmal als die gar nicht so spannenden außen vor zu lassen.

Während Literaturgeschichten heute nachskizzieren, wie sich die literarischen Gattungen entwickelten, verweist das Literarische *verbaliter auf eine ungeschriebene Geschichte: In der* respublica literaria *stand es noch für das Wissenschaftliche; erst ab 1750 wurde es zum Feld der Dramen, Romane und Gedichte. Eroberten hier – so die an Jürgen Habermas anschließende These – von England aus Gattungen der demokratischen Diskussion den Begriff? Oder machte hier – so die vergleichsweise herbe These einer sich ausdehnenden Hegemonie des Wissenschaftsbetriebs – die alte Literaturdebatte mit ihrer Medienmacht*

Autoren außerhalb der eigenen Sphäre neue Angebote, sie zu propagieren, falls sie sich darauf einließen, eine neue „literarische" Produktion nicht für den Markt, sondern für die literaturhistorische Würdigung zu verfassen? Die Wurzeln der Literaturdebatte in der respublica literaria *sollten die Weichen für eine Geschichte des Austauschs stellen, der das heutige Feld des Literarischen umgestaltete. Dieser Austausch scheint vor allem eine Krise um den Status von Meinungen in den Wissenschaften öffentlichkeitswirksam ausgedehnt zu haben. Die Literaturdebatte wurde im Gegenzug mit prestigeträchtigen Institutionalisierungen in den neuen westlichen Bildungssystemen belohnt.*

Modern histories of literature follow the so-called literary genres – whilst the very word points to a history that has not yet been written: The literary *was originally the* learned *under the umbrella of the* respublica literaria. *It is actually only in the course of the 18th century that plays, novels and poetry became part of the „literary". Did this occur – as Jürgen Habermas has implied – as part of a larger process of Western democratization in which the new „literary" generated the first public democratic debates? The alternative explanation is far less pleasant: namely, that our modern academic studies constituted a new hegemony, trumping the market-driven (and far more „democratic") production of fiction and plays. The debate of the* respublica literaria *continues to shape our current literary debates. Its central contribution might be the crisis that was first instigated by literary journals around 1700: What role should opinions play in the wider sphere of academic studies? – today a crisis over values and historical evaluations in the widest sense. The literary debate grew with its crisis, it erected institutions of immense prestige, it acts today as the backbone of our national and secular educational systems.*

Dr. Olaf Simons, Forschungszentrum Gotha der Universität Erfurt, Schloss Friedenstein, 99867 Gotha, E-Mail: olaf.simons@pierre-marteau.com

KURZBIOGRAPHIE

Friedrich Samuel Bock (1716–1785)

Wenn in wissenschaftlichen Beiträgen die Konstitution der Gelehrtenrepublik – meist unter Rückgriff auf die Anmerkung ‚D' des Artikel *Catius* aus Pierre Bayles *Dictionaire historique et critique* – beschrieben wird, folgt nicht selten darauf die biographische Skizze eines ihrer herausragenden Vertreter. Nun bestand die respublica literaria aber nicht nur aus den allseits bekannten Geistesgrößen, die den intellektuellen und ideengeschichtlichen Höhenkamm der Frühneuzeit und Aufklärung bilden. Neben diesen finden sich eine Unzahl von heute meist unbekannten, zu ihrer Zeit aber nicht weniger einflußreichen Gelehrten, deren Werk allerdings meist nur in (älteren) biographischen Handbüchern oder in den Fußnoten der Lebensgeschichten ‚bedeutenderer' Kollegen überlebt habt. Ihre ursprüngliche Eigenständigkeit und die damit einhergehende Bedeutung für die Gelehrtenrepublik wurden verschüttet. Eine solche Persönlichkeit, Friedrich Samuel Bock, rückt hier stellvertretend für viele andere, das geistige Profil im Übergang der Frühen Neuzeit zur Aufklärung mit gestaltenden Gelehrten in den Mittelpunkt.

Friedrich Samuel Bock wurde am 20. Mai 1716 als zweiter Sohn des Stadtchirurgen Georg Bock und dessen Frau Barbara (geb. Ditter) in Königsberg geboren. Ein wenig bekannter dürfte sein um 18 Jahre älterer Bruder Johann Georg Bock (1698–1762) sein, ein zeitweiliger Weggefährte Gottscheds, später Professor für Poesie und gegen Ende seines Lebens Rektor an der Königsberger Universität. Aber auch der jüngere Bruder kann auf eine sehr gelungene, wenn auch nicht spektakuläre Karriere zurückblicken. Nach dem Schulbesuch in seiner Heimatstadt am pietistisch gefärbten Collegium Fridericianum, immatrikulierte er sich am 27. September 1732 an der Universität Königsberg. Obgleich durch den frühen Tod der Eltern auf sich alleine gestellt, studierte er dort bis 1737 als ihn gesundheitliche Gründe zwangen das Studium ohne Abschluß abzubrechen und auf eine Hauslehrerstelle in die Provinz zu wechseln. Dort unterrichtete er die Söhne des Pastors Johann Manitius und half in der örtlichen Dorfschule aus. 1743, nach einem weiteren Jahr Studium, erhielt er den Magistergrad in Halle. Dies ermöglichte ihm die Rückkehr nach Königsberg, wo er sich sogleich habilitierte und erste Lehrerfahrungen an der Universität sammeln konnte, an der sein Bruder bereits Professor war. Ab 1748 wirkte der studierte Theologe zeitgleich als Feldprediger in einem preußischen Dragonerregiment. 1753 erhielt er die ersehnte Professur, allerdings nicht in der Theologie, sondern zunächst für Griechisch an der Albertina, im Zuge dessen wurde ihm das Amt eines Konsistorialrats übertragen. Im gleichen Jahr übernahm er die Leitung der Königsberger Schloßbibliothek von Johannes Behm, der im Februar des Jahres gestorben war und beerbte ihn als Professor der Theologie. Ab 1766 besetzte ein Magister der Philosophie, Immanuel Kant mit Namen, die Stelle des Unter-Bibliothekars. Mit seinem Vorgesetzten Bock scheint er nur wenig zufrieden gewesen zu sein, wie uns sein Biograph Karl Vorländer mitteilt: „Dazu hatte er noch einen sehr trägen Vorgesetzten, den Professor Bock, der als Oberbibliothekar 30 Taler mehr bezog, indes die Hauptarbeit seinem Pflichtgetreuen Untergebenen aufzuhalsen verstand“ (Vorländer 1992 Bd. 1, S. 178). Die hier angesprochene Trägheit Bocks deckt sich so gar nicht mit seiner Vielzahl an Publikationen aus den unterschiedlichsten Wissensgebieten. Bock war vielmehr ein äußerst produktiver Gelehrter, wenngleich er auch nie in den Rang seines ehemals Untergebenen aufsteigen sollte. Vorländers Einschätzung aber belegt exemplarisch, wie ein veritables Mitglied der Gelehrtenrepublik, das Bock zweifelsohne war, in der Rückschau nicht nur marginalisiert wird, sondern sogar zum Hindernis für ein größeres Werk stilisiert wird. Bock beendete seine Universitätslaufbahn freiwillig – vielleicht war sie schlichtweg auch nicht einträglich genug (Kühn/Klemme 2010) – und hielt fernerhin nur noch private Kollegia; 1778 zog er sich sowohl vom Posten des Bibliothekars als auch aus dem akademischen Betrieb zurück, um sich seinen eigenen Studien zu widmen.

Bocks Studien waren von Beginn an breit gefächert, sein Oeuvre kann man je nach Sichtweise als reichhaltig oder reichlich heterogen beschreiben. Studien zur Theologie und Naturgeschichte bilden den Kern, aber auch die allgemeine Historie und philologische und im weitesten Sinne literarische Arbeiten finden sich in seinem Werk.

Die Theologica bilden – wenig verwunderlich – den größten Anteil an Bocks Werk. Neben zahlreichen Dissertationen zu verschiedenen Themengebieten (sowohl als junger Respondent wie auch später als Praeses [Marti 1982]) ist ein ganzes Konvolut an apologetischen Schriften zu nennen. Diese nehmen ihren Ausgang in einer schon in jungen Jahren begonnenen Geschichte des Socinianismus, die im Laufe der Zeit immer weiter ausgebaut wurde und bis heute eine wichtige Quelle für seitdem verlorengegangene Schriften der Antitrinitarier darstellt. Drei weitere, zum Teil umfangreiche Schriften fallen unter diese Rubrik: zum einen die bereits 1743 erschienene *Kurz gefaßte Mißions Geschicht, Oder merkwürdige Nachrichten von den in neuern Zeiten angewandten Bemühungen die Heyden zum Christlichen Glauben zu bekehren*, die sich kritisch mit apologetischen Strategien und den daraus resultierenden Bekehrungsversuchen auseinandersetzt. Zum anderen sein eigener, mit zwei dicken Bänden voluminös geratener Versuch auf dem Gebiet der Polemik, der den Titel *Ausführlicher Grundriß einer Vertheidigung der christlichen Religion wider die Feinde und Spötter derselben* (Leipzig 1768) trägt. Am gewichtigsten aber ist sein *Lehrbuch für die neueste Polemik*, gegen Ende seines Lebens, 1782 in Halle, erschienen. Es soll als Einführung für Studenten einen Leitfaden zu den polemischen Debatten seit 1755 geben, vermittelt allerdings eher den Eindruck, als würde hier – wenngleich nicht intendiert – der Abgesang auf eine ganze Disziplin gesungen. Spätestens mit dieser Publikation, die auch eine Geschichte des Scheiterns apologetischer Bemühungen ist, hat sich diese Form protestantischer Gelehrsamkeit überlebt und Friedrich Samuel Bock setzt ihr unfreiwillig ein Denkmal. Dabei war er selbst immer auch als Praktiker aufgetreten, der sich auch jenseits akademischer Gelehrsamkeit um den einfachen Gläubigen gekümmert hat. Seine *Erbauliche[n] Reden an die Gemeine zur Befestigung der Wahrheit und Beförderung der Gottseligkeit* (Königsberg 1751) mögen hierfür ebenso Pate stehen wie einige eigene literarische Versuche auf dem Gebiet des geistlichen Liedes (*Gedichte zur Beförderung der Gottseligkeit* [Berlin 1758]).

Den zweiten großen Block seines Werkes bildet die Geschichte, sowohl als (politische) Wirtschaftsgeschichte vornehmlich Preußens wie auch als Naturgeschichte mit einem Schwerpunkt auf seinem Heimatland, die mitunter beide eng verknüpft sein können. Eine zeittypisch theologische Grundierung findet sich bisweilen ebenfalls, wie schon aus den Titeln ersichtlich ist: *Allgemeine Betrachtung über die weise Haushaltung Gottes in der Natur* (Königsberg 1766); *Vorläufige Betrachtung über das Nutzbare und Anmuthige in der Naturgeschichte* (Königsberg 1767); *Versuch einer kurzen Naturgeschichte des preussischen Bernsteins und einer neuen wahrscheinlichen Erklärung seines Ursprunges* (Königsberg 1767); *Versuch einer vollständigen Natur- und Handlungsgeschichte der Heringe, zum Nutzen und Vergnügen* (Königsberg 1769). Die Summe seiner Überlegungen zu Einzelaspekten der Wirtschafts- und Naturgeschichte zieht Bock in seinem großen, fünfbändigen Opus magnum, dem *Versuch einer wirthschaftlichen Naturgeschichte von dem Königreich Ost- und Westpreussen* (5 Bde., Dessau 1782–1785). Einflußreich wurde seine Biographie *Leben und Thaten Albrecht des ältern, Marggrafen von Brandenburg, und ersten Herzoges in Preußen*, die erste über Albrecht überhaupt. Diese breiten Studien, die sich zweifelsohne primär an ein akademisches Publikum wenden, sind allerdings nicht bloßer Selbstzweck gelehrter Interessen. Bock war dem Selbstverständnis nach nicht nur akademischer Lehrer, sondern wollte über die engen Grenzen der Universität hinaus wirken. Mit verständlich geschriebenen Lehrbüchern leistete er seinen Teil zur Volksaufklärung. Schon sein Erstling aus dem Jahre 1739 *Wohlunterwiesener Dorf- und Land-Schulmeister, allen und jeden die sich zu solchem Amt wollen zubereiten lassen oder bereits darinnen stehen, zum nützlichen Gebrauch* (Königsberg 1739), speist sich direkt aus den eigenen Erfahrungen als Haus- und Dorfschullehrer. Sein *Lehrbuch der Erziehungskunst, zum Gebrauch für christliche Eltern und künftige Jugendlehrer* (Königsberg 1780) synthetisiert die neueren pädagogischen Entwicklungen in verständlicher Form. Es ist ebenso als eine Art Handbuch konzipiert wie das aus seinen größeren Studienzusammenhängen hervorgegangene *Wirthschaftliche Lehrbuch für die Landjugend* (Berlin 1779). Auch das *Lehrbuch der Polemik* gehört in diese Reihe. Bocks volkaufklärerisches Engagement beschränkte sich aber nicht allein auf die direkte Wissensvermittlung in Form des Lehrbuchs. Medial auf der Höhe seiner Zeit, gründete Bock selbst mehrere moralische Wochenschriften, so etwa den *Einsiedler* (1740/41), den *Deutschen Äsop* (1742/43), den *Pilgrim* (1742–44) und den *Preußischen Sammler* (1773/74), für die er selbst die meisten Beiträge schrieb (Vollhardt 2001, 238–240; Sembritzki 1925). Der Großteil seiner literarischen Versuche, allen voran Fabeln und Lieder, findet sich in diesen Periodika.

Das Oeuvre von Friedrich Samuel Bock ist breit gefächert und erstreckt sich auf ganz unterschiedliche Felder des Wissens. Polyhistorismus ist das freilich in der zweiten Hälfte des 18. Jahrhunderts nicht mehr, aber das reichhaltige Interesse an einer Vielzahl von Gegenständen ist unter aufgeklärten Gelehrten sicherlich ebenso wenig eine Ausnahme. Allen seinen Schriften scheint der Wille gemein zu sein, Ordnungen zu etablieren und bestimmte Felder des Wissens überschaubar zu machen. Bock hat also weniger den Selbstanspruch, ein origineller Denker zu sein, als vielmehr in der kritischen Sichtung des Vorhandenen Tendenzen zu erkennen und diese zu beschreiben. Er starb am 30. September 1785 in seiner Heimatstadt Königsberg.

Literatur: Friedrich Samuel Bock, Historia Socinianismi Prvssici maximam partem ex docvmentis msstis, Königsberg 1754; ders., Historia antitrinitariorum, maxime socinianismi et socinianorum, Königsberg 1774, wieder aufgelegt Leipzig 1978; ders., Lehrbuch für die neueste Polemik, oder Grundriß einer litterarischen und theologischen Einleitung in die Kenntniß und Beurtheilung der seit fünf und zwanzig Jahren in der evangelischen Kirche über das System und Bekenntniß der Religionswahrheiten, über Vorstellungsarten der christlichen Lehre und andere zum Kirchenwesen gehörige Stücke, entstandenen Irrungen: Zum Gebrauch in academischen Vorlesungen, Halle 1782. Friedrich Wilhelm Bautz, Bock, Friedrich Samuel, in: Biographisch-Bibliographisches Kirchenlexikon (BBKL), Bd 1, Hamm ^{2}1990, 64; Holger Boning, Volksaufklärung. Biobibliographisches Handbuch zur Popularisierung aufklärerischen Denkens im deutschen Sprachraum von den Anfängen bis 1850, Bd. 1: Die Genese der Volksaufklärung und ihre Entwicklung bis 1780, Stuttgart-Bad Cannstatt 1990; Heinrich Döring, Art. „Friedrich Samuel Bock", in: Die gelehrten Theologen Deutschlands im achtzehnten und neunzehnten Jahrhundert: Nach ihrem Leben und Wirken dargestellt, hg. von Heinrich Döring, 4 Bde., Neustadt an der Orla 1831–1835, Bd. 1, 120–124; Wilhelm Heinrich Erbkam, Art. „Friedrich Samuel Bock", in: Allgemeine deutsche Biographie (ADB) 2 (1875), 766; Kerstin Hinrichs, Bernstein, das ‚Preußische Gold' in Kunst- und Naturalienkammern und Museen des 16.–20. Jahrhunderts, o.O. 2010 [= Online-Resource: DNB], zugl. Berlin, Humboldt-Univ., Diss., 2007, 47 f.; Manfred Komorowski, Hanspeter Marti, Königsberger Universitätsschriften vom Gründungsjahr der Albertina 1544 bis 1800. Eine Datenbank [online unter: http://www.forschungen-engi.ch/projekte/koenigsberg.htm]; Hanspeter Marti, Philosophische Dissertationen deutscher Universitäten 1660–1750. Eine Auswahlbibliographie, unter Mitarbeit von Karin Marti, München u. a. 1982.; J. Sembritzki, Friedrich Samuel Bock und Fabian Abraham von Braxein, zwei ostpreußische Fabeldichter, in: Euphorion. Ergänzungsheft 15 (1925), 1–5; Friedrich Vollhardt, Selbstliebe und Geselligkeit. Untersuchungen zum Verhältnis von naturrechtlichem Denken und moraldidaktischer Literatur im 17. und 18. Jahrhundert, Tübingen 2001; Karl Vorländer, Immanuel Kant: Der Mann und das Werk, Hamburg ^{3}1992; [Art.] „Friedrich Samuel Bock", in: The Dictionary of Eighteenth Century German Philosophers, 3 Bde., hg. von Manfred Kühn und Heiner Klemme, London, New York 2010.

Michael Multhammer (Freiburg)

DISKUSSION

RALPH HÄFNER

Barthold Heinrich Brockes und die Imagination des Lustgartens in der Frühaufklärung

I. Einleitung: Gartenkunst und Dichtkunst

Seit der Mitte des 17. Jahrhunderts hat sich die Hamburger Gartenkultur in bemerkenswert reichem Maße ausbilden können. Diese Entwicklung wurde durch ein begütertes Patriziat begünstigt, das sich in der aufstrebenden Freien Reichs- und Hansestadt[1] an den besten Vorbildern der europäischen Gartenkunst orientierte.[2] Der Stormarnsche Garten in Jersbek und der noch berühmtere Garten Caspar Anckelmanns in der Hamburger Neustadt fanden ihr Vorbild indes nicht so sehr in den rein geometrischen Entwürfen, die André Le Nôtre (1613–1700),[3] der Gartenbauarchitekt Ludwigs XIV., seit der Anlage des Schlosses von Vaux-le-Vicomte für Ludwigs Finanzminister Nicolas Fouquet verwirklicht hatte. Gleichwohl wiesen aristokratische Gärten in Deutschland, wie der von Brockes' Freund Daniel Wilhelm Triller beschriebene Lustgarten von Schloß Biebrich am Rheinufer bei Mainz,[4] noch immer streng geometrische Formen auf. Die Patriziergärten Hamburgs folgten in ihrer Anlage – namentlich unter dem Einfluß englischer und niederländischer, aber auch älterer Vorbilder aus der Renaissance – vielmehr dem gemischten oder unregelmäßigen Stil. Der unregelmäßige Stil vereinigt aus Broderie- und Knotenparterres streng geometrisch angelegte Ziergärten mit Ab-

[1] Grundlegend: Franklin Kopitzsch, Grundzüge einer Sozialgeschichte der Aufklärung in Hamburg und Altona, Hamburg ^{2}1990.

[2] Vgl. grundsätzlich: Wilfried Hansmann, Kerstin Walter, Dumont Geschichte der Gartenkunst. Von der Renaissance bis zum Landschaftsgarten, Köln 2006, zum Anckelmannschen Garten vgl. ebd., 75–77, sowie insb. Astrid Bode, Hamburgs Lustgartenkultur im Barock. Ausstattung und Vorbilder Hamburger Bürgergärten, Saarbrücken 2008; vgl. außerdem: Matteo Vercelloni, Virgilio Vercelloni, Geschichte der Gartenkultur. Von der Antike bis heute, Darmstadt 2010.

[3] Vgl. jetzt das Katalogbuch zur Versailler Jubiläumsausstellung: Patricia Bouchenot-Déchin, Georges Farhat (Hg.), André Le Nôtre en perspectives, Paris 2013; vgl. außerdem: Érik Orsenna, Portrait d'un homme heureux. André Le Nôtre 1613–1700, Paris 2001.

[4] Vgl. Daniel Wilhelm Triller, Poetischer Betrachtungen, über verschiedene aus der Natur- und Sitten-Lehre hergenommene Materien, Zweyter Theil, Hamburg ^{2}1746, 3, mit Illustration ebd.

Aufklärung 26 · © Felix Meiner Verlag 2014 · ISSN 0178-7128

schnitten, in die formale Gemüsebeete, Obst- und Weingärten ebenso eingegliedert werden konnten wie offene Zierrasenflächen, Grotten, Labyrinthe, Perspektiven und scheinbar naturbelassene, in Wirklichkeit aber sorgfältig komponierte Wäldchen und lichte Haine. Ein gutes Beispiel gibt das Frontispiz zum neunten und letzten Band von Brockes' *Irdischem Vergnügen in Gott* (1750). Experimente mit freien Formen des Landschaftsgartens waren außerhalb Englands noch eher selten anzutreffen. Auch in Frankreich hatte sich übrigens bis zur Mitte des 18. Jahrhunderts hin der unregelmäßige Stil zunehmend Bahn brechen können, wie der Entwurf aus dem viel gelesenen und von Brockes hoch geschätzten *Spectacle de la Nature* des Abbé Noël-Antoine Pluche (1688–1761) zeigt.[5]

Brockes' eigener Garten[6] schloß sich dem Vorbild Anckelmanns so weit wie möglich an. Neben der Vielfalt der von Buchsbaumhecken eingefaßten Blumenbeete, die in der Folge der Jahreszeiten erblühten, war auch der Küchengarten in rechteckigen Beeten angelegt.[7] Dort wuchsen Sauerampfer, Kohl, Spinat, Kresse, Rettich, Petersilie und Salat „in langen Linien in netter Ordnung".[8] Die „Ordnung, Zier und schönen Farben",[9] die der von Brockes beschäftigte Gärtner auf diese Weise erzeugte, führten zu einem Erscheinungsbild, das hinter den puristischen Klassizismus Le Nôtres zurück auf die aristokratischen Gärten der Renaissance verwies, wie man sie zum Beispiel im Garten von Schloß Villandry modellhaft entworfen hatte. Ein Laubengang, sicherlich aus hoch gewachsenen Ligusterbüschen, öffnete sich auf einen Fischteich in Form eines „regelrechten Vierecks",[10] dessen Spiegelfläche am Tag die farbige Zier des durch die Sonne erleuchteten Gartens und Himmels, nachts aber das von dunklen Schatten umsäumte gestirnte Firmament einfing. Am Kreuzungspunkt zweier Alleen waren die Hecken derart

[5] Vgl. Noël-Antoine Pluche, „Terrain irrégulier", in: N.P., Spectacle de la Nature, 9 Bde., Paris: Vve Estienne, 1732–1742, hier Bd. 2, Paris: Vve Estienne, 1735, 97.

[6] Vgl. Ana-Stanca Tabarasi, Der Landschaftsgarten als Lebensmodell. Zur Symbolik der „Gartenrevolution" in Europa, Würzburg 2007, bes. 278–288. Die materialreiche Studie gibt ausgehend von der Situation in England und Frankreich einen guten Einblick in die Entwicklung des Landschaftsgartens. Im Blick auf Brockes kann ich mich den – mitunter trivialisierenden – Hypothesen („Schritt in Richtung moderner Naturerfahrung", S. 279) allerdings nicht anschließen. Brockes' Gedichte dienen der Autorin vorwiegend als Illustration für die Entwicklung der Gartenkunst; die stilistischen Besonderheiten werden so gut wie ganz ausgeblendet.

[7] Barthold Heinrich Brockes, „Der Küchen-Garten im Frühlinge", in: B.B., Irdisches Vergnügen in Gott, Erster und Zweiter Teil, hg. von Jürgen Rathje, (= Werke, Bd. 2 [in 2 Halbbänden mit fortlaufender Paginierung]), Göttingen 2013, 489 f. – Dieser verdienstvollen kritischen Ausgabe liegt die jeweils letzte, zu Lebzeiten von Brockes publizierte Edition unter Einschluß der Varianten zugrunde. Ich benutze im folgenden diese Edition mit folgenden Siglen: IVG I bzw. II (= Erster bzw. Zweyter Theil).

[8] Brockes, „Der Küchen-Garten im Frühlinge" (wie Anm. 7), IVG II, 490.

[9] Ebd.

[10] Barthold Heinrich Brockes, „Der Fisch-Teich", in: IVG II, 536–539, hier 536.

gepflanzt, daß sich Raum für einen „grünen Cirkel-Platz“ ergab,[11] in dessen Mitte Brockes das „Wasser-Spiel“ eines Springbrunnens errichten ließ. Dichte Hecken, die sich wie grüne Wände erhoben und den Blick perspektivisch leiteten, waren durch eingeschnittene Erker rhythmisch gegliedert. An den solcherart durch Linie, Kreis und Quadrat konstruierten formalen Teil des Gartens schloß sich der Obstgarten an, in dem auch exotische Früchte wie Orangen und Pomeranzen zur Schau gestellt wurden.

Hinter den Wallanlagen Hamburgs gelegen, war Brockes' Garten Teil eines Experimentierfeldes, auf dem das experimentierfreudige Hamburger Patriziat mannigfaltige Formen der Gartenkunst erprobte. In dem Gedicht *Beschreibung einer anmuthigen Gegend um Hamburg* entfaltete der Dichter (der hier wie so oft mit dem lyrischen Ich identisch ist) geradezu lehrbuchhaft Elemente des zeitgenössischen Gartenbaus:

Hier kann man Blumen-Stück', und dort Gasons entdecken,
Hier Gallerien, dort Statüen,
Hier Grotten, dort Orangerien,
Ligustrum- hier, dort Taxus-Hecken.
Hier kann man Teiche, dort Alleen,
Da Pyramiden, Bogen-Gänge,
Fontainen, Steig' in grosser Menge,
Und grün-belaubte Planken sehn,
Hier Gärten Häuserchen, Portale dort und Lauben.[12]

Hamburgs Gärten ordneten sich in ein Landschaftskontinuum ein, das sich zur freien – und in der Wahrnehmung des Dichters durchaus bukolischen – Landschaft der Wiesen und Weideflächen öffnete. Am Horizont der weiten, durch Mühlen gegliederten Ebene des Deichlandes schienen Erde und Himmel zu verschmelzen,

So daß der Ort, wo sich mein Blick verliert,
Den Blick zum Himmel gleichsam führt.[13]

Bewaffnete man das Auge mit einem Fernrohr, so öffnete sich noch einmal eine irdische, wiewohl ganz „neue Welt“.[14] Ja, mit dem Wechsel des Standpunkts vermehrte das Teleskop wie in einem Spiegelkabinett die *eine* Landschaft zu „viel hundert, ja viel tausend“ Landschaften.[15] Wir können hier zunächst eine wichtige Beobachtung festhalten: Ebenso wie der Spaten den Garten, *gestaltet* das Fern-

[11] Barthold Heinrich Brockes, „Der Spring-Brunn“, in: IVG II, 540–551, hier 540.

[12] Barthold Heinrich Brockes, „Beschreibung einer anmuthigen Gegend um Hamburg“, in: IVG II, 732–742, hier 733.

[13] Ebd., 736.

[14] Ebd., 740.

[15] Ebd., 741.

rohr die Landschaft. Das anfangs „Form- und Bilder-leere Land"[16] wird durch die kunstreichen Werkzeuge des Menschen, sei es nun der Grabstichel oder das Teleskop, zu jener Sammlung „liebliche[r] Gemäld[e]",[17] die Brockes im *Irdischen Vergnügen in Gott* genußvoll ausstellt. Das seit Horaz geläufige Prinzip „ut pictura poesis" – ‚so wie die Malerei soll die Dichtkunst sein' – erfährt hierdurch eine ganz neuartige Interpretation: ‚So wie die Malerei soll die einst paradiesische Schöpfung durch menschliche Kunst wieder sein' – eine Zusammenordnung „lebend'ger Schildereyen",[18] die wir in der unergründlichen Tiefe der uns umgebenden Landschaft wie in einem „Amphitheater"[19] betrachten. Darin vermag der Gärtner den Maler zu übertreffen, indem er das göttliche Kunstwerk der Schöpfung mit den Mitteln der Schöpfung selbst noch einmal darstellt. Nach dem – für Brockes sehr geläufigen – platonischen Modell verhält sich das Werk des Gärtners am unmittelbarsten zur Wirklichkeit der göttlichen Urbilder. Für Brockes eröffnet die Gartenkunst, in der Irdisches und Kosmisches zusammenfallen, daher wesentlich einen Einblick in den göttlichen Schöpfungsplan; er reicht von dem durch das Teleskop erkennbaren ganz Großen bis zu dem durch das Mikroskop zu entdeckenden ganz Kleinen. Gehen wir diesem Prinzip von Brockes' Poetik, das im genauen Verstande einen Nachvollzug der Schöpfung durch die Dichtung meint, anhand von drei Aspekten etwas näher auf den Grund: (1) Funktionen des *argutia*-Prinzips; (2) Der Kosmos als Lustgarten: *Die Narcisse*; (3) Temporalisierung des Welt-Bildes in der Imagination des Gartens: Der Garten als Zeiten-Raum.

II. Funktionen des argutia-Prinzips: Die Koinzidenz von Irdischem und Kosmischem

Brockes[20] hat die Gedichte des *Irdischen Vergnügens in Gott* in der Regel in einen biblischen Kontext gestellt. Das Motto zu dem Gedicht *Der Garten*, Ecclesiasti-

[16] Barthold Heinrich Brockes, „Der Garten", in: IVG I, 133–142, hier 140.

[17] Brockes, „Beschreibung einer anmuthigen Gegend um Hamburg" (wie Anm. 12), 741.

[18] Brockes, „Der Garten" (wie Anm. 16), 140.

[19] Brockes, „Beschreibung einer anmuthigen Gegend um Hamburg" (wie Anm. 12), 738.

[20] Vgl. grundsätzlich: Uwe-K. Ketelsen, Die Naturpoesie der norddeutschen Frühaufklärung. Poesie als Sprache der Versöhnung: alter Universalismus und neues Weltbild (Germanistische Abhandlungen, 45), Stuttgart 1974; U.K., „Barthold Heinrich Brockes als Gelegenheitsdichter", in: Hans-Dieter Loose (Hg.), Barthold Heinrich Brockes (1680–1747). Dichter und Ratsherr in Hamburg. Neue Forschungen zu Persönlichkeit und Wirkung (Beiträge zur Geschichte Hamburgs, 16), Hamburg 1980, 163–189; Harold P. Fry, Physics, Classics, and the Bible. Elements of the Secular and the Sacred in Barthold Heinrich Brockes' *Irdisches Vergnügen in Gott*, 1721 (The Enlightenment. German and Interdisciplinary Studies, 2), New York u. a. 1990; Bettina Clausen, „‚Sie kam mir für, wie eine Königinn.' Zur Naturlyrik des Ratsherrn Barthold Heinrich Brockes (1680–1747)", in:

cus II,5, lautet: „Ich machte mir Gärten und Lust Gärten, und pflantzete allerley fruchtbare Bäume darein.“[21] Formal handelt es sich bei dem Gedicht um eine Kantate, ein sogenanntes „Sing-Gedicht“. Im Wechsel von beschreibenden Rezitativen und moralisierenden Arien entfaltet Brockes zwei Bedeutungsebenen, die sich beständig überlagern und durchdringen. Eine alle fünf Sinne affizierende Ästhetik in den Rezitativen löst sich in den Arien zu einer den göttlichen Grund der Schöpfung bedenkenden Bedeutungsverdichtung hin auf. Darin ist das Gedicht den moralisierenden Sinnesallegorien der Kupferstecher und Maler der Zeit aufs engste verwandt.[22] Ein Beispiel: Im exotischen Orangengarten erblicken wir zwischen dem smaragdfarbenen Laubwerk der zierlichen Bäumchen silberweiße Blüten und goldene Früchte. In der dazu gehörigen Arie interpretiert Brockes die erlesene Erscheinung durch ein argutes Verhältnis im Lichte des sittlichen Sich-Verhaltens des Menschen – ein Verhältnis, das am Ende durch die Stilfigur eines *concetto* noch überhöht wird:

Verblend'te Sterblichen, ihr grabet
  Das Gold und Geld aus finsterm Schacht,
Das einen kaum von allen Sinnen labet;
  Seht, was ihr hier für and're Pracht
Auf Pomerantzen-Bäumen habet,
Wofür ihr billig GOttes Güte,
  In froher Ehrfurcht, preisen sollt:
Bebiesamt Silber ist die Blühte,
  Die Frucht ein eß- und trinckbar Gold.[23]

Argutia – vor allem seit der Theorie des spanischen Jesuiten Baltasar Gracián das Vermögen, mit Scharfsinn überraschende Verhältnisse und ‚harmonische Korrelationen‘ zwischen scheinbar entfernten semantischen Feldern herzustellen[24] – ist eines der markantesten Prinzipien der Brockes'schen Poetik. Für die deutsche

Inge Stephan, Hans-Gerd Winter (Hg.), Hamburg im Zeitalter der Aufklärung, Berlin, Hamburg 1989, 161–182.

21 Vgl. Brockes, „Der Garten“ (wie Anm. 16), 133.

22 Für Brockes vgl. IVG II, 684–725 („Die fünf Sinne“).

23 Brockes, „Der Garten“ (wie Anm. 16), 141. – Adjektive wie jenes exotische „bebiesamt“ finden sich häufig in der Neukirchschen Sammlung. Vgl. hierzu Joachim Schöberl, „liljen=milch und rosen=purpur“. Die Metaphorik in der galanten Lyrik des Spätbarock. Untersuchung zur Neukirchschen Sammlung, Frankfurt am Main 1972, 40.

24 Vgl. Baltasar Gracián, Agudeza y arte de ingenio (1648), hg. von Eduardo Ovejero y Maury, Madrid 1929. – Grundlegend: Mercedes Blanco, Les Rhétoriques de la Pointe. Baltasar Gracián et le Conceptisme en Europe, Genf 1992; vgl. dies., „Qu'est-ce qu'un ‚concepto‘“, in: Les langues néolatines 79 (1985), 5–20; Benito Pelegrín, Éthique et esthétique du baroque. L'espace jésuitique de Baltasar Gracián, Arles 1985; ders., Figurations de l'infini. L'âge baroque européen, Paris 2000; für den deutschsprachigen Kontext (allerdings ohne Beziehung auf Brockes) vgl. Manfred Beetz, Rhetorische Logik. Prämissen der deutschen Lyrik im Übergang vom 17. zum 18. Jahrhundert (Studien zur deutschen Literatur, 62), Tübingen 1980.

Dichtung in den Jahrzehnten um 1700 stellte insbesondere Daniel Georg Morhof mit seiner Abhandlung über die scharfsinnige Redeweise (*De arguta dictione tractatus*, 1693)[25] eine dichtungstheoretische Fundierung bereit. In Brockes' *concetto* findet die moralisch verwerfliche Gier nach „Gold und Geld" eine umgekehrt proportionale Auflösung in dem Genuß der duftenden Silberblüte und dem wohlschmeckenden Saft der goldfarbigen Früchte.

Auch innerhalb der Ästhetik der sinnlichen Wahrnehmung hat Brockes derlei semantische Umkehrungen oft und mit reichem dichterischen Ertrag zur Anwendung gebracht. Wir haben gesehen, wie in dem Gedicht *Beschreibung einer anmuthigen Gegend um Hamburg* die Erde und der Himmel in den atmosphärischen Erscheinungen der Horizontlinie gleichsam verschmelzen. Argute Umkehrungen sind in der Brockes'schen Poetik oft durch Spiegelmetaphorik motiviert oder gleichsam rationalisiert. Die glatte Spiegelfläche des Fischteichs nimmt die Erscheinungen des gestirnten Himmels in die irdische Ordnung des Gartens hinein. In dem Gedicht *Der Garten* verwandeln sich die Beete der weißblütigen Tuberosen und die von Jasminblüten durchwirkten Hecken im Augenblick des Umschlags umgekehrt in einen „grünen Himmel", an dem die leuchtenden Blüten dem Auge in der lichten Fülle der Milchstraße zu erglänzen scheinen:

Das helle, Silber-weisse Licht,
Das aus den Tuberosen bricht,
Die lieblich-schimmernden Jesminen,
So, weissen Sternen gleich, an Gröss' und Menge,
Auf vielen nach der Kunst geschor'nen Hecken,
Die sich, so weit man sieht, erstrecken,
Ein Milch-Weg von unabzusehnder Länge
An einem grünen Himmel schienen[.][26]

Die blauen Blüten der Violen, Veilchen und Konvolvulen geben Anlaß zu einem arguten Farbenspiel, das Irdisches und Kosmisches in eine unendliche Oszillation bringt:

Man kann in blauen Bluhmen hier,
In einer Sternen-förmgen Zier,
Wie weisse Sterne dort am blauen,
Viel blaue Stern' am grünen, Himmel schauen.[27]

Das Prinzip der *argutia* hat in den Jahrzehnten um 1700 heftige Kontroversen hervorgerufen. Von Thomasius' Schüler Gundling, später von Gottsched als irrational verworfen, fand es in der Poetik des italienischen Universalgelehrten Lodovico Antonio Muratori (*Della perfetta poesia italiana*, 1706) eine differenzierte

[25] Eine 2. Auflage erschien 1705, die 3. Auflage, hg. von Johann Heinrich von Seelen, 1731.
[26] Brockes, „Der Garten" (wie Anm. 16), 135.
[27] Ebd, 136.

und etwa für die Schweizer Theorie (Bodmer, Breitinger) grundlegende Aufnahme. Brockes setzt es mit Vorliebe wirkungsvoll in einer durch die Physikotheologie rational erschlossenen Form ein, wie wir sie auch in der englischen Lyrik des 17. und frühen 18. Jahrhunderts finden. Abraham Cowley (1618–1667), der mit seinen *Libri plantarum* (1662–1668) die antike Bukolik zu einer recht eigentlich so zu nennenden Gartenlyrik umformte, war für Brockes Ansporn und Vorbild zugleich. Brockes wurde in Deutschland ebenso wie Cowley in England als neuer Vergil („this English Maro“)[28] gefeiert. In seiner Gartentheorie und Geschichte der Gartenkunst, *Ichnographia Rustica: or, the Nobleman, Gentleman, and Gardener's Recreation* (1718), hob Stephen Switzer, einer der führenden Gartenbauarchitekten seiner Zeit, Cowleys ‚lebhafte Imaginationskraft‘ (the „Liveliness of his Fancy“) und seine ‚engelsgleichen Phantasien der Gartenkunst‘ („the Seraphick Idea's he had of Gard'ning“) heraus.[29] Die Sterne als „Blumen des Himmels“ ebenso wie die Blumen als „Sterne der Erde“, so Cowley in einem von Switzer beispielhaft zitierten Gedicht, künden – *ut pictura poesis* – von der „wirklichen Dichtkunst des Schöpfers“, in dessen lichtem Widerschein wir die göttliche Weisheit und Macht erkennen:

Where does the Wisdom and the Pow'r Divine
In a more bright and sweet Reflexion shine?
Where do we finer Strokes and Colours see
Of the Creator's real Poetry,
Than when we with Attention look
Upon the Third Day's Volume of the Book?
If we could open and intend our Eye,
We all like *Moses* should espy,
Ev'n in a Bush, the radiant Deity.
But we despise those his inferior Ways,
(Tho' not less full of Miracles and Praise)
Upon the Flow'rs of Heav'n we gaze,
The Stars of Earth no Wonder in us raise,
Tho' these perhaps do more than they
The Life of Mankind sway.[30]

[28] Vgl. Stephen Switzer, Ichnographia Rustica: or, the Nobleman, Gentleman, and Gardener's Recreation, Bd. 1: The History of Gard'ning &c., London 1718, 68.

[29] Ebd., 67.

[30] Abraham Cowley, „To Mr. Evelyn“, zitiert nach Switzer, Ichnographia Rustica (wie Anm. 28), 68.

III. Der Kosmos als Lustgarten: Die Narcisse

In dem Gedicht *Die Narcisse* hat Brockes eine so beschaffene argute Vermittlung von Irdischem und Himmlischem in einer Weise konzentriert, die eine genauere Analyse verdient. Betrachtet man zunächst nur den Titel, so läßt es sich leicht in eine umfangreiche Serie von Gedichten einreihen, in denen Brockes – vergleichbar mit der Reihenbildung von Cowleys *Libri plantarum* – einzelne Blumenarten zu seinem Vorwurf gemacht hat. Man denke an so bekannte Gedichte wie *Die Ranunckel*, *Die Tulpe*, *Die Kaiser-Crone* oder *Dreyerley Violen.*[31] Obwohl Brockes im Gedicht immer wieder die aktuelle Begegnung mit den Blumen im Garten evoziert, kann als sicher gelten, daß er den detailreichen lyrischen Beschreibungen auch botanische Bildwerke von der Art des Gottorfer Codex zugrunde gelegt hat. Sammlungen wie das von Hans Simon Holtzbecker angefertigte Blumenbuch des Anckelmann'schen Gartens in der Hamburger Vorstadt[32] galten als Preziosen, die dem Liebhaber und Kenner die Schätze des Gartenreichs im Jahreslauf gegenwärtig hielten. Auch die Brockes'sche Blumenlyrik muß im Kontext der Tages- und Jahreszeitengedichte[33] sowie der astronomischen (*Die Sonne*, *Der gestirnte Himmel*)[34] und der Elementen-Lyrik (*Das Wasser*, *Das Feuer*, *Die Luft*, *Die Erde*)[35] gesehen werden. Von jedem der Gedichte aus läßt sich das Weltkontinuum – der Zusammenhang alles Einzelnen im großen Ganzen der nach dem physikotheologischen Modell gegliederten Schöpfung – gewissermaßen erschließen.

Bereits im Eingang des Gedichts *Die Narcisse* greift Brockes Cowleys argute Vertauschung ‚Blumen des Himmels', ‚Sterne der Erde' auf, bringt die reizvollen poetischen Bilder aber noch darüber hinaus mit einem kosmischen Geschehen – dem täglichen Erdumlauf und dem dadurch erzeugten Wechsel von Tag und Nacht – in Verbindung. Diese Exposition ist ganz unerhört. Lieferte Brockes erstmals in der Lyrik eine nach dem kopernikanischen Weltbild korrekte Beschreibung des Verhältnisses der Erde zur Sonne, so gerät ihm der Eintritt in den von der Abend-

[31] Vgl. Brockes, IVG, resp. II, 500–502; II, 477–482; I, 56; I,20–23.

[32] Eine Auswahl aus den über eintausend Blumenbildern ist leicht zugänglich in: Ein Blumengarten des Barock. Hortus Anckelmannianus. Mit einem Essay von Martina Heilmeyer, München u. a., 2003; vgl. außerdem die einschlägigen Aufsätze von Ingrid A. Schubert, Hans-Dieter Loose und Helga de Cuveland in: Dietrich Roth (Hg.), Die Blumenbücher des Hans Simon Holtzbecker und Hamburgs Lustgärten […] Ergebnisse einer Tagung am 27. und 28. Oktober 2000 (Abhandlungen des Naturwissenschaftlichen Vereins in Hamburg, NF 36), Keltern-Weiler 2003.

[33] Vgl. IVG I, 149–152 („Der Morgen"), 153–155 („Der Mittag"), 156–159 („Der Abend"), 50 f. („Frühlings-Gedancken"), 92–98 („Der Sommer"), 202–213 („Der Herbst"), 251–262 („Der Winter"). – Vergleichbare Gedichtzyklen sind auch in den anderen Bänden des IVG enthalten.

[34] Vgl. IVG I, 99–117 („Die Sonne"), 160 f. („Der gestirnte Himmel").

[35] Vgl. IVG I, 231–250 („Das Wasser"), 267–301 („Das Feuer"), IVG II, 644–664 („Die Luft"), 612–630 („Die Erde").

dämmerung bereits mächtig überschatteten Garten zu einem geradezu kosmischen Schauspiel:

Der Abend brach bereits herein,
Man konnte durch der Erde Drehen
Nicht mehr der Sonne güldnen Schein,
Kaum noch den Rest der Abend-Röthe, sehen.
Die kühle Dämmerung wich allgemach
Und trat nun nach und nach
Ihr Reich, in dem es keine Schatten gab,
Der Königinn der Schatten ab;
Als ich mich noch einmal
In meinen Garten hin verfügte,
Und an dem sanften Rest der Farben mich vergnügte,
Der kaum mehr sichtbar war. Da fiel ein schnelles Licht
Von ungefähr mir ins Gesicht.
Wie, dacht ich, seh ich denn im Dunkeln
Auch Sternen auf der Erde funkeln?[36]

Der Glanz der sterngleichen Narzissen hält noch eine geraume Weile an, um endlich ganz in der durch die Erddrehung bewirkten irdischen Nacht zu verlöschen:

Der schimmernden Narcissen Schein,
Die an Figur und Glanz fast Sternen ähnlich seyn,
Schien gleichsam mit der falben Nacht zu kämpfen,
Bemühte sich, die schwarze Macht zu dämpfen.
Ich sahe sie, mit Anmuth und Vergnügen,
Bald hier bald dort zuerst gewaltig siegen;
Allein statt daß die Dunkelheit der Nacht
Der Sternen Heer uns hell und sichtbar macht,
War dieser irdschen Sterne Glanz
Gar bald vom Schatten überwunden,
Ihr Schimmer, Strahl und Licht verschwunden.[37]

Eine Potenzierung der arguten Vertauschung im Sinne der oben erläuterten unendlichen Oszillation der Vergleichsglieder findet statt, als das lyrische Ich den Himmel als eine „Bühne“ konzipiert, die

Fast weniger gestirnt schien, als beblühmet,
Da an demselben, Gott zur Ehr’,
Ein ungezähltes Heer
Von himmlischen Narcissen schiene.[38]

[36] Barthold Heinrich Brockes, „Die Narcisse“, in: IVG II, 497 f.
[37] Ebd., 498.
[38] Ebd.

In genauer Spiegelung der irdischen Sterne in dem Garten, die in der Abenddämmerung verlöschten, treten die Blumen am Firmament, jenem unendlichen Garten Gottes, in die Erscheinung:

Doch übereilen mich Furcht, Anmuth, Lust und Grauen,
Ein etwas reizet mich, und schreckt zugleich, die Pracht
Des Gartens, welchen Gott im Firmament gemacht,
Nur in Gedanken anzuschauen.

Ach welch ein Garten! dessen Raum
Selbst die Unendlichkeit zu Grenzen, und an statt
Der Blumen Welt und Sonnen, hat.
Ach welche Blumen! welche Größe!
Ach welcher Glanz! ach welcher Schein!
Mich nimmt ein heiligs Schaudern ein,
Wenn ich der Blumen Schmuck im Firmament ermesse.[39]

Der nächtliche Gang durch den Narzissengarten dient solcherart zum Ausgangspunkt für die Betrachtung eines auf der „Bühne" des Firmaments sich abzeichnenden kosmischen Geschehens. Brockes hat diese Inszenierung der Sternbilder und des Firmaments in Gedichten wie *Die himmlische Schrift*[40] oder *Der himmlische Garten* entsprechend interpretiert und ausgeführt.

Poetische Spielwerke dieser Art fanden eine ‚reale' hortikulturelle Entsprechung in Gartenanlagen wie dem Gottorfer Schloßgarten des Herzogs Friedrich III. von Schleswig-Holstein-Gottorf.[41] Der kunstsinnige und die Wissenschaften fördernde Fürst wurde übrigens 1642 in die Fruchtbringende Gesellschaft aufgenommen. Brockes' Imagination einer Verdoppelung und Spiegelung des Narzissengartens im Garten des Kosmos erhält durch Beispiele dieser Art ihre genaue Bedeutung im intellektuellen und soziokulturellen Zusammenhang der Frühaufklärung. Nehmen wir diese Anlage deshalb kurz in Augenschein.

Baulicher Höhepunkt des von dem Gartenbaumeister Johannes Clodius (1584–1660) entworfenen Gottorfer Parks auf regelmäßig-unregelmäßigem Terrain war die im „persianischen Stil"[42] errichtete Friedrichsburg, die man eigens für den sogenannten Gottorfer Globus am Ende der Hauptachse erbaut hatte (vgl. Abb. 1). Der von dem Mathematiker und Astronomen Adam Olearius (1599–

[39] Ebd., 499.

[40] Vgl. Ralph Häfner, „Grammatologie des Himmels. Barthold Heinrich Brockes und das Testamentum Levi", in: Günter Frank, Thomas Leinkauf, Markus Wriedt (Hg.) Die Patristik in der Frühen Neuzeit. Die Relektüre der Kirchenväter in den Wissenschaften des 15. bis 18. Jahrhunderts (Melanchthon-Schriften der Stadt Bretten, 10), Stuttgart-Bad Cannstatt 2005, 377–389.

[41] Vgl. Jan Drees, „‚Virtutis Gloria merces'. Herzog Friedrich III. von Schleswig-Holstein-Gottorf (1597–1659) und sein Streben nach Ruhm und Anerkennung durch die Förderung der Wissenschaften und der Künste", in: Roth (Hg.): Die Blumenbücher (wie Anm. 32), 89–114.

[42] Vgl. Ebd., 103.

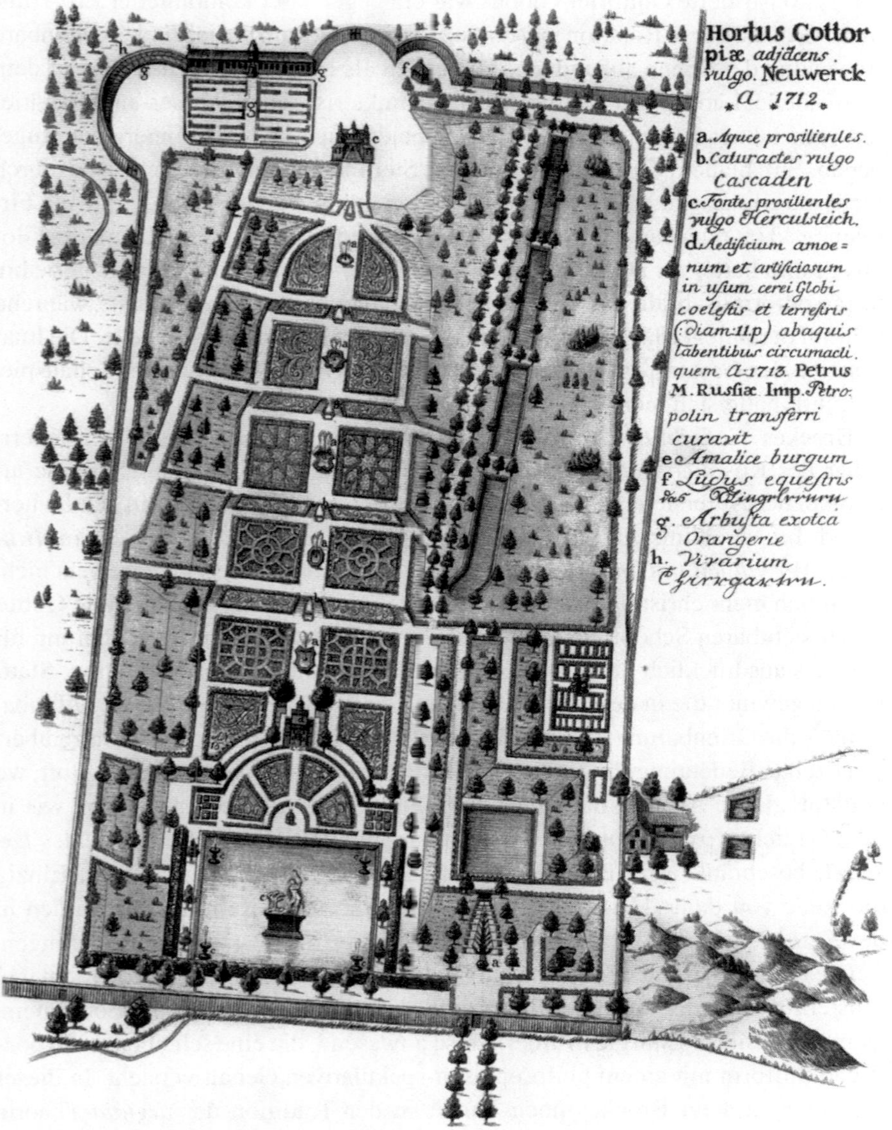

Abb. 1: „Hortus Cottorpiae“. – Der Garten von Schloß Gottorf mit der den kombinierten Erd-Himmelsglobus bergenden Friedrichsburg am Ende der durch Springbrunnen rhythmisierten Mittelachse vor dem großen Bassin (1712)

1671) konstruierte Gottorfer Globus war ein begehbarer kombinierter Erd-Himmels-Globus, der in Rotation versetzt werden konnte, um die jährliche scheinbare Bewegung der Sonne abzubilden. Von außen als Erdglobus anzusehen, auf dem die Erdteile, Länder und Weltmeere mit charakteristischen Wasser- und Landtieren verzeichnet waren, erblickte man, sobald man sich in das Innere der Kugel begab, auf blauem Grunde das mit den Sternbildern bunt bemalte und durch mehr als eintausend messingvergoldete Nagelköpfe nachgebildete gestirnte Firmament. Trat man dann, nachdem man die Augenlust an dem Spielwerk des Globus gestillt hatte, zur Dachterrasse hinaus, überblickte man die zur Orangerie hin terrassenförmig abfallenden Broderie- und Knotenparterres des Gartens, während sich auf der Spiegelfläche des Herkules-Teichs der Himmel verdoppelte. Die Imagination des Gartens, auf dessen belebter Bühne Gott ein kosmisches Schauspiel aufführt, hatte sich hier vollständig realisiert.

Brockes' Gedicht *Die Narcisse* verherrlicht Gott als den Schöpfer und Beherrscher des Kosmos; genuin *christologische* Elemente, wie sie die Narzisse als Symbol der Auferstehung nahelegen würde, treten demgegenüber in den Hintergrund. Im Verhältnis zur geistlichen Lyrik des 17. Jahrhunderts ist der im *Irdischen Vergnügen in Gott* grundgelegte physikotheologische Gottesbeweis nicht eigentlich mehr christologisch akzentuiert.[43] Gegenüber der Offenbarung Gottes in der sichtbaren Schöpfung (vgl. Röm. 1,19–20) ist die Schriftoffenbarung für Brockes ausdrücklich nicht die erste Quelle der dichterischen Inspiration. Stattdessen gewinnt die in dem gleichnamigen Gedicht so genannte „dritte Offenbarung" – die Offenbarung neuer Welten durch das Teleskop[44] – eine kaum zu überschätzende Bedeutung für die Gedankenwelt des Hamburger Ratsherrn. Dort, wo christologische Aspekte hätten zur Entfaltung gebracht werden können, wie in dem Gedicht *Nox illuminatio mea* nach der altchristlichen Osterliturgie des *Exsultet*, beschränkt sich Brockes auf den Lobpreis des Schöpfergottes. Einzig die Rede von dem „Herrn des Lichts" läßt eine ferne Reminiszenz an den in der *Exsultet*-Liturgie verherrlichten ‚Lichtbringer' (*lucifer*) Christus anklingen.

Die Figur der arguten Vertauschung indes, das dialektische Spiel von Licht und Finsternis, von Irdischem und Himmlischem, von Menschlichem und Göttlichem, ist in der *Exsultet*-Liturgie in einer Weise anwesend, die eine scheinbar bloß poetische Stilform mit einem philosophisch-spekulativen Gehalt versieht. In dieser Verwendung steht Brockes noch immer in der Tradition der *argutia*-Theorie

[43] Vgl. Ralph Häfner, Götter im Exil. Frühneuzeitliches Dichtungsverständnis im Spannungsfeld christlicher Apologetik und philologischer Kritik (ca. 1590–1736) (Frühe Neuzeit, 80), Tübingen 2003, bes. Dritter Teil.

[44] Vgl. Barthold Heinrich Brockes, „Die dritte Offenbarung", in: B.B., Physicalische und moralische Gedanken über die drey Reiche der Natur, Nebst seinen übrigen nachgelassenen Gedichten, Als des irdischen Vergnügens in Gott. Neunter und letzter Theil, Tübingen 1750, 405–407.

des Baltasar Gracián. Auch das Gedicht *Nox illuminatio mea* stellt den Gang in den Garten „in einer stillen Sommer-Nacht" vor Augen. Die hereingebrochene Finsternis scheint zunächst alle Zier ausgelöscht zu haben, wie die Fragen des beunruhigten nächtlichen Beobachters deutlich machen:

Wo ist anitzt des Gartens Prangen?
Wo ist anitzt der Bluhmen bunter Schein?
Ist alle Bildungs-Pracht vergangen,
Und machen blos die Trennungen des Lichts,
Aus Farb' und Form ein leeres Nichts?[45]

Die argute Vertauschung der Finsternis in die lichtförmige Offenbarung Gottes, die die *Exsultet*-Liturgie nur erst als zukünftige im Sinne christlicher Heilserwartung vorstellt, ist in Brockes' Gedicht bereits vollendet:

Es zeiget uns das Sonnen-Licht,
Den Schöpfer herrlich: Doch noch nicht
So herrlich, als wie wir den Glantz von Seinen Wercken
Am Firmament im Duncklen mercken.
O Wunder! daß so gar die dicksten Finsternissen
Den HErrn des Lichts verherrlichen, erhöhn,
Und seiner Wunder Gröss' am hellsten zeigen müssen,
Der Tag lässt eine Sonn', die Nacht viel tausend, sehn.[46]

IV. Lebenszeit und Weltzeit: Der Garten als Zeitenraum

Brockes' malerischer Stil lebt von der Erzeugung überraschender Effekte, für die sich das *argutia*-Prinzip hervorragend eignet. Die Ausstellung einer erlesenen Sprachform ist Ausdruck des Bemühens, mit dem Reichtum sprachlicher Mittel die Malerei zu übertreffen. Wie in einem trompe-l'œuil stellt der Dichter die ‚Dinge' mit poetischer Evidenz (ἐνάργεια) dar, als wären sie gegenwärtig. Man weiß, daß Brockes die Stillebenmalerei des aus Hamburg gebürtigen Wiener Hofmalers Franz Werner Tamm (1658–1724) außerordentlich schätzte. Zur Erlesenheit des Sujets (*inventio*) – vertrautes Obst und Blütenwerk in überraschender Kombination mit seltenen und sogar exotischen Früchten und Blumen – trat eine erlesene Komposition (*dispositio*), die die ‚Dinge' im Raumkontinuum mit den Mitteln einer lebhaften clair-obscur-Technik gleichsam zu eigenem Leben erweckte. Brockes hat diesen malerischen Stil im Arrangement von Stilleben und Landschaften – beispielhaft in dem Gedicht *Eine Schüssel mit Früchten*[47] – gepflegt und im Wetteifer mit der zeitgenössischen Malerei bewußt erprobt. Nicht selten

[45] Barthold Heinrich Brockes, „Nox illuminatio mea", in: IVG I, 117.
[46] Ebd., 118.
[47] Barthold Heinrich Brockes, „Eine Schüssel mit Früchten", in: IVG I, 225–230.

bediente er sich dabei der Stilfigur des *concetto*, die ihm seit seiner Beschäftigung mit der Dichtung des Giambattista Marino lieb geworden war. Der marinistische Stil dient dem Ziel, ein ohnehin kostbares Sujet durch concettistische Behandlung in seiner Kostbarkeit auszustellen. Aus der Perspektive der Marinisten erfüllte die Stilfigur des *concetto* die Forderung nach Angemessenheit von Vorwürfen (*res*) und Ausdrucksmitteln (*verba*), wiewohl sie in der Poetik nach 1700, trotz Morhofs maßvoller Empfehlung in der Abhandlung *De arguta dictione* – aufgrund des nicht rationalisierbaren Vergleichspunkts zwischen *res* und *verba* – zunehmend abgelehnt wurde. Im Kontext von Brockes' farbenreichem Stil erfüllt der *concetto* indes eine Steigerung der Erlesenheit (*elegantia*), wie der Eingang zu dem durch Alliteration mannigfach durchbrochenen Gedicht *Ein Bett voll Hyacinthen* eindrucksvoll zeigt:

Ich sahe jüngst mit Lust im lauen Lenzen
Auf einem Garten-Bett viel Hyacinthen glänzen.
Das allerfeinst' und reinste Porcellein
Kann nicht so glatt, so rein,
So schön von Farb' und Wasser, seyn,
Als die mit weiß vermischte blaue Glätte
Das ganze Bette
Mit einem vielfach blauen Glanz
So sehr nicht ziert', als ganz
Bedeckt' und überzog.[48]

In einem Passus aus dem eingangs zitierten Gedicht *Beschreibung einer anmuthigen Gegend um Hamburg* verdichtet Brockes die poetische Landschaftsmalerei durch einen concettistischen Stil, der dem erlesenen Exotismus des Sujets – Import und Verarbeitung indischer Baumwolle – korrespondiert:

Noch näher her erblicket man,
So weit das Auge reichen kann,
Wie das begraste Feld
Uns einen neuen Schmuck vor Augen stellt;
Indem auf seinen grünen Decken
Sich schöne bunte Decken strecken,
Die Indien uns, weiß, in grosser Menge schickt,
Und welche man bey uns mit solchen Farben schmückt,
Daß Hollands Farben selbst dabey nicht zu vergleichen.
Kurz, treffliche Cattonen-Bleichen
Vermehren noch der schönen Landschaft Zier[.][49]

[48] Barthold Heinrich Brockes, „Ein Bett voll Hyacinthen", in: IVG II, 458–461, hier 458.

[49] Barthold Heinrich Brockes, „Beschreibung einer anmuthigen Gegend um Hamburg" (wie Anm. 12), 739.

Die Stilfigur des *concetto* zielt gerade nicht auf die von dem Verstand (*ratio*) einzufordernde logische Richtigkeit; die Evidenz der von ihr blitzhaft erzeugten analogen Erkenntnis ist vielmehr Ausdruck des durch poetische Urteilskraft (*iudicium*) geleiteten ‚guten Geschmacks' (‚buon gusto'). Im Falle der Brockes'schen Dichtung ist der *concetto* indes meist insofern nachträglich ‚rationalisiert', als er eine Auflösung der semantischen Verschiebung anfügt (die „bunten Decken" sind die Tücher auf den Baumwollbleichen); der Einfall verliert dadurch nichts von seiner überraschenden Wirkung, aber der Stil ist aller möglichen Dunkelheit entkleidet.

Im arguten Stil spielen Verbergen und Entdecken beständig ineinander. Wenn sich in der Apfelblüte ‚Milch' und ‚Blut' vermischen, so bringt dieser sinnreiche *concetto* einen nicht rationalisierbaren Grund unserer Wahrnehmung zum Ausdruck. Auch der Lustgarten spielt mit den Figuren des Verbergens und Entdeckens. Entstehen und Vergehen, der Lauf der Tages- und Jahreszeiten, Tod und Auferstehung sind Motive des Lebens, die unzertrennlich miteinander verknüpft sind. Hatten wir uns in dem Gedicht *Die Narcisse* mit dem Motiv der Erddrehung den gleichsam *kosmischen* Zeitmodus (Weltzeit) vergegenwärtigt, wenden wir uns abschließend dem *irdischen* Zeitmodus (Lebenszeit) zu.

Hochgewachsene Taxushecken – „aufgemauert", so daß ihr Laub riesigen grünen Steinwänden gleicht – bildet das Grundmotiv des Gedichts *Die Allee.* Die kulissenartige Inszenierung des Gartens als lebendiger Bühne ist seit dem Modell Versailles oft erprobt worden. Das Frontispiz zum achten Band des *Irdischen Vergnügens in Gott* zeigt eine derartige, grünem Mauerwerk gleichende Allee in Überformung von Brockes' Gedicht; das Bassin ist dort der uns schon bekannte quadratische – nicht wie in der Abbildung gezeigte runde – „Garten-Teich", und der im Gedicht genannte „grüne Gang" ist vollkommen gedeckt, so daß der Blick des lesenden Betrachters durch gerade Seitenlinien perspektivisch in eine scheinbar endlose Ferne entrückt wird (vgl. Abb. 2). Zu beiden Seiten der Hecken sind, wie auf dem Frontispiz zu erkennen, bogenförmige Öffnungen eingeschnitten, die von dem Standpunkt des lyrischen Ichs aus indes nicht sichtbar sind.

Einer Überformung des Kulissentheaters der Zeit nicht unähnlich – man denke an die Hamburger Oper am Gänsemarkt –, blickt der Betrachter gleichsam in einen Bühnenraum, auf dessen hellen Sandboden die wenigen Sonnenstrahlen, die durch das dichte Laubwerk brechen, wie „güld'ne Flocken" herabregnen.[50] Scheinbar in völliger Einsamkeit, schaut das lyrische Ich auf der unwirklichen Bühne eine traumgleiche Erscheinung, eine Allegorie des Lebens. Drei Kinderpaare treten nacheinander von einer „nicht sichtbar'n Thür der grünen Wand" in

50 Barthold Heinrich Brockes, „Die Allee", in: IVG I, 187–191, hier 189.

Abb. 2: Barthold Heinrich Brockes, Frontispiz zum 8. Band des Irdischen Vergnügens in Gott

die Allee ein, um auf der anderen Seite ebenso plötzlich abzutreten, „als wären sie verschwunden.“[51] Eine „Betrachtung“ gibt die Deutung des Geschehens:

Es scheinet dies Gesicht ein Bild
Von unserm Lebens-Lauf zu seyn.
Wir treten in die Welt, und, weil wir immer gehen,
Nie aber stille stehen,
So sind wir bald hindurch. Wir treten plötzlich auf,
Und plötzlich wieder ab,
Es ist das Ziel von unserm Lebens-Lauf
Ein unvermeidlichs Grab.[52]

Das Traum-„Bild“, in dem das Leben einem Schauspiel gleicht, das rasch seinem Ende zueilt, hat eine seit der Spätantike verbreitete und bis in Welttheater-Konzepte des spanischen Goldenen Zeitalters reichende Tradition. Wie in anderen Gedichten auch beschwichtigt Brockes' lyrisches Ich die dunklen – man möchte sagen: calderonesken – Gedanken der „Schwermuht“ durch die Gewißheit einer Zeit-„Ordnung“, die bei aller scheinbaren Hinfälligkeit dennoch in „der Jahre“ unausdenklichem „Quell“,[53] in dem Schöpfergott selbst, Bestand hat.

Für Brockes ist der Garten ein Zeitenraum, der in unendlicher Spiegelung Weltzeit und Lebenszeit mit allen Sinnen erfahrbar macht. Obgleich die Grenzen des menschlichen Verstandes – zentrales Thema seit dem frühaufklärerischen Diskurs – keine absolute Gewißheit über den Stand des Heils zulassen, eröffnen Formen analoger Erkenntnis dem Menschen die Möglichkeit, sich über seine Stellung im kosmischen Geschehen der Schöpfung zu vergewissern. Die Dichtung und mit ihr alle Künste von der Malerei und Musik bis hin zur Architektur und Gartenkunst sind für Brockes – und für viele seiner Zeitgenossen – Modelle analoger Erkenntnis, in deren Spielwerken sinnliche Erfahrungswerte durch Stilfiguren unterschiedlichster Art zu einer lustvollen Einsicht in die unendlich-endliche Ordnung der Zeit und des Raums verdichtet werden.[54]

Brockes hatte die Mappe mit Kupferstichen, in denen der mit ihm befreundete Kupferstecher Johann Elias Ridinger (1698–1767) die biblische Schöpfungsgeschichte erzählt hat, mit einer Folge von Gedichten begleitet. Das Blatt mit der Schöpfung des Menschen (vgl. Abb. 3) wird von der Quelle des Lichts beherrscht, das aus der Mitte kraftvoll durch dunkles Gewölk bricht und den Tag der „An-

[51] Ebd.
[52] Ebd., 190.
[53] Ebd., 191.
[54] Vgl. Häfner, Götter im Exil (wie Anm. 43), Dritter Teil, 3. Kapitel: „Palmyra: ‚Von der Vergänglichkeit ein unvergänglich Bild‘“. Dort auch Hinweise zu Brockes' Auseinandersetzung mit Edward Youngs *Night-Thoughts*.

Abb. 3: Johann Elias Ridinger: Die Schöpfung des Menschen, Kupferstich

muth-reichen Edens-Auen"[55] beleuchtet. In der genauen Spiegelsymmetrie von Ridingers Komposition ist der Garten Eden Urbild jener Einheit in der Mannigfaltigkeit, die der Hamburger Dichter in der Gartenlyrik des *Irdischen Vergnügens in Gott* wieder herstellt. Wie im Gottorfer Globus leistet sie im kontrafaktischen Bild des „himmlischen Gartens" eine Vermittlung zwischen Kosmos und irdischer Sphäre, die am Ende eine Aufhebung des Endlichen im Unendlichen intendiert.

Prof. Dr. Ralph Häfner, Albert-Ludwig-Universität Freiburg, Deutsches Seminar, Platz der Universität 3, 79098 Freiburg, E-Mail: ralph.haefner@germanistik.uni-freiburg

[55] Barthold Heinrich Brockes, „Adam, wie er im Paradiese alle Thiere benennet, in einem unvergleichlichen Kupfer-Stück von Hrn. Ridinger vorgetellet, und folgendergestalt bewundert", in: B.B., Land-Leben in Ritzebüttel, als des Irdischen Vergnügens in Gott Siebender Theil [...] von neuem aufgelegt, Tübingen 1746, 676 f.